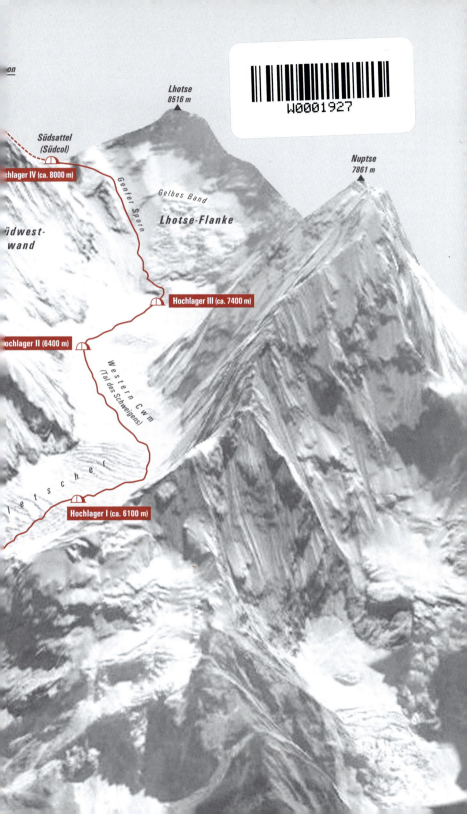

Astrid und den Nebeln des Himalaja

INHALT

Vorwort von Elizabeth Hawley 10

Abenteuerliche Reise in grandiose Höhen 12

TEIL I: GESCHICHTE UND GESCHICHTEN 15

Massenandrang bei der Muttergöttin 16
Zu Gast bei Apa Sherpa, dem erfolgreichsten
Everest-Bergsteiger der Welt

Raum für Traum und Albtraum 34
Der lange Weg zum Mount Everest führte aus der
Abgeschiedenheit des Himalaja zu einem Rummelplatz

»Immer Dein G. Mallory« 54
Von den ersten Besteigungsversuchen, charismatischen
Männern und Mysterien

Warum steigt man auf Berge? 76
Edmund Hillary und Tenzing Norgay waren nur als
zweites Gipfelteam nominiert

»Auf die Queen...« 99
Eine verschlüsselte Nachricht verbreitet die Neuigkeit von der
Erstbesteigung des höchsten Bergs der Erde

Das Couloir von Tom Hornbein 116
Sechzehn verschiedene Routen liegen wie ein Spinnennetz
über dem höchsten Berg

Goldene Jahre 138
Messner und Habeler ohne Flaschensauerstoff, Venables
mit dem Mut zum Überleben

Der Boden, aus dem seltsame Blüten treiben 164
Ein Berg, umgeben von menschlichen Tragödien,
Kuriosa und unwahren Geschichten

»Der Tod ist nicht das Problem« 183
Was bewirken Katastrophen, Trauer und Leid am höchsten
Spielplatz der Erde? Das Drama von 1996

Sterben und Überleben in der Zone des Todes 215
Der Mount Everest fordert viele Opfer, aber nicht jeder,
der für tot erklärt wird, ist es auch

Sinn und Wahnsinn 240
Warum einem türkischen Bergsteiger im Basislager das
Fahrrad abgenommen wurde

Wahnsinn ohne Sinn 260
Ein Foto mit einer Menschenschlange geht um die Welt

TEIL II: REPORTAGEN UND INTERVIEWS 281

Auf Knien und Ellbogen zum Gipfel 282
Peter Habeler und Reinhold Messner, 1978

Fünfzehn Fragen an ... Peter Habeler 299
»Und siehe da, plötzlich war ich mittendrin im Geschehen«

Niedergekniet am Dach der Welt 305
Kurt Diemberger, 1978

Fünfzehn Fragen an ... Kurt Diemberger 323
»Meine Töchter haben mich gefragt, warum ich immer noch
nicht auf dem Everest war«

»Ich hätte eine halbe Airline dafür bekommen« 328
Reinhold Messner, 1980

Fünfzehn Fragen an ... Reinhold Messner 348
»... außerdem ist auch der Mount Everest im Gänsemarsch
peinlich«

»Ich weiß, meine Worte gefallen vielen Leuten nicht« 352
Pemba Nurbu Sherpa, 1992

7

Fünfzehn Fragen an…Pemba Nurbu Sherpa 365
»Ich wusste nur, dass es kalt und gefährlich ist«

»…welch unglaubliche Pfeife man aus sich
machen muss« 369
Ralf Dujmovits, 1992

Fünfzehn Fragen an…Ralf Dujmovits 384
»Unten empfinde ich Traurigkeit darüber, dass es nun
vorbei ist«

»Vom Everest kommt längst keiner mehr als Held zurück« 391
Hans Kammerlander, 1996

Fünfzehn Fragen an…Hans Kammerlander 408
»Im Kopf sitzt der wichtigste Muskel des Höhenbergsteigers«

»Bonington und Messner kletterten in einer anderen Zeit« 415
Russell Brice, 1997

Fünfzehn Fragen an…Russell Brice 429
»Ich habe den Everest bestiegen, weil es mein Job war«

»Ich habe den Everest noch nicht bestiegen« 432
Simone Moro, 1997

Fünfzehn Fragen an…Simone Moro 447
»Es ist unmöglich, diesen Simone Moro mit einer
negativen Einstellung zu treffen«

»Aber ich habe überlebt« 455
Norbert Joos, 2008

Fünfzehn Fragen an…Norbert Joos 467
»Deshalb sind ja so viele Ahnungslose am Everest unterwegs«

»Ich hatte meinen Glücksmoment schon vor dem Gipfel« 473
Billi Bierling, 2009

Fünfzehn Fragen an…Billi Bierling 489
»Ich liebe es, die Erschöpfung meines Körpers zu spüren«

Die letzten Schritte zur Erfüllung eines Traums 495
Gerlinde Kaltenbrunner, 2010

Fünfzehn Fragen an ... Gerlinde Kaltenbrunner 513
»Man muss kein Egoist sein, um einen Achttausender
zu besteigen«

Dank 521

Literaturnachweis 524

Quellennachweise 526

VORWORT

In den vergangenen fünfzig Jahren habe ich unzählige Mitglieder von Expeditionen interviewt und die Aktivitäten der Männer und Frauen, die sich ihren Weg über die schier endlosen Flanken des Mount Everest bahnen, aufgezeichnet. Dieser Weg führte manche zum Erfolg, viele zum Misserfolg und etliche sogar in den Tod. Da waren die wahren Bergsteiger, die sagenhafte Leistungen auf neuen Routen vollbrachten oder neue Methoden für das Höhenbergsteigen entwickelten. Da waren aber auch die »Greenhorns«, die keine Ahnung hatten, wie man so einen Berg überhaupt besteigt, und die nicht einmal wussten, wie man Steigeisen oder Steigklemmen benutzt. Ihr Mangel an Erfahrung führte sie in den Tod oder beeinträchtigte die Chancen anderer, den Gipfel zu erreichen. Es kamen Menschen aus Ländern, in denen es gar keine Berge gibt; und in den letzten Jahren fanden sich sogar Leute aus Ländern wie den Golfstaaten oder Mittelamerika ein, von denen man nie geglaubt hätte, dass sie dort Bergsteiger beherbergen.

Die frühen Expeditionen der 50er- und 60er-Jahre bestanden oft aus Mitgliedern nationaler Teams, die von ihren Ländern gesponsert wurden, oder aus Militärpersonal. Dann kamen die Bergsteiger anderer Vereinigungen, wie zum Beispiel Mitglieder von Alpenvereinen oder Gruppen, die irgendetwas gemeinsam hatten. Diese Teams bestanden oft aus fünfzehn bis zwanzig Mitgliedern. Und da waren die kleinen Teams, bestehend aus drei oder vier Bergsteigern, die sich auf anderen Expeditionen kennengelernt hatten und erfahrene Bergsteiger waren, die einzig und allein auf der Suche nach dem Ungewöhnlichen waren.

In den 80er-Jahren schließlich kamen die kommerziellen Expeditionen, deren Mitglieder außer vielleicht dem Wunsch, mit ihrer Leistung zu protzen, überhaupt nichts gemeinsam hatten (nicht einmal Sprache, Alter oder Erfahrung). Und das sind genau diejenigen, die sich selbst und andere am Berg in Gefahr bringen können. Manche der Expeditionsleiter dieser Teams haben selbst sehr wenig Ahnung vom Bergsteigen und geben sich oft nicht einmal die Mühe, die Fähigkeiten ihrer zukünftigen Kunden zu überprüfen; sie nehmen einfach jeden auf, der sich anmeldet und die Gebühren bezahlt. Die Preise variieren ungemein – von ein paar Tausend Dollar genau dieser erfahrungslosen Expeditionsleiter bis hin zu 70 000 Dollar bei respektierten Veranstaltern, die auch einmal einen Aspiranten, den sie als untauglich empfinden, ablehnen. Diese Expeditionen sind oft sehr groß, zählen sie doch manchmal mehr als dreißig Teilnehmer mit einer ebenso großen Zahl an Sherpa.

Wie sieht nun die Zukunft aus? Das hängt teilweise von der wirtschaftlichen Entwicklung ab. Während der Jahre nach dem Zweiten Weltkrieg und dem Koreakrieg in den 50er- und 60er-Jahren limitierten viele Regierungen für ihre Bürger den Zugang zu knappen Devisen. Momentan sieht es so aus, als ob die wirtschaftliche Lage in einigen Ländern der Europäischen Union bald die finanziellen Möglichkeiten sehr vieler Bürger dort, so einen Berg zu besteigen, überfordern wird, sodass sie zu Hause bleiben müssen. Es wird immer wieder vorkommen, dass – abhängig von der Situation in China – Tibet monatelang geschlossen bleibt und Bergsteigern der Zugang verwehrt wird. Ganz sicher wird es zu einigen Veränderungen kommen.

Es gibt immer noch neue Routen, die am Everest entdeckt und versucht werden können. Gut möglich, dass in fünfzig Jahren vielleicht eine äußerst herausfordernde, technisch schwierige Route, die über mehrere Tage in den höchsten Höhen gemeistert werden muss, versucht werden wird. Das »Hufeisen« zum Beispiel führt den Westgrat des Nuptse hinauf, dann gen Süden über den Nuptsegrat hinauf zum Lhotse, dessen Gipfel überquert werden muss, und läuft weiter in Richtung Norden über den Südwestgrat zum Gipfel des Mount Everest, dann hinunter über den Westgrat zum Lho-La-Pass und zurück zum Ausgangspunkt im Western Cwm. Heute ist das noch nicht möglich – aber es ist in meinen Augen nur noch eine Frage der Zeit.

Elizabeth Hawley[*]
Kathmandu, im Dezember 2012

---

[*] Ins Deutsche übersetzt von Billi Bierling

ABENTEUERLICHE REISE
IN GRANDIOSE HÖHEN

»Der Mount Everest sollte für ein paar Jahre komplett gesperrt werden, damit der Berg und die Menschen zur Ruhe kommen können.«
Dieser Satz hat mich aufgeschreckt. Und er hat mich elektrisiert. Niemand käme auf die Idee, ein Unternehmen zu schließen, nur weil es dort ein paar Tage im Jahr zugeht wie in einem Tollhaus. Der Mount Everest ist der Arbeitsplatz von Dayula, einem Sherpa der jüngeren Generation. Er war dreimal auf dem Gipfel. Und er drückt damit eigentlich aus, die einzige Lösung, den Wahnsinn am höchsten Berg zu stoppen, sei seine vorübergehende Arbeitslosigkeit. Das allein schon dokumentiert auf beklemmende Weise, wie weit es auf der höchsten geologischen Verwerfung der Erdkruste gekommen ist.

Die Geschichte des Mount Everest ist voller Leben. Sie ist aber auch voller Sterben. Und sie ist umfangreich. Ich glaube, man muss die Historie ein wenig befühlen, bevor man verstehen kann, was sich dort heute in einer Höhe abspielt, in der den meisten Menschen der Tod viel näher kommt, als ihnen lieb ist. Die Dinge am Everest sind gewachsen. Bis Ende 2012 wurde der Gipfel 6176-mal bestiegen – von 3680 Menschen. Deutlich mehr als 200 kamen dabei ums Leben. Es gibt viele Geschichten von diesem Berg. Einige davon werden in diesem Buch dargestellt. Es gibt Kurioses und Skurriles zu erzählen, Tragisches und sogar Komisches zu berichten. Der Tod zwischen Fels und Eis aber überschattet vieles, wenn nicht gar alles.

Um zu verstehen, was auf dem Mount Everest vor sich geht, muss man nicht zwangsläufig auf dem Gipfel gewesen sein. Es reicht, zu beobachten und gut zuzuhören. Ich habe 2001 die gesamte Frühjahrssaison unter dem höchsten Berg verbracht, mehr als zwei Monate davon im Basislager. In so langer Zeit erlebt man viel. Und ich wurde auf gewisse Weise Teil des Ganzen. Teil dieser riesigen Maschinerie, die Dreck und Müll produziert und eigentlich so gut wie nichts Vernünftiges entstehen lässt, inmitten eines Nationalparks. Und auch ich konnte mich bei aller selbstkritischen Betrachtung in dieser Zeit der Faszination dieses Berges nicht entziehen und ebenso nicht dem, was sich unter seinen Flanken tut. Dort wird eben nicht nur gestorben, sondern auch gelacht, und es werden Feste gefeiert. Auch Freundschaften werden geschlossen, die oft stabiler sind als viele andere, die im Tal entstehen und sich so leicht verflüchtigen.

Später war ich wieder da. Geändert hatte sich nichts. 2012 reifte in mir der Entschluss, ein Buch über den Mount Everest zu schreiben, die Historie nachzuerzählen und einmal zu ergründen, warum die Dinge heute so sind, wie sie sind. Warum es an einem Berg einen Stau geben kann und warum Menschen vergebens darum flehen, weiterleben zu dürfen. Und schließlich gelang es mir, elf Bergsteiger in diesem Buch zu vereinen, die mit mir ihre eigene Besteigung noch einmal erlebten. Die mich mitnahmen auf diese abenteuerliche Reise in grandiose Höhen, die mich so sehr fesselten, dass ich oft das Gefühl hatte, selbst ganz atemlos zu werden. Ich traf Gerlinde Kaltenbrunner und ihren Mann Ralf Dujmovits an einem glühend heißen Sommertag in ihrem Haus in Bühl im Schwarzwald, Peter Habeler im Zillertal, Norbert Joos in Chur und Kurt Diemberger daheim in Bologna. Zu Hans Kammerlander hatte ich es nicht weit, wir sind fast Nachbarn. Simone Moro lud mich in seine Wohnung nach Bozen ein, und Pemba Nurbu traf ich in der Gegend, der dieses Buch gewidmet ist – am Fuß des Mount Everest. Russell Brice und Billi Bierling traf ich gar nicht, weil sie zu Expeditionen am Manaslu und am Makalu unterwegs waren und ich zu der Zeit eine kleine Trekkinggruppe zum Everest führte. Beide beantworteten dennoch mit großer Geduld und schriftlich, was ich wissen wollte. Ganz zum Schluss fuhr ich zu Reinhold Messner in die Festungsmauern von Firmian in Südtirol. Für den Everest stehe er zur Verfügung, ließ er mich wissen, und es wurde sehr spannend beim bekanntesten Höhenbergsteiger der Welt. Alle elf Spitzenkräfte des Höhenbergsteigens beantworteten außerdem fünfzehn gleichlautende Fragen. Der Spannungsbogen ergab sich aus der so auffällig unterschiedlichen Herangehensweise an die Antworten.

In den elf Gesprächen und auch in all den anderen, die ich in Nepal geführt habe, wurde mir drastisch vor Augen geführt, wie dramatisch die Entwicklung am höchsten Berg ist und wie gefährlich sie möglicherweise noch werden kann – wenn dem Treiben, den Staus und der Rücksichtslosigkeit nicht bald Einhalt geboten wird. Der Everest müsse gesperrt werden, sagt der Sherpa Dayula. Vielleicht hat er damit recht.

Doch sperrt irgendjemand einen Berg?

Walther Lücker
Sand in Taufers, im Februar 2013

TEIL I

GESCHICHTE UND GESCHICHTEN

Massenandrang bei der Muttergöttin

Zu Gast bei Apa Sherpa, dem erfolgreichsten
Everest-Bergsteiger der Welt

Nein. Die Oase der Ruhe muss anderswo liegen. Nicht hier. Nicht
zwischen diesen Bergen. Nicht am Fuß des Mount Everest. Dabei
ist es kaum mal ein wirklich hoher Phonpegel. Es ist eher diese
Unruhe, die ständige Spannung, die bisweilen unbeschreibliche
Nervosität, die über diesem Ort liegt und an Ruhe nicht denken
lässt. Am schönsten ist es in der Stunde, wenn der Morgen graut.

Sicheren Schritts und bedächtig langsam, die Hände tief in den
Taschen der Daunenjacke vergraben, steigt Apa Sherpa auf einen
hoch aufgeworfenen Moränenhügel. Sanft streicht der frühmor-
gendliche Wind über den Khumbu-Gletscher. Es ist halb sieben.
Blauer Himmel über den Gipfeln des Himalaja, Idealbedingun-
gen am Mount Everest. Die Temperatur erheblich unter zehn
Grad minus, keine Wolke, nicht einmal ein Schleier. Es hat nicht
geschneit. Aber es ist noch früh in der Saison. Zu früh, um weiter
zu denken als an den nächsten Tag. »Es ist immer dasselbe«,
lächelt Apa, der berühmteste lebende Everest-Sherpa, »bei schönstem Wetter sitzt du im Basislager herum. Und wenn du oben bist,
musst du dich in einem Sturm durch den Schnee wühlen und
ärgerst dich über die verpasste Chance vom Vortag.« Der Mann
weiß, wovon er redet. Am 16. Mai 2002 stand er zum zwölften
Mal auf dem Gipfel des Everest, zu diesem Zeitpunkt so oft wie
niemand vor ihm. Kaum ein anderer Mensch kennt den Berg so
gut wie er. Doch für den freundlichen Mann aus Thame im
Khumbu-Gebiet ist der Mount Everest kein Ziel der Sehnsucht,
sondern ein Arbeitsplatz. Vielleicht einer der härtesten der Welt.

Apa zieht ein Fernglas aus der Jacke. Ein teures. »Geschenk
eines Freundes aus Japan, der den Gipfel nicht erreicht hat«. Apa
lächelt wieder. Mit prüfendem Blick sucht er den mächtigen Glet-
scherbruch ab, der sich gleich hinter den letzten Zelten des Basis-

lagers in einer fast unglaublichen Größe aufwirft. Wie eine riesige Lawine überdimensionaler Eiswürfel wälzt sich der Khumbu-Gletscher über den Rand des Western Cwm, eines eisigen Hochtals zwischen Mount Everest und Nuptse (7861 m). Apa hat gefunden, was er gesucht hat. Er gibt mir das Glas. »Schau, sie verlegen den Weg schon wieder.«

Allmählich erwacht das Basislager auf der Südseite des Everest zum Leben. Reißverschlüsse werden vor Zelteingängen hochgezogen. Drüben putzt sich einer die Zähne, dort trinken sie in einer kleinen Gruppe Tee, da hängt einer seinen Schlafsack zum Lüften über das Zelt. Die Chilenen packen ihre Rucksäcke, die Spanier stellen ein neues Zelt auf. Die Amerikaner streben dem gemeinsamen Frühstück entgegen. Es beginnt der tägliche Lauf der Dinge. Ein Ablauf, der mit normalem Menschenverstand freilich kaum zu begreifen ist. Wer die Frage nach dem Warum stellt, hat schon verloren. Denn es gibt keine Antwort auf diesen organisierten Wahnsinn moderner Abenteuergier.

Noch lange bevor der neue Tag anbrach, in stockdunkler Nacht, kurz nach vier Uhr, ist eine Gruppe Sherpa stumm und konzentriert in den Khumbu-Eisbruch gezogen. Jetzt stecken sie lange Alu-Leitern zusammen, überbrücken Gletscherspalten und sichern den Anstieg über einen mächtigen Sérac. Sie nennen sich selbst stolz »Khumbu-Doctors«. Ihre Aufgabe besteht einzig darin, den Eisbruch so zu präparieren, dass die Gefahr, auf Nimmerwiedersehen in einer der Spalten zu verschwinden oder von einem der zum Teil haushohen Séracs erschlagen zu werden, auf ein erträgliches Maß reduziert wird. Dieser Eisbruch, ein fragiles und vollständig instabiles Machwerk der Natur, ist das Tor zum Mount Everest. »Ticket to hell« nennen die Amerikaner die lebensbedrohliche Gletscherzunge. »Der gefährlichste Teil des Everest, gefährlicher als der gesamte Rest am Berg«, urteilt nüchtern Hans Kammerlander, der auf zwölf der vierzehn Achttausender stand. Das Tagwerk der Khumbu-Doctors hat oft genug nicht einmal vierundzwanzig Stunden Bestand. Praktisch unter ihren Händen kann das Kartenhaus wieder einstürzen.

Es gehört heute zu den ungeschriebenen Regeln des Everest, dass eine Expedition in Zusammenarbeit mit den Sherpa-Doktoren den Pfad durch den Eisbruch sucht, ihn unterhält – und finanziert. Der Materialaufwand ist gewaltig, der Eintrittspreis für die anderen Expeditionen ebenfalls: 2345 Dollar kostete das Ticket in den Eisfall im Jubiläumsjahr 2003. Für diese Summe werden mehr als zwei Kilometer Fixseile verlegt, etwa zweihundert Eisschrauben und ebenso viele Firnanker aus Aluminium angebracht. Weit mehr als hundert jeweils zweieinhalb Meter lange Alu-Leitern sind nötig, um Spalten und Eiswände zu überwinden. Die Spalten des Khumbu-Eisbruchs sind so grundlos tief, dass die Sherpa scherzend behaupten, sie könnten beim Blick in die Leere bis nach Amerika schauen – und wer in eine Spalte hineinfalle, erhalte ein »Visum für die Vereinigten Staaten«. Um diese Abgründe zu überwinden, werden an manchen Stellen bis zu vier der Leitern aneinandergebunden. Über die schwankenden Brücken balancieren die Bergsteiger mit Steigeisen an den Schuhen und nur an einem dünnen Seil gesichert, das wie ein Handlauf angebracht ist. Im Eisbruch wurden schon lotrechte Eiswände mithilfe von vierzehn zusammengesteckten Leitern überwunden. Der Respekt vieler Everest-Anwärter, der bei den ersten Begehungen während einer Expedition nicht selten in nackte Angst umschlägt, ist entsprechend groß.

Besonders in der Nacht und selbst im respektvollen Abstand des Basislagers zum Eisbruch ist das marod-eisige Gebilde als körperliche Bedrohung spürbar. Mit gewaltigen Kräften schieben sich die Gletschermassen meter- und tonnenweise zwischen Mount Everest und Nuptse zu Tal. Selbst unter dem Moränenschutt des Basislagers ächzt und kracht, stöhnt und knarrt, knallt und rumst es fast ohne Unterlass. »Die Musik des Everest« nennen Spötter die unheilvolle Melodie. Wenn oben im Eisbruch ein Sérac von der Größe eines Zweifamilienhauses umfällt, fühlt es sich unten an wie ein Erdbeben. »Wir müssen nur lange genug hier sitzen bleiben, dann kommen wir von allein wieder heim. Der Gletscher schiebt uns schon dahin, wo wir hergekommen sind«, schmunzelt Apa. Genau in dem Moment löst sich links am Loh La, dem weglosen Pass des Everest-Westgrats, eine Eislawine und versteckt den halben Eisbruch eine Viertelstunde lang im Schneenebel. Paukenschlag zur Ouvertüre, der Gletscher lebt.

In jedem Frühjahr entsteht auf der Südseite des Mount Everest eine Zeltstadt von der Größe eines Dorfs. Wenigstens dreihundert Menschen bevölkern dann zwei Monate lang einen der unwirtlichsten Orte der Erde. Im Jahr 2003, fünfzig Jahre nach der Erstbesteigung, pilgerten zweiundzwanzig Expeditionen mit etwa siebenhundert Personen dem höchsten Punkt der Welt entgegen. Doch das Basislager des Everest ist längst kein wilder Platz mehr für Abenteurer, es ist ein Ort der Computer, Satellitentelefone und des Verwöhnaromas aus der Kaffeemaschine.

»Der Everest«, sagt der Tiroler Bergsteiger Peter Habeler, »ist kein Berg mehr für Bergsteiger. Die Chancen, an diesem Berg irgendetwas allein zu tun, gehen gegen null.« Tatsächlich stieg nach 1978 die Zahl der Besteigungen sprunghaft an. Was Reinhold Messner und Peter Habeler ohne »englische Luft«, wie die Sherpa den Flaschensauerstoff bezeichnen, gelungen war, trauten sich plötzlich auch Bergamateure zu. Eine Besteigung des Everest schien bald nur noch eine Frage des Geldes und der Organisation zu sein. Mit den kommerziell ausgelegten Expeditionen setzte am Everest der Abenteuertourismus ein, der Berg wurde dafür in Ketten geschmiedet. Kilometerweise werden in jeder Saison Fixseile verlegt, Firnanker in den Schnee getrieben und Eisschrauben gesetzt. Tonnenweise schleppen die Sherpa Material in die Flanken des Everest. Zelte, Schlafsäcke, Seile, Kocher, Astronautennahrung, Thermosflaschen, Daunenjacken, pulverisierten Himbeersaft und hundertfach das Lebenselixier Sauerstoff in Flaschen. »Der Everest ist zum höchsten Klettersteig der Erde verkommen«, kritisiert Hans Kammerlander, den vor allem die Besteigungen mithilfe von Flaschensauerstoff stören. »Man sollte sie in der Statistik nicht mehr zählen«, fordert er, »denn mit der Flasche wird der Everest auf einen Siebentausender gestutzt.« Das Basislager, sagt Reinhold Messner richtbeilschwingend, sei nur noch ein irrwitziger »Treffpunkt der modernen Juxgesellschaft«. Und tatsächlich, wer das Treiben am berühmtesten und begehrtesten aller Achttausender ein paar Wochen lang beobachtet, findet sich bald auf einem einzigen »Jahrmarkt der Eitelkeiten« wieder.

Für diese Einschätzung genügt ein Blick in das Basislager an der Südseite des Everest. Hundertschaften von Trägern und endlose Yak-Karawanen transportieren Jahr für Jahr zu Beginn der Everest-Saison Mitte März vom Flughafen in Lukla Tonnen an Ausrüstung in den Sagarmatha-Nationalpark. Der ausgetretene Pfad mit den Trekkingstationen Pakding, Namche Bazar, Tengboche, Pangboche, Dingboche, Pheriche, Duglah, Lobuche und Gorak Shep mutiert zur Straße moderner Abenteuerlust. Ein schier endloser Lindwurm wälzt sich der Moräne am Fuß des Everest entgegen. Dort angekommen, entsteht binnen weniger Tage fast eine Kleinstadt. In den überwiegenden Farben Gelb, Orange und Grün stehen zum Höhepunkt einer »normalen« Saison mehr als fünfhundert Zelte im Basislager auf 5346 Meter Höhe. Etliche Hundert Bergsteiger, Träger, Köche und Küchenhelfer sowie die Verbindungsoffiziere der nepalischen Regierung bevölkern eine Fläche von nicht viel mehr als einem Quadratkilometer. Die einzelnen Expeditionen sind um gebührenden Abstand bemüht. Und doch wirkt es aus einiger Entfernung betrachtet, als wollten sie wie eine ängstliche Schafherde möglichst eng zusammenrücken. An der tibetischen Nordseite des Bergs schaut es im Haupt- und im vorgeschobenen Basislager auch nicht besser aus.

Man darf davon ausgehen, dass sich die Mehrzahl derer, die sich aufmachen, den Everest zu besteigen, daheim verabschiedet hat mit den Worten, man breche jetzt in Richtung »Wildnis«, »fernab jeglicher Zivilisation«, zum »letzten Abenteuer der Menschheit« auf. Doch kaum im Basislager inmitten eines heillosen Chaos aus Stein, Eis und Schnee angekommen, beginnen die Expeditionen vehement an einem Stückchen Zivilisation zu basteln. Die Hightechausrüstung heutiger Großexpeditionen stürzt selbst hartgesottene Everest-Kenner in Verblüffung. Acht Notebooks, vier Satellitentelefone, digitale Kameras für Liveschaltungen, zwei riesige Parabolantennen, kistenweise Kabel, Faxgeräte, modernste Funkkommunikation, eine Solaranlage mit riesigen Kollektoren und mehrere Dieselaggregate sorgten 2001 für die weltweite Vermarktung von Eric Weihenmayer, der als erster Blinder den höchsten Punkt der Erde erreichte. Aus dem Weißen Haus in Washington nutzte der damalige Präsident George W. Bush den Segen der Technik für einen Liveglückwunsch.

20

Ein solcher Aufwand ist kein Einzelfall. Im Frühjahr des Jubiläumsjahrs 2003 gab es im Basislager sogar erstmals ein Internetcafé – die Minute im Netz kostete einen Dollar. Wenn heute das Satellitentelefon ausfällt, wird das ernster genommen als der Verlust eines Eispickels. Elektrische Kabelleitungen für Licht in den komfortablen Kantinenzelten der Expeditionen, Stereoanlagen, bequeme Stühle und moderne Klappbetten in den Privatzelten, windschiefe, aber funktionstüchtige Duschkabinen mit Warmwasseraufbereitung gehören praktisch zum Standard des Fünfsterneabenteuers. Die Sherpa-Köche suchen sich gegenseitig mit der Größe ihrer rudimentär gemauerten Kochzelte zu übertrumpfen. Drinnen hantieren sie mit Handwerkszeug wie ihre Kollegen in den Nobelhotels von Davos. Sie verwöhnen ihre Gäste mit opulenten Viergangmenüs. Das ist auch dringend notwendig, denn immerhin werden in diesen Höhen zwischen 4000 und 8000 Kalorien täglich verbraucht. Reis, Kartoffeln, Nudeln, Gemüse, reichlich Knoblauch für die Blutwerte, Obst, Huhn, Yak-Fleisch und sogar Rindersteaks – im Basislager gibt es bei einer gut ausgestatteten Expeditionsgruppe praktisch alles, was Herz und Magen begehren. Was es nicht gibt, bringen die Bergsteiger von daheim mit. Mit Speck, Käse, Vollkornbrot, Schokolade, Cappuccinopulver und dem geliebten Früchtetee werden die bisweilen schwer erträglichen Gefühle von Einsamkeit und Abgeschiedenheit bekämpft. Eine sächsische Expedition nahm sich 2001 ein richtig schweres Stück Heimat mit zum Everest – in Form von fast dreißig Kilogramm bestem und in handliche Stücke verpacktem Dresdner Christstollen. Und man kann sicher sein, irgendwo im Basislager summt immer leise eine Espressomaschine.

Wer freilich behauptet, das Leben im Everest-Basecamp sei auf Dauer nur angenehm und ein Luxus gewordenes Himalaja-Abenteuer, muss schon ein ausgemachter Spartaner mit jahrelanger Höhlenerfahrung sein. Selbst die vielen kleinen und großen Annehmlichkeiten können nicht darüber hinwegtäuschen, dass es am Ende der Welt nicht viel schlimmer sein kann. Auf der Moräne gibt es nicht einen Quadratmeter ebenen Boden. Kleine Steine, große Steine, rundliche Brocken, scharfkantige und wackelige Platten. Jeder Schritt ist ein Tanz von Stein zu Stein, ein Balanceakt mit Verletzungsgefahr. Weit mehr als die Hälfte des Tages spielt sich überdies am Boden ab – wie auf jedem Campingplatz. Wer etwas in die Hand nehmen will, muss es von unten aufheben, es sei denn, es liegt auf einem der ganz wenigen Tische im Gemeinschaftszelt. Dem Abenteuer am Fuße des Everest wurde im Lauf der Jahrzehnte nach der Erstbesteigung nur ein wenig die Härte genommen. Anders wäre es für die kommerziellen Anbieter auch kaum möglich, ihre Ausflüge in Eis und Kälte zu vermitteln. Wen man rasenden Kopfschmerzen in der Todeszone aussetzen will, dem muss man wenigstens ab und zu einmal einen guten Kaffee und eine bequeme Pritsche statt der guten alten Isomatte zur Verfügung stellen.

Die ersten Tage nach der Ankunft am Fuß des Khumbu-Eisbruchs sind für die meisten Bergsteiger die Hölle. Nach wenigen Schritten fliegt der Atem, und das Herz jagt. Die Höhe von über fünftausend Meter fordert ihren Tribut. Würde man einen Menschen aus Meereshöhe zum Everest-Basislager fliegen und dort aussetzen, würde er nach einer Stunde kollabieren und wenig später an der Höhenkrankheit sterben. Trotz der Akklimatisierung während des Anmarschs wird für die allermeisten Bergsteiger der Weg von ihrem Privatzelt zum Kantinenzelt, zur Küche oder zur Toilette zu einer echten Anstrengung. Während die Sherpa übermütig von Stein zu Stein springen, versuchen die Everest-Aspiranten verzweifelt, ihre Lunge mit ausreichend Sauerstoff zu füllen.

Besonders die Nächte zehren am Anfang nachhaltig an den Nerven. Unter den Zelten, tief drinnen im Eis, knackt und kracht es schaurig, dumpf und hohl. Manchmal hört es sich an, als würde in einer Tiefgarage mit Wucht eine Autotür zugeschlagen. Mitten im Schlaf schreckt man hoch, weil der Lungensack zusammengefallen ist und für einen Moment das Einatmen unmöglich scheint. Dann fahren die Bergsteiger aus dem Tiefschlaf hoch und holen mit kräftigen Atemzügen nach, was sie Sekunden vorher versäumt haben. Dieses Phänomen verschwindet aber nach wenigen Nächten. Wirklich gesund sind in den ersten Tagen im Basislager nicht sehr viele. Durchfall, Magenprobleme, bellender Husten, Erkältungen, stechende Kopfschmerzen, Entzündungen der Stimmbänder und Atemwege, Schwindel, Schlaflosigkeit,

Atemnot – in den wenigen Momenten der Ehrlichkeit klagen fast alle über die verschiedenen Beschwerden. Aber wer auf den Everest will, muss vor allem hart gegen sich selbst sein.

Spätestens nach drei Wochen werden an vielen Stellen des Basislagers die ersten Zelte umgestellt – weil direkt unter den Matratzen eine kleine Spalte aufreißt oder weil die Wärme des Tages Gletscherbäche unter den Zeltboden leitet und sich dort Seen bilden. Lässt sich das Wasser nicht mehr umleiten oder nimmt eine Spalte beängstigende Ausmaße an, wird mit Eispickel und Schaufel notgedrungen ein neuer Zeltplatz im Geröll geebnet.

Dann heißt es Habseligkeiten zusammenpacken, Zelt abbauen, am neu hergerichteten Platz wieder aufstellen, alles wieder einräumen und hoffen, dass der Platz nun besser ist als der alte. Mit fortschreitender Jahreszeit und dem nahenden Monsun werden im Lauf der Wochen auch die Temperaturschwankungen immer brutaler. Selbst die Expeditionsgruppen, die sich zuvor anderswo im Himalaja an einem Sechs- oder Siebentausender akklimatisiert haben, sind nun – Ende April, Anfang Mai – im Basislager des Everest eingetroffen. Andere hausen dort inzwischen schon länger als einen Monat. Weit über 30 Grad in der Sonne – natürlichen Schatten gibt es im Basislager erst wieder, wenn die Sonne untergeht – sind am frühen Nachmittag durchaus möglich. Wenn aber die Sonne hinter den Hängen des benachbarten Pumori, eines Traum-Siebentausenders, verschwindet, fällt das Quecksilber schlagartig. In den frühen Morgenstunden sinkt die Temperatur bisweilen auf 25 Grad unter null. Das bedeutet einen ständigen Kleiderwechsel, fast wie bei einer Modenschau. T-Shirt und dünne Hosen am frühen Nachmittag erinnern an Strandurlaub. Erst die Abendgarderobe offenbart den wahren Aufenthaltsort: In Daunenjacke, Daunenhose, Daunenüberschuhen, mit Handschuhen, Wollmütze und Stirnlampe sitzen die Bergsteiger zusammengekauert auf wackligen Klappstühlen direkt auf dem Gletschergestein und versuchen dem Körper zuzuführen, was er bei all den Strapazen verliert. Bald danach schlüpfen sie in ihre Schlafsäcke (Komforttoleranz bis minus 50 Grad) und lauschen wieder den schaurigen Geräuschen des Gletschers.

Fast durchgehend knattern die Kerosin- und Propangasöfen in den Küchenzelten. Tee gibt es zu allen Zeiten, warme Säfte und

Suppen ebenfalls. Vier, fünf Liter Flüssigkeit soll man täglich zu sich nehmen – sie ist der wichtigste Treibstoff in dieser Höhe. Irgendwann beginnt der Körper sich an die Höhe und die Strapazen zu gewöhnen und funktioniert wieder halbwegs. Aber damit ergibt sich im Everest-Basislager prompt ein neues Problem wie an keinem anderen Achttausender. Eine wenig appetitliche, gleichwohl beeindruckende und interessante Hygienerechnung veranschaulicht, was hier passiert. Ein normal verdauender Mensch scheidet am Tag etwa zweihundertfünfzig Gramm Darminhalt aus. Multipliziert mit dreihundert Basislagerbewohnern mal fünfzig Tage Aufenthalt ergeben sich daraus nahezu vier Tonnen Fäkalien (ohne Toilettenpapier) in knapp zwei Monaten. Nur gut, dass die Zeit »wilder Deponien« am Fuß des Mount Everest vorbei ist. Jede Expedition hat ihr eigenes Toilettenzelt. Im Moränenschutt ist eine Tonne eingegraben, die wöchentlich für vierzig Dollar von den »Shit-Porters« abtransportiert und knapp zwei Stunden entfernt, in der Nähe von Gorak Shep, »endgelagert« wird.

Dass inzwischen auch sämtliche anderen Hinterlassenschaften menschlicher Zivilisation abtransportiert werden müssen, führt freilich noch nicht zu einer zufriedenstellenden Lösung. Denn unweit von Gorak Shep entstand so nur eine weitere, noch viel größere Kloake. Aufgrund der klimatisch bedingten Kälte und der großen Höhe verrotten selbst organische Abfälle sehr viel langsamer. Eine Sherpani berichtete mir einmal flüsternd von dem fürchterlichen Gestank, dem sie dort ausgesetzt seien, wenn der Wind schlecht stehe.

Wenn das Everest-Basislager alljährlich am 30. Mai seine Pforten schließt, weil die Saison im Sagarmatha-Nationalpark dann unwiderruflich zu Ende ist, müssen der Müll entsorgt, alle Zelte abgebaut und alle Spuren der menschlichen Belagerung beseitigt sein. Wer in Kathmandu diesen Nachweis nicht glaubhaft und anhand von gewogenem Müll belegen kann, darf sich auf Sanktionen einstellen, die von empfindlichen Geldstrafen bis zum künftigen Einreiseverbot reichen.

An diesem strahlend schönen Tag 2001 ist es noch nicht neun Uhr, da ertönt von Weitem das »Schrapp-schrapp-schrapp« eines

24

Helikopters. Eine indische Militärexpedition hat einen Landeplatz auf einem Moränenhügel eingerichtet. Der Hubschrauber holt einen höhenkranken Bergsteiger ab. Die Aktion dauert kaum fünf Minuten. Doch beim Start fliegt der Helikopter so knapp über das Basislager, dass ein amerikanisches Kommunikationszelt zu Bruch geht: Zwei Stangen knicken, die Plane zerreißt. Von diesem Moment an herrscht »kalter Krieg« zwischen Indien und den Vereinigten Staaten. Absprachen für die Arbeit am Berg werden beiderseits nicht mehr eingehalten. Per Funk werden falsche Wetterberichte und Lagebeschreibungen aus den Hochlagern lanciert. Keine Gesprächsbereitschaft – auf beiden Seiten nicht. Die Italiener solidarisieren sich mit den Amerikanern und die Franzosen mit den Chilenen, die bei den Indern gern gesehene Gäste zur Teestunde sind. Die wahnwitzige Ursache des kleinbürgerlichen Nachbarschaftsstreits ist ein 8848 Meter hoher Berg auf der Grenze zwischen Nepal und Tibet, an dessen Flanken jeder dreißigste Besteigungsversuch mit dem Tod endet. Doch Solidarität ist hier ein Fremdwort.

Das alles erinnert vielmehr stark an einen modernen Turmbau zu Babel. Japaner und Koreaner, Deutsche und Basken, Spanier und Franzosen, Taiwaner und Australier, Amerikaner und Chilenen, Italiener und Österreicher – die halbe Welt tritt Jahr für Jahr am Everest an. Und immer ist es das gleiche Spiel. Zeltstadt aufbauen, sich gegenseitig Unterstützung, Hilfe und Zusammenhalt versichern. Miteinander stolpern sie die ersten Male durch den Khumbu-Eisbruch und richten die unteren Hochlager ein. Das geht gut bis zu dem Tag, an dem unter dem Südsattel Nervosität aufkommt. Wenn sich zum ersten Mal die bange Frage stellt: Wer geht wann in Richtung Gipfel? Hält das Wetter? Und wie ist der drohende Stau am Hillary Step zu vermeiden, wenn – wie am 23. Mai 2001 – achtundachtzig Bergsteiger zur gleichen Zeit einen Stehplatz am Dach der Welt begehren? Dann sind all die erzwungenen Freundschaften, die in Wahrheit nur zerbrechliche Zweckgemeinschaften sind, nicht mehr den trockenen Nordwand-Handschlag wert, mit dem sie erst ein paar Wochen zuvor geschlossen worden sind. Auf einmal regieren die Ellbogen. Jeder will hinauf. So weit wie möglich und irgendwie bis zum höchsten Punkt. Dann herrscht unter den Freunden der Berge Egoismus pur. Nur eines eint sie noch: Alle haben sie gezahlt für diesen verdammten Berg.

Eine Expedition zum Everest verschlang schon 2001 pro Mann ganz schnell 40 000 US-Dollar – im Sparbudget kalkuliert. Und es wird immer teurer. Das können sich die meisten nur einmal im Leben leisten. Sponsoren sind für das Allerweltsabenteuer »Everest auf dem Normalweg« heute kaum noch aufzutreiben. Bierbrauer und Seifenproduzenten, Magazine und Internetbanner – der Everest ist für sie alle kein wirklich spannender Hafen der Werbebranche mehr. Wen interessiert es noch, ob man der 3632. oder der 3633. auf dem Gipfel gewesen ist? Den Everest zu besteigen ist ein Egotrip geworden, der niemandem nützt und allenfalls noch auf der Lokalseite eine Meldung wert ist. Selbst die absurdesten Rekorde wurden inzwischen gebrochen. Rückwärtsgehend ist halt noch keiner hinaufgekommen. Interessant wird der höchste Berg der Erde erst im Katastrophenfall wieder.

Inzwischen ist jedoch eine kuriose Entwicklung zu beobachten. Viele Everest-Besteiger und selbst gescheiterte Aspiranten tauchen hinterher plötzlich im Internet auf und bieten dort Managerseminare, Incentive-Wochenenden und Lehrgänge darüber an, wie man in extremen Situationen den Überblick behält, wie man »ganz oben in der dünnen Luft« überlebt und wie weit Teamfähigkeit auf der Erfolgsleiter führen kann. Im Basislager sehen die Resultate dieser modernen Businesspredigten allerdings ganz anders aus. Monate der Entbehrungen, des Trainings, der Vorbereitung, des Wartens und Fieberns kanalisieren sich mit einem Schlag in blindem Ehrgeiz und lebensbedrohlichem Egoismus. Es gibt von Anfang Mai an nur noch das eine Ziel: den Südsattel und den vom Basislager aus nicht zu sehenden Gipfel, was die Sehnsüchte offenkundig ins Unermessliche treibt. Um erkennen zu können, wie der Sturm oben rast und die Schneefahne vom Gipfel kilometerweit davonträgt, muss man schon ein Stück hinauswandern in Richtung Gorak Shep und dort auf den unscheinbaren Gipfel des Kala Patar (5552 m), eines viel besuchten Trekkinghügels mit großer Aussicht, oder besser noch in das Lager I unter dem Pumori (7161 m), wo man den schwarzen Aufbau des Riesen noch viel schöner sieht. Das sind Logenplätze, die eine Vorahnung davon vermitteln, was einen weiter oben erwarten kann.

Im Basislager jedenfalls löst das unsichtbare Objekt der Begierde praktisch über Nacht einen kollektiven Wahn aus. Die allermeisten Frauen und Männer sind aufs Äußerste gespannt, eint sie doch das Wissen, dass sie wahrscheinlich nur einen einzigen »Schuss« haben und danach wohl kaum noch ein weiteres Mal zum Everest zurückkehren werden. Denn die wenigsten sind Profibergsteiger, der überwiegende Teil repräsentiert das Lager der Amateure. Blutige Anfänger oft, gesegnet mit einem brandgefährlichen Ehrgeiz und einem kaum mehr zu bändigenden Drang, sich selbst zu inszenieren. Dafür nehmen sie sogar ihr letztes Stündlein billigend in Kauf. Wenn man sich nämlich als Journalist outet und Bleistift und Papier zückt, dann beharren sie nur noch nachdrücklicher darauf, sich durchaus und vollständig darüber im Klaren zu sein, dass man »da oben leicht den Tod finden kann«.

Reinhold Messner gab seinem Buch über die erste vollständige Sammlung aller vierzehn Achttausender noch den Titel *Überlebt*. Er wusste, wie das Überleben geht, lange bevor er sich dem Everest näherte. Seine Bergsteiger-Enkel wollen das offenbar erst vor Ort lernen. Denn wie anders ist es sonst zu erklären, dass all die Apas, Lakpas, Dawas, Purbas oder Pembas, also all die erfahrenen Everest-Sherpa, die immer gleiche Geschichte erzählen. Sie handelt von den perfekt ausgerüsteten Bergsteigern mit ihren dicken Daunenanzügen, den elefantenfußähnlichen Stiefeln und ihren modernen Telefonen, die aber nicht wissen, wie man Steigeisen im Stehen und ohne umzukippen anlegt. Oder von jenen Taiwanern, die 1996 versuchten, die spitzen Zacken in die Schuhsohle zu treten, weil sie glaubten, das sei die richtige Art, Steigeisen anzulegen. Apa Sherpa hat 2001 einen solchen »Kurs« für ein paar Japaner halten müssen. Prompt gelangte er in dieser Saison nicht auf den Gipfel. Unter anderem auch, weil er bald einsehen musste, dass seine zwar reichen, aber offenbar unfähigen Klienten nicht den Hauch einer Chance hatten, auch nur in die Nähe des Gipfels zu gelangen.

Im Basislager ist es inzwischen Mittag geworden. Apa Sherpa bietet einen Besuch bei den »Eisenbiegern« an. In einer Grube zwischen zwei Moränenhügeln hat sich eine nepalische Reinigungsexpedition unter Leitung von Ang Purba Sherpa eingerichtet. Er war 1979 mit Japanern am Gipfel. Einundzwanzig Jahre später leitete er seine erste große Aufräumtour am Everest – mit einem erstaunlichen Resultat: Vier Tonnen Müll, vor allem Alu-Stangen, -Leitern und Zeltreste trugen die Sherpa vom Berg; und dazu noch 632 leere Sauerstoffflaschen. Auch heute ist Apa Sherpa, dem der Berg alljährlich Geldsegen, Reichtum und Wohlstand beschert hat, begeistert. Wieder zersägen die »Rubbish-Sherpa« gewaltige Anhäufungen von Aluminiummüll. Und in einem Zelt, sauber aufgestapelt, lagern auch diesmal wieder rund fünfhundert leere Sauerstoffflaschen. Knapp dreihundert Flaschen, berichten Apa und Ang Purba übereinstimmend, lägen noch am Südsattel, etwa die gleiche Zahl noch einmal auf der Gipfelroute. Das Bild von der höchstgelegenen Müllkippe hängt offenbar lange schon schief. Zwanzig Dollar für zehn Kilo Müll aller Art sind vor allem für die jungen Sherpa Anreiz genug, auch noch an ihren freien Tagen zu arbeiten und den Dreck vom Everest herunterzutragen, den ihre Väter in Auftragsarbeit hinaufgebuckelt haben. Doch kaum ist der Unrat in mühseliger Arbeit vom Berg herunter, katapultieren die Dreckschleudern der vielen Expeditionen ein Jahr später ihre nächsten Ladungen wieder hinauf.

Der höchste Berg der Erde ist bei näherem Augenschein tatsächlich zu einem Freizeitpark verkommen. Der Mount Everest sei zum Spielgerät der Neureichen geworden, klagt Reinhold Messner. Sagarmatha, der »Gipfel in den Wogen des Meeres«, so nennen die Nepali den schwarzen Riesen, ist immer noch ein Mythos, doch Chomolungma, die »Muttergöttin der Erde«, wie der Berg auf Tibetisch heißt, hat viel vom einstigen Abenteuerglanz verloren. Ärger, Neid, Missgunst, Stolz, Überheblichkeit und Wollust, darauf legen die älteren Sherpa heute noch Wert, haben am Everest nichts verloren. Damit würden die Götter beleidigt. Die Praxis aber sieht anders aus. Trotz des 2001 eingeführten strikten Alkoholverbots wird bei manchem Sherpa-Fest reichlich und über die Maßen getrunken. Es muss dazu nicht einmal mehr ein Fest geben. Auf Yaks, aber auch unter den weiten Kleidern von

Prostituierten wird der Alkohol ins Basislager geschmuggelt. Doch das Gebräu, das unter dem verlockenden Namen »Everest Whiskey« verscherbelt wird, ist gefährlich für die Sherpa. Nicht wenige sind alkoholkrank geworden. Und sie wurden es auch durch die Nähe zu den Bergsteiger- und Trekkinggruppen.

Unglaubliche Geldbeträge werden bei Kartengelagen verzockt, und wenn die jungen Sherpani mit der täglichen Bier- und Whiskeylieferung eintreffen, versteckt zwischen den Lasten, unter Kartoffeln und Reis, gibt es einen regelrechten Auflauf. Die Begleitoffiziere stehen dem Problem entweder machtlos gegenüber oder verschließen die Augen, weil sie selbst gern mal einen über den Durst trinken. Es gibt sie längst auch hier, die Kluft zwischen Arm und Reich. Die Stars unter den Sherpa verdienten schon 2001 bis zu 25 000 Dollar im Jahr, Tendenz steigend. Sie werden von westlichen Expeditionen angeheuert und durchaus auch von Sponsoren unterstützt. Der höchste aller Berge hat ihnen Ruhm und Reichtum eingebracht. Zu Recht, sagen viele, denn die Sherpa seien nach wie vor die wahren Helden am Everest. Sie wissen inzwischen, wie die Pfründe verteilt werden. Und sie verteilen sie, wenn möglich, unter sich. Da müssen die Jungen lange Lasten schleppen, ehe sie als Kletter-Sherpa ganz hinaufgelassen werden, um dann an das richtig große Geld zu gelangen.

Am Nachmittag ist Apa Sherpa, der erfolgreichste unter ihnen, noch einmal auf seinen Hügel gestiegen. »Eigentlich bin ich gern hier. Das ist mein Arbeitsplatz. Hier verdiene ich das Geld für die Schulausbildung meiner vier Kinder. Aber jedes Jahr freue ich mich mehr, wenn das alles vorbei ist und ich nach Hause gehen kann. Der Everest ist nicht mehr so, wie er einmal war.« Der Mann blickt betrübt auf den Rummelplatz unter seinem Berg. Bei der Erstbesteigung von Edmund Hillary und Tenzing Norgay war Apa noch nicht einmal auf der Welt. Aber er kann sich noch gut daran erinnern, wie es früher war, als es am Mount Everest noch etwas zivilisierter zuging.*

---

* Bis hierher ist dieser Text das ungekürzte Manuskript einer Reportage über das Basislager des Mount Everest, die am 28. Mai 2003 in der *Frankfurter Allgemeinen Zeitung* erschien.

2001 hielt ich mich fast zwei Monate lang im Basislager unter dem höchsten Berg der Erde auf und sah mit eigenen Augen, wie es dort zuging, welche Menschen sich in diesem Schmelztiegel moderner Abenteuerlust versammelten und welcher Wahnwitz sich dort auf so eigentümliche Weise und vor allem vollkommen ungezügelt entwickelte. Ich machte in dieser Zeit sehr viele Notizen. Doch nachdem ich damals vom Mount Everest zurückgekehrt war, wollte ich über dieses Thema eigentlich nichts mehr schreiben – so sehr die Beobachtungen auch meinen journalistischen Ehrgeiz herausforderten. Ich hatte während dieser vielen Wochen in einer kommerziell strukturierten Gruppe unter Leitung des sehr erfahrenen und äußerst umsichtigen Expeditionsleiters Peter Guggemoos die deutschen Bergsteiger Dieter Porsche, Helmuth Hackl und Christian Rottenegger dabei unterstützt, ein Internettagebuch zu verfassen. Heute nennt man das einen »Blog«, und inzwischen geht das ganz einfach, sofern die Technik funktioniert.

Nachrichten und Informationen direkt aus der Umgebung des Everest zu verbreiten hat eine lange Tradition. Aber noch nie war es so einfach wie im Zeitalter der modernen Kommunikation. 1953 hatten die Erstbesteiger ihre frohe Kunde vom Gipfelerfolg noch mit Postläufern, die vom Basislager nach Namche Bazar – den Hauptort im Khumbu-Gebiet – rannten, in Umlauf gebracht. Wir konnten 2001 bereits auf die Verbindung mit Satellitentelefonen vertrauen und schrieben unsere Texte in nicht mehr ganz so klobige Notebooks. Wenn jedoch die Verbindung kippte, mussten wir von vorn beginnen. Aber das nahmen wir ebenso in Kauf wie die exorbitant hohen Kosten dafür und die meist beängstigend langen Übertragungszeiten. Nur zehn Jahre später funktionierte das alles um ein Vielfaches leichter. Das Internetcafé im Basislager wird praktisch nicht mehr genutzt, weil inzwischen die modernen Handys und Smartphones dank einer starken WLAN-Verbindung problemlos funktionieren. Seit das so ist, wird in unzähligen Blogs und Foren jedweder geistige und körperliche Durchfall zu allen Tages- und Nachtzeiten weltweit und sofort verbreitet. Das schlägt für Bergsteiger, die mit kommerziellen Anbietern unterwegs sind und auf den Luxus von Internet, E-Mail und Zugang zu ihren Homepages nicht verzichten wollen, mit wenigstens 4000 US-Dollar im Monat zu Buch.

2003, also genau vierundzwanzig Monate nach meinem Aufenthalt im Basislager, jährte sich zum fünfzigsten Mal der Tag der Erstbesteigung von 1953, und ich schrieb zu diesem Anlass dann doch noch eine Reportage über das Basislager des Mount Everest für die *Frankfurter Allgemeine Zeitung*. An den Zuständen dort hatte sich im Wesentlichen nicht viel zum Positiven verändert. Bis heute hat sich daran nichts geändert. Während ich in meinen Aufzeichnungen stöberte, Interview- und Gesprächsaufzeichnungen noch einmal las, die ich während der über zwei Monate in Nepal gemacht hatte, wurde mir schnell klar, dass ich die Fülle an Informationen keineswegs in einer Reportage würde unterbringen können. Andererseits war all das Material, das ich gesammelt hatte, noch viel zu dünn, um daraus ein Buch machen zu können. Die Notizen wanderten also zu großen Teilen ungenutzt in die Truhe jener Schätze, die jeder Journalist besitzt und von denen wir alle wissen, dass wir sie eines Tages noch einmal bergen werden. Das Thema als solches blieb natürlich allgegenwärtig. Das lag vor allem daran, dass am Mount Everest auch in den folgenden Jahren immer wieder Schlagzeilen produziert wurden. Und nicht selten kam mir dann auch wieder in Erinnerung, was ich selbst dort an Interessantem zusammengetragen hatte. Dinge auch, die nicht immer nur vom Hauch des Todes, von der Dynamik der Besteigungen oder dem Gestank der Müllberge umweht waren.

Thame ist ein kleines Dorf im Solo Khumbu, drei Gehstunden von Namche Bazar entfernt in Richtung Rolwaling. Der Ort liegt ein wenig abseits des ausgetrampelten Everest-Trekkingpfades, weshalb es dort auch nicht viel gibt. Ein paar Häuser, eine gepflegte Lodge, mittlerweile auch eine Schule und das fast 400 Jahre alte Kloster. Die Mönche leben am steilen Hang, die Menschen im Dorf sehr bescheiden, die Kinder sind fröhlich wie überall in Nepal. Die Berge rund um Thame sind hoch, aber bei Weitem nicht so hoch wie der Everest. Und dennoch, in Thame fließt offenbar ein besonderes Blut in den Adern der Dorfbewohner. Dort lebte während seiner Kindheit und Jugend einst Tenzing Norgay, bevor er als 19-Jähriger nach Darjiling zog und schließlich 1953 mit Edmund Hillary zum Erstbesteiger des Everest wurde.

Auch Apa Sherpa ist da geboren, wie ebenfalls der große Ang Rita, wie Lhakpa Rita und dessen Bruder Kami Rita. Apa (21-mal), Ang (10), Lhakpa (16) und Kami (18) haben den Mount Everest bis 2012 zusammengenommen 65-mal bestiegen. Es klingt stolz, wenn sie erzählen, dass sie aus Thame stammen.

Als 12-Jähriger trug Apa Sherpa seine ersten Lasten. Er trug sie weit und vor allem hoch hinauf. Das brachte ihm rasch ein gewisses Ansehen und vor allem ein erkleckliches Einkommen. Apas Vater war früh gestorben und die Mutter nicht in der Lage, die Familie allein zu ernähren. Der freundliche Mann aus dem Land der Sherpa kann bis heute nicht genau angeben, wann er geboren wurde, aber das empfindet er nicht als besonders schlimm. Man beginnt die Berechnung seines Alters inzwischen weltweit im Jahr 1959. Als Apa in den ersten Jahren als Träger mit Trekkinggruppen unterwegs war, konnte er sich »überhaupt nicht vorstellen, jemals den Mount Everest zu besteigen«. Eine gute Schulausbildung wäre ihm viel wichtiger gewesen, Arzt wäre er so gern geworden. Aber es kam alles anders. Sein Arbeitsplatz sollte der höchste Punkt der Erde werden. Am 10. Mai 1990, zwei Jahre nachdem er in Thame Yang Chi geheiratet hatte, kam er zum ersten Mal dort oben an. Der bekannte US-amerikanische Höhenbergsteiger Pete Athans leitete seinerzeit die Expedition. Peter Hillary, Rob Hall und Gary Ball standen zusammen mit Apa auf dem Gipfel. Rob Hall wurde in dieser Zeit zu Apas bestem Freund. Als Hall im Katastrophenjahr 1996 unter dem Gipfel des Everest starb, war Apa daheim in Thame. »Wir haben damals gerade unsere Lodge gebaut, und meine Frau bat mich darum, in diesem Jahr nicht auf den Berg zu steigen und besser das Haus zu vollenden. Ich hatte wohl Glück gehabt, aber Robs Tod war schrecklich für mich.« Scott Fischer war 1990 ebenfalls einer der Bergsteiger in Apas erstem Expeditionsteam. Auch Fischer starb 1996 in jenem verheerenden Höhensturm.

Im Lauf all der vielen Jahren auf dem Dach der Welt lernte Apa fast alle großen Höhenalpinisten seiner Zeit kennen – und wurde selbst einer von ihnen. Akzeptiert, anerkannt, hoch respektiert. Er wurde mit Auszeichnungen dekoriert und überhäuft in einem Ausmaß, dass er sie selbst nicht mehr alle aufzählen kann. Apa war in den 1990er-Jahren eine der treibenden Kräfte, wenn es darum ging, Aktionen zu unterstützen oder selbst mitzuhelfen, den Everest vom Müll zu befreien. Als er am 11. Mai 2011, also exakt zwanzig Jahre und einen Tag nach seinem ersten Erfolg, den Everest zum 21. und letzten Mal bestieg, war dieser Gipfelerfolg verbunden mit dem eindringlichen Appell, den weltweiten Klimawandel zu stoppen. Apa wird nicht müde, für den Klimaschutz zu kämpfen und sich im Rahmen seiner Möglichkeiten und seiner in Nepal ungeheuren Popularität dafür einzusetzen. So brach er 2012 zu einer Trekkingtour auf, die ihn vom Kangchendzönga im Osten Nepals bis ganz in den Westen führte. Hundertzwanzig Tage lang und fast 2000 Kilometer weit wanderte Apa zu Füßen der acht Achttausender Nepals durch ein einzigartiges Naturparadies und bestieg dabei keinen einzigen Berg. Er hielt die Fahne seines kleinen Landes hoch und warnte mit seiner ruhigen Stimme vor den Gefahren der Erderwärmung. Auf den Everest will er nicht mehr steigen. »Ich habe einundzwanzigmal mein Leben riskiert – für mein Land und auch für die Expeditionsteilnehmer. Ich hatte großes Glück, dass ich das überlebt habe. Die Götter waren mir wohlgesonnen. Inzwischen hat mich das Alter eingeholt, und die jüngeren Bergsteiger sind nun dran«, sagt der Mann, der es mit seinen Fabelweltrekorden achtmal ins *Guinness-Buch der Rekorde* schaffte.

Inzwischen lebt Apa seit Jahren mit Yang Chi und den vier Kindern während der meisten Zeit des Jahres in Draper im US-Bundesstaat Utah. Freunde, Bergsteiger vor allem, haben geholfen, seinen Umzug zu realisieren. Er verkauft Bergsteigerausrüstung und bietet seinen Kindern eine solide Ausbildung. »Sie sollen das bekommen, was ich nicht hatte – den Zugang zu Wissen. Mit dieser Grundlage sollte ihnen ein gutes Leben möglich sein. Sie sollen nicht Lasten zum Everest tragen müssen«, sagt Apa. Dafür nimmt er es in Kauf, fern seiner Heimat Nepal zu leben. Dort ist er ein gefeierter Star, dem sich sämtliche Türen praktisch von allein öffnen. In den USA kennt ihn kaum jemand, dort ist er einer unter vielen. Er lacht noch immer gern und viel. Besonders seit er den Wahnsinn am Fuß des Everest mit einigem Abstand beobachten kann.

33

Raum für Traum und Albtraum

Der lange Weg zum Mount Everest führte aus der
Abgeschiedenheit des Himalaja zu einem Rummelplatz

Der dritthöchste Berg der Erde, ganz im Osten Nepals auf der
Grenze zu Sikkim gelegen, ist ein wuchtiger Klotz und ein sehr
einsamer Achttausender. Der 8586 Meter hohe Kangchendzönga,
ein Riese aus Fels und Eis, einer der größten Gletscherberge der
Welt, ist nicht sehr beliebt bei Höhenbergsteigern – wegen der
Einsamkeit, wegen der wochenlangen Exponiertheit, der sich die
Kletterer aussetzen, und nicht zuletzt auch wegen der extrem
komplizierten Anstiege in Richtung Gipfel.

Drei Spanier, die alle vierzehn Achttausender innerhalb eines
Jahres zu besteigen versuchten, der Italiener Fausto de Stefani auf
dem Weg zu seinem vierzehnten Achttausender, ein paar Koreaner, beladen mit kilometerlangen Fixseilen und Flaschensauerstoff, und unsere kleine Expeditionsgruppe, angeführt von dem
Südtiroler Ausnahmebergsteiger Hans Kammerlander – mehr
Menschen bewegten sich 1998 nicht in den Flanken des Kangchendzönga.

Wir hatten in diesem Jahr unser Basislager unter der Südwestwand aufgeschlagen und waren in den ersten beiden Wochen vor
allem erstaunt über die extremen Witterungsbedingungen. Bei
weit über 30 Grad schwitzten wir am frühen Nachmittag und krochen in den Nächten tief in die Schlafsäcke, wenn das Thermo-
meter oft unter 20 Grad minus fiel.

Zusammen mit Hans Kammerlander hatte ich begonnen, an
seinem Buch *Bergsüchtig* zu schreiben. Nach drei dieser kalten
Nächte fror das Display des Notebooks ein, und wir bestaunten
wunderbare Eisblumen; die Buchstaben und Worte mussten wir
indes durch eifriges Scrollen mit der ebenfalls träge gewordenen
Maus mühsam miteinander verbinden.

All das war jedoch nichts im Vergleich zu der überwältigenden Einsamkeit am Fuß dieses Berges. Kangchendzönga bedeutet übersetzt »Die fünf Schatzkammern des großen Schnees«. Manchmal hatte ich das Gefühl, in dieser Stille, in dieser grandiosen Ruhe zum ersten Mal in meinem Leben den wahren Schatz der Einsamkeit gehoben zu haben.

Die Bergsteiger aus Spanien, Italien, Korea und Südtirol sahen sich in diesem Frühjahr 1998 nur sehr selten – eigentlich fast nie. Ich kannte Nepal von Trekkingtouren, aber ich war zum ersten Mal Mitglied einer Expeditionsgruppe unter einem Achttausender. Ich weiß nicht mehr genau, was ich damals eigentlich erwartet hatte, eine derartige Abgeschiedenheit jedenfalls nicht.

Zwei Jahre zuvor hatte sich am Mount Everest jene bis heute unfassbare Katastrophe ereignet, bei der in einem Höhensturm in der Nacht vom 10. auf den 11. Mai 1996 binnen weniger Stunden acht Menschen umkamen, fünf auf der Süd- und drei auf der Nordroute. Ich hatte, wie so viele andere Menschen auch, Jon Krakauers Buch *In eisige Höhen* regelrecht verschlungen. Weniger aus Sensationsgier, vielmehr hat mich seit meinen ersten Journalistentagen Ende der 1970er-Jahre der US-Reportagejournalismus auf gewisse Weise oft fasziniert. Einige US-amerikanische Schreiber sind in der Lage, selbst schlimme, höchst emotionale und aufwühlende Ereignisse mit einer derart unterkühlten Distanziertheit zu beschreiben, dass einem beim Lesen beinahe das Blut in den Adern gefriert. Doch genau mit dieser »Kälte« schaffen sie eine unmittelbare Nähe zum Ereignis, und es entsteht so eine atemraubende Atmosphäre. Ich hatte 1997 zuerst den Vorabdruck in *Geo* gelesen und dann das Buch. Nun, am Fuß des Kangchendzönga, las ich den Bestseller erneut. Besser gesagt, wir lasen ihn zu dritt. Wir hatten die gebundene Ausgabe in drei Teile zerrissen. Und weil ich das Buch schon kannte, durfte ich »hinten« anfangen. Hans Kammerlander las derweil die Mitte, und Konrad Auer, ein Bergführer aus Südtirol und Gipfelpartner Kammerlanders am Kangchendzönga, wollte unbedingt vorn beginnen. Als wir fertig waren, tauschten wir die Teile untereinander aus.

Besonders beeindruckend sind unter anderem Krakauers Schilderungen aus dem Basislager an der Südseite des Mount Everest.

35

Dort musste es, so mein Eindruck, zugegangen sein wie in einem Tollhaus. Und wir selbst saßen derweil am Fuße des Kangchendzönga in vollkommener Ruhe, die nur von dem tosenden Krawall abgehender Monsterlawinen durchbrochen wurde. Oder von Lakhpa, unserem Koch, der das Frühstück, Mittag- und Abendessen damit einleitete, dass er mit einem Löffel lautstark auf einen metallenen Teller schlug.

Um nichts in der Welt hätte ich diesen Ort gegen das Basislager des Everest tauschen wollen. Wir waren am Kangchendzönga zu fünft, unser Expeditionsleiter Hans Kammerlander, der Höhenbergsteiger Konrad Auer, der Bergführer Werner Tinkhauser, der den Südtiroler Kameramann Hartmann Seeber in dessen unglaublichen Bemühungen unterstützte, dort noch mit einer großen Kamera zu filmen, wo andere kaum noch gehen konnten. Und ich selbst mit der Aufgabe, den Koch bei Laune zu halten und ein Buch zu schreiben. Letzteres war zweifelsfrei sehr viel schwieriger.

Ein Jahr später am Fuß des K2. Ein Filmteam von *National Geographic*, zehn Schweizer Ärzte, die den Skyang Kangri, einen 7545 Meter hohen Karakorum-Gipfel nordöstlich des K2 am Ende des Godwin-Austen-Gletschers, zu besteigen versuchten; eine Gruppe südkoreanischer Bergsteiger mit Jung-Hun Park an der Spitze; die italienischen Alpinisten Oskar Piazza, Angelo Giovanetti und Manuel Lugli, der Rumäne Michai Cioroianu, Jay Sieger aus Alaska, der türkische Bergsteiger Uğur Uluocak und unser kleines Expeditionsteam – mit Hans Kammerlander, Konrad Auer, dem Kameramann Hartmann Seeber, der TV-Reporter Bernd Welz und ich – mehr Bergsteiger waren 1999 nicht im Basislager des K2. Im Lauf der vier Wochen zwischen dem 24. Juni, als wir am Fuß der K2-Südwand ankamen, und dem 20. Juli, als wir unsere Zelte wieder abbauten, entstand das, was man in einer zivilisierten Umgebung wohl eine gute Nachbarschaft nennen würde.

Am 10. Juli 1999 starb Michai Cioroianu in den unteren Flanken des Abruzzensporns. Dort verläuft die Route der Erstbesteiger in Richtung Gipfel. Cioroianu war im Aufstieg bei einer kurzen Rast sitzend von einem Stein am Rücken getroffen worden. Alle Versuche, das Leben des Rumänen zu retten, scheiterten – ein Rettungsteam mit dem Arzt Manuel Lugli an der Spitze stieg stundenlang auf und erreichte 13 Minuten nach Cioroianus Tod die Stelle, an der er verunglückt und seinen schweren inneren Verletzungen erlegen war.

Der K2 gilt in fast sämtlichen Passagen als gefährlich und deswegen als der schwierigste Achttausender. Fünf Tage zuvor war ich selbst beim Abstieg vom vorgeschobenen Basislager auf dem von der Hitze des Tages aufgeweichten Godwin-Austen-Gletscher fast zehn Meter tief in eine mit Wasser gefüllte Spalte gestürzt, aus der ich fast nicht mehr herausgekommen wäre. Allein unserem pakistanischen Guide Mohammad Amin, einer stabilen Eissäule in dieser Spalte und zuletzt der Geistesgegenwart des italienischen Bergsteigers Oskar Piazza im Basislager hatte ich mein Überleben zu verdanken. Während Amin nach meinem Sturz von oben am Seil zog, das ich leichtsinnigerweise nur ganz locker um den Bauch gebunden hatte und das mir jetzt zunehmend die Luft abschnürte, konnte ich nach endlosen Minuten vollkommener Verzweiflung schließlich nur deshalb an dieser Eissäule hinaufklettern, weil meine nassen Fleecehandschuhe fast wie Saugnäpfe dort anfroren und mir so Halt gaben. Als ich nach unserer Rückkehr im Basislager zusammenbrach und mein Herz offenbar aussetzte, schlug Oskar Piazza so lange mit der Faust auf meinen Brustkorb, bis er mich ins Leben zurückgeholt hatte. Derartige Ereignisse sind es wohl, die Nähe schaffen und Expeditionsgruppen zusammenrücken lassen. Ich war so unendlich dankbar, dass es all die anderen um mich herum gab.

Schließlich mussten in diesem Sommer Hans Kammerlander und Konrad Auer nur rund 150 Höhenmeter unter dem 8611 Meter hohen Gipfel des K2 im bauchtiefen Triebschnee umkehren. So knapp vor dem Ziel. Wir waren folglich alle ziemlich bedient, als wir diesem wunderbaren Berg im Karakorum nach vielen nachdenklich stimmenden Ereignissen den Rücken kehrten.

Diese zweite Expedition, an der ich teilnehmen durfte, lehrte mich eine andere, neue Seite solcher Unternehmen zu beurteilen. Auf einmal war das Thema Tod ebenso ganz nahe gewesen

37

wie die tödlichen Gefahren, die am Fuß dieser Giganten selbst im ganz leichten Gelände lauern können. Und ich erlebte auch, was es bedeutet, wenn zwei Spitzenbergsteiger den Gipfel nicht erreichen. Ich kann mich noch sehr gut erinnern, wie wir über die Moräne unter dem K2 das Tal fast hinausrannten, weil wir – um es deutlich zu sagen – allesamt die Nase ziemlich gestrichen voll hatten. Hans Kammerlander wohl am allermeisten, denn immerhin hatte er dieses Unternehmen im Alleingang finanziert und viel für diesen Gipfel trainiert. Als wir auf der Höhe des Broad Peak ankamen und dort im Basislager einer Einladung des deutschen Expeditionsleiters Ralf Dujmovits auf eine Tasse Tee folgten, stand Hans die Enttäuschung noch immer ins Gesicht geschrieben, obwohl er sich bemühte, sich das nicht anmerken zu lassen.

Die allermeisten anderen Bergsteiger hätten in einer vergleichbaren Situation wohl versucht, alles auf eine Karte zu setzen. Hans Kammerlander und Konrad Auer waren bereits oberhalb des berüchtigten Flaschenhalses angekommen. Sie hatten die bedrohlichen Séracs unter sich und damit die gefährlichste Passage des gesamten Bergs überwunden, standen also schon fast auf dem Gipfelrücken. Und dennoch kehrten die beiden um. Weil das Lawinenrisiko so hoch war und die Chance, diese Bedrohung zu überleben, immer kleiner wurde. Ich empfand es damals als eine große, weitaus mutigere Entscheidung, den Rückzug anzutreten und so das eigene Leben in Sicherheit zu bringen, solange dies noch möglich war. Dass Hans Kammerlander dies in der ersten Enttäuschung zunächst anders sah, erschien mir wiederum ebenfalls nur allzu menschlich. Vielleicht begriff er an diesem Tag noch nicht ganz, dass seine Umkehr so knapp unter dem höchsten Punkt – auch wenn es immer noch Stunden bis ganz hinauf gewesen wären – eher bergsteigerische Größe dokumentierte als ein Scheitern.

Als wir über die schrecklichen Moränenhügel dem K2 immer weiter entflohen, drehte sich Kammerlander kurz vor dem Concordiaplatz noch einmal um. Von keiner anderen Stelle aus lässt sich der zweithöchste Berg von seiner Süd- und seiner Westseite so eindrucksvoll bestaunen wie von diesem extraordinär schönen Ort. Ich traute meinen Augen nicht, als der sonst so distanzierte und am Berg oft von einem eiskalten Instinkt geleitete Hans Kammerlander auf einmal die Faust zum Himmel hob und fast trotzig zwischen schmalen Lippen herauspresste: »Wir werden wiederkommen.«

Beim weiteren Abstieg schaute er sich an diesem Tag nicht ein einziges Mal mehr nach dem K2 um. Der zweithöchste Achttausender wurde in diesem Jahr wie auch schon im Jahr zuvor überhaupt nicht bestiegen.

Ich hätte nun nach all dem vermuten können, dass die vierzehn über achttausend Meter hohen Berge im Karakorum und im Himalaja vor allem wilde und einsame Oasen der Wildnis sind, in denen sich allenfalls ein paar Abenteurer versammeln. Doch das Bergsteigen an den Achttausendern wurde in den vergangenen beiden Jahrzehnten immer populärer, weshalb das mit dem wahren Abenteuer inzwischen so eine Sache ist. Allen anderen voran wird der Mount Everest, mit 8848 Metern der höchste Berg der Erde, geradezu gestürmt. Sechzig Jahre nach seiner Erstbesteigung, immer regelmäßig im April und Mai, nistet sich eine kaum noch überschaubare Horde an Bergsteigern ein. Nur die Achttausender, die als besonders schwierig gelten, wie beispielsweise der K2, oder als besonders gefährlich, wie die Annapurna, oder als besonders unüberschaubar, wie der Kangchendzönga, oder als besonders hoch, wie etwa der Makalu, haben sich noch etwas vom Hauch längst vergangener abenteuerlicher Entdeckertage bewahrt.

Es war vor allem die Ruhe, die mich am Kangchendzönga tief beeindruckt hatte, und dazu eine vollkommen unbelastete Expeditionszeit, an deren Ende Hans Kammerlander und Konrad Auer souverän den dritthöchsten Achttausender bestiegen. Dass sich Hans Kammerlander in der Nacht vor dem Gipfelanstieg ein paar Zehen erfroren hatte, dies aber am Ende glücklicherweise ohne die befürchteten Folgen und Amputationen ausging, war der einzige Aufreger in dieser Zeit. Wir mussten wegen dieser Erfrierungen in einer fast schon halsbrecherischen Aktion unser Basislager förmlich niederreißen, weil der bestellte Hubschrauber, der Hans in ein Krankenhaus und uns nach Kathmandu bringen

39

sollte, einen Tag zu früh kam. Es war gerade noch möglich, unsere Sachen zusammenzuraffen, und schon saßen Hans und ich mit der ersten Ladung unseres Gepäcks in einem uralten russischen Militärhubschrauber. Weit flog der Pilot nicht. Schon auf der ersten grünen Wiese, kaum zehn Flugminuten entfernt, stieß uns der Kopilot sehr unsanft aus dem schwebenden Fluggerät. Hans landete hart auf seinem verletzten Fuß, und uns segelte das gesamte Gepäck hinterher, weil der Pilot nur leer wieder unter den Kangchendzönga fliegen und die anderen Mitglieder des Teams herausholen konnte. Das war aber alles nicht weiter dramatisch und bescherte mir nur einen wirklich unvergesslichen Geburtstag.

Am K2 nahmen ein Jahr später die Begleitumstände durchaus dramatischere Ausmaße an. Nach dem Tod von Michai Cioroianu wurde sein Leichnam aus deutlich über 6000 Metern Höhe geborgen und am Fuß des K2 beigesetzt. Danach brach die international besetzte Expeditionsgruppe auseinander. Die italienischen Bergsteiger Oskar Piazza, Angelo Giovanetti und Manuel Lugli mochten unter diesen Umständen keinen Besteigungsversuch unternehmen. Jay Sieger, der daheim in Alaska seinen Job hingeworfen und sogar die Familie verlassen hatte, um seine Träume an den Achttausendern leben zu können, begab sich auf die Suche nach einem anderen Seilpartner für den K2. Er lief im Basislager von Zelt zu Zelt. Auch Uğur Uluocak versuchte sich neu zu organisieren. Schließlich wollte er doch unbedingt der erste Türke sein, der den K2 bestieg.

Aus dem journalistischen Blickwinkel war das zwar interessant zu beobachten, aber menschlich wirkte es fast entwürdigend, wie da zwei Bergsteiger, die eben noch den Tod Michai Cioroianus beweint hatten, nun versuchten, von dieser Expedition für sich zu retten, was noch zu retten war. Auf einmal tat sich direkt vor meinen Augen auf, was Kommerz an einem Achttausender wirklich bedeutet: dass da von Einzelpersonen Unsummen in eine Expedition gesteckt werden, dass Sparbücher geplündert und Rentenfonds aufgelöst werden, um für einen achttausend Meter hohen Gipfel bezahlen zu können. Gehen diese Unternehmen dann in die entscheidende Phase, zählen Menschlichkeit, Respekt, Rücksichtnahme und Vorsicht offenbar so gut wie gar nichts mehr.

Ich hatte inzwischen mit Hans Kammerlander zweimal erlebt, wie es bei Expeditionen zugeht, die nicht kommerziell organisiert sind. Er hatte alle Teilnehmer eingeladen, sie mit klar verteilten Aufgaben ausgestattet und selbst die Leitung übernommen. Damit entfiel der finanzielle Druck. Bei beiden Expeditionen gab es nur Hans Kammerlander und Konrad Auer als Gipfelaspiranten. Alle anderen hatten weiter unten am Berg andere Aufgaben, die entweder der Sicherheit oder der Refinanzierung in Gestalt von Film, Fotos, Büchern, Reportagen oder Vorträgen dienten. Eine effiziente Kleinexpedition also. Dieses Konzept erwies sich stets als viel flexibler und viel weniger träge als die kommerziell organisierten oder mit vielen Bergsteigern besetzten Expeditionen. Und ich gewann überdies den Eindruck, dass es zwischen unseren Zelten meist viel ruhiger, entspannter, weniger nervös, vor allem aber sehr viel unterhaltsamer zuging. Der Blick über den Zaun, hin zu anderen Gruppen, ließ mich das vielfach erkennen.

Anfang April 2001 kam ich schließlich am Fuß des Mount Everest an. Im ersten Moment wollte ich gar nicht glauben, was ich sah. Ich war müde, die Höhe setzte mir in den ersten Tagen dieses Frühjahrs mehr zu als in anderen Jahren. Vielleicht lag es daran, dass ich mir in einer Lodge beim Anmarsch fürchterlich den Magen verdorben hatte und die letzten drei Tage vor dem Basislager zu einer Rennerei von einem Durchfall zum nächsten geworden waren. Ich versuchte zwar viel zu trinken, doch ich konnte nichts länger als eine halbe Stunde bei mir behalten. Ich war ständig dehydriert und fühlte mich hundeelend. Deshalb wohl glaubte ich zunächst auch an eine Sinnestäuschung, als wir endlich unter dem Everest eintrafen. Doch bei näherer Betrachtung erwies sich dann als Realität, was ich dort sah.

Als wir ankamen mit einer Menge Trägern, Yaks und viel Gepäck, standen im Basislager unter dem Khumbu-Eisbruch noch nicht sehr viele Zelte. Doch die Bereiche auf der gewaltigen Gletschermoräne, an denen die Expeditionsgruppen bald lagern würden, waren teilweise wie Claims abgesteckt. Auf großen Gesteinsbrocken hatte da jemand mit Farbdosen die Namen von Expeditionsgruppen oder von leitenden Sherpa aufgesprüht. Manchmal waren es auch nur Zahlen oder Buchstabenkombinationen, die sich mir nicht näher erschlossen. Doch es war klar, hier hatte eine »Besetzung« stattgefunden, und die Szenerie erinnerte mich irgendwie an die frühmorgendlichen Handtuchreservierungen auf den Badeliegen der Hotelpools auf Gran Canaria.

Hans Kammerlander hatte mich damals darin bestärkt, der Einladung einer deutschen, kommerziell organisierten Expedition an den Mount Everest zu folgen. Er argumentierte, dass ich danach nicht nur die drei höchsten Berge der Erde ganz aus der Nähe erlebt hätte, sondern auch einen Vergleich verschiedener Organisationsformen bei Expeditionen anstellen könne. Er sagte: »Lass dich überraschen, was du nach dem Kangchendzönga und dem K2 nun am Everest zu sehen bekommen wirst. Du wirst staunen.«
Nun, ich staunte nicht. Und ich wunderte mich auch nicht. Innerlich war ich auf einiges vorbereitet gewesen. Als in den Tagen nach unserer Ankunft die Zeltstadt mehr und mehr wuchs und die reservierten Plätze sich mit Leben füllten, ließ der Massenansturm von mehr als 500 Menschen für die Bergsteiger und ihren geplanten Aufstieg eher das Schlimmste befürchten. Die Katastrophe von 1996 hatte gezeigt, was das Wort Stau am Mount Everest zu bedeuten hat.

Nach etwa vier Wochen im Basislager – inzwischen kannte ich mich dort recht gut aus – erhielt ich jene im ersten Kapitel erwähnte Einladung von Apa Sherpa, die Reinigungsexpedition zu besuchen. Apa spazierte mit mir durch das halbe Camp und blieb schließlich bei ein paar ausgeblichenen Zelten stehen. Sie standen zwar mitten im Basislager, wirkten aber doch etwas abgelegen, denn sie waren zwischen zwei hohen Moränenhügeln aufgestellt. Ich hatte gleich den Eindruck, dass sich dort etwas verbarg, was nicht jeder sehen sollte und auch nicht jeder zu sehen bekam. Dort stellte Apa mir dann Ang Phurba Sherpa vor. Er war der Leiter dieser groß angelegten Reinigungsexpedition, deren Aufgabe es war, so viel Müll wie möglich vom Mount Everest herunterzutransportieren. Sämtliche im Basislager anwesenden Sherpa konnten sich daran beteiligten, sofern sie die Erlaubnis ihrer Expeditionsleiter erhielten. Normalerweise stiegen sie mit schweren Lasten in die höher gelegenen Lager hinauf und kamen im Eiltempo mit meist leeren Rucksäcken wieder herab. Wer also wollte, konnte sich in den Hochlagern Müll aufladen und ihn ins Basislager schleppen. Zweihundert Rupien, kaum zwei Dollar, zahlte Ang Phurba damals pro Kilo aus einer Kasse, die ihm das Tourismusministerium Nepals zur Verfügung gestellt hatte.

Ich war um die Mittagszeit bei Ang Phurba, und in den folgenden beiden Stunden kamen immer mehr Sherpa von oben herunter zu den alten Zelten. Junge, oft unerfahrene Sherpa vor allem, die auf jede noch so kleine Geldsumme spekulierten. Manche konnten sich kaum auf den Beinen halten, so schwer hatten sie ihre Lasten aufgepackt. Müde warfen sie sie nun zum Wiegen auf den Boden. Leicht verdientes Geld war das ganz sicher nicht. Es war erstaunlich, was sie alles daherbrachten. Geknickte Zeltstangen und zerfetze Schlafsäcke, alte Isomatten und zerbeulte Thermosflaschen, zerrissene Zeltplanen und geknickte Alu-Leitern aus dem Eisbruch, Konservendosen, Berge leerer Gaskartuschen und Verpackungen von Astronautennahrung, dreckige Unterhosen und alte Rucksäcke, zerfetzte Daunenjacken, verdrehte Firnanker und Reste von Fixseilen. Kurzum alles, was auf dem modernen Expeditionsmüll landet und was die Bergsteiger nach geglückten oder misslungenen Versuchen am höchsten Berg der Erde nicht mehr den Berg wieder heruntertragen wollen oder können. Meterhoch türmten sich Müll und Dreck, Plastik und Metall sowie die unmöglichsten Gegenstände zwischen Ang Phurbas Zelten auf. Er ließ die Hinterlassenschaften säuberlich trennen.

Auf die Frage, wo das alles hinterher lande, wollte, konnte oder durfte mir Ang Phurba keine Antwort geben. Auch Apa Sherpa, der selten ein Blatt vor den Mund nimmt, wenn es darum geht, die Zustände am Everest anzuprangern, schwieg beharrlich.

In den ersten beiden Wochen hatte mich das Treiben am Fuß des Everest noch vollkommen fasziniert. Doch je mehr ich Gelegenheit hatte, hinter die Kulissen zu blicken, umso mehr begriff ich, dass Jon Krakauer in seinem Buch *In eisige Höhen* nicht übertrieben hatte. Mehr noch, ich gewann bald den Eindruck, dass die Katastrophe von 1996 niemanden abgeschreckt hatte, sondern eher noch größere Massen und noch mehr Ahnungslose wie mit einem Magnet anzog. Und mit den Massen potenzierten sich natürlich auch die Begleiterscheinungen und Probleme am Fuß des Berges. Ein Beispiel dafür waren die Müllberge, vor denen ich nun stand. Zwar steigt die Müllgebühr, die jedes Team vor der Anreise entrichten muss, Jahr für Jahr. Inzwischen sind rund 4000 Dollar zu entrichten, die nur dann erstattet werden, wenn der zurückgebrachte Müll das für die Expeditionsgruppe festgelegte Gewicht aufweist.

Aber diese 4000 Dollar sind offenbar keine sehr hohe Summe, gemessen an anderen Positionen im Etat einer Everest-Expedition. Zumindest sind die Gebühren wohl nicht hoch genug, um einen ausreichenden Anreiz zu schaffen, den eigenen Dreck wieder mitzunehmen, denn nur dann werden sie erstattet. Als Ang Phurba mich schließlich zu einem improvisierten Vorhang zog, stutzte ich. Weil ich offenbar den Mund nicht mehr zubekam, erklärte er mir – zur Verdeutlichung seiner aktuellen Müllbilanz –, dass er im Jahr zuvor insgesamt 4000 Kilogramm Schrott und Dreck gesammelt habe, 632 leere Sauerstoffflaschen inbegriffen. Nun war er nach nicht einmal der Hälfte der Expeditionssaison fast schon bei dieser Anzahl. Die Sherpa holten die Sauerstoffbehälter von den Lagerplätzen oberhalb des Eisbruchs bis hinauf zum Südsattel. Weiter oben, auf der Route zum Südgipfel oder darüber, am Hillary Step und am Gipfelgrat werden die leeren Flaschen selten abtransportiert. In Höhen jenseits von 8000 Metern haben selbst starke Sherpa meist genug mit sich selbst und ihren unbeholfenen Klienten zu tun. Doch die leeren, manchmal auch nur halb leeren oder überhaupt unbenutzten Flaschen stellen einen gewissen Wert dar, denn die meisten Modelle sind inzwischen wiederauffüllbar. Das erneute Befüllen ist nur etwa halb so teuer wie eine neue Flasche. Das Geschäft mit dem Flaschensauerstoff ist konsequenterweise an keinem anderen Achttausender so ausgeprägt wie am Mount Everest. Denn dort benötigen ihn mehr als 95 Prozent aller Aspiranten. Und weil fast alle Flaschensauerstoff brauchen, um überhaupt nur in die Nähe des Gipfels zu gelangen, ist das Business der Müllsammler inzwi-

44

schen eine wahre Sisyphusarbeit geworden. Jedes einzelne Kilo, das sie vom Berg heruntertransportieren, wird im folgenden Frühjahr wieder hinaufgetragen.

Vieles am Mount Everest ist Geschäft, wenn nicht inzwischen sogar alles. Geht man davon aus, dass sich dort in einer Frühjahrssaison an der Südseite wenigstens 300 Bergsteiger versammeln (im Frühjahr 2012 wurden fast 500 Besteigungspermits vergeben), dann sind, bevor auch nur jemand einen Schritt bergauf gegangen ist, bereits Besteigungsgebühren von fünf Millionen US-Dollar an das nepalische Ministerium für Tourismus geflossen. Geht man weiterhin davon aus, dass jeder Teilnehmer im Schnitt etwa 50 000 US-Dollar in seinen Traum vom höchsten Punkt der Erde investiert und an die kommerziellen Anbieter überweist – die Angebote in den Katalogen der kommerziellen Anbieter schwanken zwischen 32 000 und 70 000 Dollar –, dann liegt der Umsatz bereits bei 30 Millionen Dollar. Allerlei Nebengeräusche wie zusätzliche Ausrüstung, Inlandsflüge, Kosten für Extralasten der Hochträger, Gebühren für die Absicherung der Route, Gipfelzulage für die Sherpa kommen häufig noch dazu. Im Everest-Basislager arbeiteten 2012 fast 500 gut dotierte Climbing-Sherpa daran, den rund 500 Bergsteigern das Hinaufkommen zu erleichtern. Es wird geschätzt, dass mit den Expeditionsgruppen am Everest in der Frühjahrssaison über 40 Millionen Dollar Umsatz generiert werden. Ein Großteil davon bleibt in Nepal. So gesehen ist der Mount Everest Big Business in einem der ärmsten Länder der Welt.

Als ich mich damals von Ang Phurba verabschiedete und ernüchtert zu unseren Zelten zurückkehrte, packte mich erstmals ein gewisser journalistischer Ehrgeiz, und ich stellte mir die Frage, ob ich mich dieses Themas annehmen sollte. Doch Nepal ist ein schwieriges Pflaster für Recherchen. Bei meinen Recherchen in Kathmandu, was eigentlich mit den Gebühren für die Trekking- und Expeditionspermits geschieht, wurde ich im Ministerium für Tourismus von einem Stockwerk in das nächste verwiesen und landete schließlich beim Innenministerium, wo ich asiatisch freundlich, aber sehr bestimmt hinauskomplimentiert wurde. Ein Beamter gab mir milde lächelnd und ziemlich unmissverständlich zu verstehen, dass man für Nepal immerhin ein Visum benötige, und das könne auch ohne Angabe von Gründen ganz schnell einmal für einige Jahre verwehrt werden. Das kommt in Nepal sonst eigentlich nur vor, wenn jemand ein Staatsfeind ist oder illegal, also ohne Permit, versucht, einen Berg zu besteigen. Die wenigen Antworten, die ich damals erhielt, waren die immer gleichen. Nicht zuständig. Nicht anwesend. Position wird gerade neu besetzt. Der Mitarbeiter ist in Urlaub. Der Herr Minister ist nicht zu sprechen.

Viele der kommerziellen Anbieter, also all jene, die zwangsläufig ständig mit den nepalischen Behörden zu tun haben, sagen, Nepal sei durch und durch korrupt. Das lässt sich nicht ohne Weiteres von der Hand weisen. Denn wie anders ist es zu erklären, dass für ein paar Dollar unter der Hand die Drehgenehmigung für ein professionelles Kamerateam einer Expeditionsgruppe ganz leicht ausgestellt wird, wo jeder TV-Sender weiß, dass der offizielle Behördengang wegen einer Filmerlaubnis einem wahren Horrortrip gleicht?

Das ist nur eines von unzähligen Beispielen, bei denen man mit Bestechung viel leichter vorankommt als auf dem offiziellen Weg. Das geht sogar bis zu den Trägergruppen, die immer mal wieder zwei Tage vor dem Basislager alles stehen und liegen lassen und nur dann weitergehen, wenn sie den doppelten Lohn erhalten. Keine Expedition kann es sich leisten, das Basislager 600 Höhenmeter tiefer aufzuschlagen. Und so wird dann zähneknirschend gezahlt. Die von der Regierung eingesetzten Begleitoffiziere, die unter anderem auch solche Auswüchse verhindern sollen, sind an diesen Tagen zufällig meist weit vom Geschehen entfernt oder stehen achselzuckend dabei.

Laut *Duden* bedeutet das Adjektiv »kommerziell« so viel wie »seine Geschäftsinteressen wahrnehmen« oder »auf Gewinn bedacht sein«. Im Zusammenhang mit dem Expeditionsbergsteigen heißt es: Einer organisiert, die anderen zahlen dafür. Wenn es also dem Geschäftsinteresse dient, die Strukturen für eine Bergbesteigung zur Verfügung zu stellen, ist der Begriff »kommerziell« durchaus korrekt, wobei der zu erwartende Gewinn für die Teilnehmer das Erreichen des Gipfels wäre.

Nicht alle kommerziellen Anbieter von Expeditionen zu Achttausendern, speziell zum Mount Everest, wollen in erster Linie einen möglichst großen Gewinn machen. Neben den großen Agenturen bieten auch erfahrene und geschäftstüchtige Höhenbergsteiger eigene kommerzielle Expeditionen an, wenn sie erkennen, dass sie sich damit die eigenen Bergträume leichter erfüllen können. Die Vertragsgrundlage ist in beiden Fällen denkbar einfach: Der Veranstalter sorgt für die Infrastrukturen; das Risiko, inklusive dem für das eigene Leben, trägt der Teilnehmer. Eigentlich ist das, bei Licht betrachtet, ein ehrliches Geschäft. Doch das Objekt der Begierde – der Berg – bietet von unten bis oben ohne Unterlass so viele Unwägbarkeiten, dass diesem Geschäft gleichzeitig etwas Undurchsichtiges anhaftet.

Es kann so vieles passieren, und manches endet mit dem Tod. Jeder, der zum Everest geht, sollte das wissen. Die meisten haben wohl sogar verstanden, was man ihnen zuvor gesagt hat. Und doch sehen manche den Aufstieg zur höchsten Verwerfung unserer Erdkruste offenkundig als einen Jux an. Der Flaschensauerstoff und die Tatsache, dass der Everest mittlerweile vom Basislager bis hinauf auf den Gipfel mit einem durchgehenden Fixseil gesichert ist wie ein Klettersteig in den Dolomiten, hat dem Berg ganz offensichtlich viel von seinen abschreckenden Attributen genommen. In der Lhotse-Flanke gab es 2012 erstmals sogar zwei dieser Handläufe – ein Fixseil für den Weg nach oben, ein weiteres für den Abstieg. Auf dass die, die später kommen, nicht die über den Haufen rennen, die früher zurückgehen.

Es ist eigentlich unverständlich, dass Everest-Besteiger, die den Berg mit ihren Sauerstoffflaschen und den Atemmasken auf die Höhe eines kleinen Siebentausenders stutzen, daheim noch immer so viel Bewunderung erfahren. Dabei, so sagt der Everest-Veteran Peter Habeler, dem zusammen mit Reinhold Messner 1978 die erste Besteigung ohne Flaschensauerstoff gelungen ist, müsse man diese Besteiger eigentlich fragen: »Und, war es nett, am Everest anzustehen wie an einer Bushaltestelle?«

Ein Jahr nach Habelers deutlicher Einschätzung, der Everest sei kein Berg mehr für Bergsteiger, war an dessen Fuß wieder zu beobachten, wie sich die Anwärter ziellos im Basislager herumtrieben und keiner auch nur einen Schritt vorwärts machte. Alle warteten darauf, dass die »Khumbu-Doctors« wie in jedem Frühling die Sicherungen im Eisfall anbrachten. Als es dabei jedoch nur sehr langsam voranging, weil die Arbeit in diesem Jahr besonders gefährlich war, wurde im Basislager hitzig die Frage diskutiert: »Warum zahlen wir die eigentlich? Die sollen arbeiten.« Der riesige Eisbruch gleich hinter den Zelten ist die erste Etage und die Eintrittskarte für den Everest. Und es ist gleichzeitig die gefährlichste Passage des gesamten Bergs. Dort werden in einem kaum nachvollziehbaren Hin und Her zwischen Séracs und Gletscherspalten große Rollen mit Fixseilen verlegt. Es geht dabei darum, knapp zweieinhalb Kilometer Strecke und etwas mehr als 600 Höhenmeter bis hinauf zum Lager I so zu sichern, dass selbst Wackelkandidaten dort eine Chance haben.

Leitern führen über gähnend tiefe Spalten und an senkrechten Séracs hinauf zur nächsten Stufe. Es gibt auf dieser Welt nicht mehr sehr viele Bergsteiger, die sich allein in diesen Eisbruch hineinwagen. Und selbst die warten heute lieber ab, bis die Sherpa einen Weg gefunden haben. Wenn Akklimatisierung und der Aufstieg zum Gipfel glatt verlaufen, müssen die meisten Bergsteiger wenigstens vier Mal durch diesen Eisbruch. Das bedeutet natürlich auch, dass am Everest gar nichts läuft, solange im Eisbruch nicht eine Route angelegt, eine Spur getrampelt und das Versicherungsrisiko auf ein für die Aspiranten erträgliches Maß gestutzt worden ist.

Aber selbst wenn die Seile verlegt und die Leiternbrücken gebaut sind, gibt es Bergsteiger, die es dann in dem eisigen Trümmerhaufen immer noch zu bemerkenswerten Rekorden bringen. So benötigte 2012 einer der Anwärter für die gut 600 Höhenmeter bis zum Lager I geschlagene 16 Stunden. Während alle anderen versuchten, so schnell wie möglich diese Horrorshow in längstens vier bis fünf Stunden hinter sich zu bringen, saß dieser Aspirant seelenruhig mehr als eine Stunde unter einem fragilen Eisblock von zehn Meter Höhe und frühstückte. Dass die immer neuen Bergsteiger und Sherpa, die an ihm vorbeizogen, zur Eile mahnten und ihn vor allem dazu bewegen wollten, seinen unheilschwangeren Rastplatz zu verlassen, ließ den Mann vollkommen unbeeindruckt.

Doch wer nun glaubt, am Everest seien durchwegs nur Bergdilettanten unterwegs, der irrt. Sehr viele, die sich den Traum vom höchsten Berg in den Kopf gesetzt haben, kommen vom Ausdauersport her: gut trainierte Athleten, die über eine enorme Kondition, sehr viel Kraftausdauer und große Willensstärke verfügen, aber eher weniger über eine wirklich solide alpine Ausbildung. Und am Everest kann einem genau das zum Verhängnis werden. »Wer im Basislager noch schnell lernen will, wie man ein Zelt auf engstem Raum aufstellt und wie man die Steigeisen im Stehen anlegt, hat an diesem Berg einfach nichts verloren«, sagt die österreichische Spitzenbergsteigerin Gerlinde Kaltenbrunner, die 2011 als erste Frau der Welt alle 14 Achttausender ohne Hilfe von Flaschensauerstoff bestiegen hat.

2001, als ich Apa Sherpa wieder traf, war er nur einer von mehreren Spitzenleuten, die zusammen mit fast 300 anderen versuchten, sich dem Gipfel zu nähern. Zu ihnen gehörte Gary Pfisterer, ein Everest-Veteran, der den Gipfel bereits 1993 bestiegen hatte und diesmal mit einer kleinen Expedition aufgetaucht war. Oder Silvio »Gnaro« Mondinelli, der neun Jahre später als 13. Mensch der Welt die Liste der 14 Achttausender komplettierte. Er war der sechste, dem dies ohne Flaschensauerstoff gelang. Die Spanierin Edurne Pasaban hatte ihr Zelt kaum zehn Meter von meinem entfernt stehen. Wir hatten fast acht Wochen lang unglaublich viel Spaß miteinander, und niemand konnte zu diesem Zeitpunkt ahnen, dass sie einmal die zweite Frau sein würde, die alle 14 Achttausender bestiegen haben würde. Am Everest musste sie allerdings vorübergehend zur Flasche greifen. Das schmerzte sie selbst am allermeisten. Als Edurne Pasaban am 23. Mai 2001 mit Silvio Mondinelli den Gipfel erreichte, waren in dieser Stunde auch der italienische Extrembergsteiger Mario Merelli und der ecuadorianische Topalpinist Ivan Vallejo (2008 der siebte Mensch mit allen 14 Achttausendern ohne Flaschensauerstoff) dabei. Allesamt Spitzenbergsteiger und genauso stark wie der Baske Iñaki Ochoa de Olza, der tags darauf, am 24. Mai, oben ankam. Ochoa bestieg insgesamt zwölf Achttausender ohne Flasche, bevor er am 23. Mai 2008 an der Annapurna in einem Hochlager an einem Ödem in den Armen des Schweizers Ueli Steck starb.

Es wäre also nicht gerecht, würde man alle Anwärter an der Haltestelle Everest in Bausch und Bogen verurteilen. Es gibt noch genug Könner, die sich dort in die lange Menschenkette einreihen, um das Dach der Welt zu erreichen. Wenn der Südtiroler Reinhold Messner seine Kollegen aus dem Spitzenalpinismus beobachtet, wird er stets aufs Neue zu der berechtigten Frage getrieben, warum selbst viele der Weltbesten »immer wieder die beiden Touristenpfade« auf der Süd- und der Nordroute wählen? Obwohl es 14 andere bereits durchstiegene Routen und Varianten gebe und überdies weitere unbestiegene Möglichkeiten, die spannende Herausforderungen wären. Die Südroute gilt unter den Aspiranten technisch als etwas anspruchsvoller, die Nordroute hingegen vor allem auf dem Grat als deutlich länger.

Auf dem Höhepunkt der Saison 2001 lagerten zu Füßen der beiden Hauptrouten an der nepalischen Süd- und der tibetischen Nordseite insgesamt 45 Expeditionsgruppen, wobei ein Teil von Süden her allerdings den Lhotse (8516 m) besteigen wollte, dessen Anstieg bis zum Lager II parallel mit der Everest-Route verläuft. Nichts war da von der Ruhe und der Einsamkeit zu spüren, die ich am Kangchendzönga und am K2 erlebt hatte. Spanier, Briten, US-Amerikaner, unter ihnen der blinde Erik Weihenmayer, Chilenen, Russen, Türken, Inder, Koreaner, Kanadier, Australier, Japaner, Deutsche, Peruaner, Kolumbianer, Schweizer, Italiener, Österreicher – die halbe Welt schien sich versammelt zu haben.

Das war in den zehn Jahren zuvor kaum anders gewesen, seit die kommerziellen Anbieter den Everest zur Katalogware gemacht hatten. Und es änderte sich auch in den Jahren danach nichts. Die Dinge hatten und haben Bestand. Mehr noch, die Zahl Bergsteiger steigt weiter stetig an, und in den Aufstiegsrouten selbst geht es immer schlimmer zu. Jon Krakauer hatte am Tag der Tragödie 1996 am Hillary Step eine Wartezeit von über einein-halb Stunden registriert. Er schrieb dies auch dem Umstand zu, dass an diesem Tag viele Bergsteiger die dringend empfohlene Umkehrzeit von 13 Uhr ignorierten. Wer bis dahin nicht am Gipfel gewesen sei, solle umkehren. So hatten es Rob Hall und Scott Fischer, die Veranstalter der beiden großen Expeditionen, ihren Klienten eingetrichtert.

2012 war die Umkehrzeit für elf Uhr am Vormittag empfohlen worden. Dennoch versuchten selbst am späten Nachmittag noch immer einige, es bis auf den Gipfel zu schaffen. Der jedoch wurde da bereits seit Stunden von einem immer stärker werdenden Sturm umtost, und manche Bergsteiger waren zu diesem Zeitpunkt bereits seit über 17 Stunden vom Südsattel herauf unterwegs. Es war davon auszugehen, dass sie am Abend und in der Nacht zuvor kaum mehr als vier Stunden ruhend im Zelt verbracht hatten. Die Daunenanzüge, die Gesichter und die Atemmasken eisverkrustet, dachte ganz offensichtlich niemand an die Ereignisse von 1996. Dabei ist Jon Krakauers *In eisige Höhen* Pflichtlektüre vor dem Abflug zum Everest. Einige Bergsteiger standen an diesem Tag mehr als vier Stunden am Hillary Step und warteten darauf, entweder noch auf- oder endlich wieder absteigen zu können. Und vor den Augen aller starben auch 2012 wieder Menschen. Zwölf waren es am Ende der Saison.

Die Einzigen jedoch, die solche Zustände öffentlich und lautstark beklagen, sind jene, die zum engen Zirkel der sehr starken Höhenbergsteiger zählen und es ohne Flaschensauerstoff versuchen. Also weniger als fünf Prozent. Der Rest nimmt die Begleiterscheinungen ganz offenbar billigend in Kauf. 2012 schafften es überhaupt nur fünf Bergsteiger ohne die Hilfe von Flaschensauerstoff bis auf den Gipfel. Der Schweizer Speedkletterer Ueli Steck und sein Sherpa Tenzing. Der US-Amerikaner Conrad Anker, der 1999 den Leichnam des seit 1924 verschollenen George Mallory gefunden hatte, der Argentinier Mariano Galyan sowie die beiden Inder Thupten Lobsang und Thakpa Tenzing aus Daarjiling. Der aus dem Emmental stammende Ueli Steck und sein Sherpa hatten ihr fast stilles Gipfelglück einem besonderen Umstand zu verdanken. Steck stieg zusammen mit Tenzing und ein paar Chilenen am 18. Mai praktisch mutterseelenallein zum höchsten Punkt. Das war der Tag, an dem die am höchsten stationierten Sherpa die restliche Route von unterhalb des Südgipfels über den Hillary Step bis ganz nach oben mit einem Fixseil ausstatteten. Üblich ist, dass die Route an diesem Tag für Besteigungen nicht freigegeben ist. Doch Ueli Steck fragte die Sherpa-Gruppe, ob er mit ihnen dort hinaufsteigen könne, notfalls auch ohne die neuen Sicherungen. Die Männer willigten ein, und so erlebte der Schweizer einen recht einsamen Moment auf dem Gipfel des Everest, wie er inzwischen den Allerwenigsten vergönnt ist. Statistisch gesehen, war Steck am Ende der Saison jedoch auch nur einer von insgesamt 510 Bergsteigern, die über die beiden Normalwege aufgestiegen waren. Einzig die Tatsache, dass er es in dem ganzen Chaos tatsächlich ohne Flaschensauerstoff geschafft hatte, gab Stecks Besteigung eine gewisse Bedeutung.

Im Lauf der vergangenen 25 Jahre ist die Zahl der Besteigungen immer wieder sprunghaft angestiegen. Achtunddreißig waren es 1991, 1992 dann schon 90, ein Jahr später 129, im Jahr 2000 erreichten 145 Bergsteiger den Gipfel, 2001 dann 182, 2002 waren es »nur« 157, 2003 bereits 267 und 2004 schließlich weit über 300. Tendenz steigend, wie man sieht. Am Everest bewegen sich an einem schönen Tag in der zeitlich eng begrenzten Schönwetterphase so viele Bergsteiger wie an einem Sommertag im August auf dem viel begangenen Pisciadù-Klettersteig am Sella-Massiv in den Dolomiten. Ueli Steck gab hinterher in einem Interview mit dem Nachrichtenmagazin *Der Spiegel* verwundert zu Protokoll: »Ich habe immer gedacht, am Matterhorn sind schon viele Bergsteiger. Aber am Everest ist es noch extremer.«

Im Frühjahr 2012 verfolgte ich – mal mehr, mal weniger aufmerksam – die Geschehnisse während der Everest-Saison und führte in dieser Zeit einige sehr interessante und aufschlussreiche Gespräche mit verschiedenen Bergsteigern, von denen die meisten den Everest nicht bestiegen hatten und dies auch nicht in Erwägung zogen. Trotzdem einte sie alle das gleiche Interesse und auch die kritische Haltung zu den Geschehnissen, vor allem an der Südseite des Bergs. Mir kam die Idee, mit einigen bedeutenden Everest-Besteigern von einst und heute Interviews zu führen und sie in einem Buch über den Mount Everest zusammenzuführen. Ich wollte mir von Kennern die Veränderungen erklären und beschreiben lassen. Ich wollte es aus berufenem Munde hören und wissen, ob die Begleiterscheinungen an diesem Berg tatsächlich so extrem sind, wie oft berichtet wird. Zu diesem Zeitpunkt tauchte gerade im Internet das Foto von Ralf Dujmovits auf, und ich fühlte mich in meinen schlimmsten Annahmen be-

stätigt. Als ich im späten Herbst 2012 meine spannende Rund-
reise zu einigen sehr wichtigen Everest-Kennern beendet hatte,
hörte ich mir in den stundenlangen Aufzeichnungen dieser Gespräche viele bemerkenswerte Einschätzungen der Situation am
Mount Everest an. Es war im Lauf der Wochen ein interessantes
Bild großer Enttäuschung und eines dennoch verbliebenen Respekts vor dem höchsten Berg der Welt entstanden. Eine bedrü-
ckende Mischung aus Traum und Albtraum.

»Immer Dein G. Mallory«

Von den ersten Besteigungsversuchen, charismatischen Männern und Mysterien

Lieber Noel,
wir werden morgen [am 8.] wahrscheinlich schon früh aufbrechen, um das klare Wetter auszunutzen. Gegen 8 p.m. kannst Du nach uns Ausschau halten; entweder überqueren wir dann das Felsband unter der Pyramide oder steigen den Gipfelgrat hoch.
Immer Dein
G. Mallory

Diese Nachricht wird dem Datum 7. Juni 1924 zugeordnet und stammt unzweifelhaft von George Mallory, einem am 18. Juni 1886 in Mobberley geborenen englischen Lehrer für Literatur. Die Zeilen wurden weit oben in den Flanken des Mount Everest geschrieben. Das Hochlager VI, von dem aus Mallory sich an seinen Freund Noel E. Odell wandte, hatte eine britische Expeditionsgruppe in einer Höhe von 8170 Metern errichtet. Mallory war klar, er musste auf den Grat oberhalb seines Standorts gelangen, wenn er sich dem Gipfel noch weiter nähern wollte. An seiner Seite befand sich Andrew Irvine, ein erst 22 Jahre alter Student aus dem englischen Birkenhead. Es war der dritte Versuch der Briten, den Gipfel des Mount Everest zu erreichen, und sie wähnten sich auf dem besten Weg. Denn nur wenige Tage zuvor hatte es Edward F. Norton, der stellvertretende Expeditionsleiter, bis auf eine Höhe von 8574 Metern geschafft. Eine bis dahin unerreichte Leistung. Von diesem Punkt aus waren es nur noch 270 Höhenmeter bis zum Gipfel.

»8 p.m.«, also 20 Uhr, wurde später als ein wahrscheinlicher Schreibfehler ausgemacht, da es wohl »8 a.m.«, also acht Uhr am Morgen, lauten sollte. Dieser kleine Schreibfehler blieb nicht das einzige Geheimnis, das diese Stunden da oben in sich bargen. Als Odell tags darauf, also am 8. Juni, aus einem tiefer gelegenen Lager bis auf 7920 Meter hinaufstieg, konnte er mit einem starken Fernglas und durch ein kurzzeitig aufgerissenes, sehr großes Wolkenloch sehen, wie Mallory und Irvine weit oben direkt unter der Gipfelpyramide aufstiegen. Später erklärte Noel Odell anhand der Aufzeichnungen in seinem kleinen Tagebuch: »Ich sah den gesamten Gipfelgrat und -aufbau des Everest unverhüllt. Weit entfernt auf einer Schneeflanke – die zu der offenbar vorletzten Stufe zum Sockel der Gipfelpyramide führte – war eine winzige Gestalt zu erkennen, die sich auf diese Felsstufe zubewegte, gefolgt von einer zweiten Gestalt. Mir fiel auf, dass sie sich recht zügig bewegten, wie um Zeit gutzumachen.« Danach verhüllten wieder dichte Wolken den Gipfelbereich. Es konnte nie geklärt werden, was in den Stunden des 8. Juni 1924 tatsächlich geschehen ist. In Bergsteigerkreisen wird dieser Tag bis heute jedoch als Mysterium in Ehren gehalten.

Schon 1921 waren die Briten zu Vermessungsarbeiten, aber auch zu Erkundungen in dem weiträumigen und teilweise eher schwer zugänglichen Gebiet unterwegs. Unter den Landvermessern, Abenteurern und Bergsteigern war auch der 1886 geborene George Herbert Leigh Mallory aus der englischen Grafschaft Cheshire. Mallory war ein belesener, charismatischer Typ mit feinen Gesichtszügen und wachem Geist. Er hatte in Cambridge Literatur studiert und schon früh damit begonnen, sich für Bergsteigen und Klettern in den Alpen zu interessieren. Als unter der Leitung des Heeresoffiziers Charles Howard-Bury 1921 eine Expeditionsgruppe zusammengestellt wurde, um am Everest vom tibetischen Norden her nach Besteigungsmöglichkeiten zu suchen, durfte George Mallory mit. Die Royal Geographical Society und der berühmte britische Alpine Club waren von den Fähigkeiten des damals 35-Jährigen absolut überzeugt. Doch Mallory und die anderen bekamen den Everest in diesem Frühjahr praktisch überhaupt nicht zu Gesicht, weil er wie von Geisterhand ständig in Nebel gehüllt war. Trotzdem erreichte Mallory den Nordcol in 7020 Meter Höhe. Über den östlichen Rongbuk-Gletscher fand er einen Aufstieg, der heute – neben der klassischen Südroute der späteren Erstbegeher von Nepal aus – eine der beiden Standardrouten ist.

Ein Jahr später, 1922, kamen die Briten mitsamt Mallory wieder. Sie teilten sich in mehrere Gruppen auf, erreichten zum Teil mit, zum Teil ohne Flaschensauerstoff und wieder von Tibet her kommend die beachtliche Höhe von 8325 Meter. Vor allem George Ingle Finch hatte sich dabei als besonders tauglich erwiesen. Allerdings war seine Gruppe nur mit Flaschensauerstoff so weit hinaufgekommen. Als Mallory, der Londoner Chirurg Theodore Howard Somervell und Colin Grant Crawford, der als Beamter der Zivilverwaltung Indiens eigentlich nur organisatorische Aufgaben übernehmen sollte, zusammen mit neun Trägern Anfang Juni 1922 zu einem Gipfelversuch aufbrachen, endete das Unternehmen in einer Katastrophe. Während die drei Briten eine Spur anlegten, löste sich hinter ihnen eine Lawine und riss die Träger mit. Zwei wurden von Mallory, Somervell und Crawford lebend wieder ausgegraben, sechs Träger konnten jedoch nur noch tot geborgen werden. Und einen Träger fanden sie überhaupt nicht mehr. Die Expedition war schlagartig beendet.

Ein Jahr lang ließen die Briten ihre Bemühungen ruhen. Doch 1924 waren sie wieder da. Charles G. Bruce, im Rang eines Brigadier-Generals, und Edward F. Norton, ein Lieutenant-Colonel, teilten sich die Expeditionsleitung. George Mallory war inzwischen eine feste Größe im Bergsteigerteam. Aber auch J. Geoffrey Bruce und T. Howard Somervell waren wieder dabei. Dazu kamen einige Neulinge. Unter ihnen befanden sich auch Noel Odell, ein Bergsteiger und Geologe, und der erst 22 Jahre alte Andrew Irvine, ein phantastischer Ruderer, der mit dem Oxford-Achter das legendäre Rennen auf der Themse gewonnen hatte. Irvine hatte noch nicht einmal die Hälfte seines Studiums absolviert, als er sich entschloss, die Einladung zum Mount Everest anzunehmen. Er war sicher noch kein erfahrener, aber ein mutiger Alpinist, der nebenbei noch über wichtiges technisches Wissen verfügte und sich während der Expedition viel mit den Atemmasken und den Sauerstoffflaschen beschäftigte. Mallory und Irvine verstanden sich schon während der Anreise gut, und als Anfang Juni der dritte Besteigungsversuch geplant wurde – der erste war früh gescheitert, der zweite aus Zeitmangel abgebrochen worden –, entschied sich Mallory für Irvine als Teamgefährten für den Gipfelversuch. Ganz uneigennützig war das wohl nicht, denn Mallory versprach sich von Irvines Begleitung vermutlich auch, dass der ihm mit der Sauerstoffflasche helfen könne, falls es notwendig sein sollte. Noel Odell war dann der Letzte, der Mallory und Irvine lebend sah. Odell war auch der einzige Bergsteiger, der sich an diesem Tag überhaupt noch so weit oben befand. Das war insofern bemerkenswert, als er über zwei Wochen ohne Hilfe von Flaschensauerstoff in den Lagern zwischen 7000 und über 8000 Meter Höhe verbracht hatte.

Edward F. Norton war – wie erwähnt – kurz zuvor sogar bis auf 8574 Meter Höhe hinaufgelangt. Dass ihm dies gelungen war, hielten viele Jahre später Reinhold Messner und Peter Habeler all den vielen Skeptikern vor Augen, als sich der Süd- und der Nordtiroler in den Wochen vor ihrer Everest-Expedition gegen immer neue Horrorszenarien einer Besteigung ohne Hilfe von Flaschensauerstoff wehren mussten. Noel Odell beobachtete Mallory und Irvine also am Mittag des 8. Juni 1924 mit einem Fernglas und machte sie bei einem der steileren Aufschwünge am Nordost-Grat aus, wie sie stetig und relativ rasch weiter nach oben stiegen. Eine Nebelbank verhinderte aber nach 13 Uhr den weiteren Sichtkontakt. George H. L. Mallory und Andrew Irvine kehrten nicht in das Hochlager VI zurück, wo alles für sie vorbereitet gewesen wäre. Sie blieben beide verschollen und gaben der Bergsteigerwelt eines der größten Rätsel des Höhenbergsteigens auf: Ist es Mallory oder Irvine oder sogar beiden gelungen, schon damals den Gipfel zu erreichen? Diese Frage ist bis heute nicht geklärt.

1999 fand eine Suchexpedition den Leichnam von George Mallory. In einer Höhe von 8155 Metern stieß am 1. Mai der US-amerikanische Höhenbergsteiger Conrad Anker – fast zufällig während einer Rast – auf die sterblichen Überreste. Das Foto mit dem zum Teil entblößten, fast wie weißes Porzellan wirkenden Rücken ging um die ganze Welt. Die Leiche wies Kopfverletzungen auf, und auch ein Bein war gebrochen. Um den Bauch trug Mallory ein gerissenes Seil. Von Irvine fehlte danach weiterhin jede Spur. Auch die Kamera des begeisterten Hobbyfotografen

Andrew Irvine konnte nicht gefunden werden, die vielleicht Auskunft darüber geben könnte, wie weit es die beiden geschafft haben. Im Frühjahr 2001 fand eine weitere Suchexpedition einen Wollhandschuh, der möglicherweise Andrew Irvine gehört haben könnte. Und man fand das letzte Hochlager der beiden in 8140 Meter Höhe, mehr aber auch nicht.

So sind die Geheimnisse geblieben, und die Gemeinde der Bergsteiger rätselt mit ihren Vermutungen, Meinungen und Ansichten weiterhin und tief gespalten. Immer wieder wurden die Länge der Aufstiegsroute am Grat, die Schwierigkeiten der zu bewältigenden Kletterpassagen, der Zeitbedarf und die höhenbergsteigerischen Möglichkeiten der damaligen Zeit, die Fähigkeiten von Mallory und Irvine und vieles andere mehr analysiert und mit entsprechenden Parametern verglichen. Mehrere Bücher und fast schon wissenschaftliche Abhandlungen sind veröffentlicht worden. Allein, ein wirklicher Beweis, ob der Gipfel möglicherweise bereits 1924 erreicht worden ist, konnte bislang nicht erbracht werden. Es gibt ein paar wenige Indizien, die darauf hinweisen würden, und andererseits logisch klingende Argumente, die besagen, dass es einfach nicht möglich gewesen sein kann. Gleichwie, dieses Mysterium um die beiden Briten ist in der alpinen Geschichte im Kapitel des Höhenbergsteigens eines der größten, interessantesten und auch spannendsten.

Für die Briten aber war der Mount Everest spätestens nach 1924 zu einer äußerst wichtigen Angelegenheit von nationalem Prestige geworden. Das Verschwinden von Mallory und Irvine hatte ein gerüttelt Maß dazu beigetragen. Während der wirren Jahre zwischen 1933 und 1947 gab es fünf weitere britische Expeditionen, die sich weit den Everest hinaufkämpften. Vier offizielle und eine sogar ohne jegliche Genehmigung. Die Bergsteiger versuchten es weiterhin mit und ohne Flaschensauerstoff und immer wieder vom tibetischen Norden her, denn das Königreich Nepal hielt zur damaligen Zeit seine Grenzen für sämtliche Ausländer geschlossen. Doch was die Bergsteiger auch probierten, sie kamen einfach nicht bis auf den Gipfel.

1934 heckte Maurice Wilson, ein englischer Globetrotter und Abenteurer, einen ebenso kühnen wie absurden Plan aus. Wilson kam 1898 in Bradford zur Welt und wuchs in der engen Welt einer Arbeiterfamilie auf. Erst als der Vater in einer Wollspinnerei zunächst als Aufseher und später als Direktor besser verdiente, konnte er seinen vier Kindern eine entsprechende Ausbildung und der Familie ein wenig Wohlstand bieten.

Maurice Wilson wurde Offizier im Ersten Weltkrieg und in einem Schützengraben in Frankreich schwer verletzt. Eine Kugel traf ihn im Arm, den er danach nie wieder voll belasten konnte. Aus dem Krieg kehrte er hochdekoriert zurück. Er verließ England später in Richtung Amerika und zog von dort weiter nach Neuseeland. Er erkrankte an Tuberkulose, und bei einem Aufenthalt im Schwarzwald fiel ihm Anfang der Dreißigerjahre eine Zeitschrift in die Hände. Darin las er vom Ausgang der Everest-Expedition 1924, von den verschollenen Mallory und Irvine und den unglaublichen Schwierigkeiten, mit denen seine britischen Landsleute bei ihren Versuchen, den Gipfel zu erreichen, zu kämpfen hatten. Von diesem Moment an begann sich Maurice Wilson für den höchsten Berg der Erde zu interessieren.

Als er seine aufsehenerregenden Pläne öffentlich machte, mit einem Flugzeug von Großbritannien aus nach Tibet zu fliegen, dort eine saubere Bruchlandung hinzulegen und dann auf den Everest zu steigen, war das mediale Echo erwartungsgemäß groß. Wilson machte als »verrückter Yorkshireman« Schlagzeilen. Er selbst empfand die Hürden seines Vorhabens offenbar als nicht allzu groß. Es erschien ihm auch nicht als ein wirkliches Hindernis, dass er bis dahin noch nie ein Flugzeug geflogen und auch noch keinen einzigen Berg bestiegen hatte. Auch dass ihm Indien weder die Einreise noch den Überflug oder gar die Landung in Nepal genehmigen wollte, rührte ihn nicht sonderlich. Das Gleiche galt für China und Tibet. Weil auf legalem Weg keine Erlaubnis zu erhalten war, war er auf die Idee mit der Bruchlandung gekommen.

Noch lange bevor Maurice Wilson die erste Flugstunde nahm, stand sein Flugzeug, ein einmotoriger Doppeldecker von Typ Gipsy Moth, bereits in einem Hangar. Der britische Alpine Club beobachtete Wilson und seine Pläne unterdessen mit Argwohn und wachsender Besorgnis, später dann mit immer mehr Unmut und offener Ablehnung. Man fühlte sich von Wilson verhöhnt und veralbert. Immerhin war der Everest zu diesem Zeitpunkt eine nationale Angelegenheit von höchster Wichtigkeit. Und nun kam dieser Verrückte daher. Schon Wilsons legendäre Ankündigung:»Ich werde den Everest besteigen – allein«, empfanden die vornehmen Herren des elitären Clubs als offenen Affront. Wenn jemand dorthin eine Expedition organisierte, dann doch wohl sie! Maurice Wilson ließ sich von all dem jedoch nicht einschüchtern. Er ignorierte sämtliche Einschränkungen, Verbote, Hürden, Gesetze, Auflagen, Drohungen und auch die naturgegebenen Hindernisse. Unverdrossen machte er sich auf den Weg, flog von England nach Deutschland, besuchte im Schwarzwald noch einmal Freunde, dann war er verschwunden.

Die lange Reise, die nun begann, hat der deutsche Autor Peter Meier-Hüsing nach aufwendiger Recherche und auf der Basis von Wilsons Tagebüchern in dem ebenso einfühlsamen wie hinreißenden Buch *Wo die Schneelöwen tanzen – Maurice Wilsons vergessene Everest-Besteigung* dargestellt.

Der Flug nach Indien gestaltete sich tatsächlich als schwieriges Unternehmen. Unwetter zwangen Wilson mit seinem offenen und ungeschützten Doppeldecker immer wieder an den Boden, die Behörden ließen ihm keine Ruhe, und nicht selten startete er einfach ohne Genehmigung zu seiner nächsten Etappe. Im indischen Lalbalu wurde seine Maschine schließlich konfisziert. Das kümmerte Wilson aber offenbar nicht weiter. Unbeeindruckt beantragte er eine Genehmigung, seine Reise zu Fuß fortsetzen zu dürfen. Aber auch dies wurde ihm verweigert. Auf verschlungenen Pfaden erreichte er schließlich im Herbst 1933 Darjiling, einen Ort ganz im Norden von Westbengalen, das als einer der nördlichen Bundesstaaten Indiens eingepfercht zwischen Nepal und Bhutan liegt. Sehr weit war er nun nicht mehr vom Mount Everest entfernt.

Von Darjiling gingen bis dahin die meisten Everest-Expeditionen aus, da die Grenzen von Nepal für Ausländer geschlossen waren und man sich dem höchsten Berg der Erde nur von der tibetischen Seite aus nähern konnte. Doch wenn Wilson ernsthaft geglaubt hatte, seine Reise von Darjiling aus werde nun einfacher werden, sah er sich erneut getäuscht. Denn jetzt rückte ihm die uniformierte Polizei zu Leibe und überwachte ihn streng. Die

60

politische Situation in der Region der Himalaja-Berge war damals wegen verschiedener territorialer Ansprüche zwischen Großbritannien, der Sowjetunion und China äußerst angespannt. Ein illegaler Grenzübertritt nach Tibet und China hätte leicht zum politischen Konflikt führen können. Wilson saß fest. Aber er war nicht tatenlos. Er suchte und fand unter den Einheimischen Helfer für seinen abenteuerlichen und doch fast aussichtslosen Plan. Im Frühjahr 1934, gerade rechtzeitig zum Beginn der Bergsteigersaison im Himalaja, machte er sich auf den langen Fußweg nach Tibet. Er wurde von drei Männern unterstützt, die er in seinen Tagebüchern mit den Namen Tsering, Rinzing und Tewang verewigt hat. In diesen Tagebüchern steht auch noch der Name eines vierten Mannes, der eigentlich hätte mit dabei sein sollen: Sherpa Tenzing Norgay! Doch der damals erst 19-jährige Tenzing, der gerade wenige Wochen zuvor von Thame in Nepal nach Darjiling gekommen war, war in diesem Frühjahr unauffindbar. So sehr sich Tewang auch bemühte, er konnte Tenzing nirgendwo in der Stadt aufspüren, da der sich zu dieser Zeit auf dem Weg in das Khumbu-Gebiet befand, um seine Eltern zu besuchen. Also brachen Wilson, Tewang, der längst zum engsten Vertrauten geworden war, Rinzing und Tsering ohne Tenzing auf.

Die Reise der vier Männer nach Tibet verlief spannend, aber weitgehend unproblematisch. Maurice Wilson hatte sich als taubstummer tibetischer Mönch verkleidet. In seiner dunkelroten Kutte sah er aus wie ein Pilger. Im Kloster Rongbuk schließlich, den Everest mit seiner wuchtigen Nordwand nun bereits vor Augen, fand Wilson Unterschlupf. Er war vollkommen ausgemergelt und schien um Jahre gealtert, als er dort ankam. Er musste sich unbedingt von den Strapazen erholen, denn immerhin war er zu diesem Zeitpunkt schon fast ein Jahr unterwegs.

Die Mönche in dem uralten Kloster brachten ihn bald wieder auf die Beine. Kaum wieder zu Kräften gekommen, machte er sich tatsächlich auf in Richtung des östlichen Rongbuk-Gletschers, auf dem alle bisherigen Versuche, den höchsten Punkt der Erde zu erreichen, ihren Anfang genommen hatten. Die Männer im Kloster mochten den etwas seltsam anmutenden Mann aus England mit seinen verschrobenen Plänen. Wilson vermutete, dass dies so sei, weil er die Natur respektierte und wie ein Pilger unterwegs war. Und so begleiteten ihn die Gebete der Mönche auf den letzten Etappen seines Lebens.

Ein erster Versuch, den Everest allein zu besteigen, scheiterte in einem gewaltigen Schneesturm. Ermattet kehrte Wilson zum Kloster zurück, wagte jedoch schon bald darauf einen weiteren Versuch, diesmal zusammen mit Rinzing und Tewang, die ihn nach Tibet begleitet hatten und noch immer im Kloster auf ihn warteten. Es zeigte sich bei diesem zweiten Anlauf, dass Wilson offenkundig keine Ahnung vom Bergsteigen hatte. Einer seiner Begleiter musste ihm sogar zeigen, wie man mit dem Pickel Stufen ins Eis schlug. Die Steigeisen von Wilsons erstem Versuch blieben im Hochlager unauffindbar. Das sorgte natürlich für weitere Probleme. Dennoch gelangte der zähe Brite bis fast zum Nordsattel. Von dort ging er zurück zum dritten Hochlager. Hier warteten Tewang und Rinzing auf ihn, und sie versprachen, dies auch noch weitere zehn Tage zu tun.

Am 29. Mai 1934 brach Wilson aufs Neue auf. Rinzing beobachtete ihn an diesem Tag noch eine Zeit lang dabei, wie er immer weiter aufstieg. Wilsons letzter Tagebucheintrag datiert vom 31. Mai 1934. Man fand seinen Leichnam im Juli 1935 im Hochlager III. Offenbar waren seine Begleiter früher als ausgemacht aus diesem Lager abgestiegen, und niemand vermag zu sagen, was sich da oben wirklich abgespielt hat. Denn Wilson wurde direkt bei den Zelten in diesem Hochlager, das von vorangegangenen Expeditionen stammte, gefunden – eigentlich in Sicherheit. Es gab ganz in der Nähe auch ein Depot mit Lebensmitteln. Dennoch überlebte Maurice Wilson sein Abenteuer nicht.

In England jubelte die Presse Maurice Wilson zum Helden hoch, und die Mitglieder der britischen Erkundungsexpedition von 1935 versenkten seinen Leichnam bei einem würdevollen Abschied in einer Gletscherspalte. Doch der einsame Exzentriker, dieser wagemutige Amateurpilot, der von England nach Indien geflogen war, um 1934 allein den Everest zu besteigen, kam nicht einmal in seinem Gletschergrab zur letzten Ruhe. Das Eis gab seine sterblichen Überreste 25 Jahre später wieder frei. Mitglieder einer chinesischen Expedition fanden sie und setzten Wilson daraufhin ein weiteres Mal bei. Aber auch 1975, 1985 und 1989 kam

Wilsons Leiche wieder zum Vorschein. Es heißt, noch heute könne man nur wenig abseits des Normalwegs Knochenteile finden, die von Maurice Wilson stammen müssten – jenem Mann, der eine Vision hatte, die schließlich als Illusion scheiterte.

Vier Jahre nach Wilsons Tod führte auch ein siebter britischer Anlauf nicht zum gewünschten Erfolg und musste in einer Höhe von 8300 Metern beendet werden. Dann brach der Zweite Weltkrieg aus, und es wurde still unter dem Dach der Welt. In den Jahren nach 1945 war dann auf einmal alles anders. Die chinesische Volksbefreiungsarmee annektierte und besetzte 1950 Tibet dauerhaft. Die Grenzen wurden geschlossen – auch für ausländische Bergsteiger. Ein Jahr zuvor hatte jedoch das Königreich Nepal seine Grenzen geöffnet, und plötzlich war nun der Weg von Süden her zum Mount Everest gangbar.

Als Erster kam Eric Earle Shipton mit einer Erkundungsexpedition in das Khumbu-Tal im Norden Nepals, nicht sehr weit von der tibetischen Grenze entfernt. Shipton war 1907 in Sri Lanka zur Welt gekommen und in England aufgewachsen. Er hatte schon recht früh auf sich aufmerksam gemacht, als ihm in Kenia die erste Besteigung des 5188 Meter hohen Nelion, eines der Hauptgipfel im Mount-Kenia-Massiv, gelang. Die bergsteigerische Leistung war eigentlich nur die logische Fortsetzung dessen, was er schon in jungen Jahren in den Alpen begonnen hatte. Shipton war ein begeisterter Kletterer. Nachdem er als 21-Jähriger nach Kenia gekommen war und begonnen hatte, als Pflanzer zu arbeiten, waren die Alpen jedoch auf einmal in weite Ferne gerückt gewesen, während der Hang zum Bergsteigen geblieben war. Wohl einzig und allein deshalb, weil er in Europa nicht mehr klettern gehen konnte, bestieg er den Nelion. Nachdem Shipton später auch in Asien seine Fühler ausgestreckt und dort den knapp 8000 Meter hohen Kamet bestiegen hatte, den damals höchsten bestiegenen Berg des Himalaja, wurde er zu einer bekannten Größe in der Bergsteigerszene Großbritanniens. So wurde er in der Folge Mitglied fast aller wichtigen Expeditionen zur Everest-Nordseite in den Jahren zwischen 1933 und 1938. Er hatte also seine Everest-Erfahrung zur Genüge gemacht, als er sich nun, 1951, von der nepalischen Seite her wieder diesem

63

wuchtigen Bergmassiv näherte, das die halbe Bergsteigerwelt in Atem hielt. Er brachte fünf weitere Bergsteiger mit, die Briten Bill Murray, Tom Bourdillon und Mike Ward, sowie zwei Neuseeländer. Der eine hieß Earle Riddiford, und der andere hörte auf den Namen Edmund Hillary. Es war längst nicht mehr die Frage, ob der Gipfel bestiegen werden könne, vielmehr ging es nur noch darum, wer wann zuerst oben sein würde. Shipton und seine Männer sahen nun erstmals mit eigenen Augen die wunderbaren kleinen Dörfer im Khumbu-Gebiet unter dem Mount Everest und lernten Menschen von übergroßer Herzlichkeit, Gastfreundschaft und Hilfsbereitschaft kennen. Die Sherpa, ihre unbändige Kraft und ihre legendären Fähigkeiten in der Höhe wurden für die Briten mehr und mehr zum Schlüssel einer phantastischen Pforte, die geradewegs in den Himmel hinaufzuführen schien.

Shipton und seine Begleiter kamen im Herbst nach Nepal, also am Ende der Monsunzeit. Jeden Tag wanderten sie in dieser bezaubernden Gegend dem Ziel ein Stück weiter entgegen. Sie schlugen sich mit dem feuchten Klima in den mittleren, fast subtropischen Lagen des Himalaja herum und verfluchten die Blutegel. Sie campierten in Namche Bazar, kamen am Kloster Thyangboche vorbei, passierten die schlanke Berggestalt der Ama Dablam, eines der formschönsten Berge der Welt, und bewunderten Berge, deren Namen sie nicht einmal kannten. Schließlich gelangten sie auf die Moräne des Khumbu-Gletschers und waren erstaunt über die Größe und Komplexität des Khumbu-Eisfalls, der wie eine riesige raue und zerfurchte Zunge zwischen dem Mount Everest und dem Nuptse herunterhing. Die sechs verwegenen Bergsteiger, die einheimischen Träger und Sherpa, die zur Unterstützung mitgekommen waren, hielten ehrfürchtig inne.

Edmund Hillary, einer der beiden Neuseeländer in der Expeditionsgruppe, war mit 1,91 Meter Körpergröße ein wahrer Hüne im Vergleich zu vielen anderen Spitzenalpinisten. Er hatte wie Shipton bereits Himalaja-Erfahrung. Ihm waren bei seinem ersten Kontakt 1950 mit dem höchsten Gebirge der Welt sieben Erstbesteigungen an bis dahin eher unbekannten Gipfeln gelungen. Er fürchtete den Everest nicht. Edmund Percival Hillary war 1919 in Auckland geboren worden. Er studierte zwei Jahre an der örtlichen Universität, wurde dann aber Bienenzüchter wie sein Vater. Alpinistisch hatte Hillary auf sich aufmerksam gemacht, als er 1948 erstmals den berüchtigten Südgrat des Mount Cook bestieg, des höchsten Bergs Neuseelands (3754 m). Nun, Anfang September 1951, ging er zusammen mit Eric Shipton ein gutes Stück die Ostflanke des Pumori hinauf, der sich genau gegenüber dem Mount-Everest-Massiv wie ein riesiger Zuckerhut aus Fels und Eis aus dem Moränenschutt des Khumbu-Gletschers aufbaut. Erst von dort aus konnten sie sich einen Überblick verschaffen, denn von dem Platz am Fuß des Eisbruchs aus, wo noch heute sämtliche Besteigungsversuche im Süd-Basislager beginnen, sieht man den Everest-Gipfel nicht einmal.

Als sie nun am Pumori ein Stück hinaufgelangten, konnten sie auch einen Blick auf das werfen, was sie hinter dem Khumbu-Eisfall im Western Cwm, dem Tal des Schweigens, aber auch in der Lhotse-Flanke in Richtung Südsattel zwischen Everest und Lhotse erwarten würde. Doch sie waren der festen Überzeugung, dort müsste sich mit Mut und Geschick schon irgendwie ein Weg bahnen lassen. Überhaupt bot sich ihnen ein atemberaubender Ausblick. Erstmals sahen sie fast die gesamte obere Nordwestwand aus einem völlig neuen Blickwinkel. Sie konnten mit bloßem Auge den Nordwestgrat bis zum Gipfel hinauf verfolgen, an dem bislang sämtliche Versuche gescheitert waren. Sie erkannten mit ihren Ferngläsern den »First« und den »Second Step«. Sie glaubten sogar die Stelle sehen zu können, an der Norton 1924 bis auf 8574 Meter hinaufgekommen war.

Shipton und Hillary waren tief beeindruckt. Ebenso wie die drei anderen Briten, die sich unterdessen im Khumbu-Eisfall zu schaffen gemacht hatten. Sie erkannten rasch, dass dieses chaotische Gebilde der Natur eine brandgefährliche Passage im Lauf einer Besteigung sein würde. Sowohl die Westschulter des Everest mit ihren riesigen Séracs als auch auf der gegenüberliegenden Seite die furchterregenden Flanken des Nuptse waren rechts und links des Eisbruchs eine ständige Bedrohung. Es half nichts, sie mussten mitten durch diesen Schlund hindurch. Doch auch der Eisbruch selbst, in dem es immer knackte und krachte und wo ständig irgendwelche Eistürme von der Größe eines Hauses umzustürzen drohten, beeindruckte die Männer sehr. Als schließlich alle

65

gemeinsam noch einmal in dem Eisbruch hinaufstiegen, wäre das Unternehmen fast in einer Katastrophe geendet. Denn um ein Haar wäre das gesamte Team in einer Gletscherspalte auf Nimmerwiedersehen verschwunden, wenn nicht Edmund Hillary geistesgegenwärtig und mit viel Glück hätte sichern können. In den Tagen danach erkundeten die Briten die Gegend rund um das Basislager. Sie stiegen sogar ein Stück den Lho La hinauf, einen 6026 Meter hohen Pass, der auf die Westschulter und hinüber nach Tibet auf den Rongbuk-Gletscher leitet. Doch die Männer mussten bald einsehen, dass sie auf dieser Route keinesfalls dorthin kämen, wo sie eigentlich hinwollten. Während weiterer Versuche im Eisbruch erkannten die Bergsteiger auch, wie schnell sich dort die Verhältnisse veränderten, sodass der Zusammensturz riesiger Eisbrocken oder das Öffnen immer neuer Spalten eine bislang gangbare Route über Nacht zu einem unüberwindbaren Hindernis werden lassen konnte.

Eric Shipton war ein sehr lebhafter, charismatischer und mit Entdeckergeist gesegneter Expeditionsleiter. Er galt aber auch als sehr umsichtig und fürsorglich, fast wie ein Vater. Er sorgte sich vor allem um die Sherpa im Begleiterteam, deren Familien in den Dörfern nur ein paar Tageswanderungen entfernt um das Leben ihrer Männer und Väter bangten.

Da war Edmund Hillary schon raubeiniger, vertrat er doch die Meinung, dass alle Mitglieder einer Expeditionsgruppe die gleichen Arbeiten zu verrichten, die gleichen Lasten zu tragen und derselben Gefahr ins Auge zu blicken hätten. Was das hieß, wurde Anfang Oktober aufs Neue deutlich. Mit viel Geduld und großem Spürsinn erreichten sie nun endlich den oberen Rand des Eisbruchs, also jene Passage, an der sich der Gletscher zurücklegt und fast eben in ein riesiges Hochtal übergeht. Dieses Tal, eigentlich das Westkar des Everest, wurde anschließend als Western Cwm berühmt, das walisische Wort für Kar. Dort oben angelangt, blickten die Bergsteiger und die Sherpa in eine riesige, scheinbar grundlos tiefe Spalte, fast hundert Meter breit und beim besten Willen nicht zu überwinden. Doch dort mussten alle hinüber, Bergsteiger wie Sherpa. Edmund Hillary hatte auf gewisse Weise recht, wenn er die Meinung vertrat, dass es keine großen Unterschiede geben könne und der Weg für alle der gleiche sei. Als die Briten und ihre Sherpa-Helfer schließlich die Zelte abbrachen, gingen sie in der vagen Hoffnung, dass es im Vormonsun, also im nepalischen Frühjahr dort vielleicht etwas besser aussehen könnte. So machten sie sich auf den Weg zurück und hatten in den vergangenen Wochen viele neue Erkenntnisse über den Mount Everest gewonnen. Vor allem aber waren sie sich fast sicher, jenseits des Eisbruchs eine mögliche Anstiegsroute erkannt zu haben. Sie waren zu diesem Zeitpunkt auch davon überzeugt, dass sie im folgenden Frühjahr wieder unter dem Khumbu-Eisbruch stehen würden – und diesmal mit dem klaren Ziel einer Gipfelbesteigung. Doch kaum waren sie wieder daheim, erfuhren sie, dass nicht eine britische, sondern eine Schweizer Expeditionsgruppe für das Frühjahr 1952 vom Königreich Nepal die Chance und die Genehmigung für einen Gipfelversuch erhalten würde.

Während die Briten 1952 also das Nachsehen hatten und bangen mussten, ob die Schweizer Erfolg haben würden, machte sich im Frühjahr in Darjiling auch Tenzing Norgay auf den Weg, um sich mit Mitgliedern der Schweizer Expedition zu treffen. Die Leitung dieser Schweizer Gruppe hatte Edouard Wyss-Dunant, ein Arzt aus Genf, der Erfahrungen in der Antarktis, aber auch im Himalaja und in der Wüste hatte. Die bergsteigerische Leitung erhielt René Dittert, ein wahrer Haudegen, der jedoch anderen nie zumutete, was er selbst nicht zu leisten imstande war. Dieser Mann war gesegnet mit einer schier unbändigen Willenskraft, die sich mit einem großen bergsteigerischen Können verband. Wyss-Dunant und Dittert gehörten beide dem elitären Genfer Kletterklub »L'Androsace« an, und so war es kaum verwunderlich, dass auch die anderen Teilnehmer – Jean-Jacques Asper, René Aubert, Léon Flory, Ernest Hofstetter, Raymond Lambert und André Roch – ausnahmslos aus Genf stammten.

Dieser ebenso verschworene wie entschlossene Haufen Vollblutbergsteiger aus dem Alpenland der Viertausender brach am 13. März 1952 in Genf auf, um einen mehr als doppelt so hohen Gipfel zu besteigen. Eine Gruppe flog nach Bombay, um dort das per Schiff eingetroffene Gepäck abzuholen. Fast drei Tonnen Ausrüstung, Verpflegung und Material wurden nun in einen Zug verladen, mit dem es vier Tage lang weiterging bis nach Patna in

Nordindien. Ein Flugzeug brachte die Männer schließlich nach Kathmandu. Jean-Jacques Asper konnte beim Landeanflug beobachten, wie ein paar Jungen eine Kuhherde von der holprigen Landebahn vertrieben, damit die Maschine überhaupt aufsetzen konnte.

Von der nepalischen Hauptstadt Kathmandu aus, die damals noch unendlich viel mehr Geheimnisse hinter ihren uralten Fassaden und unter den hölzernen Pagodendächern barg als heute, benötigten die Schweizer 23 Tage bis zum Basislager unter dem Mount Everest. Fast 200 einheimische Träger schleppten das Gepäck durch die einsamen Bergregionen. Und Tenzing Norgay war ihr Sirdar, verantwortlich für die zwölf Sherpa, die große Gruppe der Träger und das Küchenteam. Er war zuständig für die Kommunikation mit den einheimischen Helfern und in den Dörfern, und er führte auch den Anmarsch ins Basislager an. Tenzing Norgay musste als Einziger keine der zwischen 30 und 60 Kilogramm schweren Lasten tragen, sondern nur seine eigene Ausrüstung. Eine größere Auszeichnung und Anerkennung seiner inzwischen erworbenen Fähigkeiten konnte es kaum geben. Doch auch Tenzing musste sich in den Dörfern der tieferen Region oft mühsam durchfragen, denn er kannte den Weg zur Südseite des Everest in dieser gebirgigen Gegend meist ebenso wenig wie die Schweizer. Häufig verließen sie sich auf die Informationen, die sie von den Briten erhalten hatten. Im Khumbu ging es dann leichter, denn dort war Tenzing daheim.

Am Fuß des Everest standen sie schließlich vor genau demselben Problem wie die Briten im Jahr zuvor: Sie mussten durch den Khumbu-Eisbruch. In dem verwirrenden Labyrinth aus Eistürmen und Spalten brauchten sie zehn lange Tage, um die gefährlichen Passagen zu überwinden, zu sichern und die Stelle zu erreichen, an der sich das Gletscherchaos zurücklegt und es wieder flacher wird.

Doch nun starteten auch die Schweizer in die beängstigende Spalte, die schon Eric Shiptons Team im Jahr zuvor nicht hatte überwinden können. Diese Spalte bildete die Nahtstelle zu dem Punkt, wo der Gletscher aus dem flachen Western Cwm kommend in Richtung Tal abkippte und genau dort aufriss. Wie ein Gipskarton, den man über einer Tischkante bricht. Als die Schwei-

68

zer in das riesige Loch hinunterblickten, sahen sie nicht einmal den Grund, sondern nur Dunkelheit. Es war furchterregend. Und hinter ihnen rumpelte und krachte der Eisbruch, als wolle er jeden Moment unter ihnen einstürzen. Wie schon die Briten zuvor, überlegten nun auch sie, ob es nicht besser sei, nach links in Richtung des westlichen Vorbaus am Everest auszuweichen, oder nach rechts unter die Eiswände des Nuptse. Doch auf beiden Seiten würden sie dann von Eislawinen bedroht, die durch die fragil in den Wänden hängenden Séracs entstanden. Das erschien ihnen noch gefährlicher.

Fast zwei Tage suchten sie nach einem Durchschlupf, doch am Ende standen sie immer wieder vor der Spalte. Sie mussten irgendwie auf die andere Seite gelangen. Dabei war allerdings zu bedenken, dass nicht nur sie, sondern auch die zwölf Sherpa hinüber müssten, denn ohne die einheimischen Helfer mit ihrer grandiosen Kondition und den enormen Kräften hätten sie weiter oben nicht den Hauch einer Chance. Die Sherpa waren jedoch alpinistisch so gut wie überhaupt nicht ausgebildet. Sie verstanden nicht viel von Seiltechnik und ihrer Anwendung. Dennoch behandelten die Schweizer die einheimischen Sherpa als Gleichberechtigte. Sie ließen sich nicht »Sahib« nennen, wie es die Briten noch aus der Kolonialzeit gewohnt waren und worauf sie weiterhin einen gewissen Wert legten. Sie ließen sich auch nicht alles bis vor die Füße tragen. Und sie versuchten vor allem, den Sherpa so viel wie möglich beizubringen. Besonders René Dittert wachte darüber, dass den Sherpa am Berg nicht etwas aufgebürdet wurde, was kein anderer leisten wollte oder zu leisten vermochte.

Das Volk der Sherpa siedelte sich vor allem im Solu-Khumbu-Gebiet zu Füßen des Mount Everest an. Diese rauen, aber so herzlichen Menschen waren schon immer in den Bergen des Himalaja unterwegs. Sie betrieben über die hohen Pässe – der Nangpa La, ein mehr als 800 Jahre alter Übergang unweit des Cho Oyu, ist mit 5716 Metern der höchste – einen regen Handel und tauschten dort Getreide gegen Reis. Vom Solo Khumbu aus wanderten die Sherpa auf der Suche nach Arbeit und besseren Lebensbedingungen auch bis nach Darjiling, das lange unter britischer Verwaltung stand. Dort wurden sie zu Beginn des 20. Jahrhunderts zum ersten Mal von europäischen Expeditionsgruppen als Träger angeheuert. Ihr Mut, ihre Kraft, das Leistungsvermögen und die Tatsache, dass sie in großen Höhen viel weniger Probleme hatten als die Europäer, wurden rasch legendär. Manche Sherpa wuchsen über die Rolle der Träger rasch weit hinaus. Sie wurden Köche, Küchenhelfer oder gar Höhenbergsteiger. So begann ihr steiler Aufstieg im doppelten Sinn, denn bald wurden sie für die Expeditionen nahezu unentbehrlich, an welchem Achttausender im Himalaja auch immer.

Jean-Jacques Asper war im Frühjahr 1952 mit erst 26 Jahren der Jüngste im Team der Schweizer. Ein hagerer Mann mit dunklen Haaren und wachsamen Augen. Er entschlüsselte schließlich in diesem Frühjahr 1952 eine der bis heute entscheidenden Stellen im Aufstieg der Südroute zum Everest-Gipfel. Die beeindruckende Querspalte am Ende des Khumbu-Eisbruchs war damals bis zu hundert Meter breit und selbst an der engsten Stelle waren immer noch fünf Meter zu überwinden. Viel zu weit also für einen Sprung. Jean-Jacques Asper hatte eine andere Idee. An einem langen Seil ließen sie ihn in dieses tiefe, gruselige Loch hinunter. Er versuchte zunächst mit einem weiten Pendelschwung die andere Seite der Spalte zu erreichen, um dann dort wieder hinaufzuklettern. Doch damit hatte er keinen Erfolg, weil er drüben einfach keinen Halt fand. Also rief er hinauf, sie sollen ihn weitere fast 25 Meter hinunterlassen. Um ihn herum war es fast so dunkel wie in der Nacht. Mit einer Lampe verschaffte er sich ein wenig Orientierung und Überblick.

Schließlich fand Asper eine schmale Schneebrücke, die von der einen auf die andere Seite führte und auf der er nun ganz vorsichtig zur gegenüberliegenden Wand der Gletscherspalte hinüberzubalancieren begann. Damals hatten die Steigeisen noch keine Frontalzacken wie die heutigen modernen Geräte, und es wurden meist mit dem Pickel Stufen für den Aufstieg ins Eis gehackt. Asper musste mit seinen Füßen daher die wildesten Verrenkungen machen, um beim Aufstieg Halt im Eis zu finden, denn hacken konnte er nicht. Stürzen durfte er dabei auch nicht, denn obwohl die anderen ihn von oben sicherten, so gut es ging, wäre er im Fall eines Sturzes mit Wucht an die gegenüberliegende Eiswand geprallt, was wahrscheinlich böse Folgen gehabt hätte.

70

Jean-Jacques Asper raufte sich Meter für Meter aus der Spalte heraus wieder nach oben. Niemand konnte hinterher genau sagen, wie lange diese Aktion gedauert hatte. Als er schließlich wieder ans Tageslicht kam und über die Gletscherlippe in den weichen Schnee glitt, war er zwar atemlos und erschöpft, aber über die Maßen erleichtert. Den Männern auf der anderen Seite ging es ebenso. Asper gab später zu Protokoll, er habe sich, wie er so da drüben stand – an einem Platz, den zuvor noch nie ein anderer Bergsteiger betreten hatte – und seine Kollegen auf der anderen Seite betrachtete, gefühlt »wie der erste Mensch auf dem Mond«. Dieses Ereignis sollte allerdings noch weitere 17 Jahre auf sich warten lassen.

Für die Schweizer indes begann die eigentliche technische Finesse erst jetzt. Sie warfen Asper die Enden weiterer Seile hinüber, die er dort einigermaßen sicher verankerte. Auf diese Weise bauten sie eine zwar nicht gerade vertrauenerweckende, aber doch funktionstüchtige Seilbrücke. Léon Flory war der Erste, der dort hinüberrobbte, indem er liegend ein Bein um eines der Seile schlang, seinen Oberkörper darauflegte, das andere Bein zur Wahrung des Gleichgewichts frei baumeln ließ und sich dann Stück für Stück an einem zweiten Seil mit beiden Armen – und nur mit einem Karabiner über diesem abgrundtiefen Loch gesichert – fünf Meter weit hinüberzog. Über diese Konstruktion mussten später alle und immer wieder hin und her. Auch das Material wurde mithilfe von Seilen hinüberbugsiert. Selbst wenn tiefer drinnen im Western Cwm auf dem Weg unter die Lhotse-Flanke weitere, ebenfalls gefährliche und teilweise noch größere Spalten warteten, das entscheidende Hindernis, an dem alle anderen zuvor gescheitert waren, hatten sie überwunden.

Über die Lhotse-Flanke erreichte die Schweizer Expeditionsgruppe schließlich in mehreren Etappen einen markanten Felssporn, der seither als »Genfer Sporn« bezeichnet wird. Die Bergsteiger benötigten erneut Zeit und einige Versuche, bis sie entdeckten, dass sich an der rechten Seite des Genfer Sporns die besten Möglichkeiten boten, weiter hinaufzukommen. Sie querten schließlich auch das markante »Gelbe Band«, einen hellen Gesteinseinschluss im ansonsten dunklen Everest-Fels. Von dort aus stiegen sie hinauf in Richtung Südsattel. Lange schon waren sie inzwischen im Neuland unterwegs. Doch Stück für Stück entschlüsselten sie, von einem unbeugsamen Pioniergeist beseelt und vorangetrieben, diesen riesigen Berg.

Jean-Jacques Asper und Gabriel Chevalley waren als Erste bis etwa 200 Meter unter den Südsattel gekommen, doch sie mussten wieder zurück, weil sie nicht über Nacht in der Flanke bleiben konnten. Dann stiegen Raymond Lambert, Tenzing Norgay, Léon Flory und André Aubert hinauf. Weil sie bei diesem Anstieg nicht am tiefsten Punkt des Sattels ankamen, sondern weiter rechts in Richtung Lhotse, mussten sie dort wieder ein Stück absteigen.

Endlich, als sie nach so vielen Tagen am Südsattel angelangt waren, konnten sie nun zum ersten Mal auch von der anderen Seite des Sattels auf die tibetische Seite und auf den Kangshung-Gletscher hinunterschauen. Sie standen am höchsten Übergang der Welt. Zu verdanken hatten sie das auch und vor allem Tenzing Norgay, der unermüdlich Lasten schleppte, den Aufstieg vorantrieb und oft instinktiv das Richtige tat. Die Erfahrungen, die er mit den Briten am Everest gesammelt hatte, kamen ihm nun zugute. Inzwischen hatte er sich mit Raymond Lambert angefreundet. Die beiden wurden zu einer ganz starken Seilschaft im Rahmen dieses Unternehmens. Insgeheim hofften beide inständig darauf, dass sie gemeinsam als Erste den Gipfel erreichen könnten.

Es war am frühen Morgen des 27. Mai 1952, noch war es am Everest zwar kalt, aber stabil schön, als die Männer aus dem Südsattel heraus weiter hinüber zu der Stelle stapften, an der sich der Koloss in Richtung des langen Weiterwegs hin zum Südgipfel abermals steiler aufbaut. Sie stiegen dort langsam die Hänge dieses gewaltigen Bergs hinauf. Es war mühselig, mit den Sauerstoffgeräten zu atmen. Sie nutzten dafür vor allem die kurzen Rastpausen. Der Flaschensauerstoff erschien ihnen längst wie ein überlebensnotwendiges Elixier. Eigentlich hatte besagter Tag nur einer Erkundung dienen sollen, um zu sehen, wie es oberhalb des Pfeilers weiterging, an dessen breitem Rücken sie sich nun befanden. Vielleicht wäre es dem Team ja möglich, einen Platz für das siebte Hochlager herzurichten.

In der beachtlichen Höhe von etwa 8300 Metern kehrten Aubert und Flory wieder um und gingen zurück zum Südsattel. Im Unterschied zu Tenzing und Lambert hatten sie kein Zelt dabei, und zu viert konnten sie unmöglich hier oben bleiben, zumal sie auch so gut wie keine Lebensmittel mitgenommen hatten. Es war nun Tenzings Idee, oben zu biwakieren, um tags darauf den Aufstieg von hier aus weiter vorantreiben zu können. Lambert und der Sherpa bauten die kleine Behausung mit größter Mühe auf und krochen mit nichts als dem, was sie am Körper trugen, hinein. Keine Schlafsäcke, keine Matten, keine Ausrüstung für ein Biwak, nicht einmal ein Kocher, um Schnee schmelzen zu können. Die Zeltplane flatterte hilflos im Wind. Auf dem Boden kauernd und eng aneinandergedrängt, verbrachten die beiden eine schlaflose und eisige Nacht, die sie an die Grenze des Überlebens brachte.

Obwohl das Wetter am Morgen des 28. Mai 1952 nichts Gutes verhieß, begannen Lambert und Tenzing – trotz zunehmender Bewölkung und Nebels, der die Gipfel von Lhotse und Nuptse längst verschluckt hatte – den weiteren Aufstieg. Es schien fast so etwas wie eine stille Übereinkunft zwischen ihnen zu geben. Sie schulterten die letzten drei Sauerstoffflaschen, die jedoch auch weiterhin nicht so funktionierten, wie sie sollten. Das Problem war, dass sie den Sauerstoff nur dann über das Mundstück ansaugen konnten, wenn sie alle paar Meter erschöpft stehen bleiben mussten. Im Gehen war es viel zu anstrengend, aus der Flasche zu atmen.

Gegen elf Uhr erreichten sie die letzten Felsen unter dem Südgipfel. Für diese 200 Höhenmeter hatten sie fünf Stunden benötigt. Darüber war nur noch ein Schneegrat bis zum Südgipfel zu überwinden. Doch nun waren sie fast am Ende ihrer Kräfte. Die beiden standen in rund 8600 Metern Höhe. Nie zuvor war jemand so hoch am Mount Everest hinaufgekommen. Raymond Lambert und Tenzing Norgay trafen in diesem Moment und angesichts ihrer körperlichen Verfassung die einzig richtige Entscheidung – sie kehrten um und stiegen in das rettende Lager am Südsattel ab, wo René Aubert und Léon Flory ungeduldig und bange auf sie warteten. Im Südsattel angelangt, hätten Tenzing und Lambert noch ein paar wenige Meter aufsteigen müssen, um die

Zelte zu erreichen. Doch sie fielen beide auf die Knie und standen nicht mehr auf. Aubert und Flory packten sie schließlich an der Bekleidung und schleiften die beiden vollkommen erschöpften Männer die letzten Schritte zum Zelt. Die Schweizer hatten es nicht geschafft. Aber sie hatten überlebt. Als sie schließlich alle unversehrt zum Lager I zurückkehrten, eilte ein Sherpa zu ihnen hinauf und brachte Eier. Hundertfünfzig Stück. Sie aßen sie alle.

Im Herbst 1952 kamen die Schweizer wieder. Sie hatten auch für die Nach-Monsunzeit eine Besteigungsgenehmigung erhalten. Und sie wussten, dass 1953 wieder die Briten an der Reihe sein würden. Aus dem so starken Team des Frühjahrs waren nur noch Gabriel Chevalley, dem die Expeditionsleitung übertragen worden war, Raymond Lambert und – fast selbstverständlich – Tenzing Norgay mit von der Partie. Doch dieser erneute Versuch stand von Beginn an unter keinem guten Stern. Den Teilnehmern war keine Zeit geblieben, diesen neuen Vorstoß professionell vorzubereiten. Zudem starben schon beim Anmarsch zwei Träger. Auch die Verhältnisse am Berg präsentierten sich ganz anders. Wo im Frühjahr noch teilweise im knietiefen Schnee zu spuren gewesen war, mussten die Bergsteiger jetzt im blanken Eis mit ihren Pickeln Stufen heraushacken.

Am letzten Oktobertag wurden unter dem Genfer Sporn zwei Sherpa-Seilschaften von herabstürzenden Eisbrocken getroffen. Der Sherpa Mingma Dorje wurde dabei so schwer im Gesicht und im Bereich der Brust verletzt, dass er ein paar Stunden später starb. Noch während die Schweizer verzweifelt um Mingmas Leben kämpften, stürzte eine andere Gruppe Sherpa ab. Dabei gab es drei weitere Verletzte, die nur unter größter Anstrengung ins Tal gebracht werden konnten. Obwohl der Schock tief saß und die Gruppe nun erheblich dezimiert war, installierten die Schweizer Anfang November oberhalb von 7000 Meter zwei weitere Hochlager. Von den starken Höhenstürmen vollkommen ausgezehrt, mussten jedoch alle Bergsteiger zurück ins Basislager, um sich zu erholen.

Ernst Reiss und Tenzing Norgay erreichten nach Mitte November als Erste den Südsattel. Bald nach ihnen kam Raymond Lambert mit sechs weiteren Sherpa hinauf. Über den Südsattel fegte

74

in der folgenden Nacht zum 20. November 1952 ein eisiger Sturm. Ängstlich kauerten sich die Sherpa in einem der Zelte zusammen, selbst Tenzing vermochte sie nicht zu beruhigen. Als Lambert, Reiss und Tenzing am nächsten Tag und erst gegen Mittag aufbrachen, kamen sie bei diesen Bedingungen nicht sehr weit. Kaum hundert Höhenmeter stiegen sie aus dem Südsattel heraus nach oben, dann kehrten sie um und brauchten mehr als fünf Tage, um die Zelte unter dem Khumbu-Eisbruch zu erreichen. So war auch dieses Jahr ins Land gezogen, ohne dass der Mount Everest bestiegen worden war.

Warum steigt man auf Berge?

Edmund Hillary und Tenzing Norgay waren nur als
zweites Gipfelteam nominiert

Am 13. Mai 1953 notierte das deutsche Nachrichtenmagazin *Der
Spiegel* belustigt:»Dass der Krönungstag verregnet, dass die Tri-
bünen einstürzen, dass die Ladies in der Westminster-Abtei ohn-
mächtig werden – auf all das nehmen die schmierigen Buchmacher in den Kellerkneipen der Londoner Docks Wetten an. Nur
auf das Gelingen oder Nichtgelingen eines Unternehmens zu
Ehren Elizabeths II. will kein Engländer Wettgeld kassieren.
›Wenn es um die Hoffnungen Englands geht, wettet man nicht.‹
Englands Hoffnung: dreizehn Männer – unrasierte, seit Wochen
ungewaschene Männer in abgetretenen Fellstiefeln; die Gesichter
dick mit Fett beschmiert.«

Dass Prinzessin Elizabeth am 2. Juni 1953 zur Königin von England gekrönt werden wird, ist für die Briten eine klare Sache. Dass
jedoch der dritte Pol der Erde, der 8848 Meter hohe Mount Everest, von Mitgliedern einer britischen Expedition erstmals bestiegen werden könnte, ist allenfalls eine vage Hoffnung. Zu oft
schon waren Bergsteiger von der Insel am höchsten Gipfel gescheitert. Elf Versuche, neun britische und zwei Schweizer Expeditionen, hatte es bis dahin am Mount Everest gegeben. Im Frühjahr 1953 machten sich die Mitglieder des zwölften Unternehmens
bereit.

Während des Winters im Himalaja, zwischen November und
März, tobt fast ständig ein extrem starker Wind aus Nordwest
über die höchsten Gipfel der Erde. Die Temperaturen sinken
dann unter 40 Grad minus, und der Sturm erreicht Spitzen von
bis zu 200 Stundenkilometern. Diese extreme Witterungssitua-
tion sorgt auch dafür, dass der Schnee aus den Flanken der Eve-

rest-Nordseite über den Gipfel und die Grate auf die Südseite verfrachtet wird. An klaren Tagen reicht die Schneefahne am Gipfel oft kilometerweit. Verfrachteter Schnee ist labil und erhöht in steilen Hängen die Lawinengefahr. Die Südwestwand des Mount Everest, ebenso wie die steile Flanke unter dem Lhotse und auch die Nordwand des Nuptse, die sich 1500 Meter hoch aus dem Western Cwm erhebt, bergen dann ein extremes Lawinenrisiko. Erst wenn sich der Frühsommer mit etwas milderen Temperaturen, weniger Wind und nicht mehr ganz so extremen Schneeverhältnissen über die Himalaja-Berge legt, wird es besser.

Aber diese Situation währt nicht allzu lange, denn ab Ende Mai, spätestens Anfang Juni wechselt die Luftströmung auf Südost, und aus dem Golf von Bengalen werden warme und vor allem feuchte Luftmassen zum Mount Everest und zu den anderen Achttausendern geschaufelt. Dann versinkt der Himalaja erneut unter beachtlichen Neuschneemassen, und besonders seine südöstliche Region, also genau dort, wo sich der Everest erhebt, ist dann stark von Niederschlägen betroffen. Für Bergsteiger ergibt sich aus diesen meteorologischen Gegebenheiten die Besteigungssaison. Sie fällt im Frühjahr in den Mai, wenn die Höhenstürme nachlassen, und im Herbst in die Zeit Anfang Oktober, bevor die Luftströme ein weiteres Mal drehen und der Monsun wieder zurückkehrt. Meist ist es nur ein ganz kleines Zeitfenster zwischen Mitte und Ende Mai, das sich häufig sogar nur auf ein paar wenige Tage beschränkt, an denen das Wetter so stabil ist und man die Verhältnisse als so gut bezeichnen kann, dass eine Chance auf das Erreichen des Gipfels besteht. Denn die meisten Bergsteiger benötigen selbst gut akklimatisiert mehrere Tage, ehe sie den höchsten Punkt erreichen und anschließend auch wieder vom Berg herunterkommen können.

All das wissen die Briten, als sie im September 1952, noch während die Schweizer unter dem Südgipfel des Everest ein zweites Mal den Weg erkunden, ihre Vorbereitungen treffen. Und sie wissen auch, dass sie vor einer weiteren Aufgabe stehen, bei der sie ein noch viel größeres Problem zu lösen haben. Denn was nützte ihnen ein Wetterfenster, wenn sie körperlich nicht imstande wären, in extreme Höhen vorzudringen, die zuvor noch kein Mensch erreicht hat. So basteln sie mit Hochdruck an einer Verbesserung der Sauerstoffbehälter und der Geräte zur Aufnahme des Sauerstoffs aus den Flaschen.

Die Apparate waren sämtlichen Bergsteigern, die sich zuvor am Everest versucht hatten, immer deutlich zu schwer gewesen. Und im Verhältnis zu ihrem Gewicht leisteten sie viel zu wenig. Sie während der Besteigung andauernd zu benutzen, war ebenfalls meist unmöglich. Der zusätzliche Sauerstoff konnte nur während der Pausen, also wenn die Bergsteiger stillstanden, angesaugt werden, alles andere war viel zu anstrengend. Es wurde inzwischen sogar darüber diskutiert, ob diese schwere Last der Geräte das Tempo bei der Besteigung nicht so stark verlangsamte, dass der Nutzen von zusätzlichem Sauerstoff in keinem Verhältnis mehr zu dem Mehraufwand beim Tragen der Geräte stünde.

Gleichzeitig vermochte aber auch niemand zu sagen, ob der Körper in der Zone oberhalb von 8000 Metern nicht dauerhaft Schaden nähme, wenn er zu wenig Sauerstoff aufnehme. So waren die Franzosen Maurice Herzog und Luis Lachenal, die am 3. Juni 1950 die Annapurna und damit den ersten der insgesamt vierzehn Achttausender der Erde bestiegen hatten, vom Gipfel mit schweren Erfrierungen zurückgekehrt. Lachenal verlor in der Folge alle Zehen an beiden Füßen, und sogar Teile des Vorfußes mussten amputiert werden. Herzog verlor alle Finger und alle Zehen. Und die Briten vermuteten, dass dies nicht nur der extremen Kälte geschuldet war, sondern auch mit der verringerten Blutzirkulation des Körpers zusammenhing.

Dreizehn britische Bergsteiger und elf Höhensherpa, angeführt von ihrem Sirdar Tenzing Norgay, bildeten die Expedition von 1953. Dieser zehnte Versuch der Briten, dem Gipfel des Everest nahezukommen, wurde überraschenderweise nicht mehr von Eric Shipton, der am höchsten Berg der Erde bis dahin so viel erlebt und gesehen hatte, geleitet, sondern von John Hunt. Der elitäre britische Alpine Club, der älteste Bergsteigerbund der Welt, sortierte den damals 46-jährigen Shipton, der Legastheniker war und darunter in seiner Kindheit und auch noch als junger Mann sehr gelitten hatte, mit dem Argument aus, er sei nicht

78

mehr durchsetzungsfähig genug, im Übrigen zu alt und nicht mehr tauglich für eine derartige Unternehmung. Dabei waren unter Shiptons Leitung 1951 entscheidend wichtige Passagen auf dem Weg zum Gipfel erkundet worden.

Doch den Männerklub aus London, der sich lange und beharrlich weigerte, Frauen Einlass und Mitgliedschaft in diesem erlesenen Kreis zu gewähren, interessierten weder Meinungen anderer noch Verdienste der Vergangenheit. Die Spitze des Alpine Club wollte den Gipfel, und John Hunt schien ihnen dabei eher ein Garant als Shipton, der bei den Mitgliedern früherer Expeditionen und auch bei den Sherpa als umsichtig, fair und überaus menschlich galt. Die Entscheidung des Clubs blieb nicht frei von Nebengeräuschen. Das ging so weit, dass sich einige der erfahrenen Himalaja-Bergsteiger sogar weigern wollten, ohne Shipton zum Everest zu gehen. Es war schließlich Shipton selbst, der diesem unwürdigen Disput mit all den Boshaftigkeiten und anhaltenden Diskussion ein Ende bereitete. Er wusste genau, dass er sich damit um den vielleicht schönsten Erfolg seiner Bergsteigerlaufbahn brachte, doch Shipton bereitete den Weg für John Hunt, indem er bei den Bergsteigern der Expedition um Fairness, Unterstützung und Vertrauen warb.

Henry Cecil John Hunt war in vielem das genaue Gegenteil von Shipton. Nur drei Jahre jünger als dieser, war er 1910 im englischen Marlborough geboren worden. Er besuchte eine der Elite-Militärakademien und wurde ein hochdekorierter Offizier. Seine Meriten erwarb er sich vor allem in Indien und nach 1940, als er aufgrund seiner alpinistischen Erfahrungen Leiter einer Ausbildungsstätte für Gebirgstruppen wurde. John Hunt und Eric Shipton unterschieden sich in einigen Dingen fast elementar. Während Shipton am liebsten am Berg, also direkt vor Ort und abhängig von den jeweiligen Gegebenheiten, seine Entscheidungen traf, bereitete John Hunt die Operation Everest 1953 geradezu generalstabsmäßig vor. Er suchte nach detaillierten Informationen und fand sie in ganz unterschiedlichen Quellen.

Die Expeditionsleiter der beiden Schweizer Gruppen von 1952, Edouard Wyss-Dunant und Gabriel Chevalley, gaben ihm bereitwillig Auskunft darüber, was sie gesehen und erlebt hatten. Hunt traf sich auch mit Edward F. Norton, der 1924, allerdings von Norden her, bis auf 8574 Meter hinaufgelangt war. Shipton war kein großer Freund von Flaschensauerstoff und schätzte auch eher kleine Expeditionen, bei denen es seiner Meinung nach viel weniger persönlichen Reibungsverlust gab. Hunt indessen schien jedes Mittel recht, und seine Erfahrungen beim Militär lehrten ihn, dass personelle Überlegenheit ein Schlüssel zum Erfolg sein kann. Er sah die Besteigung des Mount Everest als einen »Angriff« auf den höchsten Berg. Und während Shipton nicht selten in Gesprächen zu tragfähigen Ergebnissen gelangte, vermittelte Hunt den Eindruck, dass er zwar allen Diskussionen sehr aufgeschlossen gegenüberstand, am Ende aber allein seine Meinung zählte und den Ausschlag gab.

Oberst John Hunt versammelte ein Team aus Spezialisten um sich. Entsprechend wurden jedem Mitglied dieser Expedition auch ganz spezielle Aufgaben zugewiesen. Charles Wylie, ein in Nordindien geborener Lieutenant Colonel, wurde an der Seite von John Hunt der Expeditionssekretär. Er war neben vielem Schriftverkehr auch zuständig für die gewaltige Menge an Ausrüstung, die mehr als 13 Tonnen wog und in fast 500 einzelne Lasten für die Träger verpackt wurde.

George Band war der jüngste Teilnehmer, ein Student der Geologie, der seinen Militärdienst in einer Einheit für Kommunikationssysteme absolviert hatte. Der damals 24-Jährige hatte mit Bergbesteigungen in den Alpen auf sich aufmerksam gemacht und sollte zwei Jahre später zusammen mit Joe Brown erstmals den Kangchendzönga besteigen, den dritthöchsten Gipfel der Erde. Band übernahm konsequenterweise den Funk und die Wetterbeobachtung. Gleichzeitig war er zusammen mit Griffith Pugh verantwortlich für die Verpflegung.

Lewis Griffith Cresswell Evans Pugh kam 1909 zur Welt und spezialisierte sich nach seinem Biologiestudium auf physikalische und biochemische Vorgänge im Organismus und den Zellen. Er hatte bei einer Expedition zum Cho Oyu interessante Studien zum Thema Höhenbergsteigen durchgeführt. Nun bekam er die Aufgabe, mit seinen Ergebnissen und Rückschlüssen einen wertvollen Beitrag zum Erfolg am Everest zu leisten.

Während die Briten in London die Expedition vorbereiteten, waren die beiden neuseeländischen Teilnehmer Edmund Hillary und dessen langjähriger Freund George W. Lowe daheim in ihren Bergen unterwegs. Lowe, ein 1924 in Hastings geborener Lehrer, war 1951 zusammen mit Ed Hillary schon einmal im Himalaja und dort unter anderem an der Erstbesteigung eines Siebentausenders in Nordindien beteiligt gewesen. Er sollte während der Expedition Tom Stobart bei der Kameraarbeit helfen. Ein Jahr später versuchte er sich mit Hillary an der Erstbesteigung des Makalu, allerdings ohne Erfolg. Tom Stobart wiederum, 1914 in England geboren, war studierter Zoologe, aber auch gelernter Kameramann und später verantwortlich für den preisgekrönten Dokumentarfilm »Conquest of Everest«. Charles Evans, Jahrgang 1918, hatte in Oxford Medizin studiert und war bald nach dem Zweiten Weltkrieg zu einem angesehenen Gehirnchirurgen geworden. Der Alpine Club hatte ihn zum stellvertretenden Expeditionsleiter neben John Hunt ernannt. Damit war er verantwortlich für die Packlogistik und für die Verwaltung der Vorräte am Fuß des Everest und in den Hochlagern.

Als 1955 der Kangchendzönga ganz im Osten der Himalaja-Kette erstmals bestiegen wurde, war Evans der Expeditionsleiter. Am Everest bildete Evans gemeinsam mit Tom Bourdillon eine der entscheidenden beiden Seilschaften. Evans und Bourdillon verstanden sich ausgezeichnet, und es hätte nicht viel gefehlt, dass sie die Ersten auf dem Gipfel gewesen wären.

Thomas Duncan Bourdillon war ein außergewöhnlicher Mann. Er kam 1924 in Kensington unweit von London zur Welt und sah stets aus wie ein Haudegen, war aber ein eher feinfühliger Bergsteiger, der seine größten Kräfte immer erst unter dem Gipfel entfaltete. Nachdem er in Oxford Physik studiert hatte, wurde er nun zum Verantwortlichen für die Sauerstoffgeräte ernannt. Auch Bourdillons Vater war Wissenschafter, und schon lange vor der Everest-Expedition von 1953 hatten sich die beiden darangemacht, auf der Basis von Thomas' Erfahrungen aus der Shipton-Expedition 1951 ein völlig neues, revolutionäres Sauerstoffsystem zu entwickeln. Es basierte darauf, die ausgeatmete Luft, also das Gemisch aus Sauerstoff, Stickstoff und Kohlendioxid, innerhalb eines geschlossenen Systems so wiederaufzubereiten, dass sie erneut zum Atmen genutzt werden konnte. Dadurch würde man im Vergleich zu den bislang verwendeten offenen Systemen, bei denen die ausgeatmete Luft einfach entwich, wesentlich weniger Sauerstoff benötigen und damit enorm Gewicht sparen können. Weniger Gewicht bedeutete zugleich Schnelligkeit. Schnelligkeit eröffnete zusätzliche Möglichkeiten und verbesserte den am Everest so entscheidenden Faktor Zeit. Schnelligkeit gleich Zeit. Und Zeit gleich erhöhte Sicherheit.

Die Teilnahme von Wilfrid Noyce an der Unternehmung verwundert bei näherer Betrachtung fast ein wenig. 1917 im indischen Simla geboren, verweigerte er zu Beginn des Zweiten Weltkriegs zunächst hartnäckig den Dienst an der Waffe. Er wurde dann allerdings Mitglied einer Ambulanzeinheit und später doch noch zum Leutnant befördert. Noyce hatte beim Militär auch eine Ausbildung als Spezialist im Dechiffrieren codierter Nachrichten erhalten und während des Kriegs einen wichtigen japanischen Code geknackt. Der Expeditionsleiter John Hunt, dem zwar Noyce' anfängliche Kriegsdienstverweigerung missfiel, machte sich nun aber geschickt dessen Fähigkeiten zunutze. Als Erstes übertrug er ihm die Aufgabe des Depeschendienstes von Nepal in die britische Heimat. Dabei kam es darauf an, sowohl offene als auch chiffrierte Nachrichten möglichst kurz, aber klar und verständlich zu schreiben und sie mit Postläufern auf den Weg zu bringen. Außerdem schickte Hunt Wilfrid Noyce zu einem dreitägigen Crashkurs in eine Londoner Schusterei. Dort wurde er im Eiltempo zum Flickschuster ausgebildet. Und schließlich musste Noyce auch noch beim Gepäck helfen. Er schrieb später ein viel beachtetes Buch über sein Abenteuer am Everest.

Michael Ward stammte wie Tom Bourdillon noch aus dem Team, das Eric Shipton 1951 zum Everest begleitet hatte. Er war 1925 in London geboren, hatte Allgemeinmedizin studiert, war auf Chirurgie spezialisiert und wurde von John Hunt zum Expeditionsarzt ernannt. Michael Westmacott, Jahrgang 1925, war Lehrer, der – wie einige andere Mitglieder dieser Expedition auch – in Oxford studiert hatte. Als Offizier in einer Pioniereinheit war er damit vertraut, allerlei Hindernisse zu überwinden. Nun wollte ihn Hunt in den Khumbu-Eisbruch schicken, um dort Brücken,

Seilgeländer und andere Hilfen zur Durchquerung dieser gefährlichen Zone zu bauen. Dass Westmacott schließlich einem Journalisten der Londoner *Times* dabei helfen würde, eine ganz wichtige Nachricht weiterzutragen, ahnte da noch niemand. Es war vermeintlich nur eine Nachricht von vielen, für die Alfred Gregory gemeinsam mit Wilfrid Noyce verantwortlich war, und doch war es die alles entscheidende. Der Forscher und Profifotograf Alfred Gregory war vor allem für die Aufnahmen der Besteigung zuständig. Auch er hatte ein Jahr zuvor Shipton begleitet, und seine Fotografien waren von phantastischer Qualität. Als Edmund Hillary schließlich zu dem Team stieß, waren die Aufgaben weitgehend verteilt. Also übertrug man dem Neuseeländer die Verantwortung für die Kochtöpfe und sämtliche zur Küche gehörenden Utensilien. Alles Spezialisten eben und jedem eine Aufgabe. Immerhin, Hillary war ein leidenschaftlicher Omelette-Esser, folglich glaubte Hunt offenbar, dass die Küche schon zu dem großen, hageren Mann aus Auckland passen würde.

Die Londoner *Times* produzierte ein paar Tage vor der Abreise eine achtseitige Sonderbeilage über die britische Expedition und den erneuten Versuch der Erstbesteigung des höchsten Berges der Erde. So ganz und gar nicht britisch-distanziert, wie es sonst der Stil des konservativ-seriösen Blattes ist, sondern eher blumig, fast sogar schon schwülstig, aber dennoch der altehrwürdigen Tradition des Blattes und ganz dem Hofe verpflichtet, hieß es da: »Zum Ruhme Ihrer Majestät sind sie auf dem Weg zum Schlossturm des gigantischen Festungssystems im Himalaja, in dem Wachturm für Wachturm, jeder mit furchtbaren Zinnen versehen, erfolgreich bezwungen werden muss.«

Die *Times* entsandte den damals erst 26 Jahre alten Jungredakteur James Morris als Korrespondenten zum Mount Everest. Er sollte selbst unter erschwerten journalistischen Bedingungen intensiv von den Ereignissen berichten. Die Postläufer würden acht Tage und Nächte benötigen, um seine Berichte von der Expedition bis in die nepalische Hauptstadt zu transportieren, von wo aus sie nach London übermittelt werden konnten. Doch Tagesaktualität war schließlich auch nur ein einziges Mal wirklich wichtig. Großbritannien hielt den Atem an. Das Abenteuer konnte beginnen.

83

Tage später wurden in Nepal mehr als 350 Träger angeheuert. Sie begannen damit, die fast 500 Lasten – der überwiegende Teil davon wog jeweils rund 30 Kilogramm – in Richtung Mount Everest zu schleppen. Dreizehn Tonnen Ausrüstung. Am 25. März 1953 erreichten die ersten rund 200 Träger und auch viele der Bergsteiger, die mit Argusaugen über das Gepäck wachten, Namche Bazar, den Hauptort im Khumbu-Gebiet. Von dort aus ist es nur noch knapp eine Woche bis zum Basislager auf der Moräne des Khumbu-Gletschers unter dem Everest. Doch die Briten ließen sich Zeit. Sie erkundeten die Gegend und machten kleinere Aufstiege, um sich langsam und gut zu akklimatisieren. Erst am 12. April wurden die Basislagerzelte aufgebaut.

Michael Westmacott und ein Teil des Sherpa-Teams waren zunächst nur für den Weg durch den Eisbruch zuständig. Die Briten wollten eine Lösung finden, die es ermöglichte, dieses Labyrinth aus riesigen Eisbrocken und grundlos tiefen Spalten möglichst gefahrlos zu überwinden. Und es sollte gleichzeitig so abgesichert werden, dass auch Träger mit schweren Lasten dort gut und unbeschadet durchkämen. Michael Westmacott überwand selbst die schwierigsten Hindernisse, vor allem aber die Spalten und allen voran jene Kluft, die sich am oberen Ende des Eisbruchs fünf Meter breit auftat. Er war mit Leitern aus Aluminium ausgestattet, die er mit fünf zusammengesteckten Teilen bis auf eine Länge von neun Metern strecken konnte. Eine solche Leiter wog 26 Kilogramm, und Westmacott benutzte sie häufig.

John Hunt kamen nun die Auskünfte der beiden Schweizer Expeditionen aus dem Jahr 1952 über den Eisbruch enorm zugute. Aber auch Edmund Hillary, Thomas Bourdillon und Michael Ward hatten dort bereits reichlich Erfahrung gesammelt, waren sie doch schon 1951 zusammen mit Eric Shipton im Eisbruch unterwegs gewesen. Wieder stiegen auch einige Männer aus dem Team ein Stück den Grat am Pumori hinauf, um sich einen Überblick zu verschaffen.

Am 15. April kamen die letzten Träger ins Basislager, am selben Tag erreichten Edmund Hillary, George Band und George Lowe hinter dem Eisbruch im Western Cwm eine Höhe von rund 5900 Metern und errichteten dort das Lager II. Umgehend kehrten sie ins Basislager zurück, um sich zu erholen. Nur sechs Tage später bauten Expeditionsleiter John Hunt, Ed Hillary und George Band das dritte Lager in knapp 6200 Metern Höhe auf. Am 1. Mai entstand das vierte Lager auf etwa 6460 Meter.

Es soll angeblich ein sonniger Frühjahrstag im Jahre 1852 gewesen sein, als ein noch sehr junger Vermessungsbeamter in das Büro des Direktors des Survey of India, der indischen Landvermessungsbehörde, stürmte und aufgeregt stammelte: »Sir, ich habe gerade den höchsten Berg der Welt entdeckt.« Zwei Jahre nach der »Entdeckung« des jungen Vermessungsbeamten kalibrierte der britische Landvermesser Andrew S. Waugh Zeichnungen und bestätigte die Messungen des Survey of India.

Einen Namen hatte der höchste Berg der Erde zu diesem Zeitpunkt noch nicht, lediglich die Bezeichnung »Peak XV«. Die Tibeter an der Nordseite des mächtigen Massivs nennen den Gipfel ehrfürchtig »Chomolungma«, was so viel bedeutet wie »Göttliche Mutter der Erde« oder »Mutter des Universums«. Auf der nepalischen Südseite bezeichnen die Menschen den Berg ebenso andächtig wie die Tibeter als »Sagarmatha«. Auch dafür gibt es mehrere Übersetzungen: »Himmelsgipfel«, »Gipfel in den Wogen des Meeres« oder »Stirn des Himmels«. Trotz unterschiedlichen Namen verehren Tibeter wie Nepali den Berg gemeinsam als »Sitz der Götter«. Der Gipfel gilt als heiliger Ort, ihn zu betreten war lange Zeit undenkbar. Der höchste Punkt wurde in der Zwischenzeit von sechs verschiedenen Vermessungspunkten anvisiert, unter anderem auch vom Terai aus, der südlich des Himalaja gelegenen subtropischen Tiefebene. Nachdem alle Messergebnisse zusammengetragen worden waren, legte man die Höhe auf 8848 Meter fest.

Andrew Waugh verwendete in dieser Zeit immer wieder den Namen Mount Everest für den Berg. Und das so lange, bis sich die Bezeichnung bei den Briten in Indien und Nepal etabliert hatte. George Everest, ein 1790 im walisischen Crickhowell geborener Geometer, war zwischen 1823 und 1843 Leiter der indischen Landvermessungsbehörde gewesen. Everest hatte 1841 als Erster die Lage des Berges genau verzeichnet, wusste damals aber noch nicht, dass dieser auch der höchste Berg der Erde ist. Ab 1865 wurde der Name Mount Everest schließlich überall verwendet, nachdem die Royal Geographical Society in London ihn offiziell und zu Ehren von George Everest eingeführt hatte – überall, außer in Nepal und Tibet, wo man bis heute weitverbreitet Sagarmatha und Chomolungma sagt.

1953 sind die Verhältnisse an der Südseite des Mount Everest nicht die besten. Immer wieder legen sich große Mengen Neuschnee über den Berg und sorgen in den Flanken und Hänge für instabile Verhältnisse und Lawinengefahr. Dennoch stellen die Briten am 4. Mai in rund 7100 Metern Höhe ihr sechstes Hochlager auf. In unmittelbarer Nähe finden sie ein Zelt der Schweizer aus dem Vorjahr, die ebenfalls in der Lhotse-Flanke ein Camp errichtet hatten. Die Plane des Schweizer Zelts ist von den Höhenstürmen zerrissen, die Zeltstangen von den Schneemassen geknickt. Doch die zurückgelassenen Sauerstoffvorräte der Schweizer sind noch zu gebrauchen. Das eröffnet Charles Evans und Tom Bourdillon die Möglichkeit, oben zu bleiben und in der Nacht mit Flaschensauerstoff versorgt zu sein. Doch die Lawinengefahr in der Flanke, rund 1400 Höhenmeter unter dem Lhotse-Gipfel, ist so groß, dass die beiden schon früh am nächsten Tag und sehr beeindruckt den Rückzug antreten.

Am 7. Mai trifft der Expeditionsleiter John Hunt eine Entscheidung. Er nennt sie, ganz seinem Kriegsvokabular entsprechend, »Gipfelsturm« und wählt dafür eine interessante Taktik. Noch als die Briten während der Vorbereitungsphase in London verschiedene Möglichkeiten durchgesprochen hatten, wie sie etwa einen ernst zu nehmenden Gipfelversuch anlegen könnten, waren sich die meisten darüber einig gewesen, dass ein solcher Versuch nur mit entsprechender personeller Ausstattung Erfolg haben könne. Es sollten also mehrere Bergsteiger gleichzeitig versuchen, den Gipfel zu erreichen, und sich dabei gegenseitig unterstützen. Doch nun, nach einigen Wochen am Berg, war der gesamten Expeditionsgruppe klar geworden, dass ein solcher Versuch womöglich viel zu unflexibel wäre. Und wenn dieser Versuch scheiterte, müssten alle Bergsteiger vom Südsattel bis ins Basislager zurückkehren, um sich dort zu erholen und neue Kräfte zu sammeln. Dann aber wäre vielleicht das einzige kurzfristige Schönwetterfenster verschlossen. Und es könnte durchaus sein, dass sich danach, angesichts des nahenden Monsuns Ende Mai, keine zweite Chance mehr ergäbe.

Vor diesem Hintergrund hatten die Briten eine andere Taktik ersonnen. Zwei kleine Gruppen sollten unmittelbar hintereinander in Richtung Gipfel aufsteigen. Später schilderte John Hunt diese entscheidende Phase der Expedition so: »Nach reiflicher Überlegung schien es klüger, nach dem ›zweiphasigen‹ Prinzip vorzugehen, also in schneller Aufeinanderfolge zwei sorgfältig aufeinander abgestimmte Aufstiegsversuche zu unternehmen. Dabei könnte die zweite Gruppe ein Scheitern der ersten rasch wettmachen, ohne Zeit zu verlieren. Vor allem wäre sie nicht dem möglicherweise heftigen psychischen Schock eines Rückzugs vom Südsattel ausgesetzt, der in der Vergangenheit doch so vielen Männern große Anstrengungen abgefordert hatte. Ein dritter Versuch, so hoffte ich, würde dann nicht mehr nötig sein; sollten wir ihn aber doch starten müssen, würden wir uns die Zeit nehmen, ihn gründlich vorzubereiten.«

Kurz bevor John Hunt die Expeditionsgruppe zusammenruft, um mitzuteilen, dass es nun in die »heiße« Phase gehe, trifft er sich mit Edmund Hillary und Charles Evans. Es wirkt fast so, als wolle sich Hunt von den beiden stärksten Kräften seines Teams die Richtigkeit seiner Entscheidung bestätigen lassen. Denn Hillary und Evans sollen knapp drei Wochen später auch die beiden Gipfelteams anführen.

Wenn man Hillary fragte, warum er auf Berge steige, pflegte der Mann aus Neuseeland selbst im hohen Alter noch lapidar, aber überzeugend zu antworten: »Nun, weil es Spaß macht.« Und ganz gleich, welches Hindernis sich der britischen Expedition in diesem Frühjahr 1953 auch entgegenstellte, der manchmal etwas raubeinig wirkende Ed Hillary verlor seinen Spaß an diesem Unternehmen selbst unter härtesten Bedingungen nicht. Der Imker aus Auckland fühlte vielleicht, dass er nicht mehr weit davon entfernt war, sich seinen Traum zu erfüllen, der ihn nicht mehr losgelassen hatte, seit er 1951 erstmals im Himalaja gewesen war und den Mount Everest gesehen hatte.

Aber es gab noch einen weiteren Mann in dem Team, der John Hunt tief beeindruckte. Erstaunlicherweise war es kein Brite, sondern der Sherpa Tenzing Norgay, der nicht nur seiner Rolle als Sirdar, als Leiter der Sherpa-Gruppe, beeindruckend und umsichtig gerecht wurde, sondern dabei auch das Gipfelziel nicht aus den Augen verlor. Während er den Transport der Lasten den Berg hinauf organisierte und dafür sorgte, dass für diese unglaubliche Materialschlacht immer ausgeruhte Träger und Sherpa zur Verfügung standen, behielt er ständig den Berg und die Verhältnisse in den Flanken des Everest im Blick.

Kein anderer in diesem Team hatte so viele Erfahrungen am höchsten Berg gemacht wie Tenzing Norgay, denn kein anderer war öfter dort gewesen, und es schien fast, als würde sich kein anderer den Erfolg und den höchsten Punkt so sehr wünschen wie der inzwischen 39-jährige Sherpa, der immerzu lächelte. Er spürte wohl, dass seine Kräfte nachließen, dass er nicht mehr lange so leistungsfähig sein würde. Sein Vater hatte ihn schon als Jungen mitgenommen, wenn die Yaks auf die hoch gelegenen Almen in fast 5000 Meter Höhe getrieben wurden. Dort hatte er sich seine unbändigen Kräfte geholt und das Gespür für die raue Bergwelt des Himalaja. Aber auch die Demut und den Respekt vor den Kräften der Natur. Tenzing Norgay war ein feinfühliger Mensch und von Stolz erfüllt. Natürlich war sein Traum der Gipfel des Mount Everest, des höchsten Bergs seiner Heimat. Doch noch viel mehr wünschte er sich ganz offenbar, der erste Sherpa zu sein, der über die Rolle des Trägers hinauswuchs und den britischen »Sahibs« auf Augenhöhe begegnen konnte. Um das zu erreichen, musste er ganz hinauf. Jetzt, in diesem Jahr.

Tenzing Norgay wurde Ende Mai 1914 in der Nähe des tibetischen Klosters Ghang La nahe der Ortschaft Tshechu, ganz im Osten Nepals, fast an der tibetischen Grenze geboren. Der Ort ist bekannt für ein elftägiges religiöses Fest, zu dem sich in der heutigen Zeit bis zu 25000 Besucher einfinden. Tenzings Mutter Dokmo Kinzom befand sich 1914 hochschwanger auf einer Pilgerreise. Sie war mit ihrer Familie in Thame im Khumbu-Gebiet daheim. Doch nun kam das Kind nahe einem tibetischen Kloster, weit weg von zu Hause, zur Welt. Die Berge und auch die Religion wurden dem berühmtesten Sherpa der Welt also gewissermaßen in die Wiege gelegt. Tenzing wuchs in Thame auf und hieß ursprünglich Namgyal Wangdi. Doch als ein bedeutender Lama einige Jahre später erklärte, dieser Junge aus dem Herzen des Khumbu sei in Wirklichkeit die Reinkarnation eines sehr vermögenden Vorfahren aus dem Volk der Sherpa, erhielt Namgyal seinen neuen Namen Tenzing Norgay, was so viel bedeutet wie »reicher und glücklicher Freund der Religion«.

Doch Tenzing Norgay war, wie so viele andere Kinder in Nepal auch, nur ein armer Junge aus den Bergen des Himalaja. Mit 15 riss er zum ersten Mal von zu Hause aus. Er wanderte bis nach Kathmandu, kam aber nach ein paar Wochen wieder zurück. Später dann, kaum 19-jährig, schlich er sich abermals von daheim weg und gelangte auf abenteuerlichen Pfaden nach Darjiling, einer Stadt, die zwischen Nepal und Bhutan in Bengalen liegt und von den Briten in der Mitte des 19. Jahrhunderts während ihrer Kolonialherrschaft in Indien zu einem Kur- und Erholungsort ausgebaut worden war.

Weil das Königreich Nepal seine Grenzen damals noch hartnäckig für Ausländer verschlossen hielt und deshalb die allerersten Everest-Versuche vom tibetischen Norden aus unternommen wurden, machten die Briten stets in Darjiling Station. Von dort nahmen sie die Sherpa mit. Sie vertrugen die Höhe viel besser als die europäischen Bergsteiger, sie waren freundlich und gewillt, sehr hart zu arbeiten. Dass man sie in Darjiling traf, war kein Zufall. Denn dort wohnten die Reichen, dort standen die schicken Häuser, welche die Briten einst errichtet hatten, und dort gab es mehr Aussicht auf Arbeit als im bettelarmen Nepal.

Der junge Tenzing Norgay wurde Kuhhirte in Darjiling und fast krank vor Heimweh. Erst als er andere Sherpa kennenlernte und diese ihm von den Expeditionen der Briten zum Mount Everest erzählten, wurde es besser, und sein Interesse an diesem berühmtesten aller Himalaja-Berge wuchs noch mehr. Es war aber wohl vor allem auch der Wunsch, auf einer dieser Expeditionen etwas Geld zu verdienen, der ihn antrieb, sich den Briten anzuschließen. Und die Möglichkeit, wenigstens manchmal näher an seinem Heimatdorf Thame zu sein. Später berichtete Tenzing oft davon, wie er zusammen mit vielen anderen Sherpa auf der Terrasse des elitären »Planters' Club« in Darjiling stand, aufgereiht wie Soldaten, breitbeinig und mit in die Hüften gestützten Händen. So wurden sie von den Mitgliedern britischer oder anderer Expeditionen gemustert und für das Unternehmen Everest ausgewählt. Nicht die Hochweiden im Khumbu-Gebiet waren also für Tenzing der Ausgangspunkt. Dort war in den langen Sommern mit dem Vieh auf den Almen nur seine Sehnsucht erwacht und der Wunsch, einmal auf den Everest zu steigen. Doch erst in Darjiling, wo Tenzing schließlich sogar für immer blieb, kam er diesem großen Traum wirklich näher. Jetzt, Anfang Mai 1953, fühlte er sich stark wie ein Bär, und er registrierte zufrieden, wie gut die Expedition trotz der schwierigen, fast widrigen Bedingungen vorankam. Er war seit Wochen ein Vorbild für alle anderen, vor allem für die übrigen Sherpa. Der Expeditionsleiter John Hunt war beeindruckt davon, dass Tenzing noch nach vorn drängte, wenn andere Sherpa längst froh darüber waren, aus den großen Höhen wieder absteigen zu dürfen.

Das Thema Sauerstoff hielt die Briten im wahrsten Sinn des Wortes in Atem. Obwohl die meisten Bergsteiger inzwischen recht gut akklimatisiert waren, konnten viele von ihnen in Höhen jenseits von 7000 Metern kaum genug von dem künstlichen Sauerstoff aus den Flaschen bekommen. In einem Eigenversuch hatte John Hunt das Hochlager in 7100 Metern mit einer gleich großen Last wie die anderen ohne Verwendung von zusätzlichem Sauerstoff erreicht und war dabei nicht langsamer oder wesentlich erschöpfter gewesen.

Dieses Thema trieb Hunt fast Tag und Nacht um, denn er wusste genau, dass im Gipfelbereich alles davon abhing, wie lange der Flaschensauerstoff reichen würde. Rückblickend notierte er in seinem Expeditionsbuch: »Zwei aufeinanderfolgende Angriffe also. Wie sollten sie vor sich gehen, und was für Sauerstoffapparate sollten wir verwenden? Die beiden Fragen hingen eng miteinander zusammen, denn die Taktik jedes Angriffs war bis zu einem gewissen Grad von dem Typ des Sauerstoffgeräts bestimmt. Es stand längst fest, wenigstens theoretisch, dass das System mit geschlossener Zufuhr den Vorteil hatte, dem Bergsteiger größere Ausdauer zu verleihen, dass er mit einer bestimmten Menge Sauerstoff länger steigen konnte als ein Kamerad, der die gleiche Menge in dem Apparat mit offener Zufuhr verbrauchte. Möglicherweise konnte der Mann mit dem geschlossenen Typ sich in sehr großen Höhen sogar erheblich schneller fortbewegen als mit dem offenen, trotz des größeren Gewichts seines Geräts. Gerade über diese beiden Punkte wollten wir uns mit unseren jüngsten Versuchen in der Lhotse-Flanke Gewissheit verschaffen. Wir hofften, bei der Verwendung des Apparats mit geschlossener Zufuhr auf der letzten Etappe den Gipfel direkt vom Lager auf dem fast 1000 Meter unterhalb und eineinhalb Kilometer entfernt liegenden Südsattel aus erreichen zu können. Hingegen bestand praktisch keine Hoffnung, mit dem offenen Apparattyp den Gipfel zu bezwingen, ohne auf dem Weg hinauf noch ein weiteres Lager zu errichten. Die Leistungsdauer des offenen Typs war wesentlich geringer, und der Bergsteiger musste, auch wenn er gegenüber einem Mann ohne Sauerstoff immer noch sehr im Vorteil war, gewärtig sein, umso langsamer vorwärtszukommen, je höher er stieg.«

Der 7. Mai 1953 war ein sehr warmer Tag. John Hunt beratschlagte zwar intensiv und angeregt mit Edmund Hillary und Charles Evans seine Überlegungen. Doch lange dauerte dieses Zusammentreffen nicht. In der Sache war man sich längst einig. Schließlich gingen die drei Männer hinüber zum großen Mannschaftszelt, in dem sich inzwischen alle anderen Bergsteiger versammelt hatten bis auf jenes Team, das zusammen mit George Lowe und George Band im Lager III weilte und eine Spur in Richtung Lhotse-Flanke anlegte. Es war stickig und schwül in dem Zelt, als Hunt, Hillary und Evans hereinkamen. Und es herrschte eine gespannte Stimmung. Allen war bewusst, dass der entscheidende Zeitpunkt gekommen war und sie nun erfahren würden, wem welche Aufgabe zugedacht war. Und vor allem, wie die Gipfelteams besetzt wurden. Natürlich hofften alle, dass die Wahl auf sie fallen würde, doch nach den vielen Auf- und Abstiegen war sämtlichen Beteiligten auch klar, wie wichtig die Unterstützerteams für die Gipfelaspiranten sein würden. Nur wenn alle zusammen an der Besteigung mitwirkten, konnte sie gelingen.

Es war genau jener typisch britische Teamgeist, der diese Expedition beseelte und ihr zu immer neuer Kraft, Inspiration und einem unerschütterlichen Willen verhalf. Das Material, die Ausrüstung, die Verpflegung, die Sauerstoffgeräte, all das war von großer Wichtigkeit, keine Frage. Selbst eine Kanone hatten die Briten dabei, mit der sie notfalls in lawinenschwangere Hänge schießen wollten. Doch entscheidend würde die Willenskraft jedes Einzelnen sein und die Bereitschaft, sich dem Ganzen unterzuordnen. Und dazu brauchte es menschliche Größe.

Diese Tugenden noch einmal ganz neu zu beleben, das war an diesem besonderen Tag die Aufgabe des Expeditionsleiters John Hunt. Selbst als er Ende 1953 sein Buch zu dem Abenteuer am Mount Everest verfasste, konnte er sich noch ganz genau an sehr viele Einzelheiten dieses Vormittags erinnern: »Im Zelt herrschte eine Atmosphäre fühlbarer Erwartung und Spannung. Es war ein Augenblick, auf den alle lange gewartet hatten – das bedeutsamste Ereignis vor dem Aufbruch selbst. Keiner konnte sein persönliches Interesse verleugnen: ›Was werde ich zu tun haben?‹ Ich sah jeden meiner Gefährten einen Augenblick lang an, ehe ich zu sprechen begann. Einige saßen auf Proviantkartons, andere lagen auf ihren Schlafsäcken; James Morris hielt sich bereit, Notizen zu machen, um danach einen Eilbericht für seine Zeitung zu schreiben; Tenzing stand am Eingang des großen Zelts in meiner Nähe. Alle beschäftigte innerlich die noch unbeantwortete Frage. Es war still und schwül.«

John Hunt teilte seinen Männern nun mit, man werde nach einen kombinierten Plan vorgehen. Das Team, das den ersten Gipfelversuch unternehmen würde, sollte das Sauerstoffsystem mit der geschlossenen Zufuhr verwenden, also mit der Möglichkeit, die ausgeatmete Luft wieder neu aufzubereiten. Allerdings war dieses System auch anfälliger für Fehlfunktionen und Totalausfälle. Dieses erste Team würde Charles Evans zusammen mit Tom Bourdillon bilden, der das System zusammen mit seinem Vater entwickelt hatte. Hunt rechtfertigte diese Entscheidung damit, dass Evans und Bourdillon sich als sehr starke Seilschaft erwiesen hätten und beide mit der neuen Technik vertraut seien. Überdies sei inzwischen erwiesen, dass die Bergsteiger mit dem geschlossenen System schneller vorankämen.

Sollte dieser erste Vorstoß – aufgrund der vielen Unwägbarkeiten und Möglichkeiten zu scheitern – tatsächlich misslingen, seien für das zweite Team Ed Hillary und Tenzing Norgay nominiert. Sie würden das offene Sauerstoffsystem verwenden und sofort nachstoßen, wenn Evans und Bourdillon nicht hinaufkämen. Im Übrigen sei es das Hauptziel des ersten Teams, vor allem den Südgipfel zu erreichen.»Nur wenn die Sauerstoffapparate sowie der Nachschub gut funktionierten, wenn das schöne Wetter anhalte und das Terrain zwischen den beiden Gipfeln ihnen genug Zeit lasse, ohne Gefahr hin- und zurückzukommen, sollten sie versuchen weiterzugehen. Diesem Paar sollten Tenzing und Hillary mit offenen Sauerstoffapparaten unmittelbar nachfolgen; sie hatten nach allem, was sie geleistet hatten, unbedingt Anspruch darauf«, schrieb Hunt später. Hinter dem zweiten Gipfelteam sollten Hunt selbst und Alfred Gregory mit einigen Sherpa zur Stelle sein für den Fall, dass Evans und Bourdillon absteigen müssten. Dann sollte es die Aufgabe dieses Teams sein, in einer Höhe von etwa 8500 Metern ein weiteres, letztes Lager aufzubauen.

John Hunt war ein gewiefter Taktiker, der es gewohnt war, die Dinge bis zu Ende zu denken. Spekulierte er unter Umständen damit, dass Evans und Bourdillon im ersten Versuch nicht ganz hinaufkämen? Dass danach womöglich auch Hillary und Tenzing kurz unter dem Gipfel umdrehen müssten? Und dass dann vielleicht ihm selbst und Gregory ein letzter Versuch zukäme? Der Zusammenhalt innerhalb dieser britischen Expeditionsgruppe war zwar enorm, aber am Ende hoffte jeder in dem Team auch auf seine eigene Chance. Und wer wollte diesen Abenteurern das verdenken?

Nun war zwar festgelegt, wie der Versuch, tatsächlich den Gipfel zu erreichen, ablaufen sollte. Doch die Briten hatten zu diesem Zeitpunkt noch nicht einmal den Südsattel in 8000 Metern Höhe erreicht. Vor ihnen lag noch immer der restliche Anstieg in der Lhotse-Flanke, die Querung bis fast unter den Genfer Sporn und schließlich von dort aus der Anstieg bis in den Südsattel, der die Verbindung zwischen dem Mount Everest und dem Lhotse bildet. Erst dort, im Südsattel, setzte die Taktik an, die Hunt in jener Besprechung am 7. Mai 1953 bekannt gegeben hatte. Aber bis dahin war es nach wie vor weit. Noch immer waren die Träger damit beschäftigt, die unglaubliche Menge von fast drei Tonnen Material, Verpflegung und Ausrüstung in das vierte Lager auf 6460 Meter Höhe zu transportieren. Charles Wylie und Charles Evans hatten im Übrigen berechnet, dass etwa 220 Kilogramm davon noch weiter hinauf bis in den Südsattel geschafft werden müssten.

Am 10. Mai erreicht George Lowe zusammen mit vier Sherpa das Lager V in 6700 Meter Höhe und tags darauf Lager VI in 7100 Meter. Die fünf benötigen sechs Stunden für 200 Höhenmeter. Ab dem 11. Mai beginnen sie damit, die Lhotse-Flanke mit Seilen zu präparieren und eine Spur weiter hinauf anzulegen. Erst weitere sechs Tage später gelingt es Lowe zusammen mit Wilfrid Noyce, das siebte Hochlager in 7400 Meter Höhe einzurichten. Auch Michael Ward steigt nun bis dorthin auf. Von hier aus ist es jetzt die Aufgabe der Bergsteiger, hinüberzuqueren in Richtung des Felsriegels am Genfer Sporn, um dort an dessen rechter Seite zum Südsattel zu gelangen.

Doch genau in dieser Zeit baut sich um den Gipfel ein mächtiger Höhensturm auf. In den unteren Lagern spürt man davon nicht direkt etwas, aber man hört deutlich das bedrohliche Brausen und Brummen des Windes. Alle, die das einmal gehört haben, berichten, dass sich dieses Wummern anhöre wie ein endloser Güterzug, der unaufhörlich um den Everest herumfahre. Weiter oben kann man kaum vor die Zelte treten, denn dort tobt sich der Sturm mit Windgeschwindigkeiten von über 100 Stundenkilometern aus.

Erst am 20. Mai hat Wilfrid Noyce, der zwischenzeitlich abgestiegen war, eine Chance, mit acht weiteren Sherpa im Schlepptau wieder das Lager VII zu erreichen. Unterdessen steigen Ward, Lowe und der Sherpa Da Tensing ab. Der Wind hat sich nun gelegt. Bereits am folgenden Tag kann im Tagebuch der britischen Expedition ein weiterer Etappenerfolg notiert werden, denn am 21. Mai gelingt es Noyce mit dem Sherpa Anullu, den Genfer Sporn zu überwinden und in den Südsattel zu gelangen. Am 22. Mai führen Ed Hillary und Tenzing Norgay vierzehn weitere Sherpa in den Südsattel hinauf. Die Briten finden, zwischen ein paar Felsblöcken verklemmt und erbärmlich im Wind flatternd, die von den Höhenstürmen zerfetzten Hochlagerzelte aus dem

Herbst des Vorjahrs. Dass sie nun den Südsattel erreicht haben, ist vor allem auch der enormen Willenskraft der Mannschaft geschuldet, denn die ständigen Auf- und Abstiege hatten bisweilen etwas Zermürbendes. Dieser Erfolg gibt nun neuen Auftrieb, denn von diesem Punkt aus, auf fast 8000 Meter Höhe, können sie jetzt auch den Südgipfel sehen, der vom Südsattel aus jedoch den Blick zum Hauptgipfel verstellt.

Der Südsattel ist ganz sicher nicht ein Ort, an dem man sich lange aufhalten will oder sollte. Der menschliche Körper hat dort – ohne die Hilfe von Flaschensauerstoff – praktisch keine Möglichkeit mehr, sich zu regenerieren. Die Bergsteiger können in der sogenannten Todeszone kaum schlafen, sie fallen eher in einen tranceartigen Dämmerzustand, der so gut wie überhaupt keine Erholung mehr bringt. Selbst im Ruhen baut der Körper stetig und fast schon rasant die Leistungsfähigkeit und seine Substanz ab. Die Ressourcen zum Überleben werden immer weniger. Viele Bergsteiger leiden in dieser Höhe an einem trockenen Reizhusten, der von der ebenso trockenen wie extrem kalten Luft herrührt. Der Flaschensauerstoff aus dem geschlossenen Atmungssystem macht den Briten den Aufenthalt im Südsattel zwar erträglicher, vor allem spüren sie die Kälte nicht ganz so extrem. Und dennoch setzen sie sich in den folgenden Tagen durch ihren langen Aufenthalt in dieser enormen Höhe erheblichen Gefahren und Risiken aus.

An jenem 22. Mai gibt der Expeditionsleiter John Hunt endgültig das Signal zum »Angriff« auf den Gipfel. Eine derartige Ausdrucksweise war zur damaligen Zeit vollkommen normal. Weil Bergsteigen vielfach so heroisch erschien, war es naheliegend, dass man auch sprachliche Anleihen beim Kriegsvokabular nahm. So wurde in den Beschreibungen des Höhenbergsteigens munter und wie selbstverständlich vom »Gipfelsturm« gesprochen und geschrieben, vom »Angriff«, von der »Eroberung«, von »Angriffsmannschaften«, von »Nachschubwegen« und davon, dass sich die Bergsteiger »dem Gipfel entgegenkämpfen«. Man »rang« mit den Naturgewalten und »eroberte« die Gipfel. Kurzum, sprachlich war fast alles erlaubt, was nur irgendwie Dramatik vermittelte.

Tom Bourdillon und Charles Evans, die beiden Ersten, die es in Richtung Gipfel versuchen sollen, kommen am 24. Mai im Südsattel an. Sie schleppen Lasten von weit mehr als 20 Kilogramm mit sich. Allein die beiden Sauerstoffgeräte drücken mit jeweils 16 Kilogramm schwer auf ihre Schultern. Kaum jemand kann sich in diesen Stunden vorstellen, wie es funktionieren soll, den noch mehr als 850 Meter höher gelegenen Gipfel ohne ein weiteres Hochlager zu erreichen. Doch der Mut dieser britischen Bergsteiger scheint grenzenlos. Evans und Bourdillon werden von den beiden Sherpa Da Namgyal und Ang Tensing, den alle nur Balu rufen, begleitet. Im Südsattel bläst erneut ein scharfer Wind. Die Männer benötigen, unterstützt von John Hunt, mehr als eineinhalb Stunden, bis sie endlich ihre beiden Zelte aufgestellt haben. Sie stecken den vollkommen erschöpften Balu in die halb aufgerichtete Zeltplane. Sein Körpergewicht soll dafür sorgen, dass keine der wertvollen Behausungen davongetragen wird. Balu hält in diesem Zelt verzweifelt auch alles andere Material fest, das nicht schwer genug ist, um im Südsattel liegen zu bleiben. Das Ganze gerät zu einer unglaublichen Schinderei.

Am 26. Mai ist es schließlich so weit. Charles Evans und Tom Bourdillon brechen am Südsattel auf. Ein paar Stunden, nachdem sie das Lager verlassen haben, kommt bereits das zweite Gipfelteam dort an. Es sind Edmund Hillary, Tenzing Norgay und dazu als Unterstützung Alfred Gregory, George Lowe und insgesamt acht Sherpa. Ang Temba, Pemba, Ang Nyima, Dawa Thondrup, Ang Norbu, Topkie, Da Tensing und Annulu schleppen weitere Lasten herauf.

Evans und Bourdillon wissen, dass die anderen direkt unter ihnen warten, sie gewissermaßen »für einen zweiten Angriff in Stellung gehen«, und dass sie also nur diesen einen Versuch haben, selbst den Gipfel zu erreichen. Auch John Hunt und der Sherpa Da Namgyal machen sich an diesem Tag vom Südsattel aus in Richtung Südgipfel auf. Sie tragen Material bis hinauf in eine Höhe, die sie später mit 8336 Meter angeben. Dort richten sie ein Depot ein für den Fall, dass es doch nicht ohne ein weiteres Hochlager klappen sollte.

Vorsichtig steigen Evans und Bourdillon unterdessen oberhalb des Südsattels immer weiter hinauf und verfolgen dabei die Linie, die Tenzing Norgay ihnen zu jenem Punkt hin beschrieben hat, den er selbst im Jahr zuvor mit dem Schweizer Raymond Lambert erreicht hatte. Doch das Gelände wird zunehmend steiler, die Schneeverhältnisse schwieriger, und auch das Sauerstoffgerät von Charles Evans funktioniert nicht so, wie es sollte. Schließlich fällt es sogar ganz aus. Die beiden erreichen eine Höhe von 8765 Meter und damit den Südgipfel. So weit hinauf war am Everest noch nie jemand gekommen. Was sie dort erleben, ist atemberaubend in jeder Hinsicht. Schwer schnaufend stehen sie dort oben. Vielleicht ist es ein Glück, dass die Nebel und die dichten Wolkenfetzen einen dauerhaften Tiefblick verhindern. Sie wissen, dass es an dieser Stelle auf der einen Seite des Grats über 3000 Meter die Kangshung-Flanke auf den Kangshung-Gletscher hinuntergeht und man vom Südgipfel aus weit über die tibetische Hochfläche blicken kann. Und auf der anderen Seite gähnt unter ihnen der Abgrund mehr als 2000 Meter über dem Western Cwm, wo die Versorgungszelte der Expedition stehen. Über ihnen jedoch ist es ganz klar, und dort zieht der Gipfelgrat weiter nach oben. Kaum mehr 100 Höhenmeter. Ganz genau 83. Nicht mehr weit also.

Doch »nicht mehr weit« ist in diesen Höhen trügerisch. Nicht mehr weit kann unendlich bedeuten, nicht erreichbar, einfach nicht zu schaffen. Charles Evans und Tom Bourdillon wenden an diesem 26. Mai bald nach 13 Uhr dem Mount Everest den Rücken zu. Sie kehren um. So nah vor dem Ziel und mit dem Rest an Vernunft, den das Hirn noch hergibt, den der schwache Verstand gerade noch ermöglicht, treffen sie die vielleicht schwerste Entscheidung ihres Lebens. Ihr Sauerstoff geht zur Neige, die Kräfte ohnehin. Unter Umständen wären sie noch hinaufgekommen, unbeschadet wieder hinunter jedoch nie und nimmer. Also beginnen sie torkelnd und immer wieder stolpernd den gefährlichen Abstieg. Unterwegs stürzen sie ganz in der Nähe der Schweizer Zeltreste um ein Haar ab. »Auf einmal kam Charles von oben heruntergerasselt wie eine Kanonenkugel«, berichtete später Tom Bourdillon, dessen Geistesgegenwart es zu verdanken ist, dass sie nicht beide über die Flanke hinunterfallen und auf Nimmerwiedersehen verschwinden. Als das Seil sich nach Evans' Absturz endlich strafft, wird auch Bourdillon aus dem sicher geglaubten Stand gerissen und rutscht mit zunehmender Geschwindigkeit hinter seinem Partner her. Erst als er sich endlich auf den Bauch drehen und in seiner ganzen Verzweiflung den Eispickel mit voller Wucht in den Schnee rammen kann, wird der Sturz ruckartig gebremst, und die beiden bleiben schließlich schockiert liegen. Am Ende ihrer Kräfte erreichen sie am späten Nachmittag wieder den Südsattel. Als sie dort in ihrem Zelt ein wenig nachzudenken beginnen, wird ihnen einigermaßen klar, warum sie gescheitert sind. Sie waren genau demselben Trugschluss erlegen wie im Jahr zuvor die Schweizer Expedition. Auch die verschworenen Alpinisten aus Genf hatten im Frühjahr 1952 geglaubt, sie könnten den Gipfel in einem Zug und direkt aus dem Südsattel heraus erreichen. Aber das funktionierte einfach nicht. Wenn es dazu noch eines weiteren Beweises bedurft hatte, Charles Evans und Tom Bourdillon hatten ihn an diesem 26. Mai erbracht, als sie – dem Tod fast näher als dem Leben – vom Südgipfel in das rettende Zelt zurückkrochen.

John Hunt schrieb in seinem Buch:»Später erzählten sie uns ... die Geschichte der ersten Besteigung des Everest-Südgipfels. Selbstverständlich mischte sich Enttäuschung in ihre Gefühle. Sie waren dem letzten Ziel so nahe gekommen, und dann war es ihnen doch versagt geblieben. Indes muss betont werden, dass sie die ihnen gestellte Aufgabe voll und ganz erfüllt hatten. Ich war von jeher überzeugt, dass sie, wenn es ihnen gelänge, die Südspitze zu ersteigen, dem zweiten Gipfelpaar unschätzbare Informationen geben konnten; denn die beiden Angriffe sollten einander ergänzen. Ihr Kunststück, in einem Tag vom Südsattel auf den Südgipfel und wieder zurück zu kommen, war eine großartige Leistung und außerdem ein Triumph für die Sauerstoffausrüstung, auf die wir so unendlich viel Sorgfalt verwendet hatten. Sie hatten den Gipfelgrat gesichtet und konnten ihn Tenzing und Hillary beschreiben. Und sie hatten uns allen durch ihr Beispiel ein unermessliches Vertrauen auf den Endsieg gegeben.«

»Auf die Queen…«

Eine verschlüsselte Nachricht verbreitet die Neuigkeit
von der Erstbesteigung des höchsten Bergs der Erde

Am 27. Mai 1953 fegt wieder ein heftiger Höhensturm über den
Südsattel des Mount Everest. Im fernen London laufen die Vorbereitungen der Krönungszeremonie längst auf Hochtouren. Vielleicht ist die erst 27 Jahre alte Prinzessin Elizabeth genauso aufgewühlt wie jene britischen Bergsteiger aus dem Empire, die dem
Gipfel des Mount Everest inzwischen so nahe gekommen waren.
Doch nun sitzen sie wieder in dem stürmischen Sattel fest und
stemmen sich mit ihren Rücken gegen die Zeltwände, damit der
Stoff nicht zerreißt oder die Stangen knicken.

Doch nicht alle können dort oben ausharren. Für Bourdillon
und Evans ist es nach der Besteigung des 8765 Meter hohen Südgipfels allerhöchste Zeit, in tiefere Lagen abzusteigen, um nicht
noch länger Gefahr zu laufen, wegen des langen Aufenthalts in
großen Höhen akut an einem Lungen- oder Hirnödem zu erkranken. Als sie sich gegen Mittag endlich auf den Weg machen und
der Sturm unvermindert weitertobt, nehmen sie auch den vollkommen entkräfteten Sherpa Ang Temba mit.

Der Abstieg verläuft jedoch nicht reibungslos. In der Flanke, die
hinüber zum Genfer Sporn führt und in deren Verlauf sie ein
kurzes Stück wieder aufsteigen müssen, hat Tom Bourdillon
plötzlich ernsthafte Probleme, obwohl er bis dahin eine der Trieb-
federn dieser Expedition war. Überraschend taucht Charles Evans
wieder bei den Zelten auf. Er ist, so schnell es ihm in dieser Höhe
nur möglich war, zurück in den Südsattel gestiegen und schlägt
dort Alarm. Er bringt John Hunt so weit, dass der seine Sachen
packt und die Entscheidung trifft, mit ihnen abzusteigen und
Tom Bourdillon zu helfen. Als Evans und Hunt bei Bourdillon
ankommen, ist der bereits in einem bedenklichen Zustand. Sie

99

packen ihn, stellen ihn auf die Beine und beginnen den schier endlosen Abstieg über die Lhotse-Flanke. Immer wieder müssen sie anhalten, weil Bourdillon und inzwischen auch Ang Temba sich kaum noch auf den Beinen halten können. Auch Hunt verlassen während dieser schwierigen und enorm zeitintensiven Aktion zusehends die Kräfte.

Die missliche Lage der vier Bergsteiger entschärft sich erst, als ihnen gegen Abend Wilfrid Noyce und Mike Ward aus dem Lager VII zur Unterstützung entgegeneilen. Als Ang Temba auch noch kopfüber in eine Spalte fällt, ist Hunt schon nicht mehr in der Lage, ihm zu Hilfe zu kommen. Charles Evans und Wilfrid Noyce können dem Sherpa schließlich wieder aus dem Loch heraushelfen. »Es war bezeichnend für den Grad meiner Erschöpfung, dass ich nicht einmal die Kraft aufbrachte, während dieses Zwischenfalls einen Finger zu rühren«, berichtete Hunt später. Der Expeditionsleiter trifft nun weitere Entscheidungen. Er ordnet an, dass Wilfrid Noyce zusammen mit ein paar Sherpa wie geplant in den Südsattel aufsteigen solle. Gleichzeitig bittet er Evans, der die Nerven und die Kraft hat, noch am selben Tag gemeinsam mit Michael Ward bis in das Western Cwm hinunterzusteigen, darum, drei ausgeruhte Sherpa zur Unterstützung nach oben zu schicken. Als Hunt dann am nächsten Morgen selbst in das Western Cwm absteigt, begegnet er unterwegs Charles Wylie. Der hat darauf bestanden, die drei Sherpa zu begleiten, damit sie nicht allein durch die Lhotse-Flanke gehen müssen. Und nun ist Wylie auch der Garant dafür, dass das wichtige Lager VII bis zur Rückkehr von Hillary und Tenzing – ganz gleich wie weit die beiden auch kämen – besetzt sein würde. John Hunt hatte somit jeden Tag aufs Neue Grund, stolz auf diese Männer zu sein, die sich für einen riesigen Steinhaufen so sehr verausgabten.

Edmund Hillary, der eine von zwei Neuseeländern im Team der Briten, erinnerte sich zeitlebens ganz genau an den Morgen des 27. Mai 1953. Als er aufwachte, sei ihm kalt gewesen und er habe sich »sehr elend« gefühlt. Der Sturm fegte über den Sattel, und alle, die mit ihm dort oben waren oder in den unteren Lagern ausharrten, um dort ihre Aufgaben zu erfüllen, wussten, dass der Monsun immer näher kam. Niemand vermochte genau zu sagen,

100

wie viel Zeit ihnen noch blieb. Der Sturm, der in diesen Stunden den Everest umtoste, konnte schon das Ende der Vormonsunzeit anzeigen und damit das Zeitfenster schließen, in dem es möglich war, den Mount Everest zu besteigen.

Der Sturm wütete den ganzen Tag über. An einen erneuten Besteigungsversuch war nicht zu denken. Die Bergsteiger gingen nur kurz hinaus, um die Ausrüstung für den nächsten Tag zusammenzustellen und um sich gegenseitig ein wenig in der Hoffnung zu bestärken, dass es vielleicht doch noch klappen könnte. Dann flüchteten sie sich wieder in die Zelte und verkrochen sich tief in die Schlafsäcke – mit allem am Körper, was sie an warmer Bekleidung hatten. Die Temperaturen draußen lagen unter 30 Grad minus. So vergingen die Stunden quälend langsam und in stumpfer Lethargie. In der zweiten Nacht erhöhten alle die Sauerstoffzufuhr aus den Flaschen auf etwas mehr als einen Liter pro Minute. Mit dieser Dosis könnten sie wenigstens ein paar Stunden dahindämmern, ohne sich ständig unruhig hin und her zu wälzen. Doch selbst mit zusätzlichem Sauerstoff gab es dort oben keine wirkliche Erholung.

Der starke Sturm blies auch noch in den frühen Morgenstunden über den Sattel zwischen Everest und Lhotse. Erst gegen acht Uhr ließ der Wind wenigstens so weit nach, dass es möglich war, vor dem Zelt aufrecht zu stehen und dabei nicht das Gefühl zu haben, man würde gleich erfrieren oder jeden Moment vom Sattel gefegt werden. An diesem Morgen waren Edmund Hillary, Alfred Gregory, George Lowe sowie die Sherpa Tenzing Norgay, Ang Nyima und Pemba auf dem Südsattel. Doch Pemba hatte sich schon nicht wohlgefühlt, als er am 26. Mai im Sattel angekommen war. Inzwischen war er außerstande, noch weiter aufzusteigen. Zusätzlich zur Besorgnis über seinen Zustand ergab sich das weitere Problem, dass sein Gepäck, in dem sich auch Material für den Aufbau eines weiteren Hochlagers befand, auf die anderen verteilt werden musste.

Gegen neun Uhr beginnen Gregory und Lowe unterstützt von Ang Nyima den Aufstieg in Richtung Südgipfel. Sie atmen nun vier Liter Sauerstoff pro Minute aus der Flasche und haben sich Lasten von mehr als 20 Kilogramm Gewicht auf den Rücken geladen. Während die beiden schon dem ersten Aufschwung entgegenstapfen, kontrollieren Edmund Hillary und Tenzing Norgay noch einmal ihre Ausrüstung. Sie stopfen wegen der grimmigen Kälte weitere Bekleidung in die Rucksäcke, die schließlich zusammen mit den Sauerstoffgeräten annähernd 25 Kilogramm wiegen. Um zehn Uhr an diesem Vormittag beginnen auch Hillary und Tenzing den Aufstieg.

Gegen Mittag erreichen sie die Zeltreste der Schweizer. Dort hatten vor fast genau einem Jahr Raymond Lambert und Tenzing Norgay diese grausame Nacht ohne Schlafsäcke, ohne Kocher und fast ohne etwas zu essen verbracht. In dieser Nacht, als der Schweizer aus Genf, der kaum ein Wort Englisch sprach, und der Sherpa aus Thame, der kein Französisch verstand, mühselig und über der flackernden Flamme einer Kerze Schnee schmolzen, um wenigstens ein paar Tropfen trinken zu können, war eine starke Bindung entstanden. Als die beiden damals aus knapp 8400 Metern Höhe abstiegen und nach wochenlangen Entbehrungen, ohne den Everest-Gipfel erreicht zu haben, nach Darjiling zurückkehrten, hatte Raymond Lambert seinem Freund Tenzing Norgay ein Geschenk gemacht. Er überreichte ihm damals jenen roten Schal, den er selbst bis zu diesem eiskalten Hochlager um den Hals getragen hatte. In Nepal und in Tibet ist es wie überhaupt in vielen buddhistisch geprägten Regionen üblich, sich gegenseitig Khatas zur Begrüßung und als Zeichen eines »reinen Herzens« um den Hals zu legen, allerdings sind die Seidenschals in Nepal und Tibet meist weiß oder zartgelb.

Bei den Zeltresten der Schweizer treffen an diesem 28. Mai 1953 Gregory, Lowe, Ang Nyima, Hillary und Tenzing wieder zusammen. Und Tenzing trägt den auffallend roten Schal um seinen Hals. Eine Reminiszenz und Ehrerbietung an den Schweizer Freund und ein Bekleidungsstück, das Tenzing schon während der gesamten Expedition begleitet hatte. Bald hinter diesem Biwakplatz erreichen die fünf die Stelle, an der John Hunt wenige Tage zuvor das Materialdepot angelegt hat. Auch diese Ausrüstung packen sich die Männer nun noch auf. Jeder von ihnen trägt jetzt knapp 30 Kilogramm. Und trotz der fast übermenschlichen Anstrengung in dieser Höhe erreichen sie eine Schulter ein Stück weit oberhalb. Tenzing kennt diesen Ort noch vom Jahr zuvor. Er sucht und findet jetzt auch ein schmales Band, das gerade so breit ist, um dort ein Zelt aufstellen zu können. Es wird das neunte Hochlager der Briten. Lowe, Gregory und Ang Nyima laden ihre Lasten dort ab und beginnen sofort mit dem Abstieg hinunter in den Südsattel. Lowe berichtete später, ihm sei es vorgekommen, als bringe jeder Schritt tiefer fast eine spürbare Erleichterung.

Oben auf dem abschüssigen Absatz präparieren Hillary und Tenzing einen winzig kleinen Platz für ihr Zelt und bauen es dort auf. Obwohl sie rund 8500 Meter hoch sind, haben sie die Sauerstoffmasken abgelegt und atmen die dünne Luft knapp unter der Tropopause, also fast am Ende der Troposphäre. Ihr Atem geht schwer, und sie müssen während der anstrengenden Arbeit immer wieder längere Pausen einlegen. Als das gegen einen Sturm nur schlecht gesicherte Zelt endlich steht, beginnen die beiden Schnee zu schmelzen und gierig jeden Tropfen Flüssigkeit zu trinken. Als der erste Durst ein wenig gestillt ist, bereiten sie sich sogar noch eine Suppe zu. Dann dauert es nicht mehr sehr lange, bis sich eine weitere Nacht über das höchste Gebirge der Welt senkt. Hillary und Tenzing schlüpfen vorsichtig in die Schlafsäcke, um den Kocher mit dem Topf darauf nicht umzustoßen. Pausenlos bereiten sie Wasser für weitere Getränke. Hillary erinnerte sich später so: »Wir tranken wüste Mengen und hielten ein großartiges Mahl: Sardinen auf Zwieback, eingelegte Aprikosen, Datteln und Keks mit Marmelade und Honig. Die Aprikosen waren ein Hochgenuss, doch wir mussten sie zuerst über unserem summenden Primus [-Kocher] auftauen. Trotz der großen Höhe war unsere Atmung beinahe normal, es sei denn, eine plötzliche Anstrengung ließ uns ein wenig schnaufen.«

Das Zelt steht wegen eines Absatzes auf diesem schmalen Felsband praktisch auf zwei Etagen mit einem Niveauunterschied von über dreißig Zentimetern. Tenzing richtet sich unten ein, Hillary schläft oben. Sie legen nun auch die Atemmasken wieder an und stellen die Sauerstoffflaschen auf einen Liter pro Minute ein. Das soll ihnen wenigstens ein bisschen Ruhe in der Nacht verschaffen. Hillary: »Unser Sauerstoff reichte für vier Stunden Schlaf bei einem Liter pro Minute. Ich beschloss, ihn auf zweistündige Schlafperioden aufzuteilen. Von neun bis elf Uhr und von ein bis drei Uhr nach Mitternacht. Solange wir die Sauerstoffmasken

103

übergezogen hatten, schlummerten wir und fühlten uns verhältnismäßig wohl, doch sobald der Vorrat verbraucht war, begann uns kalt zu werden, und wir fühlten uns elend.« In dieser Nacht fällt die Temperatur unter dem Everest-Gipfel auf minus 27 Grad. Hillary weiter:»Um vier Uhr früh war es ganz windstill. Ich öffnete den Zelteinschlupf und blickte weit hinaus über die dunklen, schlafenden Täler Nepals. Die Eisgipfel unter uns glühten rein im frühen Morgenlicht, und Tenzing wies auf das Kloster Thyangboche; auf seinem beherrschenden Sporn lag es, schwach zu sehen, mehr als 4850 Meter unter uns. Es war ein ermutigender Gedanke, dass die Lamas von Thyangboche selbst zu dieser frühen Stunde für uns Gebete zu ihren buddhistischen Göttern emporschickten«.

Es ist vielfach berichtet worden, dass Bergsteiger in extrem großen Höhen und erschöpft vom Sauerstoffmangel das Gefühl haben, am liebsten nicht mehr aufstehen zu wollen. Als Hillary und Tenzing gegen vier Uhr den Kocher wieder anwerfen, um nun heißen Zitronensaft mit reichlich Zucker zu trinken und dazu ihre letzte Büchse Sardinen zu essen, ist davon nicht viel zu spüren. Gegen 6.30 Uhr verlassen die beiden voller Euphorie und Zuversicht das Zelt und laden sich die schweren Sauerstoffgeräte auf. Ed Hillary stellt die Ventile an diesem Morgen auf drei Liter pro Minute ein statt auf vier wie tags zuvor. So würde der Vorrat für etwa sieben Stunden reichen. Dann stapfen sie los. Rund hundert Höhenmeter weiter oben stoßen sie auf zwei Sauerstoffbehälter, die Evans und Bourdillon dort zurückgelassen haben. Sie sind noch viel voller, als Hillary angenommen hat. Damit verfügen sie über eine wichtige Reserve für den Rückweg.

In dem Hang unter dem Südgipfel müssen Hillary und Tenzing bald im tiefen und labilen Schnee anstrengend spuren. Das raubt ihnen Kraft und auch ein bisschen den Mut. Als Hillary Tenzing schließlich fragt, ob es sinnvoll sei, bei diesen schwierigen Verhältnissen überhaupt noch weiterzugehen, antwortet der Sherpa lapidar:»Wie Sie wünschen.« Gegen neun Uhr gelangen beide auf den Südgipfel. Vor ihnen liegt der lange und scharfe Südost-Grat. Dieser Anblick übertrifft alle ihre Befürchtungen, denn die Passage, die schon Bourdillon und Evans tief beeindruckt hat und die sie als sehr schwierig beschrieben haben, wirkt tatsächlich fast unüberwindbar.

Doch wie so oft beim Bergsteigen lässt sich auch diese Situation – und vor allem die tatsächlichen Verhältnisse am Everest-Gipfelgrat – erst aus der Nähe richtig beurteilen und einschätzen. Also steigen die beiden auf der anderen Seite des Südgipfels ein Stück weit ab, bis es dahinter wieder steiler wird. Dort ist der vom Wind gepresste Schnee hart gefroren und stabil. Das eröffnet eine realistische Chance. Sofort beginnt Edmund Hillary mit seinem Pickel Stufen in den Schnee zu schlagen. Immer etwa zehn Meter hinauf, dann holt er über seinen eingerammten Pickelschaft Tenzing am Seil gesichert nach. Auf diese Weise kommen sie Stück für Stück hinauf. Langsam und mühsam zwar, aber sie kommen voran.

Heutzutage ist es bei solchen Verhältnissen sehr viel einfacher, denn das Schlagen von Stufen entfällt, weil die modernen Steigeisen über zwei Frontalzacken verfügen, mit deren Hilfe sich selbst senkrechtes Eis vergleichsweise leicht überwinden lässt. Viereinhalb Stunden, so berechnet Hillary zwischendurch, würde der Sauerstoff noch reichen. Durch den andauernden Verbrauch wiegen die Geräte inzwischen weniger als zehn Kilogramm. Das zumindest ist eine wesentliche Erleichterung. Das Wetter ist stabil gut, nur ein eisiger Wind fegt in Böen über den Gipfel zu ihnen hinunter. Als plötzlich Tenzings Sauerstoffgerät streikt, wird der Sherpa sofort extrem müde und bewegt sich auf einmal nur noch wie in Zeitlupe. Erst nachdem Ed Hillary Tenzings Gerät von der Vereisung befreit und die Zufuhr kurz erhöht hat, geht es dem Sherpa fast schlagartig wieder besser.

Es besteht kein Zweifel, der künstliche Sauerstoff aus den Flaschen erhöht das Leistungsvermögen um ein Vielfaches. Über eine Stunde lang mühen sich die beiden schon hinauf, als sie auf einmal unter einer etwa 15 Meter hohen, felsigen Stufe stehen. Edmund Hillary beschrieb diesen Moment später auf seine ganz eigene, trockene Weise:»Wir hatten von der Existenz dieser Stufe gewusst, wir kannten sie von Fliegeraufnahmen her und hatten sie auch durch die Feldstecher von Thyangboche aus gesehen. Es war uns klar, dass sie in dieser Höhe wahrscheinlich über Erfolg oder Misslingen des Angriffs entscheiden würde. Der Fels selbst war glatt und bot keinen Halt; er mochte ein interessantes Sonntagnachmittagsproblem für eine Gruppe erfahrener Felskletterer im Lake District sein, hier aber war er eine Barriere, die zu übersteigen über unsere schwachen Kräfte ging.« Hillarys für Felsprobleme beim Klettern geschulte Augen suchen die gesamte Stufe intensiv nach Möglichkeiten ab. Es beginnt nun die vielleicht dramatischste Phase der gesamten Expedition. Und nur zwei ihrer Mitglieder wissen, was dort oben gespielt wird. Sie müssen den Schlüssel finden, allein und auf sich selbst gestellt. Hillary:»Ich sah nirgends eine Möglichkeit, über den steilen Felsblock im Westen hinaufzukommen; doch glücklicherweise gab es noch einen anderen Weg, ihn zu überwinden. Auf seiner Ostseite war wieder eine riesige Wechte, und zwischen Wechte und Fels lief die ganzen 15 Meter hinauf ein schmaler Riss. Während Tenzing unten blieb und mich sicherte, so gut er konnte, zwängte ich mich in diesen Riss, dann stieß ich die Spitzen meiner Steigeisen tief in den gefrorenen Schnee hinter mir und stemmte mich vom Boden in die Höhe. Indem ich jeden kleinen Halt im Fels ausnützte und die ganze Kraft von Schultern, Armen und Knien aufbot, stieg ich buchstäblich mit Steigeisen rücklings durch den Spalt empor, mit dem inbrünstigen Gebet, die Wechte möge am Fels festbleiben. Trotz der beträchtlichen Anstrengung kam ich ununterbrochen, wenn auch langsam vorwärts, und als Tenzing das Seil nachließ, arbeitete ich mich zentimeterweise weiter in die Höhe, bis ich mich endlich ganz oben an der Oberseite des Felsens selbst halten und aus dem Riss auf ein breites Band emporziehen konnte.«

Oben blieb Hillary eine Zeit lang regungslos liegen und rang nach Atem. Es dürfte ihm da wohl kaum in den Sinn gekommen sein, dass er soeben Bergsteigergeschichte geschrieben hatte und dass dieser vielleicht berühmteste Step der Welt bald seinen Namen tragen würde. Aber Hillary denkt sehr wohl und sehr intensiv darüber nach, dass es nun eigentlich nichts mehr geben könne, was sie daran hindern sollte, den Gipfel zu besteigen. Doch noch ist Tenzing nicht oben.»Ich nahm festen Stand auf dem Band«, schreibt Hillary,»und gab Tenzing ein Zeichen nachzukommen. Während ich das Seil fest anzog, wand sich Tenzing durch den Riss herauf und brach oben erschöpft zusammen wie ein Riesenfisch, der eben nach einem furchtbaren Kampf vom Meer ans Land geworfen wurde.«

Auch wenn dieses wortgewaltige Bild ein wenig schief sein mag, verdeutlicht es doch, was sich in der guten halben Stunde dort oben abgespielt haben muss. Erfolg und Misserfolg hingen allein an diesem Riss und daran, dass der hart gepresste Schnee in Hillarys Rücken der brachialen Stemmtechnik standhielt und nicht abbrach. Der Grat ist schmal dort oben am Everest. Verdammt schmal. Schmale Grate aber vermitteln meist ein ungeheures Gefühl der Ausgesetztheit. Diese Ausgesetztheit fühlt sich an, als wolle einen die Tiefe links und rechts unwiderstehlich nach unten saugen. Hillary konnte links von sich, 2000 Meter tiefer im Western Cwm, mit bloßem Auge die Zelte stehen sehen. Rechts von ihm brach jäh die Kangshung-Flanke nach Tibet hin ab. Dort hatte der Sturm den Schnee zu riesigen Wechten geformt, weit überhängend wie gewaltige Balkone, und dahinter lauerte auch dort eine gähnende Tiefe.

Dass Hillary diese Ausgesetztheit ertragen und in dieser Höhe in diesem Schwierigkeitsgrad klettern konnte, machte die nächsten Schritte überhaupt erst möglich. Nachdem Tenzing Norgay wieder Luft bekommt und begonnen hat, sich oberhalb des Steps wieder aufzurichten, fragt ihn Hillary »nach seinem Befinden«. Tenzing antwortet nicht, er lächelt nur und deutet in Richtung des Grates, der sich wie eine Schlangenlinie weiter nach oben windet. Erneut müssen Stufen geschlagen werden, und hinter jedem neuen Schneehügel, den sie auf diese Weise keuchend überwinden, bäumt sich sofort ein neuer, vermeintlich noch höherer auf. Hillary erklärte später, dass die anfängliche Begeisterung an diesem Tag da längst schon einer »grimmigen Entschlossenheit« gewichen war. Das schien alle menschlichen Möglichkeiten weit zu übersteigen.

Es ist bemerkenswert, wie ausführlich man einen Aufstieg beschreiben kann, wie lang, wortgewaltig und mit immer neuen Metaphern sich Mühsal und Plackerei am Berg erklären lassen. Doch für die letzten Meter und für den Gipfel bleiben dann nicht mehr sehr viele Worte übrig. Auf einmal, wie aus dem Nichts und offenbar völlig unerwartet, sah Hillary, »dass der Grat vor mir, anstatt noch weiter eintönig emporzusteigen, nun plötzlich scharf abfiel, und weit unten sah ich den Nordsattel und den Rongbuk-Gletscher. Ich blickte in die Höhe und sah einen schmalen Schneegrat zu einem Schneegipfel führen. Noch ein paar Schläge mit dem Pickel in den festen Schnee, und dann standen wir oben.«

Selbst fünfzig Jahre nach diesem epochalen Moment griff Ed Hillary noch zu denselben Worten, um seine Gefühle zu beschreiben:»Das Erste, was ich fühlte, war Erleichterung – Erleichterung darüber, dass ich keine Stufen mehr hacken musste, dass wir keine Grate mehr zu bewältigen hatten, dass uns keine Gratbuckel mehr mit Hoffnungen auf den Erfolg narren konnten.« Der Mount Everest war bestiegen. Ein Imker aus Neuseeland und ein Sherpa aus Nepal hatten als Erste den höchsten Punkt der Erde, den »dritten Pol«, betreten. Später, beim ersten Wiedersehen mit seinem Freund George Lowe, der jetzt unten im Südsattel ausharrte, würde Ed Hillary den berühmten Satz herauspressen:»Well, George, we knocked the bastard down.«

Die Sauerstoffmasken vom Eis verkrustet, Tenzing, den roten Schal um den Hals, mit einer cremefarbenen Daunen- und darüber einer dunkelblauen Sturmjacke bekleidet, Hillary mit seinem blauen Daunenanzug, beide das Seil noch um den Bauch gebunden und mit unförmigen Schuhen nebst Wickelgamaschen an den Füßen – so stehen sie dort oben und schütteln sich die Hände, die in dicken Handschuhen stecken. Tenzing reckt sich hoch zu Ed Hillary, der ihn fast um einen Kopf überragt, legt seinen Arm um dessen Schulter und umarmt ihn. Wo auch immer die beiden nun hinschauen, überall geht es nur steil abwärts. Sie haben tatsächlich den Gipfel erreicht. Es ist 11.30 Uhr am 29. Mai 1953. Sie haben bis zum höchsten Punkt fünf Stunden benötigt, für den Grat zweieinhalb Stunden. Auch sechzig Jahre danach ist das eine Marke, die nicht sehr viele schaffen.

Unter seinem Hemd trägt Edmund Hillary eine kleine Kamera, eine Retina 118 von Kodak. Hillary hatte sie gebraucht von einem Freund gekauft. Vorsichtig zieht er sie nun heraus und hofft dabei inständig, sie möge noch funktionieren. Unterdessen stellt sich Tenzing auf der Gipfelwölbung knapp unter den höchsten Punkt. Über dem Sherpa wölbt sich fast schwarz der Himmel. Ein grandioses Schauspiel, das man nur in den Bergen und in großen Höhen so intensiv erleben kann. In der linken Hand hält Tenzing seinen Eispickel, an dem mithilfe eines Seilstücks die Fahnen der Vereinten Nationen, Großbritanniens, Nepals und Indiens befestigt sind. Hillary stellt an dem kleinen Tessar-Objektiv die ungefähre Entfernung zu Tenzing ein und drückt ab. So entstand eines der wohl berühmtesten Bergfotos der Geschichte. Von Hillary gibt es kein Gipfelfoto, weil Tenzing die Kamera nicht bedienen konnte. Nur gut eine Viertelstunde bleiben die beiden auf dem Mount Everest. Sie blicken stumm in dieses unfassbare und unbegreifliche Meer an Gipfeln, die sich überwältigend vor ihren Augen erstrecken und allesamt tiefer liegen als der Punkt, an dem sie selbst stehen. Drüben im Osten, fast greifbar nah, der noch unbestiegene Makalu. Edmund Hillary berichtete später, dass er allen Ernstes kurze Zeit nach einer Aufstiegslinie gesucht habe. Genau auf der anderen Seite der Cho Oyu, dessen Nordwestseite Hillary 1952 erkundet hatte. Ganz weit draußen im Osten fällt markant das wuchtige Massiv des Kangchendzönga auf.

Es ist einiges überliefert von diesen 15 Minuten auf dem Gipfel. Zum emotionalsten aber zählt wohl der Moment, als der tiefgläubige Tenzing Norgay auf die Knie sinkt, ein Loch in den Schnee gräbt und dort eine Handvoll Zucker, eine Tafel Schokolade und Zwieback hineinlegt. Als Gabe und Dank an seine Götter. In dem Moment besinnt sich auch Ed Hillary. Er kniet neben Tenzing nieder, gräbt mit den dicken Handschuhen ebenfalls ein Loch und gibt ein kleines Kreuz hinein, das er zwei Tage zuvor von John Hunt mit der Bitte erhalten hat, es mit auf den Gipfel zu nehmen. Kurz suchen die beiden auch nach möglichen Spuren von George Mallory und Andrew Irvine, die seit 1924 verschollen sind und von denen niemand weiß, ob sie den Gipfel womöglich doch erreicht haben könnten. Sie finden jedoch nichts und beginnen schließlich den Abstieg.

Jeder Schritt nach unten gleicht einer Erlösung. Trotz unendlicher Müdigkeit kommen sie schnell voran. Die vielen geschlagenen Stufen am Grat kommen ihnen nun zugute, und über den Hillary Step steigen sie zwar sehr vorsichtig, aber fast mühelos ab. Nach nur einer Stunde sind sie am Südgipfel. Sie halten dort nur ganz kurz, um zu trinken, und gehen dann sofort weiter bis zu den deponierten Flaschen, schleppen diese bis zum Biwakplatz der vergangenen Nacht, montieren die Behälter und trinken Limonade, die Tenzing eilig mit dem Kocher zubereitet. Wenn sie hinunterblicken, sehen sie auf dem Südsattel ihre Freunde, klein wie Stecknadelköpfe, auf und ab gehen. Es sind offensichtlich George Lowe und Wilfrid Noyce, die ihren Abstieg beobachten. Dort unten steht wie eine rettende Oase das Lager, dort können sie endlich ausruhen und vor allem noch mehr trinken.

Es ist schwierig und anstrengend, den Grat hinunterzukommen, doch sie erreichen endlich das Lager der Schweizer und fädeln schließlich in das steile Couloir ein. Dort allerdings hat der Wind vom Vormittag sämtliche Spuren verweht, sodass Hillary und Tenzing aufs Neue über hundert Höhenmeter die verhassten Tritte aus dem beinharten Firn pickeln müssen. Erst danach wird es etwas leichter. Noch während sie die letzten Hänge in den Sattel hinunterstapfen und -stolpern, kommt ihnen George Lowe entgegen. Er bringt heiße Suppe und trägt sogar Sauerstoff mit sich, für den Fall der Fälle. Doch Hillarys Berechnungen über die benötigte Menge sind aufgegangen. Der kurze Gegenanstieg bis zum Lager wird für die beiden nun doch zu einer fast übermenschlichen Anstrengung. Als Ed Hillary die Zelte erreicht, ist seine Flasche leer, und er sinkt vollkommen erschöpft nieder.

»Wir krochen in das Zelt«, schrieb Ed Hillary später, »und ließen uns in unsere Schlafsäcke fallen mit einem Seufzer der hellsten Freude, während die Zelte unter dem dauernden Südsattelsturm schwankten und bebten. In dieser Nacht, unserer letzten auf dem Sattel, fanden wir tatsächlich keine Ruhe. Wieder verhinderte die bittere Kälte jeden tiefen Schlaf, und die stimulierende Wirkung unseres Erfolgs machte uns geistig so rege, dass wir die halbe Nacht wach lagen, mit klappernden Zähnen miteinander flüsterten und alle aufregenden Vorfälle des Tages noch einmal durchlebten.«

Am 29. Mai 1953 gegen 17.30 Uhr legte der britische Bergsteiger Wilfrid Noyce nur wenige Schritte unter dem Südsattel in fast 8000 Meter Meereshöhe zwei Schlafsäcke genau so in den Schnee, dass sie ein T bildeten. Noyce und der Sherpa Pasang

Phutar, die gerade erst zum Südsattel aufgestiegen waren, hockten sich auf die beiden Schlafsäcke, damit der eisige Wind sie nicht davontragen konnte. Das T stand für »Top« und war das ausgemachte Zeichen für den Gipfelerfolg am Mount Everest. Für den Fall, dass es Hillary und Tenzing nicht bis ganz nach oben geschafft hätten, war zwischen Noyce und Expeditionsleiter John Hunt vereinbart worden, nur einen Schlafsack auszulegen. Wilfrid Noyce und Pasang Phutar zitterten knapp zehn Minuten in der extremen Kälte, dann kämpften sie sich in ihr Zelt zurück. Doch tief unten, im vorgeschobenen Basislager auf 6400 Meter, im Tal der Stille, war die visuelle Nachricht unbemerkt geblieben. Eine eher unscheinbare Wolke hatte einen freien Blick zum Südsattel verwehrt. Derweil nahmen die Londoner Buchmacher unverdrossen Wetten auf alles an. Nur nicht auf die Besteigung des Everest. Dabei war das doch längst geschehen.

Am Vormittag des 30. Mai 1953 wankte unbeholfenen Schritts der Reporter James Morris von der Londoner *Times* durch den gefährlichen Khumbu-Eisbruch. Der Mann, der in seinem ganzen Leben noch nie einen Berg bestiegen hatte, wollte das auch an diesem Tag nicht. Er musste nur irgendwie durch den Khumbu-Eisbruch und hinauf auf 6400 Meter gelangen, wenn er dem Geschehen wenigstens etwas näher kommen wollte. Am frühen Nachmittag traf Morris auf die übrigen Expeditionsmitglieder, die seit den Vormittagsstunden mehrere Bergsteiger wie kleine Punkte vom Südsattel kommend im Abstieg beobachteten. Als James Morris die Zelte des Lagers erreichte, meldete der indische Sender *All India Radio* gerade, dass der »Angriff auf den Everest« gescheitert sei. Niemand konnte sich erklären, wie es zu dieser Nachricht kam. Bei den Zelten herrschte auf einmal ohnmächtige Stille.

Von dieser Sekunde grenzenloser Enttäuschung bis zur überschäumenden Freude dauerte es allerdings nur etwas mehr als eine Stunde. Bald nach 14 Uhr kamen Edmund Hillary, der Sherpa Tenzing Norgay und das übrige Südsattelteam in die Nähe des Lagers. Sehr langsam, schweigsam, gebeugt von den Lasten, die sie heruntertrugen, und müden Schrittes kamen sie daher. Genauso sehen wohl geschlagene Helden aus. Michael Westmacott und John Hunt gingen der Gruppe entgegen. In Hunts Kopf jagte eine taktische Überlegung die nächste. Er traf gedanklich bereits erste Entscheidungen: Das Gipfelteam musste sofort weiter absteigen, um sich zu erholen, und die dritte »Angriffsmannschaft« sofort hinauf, um eine weitere Chance zu eröffnen.

Hunt war vollkommen außer Atem, als er den Kopf hob und auf einmal sah, wie George Lowe, der vor allen anderen daherkam, seinen Pickel hob und ihn immer wieder Richtung Everest-Gipfel in die Luft stieß. Hunt: »Nun machten auch die anderen unzweideutige Zeichen. Keine Spur von Misslingen, das war der Sieg: Sie hatten es geschafft! Unbändig stiegen die Gefühle in mir auf, als ich meine Schritte nun beschleunigte – ich konnte noch immer nicht die Kraft aufbringen zu laufen, und Mike Westmacott war nun weit voraus. Alles strömte aus den Zelten, Freudenschreie und Beifallsrufe ertönten. Im nächsten Moment war ich bei ihnen. Händeschütteln und – ich erröte, es zu sagen: Wir umarmten sogar das Siegerpaar. Ein besonderes Hoch galt Tenzing, der es persönlich so sehr verdiente und der diesen Sieg für sich selbst und für sein Volk erkämpft hatte.«

Fünfzig Jahre später erinnerte sich Charles Evans, der auch für die Erstbesteigung vorgesehen gewesen war, an ein kleines Detail aus eben jener Stunde der Freude im Lager des Western Cwm: »Wir hatten Tee für die beiden gemacht. Aber Tenzing wollte essen und Ed Hillary nicht trinken. Ich war fast ein wenig beleidigt, weil Ed wohl vergessen hatte, welch unendliche Mühe es macht, in dieser Höhe Schnee zu schmelzen und eine Tasse Tee zu bereiten.« Noch während Hillary erschöpft im vorgeschobenen Lager auf 6400 Meter die ersten Eindrücke schilderte, um den Wissensdurst seiner Freunde zu stillen, und er dabei gierig ein Omelette nach dem anderen vertilgte, formulierte der eifrige *Times*-Reporter James Morris ein Telegramm: »Snow condition bad hence expedition abandoned advanced base on 29th and awaiting improvement being all well.« Schlechte Schneebedingungen, Expedition verließ vorgeschobenes Lager am 29. in Erwartung besseren Wetters, alle wohlauf.

Morris war trotz seines jungen Alters bereits ein mit allen Wassern gewaschener Vertreter seiner Zunft. Nun, in der wahrscheinlich wichtigsten Stunde seines Berufslebens, lief er zu Höchstform auf. Er wusste nur zu gut um die Konkurrenz. In Kathmandu und selbst in Namche Bazar saßen bereits die lieben Kollegen von der *Daily Mail* und der Nachrichtenagentur Reuters. Was Morris der Welt – ganz exklusiv – mitteilen wollte, hatte ihm der Chiffrierspezialist Wilfrid Noyce in einem raffinierten Code verschlüsselt. »Snow condition bad« stand für »Everest erstiegen«. Jedem Expeditionsmitglied hatte man zuvor ebenso nichtssagende Formulierungen zugeordnet. »Abandoned advanced base« stand für Edmund Hillary, »awaiting improvement« verschlüsselte Tenzings Namen.

Am Abend des 1. Juni wurde in London eine rote Depeschenbox durch den Buckingham-Palast zur noch ungekrönten Prinzessin Elizabeth getragen. Morris war, so gut er eben konnte, am späten Nachmittag des 30. Mai das Western Cwm hinaus- und in der abendlichen Dunkelheit durch den Khumbu-Eisbruch zurück in das Basislager auf 5400 Meter geeilt. Noch in der Nacht hatte er das Telegramm von einem Postläufer ins 50 Kilometer entfernte Namche Bazar, einem damals noch kleinen Nest im Herzen des Khumbu-Gebiets, bringen lassen. Über eine starke Funkstation des indischen Militärs erreichte die geheime Nachricht Kathmandu und schließlich London. Es schien fast, als käme das schönste Geschenk für die künftige Queen Elizabeth II. direkt von unterhalb des Himmels.

Am 2. Juni 1953 wurde die mehr als dreistündige Krönungszeremonie in der Westminster-Abtei einmal kurz von ein paar würdigen Persönlichkeiten verlassen. In der Sakristei, so ist es überliefert, versammelten sich einige enge Freunde der Familie um Prinz Philip: »Auf die Queen – und auf den Sieg am Everest.« In die Gläser floss schottischer Whisky. Philip, der Herzog von Edinburgh, ließ derweil eine ganz und gar britische Nachricht nach Nepal kabeln: »Jedermann ist aufs Höchste erfreut über diese wundervolle Nachricht.« Am 3. Juni meldete die Nachrichtenagentur Reuters verschnupft: »Die Meldung des Leiters der britischen Everest-Expedition, Oberst Hunt, über die Besteigung des höchsten Gipfels war chiffriert ...«

Neunmal hatten die Briten am Everest kapitulieren müssen. Der 29. Mai 1953 bescherte ihnen um 11.30 Uhr endlich den lange ersehnten Erfolg – und dem *Times*-Reporter James Morris unter ganz besonderen Umständen eine ganz besondere Nachricht. Als Edmund Hillary Tage später erfuhr, dass sogar die britische BBC die Nachricht gemeldet hatte, sagte er in seinem typisch trockenen Humor:»Wir haben es wirklich geschafft. Wenn die BBC es meldet, muss es ja wohl stimmen.« Am 2. Juni versammelten sich sämtliche Expeditionsmitglieder um ein kleines Radiogerät im großen Gemeinschaftszelt. George Band drehte so lange am Knopf, bis er den englischsprachigen Sender *All India Radio* gefunden hatte. Gespannt lauschten alle der Nachricht über die Krönung der neuen englischen Königin. Atemlose Stille, als dann die zweite Nachricht vom Sprecher verlesen wurde:»Gestern Abend traf in London die sensationelle Nachricht ein, dass eine britische Expedition den Mount Everest, den höchsten Berg der Erde, erstiegen hat.«

Während dieser ersten Juni-Woche, noch von Nepal aus, telegrafierte Oberst John Hunt nach Genf:»Für Euch die Hälfte der Ehre.« Damit würdigten die Briten die Leistungen der Schweizer am höchsten Berg der Erde. Denn sie waren es gewesen, die im Khumbu-Eisbruch eine der beiden Schlüsselstellen – die andere war der Hillary Step – geknackt und auch weiter oben Großartiges geleistet hatten. Dieses Telegramm wurde in der Schweiz mit Hochachtung zur Kenntnis genommen. Denn selbst in der Stunde des Triumphs stellten die Briten die sportliche Fairness als ihre größte Tugend vornan.

Tenzing Norgay kannte weder seinen genauen Geburtsort noch seinen exakten Geburtstag. Er wusste von seiner Mutter nur, dass es Ende Mai gewesen sein musste, als er zur Welt kam. Nachdem er den Mount Everest am 29. Mai 1953 bestiegen hatte, beschloss Tenzing Norgay, seinen Geburtstag künftig immer einen Tag nach diesem Ereignis zu feiern. Er wurde in der Folge zu einem Nationalhelden in Nepal und in Indien. Seine Bildung und seine guten Sprachkenntnisse – er sprach mehrere Fremdsprachen fast fließend – öffneten ihm viele Türen und Möglichkeiten, seinem armen Heimatland zu helfen. Tenzing lernte allerdings nie das Schreiben. Er starb schließlich 1986, am 9. Mai, in Darjiling an einer Gehirnblutung. Der Trauerzug war mehrere Kilometer lang. Der rote Schal, den Tenzing von dem Schweizer Raymond Lambert geschenkt bekommen und der ihn bis auf den Gipfel hinauf begleitet hatte, hing später, elegant um den Hals einer Buddha-Figur gelegt, im Haus von Lambert. Tenzing Norgay, dieser kleine, bescheidene Mann aus dem Khumbu, hatte den Schal nach dem Gipfelerfolg seinem Freund wieder zurückgeschenkt. Edmund Hillary wurde ebenso wie Oberst John Hunt von Queen Elizabeth II. in den Adelsstand erhoben. Als er die Nachricht auf dem Weg vom Everest nach Hause erhielt, sprach ihn die Queen bereits mit »Sir« Edmund Hillary an. Tenzing Norgay wurde diese Ehre nicht zuteil, obwohl er indischer Staatsbürger und damit Bürger einer britischen Kronkolonie war. Hillary wurde ebenso wie Tenzing weltberühmt. Sein Leben lang blieb der Neuseeländer den Menschen im Himalaja eng verbunden. Er nutzte seine Popularität, um Krankenhäuser und Schulen in Nepal zu bauen. Ed Hillary kritisierte aber auch immer wieder sehr hart die kommerziellen Expeditionen, die seit Beginn der 1990er-Jahre die Aufstiegsroute der Erstbesteiger mit Fixseilen praktisch in Ketten legten und damit Massenbesteigungen ermöglichten. Sir Edmund Hillary starb am 11. Januar 2008 in einem Krankenhaus in Auckland an einem Herzanfall. Er erhielt ein Staatsbegräbnis. Auf seinem Sarg lag während der Trauerfeier jener Eispickel, den er auf dem Gipfel des Mount Everest bei sich gehabt hatte.

Das Couloir von Tom Hornbein

Sechzehn verschiedene Routen liegen wie ein
Spinnennetz über dem höchsten Berg

Nachdem Tenzing Norgay und Edmund Hillary Ende Mai 1953
dem Gipfel des Mount Everest den Rücken zugewandt hatten und
ins Tal abgestiegen waren, wurde es wieder still auf dem Dach der
Welt, zumal auch der weltweite Rummel sich rasch gelegt hatte.
Es hatte fast den Anschein, als sei das nur etwa zwei Quadratmeter große Gipfelplateau, nachdem es einmal entzaubert war,
nun nicht mehr von allzu großem Interesse, denn weder 1954
noch 1955 wurde der Gipfel noch einmal erreicht. Doch dabei
sollte es nicht bleiben.

Die Entwicklung am Mount Everest verlief wie die an allen anderen Bergen der Welt auch – irgendwann kamen konsequenterweise die Zweit- und Drittbesteiger. Jetzt waren endlich die
Schweizer an der Reihe. Wer aber kennt heute noch ihre Namen?
Niemand erreichte am Everest je wieder den Bekanntheitsgrad
von Hillary und Tenzing. Albert Eggler leitete 1956 die Expedition
der Eidgenossen, der die zweite und dritte Besteigung gelang. Zunächst erreichten Ernst Schmied und Jürg Marmet am 23. Mai
den Gipfel und tags darauf Ernst Reiss und Hansruedi von Gun-
ten. Sie folgten der Route von Hillary und staunten an den kritischen Passagen genauso wie ihre Vorgänger. Allerdings hatten sie
einen ganz entscheidenden Vorteil, wussten, sie doch, dass es
möglich war.

Und allein dieses Wissen ist seit jeher schon eine der Trieb-
federn des Alpinismus gewesen, neue Wege zu finden, neue Abenteuer zu entdecken und neue Herausforderungen anzunehmen.
Alpinismus in allen seinen Spielarten nährt sich davon, dass
seine Protagonisten die Schwierigkeiten ständig neu ausloten
und die Grenzen immer wieder verschieben. Manchmal geht das

in Schüben, bisweilen auch kontinuierlich. Oft sind Steigerungen von heftigen Diskussionen begleitet, in deren Verlauf nicht selten Neid und Missgunst, aber auch berechtigte Zweifel oder gar Lug und Trug eine Rolle spielen.

Wie auch immer: Seit den Anfängen des Bergsteigens vor rund 250 Jahren hat es nie mehr Stillstand gegeben. Und jeder neu bestiegene Berg hat auch immer die Möglichkeit eröffnet, Neuland zu erreichen. So sind die Entwicklungen an den Bergen immer die gleichen. Wenn die Route der Erstbesteigung oft genug wiederholt wurde, wird sie meist zum Normalweg, es sei denn, es wird ein einfacherer Anstieg gefunden. Der Normalweg auf einen Berg ist in fast allen Fällen der Weg des geringsten Widerstands. Im nächsten Schritt entdecken die Bergsteiger dann die Grate für sich, dort gibt es meist weniger Steinschlag, und auch die Lawinengefahr ist erheblich geringer als in steilen Flanken. Wenn die Grate bestiegen sind, nehmen sich die Alpinisten die Wände und dort dann immer schwierigere Routen vor.

Am Mount Everest sind bis heute sechzehn verschiedene Routen und Varianten durchstiegen worden. Und noch immer gibt es einige Anstiege, die durchaus logisch erscheinen, in die sich aber bislang noch niemand hineingetraut hat. Fast wie die Fäden eines Spinnennetzes liegen die begangenen Routen und die noch nicht genutzten Möglichkeiten über dem Berg. Die Erstbesteiger gingen vom Südsattel aus über den Südostgrat. Mallory und viele seiner Nachfolger hatten es einst über den Nordostgrat versucht. Die Route dort wirkt fast noch logischer als die der Erstbesteiger. Es war wegen der vielen vorangegangenen Versuche nur folgerichtig, dass sich nach der Erstbesteigung des Gipfels bald jemand dieses Nordostgrats annehmen würde.

Im Frühjahr 1960 näherte sich eine chinesische Expeditionsgruppe von Norden her mit einem Großaufgebot dem Mount Everest. Es war die Zeit, da China die Grenzen unnachgiebig geschlossen hielt und Tibet für Bergsteiger nach wie vor gesperrt war. Das sollte auch noch fast zwanzig Jahre so bleiben. Denn erst im Herbst 1979 veröffentlichte die Chinese Mountaineering Association ein Dekret der chinesischen Regierung, demzufolge sich das kommunistische China entschlossen habe, zehn Gipfel im militärisch besetzten Tibet für ausländische Bergsteigerexpeditionen freizugeben. Einer dieser Berge war der Mount Everest, und als erste erhielt 1980 eine japanische Gruppe die Genehmigung für eine Besteigung des Bergs von Norden her.

1960 war es also kein Wunder, sondern eine logische Konsequenz, dass chinesische Bergsteiger sich aufmachten, um Mallorys Weg zu Ende zu gehen. Sie kamen mit 214 Männern und Frauen auf den Rongbuk-Gletscher und bauten dort ein riesiges Camp auf. In den Berichten der Beteiligten ist viel von Mühsal und Anstrengung zu lesen, von Parteiversammlungen, vom chinesischen Volk, von edlem Geist, großer Kraft und dem endgültigen Sieg. Aber eher wenig ist zu erfahren über all jene Details, die es anderen Bergsteigern ermöglicht hätten, den Weg dieser chinesischen Expedition zum Gipfel tatsächlich nachzuvollziehen. Weil die Chinesen dann auch noch erklärten, sie hätten den Gipfel mitten in der Nacht und bei tiefster Dunkelheit erreicht, hielten sich viele Jahre lang Skepsis und Zweifel gleichermaßen hartnäckig.

Zwischen dem 19. März und den ersten Tagen im Mai richteten die Chinesen insgesamt sieben Hochlager ein und erreichten eine Höhe von 8500 Meter auf dem Nordostgrat. Danach wurden alle weiteren Bemühungen vom anhaltend schlechten Wetter gebremst. Dennoch sorgte das Team, dem auch sehr viele Tibeter angehörten, fast ununterbrochen dafür, dass die Hochlager intakt blieben und ständig mit neuem Material, Proviant und Ausrüstung versorgt wurden. Erst am 24. Mai ergab sich angesichts einer Wetterbesserung eine realistische Chance. Zwei Männer aus dem nominierten Gipfelteam waren Wang Fu-Chou und Chu Ying-Hua. Beide überzeugte Mitglieder der Kommunistischen Partei, darauf legten sie großen Wert in ihrer Berichterstattung, beide ausgestattet mit dem Titel »Meister des Sports«. Geologe der eine, Holzarbeiter der andere. Beide, so versicherte der Expeditionsleiter Shih Chan-Chun nachdrücklich, hätten erst zwei Jahre vor diesem Unternehmen damit begonnen, Berge zu besteigen. Als sie nun mit Flaschensauerstoff auf dem Nordostgrat weiter aufstiegen, erreichten sie die zweite Steilstufe, an der die Briten zuvor schon gescheitert waren und bei der nie geklärt werden konnte, ob Mallory diese Kletterpassage hatte überwinden kön-

118

nen. Insgesamt sind auf diesem Nordostgrat drei unterschiedlich schwierige Kletterpassagen jeweils anderer Länge zu überwinden, die als Schlüsselstellen des Aufstiegs gelten. Als gängige Beschreibung haben sich hierfür die Bezeichnungen First, Second und Third Step etabliert.

Wortgewaltig beschrieben Wang Fu-Chou und Chu Ying-Hua hinterher ihre Eindrücke, als sie zusammen mit dem Tibeter Gongbu und Liu Lien-man die zweite Stufe, den Second Step, erreichten:»Kein Wunder, dass die britischen Abenteurer dort gescheitert sind und diese Stelle als ihren Gnadenstoß bezeichneten, denn die Stufe ist 30 Meter hoch und besteht aus reinem Fels mit einer durchschnittlichen Neigung von 60 bis 70 Grad.« Die vier chinesischen Bergsteiger querten an dieser Stufe hin und her und fanden schließlich einen senkrechten, etwa drei Meter hohen Felsriegel, an dem sie eine Chance zur Ersteigung der Stufe witterten.»Liu Lien-man ging sie an, doch seine vier Versuche misslangen. Nach jedem Sturz brauchte er fast eine Viertelstunde, um wieder aufzustehen. Er war völlig erschöpft«, war später in dem Bericht zu lesen.

Mit jeder Minute mehr, die Liu sich erholen musste, wuchs die Ungeduld von Chu Ying-Hua. Er soll schließlich seine schweren Bergstiefel mitsamt den Steigeisen ausgezogen und sogar die Socken abgestreift haben:»Er griff mit den Händen in die Felsspalten und stieg mit den Füßen auf den Fels und versuchte hochzuklettern. Doch zweimal misslang es, und er fiel hinunter.« Inzwischen hatte es zu schneien begonnen. Das verschlechterte die Situation deutlich, denn wenn die Chinesen über diese Stufe nicht hinaufkämen, hätten sie auch keine Chance mehr auf den Gipfel und müssten wieder absteigen. Bei Wang Fu-Chou und Chu Ying-Hua lässt sich nachlesen, was sie dachten und empfanden:»Was tun? Umdrehen wie seinerzeit die britischen Bergsteiger? Nein! Auf keinen Fall. Das ganze chinesische Volk und die Partei schauten auf uns. Wir dachten an die Abschiedsfeier im Basislager mit den Gongs und den Trommeln und den lauten Hochrufen, an das feierliche Gelöbnis, das wir vor dem Aufbruch abgelegt hatten, und an die Fahne und die Gipsbüste des Vorsitzenden Mao, die wir bei uns hatten, und sofort fühlten wir uns wieder kräftig.«

Die Chinesen drehten nicht um, sondern vielmehr die Sauerstoffzufuhr aus ihren Flaschen noch etwas mehr auf – das wohl wird ihre Leistungsfähigkeit wieder erhöht haben. Jedenfalls setzte Liu abermals an. Doch diesmal auf ganz andere Weise:»Er hockte sich nieder, und Chu Ying-Hua stellte sich auf seine Schultern, dann stand Liu mit großer Anstrengung auf. Gut! Chu Ying-Hua gelangte auf die Felsplatte und dann Gongbu ebenfalls. Wir waren überglücklich über den Erfolg.«

Die vier Männer hatten über drei Stunden für diese drei Meter benötigt. Und noch immer lagen fast 250 Höhenmeter und der dritte»Step« vor ihnen. Langsam, Schritt für Schritt stiegen sie weiter bergauf. Doch weit kamen sie nicht, denn Liu Lien-man brach zusammen. Er hatte sich offenbar an der zweiten Stufe vollkommen verausgabt. Inzwischen war es jedoch bereits 19 Uhr, und die vier waren noch immer fast 180 Höhenmeter von ihrem Ziel entfernt. Das ist extrem viel auf fast 8700 Meter Höhe. Liu schien zu spüren, dass er es nicht schaffen würde. Also bot er den anderen an, zurückzubleiben und auf sie zu warten, bis sie vom Gipfel zurückkämen.»Liu Lien-man ist ein erfahrener und geschickter Bergsteiger und ein getreues Parteimitglied. Ohne ihn würde unser Aufstieg zum Gipfel erheblich schwieriger werden.«

Die Herren hielten in dieser verworrenen Situation nun allen Ernstes eine Parteiversammlung ab. Geschadet hat das offenbar nicht. Liu wurde an eine windgeschützte Stelle gebracht, er nahm die Atemmaske ab und versprach den Sauerstoff für die anderen zu sparen.

Nur noch zu dritt stiegen die Chinesen mühsam im tiefen Schnee weiter aufwärts. Inzwischen war es stockdunkle Nacht. An der dritten Stufe des Grates war es bereits Mitternacht. Wang Fu-Chou, Chu Ying-Hua und Gongbu querten dort in die steile Nordwand hinaus. Als sie auch dieses Hindernis überwunden hatten, waren die Sauerstoffflaschen leer. Sie befanden sich auf 8830 Meter Höhe. Nur noch 18 Meter.

Sie stiegen auf einen Hügel, doch das war nicht der Gipfel. Um endgültig dorthin zu gelangen, mussten sie noch einmal ein paar Meter hinauf. Längst krochen sie meist nur noch auf allen vieren weiter. Gongbu voraus. Sie brauchten vierzig Minuten für das letzte Stück. Dann waren sie endlich oben.»Fünfzehn Minuten blieben wir auf dem Gipfel. Wir platzierten die chinesische Fahne und getrennt davon auf einem großen Felsen nordwestlich des Gipfels eine Gipsbüste des Vorsitzenden Mao Tse-tung, die wir mit kleinen Steinen bedeckten. Dann schrieben wir, wie international üblich, eine Notiz mit unseren Unterschriften und legten sie unter einen Steinhaufen.« Offenbar fanden Mitglieder späterer Expeditionen weder die Büste Maos noch die kleine Botschaft auf dem Gipfel. Es existierte auch kein Gipfelfoto. Die Chinesen hatten nicht einen einzigen Beweis ihrer Anwesenheit am höchsten Punkt. Sie stiegen zurück zu Liu und fanden ihn lebend, wenn auch arg geschwächt. In einer Höhe von 8700 Meter machten sie während ihres verzweifelten Abstiegs im Morgengrauen ein Bild. Damit konnten sie wenigstens glaubhaft belegen, diese Höhe erreicht zu haben.

Der Expeditionsleiter Shih Chan-Chun ließ die Öffentlichkeit abschließend wissen:»Zusammengefasst betrachtet, verdanken wir unsere Eroberung des Everest in erster Linie der Führerschaft der Kommunistischen Partei und der unerreichten Überlegenheit des sozialistischen Systems unseres Landes.« Es waren wohl vor allem Formulierungen wie diese, welche die Skepsis über den Erfolg der Besteigung überall auf der Welt nährten. Dazu die Geschichte, dass Liu trotz der eisigen Kälte seine Schuhe und Strümpfe ausgezogen hatte, um den Second Step zu überwinden, und die Tatsache, dass es keine detaillierten Beschreibungen des Gipfelanstiegs und der schwierigen Passagen dort gab. Das alles trug nicht gerade zur Wahrheitsfindung bei. Im Laufe der Jahre änderte sich aber die Meinung, und inzwischen wird der erste Anstieg über den Nordostgrat durch die Chinesen eigentlich in weiten Kreisen anerkannt. Gut möglich, dass dazu auch das Machtwort von Chris Bonington beigetragen hat, der nach einem persönlichen Zusammentreffen mit dem chinesischen Expeditionsleiter Shih in Peking»nicht mehr den Schatten eines Zweifels« am Erfolg der Chinesen hegte.

Drei Jahre nach den Chinesen kam 1963 eine US-amerikanische Expedition von Süden her zum Everest, zehn Jahre nach der Erstbesteigung. Bis zu diesem Zeitpunkt hatten erst neun Menschen den höchsten Gipfel der Erde erreicht – sofern man die Besteigung der Chinesen anerkennt. Als die Amerikaner nun 1963 nach Nepal kamen, waren seit drei Jahren auch alle weiteren Achttausender erstbestiegen – außer der Shisha Pangma (8027 m), dem einzigen Himalaja-Riesen, der vollständig auf tibetischem Gebiet liegt und wegen der geschlossenen Grenze für ausländische Bergsteiger ebenso wie der Everest von Norden her nicht zugänglich war. Es war also höchste Zeit für neue Routen und neue Ideen an den Achttausendern. Norman Günter Dyhrenfurth wurde für die US-amerikanische Bergsteigergruppe zum Expeditionsleiter bestimmt. Der damals 45-jährige Dyhrenfurth war der Spross berühmter Eltern. Sein Vater war der Geologe Günter Oskar Dyhrenfurth, ein gebürtiger Breslauer, der bereits 1930 und 1934 an Expeditionen im Himalaja teilgenommen hatte. Normans Mutter war Hettie Dyhrenfurth, die nahezu zwanzig Jahre lang den Höhenrekord für Frauen im Bergsteigen hielt, nachdem sie den fast 7300 Meter hohen Westgipfel des Sia Kangri im Shaksgam-Tal bestiegen hatte. Norman Günter Dyhrenfurth war seinerseits Mitglied jener Schweizer Expedition gewesen, die im Herbst 1952 den zweiten eidgenössischen Versuch einer Erstbesteigung des Everest unternommen hatte. Damals hatte es Dyhrenfurth im letzten Moment noch als Kameramann in das Team der Schweizer geschafft.

Seine Eltern waren nach der Machtergreifung der Nationalsozialisten in die Schweiz gezogen, und Hettie Dyhrenfurth wanderte schließlich 1937, zwei Jahre vor Ausbruch des Zweiten Weltkriegs, zusammen mit ihrem Sohn Norman in die Vereinigten Staaten aus. Dort entwickelte sich der erst 19-Jährige zu einem Tausendsassa. Er filmte sehr viel und wurde Kameramann. Dass er obendrein Skilehrer und Bergführer war, kam ihm dabei zugute, denn seine phantastischen Natur- und Bergaufnahmen waren schon bald geschätzt.

Nach dem Zweiten Weltkrieg wurde Norman Dyhrenfurth Leiter einer Filmschule an der Universität von Los Angeles. Immer wieder kam er in die Berge des Himalaja. 1955 leitete er eine internationale Expedition zum Lhotse, doch die Erstbesteigung des vierthöchsten Achttausenders gelang erst ein Jahr danach einer

Schweizer Gruppe. Drei Jahre später suchte er nach dem Yeti, und 1960 war er am Dhaulagiri unterwegs, dem mit 8167 Metern siebthöchsten Berg der Erde. Nun, 1963, war es dem charismatischen Norman Dyhrenfurth gelungen, die berühmte National Geographic Society, die US-amerikanische Gesellschaft zur Förderung der Geografie, dazu zu überreden, eine Expedition zum Mount Everest zu finanzieren. Auf dass endlich auch einmal Amerikaner auf dem Dach der Welt stehen konnten. Die Society ließ sich nicht lange bitten und machte Dyhrenfurth auch gleich zum Expeditionsleiter. Sein Ziel war eindeutig und klar formuliert. Er wollte seine Männer auf dem Gipfel sehen. Und die besten Erfolgsaussichten versprach er sich auf der Route von Ed Hillary und Tenzing Norgay. Die Expeditionsgruppe umfasste schließlich 23 Bergsteiger und mehr als 30 Sherpa. Unter den amerikanischen Bergsteigern war auch Thomas F. Hornbein. 1930 in St. Louis im US-Bundesstaat Missouri geboren, hatte Hornbein zunächst Geologie und später Medizin studiert. Er wurde Anästhesist. Seine hohe Denkerstirn war schon früh ein unverwechselbares Merkmal dieses hochintelligenten Mannes.

Hornbein hatte eine etwas andere Vorstellung von dieser Expedition. Er war der Meinung, man solle eine neue Route versuchen und am Mount Everest damit ein Stück des amerikanischen Freiheitsgeistes sichtbar machen. Aber natürlich hatte Dyhrenfurth das Sagen. Als die Gruppe am Fuß des Khumbu-Eisfalls ankam, wurden daher nahezu sämtliche Kräfte auf die Route zum Südsattel konzentriert, um von dort aus zum Gipfel zu gelangen. Der Aufwand war beträchtlich. Über 900 Träger hatten die knapp 30 Tonnen Gepäck ins Basislager geschafft. Dort unternahm Hornbein noch einmal den Versuch, seinem Expeditionsleiter eine Besteigungslinie in der Westwand schmackhaft zu machen.

Doch er hatte damit keinen Erfolg. Dyhrenfurth argumentierte, man sei den Sponsoren und der Society verpflichtet und der Gipfel habe Priorität. Hornbeins Argument, den könne man doch auch auf einer anderen Route als der von Hillary erreichen, löste bei Dyhrenfurth nur Kopfschütteln aus. Immerhin ließ er sich jedoch so weit umstimmen, dass man die mögliche neue Route über den Westgrat zumindest näher begutachten könne. Bei seiner nächsten Überlegung dachte Dyhrenfurth dann schon wieder ganz groß und erwog für den Fall, dass es denn doch möglich wäre, den Gipfel über den Westgrat tatsächlich zu erreichen, sogar eine Überschreitung des Everest.

Die Idee gefiel Tom Hornbein, und er machte sich mit den wenigen Ressourcen, die ihm für die Erkundung des Westaufstiegs zur Verfügung gestellt wurden, auf den Weg. Während auf dem Normalweg die Lagerkette in Richtung Gipfel eingerichtet wurde, inspizierte Hornbein aus dem Western Cwm heraus den Weg zur Westschulter, die in ihrer Verlängerung den Westgrat erreicht. Sein Ausgangspunkt wurde ein mit allen anderen gemeinsam genutztes vorgeschobenes Basislager in etwa 6400 Meter Höhe. In Hornbeins Team kletterten Barry Bishop, Dave Dingman, James Barry Corbet, Richard Emerson und der Philosoph William F. Unsoeld. Sie umgingen geschickt einen Gletscher und querten unter eine markante Rinne, die geradewegs auf den Westgrat hinaufleitet. In der Zeit bis zum 12. April 1963 gelangten Hornbein, Bishop und Unsoeld bis auf 7650 Meter und damit bis zum Beginn des ausgeprägten Westgrates. Doch dann zog Norman Dyhrenfurth Personal von der Westgrat-Route ab. Der Südsattel und der Gipfel erhielten nun wie erwartet den Vorrang. Für Tom Hornbein standen jetzt keine Sherpa mehr zur Verfügung, und auch Bishop und Dingman mussten zum großen Team wechseln. Allerdings hatte Hornbein noch die Seilwinden aus dem Expeditionsgepäck zur Verfügung. Doch es erwies sich bald als eine mühsame, oft sogar unmögliche Aufgabe, das Material damit den Berg hinaufzutransportieren.

Fast drei Wochen vergingen. Am 1. Mai erreichten Jim Whittaker und der Sherpa Nawang Gombu den Gipfel des Mount Everest über die Hillary-Route. Whittaker, mit fast zwei Metern Körpergröße ein wahrer Hüne in der Bergsteigerszene, den alle »Big Jim« nannten, war damit der erste US-Amerikaner auf dem Gipfel des Mount Everest. Und Nawang Gombu, der zweite Sherpa auf dem höchsten Punkt der Erde, sorgte auf gewisse Weise dafür, dass die Angelegenheit noch ein wenig in Familienhand blieb, denn er war ein Neffe von Tenzing Norgay. Whittaker und Nawang rammten wuchtig eine Aluminiumstange in den Schnee. An ihr flatterte die US-Flagge mit den Stars and Stripes. In den wenigen Minuten, die den beiden dort oben blieben, fanden sie auch noch Zeit, nach Maos Büste zu suchen sowie nach jener ominösen Nachricht, die die Chinesen drei Jahre zuvor dort deponiert haben wollten. Doch sie entdeckten nichts dergleichen, was allerdings nicht viel bedeuten muss, denn den Stürmen, die während des Monsuns oft mit über 200 Stundenkilometern über den Gipfel toben, hält kaum etwas stand. Nach dieser erfolgreichen Besteigung des Gipfels fiel reichlich Last von Norman Dyhrenfurths Schultern. Und damit eröffnete sich auch wieder die Möglichkeit, die Idee einer dritten Route auf den Mount Everest noch einmal mit Verve voranzutreiben.

Im Basislager entstand nun ein kühner Plan. Die Amerikaner wollten den Berg noch einmal über die Hillary-Route besteigen. Und gleichzeitig sollten Tom Hornbein und Will Unsoel versuchen, ihre Route über den Westgrat bis zum Gipfel zu klettern. Wenn alles nach Plan lief, würde man sich vielleicht sogar am höchsten Punkt treffen. Aber das war angesichts der Tatsache, dass der Aufenthalt auf dem Gipfel bislang noch nie länger als eine Viertelstunde gedauert hatte, eher utopisch. Auf jeden Fall aber sollten Hornbein und Unsoel über die Hillary-Route wieder absteigen. Das wäre dann die erste Überschreitung des Everest.

Norman Dyhrenfurth berief Luther Jerstad und Barry Bishop in das Südsattel-Team. In den nun folgenden Tagen bis zum 15. Mai 1963 wurde auf dem Westgrat das vierte Hochlager aufgebaut. Von diesem Punkt aus hatten Tom Hornbein und Will Unsoel geplant, weit in die Nordflanke hinauszuqueren und dort ein steiles Couloir zu erreichen, dessen eisige weiße Ader mitten durch die Wand und vor allem sehr weit hinaufreichte. Doch bevor die beiden Bergsteiger ihren Plan in die Tat umsetzen konnten, kam es in der Nacht vom 16. auf den 17. Mai noch fast zu einer Katastrophe. Inzwischen waren auch die Amerikaner James Barry Corbet und Al Auten gemeinsam mit vier Sherpa zum vierten Lager aufgestiegen. Die sechs hatten zwei Zelte miteinander gekoppelt, und nun kam ein extremer Sturm auf. Er riss beide Zelte aus der Verankerung und trieb sie mitsamt den Männern vor sich her. Erst in einer seichten Mulde und hundert Meter tiefer kam das Spielzeug des Windes zum Stillstand. Al Auten konnte sich als

Erster befreien und stieg in der Dunkelheit zu Tom Hornbein und Will Unsoeld auf, um sie zu wecken. Er holte die beiden aus tiefem Schlaf, und zu dritt gingen sie nun hinunter. Glücklicherweise war niemandem etwas geschehen, alle waren mit dem Schrecken davongekommen. Doch die Zelte waren nicht mehr zu gebrauchen, die Stangen geknickt, die Planen durchstochen. Auten und die Sherpa krochen dennoch wieder in die Ruinen ihrer ehemaligen Behausung und harrten dort aus bis zum Morgen. Corbet schlüpfte unterdessen zu Hornbein und Unsoeld in das Zelt weiter oben. Doch es dauerte nur ein paar Stunden, bis auch von diesem Zelt nur noch Fetzen im Sturm flatterten. Es blieb keine andere Wahl, alle mussten wieder hinunter, um neue Zelte zu holen. Nach nur zwei Tagen Rast im Basislager trieb es Hornbein und Unsoeld wieder hinauf. Sie errichteten mit Sherpa-Unterstützung das vierte Lager neu und stellten am 21. Mai ein weiteres Zelt an einem winzig kleinen Platz in 8300 Metern Höhe auf. Von dort aus, so hofften beide, müsste es möglich sein, die restlichen rund 550 Höhenmeter bis zum Gipfel zu schaffen. Auf der anderen Seite des Berges saßen Barry Bishop und Luther Jerstad sozusagen in den Startlöchern.

Am 22. Mai, kurz nach sieben Uhr, begann das spannende Unternehmen. Der Wind blies den Männern auf dem Westgrat eisig ins Gesicht. Dennoch zogen sie ihre warmen Daunenjacken nicht an, sondern benutzten sie vielmehr dazu, ihre Trinkflaschen warm zu halten, für die sie stundenlang Schnee geschmolzen und heiße Limonade zubereitet hatten. Ohne die Jacken als Schutz hätten sie binnen kurzer Zeit nur noch Softeis gehabt. Die Querung in Richtung des Couloirs in der Nordwand erwies sich als kompliziert, doch nach ein paar Stunden erreichten sie die steile, mit Eis und hart gepresstem Schnee gefüllte Rinne. Hornbein war wild entschlossen, Unsoeld ebenfalls. Beide hatten sogar die Sorge um Unsoelds Sauerstoffflasche vorübergehend vergessen, aus der offenbar das kostbare Lebenselixier entwich. Egal, notfalls wollten sie am Ende der Rinne, wo es weniger steil sein würde, nebeneinander gehen und zusammen aus einer Flasche atmen.

Diese beiden Männer schweißte die Aussicht auf den Everest-Gipfel in den Stunden des Aufstiegs ganz offensichtlich zu einem amerikanischen Dream-Team zusammen. Will Unsoeld war am 5. Oktober 1926 im kalifornischen Arcata geboren worden und entwickelte sich zu einem begeisterten Felskletterer. Er bestieg weit über 200-mal den Mount Rainier, an dem er schließlich auch 1979 bei einem Lawinenunglück ums Leben kam. Er hatte Philosophie und Theologie studiert, zwei Töchter und zwei Söhne großgezogen und gilt bis heute als der »Vater der Erlebnispädagogik«.

1976 eröffnete Unsoeld im Rahmen einer Expedition eine neue Route auf den Nanda Devi, den zweithöchsten Gipfel Indiens, der wohl zu den schönsten Bergen der Welt zählt. Will Unsoeld war schon früher so begeistert von der Form dieses Gipfels gewesen, dass er sogar seine Tochter auf den Namen Nanda Devi getauft hatte. Das Schicksal wollte es, dass Nanda Devi, die ihren Vater vergötterte und ihn auf dieser Expedition begleitete, praktisch vor dessen Augen tödlich verunglückte.

Unsoeld blieb zeitlebens ein bemerkenswerter Mann. Auf die Frage, wie er nach dem Tod seiner Tochter weiter bergsteigen und klettern gehen könne, schnaubte er: »Was – willst du vielleicht, dass ich an einem Herzinfarkt sterbe, während ich Bier trinke, Kartoffelchips esse und mir ein Golfturnier im Fernsehen anschaue?«

Als Will Unsoeld mit Tom Hornbein das Couloir erreichte, begannen die beiden im Zickzack dort an Höhe zu gewinnen. Sie mussten in dem mehr als fünfzig Grad steilen Gelände Stufen schlagen, anders kamen sie nicht hinauf. Manchmal wichen sie in die Felsen aus, und immer mussten sie sichern. Es wäre viel zu gefährlich gewesen, gleichzeitig am kurzen Seil zu gehen. Dieses Couloir, das in der Nordwand sehr weit rechts des noch markanteren Großen Couloirs liegt, wurde nach oben hin immer schmaler und bot angesichts von nur noch zehn bis fünfzehn Metern Breite praktisch keine Ausweichmöglichkeiten mehr für den Fall, dass von oben Steine oder eine Lawine dahergekommen wären.

Teilweise kletterten Hornbein und Unsoeld in der Rinne auch auf blankem Fels. Sie hatten die Regler für die Sauerstoffzufuhr auf zwei Liter pro Minute eingestellt; wenn einer von beiden sicherte, drehte er den Regler zu, um zu sparen. Das Couloir durchschnitt geradewegs das markante Gelbe Band, einen geologischen Einschluss aus Sedimentgestein, dessen hellgelbe Farbe sich auffällig vom ansonsten fast schwarz wirkenden Gneis abhebt. Wenn der Mount Everest von den Stürmen weitgehend schneefrei geblasen ist, kann man selbst aus größerer Entfernung dieses Gelbe Band mit bloßem Auge gut erkennen.

Als sich das Couloir so sehr verengte, dass die Bergsteiger sich in diesem Spalt beim besten Willen nicht weiter hinaufzwängen konnten, mussten sie nach rechts in den Fels hinaussteigen. Dort standen sie unter einer knapp zwanzig Meter hohen, fast senkrechten Wandstufe, an der Schneeplatten pappten, die wie aus Gips wirkten. Tom Hornbein schaute konzentriert. Seine Kletteraugen suchten nach Möglichkeiten. Er versuchte in der Wand eine Route zu lesen. Der Fels jedoch war überall gleich brüchig. Schließlich trieb er einen Standhaken in die Wand, damit Will Unsoeld sichern konnte. Später schrieb Hornbein:»Ich begann, um eine Ecke zur Linken herumzuklettern, die Spitzen der Steigeisen kratzten über rostroten Kalkstein. Dann wühlte ich auf der Suche nach einem Halt darunter im Schnee. Die Spitze meines Pickels fand einen Riss. Ich klemmte den Pickel sorgfältig ein und ging vorsichtig auf den brüchigen Platten des Bandes weiter nach links. Loser Schutt rollte bis zum Fuß des letzten vertikalen, etwa acht Fuß hohen Aufschwungs unter meinem Steigeisen. Obwohl sehr steil, war dieses Stück ein reiner Bruchhaufen. Ich suchte nach einem Riss, nahm einen großen Haken von der Schlinge und schlug ihn mit dem Hammer ein. Er drang glatt ein, wie in weiche Butter. Nach einem leichten Zug war er wieder draußen.« Fast eine Stunde mühte sich Tom Hornbein da oben ab, dann musste er zurück. Schließlich überwand Unsoeld den zweiten Teil dieser Seillänge.

Inzwischen waren schon mehr als fünf Stunden seit ihrem Aufbruch vergangen. Der Höhenmesser zeigte 8500 Meter an. Nach einer weiteren Seillänge war Will Unsoelds Flasche leer. Beiden war klar, dass sie dort, wo sie gerade hergekommen waren, kaum wieder hinunterkommen würden. Sie mussten nach vorn, es gab keine andere Möglichkeit. Kurz bevor sie endlich aus dem Bereich des Gelben Bandes herauskamen, informierten sie per Funk das Basislager darüber, dass sie keine Chance auf einen Rückzug mehr hätten, weil es in dem brüchigen, faulen und teilweise abwärtsgeschichteten Fels überhaupt keine Gelegenheiten gab, Abseilstellen einzurichten. Wenn man die Mitschrift dieses Funkkontaktes heute liest, gewinnt man nicht den Eindruck, als seien Tom Hornbein und Will Unsoed darüber auch nur im Geringsten verzweifelt gewesen. Im Gegenteil:»Wir müssen heute hinauf und drüben hinunter. Es wird vermutlich ziemlich spät, wahrscheinlich 19 oder 20 Uhr. Wir können jetzt nicht mehr zu unserem Lager zurück.« Nein, diese beiden Männer waren meilenweit davon entfernt, zu resignieren oder aufzugeben.

Hornbein schrieb später darüber:»Zu viel Arbeit, zu viele schlaflose Nächte und zu viele Träume hatten wir investiert, um so weit zu kommen. Wir können es nicht am nächsten Wochenende noch mal versuchen. Jetzt abzusteigen, selbst wenn wir es gekonnt hätten, wäre ein Abstieg in eine Zukunft gewesen, die von der Frage geprägt sein würde: Was wäre gewesen wenn...? Es ginge dabei nicht darum, wie wir mit unseren Mitmenschen leben würden, sondern wie wir vor uns selbst dastehen würden mit dem Wissen, dass wir mehr hätten geben können.«

Inzwischen war es 13 Uhr. Zwei Stunden später erreichten sie das Gipfelschneefeld unter der Gipfelpyramide. Sie mussten sich nun entscheiden:»Wir könnten entweder gerade zum Nordostgrat gehen und ihm nach Westen zum Gipfel folgen oder aber die Wand queren und den Westgrat erreichen. Von unserem Rastplatz aus sah dieser einfacher aus. Außerdem war es ja die Route, die wir eigentlich hatten gehen wollen.« Als sie später den Westgrat wieder erreichten, sahen sie ganz klein und fast 2500 Meter tiefer die Zelte von Lager IV stehen, das sie fast zwei Tage zuvor verlassen hatten. Sie sahen den Lhotse und auch bereits den Südgipfel des Everest. Es konnten nur noch etwas mehr als 100, vielleicht 120 Höhenmeter bis zum Gipfel sein.

Nun war auch Tom Hornbeins erste Flasche fast leer. Sie hatte zehn Stunden gehalten. Er schnallte sie ab,»und ich widerstand Wills Vorschlag, die Flasche die Südwand hinunterzuwerfen, sondern ließ sie für irgendeine unbekannte Nachwelt da. Als ich dann die zehn Pfund leichtere Last wieder aufnahm, hatte ich das Gefühl, zum Gipfel fliegen zu können.« Als sie schließlich einen scharfen Grat erreichten, mussten sie die zuvor abgelegten Steigeisen noch einmal anschnallen. Hornbein liefert eine eindrucksvolle Schilderung des Schlussakkords: »Wir brauchten fast zwanzig Minuten. Dann ging es weiter, wir verschwendeten drei Liter Sauerstoff pro Minute, denn Zeit schien uns jetzt das knappere Gut. Wir gingen gleichzeitig, Will als Erster. Mit dem Sauerstoff kamen wir uns hier vor, als würden wir mogeln. Wir konnten dieses letzte Stück fast rennen. Vor uns liefen Nord- und Südgrat an einem Punkt zusammen. Aber der Gipfel war doch nicht so nah? Er muss dahinter liegen. Will blieb stehen. Worauf wartet er, fragte ich mich, als ich zu ihm trat. Ungläubig schaute ich auf. 40 Fuß* vor mir flatterte die Fahne im Wind, die Jim vor drei Wochen hiergelassen hatte.«

Tom Hornbein und Will Unsoeld erreichten den höchsten Punkt um 18.15 Uhr. Auf dem Gipfel sahen sie noch deutlich die Fußspuren von Bishop und Jerstad, die bereits um 15.30 Uhr angekommen waren und eine Dreiviertelstunde gewartet hatten. Hornbein drängte zum Abstieg, denn sehr viele Reserven, um ihr Leben in Sicherheit zu bringen, hatten die beiden nun nicht mehr. Rasch erreichten sie über den Hillary Step den Südgipfel. Dort war es bereits dunkel, und die beiden begannen zu rufen. Gegen 22 Uhr trafen die vier schließlich zusammen und versuchten den Abstieg gemeinsam fortzusetzen. Doch es ging einfach nicht mehr, und schließlich ließen sie sich zu einen freien, ungeschützten Biwak nieder. Erst als es wieder einigermaßen hell war, trauten sie sich weiter hinunter, bis ihnen endlich ein Versorgungsteam entgegenkam. Es dauerte noch bis zum späten Abend des 23. Mai, ehe alle das große Lager im Western Cwm erreicht hatten. Bishop, Jerstad und auch Unsoeld hatten sich schwere Erfrierungen zugezogen. Unsoeld und Bishop verloren später alle Zehen. Die Leistung der Amerikaner ging jedoch als eine der Sternstunden in die Geschichte des Mount Everest ein. Und es gibt seit diesem Tag rechts des Großen Couloirs das »Hornbein-Couloir«, dessen erste Begehung sich 2013 zum fünfzigsten Mal jährt.

---

* ca. zwölf Meter

Fünfzehn Jahre lang glaubte kaum jemand den Chinesen, dass sie 1960 tatsächlich über die Nordroute den Gipfel erreicht hatten. Nach Hornbein und Unsoeld, Bishop und Jerstad hatten auch andere Bergsteiger vergeblich nach der Mao-Büste gesucht. Dreiundzwanzig Bergsteiger erreichten in den zehn Jahren zwischen 1963 und 1973 den Gipfel, sechs Inder, sieben Sherpa, drei Japaner und vier Italiener. Doch niemand fand Spuren von den Chinesen.

1975 kamen auch die Chinesen erneut zum Berg. Inzwischen hatten Arbeiter eine Straße von Lhasa aus durch Tibet bis fast an den Fuß der Himalaja-Berge gebaut, die sich wie ein Schnitt mit dem Messer durch das zauberhafte tibetische Hochland in Richtung Mount Everest in die braune Erde grub. Wie gewohnt militärisch straff organisiert und ganz der Partei verpflichtet, brachten die Mitglieder der Expedition, unter ihnen auch drei tibetische Frauen, über diese Straße alles notwendige Material in ihr Basislager direkt neben dem Kloster Rongbuk, das zu diesem Zeitpunkt – es war in China die Zeit der Kulturrevolution – bereits zerstört worden war. Die allermeisten Mönche waren geflohen, wie viele ums Leben kamen, konnte nie genau geklärt werden.

Mit gewaltigem Aufwand begannen die Chinesen den Berg zu belagern und in Ketten zu legen; schließlich brachten sie am Second Step eine Aluminiumleiter an, mit der sie die etwa drei Meter hohe Schlüsselstelle überwanden. Sie hängt bis heute dort und wird von allen, die diese Route gehen, benutzt.

Am 27. Mai, kurz vor 15 Uhr, erreichten dann acht Tibeter und ein Chinese den Gipfel. Unter ihnen war auch die Tibeterin Phantog – die erste Frau auf dem höchsten Punkt der Erde. Zumindest glaubte sie das zu dieser Stunde. Entsprechend groß war der Jubel. Diesmal filmten die Chinesen jede wichtige Passage der Besteigung und auch ihren Erfolg am Gipfel. Überdies schleppten sie ein metallenes Dreibein bis ganz nach oben, das sie nun in den Schnee rammten und verankerten. Ein Foto mit diesem Dreibein war ab dem Zeitpunkt für alle späteren Expeditionen der Beweis für das Erreichen des Gipfels. Bis zum 29. September 1992. An diesem Tag trug der Südtiroler Bergführer Oswald Santin zu Vermessungszwecken ein neues Dreibein zum Gipfel. Inzwischen ist es dick mit tibetischen Gebetsfahnen umwickelt, und auf seiner Spitze ist 2011 sogar eine Buddha-Statue befestigt worden. Es ist fast unglaublich, welchen Aufwand die Chinesen 1975 am Gipfel betrieben. Sie nahmen Bodenproben, packten Schnee und Eisbrocken in ihre Rucksäcke, und schließlich musste sich die Tibeterin auf den Boden legen. Man zeichnete ein Elektrokardiogramm (EKG) auf, um ihren Zustand in 8848 Meter Höhe später besser bewerten zu können. Phantog durfte während dieser Zeit keinen Flaschensauerstoff atmen. Vor allem aber war sie zu diesem Zeitpunkt noch fest davon überzeugt, dass sie es als erste Frau bis zum höchsten Punkt der Erde geschafft habe. Doch dem war nicht so. Elf Tage zuvor bereits, am 16. Mai 1975, hatte die Japanerin Junko Tabei, in einen leuchtend roten Daunenanzug vermummt, zusammen mit dem Sirdar Ang Tshering an dem Punkt gestanden, an dem sich nun auch Phantog so sehr freute. Junko Tabei, 1939 in Fukushima geboren und Lehrerin für englische Literatur, war Mitglied einer 15-köpfigen reinen Frauenexpedition, die nur von Sherpa unterstützt wurde. Hunderte Frauen hatten sich in Japan um die Teilnahme beworben, und Junko Tabei hatte ihre Chance schließlich genutzt. Hinterher besaß sie die Größe, öffentlich zu bekennen, dass sie – wie wohl alle anderen Männerexpeditionen am Mount Everest auch – ohne die Hilfe der Sherpa gescheitert wären. So deutlich hatten das ihre männlichen Kollegen zuvor allerdings nie gesagt. Doch das Jahr 1975 war mit den Erfolgen der beiden Frauen noch nicht zu Ende. Im Herbst kamen Briten zum Mount Everest.

Der Everest ist sicherlich nicht der schönste der vierzehn Achttausender. Aber er ist auf gewisse Weise markant und unverwechselbar. Drei ausgeprägte Grate geben ihm eine Form, die fast einer Pyramide gleicht. Der Südostgrat, der Nord- und Nordostgrat und der Westgrat trennen drei riesig anmutende Wände – die Nordwand, die Ostwand und die Südwestwand. Die ständigen Schneelawinen, die über diese gewaltigen Flanken hinunterdonnern, speisen die drei großen Gletscher des Everest, den Rongbuk-Gletscher unter der Nordwand, den Khumbu-Gletscher unter der Südwestwand und den Kangshung-Gletscher unter der Ostwand, die auch Kangshung-Wand genannt wird. Der Südostgrat ist insofern besonders, als er in seinem Verlauf den Südsattel und dahinter einen weiteren Grataufschwung zu einem weiteren Achttausender, dem Lhotse, bildet.

Schon während sich Bergsteiger am Everest noch um die Erstbesteigung der Grate bewarben, hatten andere bereits die Wände im Auge. Vor allem die so auffällige Südwestwand war ein begehrtes Ziel. Sie erhebt sich über 2200 Meter hoch aus dem oberen Kessel des Western Cwm. Pechschwarz, wenn der Wind den Fels blank fegt, wie mit Gips verputzt, wenn die feuchten Monsunstürme den Schnee in die Wand tragen.

Vier japanische Expeditionen, zwei international besetzte Gruppen, eine unter Leitung von Norman Dyhrenfurth, die andere unter Karl Maria Herrligkoffer, und eine britische Expedition mit Chris Bonington an der Spitze hatten sich fünf Jahre lang vergebens bemüht, in dieser gewaltigen Wand einen sicheren und kletterbaren Durchstieg zum Gipfel zu finden. Das zentrale Problem stellt ein riesiges Schnee- und Eiscouloir dar, das wie ein Y in der Wand klebt. Eine der besten Beschreibungen dieser Südwestwand stammt von Reinhold Messner:»Über einem breiten Wandvorbau steht eine Steilflanke aus Eis und Fels, die sich ab 7000 Meter zu einem steiler werdenden Konkav, dem Zentralcouloir, verjüngt. Dieses endet auf über 8000 Meter vor einem Hunderte von Metern breiten, 400 Meter hohen Felsriegel. Die letzten 400 Meter Wandhöhe sind gegliedert: Bänder und Schneefelder, unterbrochen von relativ kurzen, aber schwierigen Felsstufen. Die Durchschnittsneigung wird mit 49 Grad angegeben, für die steilsten 1100 Meter der Wand sogar 58 Grad. Das Bollwerk des Felsriegels, der von West nach Ost leicht ansteigt, ist fast senkrecht. Die Schwierigkeiten dort dürften mit Sicherheit V. und VI. Grades sein.«

Noch nie hatte es jemand geschafft, solche Kletterprobleme in derart enormen Höhen zu lösen, wo schon das Aufwärtsgehen eine extrem anstrengende Angelegenheit ist. Alle bisherigen Expeditionen waren in der Südwestwand zwischen 8050 und 8350 Meter Höhe gescheitert, immer in dem Bereich, wo es am schwierigsten wurde. Die Briten kamen 1975 bereits gegen Ende August und damit außergewöhnlich früh im Herbst an den Everest. Sie hofften darauf, dass es dann wenigstens etwas windstiller sein würde, obwohl noch Monsunzeit war. Auch diese britische Expedition stand unter Leitung von Chris Bonington, der heute zu den besten und vielseitigsten Bergsteigern des 20. Jahrhunderts gezählt wird. In seinem Team vereinte er 16 Spitzenbergsteiger, darunter Größen wie Peter Boardman, Paul Braithwaite, Mick Burke, Nick Estcourt, Dougal Haston und Doug Scott. Alle diese Männer waren harte Kletterer, sie hatten große Wände durchstiegen, und sie waren es gewohnt, möglichst schnell voranzukommen. Denn Schnelligkeit bedeutete Sicherheit. Aber auch sie mussten am Everest mit Atemmaske und dem Gewicht der Sauerstoffflaschen klettern.

Innerhalb von nur etwas mehr als zwei Wochen stellten die Briten fünf Hochlager in die endlos erscheinende Wand. Das oberste lag auf 7800 Meter Höhe. Während alle anderen Expeditionen immer den rechten »Ast« des Y gewählt hatten, stiegen die Briten aus ihrem fünften Lager heraus weiter nach links hinauf. Binnen eines einzigen Tages kletterten Paul Braithwaite und Nick Estcourt, getrieben von ihrem Willen und geleitet von ihrem großen Orientierungsvermögen, in dieser Wand 600 Höhenmeter und fanden in 8400 Meter ein Plätzchen, von dem aus der Gipfelversuch möglich sein sollte.

Chris Bonington teilte nun vier Gipfelteams ein, die hintereinander ihre Chance haben sollten. Doug Scott und Dougal Haston gingen als Erste hinauf. Die Sherpa Ang Phurba, Tenzing und Pertemba folgten ihnen zusammen mit Mike Thompson, Mick Burke, Chris Bonington und reichlich Material. Gemeinsam bauten sie das sechste Lager auf, dann stiegen alle außer Scott und Haston wieder ab. Am nächsten Tag ging es nun darum, fast den gesamten oberen Wandteil von links nach rechts oben zu traversieren. Dabei bewegten sich Scott und Haston oft am Limit. Auf den Bändern, die sie stufenweise weiter aufwärts leiteten, trafen sie so ziemlich alles an, was Kletterer eher nicht so gern haben: Pulverschnee, loses Geröll, brüchigen Fels, beinhartes Eis, schwierige, abwärtsgeschichtete Felspassagen. Gut war die Traverse selten. Scott und Haston verlegten an diesem Tag fast 500 Meter Fixseil, um für sich selbst und die anderen, die nachfolgen sollten, diese Passage etwas zu entschärfen. Nach dieser anstrengenden Arbeit kehrten sie zu ihrem Zelt zurück, wo sie eine weitere

Nacht auf 8400 Meter Höhe verbrachten. Mithilfe des zusätzlichen Sauerstoffs konnten sie das überleben.

Am 24. September, gegen halb vier in der Nacht, brachen Scott und Haston in Richtung Gipfel auf. Ihre Ausrüstung glich eher einer Westalpentour denn einer Achttausender-Besteigung. Scott verzichtete sogar auf seine dicke Daunenjacke, Haston steckte nur einen Biwaksack, einen Kocher und den Topf in den Rucksack. Der Rest waren Kletterausrüstung und zwei Sauerstoffflaschen, die ein Sherpa während des Tages heraufgebracht hatte. Schritt für Schritt stiegen die beiden wieder die Querung hinauf. Als sie den Südgipfel erreichten, war es fast 15.30 Uhr. Zu diesem Zeitpunkt lag bereits mühsame Spurarbeit im tiefen Pulverschnee hinter ihnen. Die Lawinengefahr war mitunter beängstigend. Dougal Haston sah den Hillary Step vor sich, doch er zweifelte nun zum ersten Mal an seinen Kräften und bat Doug Scott um ein Biwak. Der wiederum witterte gleichermaßen die Chance, den Gipfel bald erreichen zu können, als auch instinktiv die Gefahr, dort oben in einem Biwak bei schwindenden Sinnen zu erfrieren. Die beiden schmolzen über dem Kocher Wasser und tranken. Dabei überredete Scott seinen Partner mit Engelszungen zum Weitergehen.

Zweieinhalb Stunden später, um 18 Uhr, standen die beiden auf dem Gipfel des Mount Everest. Der Hillary Step hatte sich ihnen überraschenderweise nicht als die bekannte senkrechte Felsstufe präsentiert, sondern glich einer sehr steilen Schneerampe. Sie stiegen dort an einer Stelle hinauf, die eigentlich gar nicht existiert, weil da normalerweise ein gähnender Abgrund ist. Der viele Schnee veränderte an diesem Tag offenbar alles. Das Dreibein der Chinesen aber fanden sie mühelos. Zurück am Südgipfel, mussten sie schließlich dennoch in einer eilig gegrabenen Schneehöhle auf 8760 Meter Höhe biwakieren und konnten erst am nächsten Morgen zum Lager IV zurückkehren.

An diesem 25. September 1975 kam das zweite Gipfelteam mit Peter Boardman, Mick Burke, Martin Boysen und Sherpa Pertemba von Lager V herauf. Doug Scott und Dougal Haston trafen die vier während ihres Abstiegs. Boardman, Burke, Boysen und Pertemba brachen dann am 26. September vom höchsten Lager aus in Richtung Gipfel auf und hatten es wegen der Fixseile etwas leichter. Doch als Erster drehte Boysen um, denn er hatte ein Steigeisen verloren. Dann wurde der Abstand von Burke zu Boardman und Pertemba immer größer. Boardman vermutete, dass auch Burke zurückgehen würde. Die Verhältnisse an diesem Tag waren deutlich besser als noch zwei Tage zuvor, vor allem unter dem Gipfel. Gegen 13 Uhr erreichten Boardman und Pertemba den höchsten Punkt. Sie blieben kaum eine halbe Stunde und begannen dann mit dem Abstieg. Der Himmel war bedeckt, der erwartete Wetterumschwung stand bevor. Zu ihrer Überraschung trafen sie, noch bevor sie den Hillary Step hinunterstiegen, auf Mick Burke, der auf einmal vor ihnen im Schnee saß und sich entgegen Boardmans Annahme ganz offenkundig noch immer im Aufstieg befand. Doch Burke selbst war der Meinung, dass er den Gipfel bereits erreicht habe. Als er nun erfuhr, dass es bis dorthin noch ein Stück zu gehen sei, stand er sofort auf. Burke filmte Boardman und Pertemba. Boardman fotografierte Burke. Der überlegte einen Moment lang laut, ob er nicht einfach auf einen Hügel steigen und behaupten solle, er sei auch am Gipfel gewesen. Doch als er von dem Dreibein hörte, änderte er sofort sein Vorhaben und war nun doch entschlossen, weiter zum Gipfel zu gehen, auch allein, nachdem er sah, dass weder Boardman noch Pertemba bereit und in der Lage waren, noch einmal hinaufzuwollen. Schließlich bat er die beiden, weiter unten am Südgipfel auf ihn zu warten, bis er vom Gipfel zurückkäme. Dann verschwand Burke aufsteigend im dichter werdenden Nebel.

Es war das letzte Mal, dass er gesehen wurde. Fast eineinhalb Stunden warteten Boardman und Pertemba. Dann ließen sie den Kocher zurück und stiegen etwa gegen 16.30 Uhr weiter ab. Immer wieder drehten sie sich dabei um, doch Burke kam nicht. Um 19.30 Uhr erreichten sie Lager VI. Dort wartete Martin Boysen auf sie. Von diesem Zeitpunkt an saßen sie fast 36 Stunden in einem wütenden Schneesturm fest. Auf dem Weg zum Lager VI hatten sie um ihr Leben gekämpft, nun mussten sie auch im Lager darum fürchten. Boardman sowie Pertemba waren am Ende ihrer Kräfte, Boysen kochte in dem zweiten Zelt für sie, bereitete Getränke und legte vor allem alle paar Stunden die Zelte frei, die unter der Last des vielen Schnees zusammenzubrechen drohten. Schwer lastete es auf Boardmans Gemüt, dass er unterhalb des

136

Südgipfels ohne Burke hatte weitergehen müssen, um sein Leben und das von Pertemba in Sicherheit zu bringen. In einem schier endlosen Abstieg erreichten die drei schließlich Lager V, wo sie bereits erwartet wurden, und schließlich sanken sie tief unten im Western Cwm in die Arme all ihrer anderen Freunde. Es war endlich vorbei.

In den Jahren danach war am Mount Everest praktisch ständig etwas los. 1978 erreichten insgesamt 25 Bergsteiger den Gipfel, neun im Frühjahr, alle anderen im Herbst. Und immer wieder wurden auch neue Routen versucht und schließlich durchstiegen. So gelang es im Frühjahr 1979 einer 30-köpfigen jugoslawischen Expeditionsgruppe erstmals, den gesamten Westgrat zu begehen. Sie stiegen aus dem Basislager unter dem Khumbu-Eisfall einen steilen Felspfeiler mit Kletterschwierigkeiten bis zum V. Grad hinauf. Dieser Pfeiler gehört zum Khumbutse, einem 6636 Meter hohen Berg westlich des Mount Everest. Am Ende des Pfeilers verbindet ein knapp über 6000 Meter hoher Pass, der Lho La, den Khumbutse mit dem Westgrat des Everest. Der Lho La liegt wie die gesamte Gebirgskette im hinteren Khumbu genau auf der Grenze von Nepal nach Tibet. Von hier aus erreichten zunächst am 13. Mai Andrej Stremfelj und Jernej Zaplotnik den Gipfel, am 15. Mai dann auch Stane Belak, Stipe Bozic und der Sherpa Ang Phurba. Alle fünf stiegen anschließend über das Hornbein-Couloir wieder ab.

Goldene Jahre

Messner und Habeler ohne Flaschensauerstoff,
Venables mit dem Mut zum Überleben

1978 war das Jahr, in dem sich auch zwei Tiroler in Richtung Everest-Gipfel aufmachten – einer aus dem Süden und einer aus dem Norden des durch den Brennerpass und den Alpenhauptkamm sowohl geografisch als auch politisch getrennten Landes. Die beiden wählten nicht einen neuen Anstieg, sondern den Normalweg als Route. Und doch schrieben Reinhold Messner, im Villnößtal unter lotrechten Dolomitenwänden geboren, und Peter Habeler, im Zillertal und am Fuß der Gletscherberge groß geworden, an jenem 8. Mai 1978 Geschichte am Everest und für das Höhenbergsteigen an den Achttausendern insgesamt. Begleitet wurde der Anstieg der beiden Ausnahmealpinisten von allerlei medizinischen Mutmaßungen, die zwar allesamt nicht belegbar waren, aber drohend von schweren Hirnschädigungen bis hin sogar zur Erwartung des sicheren Todes reichten. Dennoch oder vielleicht gerade all diesen Spekulationen zum Trotz stiegen Reinhold Messner und Peter Habeler auf der Linie der Erstbesteiger zum Gipfel auf. Und atmeten als erste Menschen dabei keinen zusätzlichen Sauerstoff aus der Flasche.

An diesem Tag wurde das Höhenbergsteigen ein Stück weit neu erfunden. Eine Dimension wurde gesprengt, Grenzen wurden radikal verschoben, ganz so, wie es Reinhold Messners Art und Bestreben immer gewesen ist. Von dieser Besteigung an waren die Geister geschieden. Man unterteilt sie seither mit der kurzen, aber entlarvenden Frage: Mit oder ohne? Die Namen von Reinhold Messner und Peter Habeler sind die ersten Antworten einer nachrückenden Generation auf diese Frage. Doch durch diese neue Pforte, die Messner und Habeler zum höchsten Punkt der Erde in 8848 Meter aufgestoßen hatten, wollten auch künftig nur die wenigsten gehen. Nicht einmal fünf Prozent aller Besteigungen des Mount Everest wurden in der Folge dieses 8. Mai 1978 ohne Flaschensauerstoff durchgeführt. Stattdessen begann danach der Wahn mit der Flasche als Abenteuer für jedermann. Als Habeler und Messner nach ihrem grandiosen Erfolg, der die halbe Welt in Erstaunen versetzte, das Khumbutal hinausspazierten, trafen sie Sir Edmund Hillary. Seit seiner Erstbesteigung waren fast genau 25 Jahre vergangen. Nun gehörte Hillary zu den ersten Gratulanten. Kein Lob und keine Anerkennung wären wohl an diesem Tag höher einzuschätzen gewesen als die Worte dieses Mannes. Denn er wusste, was es bedeutet, an diesem Berg solch ein Wagnis einzugehen. »Ihm ging es um den Gipfel, mir um neue Erfahrungen dazu«, sagt Reinhold Messner.

1979 öffnete China seine Grenzen auch wieder für ausländische Bergsteiger. Die Ersten, die von dem Angebot Gebrauch machten, den Mount Everest nun wieder von Norden her versuchen zu können, waren Mitglieder einer japanischen Expedition. Ein Teil der Bergsteiger besichtigte im Herbst 1979 die Nordwand. Denn dort eine direkte Linie hinaufzufinden war das Ziel. Anfang März 1980 kamen sie dann – mit 39 japanischen Bergsteigern und 21 Chinesen, die sie unterstützen sollten. Weil es nicht sicher war, ob die Nordwand gelingen würde, teilte der Expeditionsleiter Hyoriki Watanabe zwei Gruppen ein. Die eine sollte auf dem bekannten Normalweg über den Nordsattel, den Nordgrat und den Nordostgrat den Gipfelerfolg sichern und die andere vollkommen unabhängig davon die Nordwand durchsteigen. Über die Normalroute erreichte Yasuo Kato am 3. Mai den Gipfel allein, nachdem sein Partner rund hundert Höhenmeter unter dem höchsten Punkt hatte aufgeben müssen.

Für das Team in der Nordwand präsentierte sich die Aufgabe unterdessen äußerst gefährlich. Oberhalb des Rongbuk-Gletschers gibt es fast keine Zonen, die nicht von Lawinen bedroht sind, vor allem nach massiven Neuschneefällen ist praktisch die gesamte Wand labil. Das war damals nicht anders als heute. Die Japaner suchten lange und genau nach einer Stelle, an der sie das Wagnis eingehen konnten. Eine mehr oder weniger markante Rippe links von einem breiten Couloir eröffnete schließlich eine Möglichkeit.

Weiter oben, als die Gefahr, von Schneemassen mitgerissen zu werden, zumindest etwas überschaubarer wurde, querten die Japaner wieder in die Rinne hinein und verfolgten sie bis auf eine Höhe von rund 7700 Meter. Dort errichteten sie ihr viertes Lager. Der Blick gerade hinunter auf den Gletscher war atemberaubend. Über Schnee querten die Japaner dann hinüber zu Tom Hornbeins Couloir und verfolgten von dort aus die bekannte Route der US-Amerikaner aus dem Jahr 1963. Mühsam versicherten sie die gesamte Strecke mit Fixseilen. Als der Weg zum Gipfel endlich frei zu sein schien, gab es Schwierigkeiten. Am 2. Mai scheiterte ein erstes Team auf 8600 Meter im tiefen Schnee und kehrte um. Eine zweite Gruppe befand sich direkt dahinter. Doch schon nach wenigen Metern im Hornbein-Couloir kamen plötzlich Schneemassen von oben herunter. Akira Ube wurde zwei Tage später tot am Wandfuß auf dem Rongbuk-Gletscher gefunden. Dennoch unternahmen am 10. Mai die Bergsteiger Tsuneo Shigehiro und Takashi Ozaki einen neuen Versuch. Sie hatten im tiefen Schnee größte Mühe und ein gutes Stück unter dem Gipfel obendrein keinen Flaschensauerstoff mehr. Dennoch erreichten sie um 17 Uhr den Gipfel und feierten später mit ihrer Expedition die erste direkte Durchsteigung der Nordwand. Die untere Passage, von der aus die Japaner das Hornbein-Couloir erreichten, hieß fortan Japaner-Couloir und ist in dieser Kombination heute eine der ganz großen, wenn auch selten begangenen Routen abseits der beiden Normalanstiege.

Zur gleichen Zeit wie die Japaner in der Nordwand war 1980 ein 17-köpfiges Team aus Polen in der Südwand unterwegs. Am 17. Februar hatten bereits die Polen Krzysztof Wielicki und Leszek Cichy aufsehenerregend die erste Winterbesteigung geschafft. Nun stiefelten wieder Polen das Western Cwm hinauf bis zum klassischen Lager II. Von dort aus wandten sie sich nach links und steuerten den Bereich links des Genfer Sporns an. Doch das Wetter hielt die mutigen und harten Polen in Atem. Sturm und teilweise extreme Kälte warfen den Zeitplan für das Unternehmen über den Haufen. Es dauerte vom 25. März bis zum 28. April, ehe auf 8000 Meter, also praktisch auf der Höhe des Südsattels, das vierte Lager errichtet werden konnte.

Vom Südsattel aus wäre es einfacher gewesen, den Gipfel zu erreichen, aber die Polen verfolgten unbeirrt ihr Vorhaben weiter und standen nun vor einem gewaltigen, fast unüberwindbar wirkenden Aufschwung. Doch in den Reihen dieser polnischen Expedition befanden sich einige sehr gute Kletterer, unter ihnen auch Jerzy Kukuczka, der ein Jahr nach Reinhold Messner 1987 der zweite Bergsteiger der Welt werden sollte, der alle vierzehn Achttausender bestiegen hatte. Kukuczka bewertete später diese Passage in der Südwand als das Schwierigste, was er je an einem Achttausender geklettert sei. Am 14. Mai bauten die Polen ihr fünftes Lager auf, und am 19. Mai machten sich Andrzej Czok und Jerzy Kukuczka in Richtung Gipfel auf. Auch sie gingen wieder mit Flaschensauerstoff, obwohl Reinhold Messner zwei Jahre zuvor bewiesen hatte, dass es auch ohne möglich ist, den höchsten Berg der Erde zu besteigen.

Es dauerte elf Stunden, bis sie endlich den Gipfel erreichten. Schon am Südgipfel, den sie aus der Wand heraus angepeilt hatten, war beiden jedoch der künstliche Sauerstoff ausgegangen. So plötzlich ohne diese Unterstützung, wurde es danach fast übermenschlich anstrengend. Bergsteiger, deren Sauerstoffflasche plötzlich leer ist, verlieren dramatisch an Leistungsfähigkeit und leiden unmittelbar an Erstickungsängsten. Und was die Polen nun im Abstieg erlebten, war – wie so oft am Everest – fast noch einmal ein eigenes Abenteuer mit nur knappem Ausgang. Kukuczka und Czok befanden sich in einem äußerst kritischen Zustand. Sie hatten seit Stunden nichts mehr getrunken, und der zusätzliche Sauerstoff, an den sie während des gesamten Aufstiegs gewöhnt gewesen waren, fehlte jetzt schon länger. Beide waren vollkommen dehydriert und litten unter Halluzinationen. Als Kukuczka vor lauter Müdigkeit und auch weil er nicht mehr richtig sehen konnte, stürzte, rettete ihn nur ein Moment der Geistesgegenwart, sodass er seinen Eispickel gerade noch in den Schnee rammen und so den Fall bremsen konnte.

Es war längst tiefe Nacht am Everest, als die beiden Bergsteiger endlich ihr Zelt im Lager V erreichten. Sie ließen sich einfach hineinfallen, schmolzen ein wenig Wasser und schliefen sofort ein. Lange jedoch kamen sie nicht zur Ruhe. Sie wurden davon geweckt, dass Schnee auf ihr Zelt drückte. Zunächst glaubte Kukuczka, es habe stundenlang geschneit, doch dann merkten beide, dass um sie herum offenbar alles in Bewegung war. Panisch flohen sie aus dem Zelt, ohne auch nur in ihre Schuhe schlüpfen zu können. Von oben schob sich wie in Zeitlupe ein breites Schneebrett gegen ihre Behausung, und hätten die beiden nicht sofort etwas unternommen, wären sie von den Schneemassen erdrückt worden. So begannen sie wie wild zu schaufeln. Und sie arbeiteten im Wechsel die ganze Nacht weiter, denn zu einem Standortwechsel hatten sie weder die Kraft, noch sahen sie dafür in der Dunkelheit genug.

Erst im Morgengrauen trauten sich die beiden Polen weiter hinunter, wo sie in 8000 Meter Höhe von anderen Expeditionsmitgliedern mit heißem Tee erwartet wurden.

Es war Ende Mai, als die Polen von Kathmandu aus nach Hause flogen. Zu dieser Zeit bereitete sich Reinhold Messner, der zu der Zeit längst der berühmteste aller Höhenbergsteiger war, auf etwas ganz Besonderes vor. Der Südtiroler hatte sich vorgenommen, nur zwei Jahre nach seinem Glanzstück mit Peter Habeler zum Mount Everest zurückzukehren. Diesmal kam er von Norden her. Und er war nur in Begleitung seiner damaligen Partnerin Nena Hòlguin, die ihn bis ins Basislager am Fuß des Berges begleitete. Ab dort war er dann ganz allein bei seinem Versuch einer Solo-Besteigung. Es war inzwischen August. Monsunzeit. Keine gute Zeit für Bergsteiger im Himalaja. Und erst recht keine vielversprechende Zeit für einen Alleingänger. Das hatte sich noch niemand getraut.

Am Everest gab es in diesem Jahr Unmengen an Schnee. Doch Reinhold Messner versuchte das Unmögliche trotzdem, und er gewann auch diesmal. Trotz Spaltensturz und zweier harter Biwaknächte schaffte er es abermals ohne Flaschensauerstoff bis zum Gipfel. Dass er unterwegs vom Nordgrat abwich, um dem Sturm zu entkommen, und dabei eine fast endlose Flanke traversierte, die zuvor noch nie ein Mensch betreten hatte, brachte ihm zudem die Begehung einer neuen Route ein: die Diagonale in der Nordwand unter dem windumtosten Nordostgrat bis zum Norton-Couloir. Ein Glanzstück am Everest und eine große Leistung für einen Alleingeher im blitzsauberen Alpinstil.

Viele rühmen sich einer Solo-Begehung, selbst wenn der Berg von anderen präpariert ist und andere Bergsteiger am selben Tag, in derselben Route unterwegs sind. Messner aber war in diesen Tagen um den 20. August 1980 tatsächlich mutterseelenallein am Mount Everest. Dass er sich mehr tot als lebendig fühlte, als er nach über vier Tagen wieder unten ankam, brachte Reinhold Messner einerseits aufs Neue Erstaunen über seine offenkundig außerordentlich ausgeprägte Leidensfähigkeit ein, andererseits aber auch wiederum Kritik und den Ruf, ein Hasardeur zu sein. Beides störte den Sturschädel aus Südtirol nicht im Geringsten. Im Gegenteil, es schien ihm eher Ansporn genug für immer neue Grenzverschiebungen.

Elf sowjetische Bergsteiger erreichten zwischen dem 4. und dem 9. Mai 1982 mithilfe von Flaschensauerstoff den Gipfel des Everest. Vladimir Balyberdin und Eduard Myslowski gelang dabei auf einer neuen Route der Aufstieg über den Südwestpfeiler, der sich aus dem Western Cwm heraus geradewegs zum Westgrat hin aufrichtet. Dieser Pfeiler ist in seinem unteren Teil oft extrem von Steinschlag bedroht oder lawinengefährdet. Doch die sowjetischen Bergsteiger kletterten dort unverdrossen immer weiter hinauf. Je höher sie kamen, umso mehr steigerten sich die Schwierigkeiten, mit denen sie konfrontiert waren. Hinterher war die Rede von Kletterpassagen im Fels im oberen sechsten Schwierigkeitsgrad. Die Seilschaften wechselten sich zwar ab, und doch dauerte es fast einen Monat, bis sie über den Pfeiler auf den Westgrat gelangten, um dort endlich in 8200 Meter Höhe das ersehnte Hochlager aufzustellen.

Der Aufstieg in Richtung Gipfel begann Ende April, als sich Balyberdin und Myslowski aus dem Western Cwm nach oben aufmachten. Ihr Weg sollte mühselig werden, und sie würden acht lange Tage benötigen. Als Kuriosum dieser anstrengenden Erstbegehung erwies sich indes ein fallender Rucksack. Bereits am zweiten Tag des Anstiegs, noch auf dem Weg zum eigentlichen Pfeileraufbau, musste ein Sherpa wegen Augenproblemen umkehren. Das bereitete den beiden Russen zunächst wenig Sorgen, denn sie wussten, dass ihr Helfer bald in Sicherheit sein würde. Das größere Problem war das Gepäck, das sie nun zusätzlich tragen mussten. Doch Myslowski, der aus den harten russischen Trainingscamps Leiden gewohnt war, lud sich noch ein bisschen mehr auf den krummen Rücken und stieg weiter aufwärts. Dass der Abstand zum vorsteigenden Balyberdin bald immer größer wurde, störte ihn wenig, immerhin hatten sie noch Ruf- und meist auch Sichtkontakt bei allerdings schlechter werdendem Wetter. Als es dann aber Abend wurde und es zu schneien begann, ließ Myslowski den schweren Rucksack zurück und eilte, nun um fast 30 Kilogramm erleichtert, zum Hochlager IV hinauf. Dort erwartete ihn Vladimir Balyberdin bereits mit heißem Tee. Rasch waren die beiden wieder bester Dinge.

Am Tag darauf setzte Balyberdin die Kletterei am Pfeiler in Richtung Grat hinauf weiter fort, während sich Myslowski in genau die entgegengesetzte Richtung, also abwärts zu dem deponierten Rucksack, aufmachte. Als er dann wieder aufsteigen wollte, geriet er ins Straucheln und verhedderte sich derart unglücklich in den Fixseilen, dass er schließlich keinen anderen Ausweg mehr wusste, als sich des Rucksacks zu entledigen und ihn in die gähnende Tiefe fallen zu lassen. Es ist überliefert, dass die beiden im Hochlager aus einem schmalen Sack, in dem eigentlich Zelte transportiert werden, einen neuen Behelfsrucksack bastelten.

An ihrem Gipfeltag benötigten die beiden Russen schließlich fast neun Stunden, bis der Gipfelaufbau überhaupt in Sicht kam. Stunde um Stunde stiegen sie mühsam und bei schwierigen Verhältnissen über den Westgrat auf, bis sie schließlich entkräftet am höchsten Punkt ankamen. Dort begann jedoch nun ein weiteres Kuriosum dieser Expedition. Während Balyberdin und Myslowski auf dem Gipfel nach Atem rangen, weil ihre Sauerstoffvorräte zur Neige gegangen waren und sie verzweifelt die verbliebenen Kräfte zu mobilisieren versuchten, saßen im Lager V, auf rund 8500 Meter Höhe, ihre Kollegen Sergej Bershov und Mikhail Turkevich bereits in den Startlöchern. Sie waren die beiden nächsten Anwärter auf den Gipfel und schon weit vorgedrungen. Das war das Glück für Balyberdin und Myslowski. Denn als sie nun endlich abstiegen, allerdings ohne Gefühl für Zeit und Raum, kam bald die Nacht und auch der Moment, an dem sie nicht mehr weiterkonnten. Über Funk riefen sie nach Hilfe. Sofort waren Bershov und Turkevich aus ihrem Zelt heraus, schulterten die Rucksäcke mit neuen Sauerstoffflaschen, einer Thermosflasche mit heißem Tee – und ihrer persönlichen Ausrüstung. Fast hatte es den Anschein, als wären sie auf diese Hilfsaktion vorbereitet gewesen. Es dauerte über drei Stunden, ehe sie die beiden anderen erreichten. Balyberdin und Myslowski lebten zum Glück noch, geschwächt zwar, aber es ging ihnen den Umständen entsprechend gut. Der Sauerstoff aus der Flasche wirkte wie ein Lebenselixier. Myslowski hatte bereits schwere Erfrierungen an den Fingern, aber er konnte noch gehen. Das war entscheidend, denn beide waren in der Lage, den Abstieg selbstständig zu beginnen. Sie hatten bis zu diesem Zeitpunkt etwas mehr als hundert Höhenmeter unter dem Gipfel ausgeharrt – ungeschützt, bei klirrender Kälte und in sternenklarer Nacht. Genauso weit waren nun natürlich auch Bershov und Turkevich vom Gipfel entfernt. Der Mond tauchte den restlichen Anstieg in ein mildes Licht, und so stiegen sie weiter auf. Eineinhalb Stunden nach Mitternacht erreichten dann überraschend auch die beiden nächsten Aspiranten aus dem Team den höchsten Punkt – mitten in der Nacht, was am Everest äußerst selten vorkommt.

Während ihres Abstiegs holten sie sogar noch kurz vor dem fünften Hochlager die beiden anderen ein. In diesem Lager wiederum waren inzwischen auch Valentin Ivanov und Sergej Efimov eingetroffen. In dieser Nacht ging es dort oben zu wie bei einer Wachablösung vor dem Kreml. Denn kaum waren die vier vom Gipfel bei den Zelten, brachen nun Ivanov und Efimov mitten in der Nacht in Richtung des höchsten Punktes auf. Während die anderen mühsam weiter hinunterstiegen, erreichte das dritte Team am nächsten Mittag den Gipfel. Nun allerdings wurde diese Kette wegen einer dramatischen Wetterverschlechterung vorübergehend unterbrochen. Im aufkommenden Sturm, war der Gipfel jetzt nicht mehr erreichbar. Vom 5. bis zum 8. Mai 1982 harrten die sowjetischen Alpinisten mit einer Engelsgeduld aus, dann stiegen zuerst Valeri Khrishchati und Kazbek Valiev und schließlich am 9. Mai auch Yuri Golodov, Valeri Khomutov und Vladimir Puchkov auf den Gipfel. So wurde diese sowjetische Expedition von 1982 um den Expeditionsleiter Evgeny Tamm zu einer der erfolgreichsten am Everest seit Beginn der Besteigungsgeschichte.

Etliche Bergsteiger sind der Überzeugung, die Ostwand des Everest sei neben der beeindruckenden Nordwand die schönste Seite des höchsten Berges der Erde. Doch es dauerte, bis auch dort ein erfolgreicher Durchsteigungsversuch unternommen wurde. 1983 brachten US-amerikanische Bergsteiger zu einem guten Ende, was sie zwei Jahre zuvor an jenem markanten, über tausend Meter hohen Pfeiler im linken Teil der Ostwand begonnen hatten. Die Kangshung-Flanke steigt ungeheuer beeindruckend aus den Brauntönen des tibetischen Hochlands und dem Weiß des wuchtigen Kangshung-Gletschers auf. Eine breite Front, unten schwarzer Fels mit markanten gelben Einschlüssen, die oberen beiden Drittel Gletschereis, Firn und Triebschnee, Séracs, überhängende Eisbalkone. Selbst ein Laie erkennt fast auf Anhieb, wie schön, aber auch wie gefährlich dieser Teil des Mount Everest ist. Die Ostwand wird links und rechts von zwei markanten Pfeilerrücken begrenzt, dazwischen gibt es drei ausgeprägte Rippen. Die US-Amerikaner traten 1983 mit Bergsteigern von Rang und Namen an. James Morrissey (Leitung), Jack Alustizn, David Breashears, Carlos Buhler, Lou Reichardt, Jay Cassell, David Cheesmond, Geoffrey Tabin, David Coombs, Andrew Harvard, Michael Weis, Christopher Kopczynski, George Lowe, Kim Momb, John Boyle, Daniel Reid und Stanley Tobin waren die Mitglieder der Expedition.

Acht dieser Männer waren bereits 1981 dabei gewesen, als der Grundstein für das Erreichen des Gipfels durch die jungfräuliche Ostwand gelegt wurde. Der große Edmund Hillary hatte 1981 die Gruppe begleitet – als Berater. Und unter den Bergsteigern war auch George Lowe. Der US-amerikanische Namensvetter jenes Neuseeländers aus der 1953er-Expedition war in den ersten Septembertagen 1981 zusammen mit Kim Momb ein Stück weit zu dem Pfeiler vorgedrungen, der später seinen Namen erhalten sollte. Die beiden konnten die Gefahr dort förmlich riechen, und als der Wind die Wand vorübergehend von den Wolken befreite und sich für Momente der große Monsunvorhang öffnete, kamen auch im Basislager Zweifel an der Sinnhaftigkeit und den Erfolgsaussichten dieses Unternehmens auf.

Die Gruppe von 1981 war ohnehin gespalten. Ein Teil wollte vor allem den Gipfelerfolg und drängte in die Normalroute. Andere wie George Lowe, David Breashears, Kim Momb oder auch

146

Kurt Diemberger, der die Expedition als Kameramann begleitete, drängten in die Ostwand und hin zu diesem Pfeiler. Ed Hillary spürte offenbar das Potenzial dieser Expedition, aber auch die Gefahr, die von beiden Lagern ausging und die durchaus geeignet war, das gesamte Unternehmen zu sprengen. Es ist überliefert, dass Hillary während eines anhaltenden Höhensturms, als alle Bergsteiger im Basislager versammelt waren, im Laufe einer Besprechung das Wort ergriff. In seinem unnachahmlichen neuseeländischen Wortgepoltere machte er den Mitgliedern dieser Expedition klar, was er dachte. Dass es wenig Sinn habe, auf der nun schon oft begangenen Normalroute an der Nordseite des Everest einen vergleichweise unbedeutenden Erfolg zu verbuchen, dass vielmehr dieser Versuch in der Ostwand große internationale Anerkennung finden würde. Kurt Diemberger erinnert sich bis heute an den Auftritt Hillarys: »Wir waren allesamt sehr beeindruckt. Immerhin sprach da eine Legende zu uns.«

Doch in den Tagen danach wurde Hillary krank. Er drohte ein Ödem zu bekommen und musste das Basislager verlassen. Der hoch angesehene Himalaja-Chronist Günter Seyfferth schreibt dazu: »Es ist eine Ironie des Schicksals, dass einer der beiden Erstbesteiger des Mount Everest nach dem Aufstieg, der ihn weltberühmt gemacht hatte, immer wieder höhenkrank wurde, wenn er sich in größere Höhen begab. In seinen letzten Lebensjahren musste er sogar vorsichtig sein, wenn er die Dörfer der von ihm so geliebten Khumbu-Region besuchte.«

Als sich zu Ende der Monsunzeit 1981 das Wetter ein bisschen stabilisierte, trieben die Amerikaner ihr abenteuerliches Vorhaben in der Ostwand weiter voran. Sie stiegen in ein unheimlich wirkendes Eiscouloir ein, das sie später »Bowling Alley« tauften. Man muss nicht lange nachdenken, was hier »Bowl« und wer die »Pins« waren. Weil es so gefährlich aussah, riskierte zunächst nur George Lowe den Aufstieg in diesem Kanonenrohr. Hinter sich her schleifte er ein schier endlos langes Seil. Das fixierte er oben am Ende des Eiskanals, und an dieser Sicherung hatten die anderen Bergsteiger die Möglichkeit, das Couloir rascher zu überwinden.

Die Hochlager standen nun auf rund 5700 und in etwas mehr als 6100 Meter Höhe. Das Wetter war nach wie vor nicht stabil, und die schwierigen Felspassagen begannen erst jetzt. Es bedurfte fast übermenschlicher Anstrengungen, in dieser Höhe so schwer zu klettern. Die Einstellung der Expeditionsgruppe begann unter all diesen Eindrücken neuerlich zu bröckeln. Und es war nun kein Edmund Hillary mehr da, der das Team hätte enger zusammenschweißen können. Auf 6500 Metern entstand dennoch ein weiteres Hochlager. Entnervt, erkrankt oder der ewigen Diskussion müde reisten schließlich die ersten Bergsteiger ab. Eines war zu diesem Zeitpunkt klar, die Schlüsselstellen dieser neuen Route waren eigentlich geknackt. Für den restlichen fast zwei Kilometer hohen Aufstieg brauchte es vor allem besseres Wetter und stabile Schneeverhältnisse. Doch beides gab es 1981 nicht. Und so wurden die Hochlager abgebaut, und auch die noch verbliebenen Mitglieder des Teams reisten eher missmutig ab. Doch schon bald entstand der Wunsch, zurückzukommen und zu vollenden, was die meisten aus größerer Distanz dann doch für machbar hielten. Vor allem George Lowe, der diese Route maßgeblich vorangetrieben hatte, war davon überzeugt, dass es auf diesem Weg bis zum Gipfel zu schaffen sei.

So war die US-Expedition 1983 in die Ostwand eigentlich nur eine logische Folge von 1981. James Morrissey, zwei Jahre zuvor noch einer der Kletterer und der Mann, der den erkrankten Ed Hillary in Sicherheit gebracht hatte, wurde nun zum Expeditionsleiter bestimmt. Am Ende sollten unter seiner Regie sechs Kletterer das Ziel erreichen, er selbst allerdings nicht. Wieder rückten die Amerikaner schon im August an. Es dauerte fast fünf Wochen, bis sie die Hochlager wieder an den Stellen platziert hatten, an denen diese zwei Jahre zuvor abgebaut worden waren. Kaum zu glauben, mit welchen Finessen und mit welch wahnwitzigem Equipment sie arbeiteten. Sogar einen Raketenwerfer hatten sie dabei, um gegebenenfalls Lawinen absprengen zu können Und sie bauten zwei Seilbahnen, von denen eine rund 250 Höhenmeter zwischen dem vorgeschobenen Basislager und dem ersten Hochlager mit einem kleinen Motor betrieben wurde. Die Seilbahn zwischen dem ersten und dem zweiten Hochlager funktionierte sogar umweltfreundlich. Unten wurde die zu befördernde Last an das Seil gehängt, und oben befüllten die Bergsteiger einen großen Sack so lange mit Schnee, bis er die Last durch das höhere Gewicht nach oben zog. Auf diese Weise wurden über tausend Kilogramm Material den Berg hinaufbefördert.

Während der Verteilung der umfangreichen Ausrüstung akklimatisierten sich die Männer. Ende September wurde erstmals ein Lager oberhalb von 7000 Metern aufgebaut. Dann entstanden zwei weitere in 7600 und 7900 Metern Höhe. Eine typische Belagerungsexpedition. Aber es ging angesichts der Größe der Aufgabe nicht anders.

Am 8. Oktober 1983 erreichten die ersten drei Bergsteiger den Südostgrat und damit die Normalroute, die von Nepal aus heraufzieht. Carlos Buhler, Kim Momb und Lou Reichardt betraten den Grat in etwa 8500 Meter Höhe, also 265 Meter unter dem Südgipfel und rund 350 Meter unter dem höchsten Punkt. Bis dahin hatten sie mühselig spuren und sich durch den tiefen Schnee auf dem Rücken in der linken Ostwand wühlen müssen. Oben auf dem Grat wurden die Verhältnisse schlagartig besser. Dort hatte der Wind gute Vorarbeit geleistet und den Schnee entweder verfrachtet oder ihn hart gepresst. Auf dem Grat offenbarte sich auch aufs Neue, warum diese Ostwand so gefährlich ist. Gewaltige Wechten hingen dort wie Lappen über die steile Flanke hinunter zum Kangshung-Gletscher.

Buhler, Momb und Reichardt benötigten nur vier Stunden, um den Everest-Gipfel zu erreichen, weil die Verhältnisse gut waren und der Flaschensauerstoff ihnen half. Und natürlich auch, weil sie ihre bemerkenswerte Geduldsleistung in der Wand nun noch am selben Tag mit dem höchsten Punkt krönen wollten. Beim Abstieg mussten die drei entsetzt den Absturz eines Sherpa verfolgen, der einer japanischen Expedition angehörte, die in diesem Herbst den Gipfel ohne Flaschensauerstoff zu erreichen versuchte. Als Buhler, Momb und Reichardt in der Dunkelheit das Zelt von Lager VI erreichten, waren dort George Lowe, Jay Cassell, Chris Kopczinsky und Daniel Reid bereits eingetroffen. Das zweite Team wollte sofort nachrücken. Von diesem Quartett schafften es am 9. Oktober Lowe, Cassell und Reid auf den Gipfel. Kopczinsky versuchte es erst gar nicht, nachdem er bereits zwei Jahre zuvor ganz oben gestanden hatte.

Die Amerikaner verwendeten zwar Flaschensauerstoff, doch die Durchsteigung der Ostwand wurde international in der Szene mit Hochachtung zur Kenntnis genommen. Und die Expedition endete »clean«. Im Abstieg nahmen die Amerikaner sämtliche Zelte und alles Material wieder aus der Wand mit nach unten. Am Pfeiler entfernten sie beim Rückzug sämtliche Fixseile. Vor allem George Lowe, der 1981 maßgeblich die Grundvoraussetzungen für die Durchsteigung geschaffen hatte, und der bärenstarke Carlos Buhler, der 1983 eine der treibenden Kräfte in einer ebenfalls nicht sehr harmonisch besetzten Gruppe war, werden bis heute direkt mit diesem Erfolg in der riesigen Ostwand in Verbindung gebracht. Der große George Mallory hatte die Ostwand einst für undurchsteigbar erklärt, nachdem er sie länger in Augenschein genommen hatte. Nun war es um diesen Nimbus geschehen. Geblieben aber ist der Respekt vor dieser beeindruckenden Wandflucht, in der es noch einige Möglichkeiten zu geben scheint, wo sich aber so recht niemand hintraut. So ist der »Phantasie-Grat« im rechten Wandteil nach wie vor nicht bestiegen, obwohl durchaus viele Everest-Kenner und -Könner von dieser Route träumen.

Es waren damals spannende Jahre am Mount Everest. Die kommerziellen Expeditionen auf den beiden Normalrouten gab es in ihrer heutigen Form noch nicht. Zwar lagen die ersten Angebote von Veranstaltern vor, aber noch stieg niemand darauf ein, denn der Everest verbreitete eher Angst und Schrecken als den Eindruck eines Spielplatzes für jedermann. Noch immer gehörte der Berg in dieser Zeit den Abenteurern und Entschlossenen. Jenen, die bereit waren, ein hohes Wagnis und ein großes Risiko auf sich zu nehmen, um am höchsten Berg der Erde Bereiche zu erkunden, wo noch nie zuvor ein Mensch seinen Fuß hingesetzt hatte.

Gleichwohl wurde das Terrain nun auch am Mount Everest enger, die Routen rückten dichter zusammen. 1984 nahmen sich Australier die große Eisrinne, das Norton-Couloir, in der Everest-Nordflanke vor und US-Amerikaner eine Variante in der Querung der Nordwand. Die Australier kamen über den Rongbuk-Gletscher unter die Nordwand und entdeckten im linken Teil ihre Linie. Die wochenlangen Mühen während des Aufbaus von fünf Hochlagern waren ebenso groß wie die fast allgegenwärtige Lawinengefahr in vielen Abschnitten dieser Wand. Und obwohl das Team bereits am 2. August am Berg angekommen war, dauerte es bis zum 3. Oktober, ehe Greg Mortimer und Timothy Macartney-Snape als erste und einzige dieser Expedition den Gipfel erreichten. Die Durchsteigung des markant auffälligen Norton-Couloirs gilt seither ebenfalls als eine der ganz großen Routen am Everest.

Und noch etwas wertete diese Besteigung enorm auf: Mortimer und Macartney-Snape benutzten keinen Flaschensauerstoff – im Unterschied zur US-amerikanischen Expedition unter der Leitung von Lou Whittaker. Sie versuchte es weit unterhalb von Reinhold Messners Solo-Route aus dem Jahr 1980. Die Bergsteiger wollten auch nicht wie Messner dem windigen Grat ausweichen, sondern suchten ganz gezielt nach einer Möglichkeit, auf etwa halber Höhe in das Norton-Couloir hineinqueren zu können. Das US-Team hatte mit allerlei Problemen zu kämpfen, mit Wind, Schnee, Krankheit, schlechtem Wetter, Verlust von Material, Verletzungen. Es sind fast immer die gleichen Dinge, mit denen sich Höhenbergsteiger herumschlagen müssen. Schließlich brachen Mitte Oktober drei Mann in Richtung Gipfel auf, nachdem alle intensiv an der langen Querung in der Wand, an der Überwindung der grandiosen Eisrinne und dem Weiterweg hinauf unter den Gipfelaufbau gearbeitet hatten.

Und auch der Ausgang dieses Gipfelversuchs ist in gewisser Weise symptomatisch für den Everest und das Höhenbergsteigen. Drei Männer begannen den Aufstieg in Richtung Gipfel. Im letzten Hochlager gab als Erster James Wickwire auf. Philip Ershler und John Roskelley versuchen es tags darauf zu zweit. Doch Roskelley hatte Schmerzmittel genommen und bekam weit oben plötzlich Schüttelfrost, er spürte weder Hände noch Füße. Ershler stoppte sofort und wollte den Freund in Sicherheit bringen. Doch Roskelley überredete Ershler, es allein zu versuchen. Nur eineinhalb Stunden später und 300 Höhenmeter weiter oben stand der Amerikaner mithilfe von Flaschensauerstoff plötzlich vor dem Dreibein auf dem Gipfel. Im Team hatten dreizehn Mann mitgewirkt, den Weg dorthin zu eröffnen, doch nur einer erreichte das Ziel. Das ist die Realität an den Achttausendern. Viele wollen, viele versuchen, aber nur vergleichsweise wenige kommen tatsächlich auch oben an.

Ähnlich erging es einer kanadischen Gruppe 1986. Sie kamen mit dreizehn Bergsteigern und dem Ziel, vom Rongbuk-Gletscher aus über den gut ausgeprägten Nordsporn auf die Westschulter zu gelangen. Von dort wollten sie den langen Westgrat bis unter das Hornbein-Couloir verfolgen – so wie ihn 1963 die Jugoslawen begangen hatten – und von dort hinauf zum Gipfel steigen. Geschafft haben diese Variante schließlich nur zwei, Dwayne Congdon und Sharon Wood. Dem Rest des Teams war der abschließende Erfolg nicht vergönnt, obwohl sich alle gleichermaßen dafür geschunden hatten.

Sharon Wood, eine 1957 in Halifax geborene Bergsteigerin und Bergführerin im Hauptberuf, galt als starke, ausdauernde und sogar aggressive Kletterin, die vor allem eines nicht gut konnte – aufgeben. Dwayne Lyle Congdon, knapp ein Jahr älter als Sharon Wood und ebenfalls Bergführer, hatte 1982 mit einer kanadischen Großexpedition schmerzlich erfahren müssen, was es bedeutete, nicht bis auf den Gipfel zu gelangen.

1986 sah das anders aus. Die Expedition war vergleichsweise klein und ohne Hilfe von Sherpa unterwegs. Congdon und Wood – die beiden wollten es mit aller Macht wissen und waren beseelt von jenem unbedingten Willen, den es am Everest vor allem braucht. Sharon Wood beschreibt selbst, was sie angetrieben hat. Vier Worte nur, aber ungeheuer effektiv, zumal sie ganz offensichtlich selbst daran glaubte: »Du musst es wollen.« Der Lohn für die Schinderei? Ein Foto: eine Frau im gelben Daunenanzug, rote Fäustlinge halten eine kleine kanadische Flagge, die Skibrille auf die Stirn geschoben. Sharon Wood sitzt auf diesem Bild im Schnee des kleinen Gipfelplateaus, und über ihr dehnt sich der blaue, fast schwarze Himalaja-Himmel aus. Die Sonne geht gerade unter. Für Everest-Besteiger gibt es kein schöneres Erinnerungsstück als die auf Film gebannte Sekunde des Glücks.

Der Nordsporn ist steil, teilweise beträgt die Neigung annähernd 60 Grad, und er ist ausgesetzt. Aber weil die Linie an diesem Sporn logisch erscheint und objektiv vergleichsweise sicher, war die Zeit offenbar reif, die Westschulter von Norden her zu besteigen und im weiteren Verlauf dann den Gipfel des Everest zu erreichen. Doch die Schulter macht noch nicht einmal ein Drittel der

Gesamtstrecke aus, und der Westgrat hatte nichts an Gefahr und Schwierigkeit eingebüßt, seit die Jugoslawen dort reichlich Lehrgeld gezahlt hatten. Zeitaufwendig mussten natürlich auch die Kanadier Tom Hornbeins Couloir sichern. Es war am 20. Mai 1986, und es war bereits fast 21 Uhr, als Congdon und Sharon Wood den Gipfel erreichten. Sie waren extrem spät dran, aber glücklich. Zwei, die sich gut verstanden.

Nicht viele Expeditionen enden so. Es gab und gibt dort Gezänk und Streit, Neid und Missgunst, Verletzungen, Krankheit und Tod, Erfolg und Misserfolg, tiefe Abgründe der menschlichen Seele und unglaubliche Glücksmomente, die selbst hartgesottenen Bergsteigern die Tränen in die Augen treiben. All das sind menschliche Regungen, Gefühle und Zustände, die die allermeisten Bergsteiger zeitlebens nicht einmal in Worte fassen können, denn dieser Mount Everest kann durchaus überwältigend sein. Auch Dwayne Congdon und Sharon Wood erfuhren das auf eindrucksvolle Weise. Sie machten wie etliche andere vor ihnen aber auch die Erfahrung, was es bedeutete, selbst auf dem Gipfel zu stehen, während all die anderen, die geholfen hatten, den Weg dorthin freizumachen, das Ziel nicht erreichten.

Neben den neuen Routen entstanden natürlich immer wieder auch Varianten, die nicht als große Glanzlichter in die Historie des Mount Everest eingingen, jedoch für sich genommen großartige Unternehmungen darstellten. Ende Juli 1986 kamen die Schweizer Erhard Loretan und Jean Troillet mit dem Franzosen Pierre Béghin auf den Rongbuk-Gletscher unter der Nordwand. Die drei, die damals zur Spitzenklasse der Bergsteigerszene gehörten, waren innerhalb ihrer kleinen Expeditionsgruppe zu allem entschlossen. Und offenbar waren sie auch ein wenig übermütig. Denn Erhard Loretan musste bald nach ihrer Ankunft eine mehr als zweiwöchige Zwangspause einlegen, weil er sich bei einem Absturz mit dem Paragleschirm, nicht weit vom Basislager entfernt, üble Verletzungen zugezogen hatte. Bei einem Aufstieg in Richtung Loh La rammte er sich gleich danach seinen Eispickel in den Arm und musste abermals ärztlich versorgt werden.

So verging die Zeit meist tatenlos bis Ende August. Dann wurde endlich auch das Wetter stabiler. Über eine Variante in der Einstiegswand, rechts der alten Japaner-Route von 1980, erreichten sie schließlich das Japaner-Couloir. Loretan, Troillet und Béghin hatten bis dahin kein Hochlager in der Nordwand eingerichtet. Sie bewegten sich ohne fremde Hilfe und ohne Flaschensauerstoff nach oben – nur mit dem, was sie selbst auf dem Rücken trugen. Sie hatten eine der direktesten Linien in der Nordwand gewählt und wollten so rasch wie möglich hinauf. Nicht einmal ein Zelt führten sie mit sich. Nur Biwaksäcke, eine einzige Lawinenschaufel, ein paar Müsliriegel, einen Kocher, einen Topf und eine Trinkflasche. Abwechselnd spurten sie in einem Viertelstundenrhythmus. In elf Stunden stiegen sie unglaubliche 2100 Höhenmeter auf. Weil die Lawinengefahr so groß war und in den Rinnen sehr viel Schnee lag, hatten die drei beschlossen, überwiegend in der Nacht und am Vormittag aufzusteigen, solange der Schnee durch die Kälte noch halbwegs fest war.

Am 29. August erreichten sie kurz vor Mittag eine Höhe knapp oberhalb von 8000 Meter. Nicht weit von ihnen entfernt begann das Hornbein-Couloir und damit die Fortsetzung ihrer gewählten Route. Die drei gruben sich mit der Schaufel eine Schneehöhle und warteten darauf, dass es wieder dämmerte und der obere Wandteil ebenfalls wieder im Schatten lag. Pierre Béghin entschied sich nun dafür umzukehren, und er stieg rasch in Richtung Basislager ab. Die Schlüsselstelle in der Hornbein-Route ist ein schwarzer Felsriegel, und wie schon Tom Hornbein, so umgingen nun auch Loretan und Troillet diese Passage auf der rechten Seite. Zu ihrem großen Glück. Denn kaum waren sie aus dem Bereich der Rinne heraus, donnerte vom Gipfelbereich eine große Lawine daher und fegte die Nordwand hinunter. Verdutzt und wohl wissend, welch enormes Glück sie gerade gehabt hatten, schlüpften die beiden Schweizer in ihre Biwaksäcke und rasteten ein weiteres Mal. Nach etwas mehr als drei Stunden Pause wühlten sie sich im tiefen Schnee weiter hinauf.

Nun wurde die Schinderei fast übermenschlich. Sie benötigten für die rund 400 Höhenmeter bis zum Gipfelgrat mehr als elf Stunden. Es war 14.30 Uhr am 30. August 1986. Seit sie ihr vorgeschobenes Basislager in 5850 Meter Höhe verlassen hatten, waren gerade erst 42 Stunden vergangen. Nie zuvor hatte jemand so schnell den Gipfel erreicht. Und vor allem nicht in diesem Stil, mit diesen Minimum an Aufwand und Ausrüstung. Loretan und Troillet waren so fertig und so entkräftet, dass sie nur wenige Minuten am Gipfel blieben, sich dann auf den Hosenboden setzten und fast die gesamten 3000 Höhenmeter hinunterrutschten. Nur gebremst von ihren Eispickeln und ein paar wenigen Felspassagen, die sie zwangläufig absteigen mussten. Am 31. August standen Loretan, Troillet und auch Béghin im Basislager – und beobachteten, wie eine weitere Monsterlawine die gesamte Wand hinunterkrachte.

Stephen Venables ist ein außergewöhnlicher Mensch und ein exzellenter Bergsteiger. Er kam 1954 in London zur Welt und legte in Fontainebleau, einem kleinen Städtchen im Norden Frankreichs, erstmals Hand an den Fels. Es gibt Menschen, die behaupten, in Fontainebleau gebe es die besten Boulderfelsen auf diesem Planeten. Für Stephen Venables wurden sie zur Kinderstube, denn dort verbrachte er oft seine Sommerferien. Jahre später wurde sein Gesicht zur Marke im Zirkel der internationalen Bergsteigerwelt: unverwechselbar, die runde Nickelbrille, die Sommersprossen, das offene, gewinnende Lächeln. Jeder Alpinist der Welt kennt Stephen Venables. Wenn nicht, ist er kein interessierter Alpinist.

Venables flog nach Bolivien und Patagonien, nach Peru und Georgien und vor allem in den Hindukusch. Überall kletterte er schwer, oft spektakulär, vor allem aber immer außergewöhnlich. Ein Purist, ein Minimalist und immer auf der Suche nach dem ganz besonderen Abenteuer. Seine Bücher wurden zum größten Teil Klassiker der Alpin-Literatur, manche sogar Bestseller. Aber er kann auch anders. Sein zehntes Buch heißt *Ollie* und beschreibt das ungewöhnliche Schicksal seines Sohnes, der, was äußerst selten vorkommt, an Autismus litt und zugleich an Leukämie erkrankte und schließlich 2003 im Alter von nur zwölf Jahren an einem Hirntumor starb.

1988 kam Stephen Venables zum Mount Everest. Er war Mitglied einer US-amerikanischen Miniexpedition unter Leitung von Robert Anderson. Solch eine kleine Gruppe war genau die Umgebung, in der Venables sein ganzes Potenzial entfalten und ausspielen konnte. Die Entscheidung, sich dieser Expedition zum

Everest überhaupt anzuschließen, war ebenfalls außergewöhnlich. Denn bis dahin hatte sich der Engländer auf weniger hohe, viel weniger bekannte Berge konzentriert. Er war in eine wahrhaft goldene Zeit des Höhenbergsteigens geboren. Die Epoche der nationalistisch angehauchten Expeditionen mit großem Personalaufwand, riesiger Logistik und dem miefigen Hauch von Pathos und Heldentum war praktisch vorüber. Und die kommerziell organisierten Massenaufläufe, zum Beispiel am höchsten Berg der Erde und an den leichteren Achttausendern, hatten ihr Ziel noch nicht erreicht, auch wenn sie sich bereits andeuteten. In den Zelten roch es noch nach echtem Abenteuer und Angstschweiß, nicht nach Bohnenkaffee und Deoroller. Es waren dies auch die ganz großen Jahre von Stephen Venables.

Sie kamen nur zu sechst. Neben Anderson und Venables noch Joe Blackburn, der allerdings im Basislager blieb, der Kanadier Paul Teare, der Amerikaner Ed Webster und die Ärztin Dr. Miriam Zieman. Das Team stellte sein Basislager am nördlichen Rand des Rongbuk-Gletschers auf – über sieben Kilometer vom Fuß der Kangshung-Wand entfernt. Dort gibt es, links des markanten Pfeilerrückens, den die US-Expedition 1983 zum Anstieg bis knapp unter den Everest-Südgipfel genutzt hatte, einen weiteren, allerdings nicht ganz so markanten Pfeiler, der genau in den Südsattel zwischen Everest und Lhotse mündet. Dort wollten die vier Bergsteiger 1988 hinauf. Zunächst sicherten sie den äußerst schwierigen Pfeiler und markierten mit Bambusstöcken die unübersichtlichen Passagen. Allein schon diese ersten rund 1400 Höhenmeter bis zum Hochlager I werden bis heute als eine der beachtlichsten Leistungen am Everest gewertet. Oberhalb einer wuchtigen Eiswand und weiterer schwerer Stellen im Eis, dazu in dem festen Glauben, die Hauptprobleme der Route gelöst zu haben, standen Anderson, Venables und Teare jedoch plötzlich vor einem Hindernis, das ihnen den Atem verschlug. Direkt hinter einer geneigten, kurzen Firnwand gähnte eine über zehn Meter breite und wohl gut vierzig Meter tiefe Spalte. Müde und weil es nicht möglich schien, das Loch zu umgehen, stiegen die Bergsteiger bis ins Hauptbasislager ab, um neue Kräfte zu sammeln. Als sie das nächste Mal hinaufkletterten und wieder zu dem Spalt gelangten, begannen sie, eine Seilbrücke zu bauen. Genauso, wie einst Jean-Jacques Asper die große Spalte am oberen Ende des Khumbu-Eisfalls überwunden hatte: Einer seilte in das Loch ab, gelangte an die gegenüberliegende Seite der Spalte, stieg dort mühselig wieder hinauf und verankerte oben das Seil, an dem er gesichert in den Schlund gestiegen war. Zwei weitere Seile wurden über der Spalte verspannt, und darauf liegend, zogen sich die Bergsteiger einer nach dem anderen auf die andere Seite.

Über drei Wochen waren seit der Ankunft vergangen, dann stand endlich das zweite Lager in 7450 Meter Höhe – noch immer rund 1400 Höhenmeter vom Gipfel entfernt. Am 29. Mai begannen sie mit dem Aufstieg. Nach den klettertechnischen Aufgaben am Pfeiler wartete nun der übliche Achttausender-Wahnsinn: weitläufige Schneehänge, schwere Spurarbeit im tiefen Schnee, Lawinengefahr, Orientierungsprobleme aufgrund schlechter Sicht und im unübersichtlichen Gelände. Klettern in großen Höhen ist unglaublich anstrengend, Spuren an einem Achttausender extrem mühselig, manchmal zermürbend. Stephen Venables, Ed Webster, Robert Anderson und Paul Teare, alle zahlten sie nun ihren Tribut, denn diese Besteigung zehrte so nachhaltig an den Kräften dieser hartgesottenen Männer wie nichts anderes je zuvor.

Auch noch so große Fähigkeiten, leiden zu können, haben ihre Grenzen, selbst wenn man diese Grenzen offenbar für eine gewisse Zeit überschreiten kann. Diese Expedition sollte einen Beleg dafür liefern.

Als die vier am 10. Mai 1988 den Südsattel erreichten, hatten sie viel geschafft, nur auf dem Gipfel waren sie noch immer nicht. Die Müdigkeit machte sich nun bemerkbar, und erst am späten Abend des 11. Mai fühlten sich Anderson, Webster und Venables in der Lage, am Südsattel in Richtung Gipfel aufzubrechen. Zu diesem Zeitpunkt befand sich Teare bereits sehr weit unten. In einem Gewaltakt war er in einem Zug rund 2500 Höhenmeter bis in das vorgeschobene Basislager abgestiegen, weil er ernsthaft fürchtete, höhenkrank zu werden. Venables berichtet, dass er, Anderson und Webster gegen 23 Uhr an diesem Abend das Zelt verließen und den Aufstieg über die Normalroute der Erstbegeher begannen. Unterwegs kamen sie am Zelt einer japanischen Expedition vorbei, das noch von Bedeutung werden sollte. Auf etwa 8600 Meter gab Webster auf. Er brachte kaum noch einen Fuß vor den anderen. Doch sein Verstand war zum Glück noch wach genug, um ihm zu signalisieren, dass er nicht mehr weiter hinaufkäme, ohne den Abstieg ernsthaft zu gefährden. Er drehte um. Unterwegs traf er den hinter ihm ansteigenden Anderson, der weiterhin fest daran glaubte, den Gipfel noch erreichen zu können. Webster, inzwischen schwer angeschlagen, beschloss, auf die anderen beiden zu warten, bis sie vom Gipfel zurückkämen. Nachdem bald darauf am Südgipfel auch Anderson erschöpft umgekehrt war, taumelten er und Webster wie betäubt bis zu dem Zelt der Japaner. Sie öffneten es und ließen sich vollkommen entkräftet hineinfallen.

Unterdessen nahm weiter oben das Drama seinen Lauf. Stephen Venables erreichte bald nach 13 Uhr den Süd- und kurz vor 16 Uhr den Hauptgipfel, fast 17 Stunden nach dem Aufbruch im Südsattel. Er blieb kaum zehn Minuten oben. Venables fühlte eine bleierne Müdigkeit in sich, und er fürchtete den gefährlichen Abstieg allein und in diesem erbärmlichen Zustand. Nach einem dramatisch-schönen Sonnenuntergang begann sich langsam die Dunkelheit über den Everest zu legen, und es zog Schlechtwetter auf. Venables schreibt:»Ich war völlig allein in der Wolke, und der Südgipfel war nicht zu sehen. Ich fühlte mich desorientiert und hatte Angst, dachte dabei an die Tragödie von 1975, als Mick Burke, der letzte der Durchsteiger der Südwestwand, allein zum Gipfel hinaufstieg und nie zurückkam. Irgendwo hier oben, bei Verhältnissen wie heute, blind hinter vereisten Brillen, noch kurzsichtiger als ich, hatte er einen fatalen Fehler gemacht, war wahrscheinlich durch eine jener zerbrechlichen Eiswechten gestürzt, die in die Kangshung-Wand hinausragen.«

Verängstigt und erniedrigt wie ein waidwundes Tier gelangte Venables – auf wundersame Weise oder doch noch geleitet von seinem unglaublichen Instinkt – bis unter den Hillary Step. Dort, am Ende des Seils, brach er zusammen. Es gelang ihm in diesen dramatischen Momenten nicht, die Lungen mit Luft zu füllen, wie zugeschnürt war die Kehle. Und selbst als er wieder atmen konnte, verbesserte sich seine Situation nicht wesentlich:»Ich

musste weiter. Von dem Seil weg und weiter. Handschuhe ausziehen. Karabiner aushängen, jetzt schnell die Handschuhe wieder
an. Der erste ist immer einfach, aber mit dem zweiten hapert es.
Ich kann ihn nicht greifen – kann diese nutzlosen starren Finger
nicht zum Arbeiten bringen. Zu schwierig. Sollte es mir nicht
gelingen, werden meine Finger erfrieren. Nie wieder Klavierspie-
len. Ich muss den Handschuh anbekommen, sonst komme ich
nie hinunter. Konzentration. Jetzt, Handgelenk lockern, endlich!
Wieder sackte ich zusammen, japste vor Erschöpfung. Der Wind
trieb Schnee auf mich, und Schauer überkamen mich. Ich war
völlig blind und zog an meiner Sonnenbrille, ließ sie einfach an
ihrem Band um den Hals hängen. Jetzt konnte ich wenigstens ein
wenig sehen, nur unscharfe Konturen, aber besser als nichts.«

Es sei leicht, in so einer Situation zu sterben, berichten Höhenbergsteiger, die Ähnliches durchgemacht haben. Einfach hinlegen, nicht mehr aufstehen. Endlich nicht mehr weitergehen müssen. Die Kälte und die Erschöpfung erledigen das schon mit dem
Tod. Der entkräftete Mensch schläft einfach ein und wacht nicht
mehr auf. Ein schöner Tod, sagen viele. Und alle denken sie: wie
grausam. Auch Venables bewegten genau diese Gedanken: »Es
wäre so einfach zu sterben – nur hinlegen, ausruhen, und bald
hätte der Wind mich erledigt. Es wäre das Einfachste von der Welt,
aber ich sähe so blöd aus! Wozu sollte es gut sein, auf den Everest
zu steigen und sich dann hinzulegen, um zu sterben. Nein, reiß
dich zusammen und beweg dich.« Zusammenbruch, als er mit
einem Fuß in ein tiefes Loch durchsackt, Zusammenbruch nach
dem fünfzehn Meter hohen Gegenanstieg zum Südgipfel. Halluzinationen, rutschen, schliddern, sitzend im Schnee abfahren –
Venables fühlte sich in diesem Delirium viele Stunden von einem
alten Mann begleitet. Noch ein Zusammenbruch am steilen Grat
unter dem Südgipfel. Irgendwo pinkelte er sich in die Hose, weil
der alte Mann neben ihm sagte, das sei so schön warm.

Aber das Leben verblieb noch immer in Venables. Inzwischen
war es dunkel, der Wind hatte sich gelegt. Gegen 21 Uhr beschloss der einsame Mann, sitzen zu bleiben und auf den neuen
Tag zu warten. Er befand dieses Vorhaben allemal besser, als
irgendwo in dieser Steilheit abzustürzen. In seinem unnachahm-

lichen Schreibstil berichtete Venables später: »Für das Notbiwak gab es viele Präzedenzfälle. 1963 Will Unsoeld und Tom Hornbein – Unsoeld verlor neun Zehen –, 1976 Michael »Bronco« Lane und John »Brummie« Stokes – Lane verlor einige Finger und Zehen, Stokes alle Zehen –, aber wenigstens waren sie am Leben, anders als die deutsche Bergsteigerin Hannelore Schmatz, die 1979 darauf bestand, vor Einbruch der Dunkelheit haltzumachen und zu biwakieren, obwohl ihre Sherpa sie dazu drängten, weiter bis zu ihrem sicheren Lager abzusteigen. Sie starb im Schnee sitzend, und ihr steif gefrorener Körper bildete jahrelang ein makabres Wahrzeichen am Südostgrat... Ich hatte nicht die Absicht, in jener Nacht zu sterben.«

Im steilen Hang sitzend, erlebte Stephen Venables in einem gefährlichen Dämmerzustand, wie sich langsam eine Eiskruste über ihn legte. Und – in den meisten Fällen noch viel gefährlicher – er schlief ein. Als er mit dem ersten Licht des neuen Tages erwachte, stand er mühsam auf, brachte seine Beine in Bewegung und nahm den Abstieg gehend und rutschend wieder auf. Die ersten Sonnenstrahlen wirkten, als habe ihm jemand neues Leben eingehaucht: »Die Welt sprühte im morgendlichen Sonnenlicht, und das Leben war wunderbar. Ich war am Leben und wieder aufgewärmt, hatte den Everest bestiegen und würde bald wieder im Tal sein.« Venables erreichte taumelnd das Zelt der japanischen Expedition, vor dem sich Anderson und Webster gerade anschickten, weiter abzusteigen. Sie waren sicher, Venables hätte die Nacht nicht überlebt. Nun wieder vereint, schafften sie es auch bis zum Südsattel hinunter, wo sie abermals erschöpft liegen blieben.

Erst am späten Nachmittag des folgenden Tages fanden die drei die Kraft, doch noch weiterzuziehen. Aber praktisch nichts hatte jetzt noch etwas Kontrolliertes. Anderson und Venables verloren wegen ihrer Unachtsamkeit die Eisgeräte und erreichten deshalb nur mit Mühe Lager II. Dort konnten sie, obwohl es an nichts mangelte, kaum mehr Getränke zubereiten, so schwach waren sie inzwischen. Es dauerte abermals bis zum nächsten Nachmittag, ehe sie begannen, sich endlich weiter nach unten zu bewegen. Weit kamen sie dabei allerdings nicht. Nebel, tiefer Schnee und die daraus resultierende Orientierungslosigkeit zwangen die Umherirrenden, die über 150 Höhenmeter in einer ungeheuren Anstrengung wieder hinaufzusteigen und in ihr Zelt zurückzukehren.

Das alles war lange schon keine Plackerei mehr, sondern nur noch eine einzige Quälerei. Es gibt nicht viele Bergsteiger auf der Welt, die eine solche Situation am Mount Everest überlebt haben. Unterhalb von Lager II mussten die drei den Pfeiler hinunter, Venables und Webster lange schon mit schweren Erfrierungen an Fingern und Zehen. Auch dort kämpften sie wieder mit Problemen und erreichten das Lager I erst, als es abermals längst dunkel war. Webster waren an den Seilen die Erfrierungsblasen aufgeplatzt. Weiter, immer weiter. Nachts um ein Uhr gelangten sie endlich an den Pfeilerfuß. Weitere drei Stunden stolperten sie über den gefährlichen Kangshung-Gletscher bis zum vorgeschobenen Basislager. Nun endlich trafen sie auf die Ärztin Miriam Zieman und auf Paul Teare, der seit sechs Tagen in größter Sorge und fast schon resigniert dort unten ausharrte.

Seit dem 8. Mai, seit dem Aufbruch in Richtung Gipfel, waren zehn Tage vergangen. Sie benutzten keinen Flaschensauerstoff und hatten keinerlei Unterstützung. Fast 230 Stunden hatten die Bergsteiger in den Flanken des Mount Everest verbracht. Die meiste Zeit davon in der sogenannten Todeszone, jenseits von 7000 Meter Höhe, in der sich der menschliche Körper nicht mehr erholen kann, sondern in jeder Minute nur noch an Substanz verliert. Stephen Venables verlor drei seiner Zehen, Ed Webster alle vorderen Glieder seiner Finger. Die Wahl, vor der Venables gleich unter dem Gipfel gestanden hatte, war unglaublich elementar, und die beiden Optionen spannten einen großen Bogen über sein Leben: »Steig ab oder stirb.«

Manchmal ist es der Wille, einfach nur überleben zu wollen, manchmal sind es taktische Glanzleistungen, die am Mount Everest die ganz großen Geschichten ermöglichen. Oft ist es ein Zusammenspiel von beidem. Es war wohl ganz klar den durchdachten taktischen Maßnahmen geschuldet, dass es 1995 einer japanischen Expedition mit vierzehn Bergsteigern und zahlreichen Kletter-Sherpa gelang, erstmals den gesamten Nordostgrat zu begehen. Der Neuseeländer Russell Brice und der Brite Harry

Taylor hatten 1988 den Nordostgrat bereits bis zur Nordschulter erstbegangen, doch sie waren hinter den Pinnacles, drei markanten Türmen am Grat, wieder zum Nordcol des Everest abgestiegen. Den Nordostgrat vom Nordcol zum Gipfel hatten 1969 die Chinesen erstmals bestiegen. Die Japaner verbanden nun 1995 beide Teilstücke zu einem endlos langen Ganzen. Sie bildeten Gruppen, welche die Teilstücke sicherten, mit Hochlagern versahen und vor allem eine Spur anlegten. Das Gipfelteam, das am 11. Mai den Gipfel erreichte, bestand aus sechs Bergsteigern: den beiden Japanern Shigeki Imoto und Kiyoshi Furuno und den Sherpa Dawa Chiri, Lhakpa Nuru, Nima Dorje und Pasang Kami.

Mit drei verschiedenen Gruppen operierte auch die russische Expedition, die 1996, ganz im Schatten der Tragödie der beiden kommerziellen Gruppen von Rob Hall und Scott Fischer, vom Ost-Rongbuk-Gletscher aus das sehr steile Nordost-Couloir links des Nordgrates durchstieg und anschließend bis zum Gipfel kletterte. Auch diese neue Route zählt heute zu den großen und gewagten Anstiegen. Das Couloir ist sehr steil, fast immer von Steinschlag, in manchen Jahren auch von Lawinen bedroht. Auch die Russen standen praktisch unter Dauerbeschuss. Die Steine durchschlugen sogar die Planen der Zelte.

Der Gipfelgang dieser Expedition, der am 15. Mai begann, gehört sicher zu den am wenigsten beachteten. Vier Tage zuvor waren in einem Höhensturm acht Menschen in den Flanken des Everest ums Leben gekommen. Dieses Drama beherrschte die Nachrichtenlage – und nicht jene Russen, die in einem grimmigen Sitzbiwak eine ganze lange Nacht verbrachten, die alle Mühe hatten, am Grat im tiefen Schnee voranzukommen, die unterwegs über die Everest-Leichen steigen mussten und von denen am Ende nur Grigori Semikolenov, Valeri Kohanov und Piotr Kuznetsov den Gipfel erreichten. Alle anderen hatten zuvor aufgeben müssen.

Dann kamen 2004 noch einmal Russen zum Everest und sorgten für Aufsehen. Nach zwanzig Jahren Stillstand gelang ihnen in der Nordwand wieder eine neue Route. Es sollte die vorerst letzte an diesem großen Berg sein. Sie suchten ihre faszinierende Linie zwischen den Routen der Japaner von 1980 und der Australier von 1984. Weiter oben stiegen sie zwischen dem Hornbein- und dem Großen Couloir bis zum Gipfel. Keine andere Nordwand-Route ist direkter, wirkt sie doch wie mit dem Lineal gezogen. Am 31. Mai 2004 erreichten Andrew Mariev, Pawel Shabelin und Iljas Tukhvatullin den Gipfel, am 1. Juni folgten ihnen Piotr Kuznetsov, Gleb Sokolov und Evgeny Vinogradsky, und schließlich standen am 2. Juni auch noch Victor Bobok und Victor Volodin ganz oben.

Neben den sechzehn Hauptrouten auf den Graten, an den Pfeilern, in den Couloirs und in den Flanken des Mount Everest gibt es natürlich noch viele Varianten, die sich im Lauf der vergangenen sechzig Jahre wie ein Spinnennetz über den Berg gelegt haben. Die »Fantasy Ridge« im ganz rechten Teil der Ostwand ist nach wie vor unberührt. Es gibt Protagonisten, die sogar im mittleren Teil dieser Wand bei guten Verhältnissen Chancen sehen. Von daher ist es kaum zu erwarten, dass es am Everest still werden wird, wenn es um die Begehung neuer Routen geht.

Der Boden, aus dem seltsame Blüten treiben

Ein Berg, umgeben von menschlichen Tragödien, Kuriosa und unwahren Geschichten

Am Nachmittag des 23. Mai 2010, um 9.30 Uhr, erreichte ein Bergsteiger den Gipfel des Mount Everest. Einer von 169 an diesem Tag. So gesehen also noch nichts Besonderes. Wilfried Studer stammt aus Wolfurt im österreichischen Vorarlberg. Studer ist Bergführer im Hauptberuf, und der Everest war seit über einem Jahrzehnt sein Traum. Auch daran ist noch nichts Besonderes. Doch bald nach Wilfried Studer erreichten an diesem Tag auch Sylvia und Claudia Studer den höchsten Punkt der Erde. Sylvia ist die Frau von Wilfried Studer, Claudia eine von drei Töchtern. Zusammen waren sie die erste Familie, die den Mount Everest bestieg. Das hatte es bis dahin so noch nie gegeben. Und wären daheim in Vorarlberg zu diesem Zeitpunkt Sandra Studer nicht Mutter einer erst eineinhalb Jahre alten Tochter und Nicole Studer nicht hochschwanger gewesen, dann wären auch diese beiden Töchter bei der Expedition dabei gewesen.

Und noch etwas an dieser Geschichte ist kurios: Wilfried Studer und seine Frau Sylvia unternahmen zwölf Versuche am Everest, bis sie endlich hinaufkamen. Sie fuhren zwölf Jahre hintereinander, trotz aller Rückschläge und enormem finanziellem Aufwand, in jedem Frühjahr wieder zur Nordseite des Berges. Elfmal mussten sie vor dem Gipfel umkehren. Wahrscheinlich auch und vor allem deshalb, weil Flaschensauerstoff für Wilfried Studer elf Jahre lang keine Option war. Er wollte es ohne schaffen. Und als er dann am 23. Mai 2010 mit Frau und einer seiner Töchter endlich hinaufgekommen war, schien zwischen Tibet und Vorarlberg, wo die beiden daheimgebliebenen Töchter am Satellitentelefon die Nachrichten empfingen, für Momente die Erde zu beben. Die Studers verwendeten zwar diesmal Flaschensauerstoff und ließen sich auch von ihren Sherpa helfen, aber sie gelangten endlich ans Ziel.

Es gibt viele besondere Geschichten vom Mount Everest und seinen Protagonisten. Einige sind kurios, manche skurril. Ganz viele sind tragisch, einige entbehren nicht einer gewissen tragischen Komik. Etliche dieser Geschichten sind ganz eng mit dem Tod verbunden – deutlich über 200, seit in den 1920er-Jahren die Besteigungsgeschichte des Mount Everest begann. Es hat an diesem Berg erschütternde Katastrophen gegeben, an deren bitterem Ende oft eine öffentliche Diskussion über die Sinnhaftigkeit oder Sinnlosigkeit des Bergsteigens auch und gerade am Mount Everest und in dieser rauen Welt stand. Bislang ist es noch nie gelungen, einem Laien überzeugend zu erklären, warum Menschen in eine Höhe hinaufsteigen wollen, in der Leben fast nicht mehr möglich ist, wo das Überleben mit jedem Schritt nach oben immer schwieriger wird und wo sich der Wille zum Weiterleben bei den meisten Protagonisten auf einen kleinen Funken reduziert. Der Wunsch, oben anzukommen, wohnt tief in den Bergsteigern drinnen, und sie können die Motive ihres Tuns oft selbst nicht deutlich machen. Denn benennen kann man nur, was man verstanden hat. Und warum man auf Berge steigt, hat noch nie jemand wirklich verstanden.

Die Studers aus Vorarlberg sind mit ihrer Geschichte zumindest nicht ganz allein auf der Welt. In Brasilien leben Paolo Rogerio Pinto Coelho und seine Frau Helena Guiro Pacherco Pinto Coelho. Zwei in jeder Hinsicht klingende Namen in der Everest-Szene. 1991, 1997, 1998, 1999, 2001, 2002, 2003, 2004, 2005, 2006, 2007 und 2011 waren sie gemeinsam am Everest unterwegs. Meist von der Nordseite her. Den Gipfel erreichten sie noch nie, obwohl sie bei jeder ihrer Expeditionen Höhen entweder knapp unter oder knapp über der magischen 8000-Meter-Marke erreichten. Dass es nicht noch höher und bis ganz hinauf ging, lag vielleicht auch an ihrem bemerkenswerten Entschluss, sich wie die Studers aus Vorarlberg beharrlich der Sauerstoffflasche zu verweigern. Oft war aber auch das Wetter zu schlecht, oder es waren andere Bedingungen nicht gut, und einmal brachten sich die

Coelhos nur mit größter Mühe und unter Lebensgefahr in Sicherheit.

Doch aufgeben wollen sie deshalb nicht. Der Everest bleibt der Magnet ihres Lebens. Als sie 2011 wieder einmal abreisten, versprachen sie, es weiter zu probieren. Nur einmal, 2008, kam Helena Pinto Coelho ohne ihren Mann und von der Südseite aus zum Everest. Anstelle ihres Mannes war sie mit dem Japaner Tatsuo Matsumoto im Rahmen einer recht illustren internationalen Expedition unterwegs, bei der auch acht Mäuse unter den Teilnehmern waren. Den Japaner »coachte« die erfahrene Helena Coelho am Berg, die Mäuse wollte der US-amerikanische Bergsteiger Tejvir Singh Khurana auf ihre Höhentauglichkeit untersuchen.

Sie kamen bis auf 8500 Meter, doch weder der Japaner noch die Mäuse noch Helena Coelho erreichten den Gipfel.

Familienbande spielten auch 2008 eine Rolle, als die australische Anwältin Cheryl Sarah Bart mit ihrer 23 Jahre alten Tochter Nicole Karian auf den Everest-Gipfel stieg. Cheryl und Nikki hatten sich aufgemacht, die sieben höchsten Berge aller Kontinente zu besteigen. Der Everest war Teil dieser Gesamttour. Bald nach dem Everest erreichten die beiden als Mutter-Tochter-Team auch ihre letzten beiden Ziele der Seven Summits.

Mit den höchsten Erhebungen auf den Kontinenten sorgte auch Jordan Romero für weltweite Schlagzeilen. Am 12. Juli 1996 im kalifornischen Big Bear geboren, wollte er schon als Kind die höchsten Gipfel der Erdteile erreichen. In der Schule hatte er ein Gemälde mit all diesen Bergen gesehen. Es war nie genau herauszufinden, wie groß nun tatsächlich der eigene Antrieb gewesen ist und wie sehr Jordans Vater und die Stiefmutter dieses Projekt vehement angeschoben haben. Jordan beteuerte hundertfach, dass er das alles unbedingt selbst wolle, doch der kritisch-argwöhnische Blick blieb stets an den Eltern haften. Kaum 15-jährig, war Jordan am Ziel der Seven Summits angelangt. Die Medien berichteten weltweit in Wort und Bild. Den Mount Everest hatte Jordan Romero bereits mit 13, am 22. Mai 2010, bestiegen. Einen Tag vor den Studers aus Vorarlberg und als jüngster Mensch, der je die 8848 Meter erreichte.

Jordan Romero wird wohl lange Rekordhalter bleiben, denn in Nepal gibt es keine Genehmigungen für Kinder unter 16 Jahren, und selbst China überlegt offenbar, ob so etwas ein zweites Mal erlaubt werden sollte. Doch kaum war Romero in den Everest-Chroniken verewigt, gab Pemba Dorje Sherpa, mit acht Stunden und zehn Minuten Rekordhalter für die schnellste Everest-Besteigung, bekannt, er würde alles dafür geben, im folgenden Jahr eine Genehmigung für seinen damals zehn Jahre alten Sohn zu erhalten. Es blieb ein Wunsch, Pemba erhielt das Permit nicht.

Nicht alles, was am Everest herumgeistert und verbreitet wird, ist auch wahr. Mit einer stoischen Beharrlichkeit werden in vielen Medien, selbst und kurioserweise vor allem in den seriösen Medien, seit Jahren auch Geschichten fortgeschrieben, die sich gar nicht oder zumindest nicht ganz so ereignet haben. Wie beispielsweise die über den Sherpa Lhakpa Tharke aus Khumjung im Khumbu-Tal. Ihm hat man angedichtet, sich 2006 auf dem Gipfel bis auf die Unterhosen ausgezogen zu haben, um als erster Mensch möglichst lange nackt am höchsten Punkt auszuharren. Bis heute kämpft Tharke verzweifelt dagegen an. Niemals habe er sich auf dem Gipfel ausgezogen. Und er habe auch keinen Rekord brechen wollen. Tatsächlich hat Tharke nur seinen Daunenanzug geöffnet und seine Brust entblößt– »weil ich Lord Buddha mein Herz zeigen wollte«. Ihm wurde allerdings sehr schnell sehr kalt, und so schloss er den Reißverschluss blitzschnell wieder.

Der wahre Hintergrund dieser Begebenheit jedoch rückt das alles in ein vollkommen anderes Licht. Lhakpa Tharke Sherpa lebte acht Jahre lang als Mönch im buddhistischen Kloster Tengboche auf einem beeindruckend schönen Hügel mit direktem Blick zum Mount Everest und in die Südwände von Nuptse, Lhotse und Lhotse Shar. In Tengboche befasste Tharke sich auch intensiv mit anderen Weltreligionen und entwickelte das typisch buddhistische Verständnis für andere und Andersgläubige. Über den Islam allerdings wusste er nur wenig. 2004 bestieg Tharke den Mount Everest zum ersten Mal. Es war das Jahr, in dem auch nepalische Ghurka-Soldaten im Irak-Krieg starben. In den Straßen von Kathmandu tobten sich unterdessen der Mob und die Wut darüber aus. Geschäfte von Muslimen wurden überfallen und die Besitzer verprügelt – weil Muslime Nepali getötet hatten.

»In dieser Zeit dachte ich viel darüber nach, dass jede Religion für Gläubige eine Erleuchtung bereithält«, sagt Tharke rückblickend, »ich machte mir aber auch Gedanken darüber, wie viele Kriege religiös motiviert sind und wie wichtig gerade deswegen Freundschaft unter den Menschen ist.« Und so malte Tharke ein Bild, das seine Sicht von Freundschaft zeigt.

In dem jungen Mann wuchs der Wunsch, dass möglichst viele Menschen dieses Bild sehen könnten. 2006 stieg Lhakpa Tharke Sherpa, gerade 26-jährig, ein zweites Mal auf den Mount Everest. Er gelangte schließlich auf den Gipfel, holte sein kleines Gemälde heraus, öffnete seinen Daunenanzug, drückte das Bild an seine Brust und begann laut zu beten. »Es war ein Symbol, dieses Bild auf meinem Herzen. Ich wollte diese Friedenskarte direkt von meinen Herzen versenden«, sagt Tharke, traurig darüber, dass in der Weltöffentlichkeit eine so falsche Botschaft verbreitet worden ist. Er habe doch nur einen kleinen Beitrag dazu leisten wollen, »dass die Religionen mehr zusammenrücken und nicht Kriege führen«. Doch stattdessen entstand das Bild vom nackten Sherpa auf dem Gipfel des Everest. In die Welt gesetzt von einem Verbindungsoffizier aus dem nepalischen Tourismusministerium, der nie mit Tharke selbst über die Ereignisse des 20. Mai 2006 gesprochen hat.

Doch dieses Bild passte zum Ganzen. Denn 2006 war gar kein gutes Jahr am Everest. In den Flanken kamen im Lauf der Wochen insgesamt elf Menschen ums Leben. Da fügte sich die Geschichte von einem bizarren Nacktrekord nur allzu gut in die Katastrophenberichterstattung über eine ohnehin vollkommen aus den Fugen geratene Bergsteigerszene. Lhakpa Tharke Sherpa stand dem Ganzen tief betroffen gegenüber. »Ich war so beschämt, dass ich nicht einmal etwas sagen oder mich wehren konnte«, erzählte Tharke der bayerischen Achttausender-Bergsteigerin und Journalistin Billi Bierling in einem hinreißenden Interview, das 2007 im nepalischen *Himal Magazine* veröffentlicht wurde. Doch dieses Medium war natürlich nicht annähernd verbreitet genug, um Tharkes Geschichte ein für allemal ins rechte Licht zu rücken.

Das Thema Nacktheit spielt am Everest offenkundig immer wieder einmal eine Rolle. 2012 kam es im Basislager zu einem Zwischenfall. Am letzten Tag ihrer Expeditionszeit und aus welchem Überschwang heraus auch immer machten sich drei Bergsteiger auf einen außergewöhnlichen Spaziergang durch das Basislager. Sie waren Mitglieder des Wohltätigkeitsvereins »Walking with the Wounded« und hatten unter der Expeditionsleitung von Russell Brice versucht, den Everest zu besteigen. Als Brice das Unternehmen wegen Gefährlichkeit überraschend abbrach und die Heimreise organisierte, wollten die drei Kriegsversehrten wohl doch noch etwas auf die »Spitze« treiben. Sie spazierten fast splitternackt durch das gesamte Camp, in dem zu diesem Zeitpunkt fast 800 Zelte standen – lediglich mit einem Klettergurt und ihren klobigen Höhenbergstiefeln bekleidet. Aufsehen zumindest erregten die drei jungen Männer, von denen einer im Krieg in Afghanistan einen Arm verloren und ein anderer bei der Explosion einer Benzinbombe im Irak schwere Verbrennungen erlitten hatte. Doch der seltsame Marsch fand erwartungsgemäß kein sehr positives Echo. Die wenigsten der anderen Bergsteiger amüsierten sich, viele schimpften über die »Schamlosigkeit«. Was aber wohl weniger mit Prüderie zu tun hatte als vielmehr mit dem Respekt vor den vielen Sherpa, die den Everest als heiligen Berg verehren.

Wahr ist auch die skurrile Geschichte von Wim Hof, dem »holländischen Eismann«. Der bärtige Haudegen aus Sittard steigt schon mal gern nackt und bis zum Hals in einen mannshohen Glasbehälter voller Eiswürfel – um den Rekord des längsten Eisbades zu brechen. Rund ein Dutzend Mal und immer länger ertrug er so extreme Kälte. An seine Grenzen stieß er jedoch zum ersten Mal, als er 2007 zum Everest kam. Er nahm die Nordroute. Bekleidet war er nur mit Shorts, warmen Socken und everesttauglichen Thermoschuhen. In 7400 Metern Höhe allerdings wurde ihm dann doch entschieden zu kalt, und er musste dringend etwas anziehen.

In China fragt niemand, wie verrückt die Ideen sind, die am Everest verwirklicht werden sollen. In Nepal kommt inzwischen ein wenig Bewegung in die Diskussion darüber, ob man denn wirklich alles erlauben sollte. Viele Beobachter fragen sich allerdings schon seit Langem, ob nicht gerade dort der Bogen schon viel früher überspannt worden ist. Wer eine Besteigungsgenehmigung ergattern will, muss sich aus dem dichten und wütenden Verkehr der nepalischen Hauptstadt Kathmandu heraus hinter einen hohen Zaun begeben. Neben dem imponierenden Parlamentspalast und dem Supreme Court wirkt das Tourismusministerium mit seinem viereckigen roten Backsteinbau im Regierungsbezirk fast unscheinbar. Doch dort hat die bürokratische Schaltzentrale des Mount Everest ihren Sitz. Dort gibt es Stempel und Unterschriften, und noch einmal Stempel und Unterschriften. Und wenn alles fertig ist, werden die Papiere auch dafür noch einmal mit Stempel und Unterschriften versehen. Draußen pulsiert unterdessen das pralle Leben Kathmandus, denn genau gegenüber befindet sich der zentrale Busbahnhof, wo sich neben Kühen, Hühnern, Ziegen und streunenden Hunden täglich auch Hunderte Menschen versammeln, um in überfüllten und Ruß speienden Bussen in alle Teile des Landes zu reisen.

Man betritt das Tourismusministerium mit dem Ansinnen, eine Everest-Genehmigung zu erhalten, allerdings nicht durch den Haupteingang. Von einem der unzähligen Angestellten des Ministeriums wird man vielmehr durch den schmalen Hintereingang geschoben, von wo aus eine noch kleinere Tür zu den düster wirkenden Kammern der Abteilung für Besteigungsgenehmigungen führt. Weil es im Tourismusministerium fast keine Computer gibt und schon überhaupt keine Vernetzung, stapeln sich inzwischen selbst unter den Treppenaufgängen und unter den Schreibtischen der Beamten meterhoch die Akten. Dabei werden dort Millionenumsätze generiert und abgewickelt, und es wird dort vor allem darüber entschieden, wer auf dem Mount Everest wann was darf. Dabei sind fehlende Computer und die Aktenberge nur äußere, aber durchaus bezeichnende Anzeichen des gesamten Chaos.

Ein 8848 Meter hoher Berg ist für eines der ärmsten Länder zu einer üppigen Einnahmequelle geworden. Zudem ein Quell, der offenbar auch derzeit nicht zu versiegen droht. Seit am Mount Everest jedes Jahr eine Spur getreten, Fixseile verlegt, der Sauerstoff hinaufgetragen, die Zelte aufgebaut werden und damit so eine Art Autobahn mit Raststätten entsteht, steigt nicht nur die

Zahl derer ständig, die unbedingt hinaufwollen, vielmehr versuchen auch fast alle Everest-Anwärter, die eigene Leistung mit einem Alleinstellungsmerkmal zu versehen, um so doch noch in die Medien zu kommen. »Jeder Mensch sucht nach Anerkennung«, sagt Reinhold Messner ungewohnt milde, »ich bin ja selbst nicht frei davon. Also müsste man ja fast schon verstehen, was am Everest geschieht.«

Längst geht es nicht mehr darum, der erste Brite, der erste Amerikaner, der erste Deutsche oder der erste Koreaner auf dem Gipfel zu sein. Die Parzellen der Eitelkeit werden immer kleiner. Es sind inzwischen allenfalls noch die Provinzzeitungen, die vom ersten Rheinländer, vom ersten Südsenegalesen oder vom ersten Amerikaner aus Burbank nördlich von Los Angeles auf dem Everest berichten. Vielleicht gibt es noch eine Schlagzeile, wenn man Teil einer Reinigungsexpedition am Everest ist. Denn das Thema Müll im Zusammenhang mit dem höchsten Berg der Erde macht sich noch immer gut.

Dass der US-amerikanische Höhenbergsteiger Conrad Anker 2012 – knapp 50 Jahre nach der ersten Begehung – das berühmte Hornbein-Couloir und damit eine der wirklich großen und anspruchsvollen Routen am Everest in Angriff genommen hat, interessierte allenfalls ein kleines Fachpublikum. Dabei war das eine durchaus spannende Angelegenheit. Denn Conrad Anker, der US-Bergsteiger, der 1999 – 75 Jahre nach dessen Verschwinden – den Leichnam von George Mallory an der Nordseite des Everest fand, hatte 2012 eine Genehmigung für die alte Route der US-Amerikaner von 1963 erhalten. Es sollte dort ein Film entstehen, mit dem Anker nachempfinden wollte, welch großartige Leistung Tom Hornbein und die anderen amerikanischen Bergsteiger seinerzeit vollbracht hatten.

Der italienische Spitzenbergsteiger und Hubschrauberpilot Simone Moro ging in der Vorbereitungsphase dieser Expedition ein fast unglaubliches Risiko ein, als er mit seinem Helikopter den Everest überflog und aus nächster Nähe in das Couloir hineinfilmte und -fotografierte. Doch was auf diesen Sequenzen und Bildern zu sehen war, erwies sich nicht als sehr ermutigend. Die steile Eisrinne war 2012 fast vollständig ausgeapert und damit praktisch unbegehbar. Während der Expedition von Konrad Anker erkrankte dessen Partner Cory Richards an einem Höhenödem. Sie befanden sich da bereits auf dem Weg zur Westschulter. Sein Zustand entwickelte sich derart dramatisch, dass Richards, der über gute Achttausender-Erfahrung verfügte, auch weil er zusammen mit Simone Moro und dem Kasachen Denis Urubko die erste Winterbesteigung des Gasherbrum II realisiert hatte, nach Kathmandu ins Krankenhaus geflogen werden musste. Als Anker schließlich Moro fragte, ob er bereit sei, mit ihm in das Couloir zu steigen, winkte der ansonsten so mutige Italiener dankend ab, hatten seine Aufnahmen ihm doch gezeigt, wie gefährlich die Route in dem Jahr war.

Anker selbst wählte schließlich notgedrungen den Normalweg, um nicht gänzlich tatenlos vom Everest heimfliegen zu müssen. Er war praktisch gezwungen, sich in die endlose Schlange der übrigen Aspiranten einzureihen. Was er schon in der Westroute vorgehabt hatte, realisierte er dann auf der Südroute der Erstbegeher. Er verwendete keinen Flaschensauerstoff. Anker verbrachte zwei Nächte im Südsattel und erreichte am 26. Mai 2012 den Gipfel, was nach 48 Stunden in einer Höhe von beinahe 8000 Metern ohne Flaschensauerstoff eine fast unglaubliche Leistung war.

Aber selbst den meisten alpinen Magazinen ist so etwas kaum noch eine Meldung wert. Der Mount Everest ist offenbar sogar bei Fachpublikationen längst in Verruf geraten. Er zieht kein Lesepublikum mehr an. Sogar interessierte Nichtbergsteiger rümpfen inzwischen die Nase, wenn sie etwas vom Everest hören oder lesen. Dem höchsten Berg der Erde haftet heute gleich ein mehrfacher Makel an. Dieser Berg werde vom Geruch des Todes umweht, er trage den Stempel des Massentourismus, und seine Flanken seien ein Tummelplatz für adrenalinsüchtige Junkies geworden. Die Menschen sind dabei, die Bilder zu verinnerlichen, die auch in diesem Buch zur Illustrierung dienen. Es sind die Bilder der fast unüberschaubaren Zeltstadt am Fuß des Berges, aber auch der vielen Zelte am Südsattel und der schier endlosen Menschenkette, die sich wie an einer Perlenschnur aufgereiht den Berg hinaufschindet.

Der Respekt vor dem Berg ist lange schon verschwunden, jetzt bröckelt auch sein Mythos. Denn was sich am Everest abspielt, gibt es an keinem einzigen anderen Berg der Welt in dieser Form. Auch am Mont Blanc und am Matterhorn, am Großglockner und am Elbrus, am Aconcagua und am Kilimandscharo drängen sich in der Hochsaison die Bergsteiger um die besten Startplätze. Doch am Mount Everest sind die allermeisten Anwärter nicht einmal in der Lage, selbstständig auch nur einen einzigen Schritt zu gehen. Sie brauchen eine grabentiefe Spur im Schnee und eine mit Seilen präparierte Route. Und ohne Flaschensauerstoff würden womöglich 75 Prozent spätestens jenseits von 7500 Metern Höhe kollabieren. »Pisten-Bergsteigen« nennt Reinhold Messner das. »Entwürdigend und einfach furchtbar«, befindet Gerlinde Kaltenbrunner. Da passt eine unbestätigte Meldung gut ins Bild, dass man am liebsten – von der chinesischen Seite aus – eine Straße bis auf den Gipfel bauen würde. Der Everest als Disney-Attraktion. Eintritt: 10 000 US-Dollar für das Ticket. Danach in der Reihe anstehen, bis man drankommt.

Für das *Guinness-Buch der Rekorde* hat der Mount Everest immer schon reichlich Stoff geliefert. Doch inzwischen muss man wohl auf Strümpfen oder rückwärts zum Gipfel gehen, um die Redakteure noch zu überraschen. Wenn man dem internationalen Nachrichtendienst aus der Umgebung des höchsten Berges 2012 Glauben schenken durfte, dann bahnte sich bereits lange vor der neuen Saison Aufsehenerregendes für das Jubiläumsjahr 2013 an. Zwei über achtzig Jahre alte Männer hatten sich also bereits 2012 frühzeitig für einen Gipfelversuch angekündigt. Es hatte fast ein bisschen den Anschein, als wollten die beiden in Ehren ergrauten Herren keinen Tag ungenutzt verstreichen lassen, schließlich ist jeder Tag im Alter kostbar. In der *Myanmar Times*, einer durchaus angesehenen Tageszeitung in Südostasien, verriet zuerst Min Bahadur Sherchan, dass er im Februar 2013 82 Jahre alt werde und unbedingt zum Everest zurückkehren wolle. Dort hatte der rüstige Rentner bereits 2008 seinen ersten Altersrekord aufgestellt. Er war damals 76 Jahre alt. Und weil im *Guinness-Buch* jeder Tag zählt, ließ er die zusätzlichen 340 Tage zu seinem 76. Geburtstag säuberlich mitnotieren.

Doch derweil bot auch die Konkurrenz mit. Der Japaner Yuichiro Miura signalisierte, ebenfalls ganz hinauf zu wollen, um dabei zu versuchen, Sherchan den Titel als ältester Mensch auf dem höchsten Berg der Welt streitig zu machen. Miura hatte schon früher einmal den Altersrekord aufgestellt. Und am Everest ist er auch ansonsten kein Unbekannter, denn dort hatte er bereits zuvor fette Schlagzeilen gemacht. 1970 hatte er sich am Südsattel auf ein paar Ski gestellt und war ohne lange zu zögern losgefahren. Augenzeugen wollen sogar gesehen haben, dass er mit den Stöcken anschob wie ein Rennläufer. Die enorme Steilheit sollte ein Bremsschirm abmildern. Doch sehr lange ging das alles nicht gut. Bald unter dem Genfer Sporn, in der Lhotse-Flanke, konnte Miura sich nicht mehr auf den Brettern halten. Er rutschte fast die gesamte Flanke hinunter und kam wie durch ein Wunder erst direkt vor einer beeindruckend großen Spalte zum Stillstand.

Ein kleiner Streifen über den waghalsigen Mut Miuras gewann 1975 bei der 48. Oscar-Verleihung in Hollywood den Preis als bester Dokumentarfilm. In seiner Dankesrede sagte der Regisseur: »Dies ist ein amerikanischer Preis für einen kanadischen Film, in dem ein japanischer Abenteurer die Hauptrolle an einem Berg spielt, der in Nepal liegt. Dieser Berg ist der höchste der Erde, und er heißt Mount Everest. Die Geschichte dieses Films klingt unglaublich, aber sie ist wahr.«

Es sei wahrscheinlich nur eine Frage der Zeit, »bis ein kalifornisches Altersheim seinen Jahresausflug zum Mount Everest plant«, zeterte daraufhin ketzerisch der deutsche Himalaja-Kolumnist Stefan Nestler. Obwohl Mediziner darauf verweisen, dass mit zunehmendem Alter die Gefahr abnehme, in der Höhe an einem Hirn- oder Lungenödem zu erkranken, ist der Everest für derart betagte Herrschaften ganz offensichtlich nicht das beste Pflaster. Stefan Nestler ist ein Fall noch in guter Erinnerung. Anfang Mai 2011 brach unweit des ersten Hochlagers knapp oberhalb des Khumbu-Eisbruchs der frühere nepalische Außenminister Shailendra Kumar Upadhyay bei dem Versuch, ins Basislager zurückzukehren, tot zusammen. Der Mann war 82 Jahre alt.

Schneller, höher, weiter – das ist die Konkurrenzseite des olympischen Gedankens. Älter, schneller, kürzer, länger und noch nie dagewesen – das sind meist die Motive am höchsten Berg der

Erde. 1999 harrte der Sherpa Babu Chiri 21 Stunden lang ohne Flaschensauerstoff auf dem Gipfel aus. Die allermeisten anderen Bergsteiger sind froh, wenn sie nach einer Viertelstunde wieder absteigen können. Doch Babu Chiri, geboren in Salleri, einem kleinen Nest im Solo-Khumbu-Distrikt, wollte der Welt zeigen, was am Everest möglich ist. Er betonte oft, dass er den Everest nur deshalb besteige, um in seinem Heimatdorf eine Schule bauen zu können, nachdem er selbst nie eine habe besuchen können. Ein Jahr vor dem Langzeitaufenthalt am Gipfel hatte Babu bereits einen anderen Weltrekord aufgestellt. In 16 Stunden und 56 Minuten war er vom Basislager bis zum Vermessungsdreibein am höchsten Punkt aufgestiegen. Niemand war bis dahin an der Südseite schneller gewesen.

Babu Chiri starb am 29. April 2001. Er hatte in der direkten Umgebung von Lager II im Western Cwm mit einer kleinen Videokamera Filmaufnahmen gemacht und war dabei über 60 Meter tief in eine Gletscherspalte gestürzt. Erst nach Stunden wurde er überhaupt vermisst, und es dauerte danach fast die ganze Nacht, bis andere Sherpa ihn nur noch tot bergen konnten. Am nächsten Tag brachten sie den Nationalhelden durch den Eisbruch hinunter. Alle anwesenden Bergsteiger standen Spalier, als der Leichnam zu einem Hubschrauber getragen wurde. In Kathmandu säumten über eine halbe Million Menschen die Straßen, als Babu durch die Stadt zur Verbrennung nach Pashupatinath gebracht wurde. An der Straße zum Flughafen erinnert seitdem eine lebensgroße Statue an den Nationalhelden. In jenem Frühjahr 2001 war in Salleri eine Schule ihrer Bestimmung übergeben worden.

Es hat am Mount Everest also nicht nur kuriose, sondern auch viele dieser tragischen Geschichten gegeben. Am 23. Mai 2001 stürzte knapp unter dem Südgipfel, also nicht mehr sehr weit vom Ziel entfernt, Peter Ganner ab. Wenig später verbreitete das Tourismusministerium in Nepal die Meldung seines Todes via Nachrichtenagenturen in alle Welt. Peter Ganner war ein freundlicher, hilfsbereiter und aufgeschlossener Mann, intelligent und mit einem gewinnenden Lachen. Er war mit einer internationalen Expeditionsgruppe zum Mount Everest gekommen, die vom lokalen nepalischen Unternehmen Asian Trekking angeboten worden war. Gemeinsam unterhielten wir uns ein paarmal, wenn er auf seinen ausgedehnten Spaziergängen durch das Basislager am Camp unseres Teams vorbeikam. So erfuhr ich, dass Ganner beim Österreichischen Fernsehen (ORF) beschäftigt war und in Klosterneuburg vor den Toren Wiens lebte, überaus glücklich verheiratet und Vater von vier erwachsenen Kindern war. Peter Ganner hatte Erfahrung an den hohen Bergen, denn er war auf dem Gipfel des Cho Oyu gewesen und fast auf dem des Gasherbrum II. Ohne Hilfe von Sherpa und ohne Flaschensauerstoff. Eigentlich ein guter Kandidat für eine Everest-Besteigung. Ein starker Marathonläufer und überzeugt von seiner guten Kondition.

2001 hatte er sich entschieden, den Mount Everest zu versuchen. Ich kann mich noch genau daran erinnern, wie wir uns an einem späten Nachmittag, kurz bevor die Sonne unterging, lange unterhielten. Ich wohnte damals in Salzburg, er in Wien, das schien uns auf gewisse Weise zu verbinden in dem ganzen internationalen Kauderwelsch. Wir sprachen über die steigenden Preise für eine Everest-Expedition. Doch Peter Ganner hatte offenbar bei Asian Trekking entweder ein Schnäppchen gebucht oder verdammt gut verhandelt. Denn er hatte der Agentur mit Sitz in Kathmandu gerade mal 25 000 US-Dollar gezahlt. Von seinem Climbing-Sherpa war er begeistert, der in diesem Preis ebenso inbegriffen war wie das Besteigungspermit im Wert von 10 000 Dollar, einige Flaschen Sauerstoff, die Verpflegung für zwei Monate sowie das Basislager- und die Hochlagerzelte. Im Fall eines Gipfelerfolgs wären weitere 2000 Dollar Erfolgsprämie für den Sherpa fällig geworden, »aber die zahle ich gern«, sagte Peter Ganner an diesem Tag Mitte Mai.

Dass die Agentur keine Funkgeräte stellte, beunruhigte ihn ein wenig, denn er sah natürlich viele andere Bergsteiger den ganzen Tag mit den kleinen Geräten im Basislager und oben am Berg in der Route. In seinem Team war auch Juan Benegas, ein Cousin des bekannten argentinischen Brüderpaares Willie und Damian Benegas (die allerdings an einer anderen Everest-Expedition mitwirkten), sowie ein weiterer spanischer Bergsteiger. Es gab offenbar Verständigungsprobleme in der kleinen Gruppe. Vielleicht war das einer der Gründe, warum Peter Ganner immer mal wieder bei uns auftauchte. In das Permit von Asian Trekking waren noch zwei weitere Bergsteiger eingetragen. Männer von internationalem Rang. Spitzenkräfte. Doch der Italiener Simone Moro und der bärenstarke Kasache Denis Urubko gehörten zu keiner Zeit wirklich zu dieser Gruppe, sie nutzten nur die Ressourcen und die Infrastrukturen von Asian Trekking und hatten nicht allein den Mount Everest im Blick, sondern vielmehr eine Doppelbesteigung mit dem Lhotse.

Doch es war kein sonderlich gutes Jahr an der Südseite des Everest. Wieder einmal. Das Wetter entwickelte sich oft schlecht, blieb launisch und wurde erst sehr spät stabil. Ungewöhnlich ist das allerdings nicht in dieser meteorologisch anfälligen Region des Himalaja. Durch die vielen Schneefälle und heftigen Höhenstürme in Gipfelnähe, die oft bis ins Basislager als brummendes Wummern zu hören waren, verzögerte sich der Aufbau der Route immer wieder, und schließlich wurde es im Basislager unruhig, weil vielen die Zeit davonlief. Kaum fünfzehn Meter von meinem Zelt entfernt stand damals das Lager der Spanierin Edurne Pasaban und der Italiener Silvio »Gnaro« Mondinelli und Mario Merelli. Sie alle erreichten zusammen mit fast fünfzig anderen Bergsteigern an diesem 23. Mai 2001 den Gipfel.

Auch Peter Ganner war an diesem Tag unterwegs. Das wiederum war eigentlich überraschend, denn ein paar Tage zuvor hatte er mir noch eher betrübt davon berichtet, dass sein Rückflug gebucht sei, sein Urlaub zur Neige gehe und er eigentlich zurückmüsse. Er sei ratlos, was er tun solle. Noch weiter warten, bis oben endlich alles bereit wäre, seine Frau darum bitten, beim ORF eine Verlängerung des Urlaubs zu erwirken, den Flug umbuchen? Wir unterhielten uns an diesem Tag lange miteinander, und ich sagte zu ihm, dass dies sicher keine leichte Entscheidung sei. Als der Kaffee schon lange kalt war, fragte ich ihn, ob es nicht vielleicht das Beste sei, seine Frau daheim anzurufen und das mit ihr in Ruhe zu besprechen, wenn er nicht ganz davon überzeugt sei, ob er noch bleiben solle.

Ich habe Peter Ganner danach nie wiedergesehen. Im Basislager erfuhr ich später, dass er in Richtung Gipfel aufgebrochen sei und das Wetterfenster nutzen wolle, das die Meteorologen versprochen hatten. Als Edurne Pasaban zusammen mit Gnaro

Mondinelli und Mario Merelli am 25. Mai vom Gipfel ins Basislager zurückkehrte, war sie nicht nur glücklich über ihren ersten Achttausender, sondern auch betrübt und niedergeschlagen über den Tod von Peter Ganner. Denn Edurne Pasaban gehörte ganz offensichtlich zu den letzten Bergsteigern, die den Österreicher noch bei den Fixseilen gesehen hatten. Sie sah, wie Ganner, mit dem Karabiner und seinem Abseilachter am Seil gesichert, sich etwas ausruhte, während sie mit einem Seilmanöver, bei dem sie ihre Sicherung umhängen musste, an Ganner vorbeistieg. Edurne Pasaban befand sich zu diesem Zeitpunkt im Abstieg vom Everest-Gipfel, den sie kurz vor halb elf Uhr am Vormittag mit Silvio Mondinelli, Francisco Javier, zwei weiteren spanischen Bergsteigern und dem Sherpa Dawa erreicht hatte. Im Abstieg waren sie Mario Merelli begegnet, der sich da noch auf dem Weg hinauf befand. Unterhalb des Südgipfels waren Edurne Pasaban und Silvio Mondinelli auf Peter Ganner getroffen. Auch er befand sich da schon im Abstieg, obwohl er den Gipfel noch nicht erreicht hatte.

Es war zu diesem Zeitpunkt etwa 13 Uhr. Edurne erzählte mir bald nach ihrer Rückkehr, dass der Österreicher offenbar Schwierigkeiten mit seinem Abseilachter gehabt habe, weil sich das Fixseil unter ihm zu einem heillosen Knäuel zusammengekrangelt habe und nun nicht mehr durch den Achter gelaufen sei. Edurne Pasaban war Peter Ganner dabei behilflich gewesen, den Abseilachter gegen seine Jumarklemme auszutauschen. Mit diesem Gerät geht der Abstieg zwar nicht mehr so schnell und etwas weniger sicher, doch das Krangelproblem war wenigstens gelöst. Edurne Pasaban erklärte mehrfach, dass es Peter Ganner zu diesem Zeitpunkt gut gegangen sei. Er sei zwar müde gewesen und etwas erschöpft, aber durchaus und gut in der Lage, selbstständig und verantwortungsbewusst abzusteigen.

In diesem Bereich ist die Route am Grat reichlich ausgesetzt, denn auf der rechten Seite in Aufstiegsrichtung gähnt über 3000 Meter tief die Kangshung-Flanke in Richtung Tibet und auf der anderen Seite geht es steil hinunter in das Western Cwm. 2001 war dort besondere Vorsicht geboten, weil sehr viel Schnee sowohl den Auf- als auch den Abstieg erschwerte. Etwa 80 Höhenmeter tiefer traf die spanische Bergsteigerin den Sherpa Phinzo, der Ganner auf den Gipfel begleiten sollte und sich nun ebenfalls im Abstieg befand. Auch Phinzo hatte ich einige Male im Basislager gesehen. Ein im Vergleich zu anderen eher gedrungener Sherpa, ein hoch aufgeschossener, junger und freundlicher Mann. Er war damals wohl kaum 30 Jahre alt und hatte im Jahr zuvor den Gipfel zum ersten Mal bestiegen. Er sprach allerdings fast kein Wort Englisch. Edurne Pasaban machte Phinzo ihren Aussagen zufolge deutlich darauf aufmerksam, dass sein Klient ein Problem beim Abseilen habe, er den Achter gegen die Jumarklemme ausgetauscht habe und der Sherpa nun besonders aufmerksam sein solle. »Take care«, das ist eine der meistgebrauchten Floskeln am Mount Everest.

Einige Zeit später und knapp 200 Höhenmeter tiefer, im Bereich einer Passage, die »Balkon« genannt wird, schloss Phinzo eilig zu der Spanierin auf. Als Edurne Pasaban nach Peter Ganner fragte, erhielt sie von Phinzo die Antwort, er sei tot. Abgestürzt. Mindestens 500 Meter tief in die Kangshung-Flanke hinab. Niemand konnte zu diesem Zeitpunkt erklären, was da oben passiert war. Auch Phinzo nicht. Wie auch, wenn sich sein englischer Sprachschatz auf ein paar wenige Vokabeln beschränkte. Er eilte weiter hinunter in Richtung Lager IV am Südsattel.

Der Schock saß allenthalben tief. Auch Tage später noch. Aber schlechte Nachrichten verbreiten sich schnell am Everest. Binnen weniger Stunden lief die Meldung, dass ein österreichischer Bergsteiger am höchsten Berg der Erde unter bislang ungeklärten Umständen abgestürzt sei, über die Nachrichtenagenturen. Doch zu diesem Zeitpunkt war Peter Ganner gar nicht tot. Er war zwar abgestürzt, aber er hatte den Sturz überlebt. Es waren offenbar auch keine 500 Höhenmeter, sondern allenfalls hundert. Es kamen an diesem Tag noch andere Bergsteiger vom Gipfel herunter. Sie alle sahen Peter Ganner auf der tibetischen Seite des Mount Everest in der Ostwand. Doch weil alle glaubten, der Mann da unten sei nach dem Sturz tot, und niemand mehr die Kraft hatte, dort hinunter- und vor allem danach auch wieder hinaufzusteigen, blieb dieser Unfall in seiner Konsequenz und den Auswirkungen ungeklärt. Es war inzwischen bereits nach 15 Uhr, und in den vielen Stunden danach geschah nichts. Keine Bewegung mehr am Everest.

Während dieser Phase der Frühjahrssaison war an der Südseite des Mount Everest auch eine große indische Militärexpedition unterwegs in Richtung Gipfel. Am 24. Mai 2001 erreichte bereits gegen fünf Uhr früh der nepalische Sherpa Pasang Gelu, ein Mitglied des indischen Teams, den Gipfel. Er war ganz allein, blieb nur eine Viertelstunde am höchsten Punkt und war noch vor sieben Uhr an diesem Morgen am Südgipfel. Er berichtete später, er sei dabei gewesen, seine Steigeisen besser zu befestigen, als er in der Flanke in Richtung Tibet erkannte, dass sich dort eine menschliche Gestalt bewegte.

Pasang Gelu kam am 28. November 1963 zur Welt und stammt aus Dhimbul, einem Dorf im Solo Khumbu. An diesem Tag im Jahr 2001 bestieg er den Everest zum ersten, aber nicht zum letzten Mal. 2003 gelangte er mit einer US-Expedition hinauf, 2006 mit einer niederländischen, 2007 mit Malaysiern und 2008 erneut mit Niederländern.

Als Pasang Gelu nun unter den Südgipfel kam, war die Situation in der Route noch immer unverändert. Das Verlegen neuer Fixseile, das sich während der Tage zuvor wieder und wieder verzögert hatte, war noch immer nicht abgeschlossen. Alle Bergsteiger, die am 22. und 23. Mai den Gipfel erreicht hatten, waren an den alten Fixseilen der Vorjahre dort hinaufgestiegen. Am Morgen des 22. Mai waren die deutschen Bergsteiger Dieter Porsche und Helmuth Hackl, zwei Mitglieder unserer Expeditionsgruppe, ganz kurz vor dem Südgipfel umgekehrt, weil sie nicht genug Fixseil dabei hatten, um die Route weiter hinauf zu sichern. Sie waren fast genau zu der Stelle gekommen, an der jetzt auch Pasang Gelu stand. Doch dort war das Fixseil nun gerissen. Pasang Gelu vermutete sofort: Der Mann dort unten musste abgestürzt sein, weil das Fixseil gerissen war. Etwas unterhalb dieser Stelle lag eine Rolle mit neuem Fixseil, die andere Sherpa dort zurückgelassen hatten. Von dieser Rolle befestigte Gelu nun ein Seilstück am Fels und stieg gleich danach mithilfe seines Sicherungsgeräts die rund hundert Höhenmeter zu Peter Ganner hinunter. Dafür benötigte er, ermüdet wie er nach dem Gipfelgang war, fast eine halbe Stunde.

Als er dort ankam, war der österreichische Bergsteiger noch immer am Leben. Doch die Kälte der Nacht hatte ihn gezeichnet.

Peter Ganner wies schwere Erfrierungen an den Händen und im Gesicht auf. Ansonsten schien er jedoch ohne größere Verletzungen, er versuchte sich aufzurichten und zu sprechen. Ganner hatte einen Teil seiner Ausrüstung verloren, darunter seinen Rucksack, der etwa zwanzig Meter über ihm lag, und einen Handschuh. Vielleicht hätte er Hilfe rufen können, wenn er von seiner Agentur ein Funkgerät zur Verfügung gestellt bekommen hätte. Pasang Gelu, der nicht wusste, wen er da überhaupt vor sich hatte, versuchte Peter Ganner so gut es ging zu helfen. Weiter oben am Berg, unter dem Südgipfel, gab es inzwischen Bewegung. Dort waren Sherpa einer großen US-amerikanischen Expedition unter Leitung der Geophysikers und Abenteurers Pasquale Scaturro dabei, die Routen weiter mit Fixseilen auszustatten. Diese Expedition hatte ein ganz besonderes Mitglied – den blinden Bergsteiger Erik Weihenmayer. Dessen Gipfelgang war für den 25. Mai geplant, und für ihn stellten diese Seile praktisch eine Lebensversicherung dar.

Für den österreichischen Bergsteiger Peter Ganner indes kamen sie rund zwanzig Stunden zu spät. Eine halbe Stunde nachdem Pasang Gelu ihn erreicht hatte, starb Ganner in dessen Armen. Gelu ebnete mühsam einen Platz im Schnee und brachte den fremden Mann in eine sitzende Position. Er wendete den Körper dem Gipfelaufbau des Mount Everest zu. Dann begann er wieder zurück in Richtung der Route aufzusteigen.

Der spanische Weltklassebergsteiger Iñaki Ochoa de Olza, der zu diesem Zeitpunkt bereits vier Achttausender bestiegen hatte und am 24. Mai ebenfalls in Richtung Everest-Gipfel unterwegs war, berichtete Tage später im Basislager, dass er an diesem Morgen einen Sherpa schwer keuchend und vollkommen erschöpft aus der Kangshung-Flanke in Richtung Südgipfel heraufsteigen sah. Ochoa sah auch Peter Ganner dort unten sitzen, nun von Gelu am Seil fixiert, damit der Leichnam nicht weiter abrutschen konnte. Daraufhin nahm der Spanier seine Kamera heraus, machte einige Fotos und wartete, bis Pasang Gelu bei ihm ankam. Der hatte seine ohnehin fast leere Sauerstoffflasche unter dem Südgipfel an der Stelle liegen lassen, wo das Fixseil gerissen war. Nun, so lange ohne die Unterstützung von zusätzlichem Sauerstoff, war er sichtlich mitgenommen. Und natürlich konnte er

Ochoa auch nicht sagen, was da geschehen war. Es wurde auch nie abschließend geklärt, warum der Österreicher abstürzte. Tatsache ist, dass er sich im Abstieg befand, was abermals ein Beleg für sein hohes Verantwortungsbewusstsein war. Denn als Edurne Pasaban seinen Weg kreuzte, war es erst 13 Uhr und eigentlich noch vor der empfohlenen Umkehrzeit. Es zog zwar mehr und mehr Bewölkung auf, aber die war eigentlich nicht besorgniserregend. Alles andere ist Teil all jener Spekulationen, die am Everest üblich sind.

Die Familie von Peter Ganner – seine Frau und die vier Kinder – hat etwa ein Jahr nach diesen tragischen Ereignissen in der Nähe von Dughla, auf einem markanten Pass in 4830 Meter Höhe zwischen Pheriche und Lobuche, einen kleinen Gedenk-Stupa errichtet. Nicht weit davon wird auch an sehr viele tödlich verunglückte Sherpa erinnert, an den US-amerikanischen Expeditionsleiter Scott Fischer und andere westliche Bergsteiger. Vor einem auffällig gelben Stein, der fast aus dem Gelben Band am Everest stammen könnte, ist eine Tafel aus Messing angebracht. Darauf steht: »Er ruht in 8400 Meter Höhe in der Kangshung-Wand, wo er am 24. Mai 2001 in den Armen von Pasang Gelu Sherpa starb.« Nein, Peter Ganner starb nicht am 23. Mai, wie behauptet worden war. Er lebte noch 18 Stunden, nachdem man ihn bereits für tot erklärt hatte. Für tot erklärt im Hochlager auf der nepalischen Seite, während Bergsteiger im Basislager auf der tibetischen Seite Ganner am Nachmittag und auch am nächsten Morgen immer wieder winken gesehen haben wollen...

»Der Tod ist nicht das Problem«

Was bewirken Katastrophen, Trauer und Leid am
höchsten Spielplatz der Erde? Das Drama von 1996

Wenn am Mount Everest auf der Normalroute von Süden her alles
normal läuft – was allerdings nicht besonders häufig vorkommt –,
dann sieht der Ablauf der eigentlichen Gipfelbesteigung in etwa
so aus:

1. Tag: vom Basislager (5350 m) zum Lager II (6400 m) am
Ende des Western Cwm 5 bis 10 Stunden (alle hier vermerkten
Zeiten hängen stark vom allgemeinen und speziell vom Zustand
der Akklimatisierung des jeweiligen Bergsteigers ab); das Lager I
(ca. 6100 m) wird beim Gipfelgang von den allermeisten Aspiranten übersprungen; zu Beginn der Akklimatisierungsphase werden zum Lager I Zeiten zwischen 4 und 8 Stunden kalkuliert,
vom Lager I zum Lager II weitere 2 bis 5 Stunden.

2. Tag: vom Lager II zum Lager III in der Lhotse-Flanke (ca.
7400 m) 4 bis 8 Stunden.

3. Tag: vom Lager III zum Lager IV im Südsattel (ca. 8000 m)
5 bis 9 Stunden; zum Gelben Band 2 bis 3 Stunden; vom Gelben
Band zum Genfer Sporn 2 bis 3 Stunden; vom Genfer Sporn zum
Südsattel (8010 m) 1 bis 3 Stunden.

4. Tag: vom Südsattel zum Balkon 3 bis 6 Stunden; vom Balkon
zum Südgipfel (8690 m) 3 bis 5 Stunden; vom Südgipfel zum
Hillary Step 1 bis 2 Stunden; vom Hillary Step zum Gipfel
(8848 m) 1 bis 2 Stunden; vom Gipfel zurück zum Südsattel 3 bis
5 Stunden.

5. Tag: vom Südsattel zum Lager II 3 Stunden, vom Lager II zum
Basislager 4 Stunden. Manche Bergsteiger übernachten noch einmal im Lager II oder im Lager I.

Diese Zeitangaben sind natürlich nur ungefähre Werte, doch
allein die beachtlichen Zeitdifferenzen verdeutlichen, welche Un-

terschiede es am Everest gibt, die von den Verhältnissen, vom Wetter und vor allem auch von der Leistungsfähigkeit jedes einzelnen Bergsteigers abhängen.

Meist reisen die Everest-Bergsteiger Ende März in Kathmandu an, verbringen dort wenigstens zwei Tage, um sämtliche Formalitäten zu erledigen, und dann geht es weiter auf einem etwa 30- bis 40-minütigen Inlandsflug, der auf einer steilen Landebahn in Lukla endet, einem wirklich abenteuerlichen Flughafen, der zu den zehn gefährlichsten der Welt gezählt wird. Von Lukla aus führt einer der sicherlich meistbegangenen und schönsten Trekkingpfade der Welt durch so bekannte Dörfer wie Namche Bazar vorbei am Kloster Tengboche, durch Pheriche, Lobuche oder Gorak Shep. Dort stehen in 5140 Meter Höhe die letzten Häuser unmittelbar am Rand der Moräne des Khumbu-Gletschers. Oft besteigen hundert Menschen an einem Tag den runden Buckel des Kala Patar. Bei gutem Wetter, ganz früh am Morgen oder im letzten Licht des Tages, kann die Aussicht von dort ein echtes Spektakel sein. Denn auf halbem Weg nach oben gibt sich optisch eingezwängt und doch so erhaben zwischen dem steil aufragenden Nuptse und dem Westvorbau des Everest der Gipfelbereich des höchsten Berges der Erde die Ehre.

Von Gorak Shep aus ist es nicht mehr sehr weit bis in das Basislager, das auf der trostlosen Moräne direkt unter dem Khumbu-Eisbruch entsteht – nur noch zwei, drei Stunden für einen normalen Geher. Tausende Trekkingtouristen und mehrere Hundert Bergsteiger aus aller Welt machen sich Jahr für Jahr zu diesem Basislager auf, das manchmal fast wie ein Wallfahrtsort wirkt. Die Bergsteiger bleiben meist mehr als eineinhalb Monate, die Trekkinggäste gehen am Nachmittag wieder. Wirklich gern gesehen sind sie im Basislager nicht gerade, denn sie sind es meist, die Infektionen, Durchfallerkrankungen und derlei Ungemach einschleppen. Für die Everest-Anwärter ist das ein echtes Gefahrenpotenzial, denn wenn sie sich im Basislager eine Virusinfektion einfangen, erholen sie sich davon in dieser Höhe nur schwer oder gar nicht. Dann müssen sie oft bis Deboche und somit unter 4000 Meter absteigen, um sich in einer Lodge auszukurieren, was jedoch wertvolle Zeit kostet, die für den Berg eingeplant war.

Auch in den 60 Jahren nach der Erstbesteigung 1953 ist der Mount Everest ein Belagerungsberg geblieben. Die allermeisten Besteigungen wurden und werden noch immer mit der alten Taktik ständiger neuer Auf- und Abstiege zur allmählichen Akklimatisierung durchgeführt. Das ist beim Achttausender-Bergsteigen ein aufreibendes, bisweilen zermürbendes Unterfangen. Auch und vor allem am Everest. Denn es ist sowohl physisch als auch psychisch sehr anstrengend, so vehement binnen weniger Wochen und in vergleichsweise kurzen Abständen immer wieder gegen denselben Berg »anzurennen«. Die Anstiegsetappen zwischen dem Basislager und dem dritten Hochlager in etwa 7400 Meter Höhe aber sind unbedingt notwendig, denn die Bergsteiger müssen sich ganz langsam an die zunehmende Höhe anpassen, um nicht höhenkrank zu werden.

Es ist nervlich durchaus sehr aufreibend, viermal zur Akklimatisierung und schließlich zum Gipfelversuch durch den Khumbu-Eisbruch auf- und wieder abzusteigen. Sich achtmal der Gefahr des Eisschlags auszusetzen, der gähnenden Tiefe der Spalten, der schwankenden Leitern – sich überhaupt in diese äußerst fragile Umgebung zu begeben, kostet schon einiges an Nerven. Zwar werden die Bergsteiger mit jeder Begehung des Eislabyrinths immer schneller und sicherer, aber die hohe Anspannung an einem der gefährlichsten Orte der Welt bleibt dennoch. Weiter oben in den Lagern schlafen die Kletterer schlecht, und unmerklich kriechen in Nächten, die sich endlos auszudehnen scheinen, Angst, Ungewissheit und Zweifel in die Schlafsäcke der Anwärter.

Bis Mitte April ist das Basislager auf der Moräne unter dem Everest entstanden, gegen Ende Mai verlassen die Bergsteiger die Zeltstadt wieder. Dazwischen liegt der spannende Zeitraum. Bis vor Kurzem sind die meisten Everest-Anwärter während dieser sechs Wochen viermal durch den brandgefährlichen Khumbu-Eisbruch gestiegen, haben wenigstens eine Nacht im Lager I, zwei Nächte in Lager II, zwei Nächte im Lager III und eine halbe Nacht in rund 8000 Meter Höhe im Südsattel verbracht. Dort liegt der Ausgangspunkt für den Schlussanstieg, der in der heutigen Zeit in einem durchgehenden Anstieg bewältigt wird.

Das war jedoch nicht immer so, denn bis 1970 entstand auf dem Grat hoch über dem Südsattel, in rund 8500 Meter Höhe, noch ein weiteres, fünftes Lager, von dem aus der Gipfel bestiegen wurde. Dann kam der Japaner Naomi Uemura und stieg am 11. Mai 1970 direkt aus dem Südsattel heraus bis zum höchsten Punkt. Das war zwar viel anstrengender, hatte aber den Vorteil, dass der Aufenthalt in der ganz extremen Höhe entschieden verkürzt wurde. Dennoch traute sich das in den folgenden Jahren kein einziger weiterer Bergsteiger zu. Bis 1978 Reinhold Messner zum Everest kam. Auch er wählte nun zusammen mit Peter Habeler bei der ersten Besteigung ohne Flaschensauerstoff diese Taktik des direkten Weges. »Nur so war es überhaupt möglich, die Flasche und die Maske wegzulassen«, erklärt Reinhold Messner.

Seitdem, gleich dem Zug der Lemminge, das Massenbergsteigen am Mount Everest begonnen hat, änderte sich an der Taktik mit vier Hochlagern und dem langen Schlussanstieg nichts mehr. Außer dass in den Flanken der Südwest-Route fast Platzkarten vergeben werden mussten. Die Suche nach Lösungen, wie man die aberwitzigen Verkehrsströme bewältigen könnte, die obendrein wegen der restlosen Überlastung an den wenigen schönen Gipfeltagen zwischen Mitte und Ende Mai auch noch sehr gefährlich für jeden Bergsteiger sind, ist schwierig genug. All jene, die fast jedes Jahr zum Everest kommen, die Leiter der großen kommerziellen Expeditionen, die Bergführer dieser Gruppen und auch die namhaften, weil sehr erfolgreichen Sherpa, bilden zwar bisweilen eine recht gute Allianz und sind im Sinne einer Verkehrsregelung auch an einer Bewältigung der immer wieder gleichen Probleme interessiert. Doch der Berg und noch mehr die Klienten, die sich heute unter dem Khumbu-Eisbruch einreihen, bieten nicht sehr viele Möglichkeiten und Alternativen.

Für die Expeditionsleiter stellt sich seit Jahren die Frage: Wie bringen wir unsere eigentlich viel zu schwachen Kunden möglichst sicher und rasch durch die Gefahrenbereiche und schließlich unbeschadet auf den Gipfel. Die Veranstalter bestehen auf der Verwendung von Flaschensauerstoff, denn ohne diesen würde die Besteigung für die vielen Berglaien zu einem noch viel unkalkulierbareren Risiko. Was wiederum auch die Bergführer und vor allem die Sherpa in noch größere Gefahr bringen würde. Seit Expeditionsleiter und Veranstalter Russell Brice, der Gründer des

Unternehmens Himalayan Experience und eine der ganz großen und geachteten Figuren in der Szene, auch an der Südseite des Bergs tätig ist, errichtet er unter dem Everest zunächst das Basislager, bleibt dort drei Tage und geht wieder zurück bis nach Lobuche, um den Lobuche East zu besteigen. Das ist ein 6119 Meter hoher, durchaus imponierender Berg südwestlich des Everest-Massivs. Der Lobuche East bietet nicht nur einen nachgerade atemberaubenden Ausblick auf Everest, Lhotse und Makalu auf der einen sowie den Cho Oyu, den Jasemba oder den Cholatse auf der anderen Seite, sondern ist für eine Akklimatisierung auf 6000 Meter auch ideal. Die Südroute führt mäßig steil und doch anstrengend genug über großes kombiniertes Gelände in Fels, Eis und Schnee auf einen Grat, dessen schmale Schneide nicht nur erstaunliche Tiefblicke gewährt, sondern auch eine gute Einstimmung für die folgenden Wochen am Mount Everest liefert. Russell Brice lässt seine Leute dort gleich zweimal auf dem Gipfel übernachten.

Brice weiß genau, warum er diese Taktik wählt. Er will so spät wie möglich ins Basislager kommen, in dem oft genug eine quälende Unruhe spürbar ist und in dessen Gerüchteküche wie in einem Waschsalon andauernde Ungewissheit und immer neue Fragen aufgekocht werden. Wenn Brice' Klienten bereits gut auf 6000 Meter angepasst sind, erspart er ihnen damit wenigstens die Nacht im Lager I und eine im Lager II. Damit fallen zweimal die Auf- und Abstiege durch den Eisbruch weg, also viermal Angst, Anstrengung und Gefahr. Das, so glaubt Brice, macht seine Expeditionen vor allem in der ersten Phase sicherer, aber auch etwas kürzer, was wiederum Zeitgewinn für die letzte Phase des Gipfelanstiegs bedeutet.

Der ebenfalls aus Neuseeland stammende Bergsteiger Paul Rogers, der bei vielen Expeditionen unter anderem am Gasherbrum I, in der Antarktis, an der Ama Dablam, am Aconcagua, am Elbrus, am Cho Oyu, am Cholatse und auch am Everest als Bergführer für die einst Rob Hall gehörende Agentur Adventure Consultants Klienten geführt hat, erklärte mir 2012 in Chukung unter der Lhotse-Südwand: »Weil zu erwarten ist, dass der Run auf den Everest nicht abnehmen wird, gibt es nur die Möglichkeit, die Staus unter dem Südsattel durch eine andere Taktik zu entzerren.« Wenigstens einmal weniger durch den Eisbruch zu gehen, sei da zumindest ein Anfang. Paul Rogers hat einen klaren Blick auf die Probleme am Everest:»Der Berg bietet auf der Südroute nicht sehr viele Möglichkeiten, taktisch etwas zu verändern, also muss man bei den Bergsteigern die Ausgangssituation zu beeinflussen versuchen.« Doch die Klientel der kommerziellen Expeditionen bringt in den allermeisten Fällen außer einer meist beeindruckenden Kondition nicht viel an eigenem Potenzial mit.

Die Entwicklung am Mount Everest ist leicht zu verstehen, weil sie eindrucksvoll und lückenlos dokumentiert und daher nachzulesen ist.

Diese Entwicklung lässt sich in fünf Epochen unterteilen. Sie entsprechen fast exakt den Epochen in den europäischen Alpen, dem Kaukasus, den Anden in Südamerika oder anderen großen Gebirgsgruppen der Erde. Der Erkundungsphase am Mount Everest folgte die Erstbesteigung. Danach gab es die Jahre des Schwierigkeitsbergsteigens am höchsten Berg der Welt mit der Erschließung neuer Routen. Es schloss sich daran der Verzichtsalpinismus von Chris Bonington, Doug Scott, Reinhold Messner, Erhard Loretan und anderen bedeutenden Grenzgängern an. Und schließlich begann auch am Everest als letzte, unvermindert anhaltende Epoche der »Pistenalpinismus«, wie Reinhold Messner das nennt.

»Ohne eine getretene Spur, Flaschensauerstoff und Sherpa-Hilfe geht gar nichts mehr«, erklärte er mir in einem ausführlichen Gespräch im November 2012,»der Massenauflauf in der Piste macht es zudem psychisch einfacher, den Everest zu besteigen.« Dass an diesem Berg vor den Augen aller gestorben wird und die Gründe dafür meist in Überforderung oder persönlicher Fehleinschätzung zu suchen sind, hält Reinhold Messner nicht für einen ausreichenden Grund, der Menschen künftig davon abhalten könnte, den Everest wegen des zu hohen Gefahrenpotenzials zu meiden. Er ergänzt:»Selbst die größten Katastrophen am höchsten Berg der Erde haben nichts verändert. Im Gegenteil, es wurde in den Jahren direkt nach diesen Tragödien immer noch schlimmer mit dem Herdenauftrieb.«

Den US-amerikanischen Bergsteiger Wally Berg, Leiter von Berg Adventures International (BAI) mit Sitz in Canmore, Alberta, in Kanada, einen der anerkannten und respektierten Expeditionsveranstalter, traf ich im Oktober 2012 in Pheriche, einem netten Dorf im Khumbu-Gebiet, eineinhalb Tagesetappen vom Everest-Basislager entfernt. Wally Berg wurde 1955 in Lebanon im US-Bundesstaat Missouri geboren und lebt heute in Hattiesburg, Mississippi. Wally Berg bestieg als erster US-Amerikaner 1990 den Lhotse, danach im Alleingang den Cho Oyu und insgesamt viermal den Mount Everest. Er teilt Messners Meinung: »Der Tod ändert gar nichts am Everest. Der Tod ist auch nicht das Problem am Everest. Das Problem sind vielmehr die erfolgreichen Besteigungen.« Und tatsächlich, weit mehr als 3600 Bergsteiger haben inzwischen über 6100-mal (diese Zahl ergibt sich aus den Mehrfachbesteigungen) den höchsten Berg der Welt bestiegen. Das vor allem ist es, was den Everest heute als einen eher ungefährlichen, für fast jedermann besteigbaren Berg erscheinen lässt. Angst hat offenbar niemand mehr vor der höchsten Verwerfung der Erdkruste.

Die Wende im Höhenbergsteigen am Mount Everest lässt sich auf den Tag genau festlegen. Sie fiel auf den 30. April 1985. An diesem Tag erreichten der nepalische Sherpa Ang Phurba, der US-amerikanische Profibergsteiger David Breashears und ein abenteuerlustiger Unternehmer mit Namen Richard Daniel Bass, den alle nur »Dick« nannten, den Gipfel. Breashears, Jahrgang 1955, bestieg den höchsten Punkt damals als erster US-Amerikaner bereits zum zweiten Mal. Und Dick Bass war mit seinen bereits 55 Jahren der älteste Mensch, der bis dahin den Gipfel erreicht hatte. Dieser Richard »Dick« Bass kam 1929 in Tulsa, im US-Bundesstaat Oklahoma zur Welt. Doch Dick war kaum drei Jahre alt, als seine Eltern mit ihm nach Dallas in Texas zogen. Später absolvierte er die Yale-Universität und machte Millionen im Ölgeschäft.

Doch der Mann hatte noch eine andere Seite neben dem Big Business. Er verbrachte jede freie Minute seiner kostbaren Zeit in den Bergen. Und weil ihn der Winter vollkommen in seinen Bann gezogen hatte, baute er im Bundesstaat Utah im Mittleren Westen der USA ein ganzes Ski-Resort mit sämtlichen Infrastrukturen vom Lift über die Pisten bis zu den Hotels auf. Er nannte es »Snowbird«, und dieses Gebiet ist bis heute einer der schönsten erschlossenen Flecken in den Rocky Mountains. Doch das alles war Bass noch lange nicht genug. Er suchte im Laufe der Jahre immer intensiver nach Möglichkeiten, sich selbst zu betätigen. Sein amerikanischer Traum sollte ein ganz und gar besonderer sein. Da kam ihm die Freundschaft mit Frank Wells gerade recht. Der wiederum stammte aus dem sonnigen Kalifornien, war zehn Jahre lang, zwischen 1984 und 1994, Präsident der Walt Disney Company und ebenfalls den Bergen verfallen. 1980 begannen die beiden umtriebigen Männer, sehr zum Leidwesen ihrer nicht gerade begeisterten Familien, den Plan auszuhecken, auf allen Kontinenten die jeweils höchsten Berge zu besteigen. Es entstand die Idee von den Seven Summits. Dick Bass war zu diesem Zeitpunkt 51 Jahre alt, sein Freund Frank Wells drei Jahre jünger.

Die Liste zu ihrer Idee war mit sieben Zeilen schnell geschrieben, ihre Umsetzung indes brauchte Zeit. Der Denali (Mount McKinley) in Nordamerika, der Aconcagua in Südamerika, der Elbrus in Europa, der Kilimandscharo in Afrika, der Mount Vinson in der Antarktis, der Mount Kosciuszko (Carstensz-Pyramide) in Australien/Ozeanien und der Mount Everest in Asien – Bass und Wells waren Feuer und Flamme. Es störte sie auch nicht im Geringsten, dass ihre ersten Anläufe nicht vom erwarteten Erfolg gekrönt waren – gegen den Elbrus rannten die beiden gleich mehrfach vergeblich an.

Doch auf einmal kam sehr rasch Bewegung in die Angelegenheit. Hintereinander knipsten Dick Bass und Frank Wells sechs ihrer Fahrkarten auf der großen Reise um die Welt ab. Lediglich am Mount Everest geriet der kühne Plan noch einmal ins Stocken. Dreimal versuchten sie es, dreimal mussten sie wieder umkehren. Und schließlich trat Mrs Wells auf die Notbremse. Mit der gebotenen Autorität der Ehefrau und offenbar gänzlich unnachgiebig untersagte sie ihrem Mann einen weiteren Versuch an dem schwarzen Riesen im Himalaja. Doch Dick Bass, der hemdsärmelige Selfmademan aus Texas, dachte überhaupt nicht daran, nun aufzugeben. Er suchte und fand in David Breashears einen neuen Partner. Mehr noch, der charismatische Bergsteiger und

Filmemacher versprach Bass gewissermaßen, ihn schon irgendwie auf den Everest zu »führen«.

Das hatte es bis dahin in der Form eigentlich noch nicht gegeben. Seit vielen Jahren waren zwar immer wieder ausgebildete Bergführer zum Everest gekommen. Aber geführt – im Sinne einer Bergführertätigkeit – hatte dort noch niemand. Wer auf den Everest stieg, tat das in Selbstverantwortung. Natürlich trat auch Bass diese Verantwortung nicht zur Gänze an David Breashears ab. Doch als Dick Bass an jenem 30. April 1985 den Gipfel erreichte und damit seine Sammlung der Seven Summits komplettierte, waren sich alle einig – das war »guiding«. Denn es waren wohl am Ende allein Breashears und die Sauerstoffflasche, die Bass den Gipfel ermöglichten.

An diesem Tag entstand einem Urknall gleich die Erkenntnis: Den Gipfel des Everest kann auch ein stinknormaler Unternehmer aus Dallas, Texas, erreichen. Dick Bass ist mittlerweile über 80 Jahre alt, er ist noch immer vernarrt in sein eigenes Ski-Resort, und er denkt gern an den Mount Everest zurück. Es seien die »blanke Neugier und einfach die große Begeisterung gewesen«, die ihn 1985 den Mount Everest hinaufgetrieben hätten, sagte Dick Bass, als er im Frühjahr 2010 plötzlich im Hotel »Yak & Yeti« in Kathmandu auftauchte und bestens gelaunt trompetete: »Hi, ich bin Dick Bass, ich war mal auf dem Everest.«

Seit dieser Zeit ist am Mount Everest vieles, wenn nicht alles anders geworden. Bis 1985 war auf der nepalischen Seite des Berges immer nur eine Expeditionsgruppe zugelassen worden. Das änderte sich nun, weil die nepalische Regierung plötzlich immer mehr und immer inflationärer die Besteigungspermits zu vergeben begann. Das Interesse, den höchsten Berg der Welt besteigen zu wollen, wuchs nämlich auf einmal sprunghaft an. Und zwar vor allem bei jenen, deren Profession eigentlich nicht das Bergsteigen war, sondern die den Everest als Event ansahen, als ein Spielzeug für Erwachsene, dessen Gefahrenpotenzial offenbar nicht so groß sein konnte – wenn dort sogar ein texanischer Ölmillionär hinaufkam. Das wurde zwar Dick Bass nicht gerecht und rückte die Leistung eines Mannes in eine etwas skurrile Ecke, der sich den Everest hart, wenn auch mit Hilfestellung, aber immerhin mit einer großen Portion Ahnung erkämpft hatte. Aber es war auch viel weniger die bergsteigerische Aufgabe, die Interessenten nach 1980 herausforderte, als vielmehr der Spaßfaktor und die Aussicht, hinterher eine »tolle Nummer« zu sein.

Wo Nachfrage ist, entsteht bekanntlich auch rasch ein Markt. Der Everest wurde gebucht, und es wurde viel Geld für ihn gezahlt. In der Lhotse-Flanke bewegten sich bald Menschen, die dort eigentlich nichts verloren hatten, die von ihrer Einstellung zum Bergsteigen dort auch nicht immer hinpassten und die vor allem meist restlos überfordert waren.

Es war so gesehen nicht die Frage, ob, sondern wann es zur ersten großen Katastrophe kommen würde, die allein durch den fast schon krankhaften Ehrgeiz kommerziell organisierter Expeditionen ausgelöst würde. Denn wo die Anfragen das Angebot schufen, wurde natürlich auch der Boden für Neid, Missgunst und Konkurrenzdenken genährt. Und das endet am Mount Everest fast immer tödlich.

1996 ereignete sich am höchsten Berg, was viele kritische Beobachter schon seit Jahren befürchtet hatten. Am Everest kam es zu einer Tragödie von bislang nicht gekanntem Ausmaß. Allein in der Nacht vom 10. auf den 11. Mai 1996 starben binnen weniger Stunden unter dem Gipfel acht Menschen in einem verheerenden Sturm, fünf auf der Südroute und drei auf der Nordseite. Insgesamt kamen in dieser Saison am Everest fünfzehn Bergsteiger ums Leben. Nicht nur wegen der vielen Todesopfer geriet diese Katastrophe in den Blick der Weltöffentlichkeit, sondern vor allem auch deshalb, weil zwei Expeditionsleiter und ein ausgebildeter Bergführer, die Verantwortung für ihre Kunden übernommen hatten, ebenfalls ums Leben gekommen waren.

Das Buch des US-amerikanischen Journalisten und Bergsteigers Jon Krakauer ist nur einer von insgesamt acht Titeln verschiedener Autoren, die zu diesem Thema erschienen sind und sich alle auf die eine oder andere Weise widersprechen. Einig indes waren sich sämtliche Autoren aber darin, dass die Tragödie durch fatale Fehlentscheidungen, durch eine zu große Anzahl von Bergsteigern an einem Tag, eine plötzliche Wetterverschlechterung, mangelnde Erfahrung einzelner Protagonisten, ihren persönlichen Ehrgeiz und ein viel zu geringes Maß an vernünftiger Selbsteinschätzung ganz wesentlich begünstigt wurde.

In diesem Frühjahr 1996 hatten sich unter dem Mount Everest gleich mehrere kommerzielle Expeditionen versammelt. Unter anderem die beiden Gruppen des Bergführers Rob Hall, eines erfahrenen neuseeländischen Anbieters, und Scott Fischers, der zwar ein erfolgreicher Bergsteiger, aber noch vergleichsweise jung im Segment der Everest-Expeditionen war. Hall hatte über sein Unternehmen Adventure Consultants acht Kunden – unter ihnen auch Jon Krakauer – akquiriert, die von ihm sowie zwei weiteren Bergführern und sechs Sherpa zum Gipfel begleitet werden sollten. Fischer hatte ebenfalls acht zahlende Klienten in seinem Team, dazu zwei Bergführer – einer von ihnen war der Kasache Anatoli Boukreev – sowie sechs Sherpa. Es hieß, Rob Hall und Scott Fischer seien in direkter Konkurrenz zueinander gestanden, und die Frage sei deshalb nicht gewesen, ob, sondern wie viele ihrer Kunden die beiden auf den Gipfel bringen würden. Vor allem Fischer wurde mehrfach persönlicher Ehrgeiz in dieser Richtung unterstellt. Es konnte jedoch nie eindeutig nachgewiesen werden, dass er öffentlich erklärt habe, er wolle Rob Hall übertrumpfen.

In der Nacht vom 9. auf den 10. Mai 1996 brachen am Südsattel, in rund 8000 Meter Höhe, nacheinander über 30 Bergsteiger verschiedener Expeditionsgruppen von ihren Zelten aus in Richtung Gipfel auf. Es war extrem kalt, doch das Wetter war absolut stabil. Auch sechs von Scott Fischers Kunden (zwei waren aus gesundheitlichen Gründen ausgefallen) starteten kurz nach Mitternacht. Die acht Klienten von Rob Hall hatten den Aufstieg bereits etwa eine halbe Stunde zuvor begonnen. Im Laufe des 10. Mai 1996 erreichten insgesamt 24 der 33 Bergsteiger, die sich auf den Weg gemacht hatten, den Gipfel des Mount Everest. Einundzwanzig von ihnen stammten aus den beiden großen Expeditionsgruppen von Rob Hall und Scott Fischer – neun Kunden, sechs Bergführer und sechs Sherpa. Nur der aus Taiwan stammende Bergsteiger Ming Ho »Makalu« Gau sowie seine beiden Sherpa Mingma und Ngima gehörten nicht zu den beiden großen Gruppen.

Wenn es denn jemals einen Wettbewerb gegeben haben sollte, welcher der beiden Expeditionsleiter Hall und Fischer mehr Leute auf den Gipfel bringen würde, dann lag Scott Fischer an diesem Nachmittag des 10. Mai eindeutig vorn, denn sein Team stand insgesamt mit zwölf Bergsteigern auf dem Gipfel, Halls Mannschaft hingegen »nur« mit neun. Aus Fischers Mountain-Madness-Expedition schafften es die sechs Klienten Martin Adams, Sandy Hill Pittman und Charlotte Fox, Timothy Tod Madsen, Klev Schoening (alle aus den USA) und die Dänin Lene Gammelgaard. Dazu Scott Fischer (zum zweiten Mal), seine beiden Bergführer Neal Beidleman und Anatoli Boukreev (ohne Flaschensauerstoff und zum dritten Mal) und die drei Sherpa Lopsang Jangbu (zum vierten Mal), Tashi Tshering (zum dritten Mal) und Ngawang Dorje (erste Besteigung). Aus der Expeditionsgruppe von Adventure Consultants erreichten die Kunden Yasuko Namba aus Japan, Douglas Hansen und Jon Krakauer aus den USA, Rob Hall selbst (zum fünften Mal), seine beiden Bergführer Mike Groom (zum zweiten Mal) und Andy Harris sowie die Sherpa Ang Dorje (zum vierten Mal), Nawang Norbu (zum vierten Mal) und Tenzing (zum dritten Mal) den Gipfel.

Einer der entscheidenden Fehler an diesem 10. Mai war, dass die beiden großen Gruppen fast schon zwanghaft versuchten, beieinanderzubleiben. Zumindest bis zum Balkon hinauf, der in etwa 8400 Meter Höhe liegt, existierte dazu sogar eine strikte Anweisung, die sowohl Rob Hall als auch Scott Fischer ausgegeben hatten. Das war auf gewisse Weise einleuchtend: Es sollte damit sichergestellt werden, dass Hall und Fischer und die vier anderen Bergführer ihre beiden Gruppen immer unter Beobachtung hätten, um gegebenenfalls Entscheidungen für einen Rückzug treffen zu können. Und tatsächlich, noch in der Nacht gegen drei Uhr trat Frank Fischbeck aus Halls Team als Erster den Rückzug an. Wegen der Taktik des Zusammenbleibens kam es viel später an den schwierigeren Stellen jedoch zu Staus im Aufstieg und schließlich auch im Abstieg. Hätte hingegen jeder in seinem eigenen Gehrhythmus aufsteigen können, wäre das vielleicht zu vermeiden gewesen.

Ganz massiv wirkte sich nun auch bald aus, dass sich beide Expeditionsleiter nicht an ihre ursprüngliche Abmachung gehalten hatten, nach der je zwei Sherpa aus beiden Teams den Rest der

Route vom Südsattel aus bis über den Hillary Step mit Fixseilen ausstatten sollten, noch bevor die Kunden dorthin gelangten. Als die ersten Bergsteiger am Balkon ankamen, fehlten dort die Fixseile. So kam es hier zur ersten Stunde Wartezeit. Das setzte sich so auf der weiteren Route bis hin zum Hillary Step fort, auch dort fehlten die Seile. Und: Diese neuralgische Passage kann immer nur ein Bergsteiger entweder im Auf- oder im Abstieg bewältigen, niemals zwei zugleich. Obendrein benötigen die Bergsteiger unterschiedlich lange, um diese zwölf fast senkrechten Klettermeter in 8780 Meter Höhe zu überwinden.

An diesem verhängnisvollen 10. Mai 1996 stand sich ein Teil der Bergsteiger eine Dreiviertelstunde, die letzten, die am Step ankamen, gar über eineinhalb Stunden die Beine in den Bauch. Sie froren und kühlten dabei aus. Und sie verbrauchten wertvollen Sauerstoff aus ihren Flaschen. Als die letzten an der Schlüsselstelle knapp 90 Höhenmeter unter dem Gipfel ankamen, war es bereits kurz vor Mittag. Und für das letzte Stück am Grat oberhalb des Hillary Step würden viele von ihnen ganz sicher noch einmal rund zwei Stunden benötigen. Drei weitere Bergsteiger, John Taske, Lou Kasischke und Stuart Hutchinson, alle drei aus Halls Team, traten nun ebenfalls den Rückzug an, weil sie müde waren und fürchteten, dass sie zeitlich zu arg ins Hintertreffen geraten könnten. Über 300 Höhenmeter weiter unten saß zu dieser Zeit ein anderer Bergsteiger fest. Beck Weathers hatte beim Aufstieg zunehmende Probleme mit seinen Augen bekommen und war nun ganz allein mit seinen Sehstörungen. Sein Expeditionsleiter Rob Hall, der sich viel weiter oben am Berg aufhielt, hatte ihn per Funk angewiesen, unbedingt zu warten, bis die ersten Teammitglieder oder er selbst wieder vom Gipfel herunterkämen und ihm dann helfen könnten.

Anatoli Boukreev, ein 1958 in Korkino geborener, bärenstarker Alpinist aus Kasachstan, mit großer Erfahrung und einer unglaublichen Portion Selbstbewusstsein ausgestattet, war von Scott Fischer für diese Frühjahrssaison am Everest als Bergführer angeheuert worden, weil der US-Amerikaner sich von dem groß gewachsenen Mann versprach, dass der sich in kritischen Situationen um die Kunden kümmern könnte. Die Voraussetzungen dazu brachte Anatoli Boukreev in einem Maß mit wie wahrscheinlich kein anderer Bergsteiger, der in diesem Frühjahr in den Flanken des Mount Everest unterwegs war. Die Bilanz des Kasachen bis dahin war geradezu überwältigend, und er gehörte in dieser Zeit sicherlich zu den stärksten Höhenbergsteigern der Welt.

Er war neben vielen anderen grandiosen Leistungen 1989 Mitglied jener sowjetischen Kangchendzönga-Expedition gewesen, die alle vier Gipfel, also den Haupt-, den Mittel-, den Süd- und den Yalung-Kang-(West-)Gipfel dieses gewaltigen Massivs überschritten hatte – eine der beachtlichsten Leistungen im Himalaja überhaupt. Er hatte zu diesem Zeitpunkt den Dhaulagiri, den Mount Everest von Süden und Norden, den K2, den Makalu und den Manaslu bestiegen. Inzwischen war Boukreev oft länger im Jahr in Nepal als daheim in Kasachstan, wo ihn ohnehin kaum noch etwas hielt. Nur eine Woche nach den tragischen Ereignissen von 1996 gelangte er in der Rekordzeit von 21 Stunden und 16 Minuten auf den Lhotse und im selben Jahr noch auf die Gipfel von Cho Oyu und Shisha Pangma. 1997 war er abermals auf dem Everest, danach wieder am Lhotse, doch dort misslang die mit Simone Moro geplante Doppelbesteigung mit dem Everest. Am 7. Juli 1997 stand Boukreev auf dem Gipfel des Broad Peak, allein und in nur 36 Stunden ab Basislager. Nur sieben Tage später schaffte er es in 9 Stunden und 37 Minuten auf den Gipfel des Gasherbrum II, wieder allein. Vier Achttausender binnen 80 Tagen – das war einzigartig in der Geschichte des Höhenbergsteigens. Am 25. Dezember 1997, bei dem Versuch, zusammen mit Simone Moro die Südwand der Annapurna zum ersten Mal im Winter zu durchsteigen, wurde Anatoli Boukreev zusammen mit seinem Kameramann von einer Lawine erfasst, mitgerissen und verschüttet, als er dabei war, Fixseilen nachzusteigen, die unmittelbar Simone Moro verankert hatte. Seine Leiche wurde nie gefunden.

Scott Fischer erwartete sich 1996 viel von dem kasachischen Ausnahmealpinisten. Doch Anatoli Boukreev hatte eine eigene Auffassung von der Besteigung des Everest im Rahmen einer kommerziellen Expedition. Wann immer er schon während der

Akklimatisierungsphase Gelegenheit dazu hatte, versuchte er die Klienten des Mountain-Madness-Teams zu Selbstständigkeit zu bewegen und ihnen Eigenverantwortung einzutrichtern. Das brachte ihm nicht immer Anerkennung, sondern auch reichlich Kritik ein. Doch er hatte schon bald den Eindruck gewonnen, dass sich speziell in dieser Saison viele Bergsteiger, die zum Everest gekommen waren, allzu sehr auf ihre Expeditionsleiter, die Bergführer und die Sherpa verließen. Boukreev wehrte sich vehement dagegen, die Rolle des »Kindermädchens« zu übernehmen. Doch genau das wurde offenbar von ihm erwartet.

Von entscheidender Bedeutung war im Zusammenhang mit der Bergführertätigkeit, für die er engagiert worden war, dass er sich hatte zusichern lassen, ohne Flaschensauerstoff auf den Gipfel gehen zu dürfen. Doch in Fachkreisen war man sich damals längst darin einig, dass es an einem Achttausender fast nicht möglich ist, ohne Unterstützung durch künstlichen Sauerstoff verantwortungsbewusst zu führen. Am Everest wurde das sogar von vielen als unverantwortbar völlig ausgeschlossen. Es hieß damals in einer hitzig geführten Debatte, dass ein Bergsteiger, selbst ein ausgebildeter, erfahrener und sehr starker Bergführer, ohne Flaschensauerstoff so viel mit sich selbst zu tun habe, wenn er den Gipfel erreichen wolle, dass er gar nicht in der Lage sei, im gebotenen Maß auf einen Gast, geschweige denn auf mehrere zu achten. Auch dazu vertrat der Kasache eine andere Meinung.

Am 10. Mai erreichte Anatoli Boukreev kurz nach 13 Uhr den Gipfel des Mount Everest. Kaum zehn Minuten danach stand Jon Krakauer neben ihm. Dann kam auch der Bergführer Andy Harris oben an. Schon bald darauf sollte an diesem Tag nichts, aber auch rein gar nichts mehr normal und kalkulierbar sein. Binnen kürzester Zeit veränderte sich der Mount Everest vollkommen. Und die Menschen, die sich in diesen Stunden entweder unverdrossen weiter nach oben oder in heller Aufregung nach unten bewegten, machten Fehler. Viele Fehler. Es gab für die sich nun entwickelnde Situation kein Krisenmanagement, weil auch das am höchsten Berg der Erde praktisch unmöglich ist. Während Jon Krakauer schon nach wenigen Minuten wieder mit dem Abstieg begann, blieb Anatoli Boukreev auf dem Gipfel, um auf Kunden aus seiner Gruppe zu warten. Und sie kamen. Zuerst Klev Schoening und Martin Adams. Später dann einzeln oder schubweise in kleinen Grüppchen all die anderen, die an diesem Tag den Gipfel erreichten.

Nachdem er fast eineinhalb Stunden auf dem Gipfel verbracht hatte, begann Boukreev etwa um 14.30 Uhr mit dem Abstieg; um 17 Uhr stand er schon wieder bei den gelben Zelten im Südsattel. Unterwegs war er an sämtlichen Bergsteigern vorbeigekommen, die an diesem Tag auf der Südroute unterwegs waren. Als er unten wieder vor den Zelten stand, war weiter oben längst das Chaos ausgebrochen. Tatsache ist, dass nach Boukreev und Krakauer in den nächsten fast drei Stunden weitere 22 Bergsteiger auf den Gipfel gelangten. Und sie alle begannen zu ganz unterschiedlichen Zeiten wieder abzusteigen. Sie alle hatten in sträflichem Leichtsinn die Umkehrzeiten missachtet. Es spielte dabei hinterher auch keine wirklich entscheidende Rolle, ob diese Zeit nun auf 13 oder auf 14 Uhr festgelegt worden war und ob es eine entsprechende Absprache unter den beiden Expeditionsgruppen gegeben hatte.

Nach und nach wurde klar, dass sich niemand an diesem Tag an die Gesetze des Everest hielt, denen zufolge man zu einem bestimmten Zeitpunkt umkehren muss, wenn man noch sicher hinunterkommen will. Ganz gleich, ob man bis dahin auf dem Gipfel war oder nicht. Viele Bergsteiger waren bereits in den Jahren zuvor umgekommen, weil sie genau das nicht mehr berücksichtigten oder einfach verdrängten. Der nahe Gipfel setzt offenbar bis heute bei vielen die Ratio außer Kraft.

Noch weit oberhalb des Hillary Steps, kaum 30 Höhenmeter unter dem Gipfel, begegnete Jon Krakauer Martin Adams und dem Bergführer Neal Beidleman aus dem Mountain-Madness-Team. Adams, ein umtriebiger Texaner und erfahrener Flugpilot, der sein Geld im Aktienhandel gemacht hatte, sagte später, er habe da schon deutlich erkennen können, dass sich das Wetter dramatisch ändern würde. Krakauer schreibt: »Aber anders als Adams war ich es nicht gewohnt, von 8800 Meter auf Kumulonimbusfelder hinabzuspähen. Ich bemerkte das Gewitter schlicht und einfach nicht, das bereits zu diesem Zeitpunkt heraufzog.« Da war es etwa 13.30 Uhr.

Ab spätestens 15 Uhr – die meisten hatten den Gipfel inzwischen erreicht und befanden sich wieder im Abstieg – gerieten 19 Menschen in akute Not. Neal Beidleman, der an diesem Tag bald nach 13 Uhr einer der Ersten auf dem Gipfel gewesen war, hatte auf dem höchsten Punkt bis nach 15 Uhr ausgeharrt. Dann stieg er mit vier anderen Bergsteigern ab. Kurz nach 14 Uhr hatte Rob Hall den Gipfel erreicht, zusammen mit dem Bergführer Mike Groom und der Japanerin Yasuko Namba. Kurz vor ihnen waren Sandy Hill Pittman, Charlotte Fox, Lene Gammelgaard und der Sherpa Lopsang Jangbu oben eingetroffen. Die Freude in beiden Teams war groß. Funksprüche wurden ins Basislager gesandt. Dort brach Jubel aus.

Oben am Gipfel waren alle müde und geschwächt, aber dennoch guter Dinge, denn jetzt mussten sie »nur« noch bergab gehen. Sandy Hill Pittman ging es nicht gut, sie hatte bereits drei Flaschen Sauerstoff verbraucht und war fast am Ende ihrer Kräfte. Zu diesem Zeitpunkt hatte ihr Expeditionsleiter Scott Fischer den Gipfel immer noch nicht erreicht. Und auch Doug Hansen befand sich nach wie vor im Aufstieg. Dessen Expeditionsleiter Rob Hall glaubte ihn an der Stelle zu erkennen, an der es vom Gipfel aus gesehen auf der Route steil abwärts geht. Hansen schien also das Schlimmste hinter sich zu haben. Hall funkte ins Basislager: »Doug taucht gerade am Horizont auf. Wenn er hier ist, gehen wir runter.« Weit unten am Balkon kauerte zu dieser Zeit noch immer Beck Weathers, der weiterhin so gut wie nichts sehen konnte. Alle Bergsteiger, die inzwischen von oben gekommen waren und bei ihm angehalten hatten, um ihm zu helfen, schickte er weiter mit der Erklärung, er habe mit Rob Hall fest ausgemacht, dass er genau an dieser Stelle auf ihn warten werde. An diese Vereinbarung wolle er sich unbedingt halten. Doch Rob Hall würde nicht kommen, und Weathers würde ab einem bestimmten Zeitpunkt ganz allein und fast blind dort liegen.

Hall, der bislang noch nie in Schwierigkeiten geraten war, der als umsichtig, vorsichtig und vorausschauend galt, wartete auch um 16 Uhr noch auf Doug Hansen. Denn er hatte sich geirrt, als er den Funkspruch absetzte. Zu diesem Zeitpunkt war Hansen noch viel weiter unten und sehr, sehr langsam unterwegs. Es war zehn Minuten nach 16 Uhr, als er endlich den Gipfel erreichte. Drei Stunden nach der üblichen Umkehrzeit von 13 Uhr.

Etwa eine halbe Stunde später begann sich der Gipfel des Mount Everest in dichte Wolken zu hüllen. Es wurde schneidend kalt, der Wind entwickelte sich immer mehr zu einem extremen Höhensturm, der den Schnee vor sich hertrieb. Die Sicht betrug stellenweise deutlich unter zehn Meter. Einige Bergsteiger erklärten hinterher, sie hätten manchmal minutenlang überhaupt nichts mehr gesehen. Neunzehn Menschen auf der Südroute des Everest und drei indische Bergsteiger, die sich in der Nordroute befanden, gerieten in einen sogenannten Whiteout, eine meteorologische Erscheinung, bei der die gesamte Umgebung eintönig weiß erscheint, der Horizont nicht mehr erkennbar ist und alles gleichförmig wirkt. Man verliert in einem Whiteout sogar manchmal das Gefühl dafür, ob man bergauf oder bergab geht.

Etwa gegen 15.30 Uhr hatten die Ersten im Abstieg den Südgipfel erreicht. Um diese Zeit trafen etwas höher, knapp oberhalb des Hillary Steps, Neal Beidleman mit Sandy Hill Pittman, Lene Gammelgaard, Charlotte Fox und Tim Madsen auf Scott Fischer, der müde wirkte, aber ruhig weiter in Richtung Gipfel aufstieg. Die anderen setzten ihren Abstieg fort. Ein Stück unterhalb bewegten sich auch Mike Groom und Yasuko Namba langsam bergab. Alles wurde nun immer mühseliger und vor allem gefährlicher. Der Sturm höhlte die Bergsteiger förmlich aus. Schon da war praktisch nicht mehr auszumachen oder zu überblicken, wer sich wo befand. Das wurde erst viel später von den Bergsteigern, die überlebt haben, mühsam rekonstruiert.

Martin Adams und Jon Krakauer erreichten fast gleichzeitig das Lager am Südsattel. Es ging auf 20 Uhr zu, als sie dort ankamen. Seit ihrem Aufbruch waren rund zwanzig Stunden vergangen, in denen die Bergsteiger ununterbrochen auf den Beinen waren. Weiter oben hatte sich das Drama in den Stunden zuvor extrem zugespitzt. Unbarmherzig trieb der Sturm in den Flanken und auf den Graten am Everest die Menschen umher. Martin Adams wäre um ein Haar über die Kangshung-Flanke in Richtung Tibet abgestürzt, wenn nicht Mike Groom und Yasuko Namba ihn gerade noch auf die richtige Route zurückgeleitet hätten. Er war, ohne es selbst zu bemerken, viel zu weit nach links hinausgeraten. Das war auf der Höhe des Balkons, genau dort, wo Mike Groom an diesem Tag seine Fototasche deponiert hatte. Während er sie nun im Schneesturm zu suchen begann, bemerkte er vor sich eine Bewegung. Es war Beck Weathers, der nach all den vielen Stunden noch immer dort ausharrte und auf Rob Hall wartete. Inzwischen war er am Ende seiner Kräfte.

Groom nahm den inzwischen fast blinden Texaner an sein Seil und setzte den Abstieg weiter fort. Derweil schloss die Gruppe mit Beidleman und den anderen weiter auf. Sie waren zu dieser Zeit nur etwa zehn Minuten bis eine Viertelstunde hinter Krakauer. Doch bereits dieser vergleichsweise geringe Zeitunterschied hatte verheerende Folgen. Denn während sich das Wetter immer weiter verschlechterte, hatten Krakauer und Adams es noch bis zu den Zelten geschafft. Das aber sollte den anderen nicht mehr gelingen. Eine halbe Stunde, bevor sich Adams und Krakauer um 19.15 Uhr kurz vor dem Südsattel trafen, hatte sich weiter oben eine nun große Gruppe zusammengetan: die beiden Bergführer Beidleman und Groom, dazu die Sherpa Ngawang Dorje und Tashi Tshering sowie die Klienten Charlotte Fox, Lene Gammelgaard, Sandy Hill Pittman, Yasuko Namba, Klev Schoening, Beck Weathers und Tim Madsen. Elf Männer und Frauen in dem verzweifelten Bemühen, den Weiterweg nach unten zu finden, um endlich zu den Zelten zu gelangen. Denn dort war der einzige Ort, an dem sie eine Chance hatten, diesen Sturm zu überleben.

Inzwischen war es schon stockdunkel. Im Windchill sanken die Temperaturen im Bereich des Südsattels auf minus 75 Grad. Anatoli Boukreev hatte sich längst auf die Suche nach den anderen Bergsteigern gemacht, doch selbst er war bei diesen Verhältnissen so gut wie chancenlos und musste zurück in sein Zelt. Beck Weathers ging es sehr schlecht, aber auch Yasuko Namba und Sandy Hill Pittman waren mit ihren Kräften völlig am Ende. Es wurde für die beiden Bergführer und die Sherpa zunehmend schwieriger, jeden Einzelnen weiter hinunterzubringen. Als die Gruppe schließlich den letzten Hang hinunterwankte und der Südsattel nicht mehr weit war, packte sie der Sturm mit voller Wucht. Man konnte kaum mehr fünf Meter weit sehen.

201

Nur eine Viertelstunde zuvor war Jon Krakauer völlig fertig in sein Zelt gesunken. Draußen heulte der Sturm und zerrte wütend an den Planen der Zelte. Es war unmöglich, Rufe zu hören oder irgendetwas zu sehen. Die Gruppe müsste im Südsattel nur noch einen blank gefegten Eisrücken überwinden, dann wären sie ganz nahe bei den Zelten. Der Anblick dieser Menschen muss erbarmungswürdig gewesen sein. Weathers wurde von Groom gestützt, Namba von Beidleman, und Fox kam ohne Madsen nicht mehr weiter. Dieser letzte Rücken vor ihnen wurde nun zu einem fast unüberwindbaren Hindernis. Der extrem starke Wind peitschte den Bergsteigern die Eiskristalle in die Gesichter und in die Augen, die meisten Brillen waren längst restlos vereist und zu nichts mehr nütze. Immer mehr Stirnlampen erloschen – die Batterien waren aufgebraucht. Und inmitten dieser Verzweiflung beging die Gruppe, indem sie es sich leichter zu machen versuchte, einen weiteren tödlichen Fehler. Sie wich verängstigt wie eine Herde dicht gedrängter Schafe in Richtung Osten zur tibetischen Seite des Sattels aus, um diesen Eisrücken zu umgehen.

Als sie schließlich die Richtung wieder zu ändern versuchten, mussten sich die entkräfteten Männer und Frauen geradewegs dem Sturm entgegenstemmen. »Manchmal haben wir nicht einmal mehr unsere Füße gesehen, so heftig hat es gestürmt«, berichtete Klev Schoening später in einem Gespräch mit Jon Krakauer. Er habe da zum allerersten Mal überhaupt begriffen, wie ernst ihre Lage wirklich war. »Die nächsten beiden Stunden wankten Beidleman, Groom, die beiden Sherpa und die sieben Kunden wie blind im Sturm herum und hofften inständig, zufällig beim Lager vorbeizukommen, immer mehr an Erschöpfung und Unterkühlung leidend«, beschreibt Jon Krakauer die Situation. Als die Verirrten schließlich ganz nahe an die Kangshung-Flanke gerieten, die vom Südsattel steil nach Tibet abfällt, beschlossen die Bergführer, hinter einem Felsen Schutz zu suchen und zu warten, bis sich eine bessere Chance böte, die Zelte zu finden. Sie waren zu dem Zeitpunkt kaum 300 Meter von ihnen entfernt. Und das Drama sollte sich noch weiter fortsetzen.

Auch an der tibetischen Nordseite rangen in dieser Nacht drei Männer um ihr Leben. Sie waren Mitglieder einer Expeditionsgruppe des Indisch-tibetischen Grenzschutzes, der für die Everest-Region zuständig ist. Am frühen Morgen des 10. Mai 1996 hatten sich Tsewang Paljor, Dorje Morup und Tsewang Smanla sowie drei weitere indische Bergsteiger, die allerdings am Nordgrat umkehrten, in Richtung Gipfel aufgemacht. Ob sie ihn jemals erreicht haben, ist nie wirklich geklärt worden.

Gut zwei Stunden nach Mitternacht machten sich am 11. Mai schließlich zwei Mitglieder einer japanischen Expedition begleitet von zwei nepalischen Sherpa zum Gipfel auf – obwohl zu diesem Zeitpunkt noch immer der starke Sturm um den Mount Everest toste. Beim First Step, dem ersten ernst zu nehmenden Hindernis am Nordgrat, fanden die Japaner einen der drei Inder. Der Mann war am Leben, doch der Sturm hatte ihn schwer gezeichnet. Er litt an Erfrierungen, dazu war seine Sauerstoffflasche leer, und er war offenbar höhenkrank. Die Japaner ließen ihn liegen, weil sie der festen Überzeugung waren, nicht mehr helfen zu können. Sie gaben später zu Protokoll, der Mann habe »gefährlich« ausgesehen. Nachdem die Japaner auch den Second Step überwunden hatten, fanden sie die beiden anderen Inder. Beide waren zwar am Leben, aber offenbar nicht mehr ansprechbar. Die Japaner und ihre nepalischen Begleiter gingen auch an dieser Stelle weiter. Sie erreichten gegen Mittag bei starkem Wind den Gipfel.

Im Abstieg fanden sie zuerst einen der Inder, der nun beim Second Step in den Fixseilen hing. Die Sherpa befreiten ihn zumindest aus seiner misslichen Lage. Mehr unternahmen aber weder sie noch die Japaner. Der Versuch einer Rettungsaktion wäre allerdings wegen des Sturms und auch wegen des Zustands, in dem sich der Inder inzwischen befand, praktisch aussichtslos gewesen. Der zweite Inder im Bereich des Second Steps war bereits gestorben. Als die Japaner mit ihren Sherpa den First Step erreichten, war der dritte Inder verschwunden. Er musste sich wohl noch einmal aufgerafft haben, um sich vor dem Sturm in Sicherheit zu bringen, denn Hans Kammerlander sah ihn 13 Tage später, als er den Everest bestieg, tot unter einem Felsvorsprung liegen. Tsewang Paljor trug während seiner Everest-Besteigung neben einer blauen Hose und einer roten Daunenjacke auch auffallend grüne Plastik-Bergschuhe, weshalb in den folgenden Jahren die Stelle, an der der Inder liegt, als Green Boots Cave traurige Bekanntheit erlangte.

Während in der Nacht vom 10. auf den 11. Mai der Sturm unvermindert über den Südsattel und um den Gipfel des Mount Everest toste, kämpften nicht nur die Menschen im Südsattel, die nur 300 Meter von den Zelten entfernt auf dem blanken Eis kauerten, und die drei Inder um ihr Überleben. Zwei weitere Dramen spielten sich derweil noch viel weiter oben am Berg ab. Kurz nach 16 Uhr am 10. Mai hatte schließlich auch Doug Hansen den Gipfel erreicht. Rob Hall hatte dort oben schier endlos lange auf seinen Kunden gewartet. Erst eine halbe Stunde vor diesem war um kurz nach 15.30 Uhr Scott Fischer am Gipfel angekommen. Der wiederum wurde dort von seinem Sirdar Lopsang Jangbu, einem guten Freund und Leiter der Sherpa-Gruppe im Mountain-Madness-Team, erwartet. Nur ein paar Minuten danach erreichte auch der taiwanesische Bergsteiger Ming Ho »Makalu« Gau mit zwei Sherpa den höchsten Punkt. Zu sechst standen sie eine Zeit lang oben zusammen. Scott Fischer ging es gar nicht gut, er war müde, ausgelaugt und hatte offenbar auch Probleme mit dem Magen, was ihm nach eigenen Aussagen sehr stark zu schaffen machte.

Scott Fischer, 1956 geboren und in Michigan aufgewachsen, war ein erfahrener Bergsteiger und ein charismatischer Mensch. Er war mit der Berufspilotin Jean Price verheiratet und hatte zwei Kinder. 1984 hatte er sein Unternehmen Mountain Madness gegründet, seit 1992 bot er auch Expeditionen zu den höchsten Bergen der Welt an. Er wollte sich offenbar unbedingt in diesem Segment der Abenteuer-Bergreisen etablieren, denn schon damals wurden Everest-Besteigungen für über 50 000 US-Dollar angeboten. Scott Fischer sah in diesem Business, wie einige andere professionelle Bergsteiger und Bergführer auch, die Möglichkeit, zusammen mit den Kunden Zeit in den Bergen des Himalaja zu verbringen und gleichzeitig seinen Lebensunterhalt zu verdienen. Dass man damit reich werden könnte, glaubten wohl die wenigsten wirklich ernsthaft, denn eine Expedition zum Everest verschlingt bereits im Vorfeld Unsummen für die Bereitstellung der aufwendigen Infrastruktur. Ein Großteil der Einnahmen muss also sofort investiert werden. Dennoch sahen die Anbieter damit eine gute Möglichkeit, ihre eigene Profession mit einem Geschäft zu verbinden. Scott Fischer hatte unter anderem 1992 bereits im ersten Anlauf den K2 bestiegen.

Eben von dieser Expedition im Karakorum her rührte eine lose, nicht sehr tief gehende, aber herzliche Freundschaft zu Rob Hall. Obwohl Hall in seinem Wesen ganz anders war als Fischer, ruhiger, weniger sprunghaft und vielleicht auch nicht ganz so unterhaltsam, verband die beiden einiges, vor allem die Leidenschaft, in den Bergen unterwegs sein zu wollen. Rob Halls Bilanz an den hohen Bergen der Welt war beeindruckend. 1990 hatte er zusammen mit seinem Freund und späteren Geschäftspartner Gary Ball binnen sieben Monaten die Seven Summits bestiegen. Ihr erster Gipfel war dabei am 10. Mai der Mount Everest. Am 12. Dezember beendeten sie ihr atemberaubendes Projekt auf dem Mount Vinson in der Antarktis. Zwei Jahre später gründeten die beiden Adventure Consultants und wurden ganz schnell eines der bekanntesten Unternehmen, das auch den Mount Everest im Programm hatte. Im Sommer desselben Jahres bestieg wie Scott Fischer auch Rob Hall den K2, nachdem er bereits im Mai abermals den Everest-Gipfel erreicht hatte. 1993 war er am Dhaulagiri unterwegs.

1990, während seiner ersten Everest-Besteigung, hatte Rob Hall die neuseeländische Medizinerin Jan Arnold kennengelernt, die er bald darauf heiratete. 1993 bestiegen die beiden zusammen den Mount Everest. Auch der US-Amerikaner Wally Berg, ebenfalls einer der kommerziellen Anbieter, war am selben Tag wie Hall und Jan Arnold dort oben. Ebenso der Bergführer Michael Groom, der Schwede Veikka Gustafsson und der US-Amerikaner Alex Lowe – sie alle standen an diesem 10. Mai auf dem Gipfel. Will meinen, man kannte sich, schätzte und respektierte einander, und doch blieb am Ende immer eine Portion Konkurrenzdenken im Spiel.

Am Fuß des höchsten Bergs der Erde war seit 1985 eine Höhenbergsteiger-Szene entstanden. Mit Adventure Consultants konnte Hall sich die Kunden fast schon aussuchen, und er verlangte

65 000 US-Dollar für den Trip zum Dach der Welt. Bei keinem anderen Anbieter war es so teuer. Allerdings waren auch bei keinem anderen die Erfolgsaussichten so groß wie bei Rob Hall. Als er 1996 zum Mount Everest kam, hatte er bereits 39 Kunden auf den Gipfel geführt. Hall eilte der Ruf voraus, er biete Zuverlässigkeit und Sicherheit, Seriosität und perfekte Vorbereitung. Also genau das, was unerfahrene Bergsteiger am Mount Everest am dringendsten benötigen, wenn sie selbst keine Ahnung haben.

Doug Hansen, ein freundlicher und immer gut gelaunter Postangestellter aus Washington, hatte schon ein Jahr zuvor bei Adventure Consultants den Everest gebucht. Doch 1995 hatte es Hansen nicht bis auf den Gipfel geschafft, weil Rob Hall ihn damals um 14.30 Uhr am Südgipfel zurückgeschickt hatte. Daran hatte Hansen lange schwer zu knabbern. Doch nachdem seine tiefe Enttäuschung verflogen war, hatte er immer wieder Kontakt mit Rob Hall gehabt, und der überredete ihn schließlich, es 1996 noch einmal zu versuchen. Vor allem wohl deshalb nahm Doug Hansen in der Expeditionsgruppe Halls in gewisser Weise eine Sonderstellung ein. Mehr als jeder andere wünschte er sich den Gipfel, und das war der Grund dafür, dass er unverdrossen immer weiter bergauf stieg, als die Umkehrzeit längst schon um weit mehr als zwei Stunden überschritten war. Und das hatte wohl auch zur Folge, dass Rob Hall wider jede Vernunft und besseres Wissen um 16 Uhr noch immer auf dem Gipfel stand und auf seinen Kunden wartete.

Es ist im Rückblick fast einleuchtend: Hall wollte Hansen keine weitere Enttäuschung zumuten, diesmal sollte er es auf den Gipfel schaffen. Als Hansen nun am späten Nachmittag des 10. Mai den letzten Buckel hinaufwankte, ging ihm Hall ein kurzes Stück entgegen und führte ihn die letzten Meter hinauf. Doug Hansen war bereits da praktisch am Ende seiner Kräfte, wie schon im Jahr zuvor, als er sich ebenfalls fast völlig verausgabt hatte, bevor Hall ihn hinunterschickte. Die beiden mussten nun auf dem schnellsten Weg absteigen. Es würde nicht mehr sehr lange dauern, dann würde es dunkel werden, und in den Wolken unter ihnen brodelte es wie in einem riesigen Kessel. Doch die beiden kamen nur bis zum Hillary Step. Dort brach Hansen zusammen, und es war für

Rob Hall allein unmöglich, seinen Kunden in dieser enormen Höhe über die Schlüsselstelle hinunterzubringen.

Scott Fischer und der Sherpa Lobsang Jangbu waren da bereits ein Stück voraus. Hall saß mit seinem Kunden in der Falle, und die beiden anderen konnten ihm nicht mehr helfen. Er nahm sein Funkgerät und forderte neue Sauerstoffflaschen an. Doch er hörte von dem Bergführer Andy Harris, der sich gerade dort unten aufhielt, fälschlicherweise, dass alle am Südgipfel deponierten Flaschen leer seien. Hätte Hall erfahren, dass dort noch zwei volle Flaschen lagen, wäre alles anders gewesen. Es dauerte, bis das Missverständnis aufgeklärt war. Harris hatte sich geirrt.

Wie erfolgreich der Versuch von Andy Harris gewesen ist, Hall und Hansen dann doch noch mit den beiden Flaschen zu Hilfe zu eilen, blieb ungeklärt. Denn irgendwann in dieser Nacht verlieren sich die Spuren des jungen Bergführers Andy Harris. Es konnte nicht einmal geklärt werden, ob Harris Hall noch erreichte hat. Einiges deutet darauf hin, dass er es schaffte und sich sogar zusammen mit Hall und Hansen den Berg hinunterbewegte.

Weiter unten war Scott Fischer unterdessen auf etwa 8600 Metern angekommen. Er wurde gesehen, wie er teilweise auf dem Hintern im Schnee steile Hänge abrutschte, und auch wie er sich immer wieder hinsetzte, nachdem er ein paar Schritte gegangen war. Knapp oberhalb des Balkons wurde er von seinem Sherpa Lobsang Jangbu eingeholt.

Inzwischen tobte neben dem Schneesturm auch ein heftiges Gewitter am Everest. Mühsam versuchte Lopsang, der seit Jahren eng mit Fischer befreundet war, den US-Amerikaner weiter nach unten zu bringen. Etwa gegen 20 Uhr trafen sie mit »Makalu« Gau und seinen beiden Sherpa zusammen. Auch der Taiwanese war inzwischen fast nicht mehr in der Lage, in dem schwierigen Gelände und bei dem Sturm selbstständig zu gehen. Fischer, Lopsang und Gau blieben in der eisigen Kälte sitzen, die beiden anderen Sherpa stiegen weiter ab. »Ich bin eine Stunde bei Scott und ›Makalu‹ geblieben«, erzählt Lopsang im Buch von Jon Krakauer, »mir war sehr kalt, ich war sehr erschöpft. Sott sagte mir: ›Du gehst nach unten, schickst Anatoli hoch.‹ Ich sagte dann: ›Ok, ich geh runter, schick sofort Sherpa und Anatoli hoch.‹ Dann machte ich für Scott einen guten Platz zum Sitzen und ging runter.« Später in dieser Nacht versuchte Anatoli Boukreev tatsächlich mehrfach die Stelle zu erreichen, an der Scott und »Makalu« zurückgeblieben waren. Doch im Sturm scheiterten alle Bemühungen des Kasachen.

Auf irgendeine Weise musste es Rob Hall in der Nacht gelungen sein, den Südgipfel zu erreichen. Der Funkverkehr belegt, dass er kurz vor 18 Uhr noch oberhalb des Hillary Steps mit Doug Hansen ausharrte. Als er sich um kurz vor fünf Uhr früh am 11. Mai wieder meldete, war er am Südgipfel. Allein, ohne Hansen. Auch Andy Harris war nicht bei ihm. Hall war desorientiert und offenbar vollkommen verwirrt. Die beiden Sauerstoffflaschen hatte er zwar gefunden, doch war er nicht in der Lage, sie zu verwenden, weil seine Atemmaske vollkommen vereist war. Im Basislager herrschte längst große Aufregung. Alle überlegten in diesen Stunden, wie die Bergsteiger noch gerettet werden könnten. Doch es war so gut wie nichts möglich, weil oben am Berg niemand mehr die Kraft hatte, irgendjemandem zu helfen, weil die Gestrandeten zu weit weg und eine Rettungsaktion praktisch nicht zu organisieren war.

Die beiden großartigen Bergsteiger Guy Cotter und Ed Viesturs, der eine unweit des Basislagers unter dem Pumori, der andere im Lager II der Südroute, versuchten mehrfach, Rob Hall dazu zu bewegen, endlich aufzustehen und den Abstieg weiter fortzusetzen. Hall versprach es wieder und wieder, doch beim nächsten Funkverkehr saß er noch immer an derselben Stelle. Um fünf Uhr wurde eine Sprechverbindung zwischen Rob Hall und seiner Frau Jan Arnold hergestellt. Auch sie versuchte ihren Mann dazu zu bringen abzusteigen. Offenbar vergebens. Auch um neun Uhr saß er noch am Südgipfel und hatte fünf Stunden gebraucht, um seine Atemmaske vom Eis zu befreien. Seine Lage war längst dramatisch und in jeder Hinsicht besorgniserregend.

Als es unter dem Mount Everest am Morgen des 11. Mai wieder hell wurde und sich der Sturm vorübergehend etwas legte, hatten einige der Bergsteiger die rettenden Zelte erreicht, während andere das nicht mehr geschafft hatten. Zwei Stunden lang war die

Gruppe um die Bergführer Neal Beidleman und Mike Groom in der Nacht auf der Suche nach den Zelten am Südsattel vergebens umhergeirrt. Dann hatten sie beschlossen, sich auf den Boden zu kauern und auszuharren. Sie versuchten sich gegenseitig zu wärmen und vor allem wach zu bleiben. Der Sturm am Südcol tobte auch um Mitternacht noch mit unverminderter Wucht, doch darüber klarte der Himmel überraschenderweise auf. Man konnte den Gipfelaufbau des Everest sehen und auf der anderen Seite den Lhotse. Das genügte, um die Orientierung zurückzugewinnen.

Die Bergführer versuchten verzweifelt, ihre Klienten auf die Beine zu bringen. Doch Beck Weathers, der am Tag zuvor Stunden um Stunden am Balkon in der Kälte ausgeharrt hatte, Yasuko Namba, die sich im Aufstieg und später in diesem Höllensturm ebenso verausgabt hatte wie Sandy Hill Pittman und Charlotte Fox, sie alle waren inzwischen nicht mehr in der Lage, selbstständig vorwärtszukommen, zumal der Sturm in Bodennähe in unverminderter Stärke weitertobte. Schließlich packten Beidleman und Groom Klev Schoening und die Dänin Lene Gammelgaard, die noch den besten Eindruck machten, stellten sie auf die Füße und machten sich zusammen mit den beiden Sherpa auf den Weg. Tim Madsen blieb bei den vier Hilflosen zurück.

Nach nicht einmal zwanzig Minuten waren die sechs bei den Zelten angelangt. So nah waren sie in all den Stunden der Rettung gewesen. Beidleman beschrieb Anatoli Boukreev eilig, wo die anderen lagen. Der Kasache vermisste seit Stunden insgesamt 19 Bergsteiger. Nun irrte er über eine Stunde im Sattel umher, konnte aber die anderen nicht finden. Erst als er Beidleman noch einmal fragte und ein zweites Mal losging, fand Boukreev die Gruppe, die inzwischen fast zwei weitere Stunden in der Kälte verbracht hatte. Yasuko Namba war da bereits dem Tod nahe, auch wenn sie sich später noch einmal bewegte. Sandy Hill Pittman und Charlotte Fox waren kaum mehr ansprechbar, Beck Weathers lag nahezu regungslos am Boden. Zuerst brachte Boukreev Charlotte Fox zu den Zelten. Unterdessen musste Tim Madsen tatenlos mitansehen, wie sich Beck Weathers auf einmal aufrichtete und im Sturm verschwand. Etwas später brachte Boukreev auch Sandy Hill Pittman in Sicherheit. Tim Madsen schloss sich ihnen an, weil er davon überzeugt war, Yasuko Namba sei tot und Beck Weathers verschwunden. Es begann gerade hell zu werden, als Boukreev mit Sandy Hill Pittman und Tim Madsen, also zwei weiteren der so lange vermissten Bergsteiger, das Lager erreichte.

Am Vormittag des 11. Mai brachen vom Südsattel aus zwei Sherpa-Teams nach oben auf, um Rob Hall, Scott Fischer und »Makalu« Gau endlich zu Hilfe zu eilen und sie vom Berg zu holen. Doch als Tashi Tshering, Ngawang Sya Kya und ein Sherpa aus dem taiwanesischen Team ungefähr 400 Höhenmeter über dem Südsattel bei Scott Fischer eintrafen, zeigte der nur noch sehr, sehr schwache Lebenszeichen. Die drei nahmen Gau ans Seil, ließen ohne jede Hoffnung, Scott Fischer noch helfen zu können, den Expeditionsleiter an seinem eisigen Sitzplatz zurück und halfen dem Taiwanesen zu den Zelten im Südsattel.

Rob Hall hatte auch in den vorangegangenen Stunden vom Südgipfel aus immer mal wieder erklärt, dass er nun den weiteren Abstieg beginnen werde, doch er erhob sich nie von seinem Platz. Ang Dorje und Lhakpa Chiri befanden sich nun gegen Mittag auf dem Weg zu ihm. Der Himmel war zwar strahlend blau, doch der Sturm blies inzwischen wieder mit der gleichen, unverminderten Härte wie in der Nacht. Die beiden Sherpa stiegen in einer schier übermenschlichen Anstrengung nach oben, doch 200 Höhenmeter unter dem Gipfel gaben sie am Nachmittag gegen 15 Uhr auf. Sie waren vollkommen entkräftet und fürchteten, im Sturm umzukommen. »Als sie umkehrten und mit dem Abstieg begannen, waren Halls Überlebenschancen praktisch auf null gesunken«, schrieb Jon Krakauer später in *In eisige Höhen.*

Dass die beiden Sherpa nicht bis zum Südgipfel gekommen waren, löste bei allen Entsetzen aus, die seit Stunden wie gebannt den emotionsgeladenen Funkverkehr verfolgt hatten. Noch einmal flehte Guy Cotter seinen Freund Rob Hall an, alles zu versuchen, um vom Berg herunterzukommen. Cotter war es auch, der Hall beibringen musste, dass die beiden Sherpa umgekehrt waren. Rob Hall strahlte trotz der für ihn niederschmetternden Botschaft während dieses Funkkontakts Zuversicht aus und erklärte, dass er durchaus in der Lage sei, noch eine weitere Nacht dort oben in fast 8750 Meter Höhe zu überleben. Aber er habe allein und mit erfrorenen Händen keine Chance, ohne Hilfe an den Fixseilen abzusteigen.

Eine der wohl dramatischsten Passagen in Krakauers Buch verdeutlicht einerseits das Ausmaß der Tragödie dort oben am Südgipfel, andererseits bewegten Halls letzte Worte in der Folge auch viele Menschen zutiefst:

Um 18 Uhr 20 rief Cotter Hall, um ihm zu sagen, dass Jan Arnold am Satellitentelefon in Christchurch sei und darauf warte, durchgestellt zu werden. »Nur einen Moment«, sagte Rob. »Mein Mund is' so trocken. Ich will kurz noch ein bisschen Schnee essen, bevor ich mit ihr rede.« Kurz darauf war er wieder am Gerät und krächzte mit schleppender, schrecklich verzerrter Stimme: »Hi, mein Schatz. Ich hoffe, du liegst warm eingepackt im Bett. Wie geht's dir?«

»Ich kann dir gar nicht sagen, wie sehr ich an dich denke!«, antwortete Arnold. »Du klingst ja viel besser, als ich erwartet habe... Ist dir nicht zu kalt, Liebling?«

»Wenn man die Höhe und die Umgebung bedenkt, geht's mir eigentlich verhältnismäßig gut«, antwortete Hall, der sie nicht allzu sehr beunruhigen wollte.

»Wie geht's deinen Füßen?«

»Ich hab die Schuhe noch nicht ausgezogen und noch nicht nachgesehen, aber ich schätze, ein paar Erfrierungen werde ich mir schon geholt haben...«

»Ich kann's kaum erwarten, dich ganz gesund zu pflegen, wenn du wieder zu Hause bist«, sagte Arnold. »Ich weiß einfach, dass du gerettet wirst. Denk nicht, dass du allein und verlassen bist, ich schicke alle meine positiven Energien in deine Richtung los!«

Bevor er Schluss machte, sagte Hall zu seiner Frau: »Ich liebe dich. Schlaf gut, mein Schatz. Mach dir bitte nicht zu viele Sorgen.«

Dies sollten die letzten Worte sein, die je von ihm gehört wurden. Spätere Versuche während der Nacht und am nächsten Tag, mit ihm in Funkkontakt zu treten, blieben unbeantwortet. Zwölf Tage später, als David Breashears und Ed Viesturs auf ihrem Weg zum Gipfel über den Südgipfel kletterten, fanden sie Hall in einer seichten Eismulde. Er lag auf seiner rechten Seite, den Oberkörper von Schneewehen begraben.

Jan Arnold war im Mai 1996 schwanger. Zwei Monate nachdem ihr Mann Rob Hall im Abstieg vom Mount Everest an Erschöpfung gestorben war, brachte seine Frau in Neuseeland die gemeinsame Tochter Sarah zur Welt.

Am 11. Mai, inzwischen war es wieder später Nachmittag, geschah inmitten von Trauer und Ohnmacht am Südsattel etwas, das fast einem Wunder glich. Gleichsam aus dem Nichts wankte, stolperte und kroch auf einmal ein Bergsteiger in Richtung der Zelte. Es war Beck Weathers, der zuvor einmal als tot und dann als vermisst vermutet worden war. Nun auf einmal tauchte er wieder auf, mit schwersten Erfrierungen im Gesicht, an den Händen und an seinen Füßen. Aber er war am Leben. Unter geradezu unglaublichen Umständen und Anstrengungen, an denen viele andere Bergsteiger beteiligt waren, konnte Weathers bis hinunter ins Basislager gebracht und so gerettet werden. Auch all die anderen, die man in der Nacht am Südsattel oder weiter oben fast erfroren oder kurz vor dem Erschöpfungstod aufgelesen hatte, überlebten. Als Anatoli Boukreev erfuhr, dass man Scott Fischer hatte zurücklassen müssen, stieg er ganz allein zu ihm hinauf und fand seinen Expeditionsleiter um kurz vor 20 Uhr. Er saß tot in der Sitzmulde, die Lopsang ihm gegraben hatte.

Binnen weniger Stunden waren am Mount Everest in einem verheerenden Höhensturm acht Menschen gestorben oder wurden nie wiedergefunden. Es waren die Adventure-Consultants-Kunden Doug Hansen und Yasuko Namba, ihr Expeditionsleiter Rob Hall und der Bergführer Andrew Harris. Aus dem Mountain-Madness-Team konnten alle Beteiligten gerettet werden außer dem Expeditionsleiter Scott Fischer. In der Sturmnacht waren auf der anderen Seite des Bergs die drei indischen Bergsteiger Tsewang Smanla, Dorje Morup und Tsewang Paljor ums Leben gekommen.

Insgesamt kamen in dieser Frühjahrssaison fünfzehn Menschen am Everest um – so viele wie nie zuvor.

Fieberhaft wurde später nach Gründen, warum das alles geschehen konnte, gesucht. Die meisten Analysen erfolgten vom Schreibtisch aus und bezogen eher am Rande die Emotionen und Beweggründe für die eine oder andere Handlung mit ein. Doch es gab auch unumstößliche Tatsachen. In beiden der großen Expeditionsgruppen von Rob Hall und Scott Fischer befanden sich Kunden, die in den Bergen und insbesondere an den ganz hohen Gipfeln nur sehr wenig oder gar keine Erfahrung hatten. Diese Bergsteiger waren darauf angewiesen, dass sie sich auf ihre Bergführer und Sherpa verlassen konnten. Und sie mussten deren Entscheidungen vertrauen, weil sie nicht in der Lage waren, in angespannten Situationen die richtigen Entscheidungen selbst zu treffen. Einige Bergsteiger kehrten viel zu spät um, als der Tag schon fortgeschritten war und sich zudem eine massive Wetterfront ankündigte. Selbst die beiden Expeditionsleiter hielten sich nicht an ihre eigenen Vorgaben der Umkehrzeit. In den entscheidenden Schlüsselpassagen der Gipfelroute drängten sich zur gleichen Zeit zu viele Bergsteiger, wodurch es zu Stauungen kam. Dadurch wurde die Aufstiegszeit für die allermeisten Bergsteiger verlängert, und es blieb nur noch wenig Zeit für den Abstieg. Außerdem wurde durch die Zeitverzögerung wertvoller Flaschensauerstoff vergeudet, der einigen Bergsteigern später im Abstieg fehlte.

Auch die Rolle Anatoli Boukreevs wurde im Nachhinein häufig kritisiert, weil er keinen Flaschensauerstoff verwendet hatte und zu rasch zum Südsattel abgestiegen war. Der Kasache argumentierte allerdings in seinem Buch *Der Gipfel* ganz anders. Er war der Meinung, dass es besser und sicherer gewesen sei, ohne Flaschensauerstoff auf den Gipfel zu steigen, denn wenn ihm unter Umständen auch der Sauerstoff ausgegangen wäre, hätte ein dadurch bedingter abrupter Leistungsabfall es womöglich verhindert, dass er überhaupt noch hätte helfen können. Immerhin hatte Boukreev im Laufe dieser Nacht drei Menschen aus seinem Team das Leben gerettet.

Zu den unkalkulierbaren Risiken an diesem Tag gehörte auch die Wetterentwicklung. Die Vorhersagen waren 1996 bei Weitem noch nicht so zuverlässig wie heute. Zudem erwischten der Sturm, der Schneefall und das Gewitter die Bergsteiger erst am

sehr späten Nachmittag, als sich die meisten nach dem Gipfelgang geschwächt im Abstieg befanden. Dies wiederum stand in
direktem Zusammenhang mit dem Zeitmanagement an diesem
Tag.

Wie auch immer, diese Tragödie von 1996 sorgte für eine weltweite und lang anhaltende Diskussion über das Höhenbergsteigen im Rahmen kommerzieller Expeditionen. Herausgekommen
ist dabei allerdings nichts. Denn schon ein Jahr später ging es am
Mount Everest ganz genauso weiter. Mehr noch, es wurde von
Jahr zu Jahr alles nur noch schlimmer.

Sterben und Überleben in der Zone des Todes

Der Mount Everest fordert viele Opfer, aber nicht jeder, der für tot erklärt wird, ist es auch

In Pheriche, etwa auf halbem Weg zwischen Namche Bazar und dem Basislager des Mount Everest, steht – gleich rechts hinter der »Himalaya Lodge« und direkt vor dem kleinen Hospital des Dorfes – ein etwa zwei Meter hoher, geometrisch exakt geformter Kegel aus glänzendem Metall. Er ist in der Mitte geteilt in zwei gleiche Hälften, die sich in etwa 50 Zentimetern Abstand gegenüberstehen. Dieser Kegel steht auf einem gemauerten Sockel aus Natursteinen. Auf den beiden Innenseiten sind, als wolle man sie vor Stürmen, Wind und Wetter schützen, deutlich mehr als 200 kleine rechteckige Platten aus Inox-Edelstahl angebracht, in die Namen eingraviert sind. Es sind die Namen all derer, die seit 1922, als sieben Sherpa an der Nordseite des Berges in einer Lawine starben, am Mount Everest ihr Leben verloren haben. Und die Frauen und Männer, die diese kleine Stätte der versammelten Erinnerungen betreuen, kommen nicht nach. Denn gestorben wird am Everest jedes Jahr. Es wird nicht mehr sehr lange dauern, dann wird es keinen Platz mehr geben, an dem man weitere dieser kleinen Inox-Platten anschrauben kann.

Die Bergsteigerlegende Reinhold Messner sagt: »Am Bergsteigen fasziniert Außenstehende nur das Sterben.«
Es hat am Mount Everest insgesamt 10 045 Versuche gegeben, den Gipfel zu besteigen. Und bevor 2013, 60 Jahre nach der Erstbesteigung durch Edmund Hillary und Tenzing Norgay, die Jubiläumssaison begann, hatte die akribisch genaue Himalaja-Chronistin Elizabeth Hawley 6176 erfolgreiche Gipfelbesteigungen registriert. Sie wurden von 3680 Männern, Frauen und sogar einigen Kindern realisiert. Fünfhunderteinundneunzig dieser 3680

Menschen waren Sherpa. Auf sie allein fielen 2599 der 6176 Besteigungen. Das ist erheblich mehr als ein Drittel. Den Gipfel erreichten 293 Frauen, unter ihnen drei Sherpani, 241 Bergsteiger aber kamen nie wieder nach Hause. Sie verloren in den Flanken des höchsten Bergs ihr Leben. Sie kamen um in Lawinen und Höhenstürmen, starben an Erschöpfung, Hirn- oder Lungenödemen, erfroren, stürzten ab oder verschwanden einfach und wurden nie mehr gefunden.

Wie die Ereignisse von 1996 zeigen, ist jeder dieser Todesfälle mit einer ganz persönlichen Tragödie verbunden und mit einem sehr individuellen Schicksal. Die Menschen am Mount Everest sterben nicht alle gleich. Die Voraussetzungen und Gründe, die zu ihrem Tod geführt haben, sind immer wieder andere. Was sie indes eint, ist die Tatsache, dass sie an einem besonderen Ort starben, unter nicht alltäglichen Umständen und auf eine Weise, die bei Außenstehenden Verwunderung, Unverständnis und nicht selten auch Verärgerung auslöst.

Bergsteigen, so ließ Lionel Terray einst wissen, sei die Eroberung des Unnützen. Der französische Bergsteiger aus Grenoble aber wird meist unkorrekt zitiert, denn sein Buch trägt im Original den Titel *Les Conquérants de l'inutile* – und das sind die Eroberer des Unnützen. Gemeint ist eben nicht die Eroberung des Unnützen. Für das Tun der Bergsteiger aber hat es in all der Zeit kaum eine bessere Definition gegeben. Vielleicht noch die auf den ersten Blick eher hilflos wirkende Erklärung von George Leigh Mallory, der einst von einem Journalisten gefragt wurde, warum er unbedingt auf den Mount Everest steigen wolle. Mallorys Antwort erschien in der Ausgabe der *New York Times* vom 18. März 1923 auf einer der hinteren Seiten. »Because it's there.« Diese kurze, aber treffende Feststellung ist seither eine gern verwendete Erklärung für einen der wildesten und gefährlichsten Träume, die Menschen auf diesem Planeten haben können.

Auch David Sharp hatte einen Traum vom Everest. Er war nicht besessen davon, denn Besessenheit gehörte wohl eher nicht zu seinen Charaktereigenschaften. Vielleicht war er beseelt davon. David Sharp wurde 1972 im englischen Guisborough geboren. Er hatte Ingenieurwesen studiert, doch 2006 bereitete er sich gerade auf einen neuen Lebensabschnitt vor. Der hagere Mann mit der runden Nickelbrille und dem breiten, gewinnenden Lachen wollte künftig Mathematiklehrer sein und im Herbst seinen neuen Job antreten. Das würde sein Leben aller Voraussicht nach entscheidend verändern.

David Sharp war immer schon ein begeisterter Bergsteiger gewesen. Sicher kein Ausnahmealpinist, aber ein begabter und vor allem in der Höhe ausdauernder Kletterer. Immerhin hatte er es 2002 bis auf den Cho Oyu geschafft. Aber Sharp hatte auch das Matterhorn, den Elbrus, den Kilimandscharo und im Karakorum den Gasherbrum II bis knapp unter den Gipfel bestiegen. Im Asian-Trekking-Team war er im Frühjahr 2006 sicher der stärkste Bergsteiger von allen.

Am Mount Everest war Sharp nicht gerade ein Unbekannter, denn schon 2003 und 2004 hatte er versucht, den Berg zu besteigen, war aber beide Male gescheitert. Die Kälte, der Wind und die schwierigen Verhältnisse am höchsten Berg hatten ihn bereits zwei Zehen gekostet. Er führte das aber eher auf seine Unerfahrenheit und seine damals schlechte Ausrüstung zurück. Als er 2006 an der Nordseite unter dem Everest auf seine Chance wartete, hatte er wieder eine Offerte von Asian Trekking gebucht, bei der er mit einigen anderen Bergsteigern in dieser Saison in einer Besteigungsgenehmigung zusammengeführt worden war. Wie der Österreicher Peter Ganner 2001, so hatte auch Sharp bei Asian Trekking offenbar ein regelrechtes Schnäppchen gemacht. Mehr noch, die Kathmandu-Zauberformel »very cheap« stellte diesmal alles in den Schatten. Neben den Permitgebühren in Höhe von 10 000 US-Dollar hatte David Sharp an Asian Trekking nur weitere 6200 Dollar zahlen müssen. Weniger als ein Zehntel dessen, was andere für ihre All-inclusive-Pakete ausgeben. Der Engländer hatte dafür aber auch kein Funkgerät, keinen weiteren Sherpa zur Unterstützung im Gipfelbereich, und vor allem hatte er keinerlei Infrastrukturen, auf die er im Notfall hätte zurückgreifen können. David Sharp war zwar mit vielen Menschen am Berg unterwegs, doch im Grunde war er allein. Als die Saison am 31. Mai zu Ende ging, waren nicht nur Sharp, sondern drei weitere Kunden von Asian Trekking tot. Sie waren vier von insgesamt elf Toten in diesem Frühjahr.

Für David Sharp war im Grunde klar, dass dies sein letzter Versuch sein würde, den Gipfel des Mount Everest zu erreichen. Er hatte einfach nicht mehr das Geld dafür, jedes Jahr eine solche Investition zu tätigen, auch wenn sie so vergleichsweise gering ausfiel wie dieses Mal. Sharp sagte im Basislager auf dem Rongbuk-Gletscher mehrmals, dass er viel, wenn nicht fast alles für den Gipfel geben würde, »vielleicht sogar ein paar Finger«. Während andere viele Fotos machten, sparte Sharp die wenigen Bilder, die mit seiner kleinen, ganz billigen Einwegkamera möglich waren, auf. Er sagte: »Ich habe hier alles fotografiert, das meiste sogar mehrfach. Mir fehlen nur noch die Bilder vom Gipfel.« Der 34-Jährige war beliebt im Camp der Everest-Bergsteiger, weil er gern lachte, immer für einen Spaß zu haben und ein geselliger Typ war. Er fühlte sich viel besser als bei seinen vorigen vergeblichen Versuchen. Er litt weder an Kopfschmerzen noch an Durchfall oder an Husten und auch nicht an einer der so häufigen und in dieser Höhe so schwer zu kurierenden Infektionen der Nebenhöhlen.

David Sharp war entschlossen. Diesmal wollte er auf den Gipfel. Als George Mallory 1924 zu seinem letzten Versuch am Everest aufbrach, hatte er eine Ausgabe von Shakespeares *King Lear* dabei. David Sharp stopfte Mitte Mai, als er vor dem Zelt seinen alten und schon etwas mitgenommen wirkenden Rucksack packte, ebenfalls einen Shakespeare-Band hinein. Irgendjemandem hatte Sharp im Basislager erzählt, dass es ihn ein wenig davor grause, wieder an den Toten vorbeigehen zu müssen.

2003 war Richard Dougan Expeditionsleiter einer kleinen nordirischen Expeditionsgruppe. David Sharp war damals in diesem Team und mit ihm Terrence Bannon, Stephen Synnott und Martin Duggan. Jamie McGuinness, ein gebürtiger Neuseeländer, arbeitete für dieses Team als Sirdar und Träger zugleich. Es ist eher außergewöhnlich, dass Nichteinheimische diese Rolle übernehmen, aber es funktionierte prächtig, und McGuinness lernte dabei viel. Die Gruppe junger Männer verstand sich bestens und hatte viel Spaß unter der riesigen Nordwand des Mount Everest.

Als Richard Dougan und David Sharp am 22. Mai 2003 im Lager III auf 8250 Meter Höhe zu ihrem Gipfelversuch aufbrachen, waren die beiden knapp unterhalb des First Step, der ersten von drei kurzen Kletterstellen am Nordgrat des Mount Everest, am Green Boots Cave vorbeigekommen, wo, wie im vorigen Kapitel erwähnt, seit 1996 der Leichnam des indischen Bergsteigers Tsewang Paljor unter einem auffälligen Felsvorsprung neben vielen zurückgelassenen, leeren Sauerstoffflaschen lag. Noch während Sharp die Leiche betrachtete, sagte er zu Richard Dougan: »Er sieht aus, als würde er schlafen.« An diesem Tag kam Sharp noch bis unterhalb des Second Step, dann war die Expedition für ihn beendet. Er hatte, fast ohne es zu merken, schlimme Erfrierungen an den Zehen erlitten, auch seine Finger fühlten sich taub an, und im Gesicht – an den Wangen und auf der Nasenspitze – hatten sich weißgraue Flecken gebildet. Das lag vor allem wohl auch daran, dass seine Sauerstoffmaske immer wieder mal für einige Zeit nicht funktionierte.

Obwohl er in der Folge eineinhalb Zehen seines rechten Fußes verlor, war er ein Jahr später wieder da. Doch diesmal kam er nicht einmal so weit wie in der Saison zuvor. Schon unterhalb der ersten Stufe, in 8500 Meter Höhe, drehte er um, nachdem er vom Lager III aus bis dorthin bereits mehr als acht Stunden benötigt hatte und ahnte, dass ihm später für den Rückweg vom Gipfel die Zeit zu knapp werden könnte.

Man konnte David Sharp viel nachsagen – dass er vielleicht seine Abenteuer finanziell zu knapp kalkulierte, dass er am falschen Ende, vor allem an wirklich perfekter Ausrüstung sparte, dass er den Mount Everest als größten Traum in die Mitte seines Lebensentwurfs gerückt hatte –, aber unvorsichtig oder gar unvernünftig war er ganz sicher nicht. Wie schon im Jahr zuvor hatte er wieder auf die Unterstützung eines Sherpa verzichtet. Auch diese Expedition hatte er bei Asian Trekking gebucht. Im Preis enthalten war die Fahrt nach Tibet, der Anmarsch zum Basislager, der Transport seiner Ausrüstung in das vorgeschobene Basislager, die Verpflegung für sechzig Tage, Flaschensauerstoff, ein Basislager- und ein Hochlagerzelt. Ab dem vorgeschobenen Basislager war David Sharp auf sich allein gestellt, was die Einrichtung der Hochlager und sein eigenes Fortkommen betraf. Als er am 17. Mai 2004 spürte, dass er müde wurde, machte er kehrt und stieg ab. Wie gut er daran getan hatte, zeigte sich am nächsten Tag, als er feststellte, dass er sich abermals leichte Erfrierungen an den Fingerspitzen zugezogen hatte. Einmal angefrorenes Gewebe bleibt sehr lange sehr empfindlich, das wissen alle Höhenbergsteiger.

Thamel ist das pulsierende Touristenviertel in Nepals Hauptstadt Kathmandu. In den engen Gassen gibt es unzählige Restaurants und Bars, Geschäfte und Trekkingagenturen, Cafés und einen Wald aus Werbetafeln. In Thamel kann man am hellen Tag und auf offener Straße tibetische Gebetsmühlen und Haschisch, Tiger-Balm und wirklich gefährliche Messer kaufen. Es ist der Schmelztiegel einer Millionenstadt, die ohnehin aus allen Nähten zu platzen scheint. Thamel setzt all dem die Krone auf. Dort trafen sich einst Weltenbummler und Hippies, später Bergsteiger und Trekker. Heute muss jeder Tourist Thamel gesehen und sich einmal in dieses heillose Gewühl gestürzt haben.

Im Norden des Stadtteils, aber immer noch mittendrin, ganz in der Nähe mehrerer der großer Trekkinghotels, liegt im ersten Stock eines typischen nepalischen Stadthauses mit offenem Stiegenhaus und üppigem Grün auf der Terrasse »Sam's Bar«. Sie gehört Verena Westreicher, einer gebürtigen Tirolerin aus Serfaus, die vor rund zwanzig Jahren in Kathmandu hängen blieb und seitdem fast zu einer Institution geworden ist. Es dürfte nicht sehr viele Bergsteiger der letzten beiden Generationen geben, die noch nicht in »Sam's Bar« gewesen sind und dort, nicht selten in alkoholseliger Laune, eine ganz besondere Atmosphäre genossen haben. Und wer von einem der Achttausendergipfel oder auch von einem bekannten Siebentausender in die Hauptstadt zurück- und dann natürlich auch nach Thamel kommt, der darf sich bei Verena Westreicher an der Wand in der Bar mit einem wasserfesten Filzstift verewigen – so er denn noch irgendwo ein Plätzchen findet.

David Sharp hatte sich 2006 fest vorgenommen, ganz zum Schluss in »Sam's Bar« von Verena den Stift zu erbitten und dann endlich seinen Namen an die Wand schreiben zu dürfen. Bevor sie mit ihren Expeditionsteams in Richtung der tibetischen Grenze und zur Nordseite des Mount Everest abfuhren, verbrachten auch David Sharp und Jamie McGuinness, mittlerweile ein professioneller Fotograf, Buchautor und Leiter der Expeditionsagentur Project Himalaya, dort einen unterhaltsamen Abend. McGuinness hatte David Sharp, mit dem ihn ein gutes Verhältnis verband, fast bekniet, sich seiner Expedition anzuschließen. Weniger, um daran Geld zu verdienen sondern weil er sich offenkundig um Sharps Sicherheit sorgte. Doch der lehnte dankend ab und wollte es wieder in Eigenregie versuchen. Seine Mutter Linda hatte Sharp daheim noch beruhigt: »Am Everest ist man nicht allein, da sind überall andere Bergsteiger.« David Sharp sollte auf schreckliche Weise und über viele Stunden erleben, wie einsam man an diesem Berg sein kann, selbst wenn viele andere dort unterwegs sind.

Der 34-jährige Engländer startete einen ersten Gipfelversuch bereits Anfang Mai, brach ihn aber am Morgen des dritten Tages im dichten Schneetreiben ab. Erstaunlicherweise hatte er nur eine Flasche Sauerstoff bei sich. Er vertraute offenbar ganz darauf, dass am Everest viele Sauerstoffflaschen, oft sogar gänzlich unbenutzte, an den neuralgischen Punkten herumliegen. Am 11. Mai war Sharp nach kurzer Erholungspause im vorgeschobenen Basislager wieder im Lager I am Nordcol angekommen.

In der Nacht vom 13. auf den 14. Mai begann er seinen zweiten Gipfelanstieg vom Lager III aus. Um ein Uhr nachts befand er sich auf etwa 8400 Meter Höhe. Offenbar war er müde, denn er hängte sein Sicherungsgerät nun aus dem Fixseil aus und setzte sich in den Schnee, um auszuruhen und andere Bergsteiger vorbeizulassen, die rasch hinter ihm aufgeschlossen hatten. Der aus Colorado stammende Bill Crouse und sein Team sahen Sharp dort sitzen. Crouse war einer der Bergführer der Himalayan-Experience-Expedition von Russell Brice. In den Stunden danach erreichte Crouse mit seiner Gruppe den Gipfel und hielt sich etwa eine Viertelstunde dort oben auf, bevor alle wieder den Abstieg antraten.

Knapp 150 Höhenmeter unter dem Gipfel und viele Stunden nach der ersten Begegnung traf Bill Crouse wieder auf David Sharp. Er wunderte sich, dass um diese Zeit noch ein Bergsteiger im Aufstieg unterwegs war. Sharp war ganz offensichtlich der Letzte, der an diesem Tag noch den Gipfel erreichen wollte. Als sich der Weg der Bergsteiger nun abermals kreuzte, befanden sie sich beim Third Step, dem letzten Hindernis vor dem höchsten Punkt. Nie zuvor war David Sharp seinem Traum näher gekommen. Doch eineinhalb Stunden später war der Engländer keine hundert Meter weiter gekommen. Bergsteiger am Second Step konnten beobachten, wie er sich mühsam weiter nach oben schleppte. Zum ersten Mal schien Sharp den Gipfel unter allen Umständen erreichen zu wollen, wohl wissend, dass er wahrscheinlich kein weiteres Mal zum Mount Everest würde zurückkehren können. Plötzlich schienen Rückzug und ein erneutes Scheitern für ihn keine Option mehr.

14. Mai, Mitternacht. Seit Sharps Aufbruch waren mehr als 24 Stunden vergangen. Niemand vermochte zu diesem Zeitpunkt zu sagen, wo sich der Engländer befand, ob er den Gipfel erreicht hatte oder eines der leerstehenden Zelte, um dort Schutz vor der extremen Kälte zu finden. Es sorgte sich ganz offenbar niemand um den Engländer. Vom Lager III auf der Nordroute hatten sich längst weitere Bergsteiger auf den Weg zum Gipfel gemacht. Auch sie ahnten nicht, dass da einer von ihnen nicht mehr in das vorgeschobene Basislager zurückgekehrt war.

Neuer Tag, neues Glück. Unter den Anwärtern, die sich nun für den 14. Mai in der Route einreihten, waren unter anderem der türkische Expeditionsleiter Serhan Pocan mit einer Gruppe und auch Mark Woodward, ein weiterer Bergführer von Russell Brice. Zusammen mit Woodward war ein ganz außergewöhnlicher Aspirant in Richtung Gipfel unterwegs. Vierundzwanzig Jahre zuvor war der Neuseeländer Mark Inglis in einem schweren Schneesturm am Mount Cook, dem höchsten Berg Neuseelands, fast ums Leben gekommen. Als sie ihn endlich vom Berg herunter- und in ein Krankenhaus gebracht hatten, mussten Inglis wegen schwerster Erfrierungen beide Unterschenkel amputiert werden. Nun, 2006, wollte er auf den Mount Everest steigen, um der Welt zu zeigen, was ein Mensch trotz körperlich schwerer Beeinträchtigung zu leisten in der Lage ist.

Es war etwa ein Uhr, als Mark Woodword mit seiner Gruppe beim Green Boots Cave kurz vor dem First Step ankam. Woodword wollte seine Klienten gerade warnen, denn da lag noch immer der tote Inder von 1996 mit seinen grünen Plastikstiefeln unter dem Felsvorsprung, als er selbst einen mächtigen Schrecken bekam. Neben dem Inder kauerte halb liegend, halb sitzend noch eine zweite Person. Deren Stiefel ragten unter dem Fels hervor. Der Mann war noch immer am Fixseil eingehängt, sein Gesicht war vereist, er trug keine Sauerstoffmaske und hatte die Arme um seine Knie geschlungen. Einer aus Woodwards Gruppe sprach den Mann an, doch David Sharp gab keine Antwort mehr. Woodward schloss auf ein Erfrierungskoma. Nach kurzer Zeit ging die Gruppe weiter in Richtung Gipfel.

Schon eine Stunde zuvor war der Türke Serhan Pocan an David Sharp vorbeigekommen. Pocan und ein weiterer Bergsteiger aus seinem Team wollten den Gipfel ohne Flaschensauerstoff erreichen, fünf weitere waren mit Flasche und Maske unterwegs. Sie waren gegen 22.30 Uhr im Lager III aufgebrochen und hatten etwa eineinhalb Stunden später Green Boots Cave erreicht. Im Schein ihrer Stirnlampen sahen auch sie David Sharp, hilflos unter dem Felsen zusammengesunken. Da saß er noch aufrecht direkt neben dem toten Inder, die Arme eng um die Knie geschlungen, als wolle er sich warm halten.

Die türkische Expedition kam in drei kleinen Gruppen hintereinander den Berg herauf, weil alle jeweils in ihrem Rhythmus gingen. Eylem Elif Mavis, Serkan Girgin und zwei Sherpa waren als Erste dorthin gekommen. Einer der Sherpa sagte zu Sharp, er könne dort nicht sitzen bleiben, sondern müsse unbedingt aufstehen und weitergehen. Dabei waren sich die Bergsteiger nicht einmal sicher, ob Sharp sich im Auf- oder im Abstieg befand. Niemand ahnte, dass er am Abend zuvor offenbar den Gipfel erreicht und danach stundenlang absteigend versucht hatte, sich in Sicherheit zu bringen. Sharp habe mit einer deutlich ablehnenden Körpersprache auf die Aufforderung des Sherpa reagiert, er solle aufstehen. So ist es in einem Gesprächsprotokoll von Elizabeth Hawley festgehalten. Sie hatte nach der Tragödie mit einigen Augenzeugen gesprochen.

Anderen Mitgliedern aus dem türkischen Team war im Vorbeigehen überhaupt nichts Besonderes aufgefallen. Sie glaubten, der Mann ruhe sich unter dem Felsen aus, und stiegen weiter bergwärts. Zwanzig Minuten später kam die zweite Gruppe von Serhan Pocan. Nun lag Sharp regungslos direkt neben dem toten

Inder. Und auch die dritte Gruppe der Türken fand den Engländer scheinbar leblos am Boden liegen und glaubte einen weiteren Toten vor sich zu haben. Kurz bevor an diesem 15. Mai die Sonne aufging, musste Serhan Pocans Frau Burcak den Rückzug antreten, weil sie ganz offensichtlich höhenkrank war. Als einige Mitglieder der Expedition mit Serhan Pocan an der Spitze sie sehr langsam hinunterbrachten, kam die Gruppe ein weiteres Mal bei David Sharp vorbei. Pocan sah, wie er seinen Arm bewegte. Zwei der Türken richteten Sharp jetzt auf und brachten ihn wieder in eine sitzende Position. Sie versuchten auch, ihm etwas Heißes zu trinken einzuflößen. Doch er war nicht mehr in der Lage zu schlucken. Sharps Nase war innen gefroren, und auch seine Hand wies Erfrierungen auf. Er öffnete immer wieder seine Augen und versuchte etwas zu sagen, doch er brachte keinen Ton heraus.

Die kleine Gruppe, mit der Pocan abstieg, befand sich selbst in einer schwierigen Situation. Seine Frau war höhenkrank, und sämtliche Bergsteiger hatten fast alle Sauerstoffvorräte aufgebraucht. Serhan Pocan beschloss, schnellstens weiter abzusteigen und einen Sherpa mit einer neuen Flasche hinaufzuschicken, um David Sharp zu helfen. Später an diesem Tag, als andere Mitglieder der türkischen Expedition vom Gipfel herunterkamen, versuchten auch sie Sharp mit Sauerstoff zu versorgen, doch seine Maske war vollkommen vereist, und selbst als es gelang, sie vom Eis zu befreien, funktionierte sie nicht. Auch zu dieser Zeit war der Engländer noch am Leben. Schließlich versuchte auch Lhakpa Sherpa, einer der Männer aus dem Team von Russell Brice, Sharp wieder auf die Beine zu bringen. Sie zogen ihn unter dem Felsvorsprung heraus, brachten ihn in die Sonne und begannen ihn zu massieren.

Unterdessen versuchte Serhan Pocan von weiter unten mehrmals über die allgemeine Funkfrequenz, die für alle Bergsteiger am Mount Everest zugänglich ist, andere Mitglieder von Expeditionen dazu zu bewegen, Hilfe zu leisten, denn er selbst war außerstande, noch einmal zu Sharp hinaufzugehen. Doch Pocan erhielt keine Antwort. Er war inzwischen doppelt angespannt, denn noch immer ging es seiner Frau sehr schlecht. Also ließ er vier tibetische Helfer heraufkommen, um sie weiter nach unten zu bringen. Als Serhan Pocan jedoch endgültig klar wurde, wie schlecht es David Sharp inzwischen ging – viel schlechter nämlich als seiner Frau –, dirigierte er die Tibeter weiter den Berg hinauf. Zwei schafften es bis auf 7900, die beiden anderen bis auf 8300 Meter. Dann kehrten sie alle entkräftet um. Sie hatten David Sharp nicht erreicht. Und das besiegelte nun endgültig sein Schicksal.

Ravichandran Tharumalingam, ein allein gehender Bergsteiger aus Malaysia, war wohl der Letzte, der Sharp an diesem 15. Mai 2006 gegen Abend sah. Die beiden kannten einander aus dem Basislager und hatten sich oft unterhalten. Doch nun, allein und so spät am Tag, hatte Tharumalingam nicht den Hauch einer Chance, Sharp zu helfen. Auch er setzte schließlich seinen Abstieg fort.

Mehr als 40 Bergsteiger waren an diesem Tag an dem Engländer vorbeigekommen, der sich ganz offenkundig in größter Not befand. Manche sahen David Sharp im Dunkel der Nacht nicht einmal, andere wollten sofort erkannt haben, dass dem Mann nicht mehr zu helfen war, wieder andere waren so sehr mit sich selbst und ihrem Kampf ums Überleben beschäftigt, dass sie nicht einmal registrierten, welches Drama sich da über so viele Stunden entwickelte. Viele der Bergsteiger aber sahen David Sharp zusammengekauert und meist vollkommen regungslos. Andere hatten beobachtet, wie er sich bewegte. Um 9.30 Uhr am Vormittag hatte der libanesische Bergsteiger Maxime Chaya, der Erste an diesem Tag auf dem Gipfel und mit Sherpa Dorje auch der Erste wieder unten beim Green Boots Cave, Sharp unter dem Felsen liegend gefunden. Er war fast bewusstlos, biss die Zähne fest zusammen und wurde von heftigem Schüttelfrost gepeinigt. Dorje versuchte ihm Sauerstoff zu geben, aber die Maske funktionierte schon da nicht mehr.

Fast eine Stunde lang konnten andere Bergsteiger im vorgeschobenen Basislager hören, wie Maxime Chaya immer wieder in sein Funkgerät weinte und um Hilfe flehte. Es half alles nichts. Schließlich, den eigenen Sauerstoffvorrat schon an der Grenze des Vertretbaren, stiegen Maxime Chaya und sein Sherpa Dorje weiter nach unten. Später kam Phurba Tashi, der Sirdar in Russell Brice' Team. Auch er versuchte zu helfen. Hinterher berichtete

Phurba, Sharps Arme seien bis zu den Ellbogen erfroren gewesen und seine Beine bis an die Knie. Er habe keine Handschuhe mehr getragen, und seine Jacke sei weit geöffnet gewesen. Als Chaya ihn Stunden zuvor gefunden hatte, war die Jacke noch geschlossen gewesen, und Sharp trug wenigstens noch dünne Wollhandschuhe. Als Phurba und sein Kollege Lhakpa David Sharp dann in die Sonne brachten und begannen, seinen Körper durch Massage zu wärmen, wurde dem Engländer offenbar schon nicht einmal mehr bewusst, dass jemand versuchte, ihm endlich zu helfen. Nun war es wirklich zu spät.

Auch Mark Inglis, beidseitig beinamputiert, Silbermedaillengewinner auf dem Fahrrad bei den Paralympics in Sydney und an diesem Tag einer der 38 Glücklichen, die den Gipfel über die Nordroute erreichten, kam an David Sharp vorbei. Er sei steif gefroren gewesen und habe nicht mehr sprechen können. Nur seine Augen habe er manchmal noch bewegt. Er habe beobachtet, wie die Sherpa aus seinem Team versuchten, Sharp zu helfen, doch es habe alles nichts genützt, sagte Mark Inglis, als ihn Reporter in Neuseeland im Krankenhaus besuchten. Er hatte sich abermals schwere Erfrierungen zugezogen. Zu diesem Leid bekam er obendrein auch noch den Zorn seines neuseeländischen Landsmannes Edmund Hillary zu spüren. »Menschliches Leben ist weitaus wichtiger, als auf den Gipfel eines Berges zu gelangen«, donnerte der Erstbesteiger des Mount Everest, einer aus dem Olymp des Höhenbergsteigens. Die Weltöffentlichkeit wurde wieder einmal auf den Everest aufmerksam. Offenbar hat Reinhold Messner recht, wenn er sagt, dass Außenstehende am Bergsteigen nur das Sterben interessiere. Wenn dort ein Mann, krank und in höchster Not liege, sei es falsch, »nur den Hut zu ziehen, Guten Morgen zu sagen und dann einfach weiterzugehen«, schimpfte der damals 86 Jahre alte Hillary. Und er meinte sie alle. Es sei vor einem halben Jahrhundert undenkbar gewesen, »ein Mitglied eines anderen Teams einfach liegen zu lassen und weiter in Richtung Gipfel zu stürmen«.

Ed Hillary riss mit diesen wenigen Sätzen den Horden am Everest mit einem Schlag die Masken vom Gesicht. Bereits um Mitternacht vom 14. auf den 15. Mai hatten die ersten Bergsteiger entschieden, dass David Sharp nicht mehr zu helfen sei. Doch 16 Stunden später lebte er noch immer. Da drängt sich die Frage auf, ob nicht 40 Bergsteiger, die sich allesamt stark genug fühlten, den höchsten Berg der Erde zu besteigen, genug gewesen wären, einen kaum 70 Kilogramm schweren, hageren jungen Mann in Sicherheit zu bringen. Mark Inglis gab mit zittriger Stimme zu Protokoll: »Es ist auf dieser Höhe extrem schwierig, sich selbst am Leben zu erhalten, geschweige denn jemanden anderen.«

Russell Brice hat schließlich die fast unmenschlich schwere Aufgabe übernommen, David Sharps Mutter Linda vom Tod ihres Sohnes zu unterrichten. Sie hatte David zum Mount Everest ziehen lassen, weil er ihr versichert hatte, an diesem Berg sei man nie allein.

Es dauerte nur zehn Tage, bis am 25. Mai 2006 unter dem Gipfel des Everest ein weiterer Mann für tot erklärt wurde. An diesem Tag hatte der Australier Lincoln Hall den Gipfel erreicht und war dann im Abstieg zusammengebrochen. Er litt ganz offenbar an einem Hirnödem, bei dem sich der Krankheitsverlauf meist dramatisch schnell verschlechtert. Stundenlang versuchten mehrere Sherpa den Mann zu retten, indem sie ihn aus ihren eigenen Sauerstoffflaschen versorgten, sich bemühten, ihn warm zu halten und ihn langsam weiter den Berg hinunterzubringen. Rund 250 Höhenmeter unter dem Gipfel, in der Nähe des Second Step, brach Hall zusammen. Er war offenbar weder fähig noch willens, weitere Hilfe und Unterstützung anzunehmen. Die Sherpa konnten trotz all ihrer Anstrengungen schließlich weder Atmung noch Herzschlag feststellen. Sie ließen Lincoln Hall liegen, weil es dunkel wurde und sie nun selbst fürchteten, sterben zu müssen, wenn sie weiter dort oben ausharrten, um einem Mann zu helfen, dem offenbar nicht mehr zu helfen war. Noch am selben Abend wurde Lincoln Hall von dem russischen Expeditionsleiter Alexander Abramov für tot erklärt. Die Meldung wurde im Internet veröffentlicht, und es wurde die Familie Halls verständigt. Doch dieser Mann dort oben unterhalb des Gipfels war noch am Leben.

Lincoln Hall kam am 19. Dezember 1955 in Canberra, Australiens »Capital Territory«, zur Welt. Er entwickelte schon früh eine besondere Neigung zum Bergsteigen, zog in die Blue Mountains in New South Wales und heiratete seine Frau Barbara. Sie bekamen zwei Söhne, und Hall wurde später der erste Direktor der Australian Himalayan Foundation. Er galt als einer der besten Bergsteiger Australiens. Hall schrieb insgesamt acht Bücher. Eines davon heißt *Totgesagt* und beschreibt seine Erlebnisse in jener Nacht 2006 am Mount Everest.

Am höchsten Berg der Erde war Lincoln Hall 2006 nicht zum ersten Mal. Bereits 1984 war er Mitglied jener großartigen australischen Expeditionsgruppe gewesen, die als Erste und ohne Flaschensauerstoff das Norton-Couloir in der Nordflanke durchstieg. Nur einem extrem starken Höhenhusten war es geschuldet, dass Hall damals nicht zusammen mit Tim Macartney-Snape und Gregory Mortimer bis auf den Gipfel gelangte. Allerdings hatte er damals ganz entscheidenden Anteil daran, dass die beiden anderen auch wieder vom Berg herunterkamen. 2006 kehrte Hall nun zum Everest zurück.

Eher zufällig hatte sich die Möglichkeit ergeben, aufs Neue an einer Expedition teilzunehmen. Als sich die Gruppe in Kathmandu traf, war Hall jedoch einigermaßen überrascht, dass er mit fast 30 anderen Bergsteigern zur Nordseite des Mount Everest fahren würde. Sie kamen aus den USA und Irland, aus England und den Niederlanden, aus Italien und Norwegen, aus Dänemark, Südafrika und Australien. Leiter der Gruppe war ein Russe, ebenso der Arzt, und auch ein Teil der Basislagercrew waren Russen. Lincoln Hall war, ohne es zu wollen, Teil einer wirklich beeindruckend großen kommerziellen Expedition geworden.

Als das Team das Basislager auf dem Rongbuk-Gletscher in Tibet bezog, waren sie zusammen mit den Hochträgern, den Sherpa und dem Küchenteam fast 60 Personen. Dort stand in diesem Frühjahr eine fast unüberschaubare Anzahl von Zelten. Auch das war Hall nicht gewohnt, denn 1984 war er Mitglied eine sehr kleinen, nur sechsköpfigen Expedition gewesen, die auf ihrer neuen Route ganz auf sich gestellt war. Nun kam er sich wohl eher vor wie ein Teil der alljährlichen Everest-Maschinerie. Es tat ihm offensichtlich gut, dass er sich wenigstens mit seinen australischen Freunden ein wenig von den anderen absetzen konnte.

Lincoln Hall war nicht nur Journalist und Buchautor. Er war auch Trekking-Guide und den Umgang in Gruppen gewohnt. Doch dieses Großaufgebot an Bergsteigern behagte ihm offensichtlich nicht. Ihm missfiel auch der Führungsstil des Expeditionsleiters Alexander Abramov, von dem er bald überzeugt war, dass er seine Gruppe behandelte wie eine Schulklasse, nach strengen Regeln und vor allem nach seinen Vorstellungen. Hall hatte zu diesem Zeitpunkt bereits viele Trekkingtouren zu den Himalaja-Bergen geleitet und an zehn Expeditionen teilgenommen, neben der ersten damals zum Everest unter anderem auch zu den Gipfeln des K2, des Makalu und der Annapurna II.

Nachdem in einer weiteren Etappe das vorgeschobene Basislager unter dem Nordcol aufgebaut war, kamen die Sherpa. Es waren zwanzig, und der bekannte Mingma Gelu war ihr Sirdar. Offenbar hatten ihn Familienbande bei der Auswahl seines Teams geleitet, denn er verkündete im Rahmen einer Besprechung, dass all die anderen Sherpa aus seinem Dorf oder der Umgebung stammten und Onkel, Brüder oder Cousins von ihm seien. Unter diesen Männer befand sich ganz offensichtlich keiner, der noch nicht auf dem Gipfel gewesen war.

In *Totgesagt* beschreibt Lincoln Hall eine bemerkenswerte Szene, die durchaus geeignet ist, ein wenig die Atmosphäre in dieser fast unüberschaubaren Gruppe widerzuspiegeln. »Diejenigen von uns, die einen Sherpa gebucht hatten, der mit ihnen klettern sollte, mussten jetzt auswählen oder ausgewählt werden, und jeder musste seine Entscheidung binnen Minuten treffen. Das war eine ausgesprochen seltsame Art, jemanden auszusuchen, mit dem man Situationen teilen würde, in denen es um Leben und Tod ging. Aber es war auch typisch russisch, zu einem Ergebnis zu kommen, indem man erst einmal für helle Aufregung sorgte. Uns blieb nichts anderes übrig, als Mingma* beim Wort zu nehmen, dass alle seine Sherpa der verlangten Aufgabe gewachsen seien.«

---

* Der bekannte Mingma Gelu war der Sirdar der Gruppe.

Lakcha, Pasang, Dawa Tenzing und Dorje – Lincoln, Richard, Christopher und Mike. Man stellte einander vor und wurde binnen Sekunden ein Team. So ist das oft am Everest. Keine Ausnahmesituation also. Aber wenn man bedenkt, dass anderenorts, beispielsweise in den Alpen, schwere Berge vornehmlich von Seilschaften bestiegen werden, deren Mitglieder sich sehr gut kennen und verstehen, dann ist das eben doch eher außergewöhnlich. In den Wochen danach näherten sich die einzelnen Bergsteiger langsam dem letzten Hochlager. An der Nordseite des Mount Everest ist die Akklimatisierung meist mühsamer, weil die Trekkingtour, die an der Südseite üblich ist und auf der man sich ganz hervorragend auf 5400 Meter und sogar höher anpassen kann, in Tibet wegfällt, seit dort die Straße bis kurz vor das Basislager führt.

Im Lauf des 17. Mai wurde Lincoln Hall im vorgeschobenen Basislager, wo die Zelte dicht an dicht standen und deshalb wohl nicht einmal eine Durchfallerkrankung geheim zu halten war, Zeuge, wie sich mit der Geschwindigkeit eines Lauffeuers die Nachricht verbreitete, dass oben in mehr als 8500 Meter Höhe ein Bergsteiger gestorben sei. Dieser Mann war anhand eines Passfotos, das man in seinem Gepäck fand, als David Sharp aus England identifiziert worden. »Die rudimentären Informationen über die Tragödie wurden umgehend auf Websites verbreitet. Das war genau die Sorte einer dramatischen, umstrittenen Story, die von den populären Massenmedien im Nu aufgegriffen wird«, schrieb Hall später in seinem Buch. Und tatsächlich, Berichte voller Vermutungen und Fehlinformationen, ausgeschmückt mit ein paar Fakten, wurden in die ganze Welt hinausposaunt. Derlei Nachrichtenlagen waren Lincoln Hall nicht unbekannt. Einerseits, weil er selbst Teil der Medien war, und andererseits, weil man während der australischen Expedition von 1984 ihn und sein gesamtes Team ebenfalls für vermisst und dann für tot erklärt hatte, obwohl alle gesund gewesen waren und es nur keine Funkverbindung gegeben hatte.

Als David Sharp 2006 auf dem Nordostgrat starb, war die Saison am höchsten Berg voll im Gange, und die Gipfelerfolge mehrten sich täglich. Schon Ende April hatten sechs Bergsteiger den höchsten Punkt erreicht. Bis zu dem Tag, an dem David Sharp starb, waren es bereits 90. Und danach wurde der Berg an jedem einzelnen weiteren Tag bestiegen. Bis zum 26. Mai wurden unglaubliche 493 Besteigungen registriert. Allerdings kamen bis zum Ende dieser Saison auch elf Bergsteiger ums Leben. Neben David Sharp auch der Norweger Tomas Olsson, der vor den Augen seines Freundes bei dem Versuch, das Norton-Couloir mit Ski hinunterzufahren, 2000 Meter tief abstürzte, weil der faule Fels am Mount Everest genau an der Stelle ausbrach, wo Olsson die Sicherung für eine einzige Abseilfahrt in die steile Schneerinne hinein befestigt hatte.

Bereits am 4. April 2006 war im Basislager der nepalische Bergsteiger Thapa Magar an Höhenkrankheit gestorben. Am 21. April kamen im Khumbu-Eisbruch an der Südseite des Bergs die Sherpa Ang Phinjo, der bis zu seinem 50. Geburtstag an weit über 40 Expeditionen teilgenommen hatte, Lhakpa Tseri und Dawa Temba ums Leben, als ein riesiger Sérac umfiel, dabei einen zweiten, kleineren zertrümmerte und die stürzenden Eisbrocken die drei erschlugen. Am 6. Mai brach der Franzose Jacques-Hugues Letrange auf dem Nordgrat zusammen und starb an Erschöpfung. Am 14. Mai stürzte der indische Bergsteiger Srikrishna am Second Step ab. Augenzeugen wollen gesehen haben, wie der Mann sich im Abstieg vom Gipfel plötzlich seine Atemmaske vom Gesicht riss und einfach mit einem Schritt nach vorn in die Tiefe sprang. Dann starben David Sharp und Tomas Olsson. Am 19. Mai erfror der Brasilianer Vitor Negrete ebenfalls noch oben auf dem Grat. Drei Tage später kam der russische Kletterer Igor Plyushkin ums Leben, als er offenbar zu spät feststellte, dass er akut an Höhenkrankheit litt. Er war einer der Russen aus Lincoln Halls Team. Eine Nacht und einen Tag lang hatte man noch vergebens versucht, ihn vom Berg herunterzubringen. Und am 25. Mai kam der deutsche Thomas Weber nicht mehr zurück in das Basislager. Auch er starb an einem Ödem. Weber war an diesem Tag vom letzten Hochlager in Richtung Gipfel aufgebrochen, fast um dieselbe Zeit wie Lincoln Hall.

Weber war ein erfahrener Bergsteiger, der in Südamerika, in Afrika und im Kaukasus sowie im Pamir-Gebirge unterwegs gewesen war, bevor er zum Mount Everest kam. Auch er gehörte zum Expeditionsteam von Alexander Abramov. Und er litt an einer Sehbehinderung. Er hatte sogar auf seiner Homepage im Internet berichtet, dass er seit ein paar Jahren an einer Sehbehinderung leide, die sich verschlimmere, »wenn ich in größeren Höhen unterwegs bin. Das führt zeitweise sogar zu einer vollständigen Blindheit.« Möglicherweise stieg Weber im Vertrauen, dass seine Erkrankung nur »zeitweise« zu einem vollkommenen Verlust seiner Sehfähigkeit führte, den Everest in Richtung Gipfel hinauf. Er hatte Sponsorengelder erhalten und wollte zeigen, dass man auch mit einer Sehbehinderung etwas Großartiges leisten kann.

Selten sind derlei Projekte am Everest nicht. Das war schon 2001 die Motivation des US-Amerikaners Erik Weihenmayer gewesen, der als erster Blinder den Gipfel des Everest erreicht hatte. In 8700 Meter Höhe erblindete Weber plötzlich. Einige Meter stieg er dennoch weiter hinauf. Kaum 150 Höhenmeter von Gipfel entfernt, war er sogar bereit, sich führen zu lassen und den Rest der Strecke tastend zu bewältigen. Nur noch 50 Meter unter dem Gipfel entschieden seine drei Begleiter, dass das alles viel zu gefährlich sei, nachdem Weber bis auf zwei Meter an den Abbruch des Grates getappt war. Zwei Sherpa – einer von ihnen war Pemba Gyalzen, der den Everest bereits sechsmal bestiegen hatte, also ein sehr erfahrener Mann – und der Niederländer Harry Kikstra versuchten nun, den Deutschen hinunterzubringen. Fast drei Stunden lang stiegen sie sehr, sehr langsam ab. Doch dann brach Thomas Weber zusammen. Kikstra und Pemba Gyalzen berichteten später erschüttert, Weber habe plötzlich gesagt: »Pemba, ich sterbe«, bevor er das Bewusstsein verlor und kaum eine halbe Stunde später auch sein Leben.

Lincoln Hall hatte an diesem Tag mit den Sherpa Lakcha, Dorje und Dawa Tenzing den Gipfel des Mount Everest erreicht. Einer der besten und bekanntesten Alpinisten Australiens war endlich dort angelangt, wo er sich seit 1982 immer wieder in seinen Tag- und Nachtträumen hingesehnt hatte. Dort oben, wo die drei Grate des höchsten Bergs der Erde zu einem etwa zwei Quadratmeter großen Punkt zusammenlaufen, war Lincoln Hall um neun Uhr an diesem 25. Mai 2006 endlich am Ziel. Da hatte ein Mann den Gipfel eines Berges erreicht, an dem er 22 Jahre zuvor mitgewirkt hatte, Geschichte zu schreiben. Nur ganz hinaufgekommen war er damals nicht. Auch wenn er selbst das offenbar nie wirklich als Makel empfunden haben mag, aber an diesem Donnerstag vervollständigte Lincoln Hall einen Teil seines Lebens. Und er hatte das unglaubliche Glück, weit oberhalb all dieses unbegreiflichen Rummels ein paar Minuten ganz allein stehen zu dürfen. Erst dann drängten von unten andere Bergsteiger nach. Hall begann mit seinen drei Sherpa schon nach zwanzig Minuten den Abstieg, noch bevor weitere dick vermummte Gestalten heraufkamen.

Lincoln Hall erhielt eine neue Sauerstoffflasche, und dann ging es hinunter. Selbst mithilfe von zusätzlichem Sauerstoff wird der Körper in solchen Höhen jedoch so sehr ausgehöhlt, schwinden die Kräfte so rasant und wird der Kopf so leer, dass an einen wirklich kontrollierten, voll bewussten und koordinierten Abstieg in den meisten Fällen gar nicht zu denken ist. Das ist es auch, was die meisten fürchten. Dass ihr geschwächtes Beurteilungsvermögen ihnen einen vermeintlich leichten Abstieg vorgaukelt und sie gleichgültig werden lässt. Halluzinationen, unerklärbare Hirngespinste und komplette Aussetzer, die als Minuten empfunden werden, aber in der Realität Stunden dauern. Doch geistige und körperliche Trägheit am höchsten Berg der Erde sind die schlechtesten Wegbegleiter, die man sich überhaupt nur vorstellen kann.

Das Drama um Lincoln Hall begann noch oberhalb des Third Step, als er aus zunächst unerklärlichen Gründen immer langsamer wurde und die Unterstützung der Sherpa benötigte. Sein Zustand verschlechterte sich binnen zwei Stunden dramatisch. Die drei Sherpa, alle erfahren, sehr kräftig und fest entschlossen, Hall unbedingt zu helfen, zerrten den Australier nun praktisch vom Berg herunter. Vom vorgeschobenen Basislager aus hatte der Expeditionsleiter Alexander Abramov angeordnet, dass Sherpa Pemba Gyalzen, der erst wenige Stunden zuvor Thomas Weber hatte sterben sehen, wieder hinaufmüsse, um Hall zu helfen.

Pemba befand sich zu diesem Zeitpunkt in einer ebenso prekären wie emotional äußerst angespannten Situation. Er hatte keine Sauerstoffmaske mehr, weil er seine Maske Weber gegeben hatte und sie dem Toten später nicht wegnehmen wollte. »Ich konnte das einfach nicht. Thomas war noch warm, als er unter dem Second Step starb – und er war ein Freund.« Pemba war inzwischen fast 22 Stunden auf den Beinen und stieg nun ohne Flaschensauerstoff noch einmal den Berg hinauf, obwohl er fast am Ende seiner Kräfte und durch den Tod Webers extrem aufgewühlt war. Als der Sherpa Hall schließlich erreichte, brach dieser zusammen. Das geschah bald, nachdem er von Pemba erfahren hatte, dass Thomas Weber, mit dem er die vergangenen Wochen am Fuß des Everest verbracht hatte, nicht mehr am Leben war. »Von diesem Moment an erinnere ich mich nicht mehr, was sich abspielte. Meine Kräfte gingen auf allen Ebenen zur Neige, und ich hatte auf keinen Fall die emotionale Kraft, mit Thomas' Tod fertigzuwerden«, beschrieb Hall später seinen Zustand. Er und die Sherpa Lakcha, Dorje und Dawa Tenzing hatten um Mitternacht im Lager III ihren Aufstieg begonnen, sie hatten neun Stunden bis zum Gipfel gebraucht und waren nun seit nahezu vier Stunden im Abstieg unterwegs, kamen aber fast überhaupt nicht mehr voran. Und Lincoln Hall wurde immer schwächer.

Pemba erinnert sich genau an diesen kritischen Moment: »Ich habe Lincoln immer wieder abwechselnd angefleht und angeschrien, er soll doch bitte aufstehen – ich könne es nicht ertragen, dass er so endet wie kurz zuvor Thomas.« Dabei war Pemba selbst müde, er hatte seit Stunden nichts mehr getrunken, weil er alles, was er an Getränken dabei hatte, Thomas Weber gegeben hatte, und er fürchtete inzwischen längst um sein eigenes Leben. Dass Abramov ihn noch einmal hinaufgeschickt hatte, muss wie ein Schock für Pemba gewesen sein. Obendrein litt er unter zunehmender Schneeblindheit: »Es fühlte sich an, als hätte ich Chili in den Augen, ich konnte immer weniger klar sehen.«

Immer wieder brachte Pemba in den folgenden Stunden Lincoln Hall zusammen mit den drei anderen unermüdlich helfenden Sherpa auf die Beine. Wenn es nicht mehr anders ging, kroch Hall oft auf allen vieren weiter, bevor sie ihn wieder aufstellten. Sie banden ihn manchmal mit drei Seilen fest, damit er nicht auf dem teilweise scharfen und ausgesetzten Grat entweder auf der einen Seite die Kangshung-Wand oder auf der anderen Seite die Nordwand hinunterfiel. Pemba berichtete später: »Lincoln führte sich manchmal so unkontrollierbar auf wie ein Yak.« Wenn Hall vor Erschöpfung im Schnee zusammensank und sich weigerte, wieder aufzustehen, schoben und zogen sie ihn wie ein Bündel über den Schnee. Lincoln Hall hatte schwere Halluzinationen, er redete wirr und drängte bisweilen sogar mit Gewalt wieder den Berg hinauf, obwohl die Sherpa ihn wechselweise anflehten und anschrien, er müsse weiter bergab steigen. Bei einem Abseilmanöver rauschte Hall den Fels hinunter und traf Pemba mit seinen Steigeisen im Oberschenkel.

Es war bereits 16 Uhr, als die trostlose Gruppe beim Second Step ankam. Sieben Stunden für gerade 150 Höhenmeter Abstieg. Und es waren weitere 300 Höhenmeter bis hinunter zu den Zelten des oberen Hochlagers. Doch auch das war kein Ort, an dem sich Lincoln Hall hätte ein wenig erholen können. Öfter riss er sich nun auch die Atemmaske vom Gesicht. Als er einmal längere Zeit am Boden lag, zog er sogar seinen Klettergurt aus, und die Sherpa hatten alle Mühe, ihn wieder anzulegen. Immer häufiger verhielt sich dieser Mann, den sie retten wollten, absolut kontraproduktiv und brachte damit die vier Sherpa ebenfalls in größte Gefahr.

In 8350 Meter, an einem Platz, der wegen eines markanten Felsens Mushroom Rock genannt wird, ging es nicht mehr weiter. »Den Sherpa blieb keine andere Wahl, als mich zurückzulassen«, erklärte Hall später die Ausweglosigkeit der Situation. »Pemba musste absteigen, da er teilweise schneeblind und durch den unbeabsichtigten Tritt meines steigeisenbewehrten Stiefels am Bein verletzt war. Dorje war total erschöpft und ging mit meiner kleinen Digitalkamera nach unten, die eine Art Dokumentation des zuvor Geschehenen enthalten würde. Als Pemba schließlich ging, dachte er, ich läge im Sterben – ein Anblick, den er an diesem Tag schon einmal erlebt hatte.«

Obwohl sie keinen Flaschensauerstoff mehr hatten, selbst enorm geschwächt waren und seit Stunden nichts mehr getrunken hatten, blieben Lakcha und Dawa Tenzing weitere zwei Stunden bei Lincoln Hall. Schließlich holte Alexander Abramov die beiden vom Berg. Er entschied, dass die beiden Sherpa absteigen und Hall liegen lassen sollten, dessen Vitalfunktionen fast nicht mehr wahrnehmbar waren. Alle im Basislager und in den höheren Lagern konnten diesen Funkspruch hören. Und alle wussten, das würde Halls Schicksal endgültig besiegeln. In den folgenden Stunden passierte unendlich viel. Und doch geschah nichts. Lincoln Hall wurde für tot erklärt. Sein Tod musste bei der Tibetan Mountaineering Association gemeldet werden. Halls Frau Barbara wurde in Australien verständigt. Sie informierte in traumatisiertem Zustand ihre beiden Söhne, ein paar Freunde und Halls Schwester. Deren Welt geriet aus den Fugen. Auch unter der Nordflanke des Mount Everest fielen Halls Freunde in Trauer und Lethargie. Durch die Veröffentlichung im Internet wurden die Medien auf die Tragödie am höchsten Berg der Erde aufmerksam. Noch ein Toter. Der zehnte bereits in dieser Saison. Es war – kalt betrachtet – wie eine unkontrollierbare Maschinerie, die da in Gang gekommen war, emotional wie rational.

Niemand konnte hinterher rekonstruieren, was dort oben in 8530 Meter Höhe während der Nacht weiter geschah, nachdem die beiden Sherpa Lincoln Hall zurückgelassen hatten. Man fand ihn am Morgen des 26. Mai 2006 zusammengekauert auf dem Nordgrat des Everest sitzen. Ohne Handschuhe, ohne Flaschensauerstoff, ohne Rucksack. Lincoln Hall war ganz allein. Aber er war noch immer am Leben. Der US-amerikanische Bergsteiger und Bergführer Dan Mazur, Leiter des Unternehmens Summit-Climb, stieß zusammen mit seinem Sherpa Jangbu als Erster auf Hall. Der war offenbar wieder fast im Vollbesitz seiner geistigen Kräfte und sagte zu Jangbu und Mazur: »Ich vermute, ihr seid ziemlich überrascht, mich hier zu finden.« Hall war körperlich zwar sehr schwer mitgenommen, aber er gab klare Antworten auf Fragen, die ihm gestellt wurden. Es dauerte allerdings, ehe Mazur herausfand, wen er da überhaupt vor sich hatte. Als schließlich in einem längeren Funkverkehr klar wurde, dass Hall die Nacht erstaunlicherweise überlebt hatte und es ihm nun, und das klang noch überraschender, nicht mehr ganz so schlecht ging wie am Vorabend, waren sich alle einig, dass man alles aufbieten müsse, um abermals einen Versuch zu unternehmen, Lincoln Hall endlich von diesem Berg herunterzubringen. Inzwischen kamen noch andere Bergsteiger und Sherpa herauf. Unter ihnen waren auch Myles Osborne und Andrew Brash, die zum Gipfel wollten. Sie begannen nun ebenfalls, Lincoln Hall zu helfen. Dabei verloren sie wertvolle Zeit und gaben schließlich ihren eigenen Gipfelvorstoß auf. Einige andere gingen vorbei und weiter in Richtung Gipfel.

Zwei Sherpa wurden hochgeschickt, um zu helfen, was sie offenbar verärgerte. Dennoch begannen sie mit Hall den Abstieg. Völlig entkräftet folgte für ihn nun ein nicht enden wollendes Martyrium. Immer wieder stolperte er, fiel hin und musste sich mühsam wieder aufrichten. Unterdessen trieben ihn die beiden Sherpa unerbittlich an. Hall beschreibt, dass er sogar regelrecht drangsaliert worden sei. Das soll so weit gegangen sein, dass die beiden ihn schlugen, wenn er nicht mehr weitergehen wollte. Hall berichtete später darüber in einem wirklich erschütternden, aber auch äußerst umstrittenen Kapitel seines Buchs. Es konnte nie geklärt werden, was sich denn nun tatsächlich in dieser Zeit abgespielt hat, denn die beiden Sherpa erklärten später, Hall sei es gewesen, der sie in seinen Wahnvorstellungen übel behandelt und sie geschlagen habe. Hall indessen war offenbar der festen Überzeugung, dass seine Darstellung der Wahrheit entsprach.

Von der Stelle beim Mushroom Rock bis hinunter zum vorgeschobenen Basislager am Nordcol sind es 2100 Höhenmeter. Das ist an einem Viertausender der Alpen schon ein weiter Weg. Am Mount Everest, in dieser Höhe, derart geschwächt und dem Tod nach wie vor näher als dem Leben, bedeutet das eine übermenschliche Anstrengung. Dazu bewegte sich Hall immer wieder in Absturzgelände und war deshalb darauf angewiesen, das Fixseil zu benutzen. Dazu musste er aber ständig Karabiner und den Abseilachter bedienen, was angesichts seiner schweren Erfrierungen an den Fingern sehr schwierig war. Meter für Meter, Schritt für Schritt kämpfte sich Hall den Berg hinunter und hoffte dabei inständig, dass er sich mit jedem dieser Schritte auch dem Leben wieder nähern würde.

Fünf Bergsteiger waren in dieser Saison auf dem Nordgrat gestorben. Viele Stunden hatte es ganz danach ausgesehen, als wäre Hall der nächste. Doch etwas unterschied ihn von all den anderen. Im Gegensatz zu David Sharp, Viktor Negrete, Igor Plyushkin, Jacques-Hugues Letrange und Thomas Weber war Lincoln Halls Körper noch nicht gefroren, als andere Bergsteiger zu der

Überzeugung gelangten, er sei noch zu retten. Das wiederum bedeutete, dass Hall, nachdem er seinen Verstand und ein einigermaßen klares Urteilsvermögen zurückerlangt hatte, in der Lage war, sich selbstständig zu bewegen, sich abzuseilen und an den schweren Passagen so mitzuhelfen, dass andere eine Chance hatten, ihm zu helfen – vom höchsten Lager hinunter zum Lager II auf 7600 Meter und dann noch einmal weitere 700 enorm anstrengende Höhenmeter bis zum Nordcol.

Fast zwölf Stunden lang dauerte Halls Kampf, dem Berg endlich zu entkommen. Hall fiel, richtete sich wieder auf, stolperte und fiel wieder. Auch später, als Lakcha und vier weitere Sherpa ihm entgegenkamen, um ihm nun weiterzuhelfen, mussten sie ihn immer wieder zur Eile antreiben. Ein weiteres Mal senkte sich der Abend und legte sich schließlich die Nacht über die grandiose Bergwelt des Himalaja. Das Lager am Nordcol wird nicht direkt am tiefsten Punkt der Einsattelung aufgeschlagen, denn dort regiert mit eiserner Faust der Wind. Und so musste Lincoln Hall am Ende noch einmal fünf Höhenmeter aufsteigen. Nur fünf Höhenmeter für sein Leben. Aber für die brauchte er schier endlos lange. Auf einem Absatz dieses letzten Hangs standen die Zelte, die am Ende der Saison in den vergangenen Tagen noch nicht abgebaut worden waren. Es war der Abend des 26. Mai 2006. Zum ersten Mal wähnte sich der Australier ein wenig in Sicherheit.

Als Hall am nächsten Morgen die Augen aufschlug, waren über 60 Stunden seit seinem Aufbruch vergangen. An diesem 27. Mai brachten sie Hall weiter hinunter bis in das vorgeschobene Basislager. Dort wurde er vom Expeditionsleiter Alexander Abramov begrüßt, der ihn am Abend des 25. Mai schon für tot erklärt hatte. Hall machte ihm daraus keinen Vorwurf. Schließlich rief er endlich mit einem Satellitentelefon seine Frau Barbara in Australien an, die in diesem Moment noch immer verzweifelt versuchte, mit der Nachricht umzugehen, dass ihr Mann am Mount Everest gestorben sei. Die Trauer mischte sich zuerst mit ungläubiger Fassungslosigkeit, die erst allmählich vorsichtiger Freude wich.

Hall bekam im Sanitätszelt Besuch von Dan Mazur, Myles Osborne und Andrew Brash. Diesen drei Männern hatte er maßgeblich sein Leben zu verdanken, denn sie waren am Morgen des

26. Mai nicht an ihm vorbeigegangen, sondern hatten sich des schon verloren geglaubten Rests seines Leben angenommen. Sie holten die Sherpa und halfen die Rettung zu organisieren. Im Nachwort zu seinem Buch schrieb Hall: »Der Tag, an dem ich den Mount Everest bestieg, war der Tag, an dem ich starb. Ich verlor mein Leben, die Kuppen von acht Fingern, anderthalb Zehen, 17 Kilo Gewicht und zwei Drittel der Energie, die ich brauchte, um mein normales Leben führen zu können. Die Fingerspitzen sind für immer weg, genauso die Zehen, aber mein Leben, einen Teil meiner Energie und mehr als jene 17 Kilo habe ich wiedererlangt.«

Lincoln Hall starb am 20. März 2012 in Camperdown, Sydney, New South Wales, Australien, an einem Mesotheliom, einer seltenen Krebsart, die bei Menschen auftritt, die mit Asbest in Berührung gekommen sind. Hall hatte als Kind zusammen mit seinem Vater zwei Gartenhäuser mit Asbestplatten verkleidet. Lincoln Hall wurde 56 Jahre alt. Sein Buch *Totgesagt* gilt als ganz besonders beeindruckende Schilderung eines Bergsteigers, der am Mount Everest überlebt hat.

Sinn und Wahnsinn

Warum einem türkischen Bergsteiger im Basislager
das Fahrrad abgenommen wurde

In einer Stadt mit 13 Millionen Menschen eine bestimmte Person
zu treffen ist eigentlich reine Glückssache. Oder es bleibt dem
Zufall überlassen. Oder aber man glaubt an die Kuriosa einer
»small world«, in der plötzlich alles zu Dorfgröße zusammen-
schrumpft. Gleichwie, am 11. November 2012 flog die deutsche
Bergsteigerin Billi Bierling von Islamabad zu einem Blitzbesuch
nach Istanbul, um dort an einer internationalen Laufveranstal-
tung teilzunehmen, und hatte dabei eine interessante Begegnung.

Billi Bierling ist in Garmisch-Partenkirchen geboren und hat
2009 den Mount Everest bestiegen. Sie ist wohl das, was man ein
Multitalent nennt, auf vielen Gebieten begabt und etabliert und
beileibe nicht nur auf das Bergsteigen reduziert. Der Öffentlichkeit aber ist sie bekannt geworden, weil sie die dritte deutsche
Frau auf dem höchsten Berg der Welt war. Hannelore Schmatz
überlebte 1979 den Abstieg nicht. Nach ihr stieg 1999 die in New
York lebende Modestylistin Helga Hengge von Norden her auf
den Gipfel. Und Billi Bierling erreichte den höchsten Berg als
erste deutsche Frau über die Südroute der Erstbesteiger.

Doch Billi Bierling ist auch eine freiberuflich tätige Journalistin,
Pressesprecherin bei der UNO, Übersetzerin, Expeditionsleiterin
zu Sechstausendern im Himalaja, und sie ist die Assistentin der
Himalaja-Chronistin Elizabeth Hawley. In dieser Eigenschaft hat
sie inzwischen mit einigen Hundert Bergsteigern gesprochen, die
sich auf den Weg zu den Achttausendern gemacht haben und sich
vor sowie nach ihren Expeditionen für die Vollständigkeit der berühmten »Himalayan Database« von Miss Hawley haben inter-
viewen lassen. Kaum jemand in der internationalen Szene der

Höhenbergsteiger käme jemals auf die Idee, diese Gespräche zu boykottieren, denn alle wissen genau, dass ihre Besteigungen nur dann in die halboffizielle Liste Eingang finden, wenn sie die ganze Wahrheit auf den Tisch legen.

Am 11. November 2012 nun saß Billi Bierling an einem kleinen Tisch eines fast noch kleineren Cafés in Istanbul, als plötzlich ein Mann vor ihr stand und sie direkt ansprach: »Is your name Barbara?« Barbara sagt eigentlich niemand mehr zu Billi Bierling. Die wenigsten wissen überhaupt, dass in ihrem Pass Barbara Susanne als Vornamen eingetragen sind. Doch im Frühjahr 2012, im Basislager des Mount Everest, hatte Aydin Irmak unbedingt wissen wollen, wo der Name »Billi« herkommt. Und als er nach längerem Hin und Her endlich erfuhr, wie es sich wirklich verhält, beschloss er für sich, dass der Name Barbara eigentlich viel schöner sei. Auch Irmak war für die Datenbank interviewt worden. »Ich dachte, ich sehe nicht richtig«, erinnerte sich Billi Bierling später, »steht da in dieser riesengroßen Stadt auf einmal Aydin vor mir.« Zwei Finger seiner rechten Hand waren unter Verbänden versteckt, zwei weitere fehlten bis zum ersten Glied. »Aber ich lebe – das ist doch gut, oder? Ich bin dadurch kaum beeinträchtigt. Ich kann fast alles machen«, sagte er an diesem Tag in Istanbul.

Aydin Irmak hatte im späten Frühjahr 2012 international für Schlagzeilen gesorgt, weil er mit einem Stahlfahrrad durch 19 Länder bis nach Nepal gestrampelt war, anschließend den Mount Everest bestieg und den Abstieg fast nicht überlebte. Letzteres ist anderen auch schon passiert, doch der Fall von Aydin Irmak liegt auf besondere Weise anders, denn der Mann hatte ursprünglich vor, sein Rad bis auf den Gipfel hinaufzutragen. Er hatte im Tourismusministerium sogar 1000 Dollar Extragebühren dafür gezahlt, dass man ihm seinen skurrilen Rekord hinterher per beurkundetem Schriftstück anerkennen würde.

Als Irmak, 1966 in Istanbul geboren und später nach New York ausgewandert, im Everest-Basislager jedem, der ihm auch nur ein paar Minuten lang zuhörte, von seinem Vorhaben erzählte, war er dort bald der »Irre mit dem Bike«. Er konnte nicht einmal sagen, was er denn machen würde, wenn er tatsächlich mit dem Rad auf dem Gipfel stünde. Doch das alles berührte Aydin Irmak herzlich wenig. Erst als ein Mitarbeiter des Ministeriums mit handgreiflicher Verstärkung vor dem Zelt des Türken auftauchte und ihm das Fahrrad wegnahm, wurde Irmak ärgerlich. Dass der Beamte ihm erklärte, ein Rad gehöre nicht auf den Gipfel des Everest, wollte Aydin Irmak nicht gelten lassen: »Wer bestimmt das? Ich habe dafür bezahlt.« Aus Stoffresten schneiderte er wütend und in tagelanger Arbeit eine Fahne, mehr als zwei mal einen Meter groß. Zwei schwarze Räder, ein Rahmen, ein Lenker – wenigstens das aus Stofffetzen nachgebildete Rad sollte mit auf den Gipfel.

Aydin Irmak, der kleine, stämmige Mann mit der hohen Stirn, der fleischigen Nase und dem etwas schiefen Lachen, wurde in diesen Tagen am Fuße des Mount Everest zum Unikum des Basislagers. Die wenigsten trauten ihm zu, je den Gipfel erreichen zu können. Denn immerhin gehörte auch Irmak zu der Sorte Aspiranten, die zur höchsten Erhebung der Erde kommen, ohne zuvor auch nur einen anderen Berg bestiegen zu haben. Doch der Türke, der in New York sein Glück gesucht hatte, unter der Brücke gelandet war und 2009 damit begonnen hatte, Geld zu verdienen, indem er schrottreife Räder aus dem Müll zerrte und aus den Teilen fahrbare Untersätze baute, war guter Dinge. Sein Selbstvertrauen schien grenzenlos und sein Wille unerschütterlich. Wenigstens diese Voraussetzungen brachte er mit. Wo jedoch die Grenze seiner Leistungsfähigkeit lag, wusste er offensichtlich zu diesem Zeitpunkt selbst noch nicht.

Für die Frühjahrssaison 2012 hatte die nepalische Regierung fast 500 Besteigungsgenehmigungen verkauft, so viele wie noch nie zuvor. Im Basislager an der Südseite versammelten sich 33 verschiedene Expeditionsgruppen. Die meisten davon waren auf kommerzieller Basis organisiert. Ende April, Anfang Mai standen auf der Moräne unter dem Khumbu-Eisbruch rund 800 Zelte. Teilweise über 1000 Menschen bevölkerten einen der unwirtlichsten Plätze der Erde – mit allerdings ganz großem Panorama. 500 Sherpa waren angeheuert, die Route auf den höchsten Berg der Welt zu präparieren, Lasten mit Ausrüstung in die Hochlager hinaufzuwuchten und schließlich so viele Bergsteiger wie überhaupt nur möglich auf den Gipfel zu begleiten. In diesem Frühjahr wurden Erfolgsprämien bis zu 8000 US-Dollar ausgelobt. Die Klientel wollte Erfolge sehen.

Es schien fast, als habe der Circus Maximus seine Pforten wieder geöffnet. Dort wurden im alten Rom einst Wagenrennen in einem weiten Oval mit engen Kurven veranstaltet. Am Mount Everest ist das ähnlich. Nur dass dort die Piste steil nach oben führt und die Schwierigkeiten nicht in einer Kurve, sondern im Durchhaltevermögen und der Selbsteinschätzung liegen. Im Circus Maximus mussten einst mit Pferdegespannen sieben Runden gefahren werden. Sieben versenkbare hölzerne Eier markierten für die Zuschauer den Fortschritt des Rennens. Eier gibt es am Everest nicht, aber auch dort sind es meist sieben Etappen bis zum Ende der Veranstaltung: 6100 Meter Lager I, 6400 Meter Lager II, 7400 Meter Lager III, fast 8000 Meter Lager IV, 8848 Meter der Gipfel, fast 8000 Meter Lager IV im Abstieg, 5400 Meter Basislager.

Erst wenn man wieder unten ankommt, hat man den Mount Everest nicht nur erfolgreich bestiegen, sondern ihn auch überlebt. Anders als im Circus Maximus erwartet das Publikum die Protagonisten des Everest erst daheim. Viele kommen als ganz normale Angestellte, Handwerker oder Freizeitsportler in die Arena der Eitelkeiten und kehren als Motivationstrainer, Teammanager, Vortragsreisende oder Everest-Expeditionsveranstalter zurück. Am Everest kann man durchaus Karriere machen.

Auch Aydin Irmak versprach sich eine Wende in seinem Leben, als er durch so viele Länder bis nach Nepal strampelte. Dass er sein vielversprechendes Geschäft für Designermobiliar mit zu viel Risiko und seine Ehe wegen seiner ständigen Verrücktheiten in den Ruin geführt hatte, dass er schon mal in New York unter der Brücke schlief, nachdem er seine Wohnung verloren hatte, dass er chronisch pleite und immerzu von einer inneren Unruhe getrieben war, das alles störte Irmak herzlich wenig. Auch die Tatsache, dass er sich das gesamte Geld für seine gewaltige Reise von einem Freund geliehen hatte, war eigentlich keine Belastung für ihn. Es schien vielmehr so, als wolle er einmal in seinem Leben etwas Besonderes sein. Einmal vor großem Publikum aus der engen Kurve zwischen Leben und Tod herauskommen und die

Ziellinie als Sieger passieren. Es musste doch möglich sein, einmal die Gewinnerstraße zu befahren.

Immerhin, er war hart im Nehmen. Dies war ein weiterer Vorteil, den Aydin Irmak auf seiner Seite hatte. Dass andere über ihn lachten, dass sie ihm das Rad weggenommen hatten, dass seine Ausrüstung nicht die beste und das Budget schmal war – das alles beeinflusste zu keinem Zeitpunkt sein Vorhaben. Aydin Irmak wollte auf diesen Gipfel. Wenn nicht mit seinem Fahrrad, dann zumindest mit einer Fahne, die sein Rad symbolisierte. Während der Türke abends in seinem Zelt lag und durch den offenen Eingang die Sterne am Himmel über dem höchsten Berg beobachtete, braute sich um ihn herum etwas Unkontrollierbares zusammen. Hunderte warteten darauf, dass der Zirkus Everest seine Tore öffnete, dass es endlich losgehen konnte, dass die Meute endlich an die Seile durfte.

Doch wie so oft an diesem Berg voller Überraschungen gab es auch im Frühjahr 2012 Schwierigkeiten. Im Winter zuvor habe es viel zu wenig geschneit, sagten die Sherpa gleich, als sie zum ersten Mal aus dem Khumbu-Eisbruch zurückkamen, wo sie eine Route anlegten, die gut eineinhalb Monate sicher sein sollte und musste. Schnee und Eis sind der Gips und der Zement der Berge. Wenn das nicht bindet, fallen die Brocken. Der Mount Everest war in diesem Frühjahr fast blank. Er war pechschwarz, es lag kaum mehr Schnee aus dem Winter. In den unteren Bereichen der Flanken war das extrem gefährlich. Die Randspalten, die sich überall dort bilden, wo der Gletscher den Fels berührt, waren gefüllt mit dem, was von oben herunterkam. In anderen Jahren wirken sie wie Auffangbecken, doch nun waren sie voll, und alles, was an Steinen und Eisschlag daherkam, flog viel weiter als gewöhnlich. Das gefährdete akut und zusätzlich die Sicherheit aller, die sich in die ohnehin gefährliche Zone wagten.

Die Route durch den Eisfall beschrieb schließlich einen ungewöhnlich großen und zuvor so noch nie angelegten Bogen. Damit hofften die »Icefall Doctors«, jene Gruppe Sherpa, die für die Verlegung der Fixseile sowie das Platzieren der Alu-Leitern über Spalten und auf die Séracs hinauf verantwortlich sind, dem ständigen Stein- und Eisschlag ausweichen zu können. Doch der kam nun sowohl von der Seite her, an der sich steil die gewaltige West-

schulter des Mount Everest zu einem wuchtigen Vorbau auf-
bäumt, als auch von der Nuptse-Seite. Von dort ging am 20. April
eine große Lawine ab, die fast das Lager I bedroht hätte. Dabei
hatten die Sherpa die Zelte extra näher zum Nuptse hin aufgebaut, nachdem von der Westschulter her die Lawinengefahr zur
Bedrohung geworden war. Die Lawine vom Nuptse donnerte mit
einer derartigen Wucht daher, dass ein Sherpa in eine Spalte ge-
schleudert und von nachrutschenden Schneemassen verschüttet
wurde. Es war sein Glück, dass er nicht allzu tief lag und andere
Sherpa ihn bergen konnten, bevor er in dem Loch erstickt wäre.

Das Problem der Route, die sich ihren Weg durch den Eisbruch
bahnte, war 2012, dass sie viel zu nahe an den riesigen, fragilen
Eisblöcken der Westschulter des Everest vorbeilief. »Niemals
würde man in den Alpen auch nur eine Minute unter so einer
gefährlichen Zone vorbeigehen«, sagt Adrian Ballinger, ein aus
Squaw Valley in Kalifornien stammender Bergprofi, der im Frühjahr 2012 leitender Bergführer im Himalayan-Experience-Team
von Russell Brice war. An einer der gefährlichsten Passagen hatte
Expeditionsleiter Russell Brice sogar die Zeit stoppen lassen, um
das Risiko besser einschätzen zu können. Dort benötigte sein
schnellster Bergführer Adrian Ballinger etwas mehr als 20 Minuten, die Sherpa mit großen Rucksäcken etwa eine halbe und
Brice' Kunden mehr als eine volle Stunde. »Das ist viel zu lange
bei diesem Risiko«, sagte Brice, ihm werde speiübel, wenn er
daran denke, dass 50 Bergsteiger gleichzeitig diese Zone durch-
querten.

Mit zunehmender Dauer der Saison wuchs allenthalben die Besorgnis. Wieder hatten sich unter dem Mount Everest sehr viele
Anwärter eingefunden, die allenfalls unter dem Begriff Hobby-
bergsteiger einzuordnen waren. Diese Klientel sorgte sich eigentlich eher weniger, denn es mangelte den meisten schon an der
Fähigkeit, die Verhältnisse am Everest überhaupt beurteilen zu
können. Dennoch wurde mit fortschreitender Dauer und der damit einhergehenden Zeitverknappung wie üblich die Unruhe im
Camp immer größer.

Ernsthafte Gedanken machten sich hingegen die Profis. Jene,
die etwas vom Bergsteigen verstanden und nicht zum ersten Mal

unter dem Everest waren. Von dieser Sorte gab es in diesem Jahr einige. Der US-Amerikaner Conrad Anker war gekommen, und mit ihm Cory Richards. Sie wollten eigentlich in das Hornbein-Couloir einsteigen, mussten den Plan aber verwerfen. Eddie Bauer saß im Basislager und auch die Skialpinistin Hilaree O'Neill, der Schweizer Ueli Steck und Chad Kellogg, der auf einen Geschwindigkeitsrekord ohne Flaschensauerstoff spekulierte, die argentinischen Brüder Willie und Damian Benegas, der Deutsche Ralf Dujmovits, Russell Brice mit einer sehr großen Expeditionsgruppe, Dave Hahn aus den USA, der zu diesem Zeitpunkt bereits 14-mal auf dem Everest gestanden hatte, so oft wie kein anderer Nicht-Sherpa, Simone Moro, abermals mit dem Plan, den Everest und den Lhotse in einem Zug zu besteigen, David Breashears, die graue Eminenz des höchsten Berges, und der Brite Kenton Cool, der schließlich sogar olympisches Gold auf den Gipfel trug.

Bei den Olympischen Winterspielen 1924 in Chamonix waren die 21 Mitglieder jener britischen Expedition, die zwei Jahre zuvor bis knapp 500 Höhenmeter unter den Gipfel des Everest gelangt waren, mit einer Goldmedaille ausgezeichnet worden. An diesem Tag in Chamonix gab Edward Strutt, der stellvertretende Expeditionsleiter der Briten, zu Füßen des Mont Blanc ein großes Versprechen. Er verhieß dem berühmten Pierre de Coubertin, damals Präsident des Internationalen Olympischen Komitees, Begründer der Olympischen Spiele der Neuzeit und Erfinder der olympischen Ringe, dafür Sorge tragen zu wollen, dass eine dieser Medaillen auf den Gipfel des Everest gebracht würde. Ein Versuch, dieses Versprechen zu erfüllen, scheiterte 1924 bei der Expedition der Briten, während der Mallory und Irvine verschwanden. Bald danach dachte niemand mehr an dieses Vorhaben.

Erst 88 Jahre nach dem Versprechen Strutts stieß der Bergsteiger und Journalist Kenton Cool eher zufällig bei einer Recherche wieder auf diese alte Geschichte. Er machte den Enkel von Arthur William Wakefield ausfindig, einem der Expeditionsteilnehmer von 1922. Und der Enkel erklärte sich bereit, die Medaille seines Großvaters zur Verfügung zu stellen. Am 25. Mai 2012 löste Kenton Cool dann das alte Versprechen ein. Es war Cools zehnte Everest-Besteigung, einmal hatte er den Gipfel sogar binnen einer Woche zweimal erklommen.

All diese außergewöhnlich erfolgreichen Profis saßen 2012 im Basislager und blickten mit wachsendem Unbehagen dem kleinen Wetterfenster entgegen, das sich meist um den 20. Mai herum am Mount Everest auftut und eine kurze Phase der Sicherheit ohne allzu extreme Höhenstürme oder andere Witterungskapriolen verheißt. An einem verschneiten Nachmittag im Basislager trafen sich viele der bekannten Bergsteiger zu einer Besprechung. Vor allem die Expeditionsleiter größerer und kommerzieller Gruppen trugen ihre Bedenken vor. Dabei wurde auch über Stein- und Eisschlag, über die Gefahren im Khumbu-Eisbruch, im Western Cwm und in der Lhotse-Flanke unter dem Genfer Sporn gesprochen. Mit klarem Blick wurde die heikle Situation einer kühlen Analyse unterzogen. Aber es kam zu keinem Ergebnis, das eine wie auch immer geartete Konsequenz nach sich gezogen hätte.

Wie auch? Alle, die da hockten und warteten, die immer wieder zu den Hochlagern auf- und abgestiegen waren, um sich zu akklimatisieren und auf den Tag X vorbereitet zu sein, sie alle hatten eine Genehmigung für die Besteigung und somit beim Tourismusministerium in Kathmandu ein Recht am Mount Everest erworben. Ein Recht, das die versammelten Spitzenbergsteiger niemandem streitig machen konnten und auch nicht wollten. Versuche, den Verkehr an den wenigen sicheren Tagen in geordnete Bahnen zu lenken, waren schon in früheren Jahren kläglich gescheitert. Als sich die illustre Runde der Könner und Wissenden auflöste, war man eigentlich keinen Schritt weitergekommen, außer dass nun jeder Einzelne wusste, dass andere die Befürchtungen teilten.

Am 19. April meldete die französische Nachrichtenagentur Agence France Press (AFP), dass tags zuvor im Basislager des Mount Everest der Sherpa Karsang Namgyal gestorben sei. Er war einer der beiden Söhne des bekannten Ang Rita, der den Everest zwischen 1983 und 1996 insgesamt zehn Mal ohne Unterstützung von Flaschensauerstoff bestiegen hatte. Was nicht in der Meldung stand: Wie schon sein Vater und seine Mutter hatte auch Karsang Namgyal offensichtlich ein ernst zu nehmendes Alkoholproblem. Und so sollen auch an diesem Tag größere Mengen Alkohol im Spiel gewesen sein, die Karsang schließlich in einen gefährlichen Gesundheitszustand manövriert hatten.

In ihrer Freizeit spielen viele Sherpa gern Karten, auch um erhebliche Geldsummen. Und es wird dann manchmal auch exzessiv getrunken. Zwar gibt es seit 2001 ein striktes Alkoholverbot im Basislager, doch auch danach wurden und werden weiterhin oft große Mengen starker Spirituosen hereingeschmuggelt. Alkohol in Höhen über 5000 Meter aber hat oft eine fatale Wirkung. Auch und vor allem auf Menschen vom Volk der Sherpa. Reihenuntersuchungen haben ergeben, dass 84 Prozent der Sherpa, der von Tibet nach Nepal eingewanderte Volksstamm, über eine besondere Genmutation verfügen, die es ermöglicht, sich besser und schneller an große Höhen anzupassen. Auch bei den meisten Tibetern, die sich vor knapp 3000 Jahren von den Han-Chinesen abspalteten, wurde diese Mutation festgestellt. Im Vergleich dazu verfügen beispielsweise nur noch acht Prozent der Han-Chinesen über dieses Gen EPAS1.

Wenn Sherpa nun in große Höhe aufsteigen, verändert sich kurioserweise ihr Hämoglobinwert im Blut nicht, wie das bei anderen Menschen der Fall ist. Das Hämoglobin sorgt im Blut für den Transport von Sauerstoff. Warum die Werte bei Sherpa so verblüffende Resultate aufweisen, ist bislang ein Rätsel. Und damit auch, warum sie an den hohen Bergen so erfolgreich und so extrem leistungsfähig sind. Allerdings wird in diesem Zusammenhang vermutet, dass eben diese Genmutation und die offenbar fehlende Veränderung der Blutwerte bei Genuss von Alkohol dazu führen, dass Sherpa und Tibeter Hochprozentiges schlechter vertragen beziehungsweise es sehr viel schlechter über die Leber abbauen können.

Als Karsang Namgyal, der den Everest mehrfach bestiegen hatte und 2012 eine Expeditionsgruppe mit drei Iranern und einem Deutschen begleitete, sich gegen halb drei am Nachmittag in sein Zelt zurückzog, klagte er bereits über Beschwerden, die eigentlich stark auf eine Höhenkrankheit hindeuteten. Kurz danach starb der 40 Jahre alte Sherpa.

Nur zwei Tage nachdem Karsangs Leichnam mit einem Hub-schrauber vom Fuß des Everest zur rituellen Einäscherung nach Kathmandu gebracht worden war, brach am 20. April der indi-sche Bergsteiger Ramesh Gulave unweit des Basislagers plötzlich zusammen. Er war zu einer Akklimatisierungswanderung unter-wegs gewesen. Seine Armeegruppe mit insgesamt sechs indi-schen Bergsteigern war erst vier Tage zuvor am Fuß des Bergs angekommen. Mit Lähmungserscheinungen der linken Körper-hälfte wurde Ramesh Gulave, der aus der indischen Achtmillio-nenstadt Pune rund 200 Kilometer südlich von Mumbai stammte, zu den Zelten des Basislagers zurückgebracht. Dort legte ihn ein Arzt in einen sogenannten Gamow-Sack. Das ist eine Art mobile Dekompressionskammer. In den Sack wird Luft gepumpt und durch den steigenden Druck ein Effekt erzielt, als würde der Pati-ent rasch in tiefere Lagen absteigen.

Mit diesem Sack wurden schon häufig Patienten mit akuter Höhenkrankheit gerettet. Doch Ramesh Gulave half die Dekom-pression nicht wesentlich. Er blieb die ganze Nacht über in dem Gamow-Sack und wurde am nächsten Tag nach Kathmandu ins Om-Hospital geflogen. Unterwegs erlitt er einen Schlaganfall. Ein großes Aneurysma in seinem Gehirn ließ Gulave gleich dar-auf ins Koma fallen. Weitere zwei Tage später brachte man ihn heim ins indische Pune. Dort starb der 33-Jährige am 28. April, ohne das Bewusstsein wiedererlangt zu haben.

Einen Tag nach dem Zusammenbruch des Inders starb im Eis-bruch ein anderer Sherpa. Der 30 Jahre alte Namgya Tshering hatte, ohne dass er an einem Fixseil gesichert war, eine der aufge-richteten Alu-Leitern bestiegen, die zwischen zwei unterschied-lich hohen Séracs einen Spalt überwinden halfen. Dabei war Namgya Tshering abgestürzt und hatte tödliche Verletzungen er-litten.

Einige Bergsteiger im Basislager bekamen auch diesen Todes-fall nicht gleich mit. Und wer es erfuhr, hielt wohl kurz inne, doch dann ging die Show sofort weiter. Bis zum 1. Mai waren die Fix-seile bis zum Lager III in der Lhotse-Flanke verlegt. An diesem Tag wurde der Sherpa Lhakpa Nuru von einem herabfallenden Stein im Gesicht getroffen und überlebte diesen Unfall nur knapp mit schweren Verletzungen. Das war der Tag, an dem die argentinischen Brüder Willie und Damian Benegas jene schon erwähnte Besprechung einberiefen, bei der dann unter anderen David Breashears, Dave Hahn, Simone Moro, Ralf Dujmovits und auch Russell Brice die Gefahren in der Route diskutierten.

Russell Brice, 1952 in Christchurch, Neuseeland, geboren, zählte in diesem Jahr am Everest zu den besonders renommierten und wohl auch zu den erfahrensten Expeditionsleitern und Veranstaltern. Er wohnt seit Jahren mit seiner Frau im französischen Chamonix. Zu dem Zeitpunkt 2012, als sich die Lage mehr und mehr zuspitzte, hatte Brice insgesamt 19 Expeditionen zum Mount Everest unternommen und den Berg zweimal, 1997 und 1998, von Norden her bestiegen. Es war zu erwarten, dass Brice' Wort und seine Meinung in diesem Frühjahr Gewicht haben würden. Er machte an jenem Tag auch sehr offen auf die Gefahren in den Flanken des Everest aufmerksam. Diese Gefahren betrafen alle, Sherpa, Bergführer, Bergsteiger und die Kunden der kommerziellen Anbieter. Auf gewisse Weise waren alle, die sich aus den Basislagerzelten heraus- und zum Berg hintrauten, gleichermaßen gefährdet.

Am 5. Mai, vier Tage nach der Besprechung bei den Benegas-Brüdern, kollabierte im Eisfall Dawa Tshing, einer der erfahrenen Sherpa aus dem Team von Russell Brice. Er wurde binnen weniger Stunden vom Lager I direkt nach Kathmandu geflogen, wo er zwei Tage später an den Folgen eines Schlaganfalls im Krankenhaus starb. An diesem 5. Mai erklärte Russell Brice seine Everest-Expedition 2012 für beendet. Zur Begründung ließ er seine Kunden wissen: »Wir können es keinen Tag länger mehr verantworten, die Sherpa und die Bergführer in den gefährlichen Eisfall und die steinschlaggefährdete Lhotse-Flanke zu schicken.« Deshalb werde man jetzt zusammenpacken und nach Hause gehen. Zunächst saß die zahlende Klientel wie angewurzelt auf den Campingstühlen im »White Pod«, dem domförmigen Gemeinschaftszelt. Dann löste sich die Gruppe auf. Einige zeigten Verständnis, andere waren enttäuscht, ein paar richtig wütend auf Russell Brice. Der Entschluss jedoch stand fest. Der Expeditionsleiter war nicht bereit, ein weiteres Risiko einzugehen. Dabei hatte jeder seiner Kunden rund 45 000 Euro an ihn überwiesen.

250

Die Entscheidung von Russell Brice blieb auch für die anderen Expeditionsgruppen nicht ohne Folgen. Denn immerhin hatte Brice, als zu Beginn der Saison festgelegt worden war, welche Expedition am Berg Fixseile verlegen und Sicherungen anbringen sollte, die Aufgabe übernommen, mit seinen Sherpa fast ein Drittel der Strecke im oberen Teil der Route zu sichern.

Nun, nachdem das Team von Brice abreiste, kam es ganz offensichtlich zu ersten ernsthaften Schwierigkeiten, denn die anderen Teams schickten zum Teil unerfahrene Sherpa hinauf, um die Fixseile anzubringen. Andere Gruppen versprachen, Seile zum Südsattel hinauftransportieren zu lassen, damit im letzten Akt auch der Grat unter dem Südgipfel und der Hillary Step gesichert werden könnten. Doch nicht alle versprochenen Seile kamen oben an.

Zum ersten Mal in der Besteigungsgeschichte des Mount Everest war geplant, durchgehend Seile vom Basislager bis hinauf zum höchsten Punkt zu verlegen. Als später die Gipfelbesteigungen begannen, gab es sogar am Südsattel von den Zelten bis zum Einstieg in der Flanke Richtung Balkon einen Handlauf. Viele der Profis konnten darüber nur den Kopf schütteln, denn der Südsattel ist fast so eben wie ein Fußballfeld. Doch die kommerziellen Anbieter wollten mit dieser Maßnahme ausschließen, dass es noch einmal zu einer solchen Situation wie im Whiteout von 1996 kommen könnte. Nachdem Russell Brice seinen Rückzug vom Berg bekannt gegeben hatte, wurde im Basislager vereinbart, dass die Route bis zum 12. Mai fertig sein sollte. Damit würden den fast 500 Bergsteigern und Bergführern sowie etwa 300 Sherpa noch 18 Tage Zeit bleiben bei ihren Versuchen, den Mount Everest zu besteigen. Ein Wetterfenster von wenigstens drei Tagen vorausgesetzt.

Der neuseeländische Bergsteiger Paul Rogers, der am Everest immer wieder als Bergführer für das Unternehmen Adventure Consultants, das einst von Rob Hall gegründet worden war, gearbeitet hat, sagte mir im Herbst 2012 bei einem Gespräch nicht weit vom Island Peak entfernt: »Das Beste, aber im selben Moment auch das Schlimmste, was es am Everest gibt, sind die guten Wetterberichte. Sie sind der Grund dafür, warum sie alle auf einen Schlag losrennen. So viele Menschen auf einmal kann der Berg aber fast gar nicht schlucken.«

Und tatsächlich, die Wetterprognosen für das höchste Gebirge der Welt sind seit dem Katastrophenfrühjahr 1996 wesentlich exakter geworden. »Unsere Vorhersagen umfassen heute einen längeren Zeitraum und versprechen eine seriöse Aussage«, sagt der Innsbrucker Meteorologe Karl Gabl, der seit vielen Jahren Spitzenbergsteiger wie die Österreicherin Gerlinde Kaltenbrunner oder die deutschen Brüder Alexander und Thomas Huber berät.

Die Verantwortung für einen solchen Service ist groß, denn die Bergsteiger müssen sich praktisch blind auf diese Einschätzungen verlassen. Oft stimmen ihre eigenen Beobachtungen und Wahrnehmungen direkt vor Ort nicht im Geringsten mit dem überein, was die Experten vor ihren Computern und Berechnungstabellen an Vorhersagen austüfteln. Wenn jedoch die Meteorologen heute ein Wetterfenster für eine Everest-Besteigung mit annehmbaren Temperaturen, wenig Wind, keiner Bewölkung und damit auch ausbleibendem Schneefall prognostizieren, dann kann man sich darauf in den meisten Fällen verlassen.

Rob Hall hatte 1996 seinen Gipfeltag festgelegt, schon bald nachdem damit begonnen worden war, die Route in der Lhotse-Flanke hinauf zum Südsattel zu präparieren. Hall wählte den 10. Mai für die Besteigung. Aber nicht weil er für diese Zeit über eine verlässliche Wettervorhersage verfügte, sondern weil er den Gipfel auch 1993 und 1994 an genau diesem Tag bestiegen hatte.

Inzwischen sind solche Entscheidungen, basierend auf dem Prinzip Hoffnung, fast undenkbar. Die großen oder gut ausgestatteten Expeditionsgruppen, ganz gleich ob kommerziell organisiert oder nicht, bedienen sich alle der modernen, professionellen Vorhersagen. Wenn es um die Himalaja-Berge geht, werden drei Topadressen gehandelt: die von Karl Gabl in Innsbruck, die von Washington Online Weather (WOW) in den USA und die des Unternehmens Meteotest im schweizerischen Bern, das auf seiner Homepage damit wirbt, »für jeden beliebigen Ort eine professionelle Wetterprognose per E-Mail oder Fax« zu liefern. So ähnlich vermarktet sich auch Michael Fagin von WOW: »Wir sagen Ihnen genau, wann das schönste Wetter kommt.« Karl »Charly«

Gabl wirbt überhaupt nicht. Er ist selbst ein sehr guter Bergsteiger und berät einige wenige Höhenbergsteiger nur deshalb, weil er es gern tut und es spannend findet, über Tausende Kilometer Entfernung auf diese Weise ein wichtiger Teil einer Expedition zu sein.

2012 war er für Gerlinde Kaltenbrunner tätig. Sie war in diesem Frühjahr vom Südbasislager des Everest aus damit beschäftigt, den benachbarten Nuptse über seinen scharfen und extrem langen Ostgrat zu besteigen. Gerlinde Kaltenbrunners Mann Ralf Dujmovits wollte unterdessen ein zweites Mal, diesmal ohne Flaschensauerstoff, auf den Gipfel des Everest. Dujmovits war bis 2011 selbst mehr als zwanzig Jahre lang mit seinem Unternehmen Amical alpin einer der ganz Großen im Expeditionsgeschäft, hatte aber darauf verzichtet, den Mount Everest in seinem Katalog anzubieten, weil er der Ansicht ist, dass am höchsten Berg keine Bergführung im üblichen Sinne möglich ist.

Mitte Mai lieferten Karl Gabl aus Innsbruck, Washington Online Weather aus den USA und Meteotest aus der Schweiz fast identische Informationen in das Everest-Basecamp. Den Prognosen zufolge sollten zwischen dem 16. und dem 19. Mai stabile Verhältnisse herrschen und vor allem kein starker Sturm aufkommen. Lediglich elf Expeditionsgruppen erhielten diesen Nachrichtendienst aus den Büros der Wetterspezialisten. Doch die Welt ist klein geworden, seit es das Internet gibt, und es lässt sich kaum noch etwas geheim halten. Und weil aus dem Everest-Basislager eifrig gebloggt und gemailt wird und Tagebücher auf Internetseiten eingestellt werden – ein beliebtes Thema ist dabei naturgemäß das Wetter –, verfügte binnen weniger Stunden praktisch das gesamte Lager über die Informationen von einem Wetterfenster. Blogs werden geschrieben, damit sie Leser finden. Viele eifrige Leser aber saßen direkt im Zelt nebenan und spähten so Nachbars Garten aus.

Doch nicht nur die Bergsteiger selbst schreiben über ihre Erlebnisse. Das US-Magazin *Outside* hatte einen eigenen Korrespondenten zum Everest geschickt. Wieder einmal. Denn auch Jon Krakauer war 1996 im Auftrag von *Outside* dort gewesen. Allerdings sollte Grayson Schaffer 2012 nicht bergsteigen, sondern von unten aus der Distanz beobachten. Er hätte wohl selbst nicht geglaubt, dass am 19. Mai auch ihm der Stoff geliefert werden würde, aus dem schon Jon Krakauer sein Buch geschrieben hatte. Am Ende der Saison stand er vor der erschreckenden Bilanz, dass zehn Bergsteiger gestorben waren, und bemühte sich, einigermaßen Klarheit in den Hergang zu bringen.

Weltweit versuchten das in den Wochen danach viele Medien. Von der *New York Times* über den *Spiegel* oder *MailOnline*, den Internetdienst der britischen *Daily Mail*, bis hin zu vielen lokalen Blättern, überall bemühten sich Journalisten zu rekonstruieren, was während der Tage im Mai 2012 am Mount Everest zu einer Katastrophe geführt hatte, die es rasch zu großer internationaler Aufmerksamkeit brachte. Überall wurden jene Informationen zusammengetragen, die auch in diese Rekonstruktion eingeflossen sind. Sie stammen von Augenzeugen, aus Berichten und Blogs im Internet, aus offiziellen Verlautbarungen oder aus Datenbanken. Doch bei einer solchen Recherche wird auch deutlich, wie nah Wahrheit und Mutmaßung beieinanderliegen und wie rasch die Wahrheit dann verschwimmt. Aber das war am Everest schon immer so und liegt daran, dass dort in den allermeisten Fällen sehr einsam gestorben wird.

Nachdem Mitte Mai im Basislager die Wetterberichte angekommen sind und klar wird, dass es wahrscheinlich ein erstes, kürzeres Wetterfenster rund um den 18. Mai und ein zweites, womöglich etwas längeres um den 25. Mai geben wird, beginnt dort augenblicklich das Füßescharren. Ausrüstung wird sortiert, Rucksäcke werden gepackt, und der viertägige Aufstieg zum Gipfel wird vorbereitet. Binnen kürzester Zeit kommt betriebsame Hektik auf, denn immer mehr der Anwärter befürchten eines: Wie sollen all die vielen Menschen den Berg hinaufkommen?

Auch Aydin Irmak beginnt sich nun bereit zu machen. Zwar hat er sein Fahrrad nicht mehr, aber sein Ehrgeiz ist ungebrochen. In diesem Zustand der Hoffnung und Entschlossenheit befinden sich inzwischen viele Bergsteiger, und die allermeisten von ihnen haben das Gesetz des Mount Everest verinnerlicht – sie werden wohl nur diesen einen »Schuss«, nur diese einzige Chance haben, den höchsten Berg der Erde zu besteigen. Kaum einer wird es sich leisten können, noch einmal das viele Geld, die Zeit und auch die Energie aufzubringen, um überhaupt so weit zu kommen, wie sie alle inzwischen gekommen sind.

Der Gipfel ist nah – eine der ältesten Antriebsfedern des Bergsteigens hat im Mechanismus des großen Ganzen eingerastet. Für den 68 Jahre alten Paul Thelen, einen Unternehmensberater aus dem deutschen Würselen, nicht weit von der belgischen Grenze, und seinen sieben Jahre jüngeren Bergfreund Eberhard Schaaf, der nur ein paar Kilometer weiter in Aachen als Sportarzt tätig ist, ist der Mount Everest Teil eines größeren Projekts. Die beiden Männer sind unterwegs, um die sieben höchsten Berge aller Kontinente zu besteigen, und natürlich zählt der höchste Berg Asiens zu den anspruchsvollsten Aufgaben der Seven Summits. Am Mount Everest haben sie zuerst geholfen, Müll zu sammeln. Darüber hatten in den Monaten zuvor viele deutsche Medien berichtet, und daraufhin waren sogar Sponsoren in das Projekt eingestiegen, was im Zusammenhang mit dem Mount Everest heutzutage immer schwerer zu realisieren ist. Nachdem der aufgetürmte Müllberg inzwischen hoch genug ist, soll nun der höchste Gipfel bestiegen werden.

Im Basislager steht auch das Zelt von Song Won-Bin, einem 44 Jahre alten Koreaner, der mit sechs seiner ehemaligen Schulfreunde gekommen ist. Nun hat ihre Schule ein Jubiläum, und der Everest soll die Schlagzeile dazu möglichst fett werden lassen. Nicht weit davon entfernt campiert der 55 Jahre alte Chinese Ha Wenyi, ein ruhiger, freundlicher Mann. Er gehört dem Team von Mountain Experience an, einem in Kathmandu beheimateten Unternehmen zweier Sherpa, von dem Russell Brice seine Expeditionen organisieren lässt.

Auch die Kanadierin Shriya Shah-Klorfine steht Mitte Mai längst in den Startlöchern. Die 34-Jährige ist in der nepalischen Hauptstadt Kathmandu geboren, im indischen Mumbai aufgewachsen und in Kanada verheiratet. Sie hat ihren Trip bei einem der rund 80 lokalen nepalischen Anbieter gebucht und nicht bei einem der großen, international tätigen Unternehmen. Angeblich hat sie bei Utmost Adventure 71400 Dollar für die Besteigung des Everest gezahlt. Doch das kann eigentlich fast nicht sein, denn Utmost bot im darauffolgenden Herbst 2012 den Everest für die Frühjahrssaison 2013 für 39 270 Dollar an.

Wie auch immer, im Basislager hält sich inzwischen hartnäckig die Meinung, Shriya Shah-Klorfine sei übervorteilt worden und habe nicht einmal genau gewusst, was sie da überhaupt gebucht habe. Tatsächlich ist sie offenbar bis zuletzt der Meinung, dass ihr nun eine komplett geführte Tour auf den höchsten Berg der Erde bevorstehe. Andererseits, so stellte später das *Outside*-Magazin lakonisch fest, sei es für viele Veranstalter längst gängige Praxis, ihren Kunden das Gefühl zu vermitteln, dass Bergerfahrung zwar recht wünschenswert, aber nicht zwingend erforderlich sei, um den Mount Everest zu besteigen.

Shriya Shah-Klorfine ist unübersehbar vollkommen ahnungslos, denn sie hat zuvor in ihrem ganzen Leben noch nie einen Berg bestiegen. Sie hatte sich im Winter 2011 für das Everest-Angebot entschieden und war Mitte April 2012 nach Nepal geflogen. Offenbar war ihr wirklich nicht klar, was ihr dort bevorstand. *Outside* mutmaßte später sogar, Shriya Shah-Klorfine sei von ihrer Agentur regelrecht ausgenommen worden. Sie habe nämlich 25 000 Dollar für ihre Besteigungsgenehmigung gezahlt, obwohl hinlänglich bekannt ist, dass ein Permit 70 000 Dollar für eine Gruppe mit sieben Personen kostet, also 10 000 Dollar pro Teilnehmer. Und bekannt ist auch, dass es keine anderen Permits gibt. Fünfundzwanzigtausend Dollar waren früher einmal der Preis für eine Einzelgenehmigung, doch eine solche wurde vor weit über zehn Jahren zum letzten Mal vergeben.

Bruce Klorfine, der Shriya 2002 geheiratet hatte und mit ihr in Toronto lebt, hat eine ganze eigene Meinung zum Leben und der Grundeinstellung seiner Frau. Er charakterisiert sie als »stur und entschlossen«. Auf der Homepage von Shriya Shah-Klorfine steht kurz vor ihrer Abreise zu lesen: »Sie ist Unternehmerin, politisch aktiv, sozial engagiert und vor allem eine sehr mutige Frau.« Zwei Sherpa, zwei Köche, ein eigener Basislager-Manager und ein Online-Spezialist stehen Shriya Shah-Klorfine zur Seite. Sie hat das Sponsoring für ihre Expedition auf 59 Bereiche unterteilt, von den Strumpfhosen bis zum Karabiner und vom Schweizer Armee-Messer bis zur Ein-Liter-Pinkelflasche für die Hochlagerzelte. Diese Frau überlässt mit Blick auf ihre Ausrüstung ganz offensichtlich absolut nichts dem Zufall, und sie tut alles, um ihre Investition irgendwie zu refinanzieren. Ihr Daunenanzug ist von der Kapuze bis zum Bund an den Hosenbeinen komplett in den kanadischen Nationalfarben Rot-Weiß-Rot durchgestylt. Auf dem Rücken und der Brust ist die kanadische Flagge mit dem Ahornblatt aufgenäht. Im Internet kursieren Fotos von ihrer Einkleidung. Shriya Shah-Klorfine will die vierte kanadische Frau werden, die den Everest besteigt. Nichts auf der Welt sei unmöglich, sagt sie, und der Mount Everest sei ihr Traum.

Auch Nadav Ben-Jehuda will eine besondere Leistung abliefern. Er hat sich vorgenommen, der jüngste Israeli zu werden, der den höchsten Punkt der Erde erreicht. Mit seinen 24 Jahren stehen die Chancen dafür gut. Die Japanerin Tamae Watanabe hingegen hat vor, als älteste Frau den Gipfel zu erreichen. Dabei hatte sie diesen Rekord bereits zehn Jahre zuvor, als damals 63-Jährige, selbst aufgestellt, und er ist bisher ungebrochen. Doch die rüstige Rentnerin mit dem herzlichen Lachen ist offenbar der Meinung, sicher sei sicher. Und sie wird es am Ende wieder schaffen.

Jung hingegen ist die erst 19 Jahre alte Leanne Shuttleworth. Sie klettert seit ihrem 14. Lebensjahr. Wenn ihr der Coup gelingt, wäre sie die jüngste Britin, die je den Gipfel erreicht hat. Doch damit nicht genug. Leanne ist eine ehrgeizige Frau. Oder ist der Ehrgeizige eher ihr Vater, der sie zum Everest begleitet? Jedenfalls haben die beiden vor ihrer Expedition erklärt, dass sie vom Everest-Gipfel absteigen und sofort danach aus dem Südsattel heraus den Lhotse besteigen wollen. Das hat bislang noch niemand geschafft, und damit würden sie dann wirklich Geschichte schreiben. Denn an diesem Vorhaben beißen sich seit einigen Jahren die besten Alpinisten der Welt die Zähne aus. Dieses Abenteuer zählt zu den großen ungelösten Aufgaben an den Himalaja-Bergen.

Wenn Sandra Leduc, eine an Abenteuern interessierte brünette Frau aus Kanada, es bis auf den Everest-Gipfel schaffen könnte, wäre sie der glücklichste Mensch. Sagt sie. Sandra Leduc sieht sich auch nicht in Konkurrenz zu Shriya Shah-Klorfine. Sie hat in den vergangenen zwölf Jahren »jeden einzelnen verdammten Tag davon geträumt, auf diesen Berg zu steigen, bis ich endlich genug Geld zusammenhatte, um es nun auch zu tun«. Auch sie hat die

Seven Summits im Visier. Also muss sie auch auf den Everest. Sandra Leduc sagt von sich selbst, sie sei »ein Adrenalin-Junkie«. Kurz bevor sie zum Everest reiste, kam sie von einem zweijährigen Auslandseinsatz als Rechtsberaterin des kanadischen Amtes für auswärtige Angelegenheiten in Afghanistan zurück. Sie hat eine juristische Fakultät absolviert, ist ausgebildete Pilotin und hat bislang in neun Ländern auf vier verschiedenen Kontinenten gelebt. Die junge Frau aus Ottawa ist Teammitglied in der SummitClimb-Expedition von Dan Mazur, der 2006 dabei half, das Leben von Lincoln Hall auf dem Nordgrat zu retten.

Auch dort, an der Nordseite des Berges, machen sich die Bergsteiger bereit. Unter ihnen sind der aus Bayern stammende Ralf D. Arnold und der Spanier Juan José Polo Carbayo. Über Ralf D. Arnold wird es später in den Medien heißen, er sei professioneller Bergführer und am Everest für das Unternehmen Monterosa tätig gewesen. Nichts von alldem ist wahr. Arnold ist allein am Everest unterwegs, er ist auch kein Bergführer, und Monterosa ist eine Agentur für Trekkingtouren und Expeditionen, bei der Ralf D. Arnold seine Tour auf den Everest gebucht hat. In dem Team, das Monterosa zusammengeführt hat, sind neben Ralf D. Arnold noch zwei ecuadorianische Bergsteiger, ein Spanier, zwei Italiener – einer von ihnen ist Luigi Rampini, der noch für besondere Schlagzeilen sorgen wird – und zwei Climbing-Sherpa. Kurios ist allerdings, dass Monterosa auf seiner Homepage Ralf D. Arnold als Expeditionsleiter angibt.

Juan José Polo Carbayo wurde in Barcelona geboren und lebt als Arzt auf Teneriffa. Er ist 43 Jahre alt, und auch er träumt den Traum vom Everest-Gipfel. Er beginnt ebenfalls um den 15. Mai herum, seinen Rucksack für einen Gipfelversuch zu packen.

Am Morgen des 17. Mai tost eine Lawine von der Lhotse-Seite herunter und begräbt 15 Zelte des Lagers III unter sich, die dort sehr exponiert und auf engstem Raum direkt in der Lhotse-Flanke beieinanderstehen. Dabei werden zwei Sherpa schwer verletzt. Wie durch ein Wunder kommt es nicht zu einer ganz großen Katastrophe, was dem glücklichen Umstand geschuldet ist, dass die meisten Bergsteiger sich zu diesem Zeitpunkt noch unterhalb des Lagers und damit außer Reichweite der Lawine befinden.

Tags darauf, am 18. Mai, spielen sich in der Lhotse-Flanke oberhalb von Lager III bis hinauf unter den Südsattel fast unbeschreibliche Szenen ab. Annähernd 300 Bergsteiger, aufgereiht wie auf einer Perlenschnur, dicht an dicht gedrängt, kriechen wie ein riesiger Lindwurm den Berg hinauf. Sie sind mit ihren Jumarklemmen in das zehn Millimeter starke Sicherungsseil eingehängt. Es handelt sich dabei um ein statisches Seil des Unternehmens Edelried, das sich im Gegensatz zu einem normalen Kletterseil nicht dehnt. Das Ziehen an diesem Seil erleichtert den mühsamen Anstieg. Vor allem aber dient es als Sicherung, um im Falle eines Strauchelns den Absturz tief hinunter in das Western Cwm zu verhindern. Schon sehr bald bilden sich entlang dieser Sicherungsleine die ersten Staus. Wenn eine der vermummten Gestalten stehen bleibt, müssen alle anderen dahinter ebenfalls anhalten. Es wird gestritten und geschrien. Andere nehmen den Wahnsinn fast teilnahmslos hin. Überholen ist nahezu unmöglich, denn dazu müsste man sich aus dem Seil aushängen, das Tempo erhöhen und irgendwann wieder in die Reihe einfädeln. Doch das ist ebenso gefährlich wie mühsam und sorgt bei den anderen für noch mehr Verdruss. Die Menschen, die nun am Mount Everest unterwegs sind, versuchen wohl alle, ihrem Tun einen Sinn zu verleihen. Einen gewissen Inhalt, der die Nutzlosigkeit des Besteigens von Bergen nicht ganz so sinnlos und banal erscheinen lässt. Da nimmt man offenbar auch ein bisschen Wahnsinn gern in Kauf.

Wahnsinn ohne Sinn

Ein Foto mit einer Menschenschlange geht um die Welt

Der 18. Mai 2012 ist der Tag, an dem der Schweizer Speedbergstei-ger Ueli Steck mit seinem Sherpa Tenzing den Gipfel erreicht. Als erster Ausländer in dieser Saison. Dabei ist die Route noch nicht einmal fertig gesichert. Doch Steck nutzt die Gunst der Stunde. Es ist Freitag. Seit Mittwoch ist das Wetter stabil. Und das soll bis Samstag gegen Abend auch so bleiben. Der 35-jährige Schweizer Ausnahmebergsteiger folgt zusammen mit ein paar Chilenen einer Sherpa-Gruppe, die gerade mit dem Anbringen der Fixseile beginnt. Er könnte überholen, doch er tut es nicht. Wie absurd das klingt. Da wartet einer der besten Bergsteiger der Welt höf-lich, bis er einen Berg besteigen darf, der direkt vor seiner Nase zum Klettersteig umgebaut wird.

Doch Ueli Steck hat hohen Respekt vor der Arbeit der Sherpa. Und er schätzt sie sehr. Allein die Bedeutung, die der Schweizer seinem eigenen Sherpa gibt, ist bemerkenswert. Tenzing ist erst 21 Jahre alt und für Ueli Steck kein Hochträger, der ihm die Lasten zum Südsattel schleppt, sondern ein Kletterpartner auf Augen-höhe. An diesem hohen Berg sind Stecks Schnelligkeit und sein Können ein starkes Faustpfand. Und Steck geht ohne Flaschen-sauerstoff hinauf. Natürlich. Anders hätte ihn der Everest gar nicht interessiert. Auch Tenzing will ohne Flaschensauerstoff auf den Gipfel.

Es gibt am höchsten Berg kaum mehr als 140 Besteigungen ohne Flasche und Maske. Stecks Taktik ist interessant. Er ist, was die allermeisten anderen nicht machen, eine Nacht auf dem Süd-sattel geblieben. Gerlinde Kaltenbrunner, die über so viel Erfah-rung an den Achttausendern verfügt, hat Steck im Basislager dazu geraten. Im Jahr zuvor war der Schweizer nicht bis ganz hinauf gekommen. Auf dem Nordgrat musste er nur 150 Höhenmeter unter dem Gipfel umkehren, weil es viel zu kalt war.

Diesmal ist Steck deutlich besser akklimatisiert. Es ist auch bei Weitem nicht so kalt. Und die Erfahrung von 2011 ist enorm hilfreich. Er geht am 18. Mai um kurz nach Mitternacht los. Schon nach einer guten Viertelstunde hat er zusammen mit Tenzing die Chilenen eingeholt, die mehr als eineinhalb Stunden früher gestartet sind und Flaschensauerstoff verwenden. De facto sind Steck und Tenzing unterwegs, um den höchsten der 14 Achttausender zu besteigen, die anderen mit ihren Flaschen und Masken besteigen hingegen einen gefühlten Siebentausender. Manche Bergsteiger, die nur teilweise oder für ganz kurze Phasen Flaschensauerstoff verwendet haben, berichten, das fühle sich an, als würde man einen inneren Turbo einschalten. Hans Kammerlander erklärt: »Ich habe am K2 im Gipfelbereich zu einer Gruppe Koreaner aufgeschlossen, die Flaschensauerstoff verwendet haben. Das ist für den, der keine Flasche hat, ein fast schon schreckliches Gefühl. Denn die anderen haben praktisch einen Motor zur Produktion von genau der Energie, die du selbst fast nicht mehr spürst. Mich hat das kurze Zeit sogar richtig wütend gemacht.«

Um kurz nach 13 Uhr, kommt Steck oben an. Nur vier Sherpa stehen beim Dreibein. Sie zollen dem Schweizer Hochachtung, weil er keine Maske trägt. Die Sherpa wissen, wie mühsam es ist, ohne Flasche bis hierher zu kommen. Tenzing ist zurückgefallen, aber auch er wird später auf den Gipfel gelangen. Während ein Großteil der anderen Bergsteiger noch unter dem Südsattel mit Sauerstoffmangel, der Höhe und dem inneren Schweinehund kämpft, befindet sich Steck längst im Abstieg. Er wird später jenen Satz zu Protokoll geben, der bekannt und oft zitiert wird: »Ich habe noch niemals zuvor an einem Berg so viele Leute gesehen.«

Es ist nicht einmal 16.30 Uhr, als Ueli Steck zurück bei den Zelten am Südsattel ist. Dort ist inzwischen der höchstgelegene Campingplatz der Welt entstanden. Auf knapp 8000 Meter stehen die Zelte nun dicht bei dicht. Und immer noch kommen weitere Bergsteiger herauf. Viele sind eigentlich an diesem Tag viel zu spät dran. Der Stau hat sie aufgehalten und mürbe gemacht.

Einige sind umgekehrt, doch die meisten sind immer weiter monoton den Berg hinaufgegangen. Ganz gleich, wie lange sie dafür auch im Stau stehen mussten. Simone Moro sagte ein paar Tage später, am 24. Mai 2012, in einem Interview: »Unfassbar, an diesem Tag ging es am Mount Everest zu wie in einem Vergnügungspark.« Doch auch er hat sich an diesem 18. Mai in die endlos lange Schlange eingereiht. Er zählt vor und hinter sich über 200 Menschen – irgendwann gibt er das Zählen auf.

Eine Stunde geht Moro in der Reihe mit. Die Spur ist ausgetreten, die Fixseile sind der überwiegenden Mehrheit eine echte Hilfe. Es gibt niemanden, der dort nicht in die Nabelschnur der Sicherheit eingeklinkt ist. Irgendwann, als er erkennt, dass er so nicht weiterkommt, löst Simone Moro seine Jumarklemme vom Fixseil. Er tritt nach links aus der Schlange heraus und setzt ein paar Meter unterhalb des Seilgeländers in der etwa 35 Grad steilen Flanke selbstständig den Aufstieg fort. Doch dort muss er nun selbst spuren. Das ist anstrengend und kostet viel mehr Kraft, als oben in den angetretenen Fußstapfen zu gehen. Simone Moro hat sich in diesem Jahr abermals in den Kopf gesetzt, den Mount Everest endlich ohne Flaschensauerstoff zu besteigen, nachdem er zuvor viermal mit Maske oben gewesen ist. Doch um ohne Flaschensauerstoff dort hinaufzukommen, muss man nicht nur ein Könner sein, man muss vor allem die Möglichkeit haben, so aufzusteigen wie in der Nacht zuvor Ueli Steck. Gleichmäßig atmen, gleichmäßig gehen, sogar die Pausen gleichmäßig einteilen. Moro aber, der so viel Achttausender-Erfahrung hat wie kaum ein anderer Bergsteiger an diesem Tag, kommt außer Atem, er findet nie wirklich seinen gewohnten Gehrhythmus.

Als er nach geraumer Zeit und nachdem er an vielen Bergsteigern vorbeigezogen ist, spürt, dass sein Körper zu rebellieren beginnt, steigt er die paar Meter hinauf zum Fixseil und will sich dort wieder einhängen. Doch oben schimpfen sie wütend auf ihn und wollen ihn nicht wieder an das Seil heranlassen. Er habe das Seil bis jetzt nicht gebraucht, da könne er nun auch weiterhin ohne gehen. Krieg, fast wie auf der Autobahn zwischen Mailand und Bologna. Simone Moro ist entsetzt, auch Monate später noch, als er mir erklärt: »Es war wie im Straßenverkehr, wenn du einfädeln willst und andere lassen dich einfach nicht rein.« Wieder kommt es zum Streit, zu Pöbeleien. Aber es sind in dieser Schlange auch Bergsteiger, die Simone Moro kennen und diese Situation genauso unerträglich finden wie er selbst.

Der bekannte Italiener ist auch Hubschrauberpilot. Nur wenige Piloten auf der Welt trauen sich mit dem Helikopter so weit hinauf wie er. Der Schweizer Gerold Biner, der in Nepal die Helikopterpiloten ausbildet, steht Moro in nichts nach, und außer ihm gibt es vielleicht nur noch eine Handvoll einheimischer Piloten von gleichem Können. Moro macht auch Rettungsflüge am Mount Everest. Er wird in den Tagen danach oft hinaufliegen, um Menschenleben zu retten und Tote zu bergen. Doch in diesem Moment ist er nur Teil des Wahnsinns an diesem Berg.

Weit ist es nicht mehr bis zum Südsattel, und schließlich gelingt es Moro doch noch, eine Lücke zu nutzen, um wieder an das Seil zu gelangen. Aber zu diesem Zeitpunkt ist ihm bereits klar, dass er keine Chance haben wird, sein Vorhaben zu realisieren. Dass er so niemals ohne Flaschensauerstoff auf den Everest-Gipfel käme, von einem Versuch, direkt danach den Lhotse zu besteigen, ganz zu schweigen. Simone Moro tritt den Rückzug an. Er weiß schon in diesem Augenblick, dass er im nächsten Jahr zurückkommen und es wieder versuchen wird. Und dennoch: Während er langsam zurücksteigt, am Lager III vorbei und hinab ins Western Cwm, ist er schwer enttäuscht. Einige andere Bergsteiger, denen er begegnet, beglückwünschen ihn allerdings zu seinem Entschluss, der mehr Mut und Überwindung kostet als weiterzugehen. »Bravo, Simone«, hört er sie hinter ihren Masken japsen. Dann stieren sie wieder auf ihre Füße und stapfen weiter hinauf.

Zur gleichen Zeit kommt ein anderer Bergsteiger ebenfalls vom Everest herunter. Ralf Dujmovits war genau zwanzig Jahre zuvor schon einmal auf dem Gipfel, allerdings mithilfe von Flaschensauerstoff. Inzwischen hat er alle 14 Achttausender bestiegen und ist damit der erste Deutsche, dem das gelungen ist. Nun will er den einzigen Fleck aus seiner Vita entfernen und vollkommen aus eigener Kraft zum Gipfel gehen. Er trägt alles selbst – Zelt, Schlafsack, Iso-Matte, Kocher, Verpflegung, seine Daunenbekleidung – kein Sherpa begleitet ihn. Er nutzt die Spur und die Fixseile, mehr nicht. Doch um Mitternacht am Südsattel, als nur ein paar Meter weiter Ueli Steck gleich aus dem Zelt kriechen wird, geht es Ralf Dujmovits gar nicht gut. Er hat eine Entzündung der Nasennebenhöhlen nicht auskuriert und fühlt sich ohnehin nicht im Vollbesitz seiner Kräfte. Nun muss er sich auch noch überge-ben. Er sagt Steck Bescheid, dass er nicht mitgehen wird, sondern noch warten will. Im Morgengrauen baut er dann sein Zelt jedoch ab und beginnt den Abstieg.

Ein halbes Jahr später erklärt er mir daheim im Wohnzimmer seines Hauses am Fuß des Schwarzwalds, dass ihm diese Ent-scheidung extrem schwer gefallen sei. Es sei vermutlich eine der schwersten in seiner langen Bergsteigerkarriere gewesen. Doch an diesem Tag im Mai sieht er plötzlich auch, was ihm da von unterhalb des Genfer Sporns für eine unglaublich lange Kara-wane entgegenkommt, und nun weiß er, dass seine Entscheidung richtig gewesen ist. Er macht ein paar Fotos und ein kurzes Video. Damit dokumentiert er diesen 18. Mai 2012, der in die Geschichte des Mount Everest eingehen wird.

Im Lager III trifft er auf seine Frau Gerlinde Kaltenbrunner, die am Tag zuvor gemeinsam mit David Göttler den Gipfel des Nuptse über den Ostgrat erreicht hat. Gemeinsam steigen sie ins Basis-lager ab. Dort wartet Ralf Dujmovits ein paar Tage. Immer wieder schaut er sich die Fotos an. Und das Video. Wenn er es anderen Bergsteigern zeigt, sind sie fassungslos. Und irgendwann sieht es dann Grayson Schaffer vom US-Magazin *Outside*. Dujmovits gibt ihm den Clip, weil er inzwischen der Meinung ist, er müsse ver-öffentlicht werden. Ein paar Stunden später geht der kurze Film bei *Outside* online, dann wird er auch auf den Internetplattformen anderer großer Medien gezeigt, in Facebook gepostet und in den Tagen danach zigtausend Mal geteilt. Binnen kurzer Zeit verbrei-tet sich so dieses Video weltweit. Es ist fast, als bekäme der Wahn-sinn in diesem Moment einen Namen – Mount Everest.

Die Nacht kommt schnell am höchsten Berg der Erde. Und auch an diesem 18. Mai legt sich die Dunkelheit rasch über den Südsat-tel. Etwas mehr als 850 Meter weiter oben ist es ganz still. Am Gipfel weht kaum Wind. Man könnte fast glauben, der Riese schlafe. In den Zelten indes schläft fast niemand. Unruhig wälzen sich die Bergsteiger hin und her. Aus den Sauerstoffflaschen strömt als eine Art Leben spendendes Elixier der künstliche Sauerstoff. Auf zwei Liter pro Minute sind die meisten Regler eingestellt. Damit wird das Atmen einigermaßen erträglich und auch die Kälte. Es sind nur ein paar Stunden. Die ersten Wecker piepsen bereits vor 20 Uhr, kaum drei Stunden nachdem die Letzten heraufgekommen sind.

Die Sherpa drängen zum ungewöhnlich frühen Aufbruch. Sie ahnen es bereits. Auf dem Südsattel lagern 200 Menschen, die alle zum Gipfel wollen. Das kann nur ein Chaos werden. Also beginnen sie mit ihren Kunden schon lange vor der üblichen Zeit mit dem ganzen Prozedere: Schnee schmelzen, trinken, so viel wie nur irgendwie möglich, wenigstens eine Kleinigkeit zu essen hinunterwürgen. Ausgezogen hat sich niemand. Alle liegen mit ihren dicken Daunenanzügen in den noch dickeren Daunenschlafsäcken. In der Lhotse-Flanke herrscht bei voller Sonneneinstrahlung oft eine unerträgliche Hitze. Viele haben im Lauf des Tages geschwitzt. Doch nun werden sie nicht wieder trocken. Das ist unangenehm und auch gefährlich, weil man so noch schneller auskühlt.

Manche brauchen eine halbe Stunde, bis sie endlich die Steigeisen wieder an den Füßen haben. Andere müssen sich sogar helfen lassen. »Viele, die auf den Everest steigen, kämen allein nicht einmal auf einen Sechstausender«, sagt Ueli Steck. Er liegt zu dieser Zeit in seinem Zelt und hört die anderen rumoren. Sein Schweizer Wetterbericht stimmt fast auf die Stunde genau. Gegen Abend des 18. Mai soll Wind über den Himalaja-Bergen, speziell am Everest, aufkommen und dann stetig zunehmen. Es soll kein Sturm werden, aber doch ein starker Wind. Bereits jetzt frischt es auf.

In seinem Zelt nestelt der Türke Aydin Irmak zunehmend verzweifelt an seiner Sauerstoffmaske herum. Sie scheint defekt zu sein. Einen Ersatz hat er nicht dabei. Ein paar Zelte weiter entscheidet zu diesem Zeitpunkt Paul Thelen, den Gipfelversuch abzubrechen. Er fühlt sich wie erschlagen, gehört er doch zu denen, die erst gegen 18 Uhr im Südsattel angekommen sind. Vor allem im Bereich des Gelben Bandes, rund 300 Höhenmeter über dem Lager III, war es schon sehr früh immer wieder zu langen Warte-

265

zeiten gekommen. Dort hatten die argentinischen Brüder Willie und Damian Benegas ein paar Bohrhaken gesetzt. Normalerweise ist das die belastbarste Möglichkeit, um in alpinem Gelände eine schwierige Stelle abzusichern. Doch am Everest kommt diese Tat fast einem Sakrileg gleich. Dabei ist die Idee mit den fixen Bohrhaken angesichts der Menschenmassen gar nicht so schlecht, denn das Gelbe Band war schon immer eine kritische Passage und nicht leicht abzusichern. Vor allem für die Sherpa bedeuten die zusätzlichen Fixpunkte nun weniger Gefahr, wenn sie dort mit ihren schweren Lasten ankommen.

Doch ein paar Bohrhaken regeln noch lange nicht den Verkehr, und sie verhindern auch keine Staus wegen Überlastung. Paul Thelen spürt nun die Anstrengungen des langen Tages. Sein bester Freund Eberhard Schaaf war rund eineinhalb Stunden früher im Sattel. Er konnte wenigstens knapp vier Stunden rasten. Viel ist auch das nicht. Thelen und Schaaf haben sich lange Wochen und Monate auf diesen Tag vorbereitet. Sie ließen sich sogar in einer Kältekammer einsperren, um Ausrüstung zu testen. Sie schliefen in einer Skihalle und balancierten stundenlang im Garten mit Steigeisen über lange Aluleitern, um die Gegebenheiten im Eisbruch zu simulieren. Beide sind gute Sportler, haben viel Bergerfahrung und sind offenbar in der Lage, ihre Möglichkeiten richtig einzuschätzen, auch wenn sie längst die dünne Luft und ihre eingeschränkten geistigen Fähigkeiten spüren dürften. Gewisse Entscheidungen jedoch müssen bei aller Freundschaft getrennt getroffen werden. Und so hat sich Eberhard Schaaf entschlossen, es doch zu versuchen.

Einer der Ersten, der an diesem Abend die Zelte verlässt, ist der Südkoreaner Song Won-bin. Seine fünf Freunde gehen ebenfalls hinüber zu der Stelle, wo der Gipfelaufbau des Everest aus dem Südsattel heraus wieder aufsteigt. Auch der Chinese Ha Wenyi schultert seinen Rucksack. Die Kanadierin Shriya Shah-Klorfine lässt es fast Mitternacht werden, ehe sie losgeht. Aydin Irmak sieht offenbar seine Felle davonschwimmen. Ohne Atemmaske hat er keine Chance auf den Gipfel. Er streitet mit seinem Sherpa, der offenbar nicht mehr mit ihm weiter aufsteigen will. Schließlich nimmt Irmak seinem Sherpa die Maske weg, weist ihn an, am Südsattel auf ihn zu warten, und stapft mit gemischten Gefühlen in Richtung Einstieg.

Etwa 200 Bergsteiger machen sich an diesem Abend des 18. Mai zwischen 20 Uhr und Mitternacht von der Südseite her auf den Weg in Richtung Gipfel. An der Nordseite sieht es nicht sehr viel anders aus. Alle, die nun an ihrer Ausrüstung herumfuhrwerken, die Stirnlampen einschalten und schließlich losgehen, wissen ganz genau, wie gefährlich das ist, was sie in den folgenden vielen Stunden tun werden. Aber sie alle müssen diesen Gedanken ausblenden, denn sonst würden sie womöglich so kurz vor dem Ziel vor Ehrfurcht und Angst erstarren. Sämtliche Anwärter lassen sich jetzt von der Hoffnung leiten, dass ihnen schon nichts geschehen wird. Jedem anderen, aber nicht mir. So funktioniert Bergsteigen seit 250 Jahren.

Doch dies ist kein normaler Abend. Auch nicht die Nacht. Und auch nicht der darauffolgende Tag. Es sind abermals viel zu viele Menschen unterwegs. Zweihundert, das ist entschieden mehr, als die Engstellen am Grat aufnehmen können. Schon bald gibt es wieder Stau, wieder Ärger, wieder Verdruss. Song Won-bin und seine fünf ehemaligen Schulkameraden haben Glück. Sie kommen zwar nicht herausragend schnell voran, aber wenigstens müssen sie nicht lange anstehen. Sie gehören schließlich auch zu den Ersten, die am Morgen des 19. Mai den Gipfel erreichen. Obwohl es erst kurz nach sieben Uhr ist, liegen bereits elf Stunden Aufstieg hinter den Männern. Sie machen Fotos am Gipfel. Das große Ziel ist erreicht. Aber Song Won-bin geht es auf einmal gar nicht gut. Der 44-Jährige ist vollkommen erschöpft. Nun ist klar: Sie müssen so schnell wie möglich von diesem Berg herunterkommen.

Rasch beginnen die sechs Männer den Abstieg. Die fünf anderen helfen Song Won-bin, wo sie nur können. Doch in dieser Höhe ist das extrem schwierig. Die Leistungsfähigkeit des Südkoreaners sinkt rapide. Als sie am Hillary Step ankommen, ist dort bereits das Chaos ausgebrochen. Am Nadelöhr des Everest wird am Fixseil gerissen, geschimpft und geflucht. Die Koreaner stehen fast vier Stunden oben bei den Felsen. Sie betteln und flehen darum, dass man sie hinunterlässt. Doch der Zug nach oben hält keine Minute an. Es ist das schiere Grauen. In fast außerirdischer Höhe offenbaren sich urplötzlich tiefste menschliche Abgründe. Jene, die hinaufwollen, lassen die nicht vorbei, die unbedingt hinuntermüssen. Wie im Rausch. Wie von Sinnen. Niemand spürt offenbar, wie menschenverachtend das eigene Tun auf einmal wird, wie egozentrisch sich das eigene Streben auf einen winzigen Punkt reduziert hat.

Es gibt nur noch dieses eine Ziel – oben ankommen. 1943 hat der US-amerikanische Psychologe Abraham Harold Maslow erstmals eine später nach ihm benannte Bedürfnispyramide veröffentlicht, in der die Hierarchie menschlichen Strebens eindrucksvoll dargestellt wird. Darin steht der Drang nach Selbstverwirklichung noch vor Anerkennung und Wertschätzung, sozialen Bedürfnissen, Sicherheit und existenziellen Bedürfnissen an erster Stelle. Der Mount Everest bietet bestes Anschauungsmaterial für das Bild vom Menschen, der sich gegen jede Vernunft und unter Missachtung der Unversehrtheit anderer Menschen selbst verwirklichen und auf ein Podest stellen möchte.

Inzwischen fegt ein eisiger Wind über den Grat. Die Temperaturen sind auf unter 30 Grad minus gefallen. Der Wetterbericht stimmt auch jetzt noch. Mit großer Sorge registrieren die Sherpa, wie ihre südkoreanischen Kunden schneeblind werden. Einer nach dem anderen kann immer weniger sehen. Als sie endlich unter dem Hillary Step ankommen, ist Song Won-bin fast am Ende seiner Kräfte. Er erkennt gar nichts mehr. Und er wird zunehmend hilfloser. Er hat rasende Kopfschmerzen. Trotzdem schleppt er sich noch bis zum Südgipfel und weiter hinunter zum Balkon. In etwas über 8500 Meter Höhe kollabiert Song Won-bin und stürzt ein paar Meter ab. Kurz danach ist er tot.

Als Eberhard Schaaf am Hillary Step ankommt, herrscht dort weiterhin Chaos, da hier immer noch Massen von Bergsteigern im Stau stecken. Es ist acht Uhr, und er steht im zunehmenden Wind in der eisigen Kälte. Zwei Stunden lang. Die beiden Sherpa Pemba Tshering und Pasang Temba haben Bedenken und schlagen den Rückzug vor. Doch Schaaf will weiter. Er kommt allerdings nur noch mit Mühe den Step hinauf. Ein so langes Anstehen ist für sämtliche Bergsteiger nicht nur eine Geduldsprobe, sie werden davon psychisch und physisch auch vollkommen ausgehöhlt. Um kurz nach elf ist Eberhard Schaaf dennoch am Ziel. Endlich. Seit er den Südsattel verlassen hat, sind fast 15 Stunden vergangenen. Schaaf sinkt am Gipfel zusammen, setzt sich auf seinen Rucksack und zieht sich die Sauerstoffmaske vom Gesicht. Die dünne Luft, auch wenn er sie nur für ganz kurze Zeit einatmet, schwächt ihn weiter. Einer der beiden Sherpa setzt ihm die Maske wieder auf und will ihn hinunterbringen. Doch Schaaf bleibt fast eine Stunde dort oben sitzen.

Bergsteiger kommen und gehen, während der Deutsche offensichtlich immer schwächer wird. Schließlich steht er doch auf. Am Hillary Step muss er sich wieder die Beine in den Bauch stehen. Erneut harrt er zwei Stunden frierend und erschöpft aus. Als Eberhard Schaaf dann endlich an der Reihe ist, hat er fast keine Kraft mehr. Er torkelt beim Abseilen über den Step. Schließlich bleibt er im Fixseil hängen und kollabiert. Weil er kurz zuvor darüber geklagt hat, dass er nicht mehr sehen kann, glauben seine Begleiter, dass sich in seinem Kopf ein Hirnödem gebildet hat. Verzweifelt versuchen Pemba Tshering und Pasang Temba Schaaf zu helfen und ihn wieder auf die Beine zu bringen. Doch er stirbt kurze Zeit später. Als die Sherpa weiter absteigen, hängt der Deutsche noch immer im Fixseil des Hillary Steps. Später schneiden ihn andere Bergsteiger dort heraus, da der Tote ihnen den Weg versperrt. Und unten im Südsattel hält Paul Thelen zitternd das Funkgerät in seinen Händen. Er hat das ganze Drama mitgehört. Es ist der 19. Mai 2012, 15 Uhr.

Etwas mehr als eine Stunde zuvor war eine Gestalt sehr langsam den Berg hinaufgekommen. Sie trägt einen sehr auffälligen rot-weiß-roten Daunenanzug, auf den die kanadische Flagge aufgenäht ist. Es ist Shriya Shah-Klorfine. Sie erreicht um 14 Uhr den höchsten Punkt. Auch sie ist vom Aufstieg schwer gezeichnet und war wiederholt von Sherpa aufgefordert worden, doch umzukehren und es in einem anderen Jahr noch einmal zu versuchen. Doch Shriya Shah-Klorfine bestätigt die Einschätzung ihres Mannes: »Stur und entschlossen.« Sie lehnt es ab, umzudrehen. Unterwegs begegnet sie dem Sherpa Dendi, der mit seiner erst 16 Jahre alten Tochter unterwegs ist. Dendi beschwört die Frau, sie möge umkehren, denn sie sei vermutlich höhenkrank. Sie verweist darauf, wie viel Geld sie gezahlt hat und dass der Mount

Everest doch ihr größter Traum sei. Dendi und auch andere Sherpa berichten später, Shriya Shah-Klorfine habe gesagt: »Lasst mich, ich muss weiter, ich muss da hinauf.« Jetzt, auf dem Gipfel, hat sie fast keinen Sauerstoff mehr in ihrer letzten Flasche. Der Abstieg wird zum Martyrium. Doch sie kommt bis unter den Hillary Step, schafft es zum Südgipfel und schließlich irgendwie fast bis zum Balkon. Ihr Sherpa hilft ihr, so gut es geht und er selbst noch kann. Doch dann bricht Shriya Shah-Klorfine zusammen. Sie flüstert ihrem Begleiter ins Ohr: »Rette mich, bitte rette mich.« Es sind ihre letzten Worte.

Am späten Abend, nach 22 Uhr, wird auch der Chinese Ha Wenyi gefunden. Er liegt im Schnee. Erschöpft und fast erfroren. Niemand kann ihm mehr helfen, und es vermag auch niemand zu sagen, was genau passiert ist. Offenbar hat auch er es bis auf den Gipfel geschafft. Im Abstieg kommt er wie Shriya Shah-Klorfine noch fast bis zum Balkon. Dann verlassen wohl auch ihn die Kräfte.

Am Ende dieses Tages werden innerhalb weniger Stunden vier weitere Menschen am Mount Everest gestorben sein. Acht dann schon insgesamt. Ein paar Tage später werden es zehn sein. Schlimmer war es nur 1996. Da starben elf Menschen. Doch die Situation damals ist nicht mit der von 2012 zu vergleichen. Sechzehn Jahre zuvor war die Lage eine völlig andere. Diesmal kommt am Gipfeltag niemand im Sturm um. Es stürzt auch niemand ab, niemand wird von einer Lawine erfasst oder von einem Stein erschlagen. 2012 starben die Bergsteiger am Mount Everest, weil sie zu langsam waren und zu unvernünftig. Weil sie das Risiko dieses unglaublichen Massenauflaufs falsch einschätzten. Weil sie klare Anzeichen von Höhenkrankheit ignorierten. Weil sie sich beharrlich weigerten, umzudrehen, als es noch möglich gewesen wäre. Weil sie zu schwach für den Berg waren und zu stark für ihre Sherpa. Sherpa sind an den höchsten Bergen wunderbare und einzigartig leistungsfähige Begleiter. Aber die allermeisten von ihnen sind keine Führungspersönlichkeiten, die klare Zeichen setzen und eine Umkehr anordnen können. Es ist oft so, als wollten sie einen Betrunkenen nach Hause bringen, der das aber partout nicht will.

Es hat am 18. und 19. Mai 2012 Bergsteiger am Mount Everest gegeben, die verbrauchten acht Flaschen künstlichen Sauerstoff statt der sonst üblichen zwei. Einige schafften es selbst damit nicht bis zum Gipfel. Die zuverlässige Wettervorhersage hatte an einem einzigen Tag viel zu viele Bergsteiger auf die Beine gebracht. Die Jetzt-oder-nie-Strategie wirkte fast so, als wollten sie sich mit einem Angriffsschrei in ein Kampfgetümmel stürzen. Und selbst als es am Hillary Step zum Megastau kam, als dort entkräftete Menschen apathisch im Schnee saßen oder hemmungslos weinten, als andere schrien und wieder andere darum flehten, man möge sie doch bitte hinunterlassen, kannte niemand Gnade oder Rücksicht.

Im roten Backsteinbau des Tourismusministeriums in Kathmandu hatten sie alle ihr Ticket gelöst. Doch kaum jemand hatte damit gerechnet, dass am Mount Everest niemand sein würde, der den Verkehr regelt. Es gibt in diesen Höhen keine Ampeln und auch keine Polizisten. Und im Basislager sitzt niemand, der einen anderen zwingen könnte, auf den Berg zu gehen, wenn das Wetter nicht gut ist. Es grenzte an diesen beiden Tagen im Mai 2012 fast schon an ein Wunder, dass nicht noch viel mehr passierte. Teilweise hingen mehr als zwanzig Bergsteiger zwischen zwei Sicherungspunkten in den Fixseilen. Viel zu viele angesichts der Tatsache, dass die Seile nur mit ein paar Eisschrauben, ein paar windigen Haken oder Firnankern befestigt sind. Ein Sturz, der Ausbruch einer Sicherung, eine Kettenreaktion – und eine noch viel größere Katastrophe hätte sich ereignen können.

Hundertsechsundsiebzig Bergsteiger erreichen am 19. Mai den Everest-Gipfel. Gegen 16 Uhr wankt sehr, sehr langsam ein einsamer Mann auf dem Schlussgrat in Richtung Gipfel. Er muss immer wieder stehen bleiben und warten, bevor er ein paar weitere Schritte machen kann. Die letzten Meter werden zur Tortur. Dieser Mann wird an dem Tag der Letzte sein, der zum höchsten Punkt gelangt. Es ist Aydin Irmak, der kleine türkische Fahrradhändler aus New York. Die Luft ist extrem kalt, unter 30 Grad minus. Im Chill des immer stärker aufkommenden Windes sind es noch weit mehr Minusgrade. Die Lunge des 46-Jährigen schmerzt, die Muskeln seiner Beine sind übersäuert, ihm ist kalt, und ein trockener, fast nicht zu bändigender Höhenhusten begleitet Irmak auf den letzten Schritten hin zu dem Vermessungsdreibein, das den höchsten Punkt der Erde markiert.

Dieses Dreibein ist der Endpunkt so vieler Sehnsüchte. Doch die wenigsten sind überhaupt noch zu Empfindungen fähig, wenn sie dort endlich ankommen. Aydin Irmak nimmt seinen Rucksack ab und stellt ihn in den harten Schnee. Er schaut sich um. Sein Gehirn funktioniert nur noch träge. Hunderte Steigeisen haben ihre Spuren hinterlassen. Irmak zieht seine Fahne mit dem aufgenähten Fahrrad aus dem Rucksack und platziert sie im Wind irgendwie bei dem Dreibein.

Aydin Irmak nestelt seine kleine Digitalkamera heraus und will ein Foto machen. Vielleicht wird er ja damit berühmt. Aber das kleine Wunderwerk der Technik versagt den Dienst. Die Batterien sind offenbar zu schwach. Aydin Irmak muss lange überlegen, bis ihm sein benebelter Verstand signalisiert, dass er die Batterien ja austauschen oder ein wenig anwärmen könnte. Schließlich ist ein Gipfelfoto vom Everest der einzige Beweis dafür, dass man wirklich oben gewesen ist. Nun begeht Irmak einen Fehler, der schon andere Bergsteiger das Leben gekostet hat. Er zieht einen seiner Daunenfausthandschuhe aus und legt ihn auf den Boden. Noch während er versucht, umständlich die Kamera zu öffnen, trägt eine Windböe seinen Handschuh über die Nordwand hinunter nach Tibet.

Hans Kammerlander geriet 1996 bei der ersten Skiabfahrt vom Mount Everest an der Nordseite des Berges, nachdem er ebenfalls einen Handschuh verloren hatte, in eine derart verzweifelte Situation, dass er schließlich von einem der drei toten Inder, die dort Tage zuvor gestorben waren, einen Handschuh mitnahm. Später wurde er dafür in den Medien als »Leichenfledderer« bezeichnet. Aydin Irmak würde sich am liebsten hinsetzen und nie wieder aufstehen. Doch am Gipfel des Everest wird offenbar nicht gestorben. Noch nie hat ein Bergsteiger genau am höchsten Punkt sein Leben verloren. Nach kaum mehr als zehn Minuten, es ist jetzt kurz nach 16 Uhr, setzt sich der Türke wieder in Bewegung. Irmaks Spur verliert sich danach nicht, wohl aber sein Verstand. Denn an die folgenden Stunden kann er sich nicht erinnern.

Der 19. Mai neigt sich dem Ende zu. Es wird noch kälter am Everest und bald auch wieder dunkel. Fast 900 Höhenmeter unter dem Gipfel werden sich in Kürze neue Bergsteiger in ihren Zelten am Südsattel bereit machen, um den Gipfel zu besteigen. Einer ist dort oben bereits gestorben, drei weitere liegen offenbar im Sterben. Alle wissen es. Vielleicht sind auch die drei schon tot. Doch keiner hält inne. Verstört hat sich vor Stunden Paul Thelen auf den Weg nach unten gemacht. Er ist vollkommen verzweifelt. Er hat seinen besten Freund Eberhard Schaaf verloren, und er hat keine Ahnung, wie er das der Familie beibringen soll. Einige der Sherpa sind in Tränen aufgelöst. Sie haben ihren Kunden zwar auf den Berg hinaufgeholfen, aber sie konnten sie nicht wieder herunterbringen. Jetzt liegen weitere Menschen dort oben. Sie sind zum Teil noch warm, während unten die nächsten die Steigeisen an die Schuhe schnallen. Welch grotesker Wahnsinn. Was für eine absurde Situation.

Zu denen, die sich nun auf den Aufbruch vorbereiten, gehören auch Leanne Shuttleworth und der Israeli Nadav Ben-Jehuda. Leanne Shuttleworth und ihr Vater Mark verlassen gegen 21 Uhr am 19. Mai mit ihren Sherpa das Lager am Südsattel. Der Wind pfeift eisig bei den Zelten. Hinter ihnen liegt der Lhotse im fahlen Licht der Nacht, vor ihnen der Everest. Wenn sie tatsächlich beide Gipfel hintereinander erreichen wollen, muss sich die 19-jährige Britin ihre Kräfte gut einteilen und trotzdem zügig vorankommen. Sie und ihr Vater verwenden Flaschensauerstoff. Schon bald überholen sie die ersten Gruppen, die früher gestartet sind. Einer aus ihrem Team wird schneeblind und muss zurück. Sie sagt hinterher, der schrecklichste Teil ihres Aufstiegs sei gewesen, als sie an den Toten vorbeigemusst habe. Auch an denen, die gerade erst gestorben waren oder im Sterben lagen. »Wir kamen an Opfern vorbei, die noch am Fixseil hingen, und wir mussten dort vorbeisteigen, es war fürchterlich«, erklärte die junge Frau später. Aber umkehren mochte sie auch nicht. »Einige waren auch noch am Leben. Unsere Sherpa halfen einem Mann wieder auf die Beine«, berichtet Leanne Shuttleworth. Dieser Mann muss der Chinese Ha Wenyi gewesen sein. Er lebt noch.

Nadav Ben-Jehuda kommt mit seinem Sherpa Pemba Jangbu ebenfalls zu der Stelle knapp oberhalb des Balkons, wo der Chinese nicht mehr weiterkommt. Auch Jangbu hilft Ha Wenyi zurück an das Fixseil. Aber er stellt dabei fest, dass dessen Sauerstoffflasche leer ist. Der Chinese spricht nicht mehr. Schwankend setzt er seinen Abstieg fort. Es dauert nicht mehr lange, dann stirbt er.

Ein bisschen weiter oben liegt Shriya Shah-Klorfine. Sie bewegt sich nicht mehr. Pemba Jangbu geht zu der Frau und spricht sie in ihrer Muttersprache an. Shriya Shah-Klorfine kann fließend Nepali, alle im Basislager und am Berg wissen das. »Didi, Didi«, ruft Pemba Jangbu immer wieder. Didi, das heißt Schwester. Doch Shriya Shah-Klorfine bewegt sich nicht mehr. Ihre Gliedmaßen sind bereits gefroren. Sie ist seit mehreren Stunden tot. Erschöpfung dürfte wohl die Ursache gewesen sein. Aber dort oben stellt kein Arzt einen Totenschein aus. Auch Leanne Shuttleworth kommt an dieser Stelle vorbei. Sie ist erschüttert. Doch der Gipfel rückt näher.

Nadav Ben-Jehuda ist begeistert von dem Gedanken, den Mount Everest zu besteigen, noch dazu in einem Alter, in dem das bislang kein anderer Israeli geschafft hat. Doch die seelische Belastbarkeit des 24 Jahre alten Wahl-New-Yorkers hat offenbar im Gegensatz zu vielen anderen Bergsteigern in diesen Tagen ihre Grenzen. Und weil das so ist, weil der junge Mann in den folgenden Stunden zusammen mit seinem Sherpa Pemba Jangbu fast Übermenschliches leistet, wird ihm später im Jahr, am 5. September, in Tel Aviv von Israels Staatspräsident Shimon Peres die Tapferkeitsmedaille verliehen.

Es ist kurz vor Mitternacht, als im Schein der Taschenlampen von Ben-Jehuda und Pemba plötzlich eine Gestalt vor ihnen kauert. Der Mann hat die Arme um seine Knie geschlungen. Er hat keinen Rucksack mehr und keine Sauerstoffflasche. Auch die Atemmaske ist weg, und ein Steigeisen fehlt. Offenbar ist er ein paar Meter abgestürzt, denn sein Daunenanzug ist an mehreren Stellen aufgerissen. Die Nase ist so blau wie die Lippen. Erfroren. Aber dieser Mann lebt. Und Nadav Ben-Jehuda sieht sofort, diesen Mann kennt er. Er hat sich in den vergangenen Wochen ein wenig mit dem verrückten Typen angefreundet, der unbedingt ein Fahrrad auf den Everest-Gipfel tragen wollte. Vor ihm kauert Aydin Irmak.

Fast 29 Stunden sind seit dessen Aufbruch am Südsattel vergangen. Wie er hierhergekommen ist, knapp 250 Höhenmeter unter dem Südgipfel, kann Aydin Irmak nicht sagen. Er kann fast überhaupt nichts mehr sagen. Die wenigen Worte, die seine kalten Lippen formen, sind praktisch nicht zu verstehen. Nadav Ben-Jehuda hat genug. Genug von diesem Berg, genug von den Toten, genug vom Sterben. Augenblicklich begräbt er seinen Traum vom Gipfel. Lieber den vergessen als seinen hilflosen Kameraden. Er packt Aydin Irmak und stellt ihn auf die Füße. Sie versuchen zu gehen. Auch Pemba hilft dem Israeli. Aber Aydin Irmak kann nicht mehr richtig gehen. Zu zweit stützen sie ihn nun und führen ihn ganz langsam den Berg hinunter. Nadav gibt Aydin einen Handschuh, denn dessen Finger sind bereits schwarz wegen der bösen Erfrierungen. Unterwegs verliert er auch den zweiten Handschuh. Ganz langsam gehen sie in Richtung Balkon. Knapp oberhalb davon liegt Shriya Shah-Klorfine. Ein Stück weiter Ha Wenyi.

Nadav Ben-Jehuda weint. Verzweiflung kriecht in ihm hoch. Er spürt die ungeheure Ausgesetztheit an diesem großen Berg. Doch sie müssen weiter. Irgendwie hinunter. Es dauert alles Stunden. Aydin Irmak ist sehr schwach, aber die Lebensgeister flackern noch in ihm. Und so müht er sich mit der Unterstützung des Israeli und des Sherpa Meter für Meter, manchmal sind es auch nur noch Zentimeter, weiter abwärts. Gelegentlich tragen ihn Pemba Jangbu und Nadav Ben-Jehuda auch ein Stück.

Am Abend des 19. Mai ist die Kanadierin Sandra Leduc in Richtung des höchsten Punktes aufgebrochen. Sie erreicht den Gipfel am 20. um 5.39 Uhr. In der Nacht ist sie an Shriya Shah-Klorfine vorbeigekommen. Die Rechtsexpertin der kanadischen Regierung in Afghanistan steht nun im Abstieg wieder fassungslos vor der Frau in dem rot-weiß-roten Daunenanzug. Shah-Klorfine ist inzwischen tot. Sandra Leduc ist eine eifrige Nutzerin von Twitter-Nachrichten. Später meldet sie über diesen Dienst: »Ich habe viele Tote und Sterbende gesehen. Ich dachte, ich bin in einem Leichenhaus.« Und sie twittert auch, dass sie sich nichts mehr wünsche, als dass man Shriya Shah-Klorfine von dort oben wegbringe.

Der Spanier Juan José Polo Carbayo erreicht ebenfalls am 20. Mai den Gipfel. Auch der 43-Jährige ist am höchsten Punkt praktisch am Ende seiner physischen Möglichkeiten. Zusammen mit ihm haben es auch die anderen vier Spanier bis hinauf geschafft. Jeder von ihnen wird von einem Sherpa begleitet. Die zehn Männer halten sich nicht lange dort oben auf. Sie wollen so schnell wie möglich absteigen, denn sie wissen, dass dieser Teil des Everest-Programms der gefährlichste ist. Die häufigsten Probleme und auch die meisten Todesfälle gibt es, wenn die Bergsteiger vom Gipfel absteigen. Die bleierne Müdigkeit, die rapide nachlassende Konzentrationsfähigkeit, die nun fehlende Kraft, Flaschensauerstoff, der plötzlich ausgeht – es gibt viele Faktoren, die den Gipfelerfolg urplötzlich zu einem Fiasko werden lassen können. Auch Juan José Polo Carbayo geht im Abstieg über den Nordgrat mehr und mehr die Kraft aus. Der Mann von der Ferieninsel Teneriffa fällt immer weiter zurück und bricht schließlich in etwa 8300 Meter Höhe zusammen. Dort stirbt er bald darauf an Erschöpfung. Sein Sherpa verlässt ihn erst, als er absolut sicher ist, dass der Spanier nicht mehr lebt. Helfen kann er ihm nicht mehr.

Der Deutsche Ralf D. Arnold ist an diesem 20. Mai allein unterwegs. Zumindest wird er nicht von einem Sherpa begleitet. Es ist auch nicht bekannt, wann genau der Bayer den Gipfel erreicht. Aber er ist nicht unerfahren, denn zwei Jahre zuvor hat er den Cho Oyu bestiegen, quasi als Testlauf. Er ist schon wieder ein weites Stück abgestiegen und kommt schließlich zum Second Step auf dem Nordgrat. Dort aber stürzt er und bleibt mit einem Beinbruch liegen. Die schwere Verletzung besiegelt sein Schicksal. Denn nun kann ihm niemand mehr helfen. Wer nicht mehr selbstständig gehen kann, ist verloren. Wohl irgendwann in den Abendstunden muss Ralf D. Arnold dann gestorben sein. Er ist der zehnte Tote der Saison. Man findet seinen Leichnam ein paar Tage später beim Step.

Simone Moro ist an diesem Wochenende um den 19. Mai längst schon wieder zurück im Basislager. Ueli Steck packt seine Ausrüstung zusammen. In ein paar Tagen will er wieder in Kathmandu sein. Über Funk hören viele Bergsteiger die erschütternden Nachrichten mit. Unter ihnen sind auch jene, die am 19. Mai den Gipfel erreicht haben, an deren Seite sich Stunde um Stunde drei Männer und eine Frau bewegt haben, die nun nicht mehr leben. Und alle kennen sie auch den Türken Aydin Irmak, der gerade verzweifelt um den Rest seines Lebens kämpft.

Am Morgen des 21. Mai wird Simone Moro von einem Hubschrauber im Basislager abgeholt. Etwas später steigt er in Pheriche aus und in einen anderen Helikopter um, den er im Auftrag eines nepalischen Unternehmens fliegt und der in Pheriche geparkt ist. Er fliegt sofort zurück in das Basislager. Im Innern seines Hightechfluggeräts gibt es ohnehin schon nicht mehr sehr viele Einbauten. Nun wirft Moro auch noch den Rest an Überflüssigem hinaus. Dann ist er bereit. Er zieht seinen Helikopter von dem Landeplatz, den er eigens auf der Moräne errichtet hat, in einem weiten Bogen hinüber zum Khumbu-Eisbruch und fliegt langsam in das Western Cwm hinein.

In den Datenblättern der allermeisten Hubschrauber, die in Serie gebaut werden, ist eine »Dienstgipfelhöhe« zwischen 3000 und 5000 Metern angegeben. Das Gerät, mit dem Simone Moro nun unter die Lhotse-Flanke fliegt, kann jedoch auch noch oberhalb von 6000 Metern landen und vor allem auch wieder starten. Dazu braucht es Mut, Glück und vor allem großes Können. Bis auf 6700 Meter Höhe hat der Israeli Nadav Ben-Jehuda seinen Freund Aydin Irmak mithilfe der Sherpa inzwischen hinuntergebracht. Sie haben fast 36 Stunden dafür gebraucht. Seit Aydin Irmak das Basislager verlassen hat, sind sieben Tage vergangen. Dass er vom Südsattel in Richtung Gipfel gestartet ist, liegt fast 84 Stunden zurück. Nun endlich kommt er in Sicherheit. Sie heben ihn in den Hubschrauber von Simone Moro, der ihn sofort hinaus bis nach Pheriche fliegt. Dort gibt es einen Arzt in einer kleinen Klinik gleich bei der Stelle, an der hinter der »Himalayan Lodge« das Memorial aus Inox steht, auf dem all die Toten des Everest verewigt sind.

Simone Moro hebt sofort wieder ab und fliegt ein weiteres Mal hinauf zum Everest. Nun holt er auch Nadav Ben-Jehuda vom Berg, der inzwischen selbst vollkommen am Ende ist und wie Aydin Irmak Erfrierungen erlitten hat. Wieder landet Moro in Pheriche. Sie bringen Irmak zurück zum Hubschrauber. Dann fliegen sie zu dritt nach Lukla und landen dort auf dem Flughafen, um zu tanken. Danach geht es weiter nach Kathmandu und direkt in die Klinik. Dort spürt Aydin Irmak zum ersten Mal, dass sein Leben gerettet worden ist. Nadav Ben-Jehuda aus Israel und Aydin Irmak aus der Türkei, beide mit Wohnsitz New York, nennen einander fortan Brüder.

Am Abend des 19. Mai war der italienische Bergsteiger Luigi Rampini in Richtung Gipfel aufgebrochen. Wie Ralf D. Arnold ist auch er mit dem Unternehmen Monterosa unterwegs. Der 69-Jährige geht ebenfalls allein. Und auch er gerät in Probleme. Doch seine Sorge gilt vor allem dem Wetter. Er befindet sich noch im Aufstieg, als er in einer Höhe von 8300 Meter liegen bleibt. Bald geht sein Sauerstoff zur Neige, und schließlich ist die Flasche leer. Drei Tage harrt Rampini dort oben aus. Bald hat er auch nichts mehr zu essen. Er hofft unverdrossen darauf, dass es endlich besser wird. Doch der Wetterbericht, dem schon vor Tagen Ueli Steck und Hunderte anderer Bergsteiger vertrauten, stimmt noch immer. Inzwischen ist die prognostizierte Verschlechterung zwischen zwei Wetterfenstern eingetreten. In der Gipfelregion gibt es keine Bewegung mehr. Sämtliche Bergsteiger warten in den unteren Lagern auf eine Besserung des Wetters.

Längst wird vermutet, dass Luigi Rampini tot ist. Man korrigiert die Zahl von zehn Toten nach oben auf elf. Am 23. Mai dann gehören fünf Chinesen zu den Ersten, die wieder den Nordgrat hinaufsteigen. Sie finden Luigi Rampini, der noch immer in 8300 Meter Höhe liegt. Sein Zustand ist angesichts dieser Situation mehr als erstaunlich. Er hat zwar Erfrierungen an den Händen, und auch seine Nase ist schwarz vom Frost. Aber er kann aufstehen. Und er kann gehen. Die Chinesen brechen ihren Besteigungsversuch ab und helfen dem Italiener hinunter bis in das vorgeschobene Basislager. Luigi Rampini wird aus der Liste der Everest-Toten gestrichen und in die der Wunder eingetragen. Denn so lange hat noch selten jemand so weit oben ausgehalten. Am 25. Mai öffnet sich – wie erwartet – das Wetterfenster über dem höchsten Berg noch einmal. Eine Woche nach dem fatalen Stau am Hillary Step gelangen binnen kurzer Zeit weitere 197 Bergsteiger auf den Gipfel. Ganz so, als wäre nichts gewesen.

Simone Moro fliegt in diesen Tagen insgesamt zwölf Mal die Flanken des Everest hinauf, so weit es nur irgendwie geht. Er holt schließlich auch die Leichname von Shriya Shah-Klorfine und Song Won-Bin. Jeweils fünf Sherpa haben die beiden Toten vom Balkon aus so weit die Flanke hinuntergelassen, bis Moro eine Chance für seinen Anflug hat. Doch die Sherpa können die Toten nur quer in den schwebenden Hubschrauber legen. Die Tür muss offen bleiben, weil die Füße dort herausragen. Die Körper sind längst steif gefroren.

Bereits im Herbst 2012 wird am Dughla-Pass ein Tschörten mit einer kleinen Gedenktafel für Shriya Shah-Klorfine errichtet. Dort, wo bereits die vielen anderen stehen. Am 20. Mai fliegt Moro auch die Chinesin Li Xiaodan aus rund 6000 Meter Höhe herunter. Sie war auf dem Weg in Richtung Lager III plötzlich nicht mehr in der Lage, selbstständig zu gehen. Sherpa bringen sie zurück. Als sie in Moros Hubschrauber einsteigen kann, ist sie zutiefst dankbar. Nach Aydin Irmak und Nadav Ben-Jehuda ist nun auch noch die Chinesin lebend geborgen. »Das waren Lichtblicke angesichts der vielen Toten in dieser Saison«, sagt Moro.

Im Sommer 2012 hat er einen neuen Hubschrauber gekauft. Er will künftig noch mehr von diesen auch für ihn selbst so waghalsigen Flügen unternehmen, wenn andere in Not geraten. Skeptiker befürchten, dass ein verbessertes Rettungssystem am Mount Everest fatale Folgen haben könnte, weil viele Aspiranten dann noch leichtsinniger werden könnten. Simone Moro ficht derlei Argumentation nicht an: »Es ist eine Verpflichtung zu helfen, wenn jemand in Not gerät – mit allen gebotenen Mitteln. Und ich bin nun mal auch Pilot.«

Am 26. Mai konnte man im Basislager einen bemerkenswerten Funkverkehr verfolgen. In den Flanken des Mount Everest war an diesem Tag eine Inderin unterwegs. Nach einigen Stunden begannen Sherpa die Frau zu beschwören, sie möge doch bitte umkehren, denn sie sei viel zu schwach, um den Gipfel zu erreichen. Doch die Frau stapfte unverdrossen weiter bergauf. Schließlich riefen die ratlosen Sherpa über Funk das Basislager. Dort saß Dawa Steven, Sohn einer belgischen Mutter und eines aus dem Khumbu-Gebiet stammenden Sherpa. Dawa und sein Vater sind

Miteigentümer von Asian Trekking in Kathmandu. Dawa ließ die Inderin von den Sherpa stoppen und rief in das Funkgerät, sie möge sofort umkehren und doch bitte an die anderen Bergsteiger denken. Sie bringe mit ihrem unbegreiflichen Verhalten andere in ernsthafte Gefahr. Es war offensichtlich, dass die Inderin nur wegen ihrer Sponsoren und wegen des befürchteten Gesichtsverlusts immer weiter aufstieg, obwohl sie eigentlich längst schon nicht mehr dort oben hätte sein sollen.

Mehr als eine Stunde redete Dawa auf die Frau ein. Er erinnerte sie daran, dass erst wenige Tage zuvor Menschen dort oben gestorben seien und dass sie womöglich die Nächste sein könnte. Sogar der Bruder der Frau wurde über ein Satellitentelefon von Indien aus in den Funkverkehr zugeschaltet. Doch es half alles nichts. Stur wollte die Inderin weiter hinauf. Da riss Dawa Steven der Geduldsfaden. Er herrschte die Frau an und drohte, dass er sie von seinen Sherpa in Seile binden lassen würde, um sie mit Gewalt vom Mount Everest herunterzuzerren, wenn sie nicht augenblicklich Vernunft annähme. Erst da gab sie ihr Vorhaben auf. So lange hatte es gedauert, bis diese Frau vollkommen verstört aus einem langen Traum vom höchsten Berg der Welt erwachte.

Am 11. November 2012 traf in der Weltstadt Istanbul unter Millionen von Menschen die deutsche Bergsteigerin Billi Bierling auf den Türken Aydin Irmak. Zufällig. Vollkommen ungeplant. Aydin Irmak hat zwei Finger seiner rechten Hand durch die Erfrierungen verloren. Zwei steckten noch in dicken Verbänden. Aber er hat sein Leben behalten. Und seine Energie. Kurz bevor er an diesem strahlend sonnigen Tag seiner Wege ging, sagte er: »Barbara, du kennst mich. Ich werde wiederkommen zum Everest. Und ich bring das Fahrrad mit ...«

majestätische Zurückhaltung: *Der Mount Everest hinter der Westschulter. Über den oberen Teil des rechten Grates verläuft der Schlussanstieg der Südroute vom Südsattel aus. Deutlich zu erkennen ist der Südgipfel.* (Archiv Walther Lücker)

Die Bastion Buddhas: *Die Gebetsfahnen an den vielen Tschörten sollen die Gebete der Gläubigen zum Himmel hinauftragen. Den meisten Bergsteigern sind sie ein Farbkleck*[s] *in steiniger Umgebung.* (Archiv Walther Lücker)

Nebensaison: *Kaum vierzig Zelte standen in der Herbstsaison 2012 auf dem Khumbu-Gletscher unter dem Everest. Während der Hauptsaison im Mai sind es inzwischen oft mehr als 800 Camping-Behausungen.* (Archiv Walther Lücker)

Versteckter Luxus zwischen Fels und Eis: *Auf der Moräne des Khumbu-Gletschers entsteht in jedem Frühjahr eine kleine Stadt aus Zelten. Die Menschen, die dort außergewöhnli wohnen, verfolgen ein außergewöhnliches Ziel.* (Archiv Norbert Joos)

Gefährlich unübersichtlich: *Der Khumbu-Eisfall gehört zu den anspruchsvollsten Passagen einer Everest-Besteigung von Süden her. Riesige Eistürme und grundlos tiefe Spalten lehren die Anwärter das Gruseln.* (Archiv Billi Bierling)

Eisiger Durchschlupf: *Bis in den oberen Teil des Khumbu-Eisbruchs werden die gefährlichen Passagen auf Leitern und verankerten Fixseilen überwunden. Eine Gruppe Sherpa überprüft das Risiko praktisch täglich und bessert nach, wenn der Gletscher wieder eine Brücke zerstört.* (Archiv Norbert Joos)

Zeltlager auf knapp 8000 Metern: *Es braucht ein stabiles Wetterfenster, um den Mount Everest aus dem Südsattel heraus zu besteigen. Von hier brechen die Bergsteiger inzwischen bereits in den Abendstunden zur letzten Etappe auf.* (Archiv Norbert Joos)

Frühjahr 2008: In der Lhotse-Flanke bildete sich beim Aufstieg in Richtung Südsattel eine beeindruckende Menschenkette. Viele Bergsteiger, die einige Jahre nicht am höchsten Berg unterwegs gewesen waren, zeigten sich entsetzt über die Zunahme des Verkehrs. (Archiv Norbert Joos)

Frühjahr 2012: Nur vier Jahre nachdem die Aufnahme von Norbert Joos entstanden war, sah es in der Lhotse-Flanke noch dramatischer aus. Am 18. Mai begaben sich fast 300 Bergsteiger in die getretene und mit Seilen gesicherte Spur in Richtung Südsattel. Dieses Foto des deutschen Bergsteigers Ralf Dujmovits ging bald darauf um die Welt. (Archiv Ralf Dujmovits)

Endlose Karawane auf der Straße der Leiden: *Von der Lhotse-Flanke aufwärts zum Gelben Band und zum Genfer Sporn bis in den Südsattel in fast 8000 Meter Höhe reicht der Zug der Lemminge auf dem Weg in Richtung Gipfel des Mount Everest.* (Archiv Ralf Dujmovits)

Historisch und doch gegenwärtig: *Der österreichische Bergsteiger Kurt Diemberger hat seinen französischen Partner Pierre Mazeaud im oberen Teil des zwölf Meter hohen Hillary-Steps aufgenommen. Im weiteren Gratverlauf sieht man andere Bergsteiger bereits am Gipfel stehen.* (Archiv Kurt Diemberger, aus: »Aufbruch ins Ungewisse«)

Schwarzer Himmel über dem Himalaja I: *Peter Habeler nach der ersten Besteigung des Mount Everest ohne künstlichen Flaschensauerstoff auf dem höchsten Punkt. Habeler sagt, dies sei seine beeindruckendste Aufnahme vom Gipfel.* (Archiv Reinhold Messner)

Schwarzer Himmel über dem Himalaja II: *Reinhold Messner am höchsten Punkt der Erde. Für ihn ist diese Everest-Aufnahme das Foto schlechthin. Über Jahre verfolgte der Südtiroler die Idee, keine Sauerstoffflasche am Everest zu verwenden. Ihm und Peter Habeler gelang das. Die meisten, die danach kamen, schaffen es nicht.* (Archiv Peter Habeler)

Eine Geste der Demut und des Respekts: So empfindet Kurt Diemberger diese Szene am höchsten Punkt des Everest. Die Aufnahme entstand kurz vor Beginn des Abstiegs, als Pierre Mazeaud feststellte, dass es noch kein Foto seines österreichischen Freundes gab. Sie ist deshalb heute von ganz besonderem Wert. (Archiv Kurt Diemberger, aus: »Unterwegs zwischen Null und Achttausend«)

On Top of the World: Die deutsche Bergsteigerin Billi Bierling bestieg den Mount Everest am 21. Mai 2009 und sagt ganz offen, ohne Flaschensauerstoff wäre sie nicht hinaufgekommen. Am Gipfel zog sie ein Foto heraus, das ihre Familie zeigt. Dieses Foto im Foto wurde ihr deshalb das liebste von allen. (Archiv Billi Bierling)

ispitzen-Tanz: *Es kommt nicht sehr häufig vor, dass jemand ein Paar Ski auf den Gipfel s Mount Everest trägt und anschließend bis ins Tal abfährt. Hans Kammerlander tat s Ende Mai 1996. Aufstieg und Abfahrt binnen knapp 24 Stunden. Die Skispitzen in e steile Flanke zu richten kostete Überwindung und war gleichzeitig auch der span- ndste Moment.* (Archiv Hans Kammerlander)

Berge als Gesamtwerk: Mit dieser Aufnahme hat der italienische Bergsteiger Simone Moro die drei Etagen seines vertikalen Lebens dokumentiert. Es wurde in der Nähe des Everest-Gipfels aufgenommen, im Vordergrund sieht man den Lhotse, den Moro mit dem Everest verbinden möchte, und im Hintergrund den Makalu, den Moro im Winter bestieg. (Archiv Simone Moro)

Innenleben: Für den deutschen Bergsteiger Ralf Dujmovits ist dies das schönste Foto, das er vom Mount Everest besitzt. Es zeigt seine Frau Gerlinde Kaltenbrunner, nachdem sie über den Nordgrat vom Gipfel des höchsten Berges in das Hochlager zurückkehrte. Ihr Gesicht ist noch vom Eis verkrustet. (Archiv Ralf Dujmovits)

Nordwand-Gesicht: *Kein anderer Anblick des Mount Everest fasziniert Gerlinde Kaltenbrunner so sehr wie die Nordseite, vom Kloster Rongbuk aus gesehen. Im rechten Teil de Wand fällt markant das Japaner-Couloir als fadendünne, weiße Linie auf. Die Route*

...ert nach links über das große Schneefeld auf halber Höhe der Wand, mündet ...nn in das auffällige Hornbein-Couloir und erreicht von rechts her den Gipfel.
...chiv Gerlinde Kaltenbrunner)

Wenn es Nacht wird über dem Himalaja: *So sieht der Sherpa Pemba Nurbu seinen Mount Everest gern: getaucht in das feine rötliche Licht des schwindenden Tages und beruhigt von den vielen Bergsteigern, die um diese Stunde in ihren Zelten ausharren und dem Berg ein paar Stunden Ruhe gönnen.* (Archiv Walther Lücker)

TEIL II

REPORTAGEN UND INTERVIEWS

Auf Knien und Ellbogen zum Gipfel

Peter Habeler und Reinhold Messner, 1978

Im Frühjahr 1971 trug Mathias Rebitsch, den die ganze Bergwelt nur »Hias« nannte, einen Brief zur Post. Der im Tiroler Brixlegg geborene Rebitsch war einer der erfolgreichsten Bergsteiger seiner Zeit und ein Ausnahmekletterer, dem über dreißig Erstbegehungen schwieriger Wände im sechsten Grad gelungen waren. Inzwischen war er sechzig Jahre alt und eine anerkannte Instanz in einer Szene, die damals noch sehr stark von Abenteuergeist und Entdeckerwillen beseelt war.

Hias Rebitsch war zwar nach einem schweren Unfall schon seit zwanzig Jahren kein Extremkletterer mehr, doch sein Wort hatte Gewicht.

Der Brief, den er nun zur Post trug, war an Norman Dyhrenfurth, den bekannten Kameramann, Filmregisseur und Bergsteiger in den Vereinigten Staaten, gerichtet, der zu dieser Zeit eine weitere internationale Expedition zum Mount Everest organisierte, an dem er 1963 Erfolg gehabt hatte.

Hias Rebitsch richtete sich mit einer besonderen Empfehlung an Dyhrenfurth, denn er war der festen Überzeugung, dass die Zeit inzwischen reif sei für den Versuch, den Mount Everest ohne Unterstützung durch künstlichen Sauerstoff zu besteigen. Seiner Ansicht nach, so ließ Rebitsch den sieben Jahre jüngeren Dyhrenfurth nachdrücklich wissen, müsse das möglich sein, auch wenn viele andere Bergsteiger mit Höhenerfahrung das Gegenteil behaupteten. Er sehe allerdings nur zwei junge Bergsteiger auf der Welt, die sowohl die Fähigkeiten als auch den Mut hätten, dies zu wagen – Reinhold Messner und Peter Habeler. Sehr aufmerksam hatte Rebitsch den Weg dieser beiden Ausnahmekletterer in den Jahren zuvor verfolgt.

Norman Dyhrenfurth reagierte jedoch nicht auf diesen Brief. Er reiste – ohne die beiden Tiroler – mit einer ungewöhnlich großen Bergsteigergruppe, der unter anderem Spitzenkräfte wie die Briten Chris Bonington und Dougal Haston, der Schweizer Michel Vaucher, der Vorarlberger Toni Hiebeler, der Franzose Pierre Mazeaud und der Italiener Carlo Mauri angehörten, zum Everest. Trotz all der Könner hatte das Unternehmen keinen Erfolg und wurde schließlich nach anhaltenden Streitigkeiten sogar vorzeitig beendet. Doch obwohl Hias Rebitsch mit seinem Brief an Dyhrenfurth ebenso wenig erreichten konnte wie zwei Jahre später, als er dasselbe Ansinnen an den deutschen Expeditionsleiter Karl Maria Herrligkoffer richtete, wurde er nicht müde, Peter Habeler und auch Reinhold Messner bei jeder sich bietenden Gelegenheit darin zu bestärken, es am Everest unbedingt ohne Flaschensauerstoff zu versuchen. »Hias Rebitsch war einer der wenigen Bergsteiger, der voller Überzeugung an uns geglaubt hat«, sagt Peter Habeler.

Zu dieser Zeit hatte Reinhold Messner bereits 1970 den Nanga Parbat bestiegen und dabei während der dramatischen Überschreitung des Bergs seinen Bruder Günther in einer Lawine verloren. Ein Jahr später hatte er den Gipfel des Manaslu erreicht. Der Südtiroler galt da längst als einer der besten Alpinisten der Welt und als hochbegabter Höhenbergsteiger. Messner kam am 17. September 1944 im Spital von Brixen zur Welt und wuchs in Pitzack auf, einem kleinen Dorf im Villnößtal, eingezwängt zwischen steilen Waldrücken und an seinem Ende begrenzt von den wuchtig und doch so filigran aufragenden Dolomitenwänden der Geislergruppe. Sein Vater war Lehrer in St. Peter, die Mutter kümmerte sich rührend und mit großer Aufmerksamkeit um die neun Kinder der Messner-Familie.

Peter Habeler, zwei Jahre älter als Messner, wurde am 22. Juli 1942 in Mayrhofen, dem Hauptort des Zillertals, geboren. Sein Vater starb, als er sechs Jahre alt war. Seine Mutter, eine umsichtige Frau, fand ein erstaunliches Maß zwischen Behüten und Loslassen. Mit noch nicht einmal acht Jahren war Peter Habeler fast überall im Zillertal auf den Almen und Berghütten bekannt. Oft wanderte er mit seinem kleinen Rucksack auf einsamen Pfa-

den und ganz allein immer weiter hinauf und blieb den Alm-
hirten und Hüttenwirten wegen seiner aufgeweckten, oft kecken
Art in guter Erinnerung. Mit elf bestieg er den Olperer, einen
3476 Meter hohen Gipfel in den Zillertaler Alpen, und bald darauf
auch den Großen Möseler, einen der Grenzberge hinüber ins
Südtirolerische. Diese beiden Gipfel markieren die Geburtsstunde des Alpinisten Peter Habeler.

Wie Reinhold Messner fast wie von selbst in die Felsen der
Dolomiten gefunden hatte, so gelangte Habeler in die Gletscher-
welt und auf die oft schwindelerregenden Blockgrate des Alpen-
hauptkamms. Aus beiden wurden ausgezeichnete, mutige und
vom Drang zu immer neuen Wagnissen getriebene Spitzenbergsteiger. Messner studierte Vermessungstechnik in Padua, Habeler absolvierte die Handelsschule und anschließend die Glasfach-
schule im Kramsach und wurde Bleiverglaser. Kaum 21 Jahre alt,
erhielt er bereits sein Bergführerdiplom. Bis dahin hatte er schon
zahlreiche, sehr schwere Fels- und Eistouren in den Zillertaler
Alpen und in den zum Teil so brüchigen Wänden des Wilden Kai-
sers geklettert.

»Ich hatte in meinem ganzen Leben immer das Glück, zum
richtigen Zeitpunkt die richtigen Leute kennenzulernen«, erklärte mir Peter Habeler in einem langen Gespräch am 8. August
2012, zu dem wir uns in Mayrhofen getroffen hatten. Es war erst
zwölf Tage her, seit in den Lienzer Dolomiten in Osttirol Sepp
Mayerl tödlich abgestürzt war, und Peter Habeler stand da noch
ganz unter dem Eindruck des Verlusts eines guten Freundes.
Sepp Mayerl, Jahrgang 1937, nannten alle nur den »Blasl Sepp«,
was auf den Hofnamen im heimatlichen Göriach in Osttirol zurückzuführen ist. Auf Mayerls Konto gehen Routen wie die Rampe
in der Nordostwand des Großglockners oder die Mayerl-Ver-
schneidung am Mittelpfeiler des Heiligkreuzkofel in den Dolomiten. Sowohl Reinhold Messner als auch Peter Habeler nennen
Sepp Mayerl bis heute an erster Stelle, wenn es um frühe Vorbil-
der und Lehrmeister geht. 1970 war Mayerl die Erstbesteigung
des Lhotse Shar (8386 m), 1975 die erste Durchsteigung der
Yalung-Kang-Südwand (8438 m) am Kangchendzönga-Massiv
und 1980 die Erstbesteigung des Fang (7648 m) in der Anna-
purna-Gruppe gelungen.

Peter Habeler hatte Mayerl, der im Zivilberuf ein viel gefragter Kirchturmrestaurator war, erstmals im Zillertal getroffen. Dort war der Osttiroler am Dachstuhl der Kirche in Finkenberg beschäftigt und suchte für die Wochenenden einen Kletterpartner. Er fand ihn in dem schmächtigen, aber sehr geschickten Peter Habeler. Und der wiederum war begeistert von den großen Fähigkeiten des Blasl Sepp im Umgang mit dem Kletterseil. Davon hatte zuvor schon Reinhold Messner profitiert, der ebenfalls von dem Osttiroler ein paar ganz wesentliche Dinge des Felskletterns lernte. Vor allem dessen ausgefeilte Sicherungsmethoden, den Bau belastungsfähiger Standplätze und den sauberen Seilverlauf. Alles Dinge, die beim Klettern in schweren Wänden von enormer Wichtigkeit sind. Sepp Mayerl hatte in den gelben Wänden am Heiligkreuzkofel jene phantastische Schuppen-Verschneidung erstmals geklettert, über die Reinhold Messner dann in einer seiner großartigsten Kletterrouten am Mittelpfeiler unter die »Messner-Platte« hinausquerte. Schließlich führte Sepp Mayerl Reinhold Messner und Peter Habeler zusammen, die für zumindest zwei Himalaja-Expeditionen zu einem ganz und gar außergewöhnlichen Gespann wurden.

1975 bestiegen Habeler und Messner den Hidden Peak im Karakorum. Die Gipfel der Gasherbrum-Kette, östlich des K2 und des Broad Peak im Norden Pakistans gelegen, wurden bei ihrer Vermessung der Größe nach durchnummeriert, und dabei erhielt der Hidden Peak, mit 8080 Metern die höchste Erhebung der Gruppe, den Namen Gasherbrum I. Den US-Amerikanern Pete Schoening und Andrew Kauffman war am 5. Juli 1958 die erste Besteigung des Gipfels gelungen. Danach dauerte es 17 Jahre, bis es zu einer Wiederholung kam – durch Peter Habeler und Reinhold Messner.

Habeler war bekannt für seine Schnelligkeit, genau wie Reinhold Messner. Französische Spitzenbergsteiger staunten, wie rasch Habeler 1966 den Freneypfeiler an den Grandes Jorasses im Mont-Blanc-Gebiet durchstiegen hatte. Die Schweizer wiederum wunderten sich, wie schnell er und Messner durch die Nordwand des Matterhorns gekommen waren und schließlich in nur zehn Stunden die Eiger-Nordwand hinaufkletterten. Und nun verschoben die beiden auch in der Todeszone am Hidden Peak deutlich die Grenzen des bis dahin Machbaren. Nur zu zweit, ohne zuvor eingerichtete Hochlager, ohne Unterstützung von Trägern, ohne Fixseile und ohne Flaschensauerstoff erreichten Reinhold Messner und Peter Habeler am 10. August 1975 nach der ersten Begehung der schwierigen Nordwestwand den Gipfel – obwohl sämtliche Experten dies eigentlich im reinen Alpinstil für unmöglich gehalten hatten. Nur Hias Rebitsch fühlte sich bestätigt und natürlich Sepp Mayerl.

Diese blitzsaubere Form des Höhenbergsteigens gilt bis heute stilistisch als das Nonplusultra. An diesem Augusttag waren auch die Rollen klar verteilt gewesen. Reinhold Messner war der Kopf des Unternehmens, er hatte die Finanzierung und die Organisation auf die Beine gestellt. Und Peter Habeler war der willige, zu allem entschlossene Partner, ohne den das Ganze kaum in die Praxis umzusetzen gewesen wäre. Der »inner circle« der Höhenbergsteiger sah sich bereits einem neuen Traumpaar gegenüber. Drei Jahre später sollte die ganze Welt über die beiden Tiroler staunen.

Im Frühjahr 1972 schrieb der österreichische Spitzenbergsteiger Wolfgang Nairz an die Regierung des Königreichs Nepal. Obwohl er wusste, dass zu diesem Zeitpunkt bereits für acht Jahre im Voraus alle Besteigungsgenehmigungen für den höchsten Berg der Erde vergeben waren, suchte er dennoch um ein Permit nach. Und der großartige Alpinist aus Innsbruck, ein sehr guter Kletterer, erfahrener Höhenbergsteiger, begeisterter Ballonfahrer und viele Jahre Leiter der staatlichen Berg- und Skiführerausbildung in Österreich, hatte Glück. Er bekam tatsächlich eine Genehmigung für das Frühjahr 1978. Nun hatte Nairz ausreichend Zeit, zu überlegen, wie er die Expedition angehen würde und vor allem mit wem. Er entschied sich schließlich dafür, Freunde mitzunehmen, die sich untereinander kannten, sich auf vielen gemeinsamen Touren bewährt hatten und über ausreichend Erfahrung in der Höhe verfügten.

Die Liste der Teilnehmer war ebenso illuster wie hochkarätig. Peter Habeler und Reinhold Messner hatten sich durch ihre beeindruckende Leistung am Hidden Peak geradezu aufgedrängt.

Sie bildeten eine Art Gruppe in der Gruppe, hatten auch ihren Anteil an den Kosten selbst voll gezahlt – und sogar noch darüber hinaus. Dafür hatten sie das Recht erworben, selbstständige Entscheidungen über ihren Aufstieg treffen zu können.

Zum Team gehörten auch der Innsbrucker Bergführer Helli Hagner und Horst Bergmann, mit dem Wolfgang Nairz 1974 am Makalu gewesen war. Reinhard Karl, damals zweifelsfrei einer der besten deutschen Bergsteiger, erhielt als einziger Nichtösterreicher eine Einladung. Josl Knoll hatte seine Erfahrung an der Seite von Wolfgang Nairz gesammelt und gehörte noch zur Generation des Hermann Buhl. Dr. Raimund Margreiter, dem später aufsehenerregende Herz- und Nierentransplantationen an der Universitätsklinik Innsbruck gelangen, und Dr. Oswald Oelz, ein kritischer Geist und anerkannter Höhenmediziner aus Vorarlberg, verstärkten das Team sowohl in medizinischer als auch in bergsteigerischer Hinsicht. Die drei anderen Plätze erhielten Franz Oppurg aus Steinach am Brenner, gelernter Metzger und ein wahres Konditionswunder, Robert Schauer aus Graz, der insgesamt fünf Achttausender und den Everest sogar drei Mal bestieg, sowie Hanns Schell, der aus Graz stammte und ebenfalls auf eine lange Expeditionslaufbahn zurückblickte. Sirdar und damit Leiter des Sherpa-Teams wurde der umsichtige Ang Phu, der ein Jahr später nach seinem zweiten Gipfelerfolg beim Abstieg vom Mount Everest tödlich abstürzte. Mit ihm waren sie zwölf Bergsteiger, die ein verschworenes Team bildeten.

Zwei aus dieser Gruppe verfolgten nun einen äußerst kühnen Plan. Noch vor dem Aufbruch hatten Reinhold Messner und Peter Habeler öffentlich bekannt gemacht, dass sie ernsthaft vorhätten, den höchsten Berg der Welt ohne künstlichen Sauerstoff zu besteigen. Dessen Gipfel reicht so nah an die Tropopause heran, dass man damals noch davon überzeugt war, menschliches Überleben sei in diesen Höhen ohne zusätzlichen Sauerstoff aus Flaschen nicht möglich. Den beiden Tirolern schlug daher eine Welle von Skepsis und Ablehnung entgegen. Aber auch gespannte Erwartung bei denen, die sich auskannten. Angesichts des Trubels waren die Bergsteiger schließlich froh, als sie endlich am Fuß des Bergs ankamen und ihre Ruhe hatten.

»Damals war im Vergleich zu heute wirklich noch alles anders«, erklärt Peter Habeler. Vor allem war das Team, das maßgeblich vom Österreichischen Alpenverein unterstützt wurde, im Süd-Basislager die einzige Expeditionsgruppe und damit allein in den Flanken des Mount Everest unterwegs. Im Khumbu-Eisbruch verlegten die Bergsteiger mit großem Aufwand über 1000 Meter Fixseil und mehr als 70 Alu-Leitern, um die gefährlichen Spalten zu überwinden. Die Lhotse-Flanke sicherte Reinhold Messner mit zwei Sherpa, die ihm die Seilrollen hinterhertrugen, fast im Alleingang. Am Gelben Band stieg er allein und ungesichert voraus, zog nur ein loses Seil hinter sich her, um es am Ende der Traverse zu befestigen und schließlich im Abstieg so zu verknoten, dass ein Fixseil entstand.

In 6100, 6400, 7200 und auf knapp 8000 Meter Höhe wurden Lager errichtet. »Natürlich waren wir auf der sogenannten Yak-Route unterwegs, wie die meisten anderen Bergsteiger in diesen Jahren auch«, sagt Peter Habeler, »aber unser Vorhaben wäre auf einer neuen oder wesentlich schwereren Route wahrscheinlich gar nicht zu realisieren gewesen.« Reinhold Messner war geradezu besessen von der Idee, den Gipfel ohne Flaschensauerstoff zu erreichen. Peter Habeler hatte indessen gehörigen Respekt, und tief in ihm wohnte eine bis dahin nicht gekannte Angst. »Wir wussten, dass es möglich sein könnte«, erinnert sich Habeler, »Sherpa waren zu dieser Zeit bereits ohne Maske bis 8400 und 8500 Meter hinaufgestiegen. Der Brite E. F. Norton hielt mit 8600 Meter bis 1978 den Höhenrekord. Aber ich hatte trotzdem Angst, denn ich wusste natürlich nicht, was danach mit mir sein würde. Alles, was wir sicher wussten, war, dass wir beide extrem schnell bergsteigen konnten und wir überdies optimal ausgerüstet waren.« Habeler und Messner trugen die ersten, eigens für sie entwickelten Plastikstiefel mit einem Aveolit-Innenschuh. Sie hatten den entscheidenden Vorteil, dass sie viel leichter waren als die herkömmlichen Lederstiefel. Zu ihrer Ausrüstung zählten auch feinste Angorauntewäsche, die ersten Fleecepullover, Daunenanzüge mit besten Eiderdaunen und Lodenhandschuhe aus Schladming. »Wir hatten von allem nur das Beste«, erinnert sich Habeler.

Für Reinhold Messner und Peter Habeler war klar, dass leichtes Gepäck ihre beste und vielleicht einzige Chance sein würde, den Gipfel ohne Flaschensauerstoff zu erreichen. Schon wenn sie auf die beiden damals noch aus Stahl gefertigten, sieben Kilogramm schweren Flaschen verzichteten, könnten sie mit jeweils vierzehn Kilogramm weniger aufsteigen. Habeler hatte auch den gesamten Winter über in der Skischule bezahlten Urlaub bekommen und war jeden Tag auf seinen Hausberg gerannt. Er und Messner waren optimal auf ihr Vorhaben vorbereitet. Damit war zumindest ein Teil der Ungewissheit verschwunden. Die Mitglieder des Teams bestärkten und motivierten sich gegenseitig und glaubten an den guten Ausgang des waghalsigen Unternehmens. Vor allem die Mediziner Oswald Oelz und Raimund Margreiter taten alles, um die Bedenken gering zu halten. Während der gesamten Expeditionszeit ging es im Basislager sehr ruhig zu. Wo heute im Frühjahr fast täglich an die hundert Schaulustige durch das Basislager ziehen, bekamen die Bergsteiger um Wolfgang Nairz in der gesamten Zeit nur von vier Menschen Besuch – zwei australischen Trekkerinnen, einem Zillertaler Freund aus Hochfilzen und einer Anästhesieärztin aus Zürich.

1975 hatte Peter Habeler seine Frau Regina geheiratet. Das war das Jahr, in dem er mit Reinhold Messner den Hidden Peak bestieg. 1977, sechs Monate nach dem gescheiterten Versuch am Dhaulagiri, war sein Sohn Christian zur Welt gekommen. Regina Habeler hatte ihrem Mann die Schwangerschaft bis nach der Rückkehr von der Expedition verschwiegen. Binnen weniger Jahre hatte sich die Welt entscheidend verändert. Aus dem unsteten Bergsteiger, Bergführer und Skilehrer Peter Habeler war nun auf einmal auch ein Familienmensch geworden. »Der größte Erfolg für mich ist, wenn du gesund wieder zurückkommst«, hatte Regina Anfang März 1978 vor der Abreise nach Nepal zu ihrem Mann gesagt.

»Ich habe am Everest keine sehr starke Rolle gespielt«, erzählte mir Peter Habeler im Herbst 2012 in seiner fast unnachahmlichen Offenheit. Sehr oft habe er Reinhold Messner auf die Wolkenspiele am Himmel aufmerksam gemacht und auf die Höhenstürme, die den Gipfel umtosten, »nur um nicht dort hin-

aufzumüssen. Ich hatte Angst, nicht mehr heimzukommen.«
Seine Frau hatte ihm nie einen Stein in den Weg gelegt, »und
dennoch, wir standen ja noch ganz am Anfang, wir wohnten in
einer winzigen, nicht einmal dreißig Quadratmeter großen Wohnung in Mayrhofen. Das war verheerend, und ich wollte uns so
schnell wie möglich ein richtiges Heim schaffen. Wir hatten gerade damit begonnen, ein Haus zu bauen.«

Selten lassen Spitzenbergsteiger einen so tiefen Blick in ihr See-
lenleben zu. Peter Habeler hat damit offenbar kein Problem. Als
er und Reinhold Messner Ende April einen ersten Versuch zum
Gipfel unternahmen, wurde Peter Habeler im dritten Hochlager
in der Lhotse-Flanke krank. Er hatte sich an einer Dose Ölsardi-
nen derart den Magen verdorben, dass er mit schweren Vergif-
tungserscheinungen ins Basislager absteigen musste, um sich dort
wieder zu erholen. Dort kam er arg geschwächt und vor allem
vollkommen dehydriert an. Einige Tage vergingen. Das Selbstvertrauen Peter Habelers war im Keller. Tief in ihm tobte ganz offenbar ein wüster Kampf. Sollte er einen Aufstieg ohne Flaschensauerstoff tatsächlich riskieren? War es der Everest wert, schwere
Erfrierungen zu riskieren und so seine berufliche Zukunft als
Bergführer und damit auch die Zukunft seiner Familie aufs Spiel
zu setzen? Von der Gefahr, möglicherweise schwere Hirnschädigungen davonzutragen, ganz zu schweigen.

»Es war fürchterlich in diesen Stunden«, erinnert sich Peter
Habeler. Auf dem Höhepunkt seiner Zerrissenheit wandte er sich
heimlich an Dr. Oswald »Bulle« Oelz und versuchte ihn dazu zu
bewegen, mit ihm eine Seilschaft einzugehen – mit Flaschensauerstoff. Doch damit würde er dessen Seilpartnerschaft mit
Josl Knoll und Franz Oppurg sprengen. Kurzzeitig war diese ansonsten harmonische Bergsteigergruppe einer ernsthaften Belas-
tungsprobe ausgesetzt. Oswald Oelz sagte Habeler ab. Seine Loya-
lität gegenüber den anderen stand über dem Wunsch, zusammen
mit Habeler hinaufgehen zu können.

Noch während sich Peter Habeler mit seiner Fischvergiftung
mühsam in das Basislager zurückschleppte, hatte Reinhold Messner vom Lager III aus in Begleitung von zwei Sherpa den Versuch
einer Gipfelbesteigung unternommen. Weit kamen die drei jedoch nicht. Am Südsattel wurde der Wind so stark, dass sie nicht

290

mehr weiter hinaufkonnten. Messner verbrachte zwei fürchterliche Sturmnächte in fast 8000 Meter Höhe, weil er in den tosenden Böen keine Chance sah, vom Berg herunterzukommen.

In seinem viel beachteten Buch *Der einsame Sieg* beschrieb Peter Habeler die Lage später so: »Am 27. April wankte ein uralter bärtiger Mann ins Basislager, gefolgt von zwei Knaben mit Greisengesichtern. Reinhold Messner und seine beiden Sherpa. Zwei grauenvolle Nächte ohne Sauerstoff in 8000 Metern Höhe hatten sie gezeichnet. Die Sherpa waren mehr tot als lebendig, während Reinhold, der sich im Zeitlupentempo bewegte, immerhin noch berichten konnte, was geschehen war. Er sprach dabei unendlich langsam, und seine Stimme kam wie aus weiter Ferne. Sie waren bis zum Südsattel vorgedrungen, bis zu dem Platz, der für Lager IV vorgesehen war. Dabei hatte sie schon unterwegs der Sturm voll gepackt. Unter allergrößten Anstrengungen gelang es Reinhold und den beiden Sherpa, trotzdem notdürftig ein Zelt aufzustellen. Doch dann waren sie am Ende. Die Sherpa waren völlig apathisch, sie glaubten, sterben zu müssen. Reinhold versuchte sie wach zu halten, obwohl er selbst zum Umfallen müde war. Aber er wusste, dass Einschlafen den Tod durch Erfrieren bedeutete. Als das Zelt plötzlich mit einem lauten Knall in einer Sturmböe zerriss, war ihre Lage so gut wie aussichtslos. Trotzdem gelang es Reinhold, das Zelt provisorisch zu flicken. Er kochte Tee und flößte ihn den Sherpa ein, die sich in panischer Angst in ihre Schlafsäcke verkrochen hatten und sich nicht mehr rührten… Reinhold und seine beiden Begleiter hatten in Lager IV zwei Nächte und einen Tag zugebracht. Reinhold verwendete die meiste Zeit darauf, seine beiden Sherpa am Einschlafen zu hindern. Er brüllte sie an, bedrohte und beschimpfte sie und rüttelte sie immer wieder wach.«

Wieder im Basislager zurück und nach wenigen Tagen überraschend schnell wieder erholt, »nahm mich Reinhold dann ernsthaft zur Brust«, erinnert sich Habeler. Der Südtiroler ließ dem Nordtiroler nur zwei Optionen: entweder – oder. Habeler schaute Messner kurz mit weit aufgerissenen Augen an und antwortete schließlich: »Ja, ich gehe mit dir.«

Am 5. Mai stiegen Peter Habeler und Reinhold Messner zum Lager II in 6400 Meter Höhe hinauf und blieben dort über Nacht.

Am frühen Nachmittag des 6. Mai erreichten sie in nur vier Stunden das Lager III in 7200 Metern und tags darauf den Südsattel. Bereits am 3. Mai hatten der Sherpa Ang Phu, Horst Bergmann, Wolfgang Nairz und Robert Schauer mit Unterstützung durch Flaschensauerstoff den Gipfel des Mount Everest erreicht. Die vier hatten in der Nacht vor dem Gipfelgang – wie damals bei den Besteigungen von Süden her noch üblich – noch einmal auf 8500 Meter Höhe biwakiert. Als sie auf dem Gipfel anlangten, dehnte sich ein strahlend blauer Himmel über den Bergen des Himalaja, und es war fast windstill. Die vier Bergsteiger blieben über eineinhalb Stunden am höchsten Punkt der Erde. Bei ihrem Abstieg trafen sie am 5. Mai auf Peter Habeler und Reinhold Messner. Das gesamte Expeditionsteam schien auf einer Woge der Euphorie zu schweben. Und dennoch: In einem stillen Moment raunte Robert Schauer Peter Habeler jenen Satz ins Ohr, der bis heute überliefert wird: »Ich sage dir, Peter, ich glaube kaum, dass irgendein Mensch ohne Sauerstoff den Gipfel schafft.« Natürlich hatte Schauer das auch und vor allem unter dem Eindruck der eigenen schweren Gipfelbesteigung gesagt, doch damit gab er nur die gängige Meinung wieder, die schon vor der Abreise viele Fachleute, vor allem Mediziner, vertreten hatten. Dass nämlich das Vordringen in die Todeszone ohne zusätzlichen Sauerstoff unmöglich sei, dass Bergsteiger nur mit schweren Hirnschädigungen zurückkehren würden, wenn sie denn überhaupt zurückkämen.

Der Kameramann Eric Jones begleitete Habeler und Messner bis hinauf in den Südsattel. Die Sherpa unterdessen wollten einen Aufstieg ohne zusätzlichen Sauerstoff eher nicht versuchen. Mit Flasche jedoch wollte Reinhold Messner sie nicht dabeihaben. Die beiden Tiroler wählten für ihren Versuch eine neue Taktik für die Besteigung von Süden her. Sie stiegen vom Südsattel direkt in Richtung Gipfel auf – ohne weiteres Biwak und damit ohne eine weitere aufreibende Nacht in großer Höhe. Der 8. Mai war ein kalter, unangenehmer Tag am Mount Everest, windig in der Gipfelregion und nebelig von unter dem Südsattel bis hinauf zum Südgipfel. Ganz anders als noch wenige Tage zuvor. Doch der Schnee war einigermaßen fest. Wo sie dennoch bis an die Knie einbrachen, suchten sie nach den vom Wind zusammengepressten Schneeplatten, auf denen man besser gehen kann. Manchmal trafen die beiden auch noch auf die alten Spuren der anderen. Und so kamen sie einigermaßen gut voran.

»Wir waren emotional hoch aufgeladen«, erinnert sich Peter Habeler, »wir dachten nicht einmal daran, dass es vom Atmen her nicht gehen könnte, obwohl ich immer wieder mal das Gefühl hatte, ich würde ersticken.« Oberhalb des Balkons stellte sich ein gewisser Rhythmus ein. »Wir gingen fünfzehn bis zwanzig Schritte, dann rammten wir die Eispickel vor uns in den Schnee, lehnten uns darauf und machten, vornübergebeugt, eine Minute, manchmal auch zwei Minuten Pause. Dann gingen wir wieder unsere abgezählten Schritte.«

Bei dem vom Wind und vom Schnee halb eingedrückten Zelt, in dem Wolfgang Nairz und die anderen wenige Tage zuvor biwakiert hatten, kochte Reinhold Messner Tee. Weiter oben am Südgipfel trafen sie wieder auf Spuren. Nun banden sie sich in ein fünfzehn Meter langes und acht Millimeter starkes Kletterseil ein, um am steilen Grat und später am Hillary Step sichern zu können. Am Step kam es dann zu einem kleinen Zwischenfall. »Reinhold war zuerst die zwölf Meter dort hinaufgestiegen. Es war ja nicht sehr schwer, aber anstrengend. Nun stand er oben und begann zu filmen, wie ich hinterherstieg. Dabei vergaß er aber, das Seil einzuziehen, sodass sich unter mir ein Stück Schlaffseil bildete. Das verhängte sich dann unter einer kleinen Wechte am Hillary Step, und ich bekam plötzlich Zug nach unten. Ich erschrak, weil ich dachte, es reißt mich jemand nach unten. Aber da war ja niemand, außer Reinhold über mir. Ich hielt dann an, versuchte mich mit dem Pickel zu sichern und wartete, bis Reinhold mich aus der misslichen Lage frei machen konnte.« Ansonsten aber verlief der gesamte Anstieg ohne jeglichen nennenswerten Zwischenfall.

Gegen 13.15 Uhr standen Reinhold Messner und Peter Habeler auf dem Gipfel des Mount Everest. Zeit und Raum hatten sich längst undefinierbar aufgelöst. Reinhold Messner würde später sagen: »In dieser Höhe fühlt es sich an, als sei das Gehirn mit Watte umhüllt.« Peter Habeler drückte es etwas drastischer aus: »Da oben hat man nicht mehr sehr viel in der Birne.« Zumindest aber wurde ihnen dort oben, am höchsten Punkt der Erde, doch eines sehr deutlich bewusst: Sie waren die beiden ersten Menschen, denen die Gipfelbesteigung des Mount Everest ohne Verwendung von zusätzlichem Flaschensauerstoff gelungen war. Damit schien das letzte Geheimnis des höchsten Berges gelüftet, nämlich die Besteigung »by fair means« und ohne den Versuch, den Everest »kleiner« zu machen, als er eigentlich ist.

Seit 1972 hatte Messner zusammen mit Wolfgang Nairz und Oswald Oelz den Gedanken verfolgt, den Mount Everest zu besteigen. 1975 hatte der Südtiroler dann zunächst im stillen Kämmerlein damit begonnen, sich ernsthaft mit der Idee einer Begehung ohne Flaschensauerstoff zu beschäftigen, und hatte schließlich 1977 Peter Habeler in seinen Plan eingeweiht. Denn ihn hielt er am ehesten für geeignet, das Vorhaben mit ihm gemeinsam realisieren zu können. Und nun standen sie endlich oben. Fünfundzwanzig Jahre nach der Erstbesteigung hatten zwei Bergsteiger geschafft, was niemand für möglich gehalten hatte.

Kurz vor der Abreise zum Mount Everest hatte Reinhold Messner in Südtirol völlig überraschend einen Brief von Richard Norton erhalten. Der Sohn des berühmten Everest-Pioniers hatte in England von dem bevorstehenden Versuch der beiden Tiroler erfahren, und es schien ihm ganz offenbar ein tiefes inneres Bedürfnis, seine besten Wünsche mit auf den steilen Weg nach oben zu senden. Reinhold Messner zitiert diesen Brief unter anderem in seinem Buch *Expeditionen zum Endpunkt*:

Sehr geehrter Herr Messner,
mit großem Interesse las ich kürzlich in der *Times* über Ihren und Herrn Habelers bevorstehenden Versuch, den Mount Everest ohne Sauerstoffgeräte zu besteigen. Ich sollte wohl erklären, dass ich der Sohn von Colonel E. F. Norton bin, dessen Versuch von 1924 am Everest Sie zitieren. Er erreichte damals ohne Sauerstoff die Höhe von 8550 Metern.
Mein Vater glaubte ganz fest, dass unter den richtigen Bedingungen der Everest ohne Sauerstoffmasken bestiegen werden könnte. Meine Mutter, meine zwei Brüder und ich wünschen

Herrn Habeler und Ihnen recht viel Glück. Wir werden die Berichte über Ihre Expedition mit größtem Interesse verfolgen.
Hochachtungsvoll
Lieutenant Colonel Richard P. Norton

Heute hat Reinhold Messner eine distanzierte Meinung zu dieser Besteigung. Im späten Herbst 2012 sprach ich mit ihm ausführlich darüber, was die Motivation gewesen sei, überhaupt zum Mount Everest zu gehen und dieses enorme Wagnis einzugehen. Er erklärte mir, die Besteigung ohne Sauerstoffflasche auf dem Rücken habe sich ja nur deswegen aufgedrängt, weil die tibetische Seite des Everest für Besteigungen gesperrt war, weil die beiden Normalwege, die Nordwand und die Südwestwand, bestiegen waren und es sich deshalb förmlich aufdrängte, einen Schritt weiter zu gehen und es ohne Sauerstoff zu versuchen, um damit eines der größten ungelösten Probleme am Everest anzugehen. »Der Hype um dieses Unternehmen ist aber doch nur deswegen entstanden, weil es so viel Widerstand gegeben hat, weil uns niemand zutraute, dass wir es schaffen könnten, weil unsere Kritiker öffentlich sagten, dass wir als Deppen zurückkommen würden. Wäre die öffentliche Diskussion nicht gewesen, hätte kaum jemand Notiz davon genommen. Dann wäre es vielleicht eine Fußnote geworden, dass der Mount Everest nun auch ohne zusätzliche Unterstützung mit Sauerstoff bestiegen ist.« Es jedoch überhaupt zu versuchen, sei zum damaligen Zeitpunkt nur mit Peter Habeler und mit keinem anderen Bergsteiger der Welt für ihn möglich gewesen. Und der Plan sei für ihn von Anfang an unumstößlich gewesen. Messner: »Ich wäre ja auch aus dieser Geschichte nie mehr rausgekommen. Weil ich das unbedingt wollte, es angekündigt hatte und dann die Kritik und die Skepsis entstanden waren, die ja nicht nur von anderen Bergsteigern, sondern auch von Physiologen und Fachleuten geäußert worden waren. Die wollten uns das ja sogar vorrechnen, indem sie behaupteten, ab 8500 Meter Höhe sei der menschliche Körper eigentlich tot.«

Reinhold Messners Rechnung, in die er Peter Habeler eingeweiht hatte, war jedoch eine ganz andere. Und sie basierte im Wesentlichen auf dem Besteigungsversuch von Colonel E. F. Norton.

Der hatte 1924 oberhalb von 8400 Metern nur noch dreißig Höhenmeter in der Stunde geschafft. Daraus schloss Messner logisch, dass man auf etwa 8750 Meter angesichts des stetig zunehmenden Leistungsabfalls dann wohl nur noch auf etwa zehn Höhenmeter in der Stunde käme. Das hieße aber, man würde für die verbleibenden rund hundert Höhenmeter zehn Stunden benötigen. »Da ist es natürlich vorbei, weil das einfach nicht geht. So lange Zeit hat am Everest niemand«, sagt Messner. Es ging also nur um die Frage: Wie schnell würden er und Peter Habeler gehen können? Und das wiederum hing ganz erheblich von den Verhältnissen am Berg ab und von den Möglichkeiten zur Reduzierung des Gewichts ihrer Rucksäcke. Sie benötigten schließlich ohne die schweren Flaschen, wie sie andere vor ihnen auf den Everest geschleppt hatten – und ganz am Ende des Aufstiegs sogar ohne ihre Rucksäcke –, knapp acht Stunden bis zum höchsten Punkt.

Dass sie am Ende teilweise auf allen vieren, auf Knien und Unterarmen hinaufkrochen, gehörte noch zum kalkulierten Teil ihrer Abmachung. Damit war zu rechnen gewesen. »Aber wir hatten niemals vor, bis zu unserem Tod weiterzugehen. Das hat man in die Sache hineininterpretiert«, sagt Reinhold Messner. Die Option, im letzten Moment doch noch zur Sauerstoffflasche zu greifen, stand den beiden allerdings gar nicht zur Verfügung, denn weder am Südsattel noch im obersten Lager lag Flaschensauerstoff für sie bereit. Den Kameramann Eric Jones, einen der besten englischen Bergsteiger, kostete diese Tatsache später einige Fußzehen, die er sich erfroren hatte, während er im Südsattel und ohne zusätzlichen Sauerstoff auf Messner und Habeler wartete.

Peter Habeler und Reinhold Messner blieb nicht einmal eine Viertelstunde auf dem Gipfel, um ihre indifferenten Gefühle aus Glück und Trauer, Tränen und Lachen ausleben zu können. Peter Habeler machte ein Foto von Reinhold Messner, auf dem dieser am Gipfel-Dreibein kauert. Dieses Foto gelang, wie sich später herausstellen sollte, gut. Die Aufnahme indes, die Reinhold Messner von Peter Habeler machte und auf der man den Zillertaler im Schnee sitzen sieht, wie er sich am Dreibein festhält, ist eher unterbelichtet. Und schon drängte Habeler zum Abstieg. »So wie ich zuvor unbedingt hinaufwollte, so wollte ich nun auf dem schnellsten Weg wieder hinunter«, sagt Peter Habeler. Auf einmal war wieder dieses ängstliche Gefühl da. Er spürte zwar deutlich, dass Reinhold Messner noch bleiben wollte, »aber ich fragte mich die ganze Zeit, wie wir den Hillary Step wieder hinunterkommen sollten und ob wir unsere Spur bei der schlechten Sicht wiederfinden würden.«

Noch während Reinhold Messner am Gipfel mit seinem Aufnahmegerät beschäftigt war und Stichworte für sein Tagebuch in das Mikrofon krächzte, begann Habeler den Abstieg. Es dauerte nur eine gute Stunde, bis er wieder am Südsattel war. Das ist eine extrem schnelle Zeit, und sie war nur möglich, weil der Tiroler die meiste Zeit auf dem Hosenboden den Berg hinunterrutschte. Allerdings musste er dabei darauf achten, dass er nicht links 4000 Meter die Kangshung-Flanke nach Tibet oder rechterhand 2000 Meter tief über die Südwestwand des Everest in das Western Cwm hinunterstürzte. Dieser Höllenritt wurde nur an den wenigen Stellen unterbrochen, wo die Felsen herausschauten, als er mit dem Gesicht zur Wand den Hillary Step abkletterte und als er auf allen vieren und völlig entkräftet die sieben Höhenmeter zum Südgipfel wieder hinaufkroch. Meist rutschte Habeler in der Aufstiegsspur, in der sich glücklicherweise Schneekeile unter ihm bildeten und ihn bremsten, wenn er gar zu viel an Fahrt aufnahm. Kurz vor dem Südsattel löste er ein Schneebrett aus, überschlug sich mehrmals und verlor dabei seine Brille und den Pickel. Die Brille fand Habeler wieder, den Pickel nicht mehr. Schließlich blieb er als ein fast lebloses Bündel und praktisch direkt vor den Füßen des Kameramanns Eric Jones liegen.

»Im Kopf war ich sicherlich nicht mehr so ganz auf der Höhe, denn unter normalen Umständen wäre ich das Risiko einer solchen Abfahrt bestimmt nicht eingegangen«, sagt Habeler heute. Doch der Zillertaler ist ohnehin der Meinung, dass der Kopf eines Kletterers auch bei anderen sehr schwierigen Touren nicht voll funktioniert. Extrembergsteiger würden vieles im Unterbewusstsein speichern und dieses Wissen dann mit dem Verstand abrufen, wenn realistische Einschätzungen kaum mehr möglich seien und der Kopf eigentlich nur noch mit dem Überleben beschäftigt sei. »Ein guter Bergsteiger wird bei solchen Touren, wie ich sie mit Reinhold am Hidden Peak und am Everest unternommen habe, immer instinktiv handeln«, erklärt Peter Habeler.

1978, nach ihrer Rückkehr, seien er und Reinhold Messner als Sieger gefeiert worden. »Als Sieger über den Everest«, erinnert sich Peter Habeler, »aber das ist falsch. Der Everest ist von uns nicht besiegt und nicht bezwungen worden. Er hat uns lediglich geduldet. Und wenn sich überhaupt von einem Sieg sprechen lässt, dann höchstens von einem Sieg über den eigenen Körper. Und über die Angst.«

Zu den ersten Gratulanten gehörten Ende Mai 1978 übrigens Hias Rebitsch und der »Blasl« Sepp Mayerl... Auf dem Weg zurück nach Kathmandu hatte Peter Habeler im Krankenhaus in Khunde den Everest-Erstbesteiger Sir Edmund Hillary getroffen. Der Neuseeländer blickte dem ausgemergelten Tiroler tief in die Augen und sagte: »Ich habe immer daran geglaubt, dass der Berg eines Tages ohne Flaschensauerstoff bestiegen werden wird. Ich bin stolz, dir die Hand drücken zu dürfen.« Diese Begegnung mit Edmund Hillary und dieser Händedruck behielten für Peter Habeler stets eine ganz besondere Bedeutung.

Fünfzehn Fragen an
...PETER HABELER

»Und siehe da, plötzlich war ich mittendrin im Geschehen«

Was sind im Wesentlichen die Unterschiede zwischen Bergsteigen und Höhenbergsteigen?
Ich sehe da überhaupt keinen Unterschied. Bergsteigen oder Höhenbergsteigen – beides ist schön. Es gibt Menschen, deren Körper funktioniert in der Höhe gut, es gibt andere, deren Körper funktioniert sehr schlecht, obwohl sie gute Bergsteiger sind. Es gibt weniger gute Bergsteiger, die aber in der Höhe gut unterwegs sein können. Es kommt auf die Fähigkeit an,  Sauerstoff aufnehmen zu können, auf die Lungenkapazität und andere Faktoren. Ich kenne ein paar Superkletterer, die in der Höhe einfach nicht zurechtkommen.

Wie wird man Höhenbergsteiger?
Ich weiß nicht, wie »man« es wird. Ich bin es rein zufällig geworden. Ich kam mit Bergsteigern wie zum Beispiel Reinhold Messner zusammen. Das war sicher entscheidend, weil so parallel zum vorhandenen Interesse auch die Möglichkeiten entstanden sind, es zu tun. Die Höhe beim Bergsteigen lässt sich auch erklären. Bergsteiger, die dann Höhenbergsteiger werden, denken vor allem so: Wenn ich einen noch höheren Berg besteige, ist das noch schöner, noch toller, noch lustiger.

Welche Vorstellungen vom Höhenbergsteigen hattest du, bevor du den ersten Achttausender bestiegen hast?
Sehr positive Vorstellungen. Ich dachte viel an Hermann Buhl, der ja 1953 als Erster den Nanga Parbat bestiegen hat. Ich habe Hias Rebitsch gut gekannt, der zwischen 1930 und 1950 einer der besten Bergsteiger und Kletterer seiner Zeit gewesen ist. Er hat mir viel von seiner Nanga-Parbat-Expedition 1938 erzählt. Was ich da hörte und alles, was ich an Bergliteratur verschlungen habe, konnte mir zwar die Angst vor der Höhe zunächst nicht nehmen, aber in mir entstand die Vorstellung, das könnte etwas für mich sein. Höher und kälter als in einer Alpenwand, aber technisch nicht unbedingt schwieriger – so ungefähr habe ich mir Höhenbergsteigen vorgestellt. Und siehe da, plötzlich war ich mittendrin im Geschehen.

Haben Höhenbergsteiger ganz bestimmte charakterliche Merkmale?
Überhaupt nicht. Der Bergsteiger muss ja ohnehin ein Beißer sein, also willens, sich über die Maßen zu bemühen und über sich hinauszugehen. Aber das ist kein Merkmal der Höhenbergsteiger. Mit großem Willen muss auch jeder antreten, der durch die Philipp-Flamm-Route in der Civetta-Nordwestwand steigt oder durch die Nordwand der Westlichen Zinne. Das Thema Egoismus betrifft alle, die daheim Familie haben und die dann aufbrechen. Ganz gleich ob ein Bergsteiger dann übers Wochenende in den Wilden Kaiser geht oder auf eine Expedition. Ein gewisses Ego wird man den Bergsteigern nicht absprechen können. Ob Egoismus jetzt gut oder schlecht ist, wage ich nicht zu sagen. Aber wenn man das mit der Familie in den Griff bekommt, dann passt das schon. Egoismus gegenüber den Kletter- und Expeditionspartnern sollte es nicht geben. Auf gar keinen Fall.

Was muss ein Höhenbergsteiger mitbringen, um einen Achttausender zu besteigen?
Er braucht eine gute körperliche Voraussetzung. Ein Höhenbergsteiger muss, wie gesagt, eine möglichst gute Sauerstoffaufnahme haben. Er braucht die Zähigkeit, er muss beißen können. Aber das braucht der Bergsteiger natürlich überall, nicht nur auf einer Achttausender-Expedition. Der Höhenbergsteiger muss sicher

mehr als andere über ein gewisses Maß an Geduld verfügen und über ein sehr großes Durchhaltevermögen.

Ist der Mount Everest ein besonderer Berg?
Natürlich. Er muss ein besonderer Berg sein, weil er der höchste der Welt ist. Der Unterschied zwischen dem Kitzkopf und dem Everest ist ganz einfach – fast jedes Kind kennt den Everest, den Kitzkopf vielleicht nur die Zillertaler, und selbst die nicht alle. Besonders ist auch, aber das betrifft natürlich andere Berge ebenfalls, dass der Everest ein Grenzberg zwischen Tibet und Nepal ist. Und der Everest ist ein formschöner Berg, der durch seine Südwestwand einen markanten Auftritt hat. Mir gefällt er persönlich von seiner Nordseite fast noch besser.

Warum wolltest du den Everest besteigen?
Es wäre ganz einfach, wenn ich lediglich George Mallory zu dieser Frage zitiere. Der hat gesagt: »Because it is there.« Mich hat es vor allem gereizt, gemeinsam mit Reinhold Messner herauszufinden, ob es Menschen möglich ist, ohne die Unterstützung von Flaschensauerstoff, die ja ein Eingriff in den Körper ist, und ohne andere technische Einrichtungen wie Fixseile auf den höchsten Punkt der Erde zu steigen. Ich wollte wissen, ob man sozusagen als »Nackter« auf den Everest hinaufkommt. Das hat mich interessiert, und es hat mich angetrieben.

Wie ist es zu erklären, dass Höhenbergsteigen innerhalb weniger Jahre so populär wurde?
Höher, weiter, schneller – darum dreht sich so einiges in unserer Weltgeschichte. Ich will mich davon selbst nicht ausnehmen. Denn auch Reinhold Messner und ich wollten immer schneller sein als andere.* Schnelligkeit im Gebirge bedeutet eine gewisse Sicherheit. Und weil viele Menschen in diesen Begriffen »schneller, weiter, höher« denken, ist auch das Höhenbergsteigen so rasant so populär geworden. Da gibt es eben noch Möglichkeiten, den Drang nach mehr zu stillen. Es wird darüber intensiv berich-

---

* Peter Habeler und Reinhold Messner durchstiegen die Eiger-Nordwand in knapp neun Stunden, die Matterhorn-Nordwand in vier Stunden.

tet, jeder findet das Thema im Internet, es ist leicht, sich darüber zu informieren. Und es ist inzwischen wesentlich leichter geworden, es zu tun.

Hast du beim Höhenbergsteigen bestimmte, stetig wiederkehrende Abläufe – etwa im Sinne von Ritualen?
Überhaupt keine. Gar nichts in dieser Richtung. Das Einzige, was immer wiederkehrt und was mir auch nicht mehr aus dem Kopf geht, ist das ständige Stehenbleiben beim Höhenbergsteigen. Man muss anhalten, bevor man müde wird, bevor man ausgebrannt ist. Das ist extrem wichtig. Wenn man müde wird und dann trotzdem noch vier Schritte weitergeht, kann dies das Ende bedeuten. Das Timing zu haben, in großen Höhen zwanzig Meter am Stück zu gehen, dann zu rasten und schließlich weiterzugehen – es können je nach Gelände auch mehr Meter oder gar noch weniger sein –, dieses Timing zu bekommen ist eine der wichtigsten Lehrstunden des Höhenbergsteigens. Wer das nicht kann, kommt nicht weit. Wenn es denn ein Ritual ist, dass ich mich beim Stehenbleiben vornübergebeugt auf den Pickel stütze, dann ist das mein Ritual.

Wenn du die Wahl hättest, welchen Achttausender würdest du noch einmal besteigen wollen?
Noch einmal? Keinen. Aber den Makalu würde ich gern besteigen wollen, weil er ein gewaltiger Berg ist und ich noch nicht oben gewesen bin. Und den K2, denn den habe ich mal versucht und bin einfach nicht raufgekommen.

Was empfindest du, wenn du vom Gipfel eines Achttausenders zurückkehrst?
Weder Stolz noch Triumph. Das sicher nicht. Aber eine tief empfundene Dankbarkeit, dass alles so gut ausgegangen ist. Dankbarkeit dafür, dass ich mir die Zehen nicht angefroren hatte, dass ich am Leben bleiben durfte. Ja, Dankbarkeit ist eigentlich alles, was ich dabei sehr stark empfunden habe. Und ein gewisses Glücksgefühl, das damit einherging. Und Demut, tief empfundene Demut.

Was ist das schönste Gefühl beim Höhenbergsteigen?
Da gibt es eigentlich eine Vielzahl verschiedener Gefühle. Vorausgesetzt, das Wetter ist gut, dann ist für mich die Schwärze des Himmels sehr beeindruckend. Das hat mich immer wieder aufs Neue fasziniert. Und ich spüre mich selbst sehr stark, das gefällt mir. Ich bin reduziert auf die Winzigkeit des Gehens und der Fortbewegung. Und natürlich ist auch das Erreichen des Gipfels ein großes, schönes Gefühl.

Was sagt man Menschen, die Bergsteigen für eine schwachsinnige Angelegenheit halten?
Denen versuche ich gar nichts zu sagen. Ich würde versuchen, sie einmal irgendwo mit hinzunehmen. Vielleicht auf eine leichte Tour, wenn solche Menschen ein wenig sportlich aktiv sind. Und dann würde ich nachher fragen, wie die Gedanken während des Gehens gewesen sind, ob es gefallen hat oder nicht. Ich glaube, ich könnte jemanden umdrehen, der so denkt.

Was würdest du antworten, wenn dein Sohn oder deine Tochter vor dir steht und sagt: »Ich möchte gern auf den Mount Everest steigen«?
Ich könnte das verstehen. Auch weil ich es ja selbst schon gemacht habe. Ich würde meinen Söhnen dabei helfen wollen, dass sie gute Begleiter haben. Wenn sie allerdings jetzt, momentan, in dieser Zeit mit diesem Wunsch zu mir kämen, wäre meine Antwort wohl: »Christian, Alexander, macht etwas anderes, geht zu einem anderen schönen Berg; der Mount Everest ist kein Berg mehr für Bergsteiger.« Wenn es dann aber dennoch unbedingt der Everest sein muss, dann vielleicht die Ostwand, die Südwestwand oder der Nordnordwestgrat, denn das sind ja immer noch tolle Ziele. Aber nur ja nicht in diesem Pulk zusammen mit diesen vielen Menschen, die sich jetzt dort tummeln. Jedenfalls könnte ich diesen Wunsch verstehen und würde ihn auch unterstützen.

Was zeigt dein schönstes Foto vom Mount Everest?
Das ist nicht ganz leicht, weil ich ja ein begeisterter Fotograf bin. Es sind wohl die Gipfelfotos. Vielleicht das Gipfelbild, das ich von Reinhold gemacht habe, wie er da oben in 8848 Meter Höhe

vor dem abgebrochenen chinesischen Vermessungszeichen kauert und sich mit einer Hand daran festhält. Man sieht sein Gesicht kaum, weil die Kapuze halb drübergerutscht ist. Ja, das ist ganz sicher mein schönstes Everest-Foto.

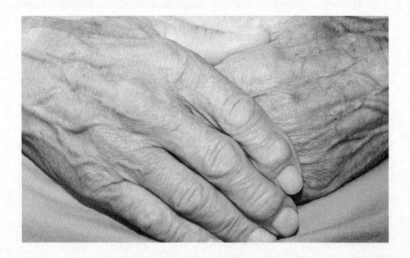

Das Gespräch mit Peter Habeler wurde am 8. August 2012 in Mayrhofen im österreichischen Zillertal in den Geschäftsräumen der von ihm gegründeten »Skischule Mount Everest« geführt.

Niedergekniet am Dach der Welt

Kurt Diemberger, 1978

Als Kurt Diemberger am 16. März 2012 seinen 80. Geburtstag beging, erschien in der österreichischen Tageszeitung *Der Standard* aus diesem Anlass eine kleine Laudatio des Salzburger Journalisten und Diemberger-Intimus Thomas Neuhold. Darin heißt es: »Es gibt eine Formulierung, die kann Kurt Diemberger im Zusammenhang mit seinem Namen so gar nicht leiden: ›Bitte schreib nicht, der einzige noch lebende Erstbesteiger von zwei Achttausendern.‹ Für ihn klinge das so, ›als wäre es bald aus mit mir‹.«

Als Kurt Diemberger im Herbst 1978, nur vier Monate nachdem Reinhold Messner und Peter Habeler den Everest-Gipfel ohne Flaschensauerstoff erreicht hatten, zum höchsten Berg der Erde kam, war er bereits 46 Jahre alt und stand wohl im Zenit seines Bergsteigerlebens. 1957 war der gebürtige Österreicher noch der Jüngste in einem Team mit dem Tiroler Hermann Buhl sowie den Salzburgern Marcus Schmuck und Fritz Wintersteller gewesen. Nur zu viert und fast im Alpinstil gelang ihnen am 9. Juni die Erstbesteigung des 8051 Meter hohen Broad Peak, eines der Achttausender im Karakorum. Drei Jahre später, am 13. Mai 1960, erreichte Kurt Diemberger im Rahmen einer Schweizer Expedition zusammen mit Ernst Forrer, Peter Diener, Albin Schelbert sowie den Sherpa Nawang Dorje und Nyima Dorje den Gipfel des Dhaulagiri im Himalaja. Auch das war eine Erstbesteigung. Nachdem jedoch Hermann Buhl, der wiederum 1953 den Nanga Parbat erstbestiegen hatte, nur 18 Tage nach seinem Erfolg am Broad Peak an der benachbarten Chogolisa vom Grat aus in die Nordwand stürzte, blieb Kurt Diemberger der einzige Bergsteiger, der an der Erstbesteigung zweier Achttausender beteiligt gewesen ist. Nach Diembergers Besteigungen 1957 und 1960 kehrte er den höchsten Bergen der Erde für 18 Jahre den Rücken, erreichte in dieser Zeit jedoch zahlreiche andere Gipfel, vor allem im Hindukusch, wo ihm 1967 die erste Besteigung des 7338 Meter hohen Tirich Mir IV gelang. Er erlebte in diesen Jahren viele Abenteuer rund um den Globus, und er wurde ein guter und gefragter Kameramann. Erst viele Jahre später ließ er sich noch einmal zu den Achttausendern locken. Er ahnte wohl selbst nicht, dass ihm das ungeahnte Möglichkeiten eröffnen würde.

Am 10. Juni 2003 versammelte sich in der Mason Street 950 in San Francisco eine illustre Gesellschaft im »Fairmont«, einem der schönsten und besten Hotels der Stadt. Elfhundert geladene Gäste warteten an diesem Abend im feinsten Zwirn geduldig darauf, dass man ihnen ihre Plätze für ein grandioses Galadinner zuwies. Fast 400 weitere Personen waren auf einer schier endlosen Warteliste registriert. Sie hatten keine Chance auf eine Teilnahme, denn wer eingeladen war, ging da auch hin. Eingeladen hatte Richard Blum, ein facettenreicher US-Investmentbanker, der an diesem Tag sein Amt als Chairman der American Himalayan Foundation sehr ernst nahm. Denn immerhin traf man sich zu einem großen Anlass. Genau 50 Jahre und 13 Tage zuvor hatten Sir Edmund Hillary und Tenzing Norgay den Gipfel des Mount Everest bestiegen. Am höchsten Berg der Erde war die diesjährige Saison gerade erst zu Ende gegangen, und nun sollte gefeiert werden. Einige der Teilnehmer waren direkt aus Kathmandu angereist.

»Dick« Blum erwies sich an diesem Abend als großartiger Gastgeber. Das lag vor allem auch daran, dass er vor den Entwicklungen in den Flanken des Mount Everest zumindest nicht gänzlich die Augen verschloss und einige der bekanntesten Gäste dieses Abends darum gebeten hatte, kurze Vorträge zu halten. Dick Blum war 1981 bei jener bekannten Everest-Expedition der Leiter gewesen, die den ersten Besteigungsversuch in der Ostwand unternommen und dabei entscheidende Vorarbeit für den US-amerikanischen Erfolg zwei Jahre später in dieser Wand geleistet hatte. 1981 waren neben Blum und vielen anderen Everest-Größen vergangener und aktueller Tage auch Ed Hillary, David Breashears und Kurt Diemberger dabei. Und weil Diemberger im Juni 2003 längst eine lebende Legende war, stand auch er auf der Liste der Redner des Abends. Es sollte nicht allen gefallen, was der damals 70-Jährige zu sagen hatte. Doch von einigen Zuhörern erhielt er starken Applaus.

Kurt Diemberger kam 16. März 1932 in der Kärntner Landeshauptstadt Villach zur Welt. Der Vater war Biologielehrer, die Mutter hatte Handarbeit unterrichtet, bevor sie sich nach der Geburt ihres ersten Kindes, das jedoch mit drei Jahren gestorben war, aus dem Berufsleben zurückzog. Zwei Jahre nach Kurt Diemberger wurde seine Schwester geboren. Zusammen mit seinem Vater entdeckte der aufgeweckte und interessierte Kurt die Natur auf besondere Weise. »Mein Vater trug mich als Kind, teilweise auf allen vieren und in einer Buckelkraxe, einem sperrigen Holztragegestell, die steilen Waldhänge in den Ossiacher See-Tauern hinauf«, erinnert sich Kurt Diemberger an einem sehr heißen Tag, Anfang August 2012 in seinem Haus in Calderino, nicht weit von Bologna entfernt. Dorthin hatte er mich eingeladen und war dann einen langen Tag nicht müde geworden, mit mir – mal belustigt, mal ernst und manchmal auch verärgert – in seinen unglaublichen Schätzen der Erinnerung nach den Erlebnissen rund um den Mount Everest zu suchen.

Das Wissen Kurt Diembergers wurde zu einem schier unerschöpflichen Quell aus einer Zeit, in der es noch etwas ganz Besonderes war, überhaupt nur an eine Besteigung des höchsten Gipfels der Erde zu denken. »Irgendwann wurde ich meinem Vater wohl zu schwer, denn als wir wieder einmal mit einem Korb voller Pilze heimkamen, sagte er zu mir, dass ich beim nächsten Mal selbst gehen müsse, er könne mich nun nicht mehr tragen.« Kurt Diembergers Mutter starb, als er 15 Jahre alt war. Seine Schwester führte fortan den Haushalt. Der Vater nahm sich rührend und auf bemerkenswerte Weise der beiden Kinder an. »Er versuchte Vater und Mutter zu sein. Er gab uns gute Ratschläge und ließ uns dann jedoch sehr oft selbst entscheiden. Er hat uns er-, aber nicht verzogen.«

Zu dieser Zeit wohnten die Diembergers längst in Salzburg, nachdem der Vater 1942 dorthin versetzt worden war. Ganz im Süden der Stadt, gleich oberhalb von Elsbethen, schlängelt sich die Glasenbachklamm durch einen dichten Wald. Die Klamm ist rund 200 Millionen Jahre alt und eine Stätte großartiger fossiler Funde. Dort begann Kurt Diemberger nach Einschlüssen in den verschiedenen Gesteinsformationen zu suchen. Er fand zwar keinen Ichthyosaurier (Fischsaurier), wie er im Salzburger Haus der Natur ausgestellt ist, aber seine Sammlung an Versteinerungen wuchs dennoch stetig. Wenn er nicht in der Klamm umherstieg oder eifrig Zeichnungen seiner Funde anfertigte, suchte er im Uferschotter der nahen Salzach nach winzig kleinen Kristallen, die aus den Bergen der Hohen Tauern bis in die Stadt Salzburg gespült wurden.

Doch wie das bei jungen Forschergeistern nun mal ist, wurde Kurt Diemberger diese Welt bald zu klein, und er kann sich noch genau erinnern, wie er 1948 seine Suchexpeditionen in die wunderbare Welt der Hohen Tauern verlegte. Mit einem kleinen Rucksack, Hammer und Meißel ausgestattet, stieg er bald auf den Larmkogel, einen 3017 Meter hohen Gipfel, der über dem Habachtal eine wunderbare Aussichtskanzel bildet. Es war der erste höhere Berg, dessen Gipfel er an diesem Tag einigermaßen mühelos erreichte.

Der Weg zu Bildung und Ausbildung verlief unterdessen nicht ganz so geradlinig wie der auf die Berge. Aber das ist bei Bergsteigern nicht unüblich. Sein Abitur machte er in Salzburg mit 18, danach besuchte er ein Jahr die Handelsakademie. »Aber auch danach wusste ich nicht, was ich werden sollte. Es war eigentlich mein Wunsch, Geologie zu studieren, aber man riet mir überall davon ab, weil Geologen keine Anstellung fanden.« Nach einem Semester an der Technischen Hochschule sah sich Kurt Diemberger im Geist bereits als Ingenieur in einem Salzbergwerk versauern und ergriff abermals die Flucht. Schließlich begann er in Wien Welthandel zu studieren. Er tat das mit dem Ziel, Handelsschullehrer zu werden. Immerhin könnte er dann sicher sein, lange Ferien zu haben »und so viele Steine sammeln zu können, wie ich will«. Neben Welthandel belegte er auch die Fächer Turnen und Geografie. 1955 schloss er zwar mit dem Titel des Diplomkaufmanns ab, musste aber erkennen, dass er noch lange würde studieren müssen, um endlich Diplomhandelslehrer zu sein.

Zwei Jahre später bestieg er den Broad Peak und dann den Dhaulagiri. Der Funke des Höhenbergsteigens war übergesprungen und damit das Fernweh entfacht worden. Vor diesem Hintergrund ist es verständlich, dass sich Kurt Diemberger nun noch viel schwerer tat, sich an eine feste Anstellung zu gewöhnen. Schließlich wurde er aber doch Lehrer an der Salzburger Fremdenverkehrsakademie – der einzigen Lehranstalt Österreichs, an der es vier Monaten Ferien gab. »Ich habe drei Jahre lang gebraucht, um zu kapieren, dass man nach diesen vier Monaten aber immer noch acht Monate einer geregelten Tätigkeit nachgehen musste. Ich hielt arbeiten zwar für wichtig, aber dieser Job entsprach nicht wirklich meinen Neigungen.« Nach fünf Jahren an der Akademie wurde er Bergführer. Endlich spürte er die langersehnte Freiheit wirklich. Endlich konnte er die Nase in den Wind halten und diesem folgen, wo immer er ihn hinblies.

Kurt Diemberger schrieb schließlich ein Buch. Doch er fand für das, was er zu Papier gebracht hatte, keinen Verlag. Das erste Kapitel hatte er auf einem Hügel gegenüber der Dachstein-Südwand geschrieben. Dort, wo schon Kurt Maix seinen Bestseller über die Steiner-Brüder Irg und Franz aus der Ramsau geschrieben hatte, die in der berühmten Wand des Dachstein die große Route ihres Vaters vollendeten, die dann später Barbara Passrugger in Männerkleidern durchstieg, weil man damals noch der Meinung war, Frauen gehörten nicht in steile Felswände.

Auf diesem Hügel hatte nun auch Kurt Diemberger seine Worte zu Sätzen geformt und seine Erlebnisse an kleinen und großen Bergen aufgeschrieben. Doch als er sein Werk dem Altmeister Walter Pause zeigte, gab es ein unangenehmes Erwachen. Pause, Erfolgsautor zahlreicher Bergbücher, die sich allesamt sehr gut verkauften, ließ den Schreibneuling Diemberger unverblümt wissen, »dass man an diesem Buch noch sehr kräftig umschreiben muss, wenn es denn überhaupt einmal ein Buch werden soll«. Da platzte Diemberger der Kragen. Er witterte Verrat, Neid und Missgunst. Also packte er sein Manuskript und fuhr mit dem Zug nach Bologna. Er war sicher, dass er dort schon einen Verlag finden werde. *Tra o e 8000* sollte sein Werk heißen, malte er sich aus. Diemberger fand tatsächlich einen Verlag, der Interesse zeigte. Doch der schwermütige Übersetzer tat sich äußerst schwer damit, Diembergers ausladende Sätze in die Leichtigkeit der italienischen Sprache zu transferieren. Wenig später beging der Mann Selbstmord, was allerdings weniger seiner Übersetzerqual als vielmehr seiner Schwermut zuzuschreiben war.

Über zwei Monate hauste Kurt Diemberger in einem kleinen Hotel mitten in der Stadt, wobei der Verlag für alle Kosten aufkam. Schließlich gelang die Übersetzung doch noch einigermaßen so, wie es sich der Autor vorstellte. Fast wichtiger aber war noch, dass Kurt in dieser Zeit seine zweite Frau Theresa kennenlernte, nachdem die erste Ehe in Salzburg nach sieben Jahren in die Brüche gegangen war. Mit Theresa baute er später jenes Haus in den sanften Hügeln oberhalb von Calderino, in dem er bis heute lebt. Einen weiteren Wohnsitz hat er nach wie vor in Salzburg.

Das Buch wurde ein Erfolg. Es eroberte unter dem Titel *Summits and Secrets* bald auch den englischsprachigen Bergbuchmarkt und schließlich auch den deutschen Buchhandel unter dem Titel *Gipfel und Gefährten*. Dieses Buch ist einer von vielen Belegen dafür, dass Kurt Diemberger schon immer den Drang hatte, seine Erlebnisse mit anderen zu teilen und sich selbst dabei mitzuteilen. Er wurde ein brillanter Vortragsreisender, dem die Menschen gern zuhören. Ich erinnere mich noch gut an eine Episode mit ihm, die während eines Bergfilmfestivals in Salzburg etwa 400 Gästen einen unvergesslichen Abend bescherte. An diesem Tag war Sir Chris Bonington, einer der größten Alpinisten unserer Zeit, aus Großbritannien angereist, und sein Vortrag wurde mit Spannung erwartet. Auf die Frage, wie viele Dias er denn zeigen wolle, antwortete Bonington ebenso trocken wie wahrheitsgemäß: »Dreiundzwanzig Slides, und mein Vortrag wird etwa eineinhalb Stunden dauern.« Zunächst glaubte der Veranstalter, er habe sich verhört und Bonington habe 230 Dias gemeint. Doch es steckten tatsächlich nur 23 Bilder in dem Magazin. Kaum jemand konnte sich vorstellen, wie es möglich sein sollte, mit so wenigen Fotos einen so langen Vortrag zu halten.

Kurt Diemberger, ebenfalls Gast des Festivals, war engagiert worden, um Chris Boningtons Worte während des Vortrags ins Deutsche zu übersetzen. Wenig später stand Chris Bonington auf der Bühne, und Kurt Diemberger saß hinten bei den Projektoren. Nicht eineinhalb, sondern vier Stunden später sprangen 400 Menschen in dem Salzburger Kino von den Stühlen. Sie applaudierten begeistert und sehr lang anhaltend. »Wahrscheinlich war dies der längste professionelle Diavortrag, der jemals mit nur dreiundzwanzig Dias gehalten worden ist. Wenn Chris Bonington einen Satz aus seinem überbordenden Bergsteigerleben erzählte, übersetzte Kurt Diemberger vier Sätze. Das dehnte die Veranstaltung zwar enorm aus und trug zur allgemeinen Erheiterung bei, nahm ihr aber nichts an Spannung und Überraschungseffekten, und am meisten Freude hatten all jene, die Bonington auch ohne Dolmetscher schon verstanden. Am Ende standen zwei lebende Legenden nebeneinander auf der Bühne und umarmten sich.« So steht es im Vorwort zu Kurt Diembergers Buch *Aufbruch ins Ungewisse*, das ich im Auftrag von Hans Kammerlander 2003 verfasste.

Noch bevor Diemberger zu schreiben begonnen hatte, war er bereits ein beachtlich guter Kameramann geworden. Schon 1958 hatte er einen großartigen Film über den Peuterey-Grat in den französischen Alpen gemacht. Damals war Diemberger zusammen mit dem österreichischen Bergsteiger Franz Lindner die dritte Begehung dieses herrlichen Grates am Mont Blanc gelungen. Lindner war zum Glück mit großer Geduld gesegnet, denn kaum hatte er einen der spitzen Felsen am Grat erstiegen, schickte ihn Diemberger, ganz Kameramann, wieder ein Stück zurück und ließ das Spiel in der Vertikalen neu beginnen. Auf diese Weise realisierte er einige Filmprojekte, und bei der Erstbesteigung des Dhaulagiri filmte er bereits an der Seite von Norman Dyhrenfurth.

Im Winter 1977 erhielt Kurt Diemberger einen Anruf von Pierre Mazeaud. Der große Franzose war auf der Suche nach einem Kameramann, der in der Lage wäre, den Gipfel des Mount Everest zu besteigen und dabei auch noch professionell zu filmen. Erstaunlicherweise empfand Kurt Diemberger diesen Anruf nicht als Glücksfall, vielmehr stürzte er ihn in einen tiefen Zwiespalt, denn dieses Angebot weckte in ihm eher unangenehme Vorstellungen.

Pierre Mazeaud kam am 24. August 1929 in Lyon zur Welt und zählte besonders in den 1950er-Jahren zu den besten Bergsteigern und Kletterern der Alpen. Auf sein Konto gehen zahlreiche Erstbegehungen sehr schwieriger Routen, wie beispielsweise der Franzosen-Weg in der Nordwand der Westlichen Zinne in den Dolomiten oder die Nordostwand am Mont Blanc du Tacul. Er kletterte mit großartigen Partnern wie Walter Bonatti, Toni Hiebeler, René Desmaison oder Pierre Kohlmann. Und Pierre Mazeaud war bei einem der spektakulärsten Unglücksfälle in der Geschichte des Alpinismus dabei. 1961 hatte er ein Team mit den französischen Spitzenleuten Pierre Kohlmann, Robert Guillaume und Antoine Vieille zusammengestellt mit dem Ziel, endlich die zentrale Route am Freneypfeiler zu durchsteigen und über den Innominatagrat zum Gipfel des Mont Blanc zu gelangen. Am Col del la Fourche trafen die Franzosen am 9. Juli in der Biwakschachtel auf Walter Bonatti. Der Ausnahmealpinist aus dem italienischen Bergamo hatte Andrea Oggioni und Roberto Gallieni mitgebracht. Die drei Italiener wollten ebenfalls durch die riesigen Granitplatten und die eisigen Passagen des zentralen Pfeilers steigen. Diese Erstbegehung gehörte damals zu den begehrtesten in den gesamten Westalpen.

Kurzerhand taten sich die sieben Kletterer zusammen. Sie erreichten zwei Tage später die »Chandelle«, eine lotrechte, beeindruckende Felskerze, an deren oberem Ende eigentlich etwas leichteres Gelände beginnt und die Hauptschwierigkeiten enden. Doch knapp achtzig Meter vor dem Ausstieg aus der Chandelle schlug binnen weniger Minuten das Wetter dramatisch um, und plötzlich tobte ein heftiges Gewitter. Einer der vielen Blitze, die nun häufig in der direkten Umgebung der Seilschaften einschlugen, traf den Franzosen Pierre Kohlmann im Ohr, der wegen seiner Schwerhörigkeit ein kleines Hörgerät trug. Die Kletterer gerieten in eine schier ausweglose Situation. Immer wieder wurden sie von den elektrischen Ladungen herumgeschleudert, und nur die Seilsicherung bewahrte sie davor, die Wand hinunterzustürzen.

An Hilfe war angesichts des Wetters nicht zu denken. Es folgte ein fast siebzig Stunden währendes Inferno, wobei sich das Wetter kaum einmal besserte und in der Wand schon bald tief winterliche Verhältnisse mit teilweise heftigen Schneestürmen und fast arktischen Temperaturen herrschten. Verzweifelt harrten die sieben Männer in der Hoffnung auf besseres Wetter aus, bevor sie schließlich vollkommen verzweifelt doch noch den endlos langen Rückzug antraten, weil sie einsahen, dass eine Flucht nach vorn einfach nicht möglich sein würde. Das Drama dauerte fünf Tage und fünf Nächte. Zuerst starb Antoine Vieille an Erschöpfung. Später, gar nicht mehr weit von der Gambahütte entfernt, auch Pierre Kohlmann, dann Andrea Oggioni und schließlich Robert Guillaume. Nur Pierre Mazeaud, Roberto Gallieni und Walter Bonatti überlebten diese traumatischen Ereignisse.

Und eben dieser Pierre Mazeaud suchte nun im Winter 1977 einen Kameramann für seine Expedition zum Mount Everest. »Ich freute mich über die Einladung, aber ich fürchtete mich vor dem Khumbu-Eisbruch, von dem ich überhaupt noch nicht ein gutes Wort gehört hatte. Ich wollte dort nicht hinein«, erinnert sich Kurt Diemberger. Andererseits war das Angebot aber auch verlockend. Denn Mazeaud hatte viele gute Bergsteiger um sich versammelt. Dazu gehörten Jean Afanassieff, Ramond Despiau, Nicolas Jaeger, Walter Checchinel und Jean-François Mazeaud. Zudem hatte Kurt Diemberger gehört, dass auch Karl Maria Herrligkoffer eine Expedition zum Everest plante und das Team bereits feststand. In der langen Liste standen die Namen von Hans Engl, Günther Härter, Hubert Hillmaier, Siegfried Hupfauer, Hans Kirchberger, Willi Klimek, Bernd Kullmann, Josef Mack, Georg Ritter, Marianne und Sepp Walter sowie der Schweizer Robert Allenbach und die Polin Wanda Rutkiewicz.

So viele gute Bergsteiger würden natürlich die Chancen erhöhen, den Gipfel zu erreichen. Und dennoch, Diemberger wollte das Angebot eher nicht annehmen. Aber ablehnen und den langjährigen Freund Pierre Mazeaud, den er aus den französischen Alpen gut kannte, so vor den Kopf stoßen, das konnte er auch nicht. Also stellte Diemberger eine fast schon unverschämte Forderung. Er verlangte ein Honorar von zehntausend Mark, wenn er die Franzosen als Kameramann begleiten würde. »Ich dachte, das zahlen die niemals, und ich käme auf diese Weise elegant aus der Sache raus.« Doch Diemberger irrte gewaltig. Noch bevor er im Frühling 1978 mit einer Expeditionsgruppe, der deutsche, schweizerische und österreichische Bergsteiger angehörten, zum Makalu abreiste, rief Pierre Mazeaud wieder an und sagte nur kurz: »Deine Forderung ist akzeptiert. Du gehst mit uns, du bist unser Mann.« Bald darauf begannen die französischen Medien über die Herbstexpedition zum Everest zu berichten, und in ihren Berichten war fortan nur noch von »Kurt Diemberger, dem Kameramann der Achttausender«, die Rede.

Nach der erfolgreichen Besteigung des Makalu begann sich Kurt Diemberger mit dem Mount Everest zu beschäftigen, dessen ganze Größe er vom Makalu aus hatte sehen können. »Ich habe das Ziel einer Besteigung eher nicht als wirklich erstrebenswert empfunden, sondern sah es vielmehr als eine Art Komplettierung meiner Bergsteigerei und fragte mich natürlich vor allem, was man dort Neues machen könnte.« Lange musste Diemberger nicht überlegen: »Es wurden ja unglaubliche Dinge vom Gipfel berichtet. Dass die Besteiger dort keinerlei Emotionen mehr zeigten, dass sie fast regungslos und der Welt entrückt dort oben ausharrten und auf den Abstieg warteten. Es war die Rede von totaler Erschöpfung, Freud- und Gefühllosigkeit und von Schmerzen. Ich konnte das alles gar nicht recht glauben. Und so beschloss ich, den ersten Tonfilm vom Everest mitzubringen. Das war meine Triebfeder, dort hinaufzusteigen. Ich wollte der Welt zeigen, dass es dort oben sehr wohl Freude und tief empfundene Emotionen geben kann.«

Als die Franzosen mit ihrem Kameramann Kurt Diemberger und einem Fernsehteam des französischen Senders TF1 am Fuß des Mount Everest ankamen, war dort nicht sehr viel los. Auf der Gletschermoräne des Süd-Basislagers lagerten nur das deutsche Team um Karl Maria Herrligkoffer und die beiden Briten Doug Scott und Joe Tasker, die zusammen mit dem US-Amerikaner Michael Covington die Nordwand des benachbarten Nuptse durchsteigen wollten, was allerdings in diesem Jahr noch nicht gelang. Für das französische Team von Pierre Mazeaud war eine Besteigung des Mount Everest ohne Flaschensauerstoff keine Option, obwohl

Reinhold Messner und Peter Habeler erst ein paar Monate zuvor auf derselben Route bewiesen hatten, dass es möglich war.

»Ich war mir eigentlich fast sicher, dass mir das bei guten Verhältnissen und unter optimalen Umständen auch gelingen könnte, aber ich war als Kameramann engagiert und musste an den Film denken. Es war einfach nicht möglich, ohne Maske und Flasche bis zum Gipfel zu filmen«, erklärt Diemberger. Seine Auftraggeber nahmen ihr Projekt sehr ernst. Die Franzosen hatten in Kathmandu auf dem Dach eines hohen Hauses eine beeindruckend große Parabolantenne aufgestellt. Damit wurde später der Original-Funkverkehr vom Gipfel live nach Frankreich übertragen. »Wenn wir technisch schon in der Lage gewesen wären, auch Livebilder vom Gipfel zu senden, hätte Mazeaud es ganz bestimmt versucht.«

Als Kurt Diemberger dann zum ersten Mal mit seiner Filmkamera im Rucksack durch den Khumbu-Eisbruch stieg und dabei immer wieder filmen musste, wurde die Angst vor diesem grausigen Ort noch verstärkt, »weil die Sherpa, die uns an diesem Tag begleiteten, fortwährend laut beteten und die Götter um Schutz anflehten. Da wurde mir selbst auch ganz mulmig.« Die Verhältnisse weiter oben präsentierten sich in diesem Jahr schneereich, aber ansonsten gut. Längst hatten sich die Teams von Mazeaud und Herrligkoffer zusammengeschlossen und versuchten häufig gemeinsam den Weg zum Gipfel frei zu machen. Wegen des vielen Schnees musste vor allem anstrengend gespurt werden. So entstand im Lauf der Woche ein tiefer Graben, in dem sich die Bergsteiger auf und ab bewegten. Recht viele Fixseile wurden allerdings nicht verlegt. Am Gelben Band ein paar Meter und später dann am Hillary Step. Ansonsten blieb die Route eher spärlich abgesichert.

In Herrligkoffers Expeditionsgruppe waren das bayerische Urgestein Sigi Hupfauer aus Pfaffenhofen, der bis 1990 insgesamt acht der vierzehn Achttausender bestieg, und die Ausnahmebergsteigerin Wanda Rutkiewicz gemeinsam zur bergsteigerischen Leitung ernannt worden. Die Polin wollte in diesem Jahr ihren ersten Achttausender besteigen. Bis zu ihrem Tod am Kangchendzönga 1992 würden es danach insgesamt ebenfalls acht sein. Doch Wanda Rutkiewicz und Sigi Hupfauer, erinnert sich Diemberger, passten überhaupt nicht zusammen, »die beiden konnten sich nicht ausstehen, sie waren wie Hund und Katz. Herrligkoffer dürfte seine Wahl für die bergsteigerische Leitung seiner Expedition sicher vom ersten Tag an bedauert haben.«

Dennoch kamen die beiden Gruppen dem Gipfel Stück für Stück näher. Am 13. Oktober 1978 erreichten einige Bergsteiger beider Teams den Südsattel. Tags darauf standen die ersten Mitglieder der deutschen Expedition auf dem Gipfel – Hans Engl, Hubert Hillmaier und Josef Mack. In den frühen Morgenstunden des 15. Oktober brachen im Südsattel Jean Afanassieff, Nicolas Jaeger, Pierre Mazeaud und Kurt Diemberger mit seiner Kamera auf. Bald schon waren Afanassieff und Jaeger ein gutes Stück voraus, denn Diemberger strapazierte die Geduld Mazeauds auch diesmal aufs Äußerste. Bereits tags zuvor waren sie bis fast zum Südgipfel hinaufgestiegen, aber weil die Filmerei enorm viel Zeit kostete, war überhaupt nicht daran zu denken gewesen, an diesem Tag den Gipfel zu erreichen. Also gingen sie zurück zum letzten Hochlager, deponierten aber zuvor jeder eine volle Sauerstoffflasche am höchsten erreichten Punkt.

Als sie nun am 15. Oktober wieder dort hinkamen, wirkten Mazeaud und Diemberger noch recht frisch, weil sie mit viel weniger Gewicht viel besser vorangekommen waren. Doch nun begann das Spiel von vorn, weil Diemberger Mazeaud wieder hin- und herschickte. Ständig musste der Franzose Szenen wiederholen, damit sie ins beste Licht gerückt werden konnten. Sie konnten von Glück sagen, dass sie durch die Filmaufnahmen vom Vortag so gut wie alles »im Kasten« hatten. Gegen Mittag erreichten auch Mazeaud und Diemberger den Gipfel. Afanassieff und Jaeger waren gut eine halbe Stunde zuvor angekommen.

Über dem Himalaja dehnte sich an diesem Tag ein strahlend blauer Himmel. Der Funkverkehr mit dem Basislager war in Frankreich live zu hören. Kurt Diemberger filmte und filmte. Er versuchte den Ton synchron zu halten. Er drehte Szenen, die die Gesichter zeigten und die Freude, er filmte den Husten und die gestammelten Worte des Glücks. Auf diese Weise bekam er einzigartige Aufnahmen. Schließlich stellte er sich auf einen ebenen Platz am Gipfel, nahm die Kamera hoch, visierte den Horizont an und drehte sich langsam einmal um die eigene Achse. Nach dem

360-Grad-Schwenk achtete er peinlich genau darauf, dass sich der Horizont wieder exakt auf derselben Höhe in der Linse befand wie zu Beginn. So entstand das erste vollständige Filmpanorama vom höchsten Punkt der Erde. Danach filmte er wieder Mazeaud, wie dieser überwältigt im Schnee kauerte und seiner Glücksgefühle kaum mehr Herr werden konnte.

Pierre Mazeaud und Kurt Diemberger blieben über eine Stunde auf dem Gipfel. Das kommt auf dem Mount Everest nur höchst selten vor. Niemand war während dieser Zeit auf die Idee gekommen, auch Kurt Diemberger einmal zu filmen. Als ihm das selbst bewusst wurde, nahm er die Kamera noch einmal hoch, packte sie mit einer Hand und filmte seinen eigenen Schatten, während er mit der anderen Hand winkte. Diese Szene gehörte später in dem preisgekrönten Film der Franzosen zu den schönsten und eindrucksvollsten überhaupt. Schließlich kniete Diemberger nieder. Und Pierre Mazeaud fotografierte, wie sich der Österreicher in einer demütigen und berührenden Geste auf dem Dach der Welt verneigte. »Ich war dem Schicksal so unendlich dankbar in diesem Moment. Dankbar, weil ich mich überhaupt da hinaufgewagt hatte, weil ich nun mit meinem Freund Pierre da oben stand, weil wir das alles gefilmt hatten und weil wir noch bei Kräften waren, um auch den Abstieg zu überstehen. Meine Glückssträhne vom Makalu schien anzuhalten. Dafür dankte ich den Berggeistern und verbeugte mich vor ihnen.«

Seit vielen Jahren hatten Pierre Mazeaud und Kurt Diemberger gemeinsam den Mont Blanc besteigen wollen, was jedoch zeitlich nie geklappt hatte. Nun standen die beiden großen Bergsteiger einander gegenüber, umarmten sich voller Freude, und Mazeaud flüsterte mit heiserer Stimme in Diembergers Ohr: »Jetzt ist der Everest unser Mont Blanc.« Viel später, bei der Rückkehr nach Paris, würden die stolzen und nationalbewussten Franzosen auch Kurt Diemberger einen fünf Zentimeter langen goldenen Eispickel überreichen und ihm die Ehrenmedaille der französischen Hauptstadt um den Hals hängen. Sie verehrten den bärtigen Mann aus Österreich, der so großartige Filmaufnahmen vom Mount Everest heruntergebracht hatte, wie einen der ihren. Präsident Valéry Giscard d'Estaing persönlich gab sich die Ehre bei diesem fast schon staatstragenden Akt.

An diesem 15. Oktober 1978 waren Jean Afanassieff, Nicolas Jaeger und Pierre Mazeaud die ersten Franzosen auf dem höchsten Berg der Erde. Das gesamte Land trug sie in dieser Stunde wie Helden auf den Schultern.

Mazeaud war zu diesem Zeitpunkt längst eine Berühmtheit in Frankreich. Der promovierte Jurist war Richter und Berater des Premiers. Er saß im engeren Stab des Justizministeriums, wurde schließlich Mitglied des Staatsrats und Staatssekretär im Ministerium für Jugend, Sport und Freizeit. Er hatte eine Professur an der Sorbonne und wurde in die französische Nationalversammlung gewählt. Die Liste von Mazeauds Ämtern und Würden ist schier endlos lang. »Doch auf dem Gipfel des Everest war er ein ganz einfacher Mann, der unendlich glücklich darüber war, dort oben stehen zu dürfen«, sagt Kurt Diemberger.

Die drei Franzosen und der Österreicher gelangten rasch wieder hinunter in den Südsattel. Dort entwickelte sich nun eine, im Nachhinein betrachtet, recht kuriose Situation, die allerdings auch zu ernsthaften Problemen hätte führen können. Inzwischen waren weitere Bergsteiger zum Südsattel aufgestiegen, um am nächsten Tag den Gipfel zu erreichen. In ihrem Zelt stellte die Polin Wanda Rutkiewicz dann aber fest, dass es dort für sie keinen Schlafsack gab. Das kann in fast 8000 Metern Höhe fatale Folgen haben. Eigentlich muss man sofort wieder absteigen. »Ich habe ihr dann meinen Schlafsack abgetreten«, erzählt Kurt Diemberger. Um wenigstens einigermaßen seine eigene Körperwärme halten zu können, zwängte er sich im Zelt zwischen Wanda Rutkiewicz und den deutschen Bergsteiger Willi Klimek. Doch dieses Zelt erwies sich als fürchterlich eng. Die drei wälzten sich während der gesamten Nacht herum, zusammengedrückt wie Sardinen und mehr wach als schlafend. Diemberger musste sogar halb sitzend ruhen, weil es sonst noch viel enger gewesen wäre. Er fror abwechselnd an den Beinen oder am Oberkörper.

In dieser Nacht umtoste überdies ein heftiger Sturmwind den Südsattel. Unter der Wucht der Böen bog sich das Zelt bedrohlich, und Kurt Diemberger stemmte sich bei jedem neuen Windstoß mit dem Rücken, dem Kopf und dem Nacken gegen die sich blähende Zeltplane. Dabei biss er wegen der Kälte und der Anstrengung immer wieder heftig die Zähne zusammen. Und irgendwann krachte es in seinem Mund. Mit der Zunge konnte er sofort fühlen, dass ein Zahn abgebrochen war. Ein Backenzahn. Sein teurer Goldzahn. »Kurz bevor ich ihn womöglich verschluckt hätte, konnte ich ihn in die Hand spucken und in der Brusttasche meines Hemdes in Sicherheit bringen.« Dass ihm die Franzosen später diesen goldenen Pickel schenkten, »wertete ich als gerechten Ausgleich«.

Tags darauf erreichten der Schweizer Robert Allenbach, die Polin Wanda Rutkiewicz, die Deutschen Sigi Hupfauer und Willi Klimek sowie die Sherpa Ang Dorje, Ang Kami und Mingma Nuru den Gipfel. Am 17. Oktober 1978 standen schließlich auch die Deutschen Bernd Kullmann und Georg Ritter ganz oben. Das waren 16 Bergsteiger in einer Herbstsaison, so viele wie nie zuvor.

Kurt Diemberger war somit Augenzeuge einer Entwicklung geworden, die sich von nun an dramatisch verstärken sollte. Er näherte sich in den Jahren danach immer wieder und aus allen nur möglichen Richtungen dem Mount Everest, bestieg den Gipfel allerdings nicht noch einmal. 1980 war er Mitglied einer italienisch-nepalischen Expedition. Ein Jahr später begleitete er David Breashears und Mike Reynolds als Filmregisseur und Kameramann zu deren erstem Versuch in der Ostwand. 1985 war er zusammen mit Julie Tullis, mit der zusammen Diemberger das höchste Filmteam der Welt gegründet hatte, mit einer britisch-schottischen Expedition am Nordostgrat unterwegs und unternahm einen Abstecher in das von ihm so benannte Karmatal unter der Ostwand. Ein Jahr später, wieder mit Julie Tullis, kam er zum Everest aus dem Baruntal heraus. 1987 war er Mitglied einer italienischen Vermessungsexpedition, die noch einmal exakt überprüfen wollte, ob der Everest tatsächlich der höchste Berg der Erde sei. Im Rahmen einer ethnologischen Erkundung kam er 1993 zusammen mit seiner Tochter Hildegard noch einmal von Norden her zum Everest. Und jedes Mal, wenn er in die Nähe des höchsten Berges kam, sah er entsetzt, wie sich dort immer mehr Menschen mit immer weniger bergsteigerischen Fähigkeiten bewegten und auf den Gipfel zu kommen versuchten: »Diese Beobachtungen vermittelten bisweilen dramatische Eindrücke.«

Als sich Kurt Diemberger am 10. Juni 2003 im »Fairmont«-Hotel in San Francisco von seinem Platz erhob, beobachteten die 1100 geladenen Gäste gespannt, wie er nach vorn zum Mikrofon ging. An Diembergers Tisch saßen an diesem Abend Sir Edmund Hillary mit seiner Frau June Mulgrew, der Annapurna-Erstbesteiger Maurice Herzog mit seiner Frau, der Bestsellerautor Jon Krakauer und der Gastgeber Dick Blum. Sie alle warteten gespannt auf das, was Diemberger zu sagen haben würde. Nie zuvor hatten sich am Mount Everest mehr Bergsteiger aufgehalten als in diesem Jubiläumsfrühjahr 2003. In den Kreisen der Höhenbergsteiger wurde längst über die dramatische Zuspitzung der Situation diskutiert und darüber nachgedacht, wie man den Massenauftrieb in den Griff bekommen könnte. Und weil an diesem Abend die allermeisten Anwesenden irgendetwas mit dem Mount Everest zu tun hatten, nutzte Kurt Diemberger die Gunst der Stunde für einen Appell, dass an diesem Berg doch endlich wieder Vernunft einkehren möge.

Er stellte in diesem Zusammenhang zwei Forderungen auf. Noch bevor ein Aspirant auch nur einen Fuß in die Flanken des Everest setzen dürfe, müsse er zuvor den Island Peak besteigen, einen 6189 Meter hohen Berg, nicht weit vom Mount Everest entfernt und unter der Südwand des Lhotse gelegen. Diese Besteigung müsse »vollständig aus eigener Kraft, anstandslos und auf der Basis von eigenem alpinem Können bewältigt werden.« Die Route auf den Island Peak gilt nicht als besonders schwierig. Man quert eine Gletscherzone und gelangt schließlich in eine etwa 60 Grad steile Flanke, die auf den Gipfelgrat leitet. Ein Teil der Route muss jedoch mit Steigeisen in steilem Schnee, Firn oder auf Eis bewältigt werden. Eine gute Übung für die Lhotse-Flanke. Überdies, so Diemberger an jenem Abend weiter, müsse jeder Everest-Anwärter den Muztagh Ata, einen 7509 Meter hohen Berg im Pamirgebirge nahe der chinesisch-tadschikischen Grenze erfolgreich besteigen. Auch dieser Gipfel gilt als technisch eher unschwierig, er fordert die Besteiger jedoch konditionell und wegen der Höhe. Diemberger sah seine Forderungen als eine Art Reifeprüfung. Erst wenn diese beiden Hürden erfolgreich genommen seien, sei ein Bergsteiger befähigt, sich auch an den Mount Everest heranzuwagen.

Unter den Gästen dieses Abends befanden sich auch Jamling Tenzing Norgay, der Sohn des Erstbesteigers Tenzing Norgay und selbst Everest-Besteiger, die US-amerikanischen Spitzenbergsteiger Jim Whittaker, Tom Hornbein und David Breashears sowie Junko Tabei, die erste Frau auf dem Gipfel des Everest. Sie alle, aber auch Ed Hillary, Maurice Herzog, Dick Blum, Jon Krakauer und andere Bergsteiger mit Everest-Erfahrung applaudierten Kurt Diemberger nach dessen Ansprache lange und nickten anerkennend. Doch an vielen anderen Tischen herrschte betretenes Schweigen. Ein Wunder war das nicht, denn dort saßen auch viele Anbieter kommerzieller Expeditionen, Reiseveranstalter also, und zum Teil auch deren Klientel. Diembergers Worte konnten ganz sicher nicht in ihrem Interesse sein. »Mir war sofort klar, dass viele der Anwesenden strikt gegen meine Vorschläge sein mussten, weil ich damit ja eindeutig an dem Ast sägte, auf dem sie allesamt saßen.« Und dennoch, Kurt Diemberger hat nie auch nur ein Wort von dem bereut, was er an jenem Abend in San Francisco gesagt hatte.

Die Veränderungen am Mount Everest, so Diemberger, seien ausschließlich auf den beiden Normalwegen auszumachen, »in allen übrigen Routen ist es ja absolut ruhig, weil sich dort niemand hintraut«. Dies wiederum liege daran, dass es dort eben nicht möglich sei, Laien den Berg hinaufzuführen. »Wenn man den modernen Erzählungen vom Everest aufmerksam lauscht, kommt man sehr schnell zu der Erkenntnis, dass es kaum noch Anwärter gibt, die in der Lage sind, es aus eigenen Stücken auf den Gipfel zu schaffen. Aber wenn am Everest oberhalb des Südsattels oder über dem Second Step das Wetter umschlägt, dann ist man auch mit dem besten Bergführer oder dem besten Sherpa ein armer Hund. Die können sich dann ja selbst kaum noch in Sicherheit bringen.«

Diemberger sieht inzwischen auch ein fast schon zwanghaftes Verhalten am Berg: »Wenn verschiedene Expeditionsgruppen, deren Leiter womöglich auch noch in Konkurrenz zueinander stehen, gleichzeitig versuchen, den Gipfel zu erreichen, dann schaukeln sich die Bergsteiger auch gegenseitig hoch, denn dann will keiner umkehren, und niemand ist bereit, die vereinbarte Umkehrzeit einzuhalten. Man darf sich also nicht wundern, dass so viel passiert. Und man darf sich noch weniger wundern, wenn eines Tages noch viel mehr passieren wird.« Den Mount Everest zu besteigen sei eine reine Prestigeangelegenheit geworden, stellt Diemberger verärgert fest. Das betreffe in einer neuen Kategorie längst auch die technisch besten Profibergsteiger der Welt, »denn es genügt ja inzwischen nicht mehr, den Everest einfach nur zu besteigen. Selbst die ganz starken Höhenbergsteiger müssen zeigen, dass sie die schnellsten sind oder wer öfter oben gewesen ist.«

Natürlich schätzt er die Besteigungen »by fair means« noch immer am höchsten ein. Aber Kurt Diemberger ist nicht bereit, die Besteigungen mit Flaschensauerstoff allesamt zu schmähen: »Wenn einer seine vollen Flaschen selbst hinaufträgt und die leeren wieder mit herunterbringt, würde ich das zumindest nicht als unfair bezeichnen. Dann bekommt der Besteiger eben den Vermerk ›mit Sauerstoff‹. Wenn aber einer auf den Gipfel kommt und seinen zusätzlichen Sauerstoff durch einen langen Schlauch und aus einer Flasche geatmet hat, die ihm ein Sherpa im Rucksack hinterhergeschleppt hat, dann würde ich das schon sehr unfair nennen.«

Doch er sieht die Sauerstoffflaschen nicht einmal als das größte Problem am Everest an. Vielmehr sei die Tatsache, dass auch am höchsten Berg der Welt und in diesen endlosen Menschenschlangen, die sich dort inzwischen bildeten, der Langsamste das Tempo aller bestimmte, überaus gefährlich. Wo das hinführte, habe man am Everest bereits gesehen und 2008 auch am K2, als sich im gefährlichen Flaschenhals ein Stau gebildet habe. Wäre damals der Eisabbruch in der Sérac-Zone früher passiert, hätte keiner dieser Bergsteiger eine Überlebenschance gehabt. »Ich bin der Meinung, dass es am Mount Everest eine qualitative Auswahl geben muss, um das quantitative Problem in den Griff zu bekommen.« Aber das habe er schon 2003 in San Francisco gesagt. Man kann sich irgendwie des Eindrucks nicht erwehren, dass dieser Mann wirklich froh ist, diesen Berg nicht mehr besteigen zu müssen...

Fünfzehn Fragen an
...KURT DIEMBERGER

»Meine Töchter haben mich gefragt, warum ich immer noch nicht auf dem Everest war«

Was sind im Wesentlichen die Unterschiede zwischen Bergsteigen und Höhenbergsteigen?
Ich sehe da keinen Unterschied. Wenn man etwas nicht mehr als Bergsteigen bezeichnen will, dann kann das genauso gut in niedrigen Höhen sein als auch in großen Höhen.

Wie wird man Höhenbergsteiger?
Indem man hoch hinaufgeht. Indem man seinen Traum von einem großen, hohen, bis dahin noch nicht definierten Berg verwirklicht. Ich hatte diesen Traum. Ich wollte irgendwo im Himalaja auf einen in meinen Gedanken vorhandenen hohen Berg hinauf. Es gibt ein Bild aus dem 18. Jahrhundert, welches das trefflich ausdrückt. Es zeigt den Dhaulagiri aus der Ferne und ist von einem unbekannten Maler. Es sieht aus wie ein Traumbild. So hat man einen Berg im Kopf oder im Herzen und sagt sich, da muss ich jetzt hinauf. Wenn man es dann tut, wird ein Traumbild verwirklicht.

Welche Vorstellungen vom Höhenbergsteigen hattest du, bevor du den ersten Achttausender bestiegen hast?
Ich wollte das Traumbild verwirklichen, indem ich immer weiter in den Himmel hinaufsteige. Das war nichts Heroisches. Dabei bin ich vielleicht von Herbert Tichys Schilderung des Cho-Oyu-

Gipfels beeinflusst worden. Das ist durchaus möglich, denn ich habe Tichys Buch *Weiße Wolken über gelber Erde* sogar bis ins Hochlager II am K2 mit hinaufgenommen und in langen Sturmnächten für Julie Tullis an meiner Seite übersetzt. Ja, ich glaube, Tichy hat einen großen Einfluss auf mich ausgeübt.

Haben Höhenbergsteiger ganz bestimmte charakterliche Merkmale?
Das glaube ich nicht. Höhenbergsteiger können Menschen aller Art sein, und jeder findet etwas anderes. Der eine sucht einen Prestigeerfolg, der andere eine Traumverwirklichung, der dritte empfindet das Leben in dieser ganz großen Höhe vielleicht als etwas so Einmaliges und Eigenartiges, dass er das immer wieder haben will.

Was muss ein Höhenbergsteiger mitbringen, um einen Achttausender zu besteigen?
Er muss über großes technisches Können verfügen. Er muss nicht unbedingt einen sechsten Grad klettern können, aber er braucht große Ausdauer, sehr viel Geduld und muss in der Lage sein, sich Zeit zu lassen und auf keinen Fall – außer in besonderen Ausnahmefällen – dem Geschwindigkeitsfimmel zu erliegen. Solche Ausnahmefälle wären zum Beispiel der Flaschenhals am K2, wenn man über sich einen solch riesigen Sérac hat, oder ein herannahender Wettersturz oder Querungen von gefährlichen Couloirs. Also sehr plausible Situationen, die es erfordern, schnell zu sein. Oder man heißt Ueli Steck. Aber ich glaube, selbst er hat inzwischen begriffen, dass er nicht lange lebt, wenn er immer nur auf der schnellen Liste läuft.

Ist der Mount Everest ein besonderer Berg?
Ja sicher. Er ist der höchste aller Berge und von gewissen Seiten wie von Osten und Norden eine begeisternde Größe.

Warum wolltest du den Everest besteigen?
Meine Töchter haben gefragt: »Warum warst du da noch immer nicht oben?« Und schließlich habe ich es als Herausforderung empfunden, etwas ganz Bestimmtes zu verwirklichen. Ich wollte den ersten Tonfilm vom Gipfel herunterbringen und gleichzeitig

damit zeigen, was ich ohnehin schon wusste: dass es nämlich lediglich ein Klischee ist, dass das Erreichen des Gipfels nach dem langen Aufstieg keine Freude auslöst oder Begeisterung, man das alles vielmehr nur stumpfsinnig wahrnimmt. Es ist mir gelungen, das filmisch zu belegen. Ich hatte die Erfahrung zuvor bereits selbst gemacht, dass man sehr wohl Freude, Begeisterung mit allen Sinnen erleben kann. Es freut mich bis heute ganz besonders, dieses Vorhaben umgesetzt zu haben.

Wie ist es zu erklären, dass Höhenbergsteigen innerhalb weniger Jahre so populär wurde?
Dafür gibt es zwei Gründe. Einmal ist das Prestigedenken der Menschen sehr stark angewachsen. Und ein zweiter Grund ist, dass die Schwierigkeiten, den Berg zu erreichen, wie auch die beim Aufstieg selbst geringer geworden sind. Ich sage immer, die Barriere der Mühe wurde weitgehend beseitigt.

Hast du beim Höhenbergsteigen bestimmte, stetig wiederkehrende Abläufe – etwa im Sinne von Ritualen?
Eines davon war immer, dass ich peinlich genau auf genügende Akklimatisierung geachtet habe – für einen Achttausender immerhin drei Wochen Auf- und Abstiege. Wichtig ist mir immer gewesen, die Ausrüstung und ihr Sortiment klar zu bestimmen und auszuwählen. Und es war vielleicht eine Art Ritual, dass ich immer darauf geachtet habe, nie mit jemandem zu gehen, den ich nicht gut kannte und der mir nicht zusagte. Ich habe auch immer auf diese Tütennahrung verzichtet. Außer vielleicht im letzten Hochlager, wo man allerdings eh kaum noch etwas isst. Aber ansonsten Speck und Käse, handfeste Verpflegung.

Wenn du die Wahl hättest, welchen Achttausender würdest du noch einmal besteigen wollen?
Wenn ich es mir wünschen könnte, dann wären das der Kangchendzönga und der Nanga Parbat. Weil es einfach Bergpersönlichkeiten sind. Und mit dem Nanga Parbat verbinden mich überdies auch die Erinnerungen an meine Seilgefährtin Julie Tullis. Den Kangchendzönga möchte ich auf jeden Fall einmal anschauen, denn den habe ich bis jetzt noch nicht in natura gesehen

und er begeistert mich als ein gewaltig großes Massiv. Zum Nanga Parbat gehe ich sicher wieder einmal hin, wenn die Möglichkeit besteht. Genauso wie zum K2. Das sind einfach phantastische Berge.

Was empfindest du, wenn du vom Gipfel eines Achttausenders zurückkehrst?
Diese Gefühle sind ja zweigeteilt: in die Zeit, wenn man das Basislager wieder erreicht, und in die Zeit, wenn man nach Hause zurückkommt. Zufriedenheit, es geschafft zu haben, und ein gewisses Leuchten, ein Licht, das man weiter mit sich trägt.

Was ist das schönste Gefühl beim Höhenbergsteigen?
Es kann der Gipfel sein. Aber eigentlich ist es das schönste Gefühl, wenn man gemeinsam wieder unten ist. Mit oder ohne Gipfel.

Was sagt man Menschen, die Bergsteigen für eine schwachsinnige Angelegenheit halten?
Was soll man dazu sagen? Was sagt man so einem Menschen? Gut möglich, dass ich sagen würde: »Schau, es gibt viele, die nicht kapieren, was Bergsteigen bedeuten kann – zu denen gehörst du einfach.« Das ist zwar keine Antwort. Aber ich wüsste wirklich nicht, was ich so jemandem sagen sollte. Besser wäre vielleicht auch das: »Sagt die Möwe zum Hering unter ihr in den Wellen: ›Du tust mir leid – weil du es niemals erleben wirst, wie das Fliegen ist!‹« Das wäre doch die richtige Antwort für »den Hering«, nicht wahr?

Was würdest du antworten, wenn dein Sohn oder deine Tochter vor dir steht und sagt: »Ich möchte gern auf den Mount Everest steigen«?
Ich habe ja zwei Töchter. Wenn eine der beiden mit diesem Wunsch zu mir käme, würde ich wohl sagen: »Da müssen wir zunächst einmal tüchtig trainieren. Und dann darfst du dir Schritt für Schritt vornehmen: Zuerst wird der Island Peak bestiegen, dann ein leichter Siebentausender wie der Muztagh Ata. Und wenn du das alles reibungslos geschafft hast und es gut beherrschst, dann darfst du den Everest an der Seite eines mir per-

sönlich lieben Begleiters aus dem Sherpa-Volk probieren. Es muss aber ein Sherpa sein, der bereit und entschlossen ist, nötigenfalls rechtzeitig umzukehren.«

Was zeigt dein schönstes Foto vom Mount Everest?
Das ist eine Fotografie, die der französische Alpinist Nicolas Jaeger von mir aufgenommen hat. Dieses Foto zeigt mich am Gipfel des Mount Everest. Ich danke dem Unsichtbaren, indem ich mit der Stirn den Schnee berühre.

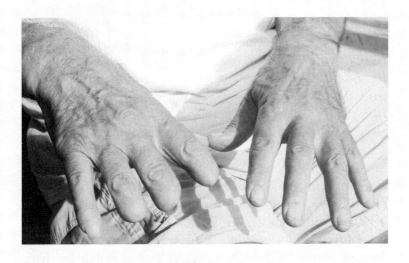

Das Gespräch wurde am 9. August 2012 im Haus von Kurt Diemberger in Calderino di Monte San Pietro unweit von Bologna in Italien geführt.

»Ich hätte eine halbe Airline dafür bekommen«

Reinhold Messner, 1980

Als Reinhold Messner 1978 nach der ersten Besteigung ohne Flaschensauerstoff vom Everest herunterkam, müde, abgemagert, ausgemergelt und dennoch in einem unglaublichen Gefühlsrausch, verließ er ein paar Tage später das Basislager und spazierte das Khumbu-Tal hinaus. Er kam dabei durch all die bekannten kleinen Dörfer, passierte den Weiler Gorak Shep unter dem Kala Patar, ging weiter nach Dughla und Pheriche, nach Pangboche und hinauf zum Kloster Tengboche. Bevor er jedoch nach Namche Bazar abstieg, zweigte er in Khumjung ab und ging nach Khunde. Dort traf er wieder auf Peter Habeler, der sich schon seit zwei Tagen in dem Spital aufhielt, das Sir Edmund Hillary einst für die Sherpa gebaut hatte, um die medizinische Versorgung in den schwer zugänglichen Berggebieten unter dem Mount Everest zu verbessern. Und hier in Khunde traf Reinhold Messner nun auf den großen Erstbesteiger und war gerührt von den so herzlichen Glückwünschen des Neuseeländers.

»Hillary freute sich ehrlich und aufrichtig mit uns«, erzählte mir Reinhold Messner im Garten von Firmian zwischen den Festungsmauern von Sigmundskron, einem der geschichtsträchtigen Orte Südtirols. Dort hat Messner eines seiner fünf Museen eingerichtet. Es war November, aber wir saßen dennoch im Freien, und über uns strahlte die Südtiroler Sonne. Es war vielleicht nicht die nächstliegende Frage an den bekanntesten Bergsteiger der Welt, die ich zuerst stellte. Im Journalismus nennt man das einen »Tür-Zuklapper«. Eine Frage, mit der man sich unter Umständen ein ganzes Interview versauen kann. Ich stellte sie dennoch. Weil ich gespannt war, was Reinhold Messner darauf antworten würde.

Ich wollte wissen, ob ihn das Thema Everest überhaupt noch interessiert, ob ihn noch berührt, was sich dort abspielt. Er überlegte keine Sekunde: »Mich interessiert der Everest nur noch, wenn dort etwas Besonderes geschieht. Wenn zum Beispiel endlich eine der schweren, noch offenen Routen der Ostwand durchstiegen würde oder wenn eine Expedition eine der anderen großen Routen durchsteigt. Ansonsten ist es mir egal, was dort auf den Normalwegen passiert. Das ist Zirkus, Theater, eine große inszenierte Show.«

Auf dem Weg nach Khunde 1978 hatte sich Reinhold Messner noch einmal umgedreht, um einen letzten Blick auf den höchsten Berg der Welt zu erhaschen, bevor der hinter den anderen Bergen verschwand. Zu diesem Zeitpunkt war ihm längst klar, dass ihn sein allererster Weg nach der Rückkehr nach Kathmandu unbedingt zum dortigen Tourismusministerium führen musste. Dort würde er um eine Genehmigung zur Besteigung des Mount Everest ansuchen.

Reinhold Messner, Südtiroler, Europäer, Weltbürger, Bergsteiger, Abenteurer, selbst ernannter Grenzgänger, weil ihm »Abenteurer« zu sehr nach Kommerz klingt, Schlossbesitzer, Bergbauer, streitbarer Europa-Parlamentarier zwischen 1999 und 2004, Tourismuskritiker, Autor von 60 Büchern. Mit seinen Überarbeitungen sind es sogar 72. Die Internetsuchmaschine Google spuckt 1,19 Millionen Einträge aus, wenn man seinen Namen eingibt. 1944 in Brixen geboren, im Sternzeichen der Jungfrau. Geometerschule in Bozen, Studium in Padua, kurze Zeit Mittelschullehrer. Überall zu Hause und doch nirgendwo daheim. »Ich bin ein Grenzgänger. Unterwegs an der Grenze zwischen Umkommen und Durchkommen«, sagte er in einem Live-Chat des Magazins *National Geographic*. Sein Gang auf der Grenze bescherte ihm weltweiten Ruhm, persönliche Niederlagen und Verluste. Manch einer nennt ihn – auf den ersten Blick hin despektierlich – auch den »GröBaZ« – den »Größten Bergsteiger aller Zeiten«. Vielleicht ist er auch der berühmteste Fußgänger aller Zeiten: Längsdurchquerung Grönlands, zu Fuß durch Arktis und Antarktis, zum Südpol und Nordpol, den Everest nahm er als dritten Pol gleich zweimal. Quer durch Tibet, durch die Wüsten Taklamakan und Gobi, 3500 Bergtouren, fast hundert Erstbesteigungen, fünfzig Soli. So vielseitig war wohl noch keiner. Reinhold Messner geriet zum Mythos, zum Verfechter der Unternehmungen »by fair means«. Und zum gnadenlos aggressiven Kritiker von allem und jedem, was sich ihm in den Weg stellte.

Alles, wirklich alles in seinem bergsteigerisch-schöpferischen Leben folgte dem einen ganz großen Plan: sich abzuheben von anderen, herauszukommen aus dem grauen Einheitsbrei. Seine Südtiroler Landsleute ließ er wissen, »dass sie ein Volk von unterdrückten Ja-Sagern« seien und nicht mal »richtig Deutsch« können. Das haben sie ihm nie verziehen. Den überwiegend verhassten Medienvertretern teilte er im Kalenderblatt-Versmaß mit: »Wer nichts geworden ist, wird Journalist.« Die Betroffenen lächelten und ließen gütig Milde walten. Keine Frage, dieser Mann ist etwas Besonderes.

Der Extrembergsteiger Reinhold Messner, gerade von der ersten Besteigung des Mount Everest ohne Flaschensauerstoff zurück und deswegen weltweit in aller Munde, hatte in Kathmandu kein Glück mit seinem Ansuchen. Was er da vorhabe, ließ man ihm im Tourismusministerium durch einen hohen Beamten mitteilen, sei in den Statuten nicht vorgesehen. Dafür gebe es keine Regeln und auch keine vergleichbaren Fälle. Deshalb könne man auch den Antrag auf Genehmigung einer Solo-Besteigung des Mount Everest von der Südseite her nicht bewilligen. Und tatsächlich, noch niemals zuvor hatte ein Bergsteiger versucht, den Everest allein und zudem ohne Flaschensauerstoff zu besteigen.

»Für mich aber war das die Konsequenz meiner Bergsteigerei, der nächste logische Schritt«, sagt Messner. Er hatte gleich nach der Besteigung 1978, die vor allem wegen der Kälte und des Windes, nicht aber wegen technischer Schwierigkeiten riskant gewesen war, erkannt, dass auch eine Solo-Besteigung des höchsten Bergs ohne Flasche und Maske möglich sein müsste. »Bei gutem Wetter konnte das eigentlich kein so großes Problem sein, und ich wollte das versuchen.« Er war der Überzeugung: »Wenn klar ist, dass man am Everest keinen Flaschensauerstoff braucht, um zu überleben, dann kann ich das auch allein machen.« Doch bei aller Zuversicht und Überzeugung, ohne Genehmigung saß Messner in einer Sackgasse, und die nepalischen Behörden erwiesen sich als unnachgiebig in ihrer Entscheidung. Alle Argumente, nicht einmal der gute Ruf, der Messner inzwischen überall vorauseilte, halfen etwas. Er reiste ohne Permit zurück nach Südtirol.

Dann aber kam ihm eine politische Entscheidung zugute, die in Peking getroffen wurde. Die chinesische Regierung beschloss zu dieser Zeit, die Grenzen nach Tibet für Bergsteiger wieder zu öffnen, nachdem das Land zuvor seit dem Einmarsch chinesischer Truppen in Osttibet 1950 fast dreißig Jahre hermetisch abgeriegelt gewesen war. 1979 reiste Reinhold Messner nach China: »Als ich dort um einen Everest-Genehmigung nachfragte, erhielt ich sie sofort. Das Permit war zwar enorm teuer und mit restriktiven Auflagen verbunden, aber ich kaufte es.« In dieser Genehmigung war vermerkt, dass Reinhold Messner den Mount Everest besteigen, die Anreise von Lhasa in das Basislager auf dem Rongbuk-Gletscher aber nicht allein unternehmen dürfe, sondern sich dabei »betreuen« lassen müsse. Im Klartext hieß das, er musste einen Dolmetscher und einen Begleitoffizier der Regierung mitnehmen. Lästige Anhängsel, wenn einer eigentlich allein sein will.

Kurz bevor Messner nach China flog, hatte er in Pakistan den K2 bestiegen – der Berg der Berge, der vielleicht schönste aller Achttausender, der zweithöchste Gipfel der Erde und der Inbegriff einer bergsteigerischen Herausforderung war Messners fünfter Achttausender. Er kam im Rahmen einer vergleichsweise kleinen Expedition mit dem deutschen Michl Dacher, dem Österreicher Robert Schauer, den beiden Italienern Alessandro Gogna und Renato Casarotto sowie seinem Südtiroler Freund und Kletterpartner Friedl Mutschlechner über den Baltoro-Gletscher und den Concordiaplatz zum K2. Von dort hat man einen ebenso faszinierenden wie phantastischen Blick auf den Berg und vor allem auf den Südsüdwestgrat. Der Route dort hatte Reinhold Messner schon einen Namen gegeben, bevor er sie zum ersten Mal in natura gesehen hatte. Er nannte sie »Magic Line«. Und tatsächlich, geradezu magisch zieht diese vollkommen logische Linie scheinbar direkt in den Himmel über dem Karakorum hinauf.

Messner und sein Team waren überwältigt von dem Anblick. Doch sie bekamen keine Chance, eine der großartigsten Routen an den Achttausendern auch nur zu versuchen. Zu lange hatte aus den verschiedensten Gründen der Anmarsch bis ins Basislager unter dem K2 gedauert, zu bedrohlich hingen die großen Schneemassen in den gefährlichen Passagen. Das Team wählte die Route der italienischen Erstbegeher Lino Lacedelli und Achille Compagnoni von 1954 für den Anstieg. Doch auch der Abruzzensporn am Südostgrat des K2, eigentlich der einfachste Anstieg zum Gipfel, ist im Vergleich zu den Normalwegen anderer Achttausender noch extrem anspruchsvoll. Am 12. Juli erreichten Reinhold Messner und Michl Dacher den 8611 Meter hohen Gipfel. Es war überhaupt erst die vierte Besteigung, und Messner fühlte sich nach dem Erfolg an diesem schwierigen Berg in der Annahme bestätigt, ein Jahr später den Everest im Alleingang besteigen zu können.

»Ich habe dieser Expedition zum Everest entgegengefiebert wie keiner anderen vor- oder nachher«, schrieb Reinhold Messner später in seinem Bestseller *Überlebt. Alle 14 Achttausender.* Im Juli 1980 kam er auf dem Rongbuk-Gletscher an, jenem historischen Platz, an dem unter dem Mount Everest einst alles begonnen hatte. Messner bedeutete es viel, an diesem Ort sein zu dürfen. Er besaß schon immer die Fähigkeit, sich in die Zeit der Entdecker, Erschließer und Eroberer einfinden zu können. Kaum etwas anderes faszinierte diesen Mann mehr als Abenteuer – die eigenen so sehr wie die anderer. Und der Grenzgänger Messner war immer darauf bedacht, das Terrain des Möglichen auszuweiten. Viel intensiver und selbsterfahrener kann man kaum leben. Etliche, die es Messner gleichtaten – und die Welt ist nicht gerade arm an Abenteurern –, starben. Messner starb nicht.

Er überlebte. Das schaffte er auch, weil tief in ihm drin und oft ganz offen zutage tretend eine Urangst wohnte. Und Angst ist an den Achttausendern häufig nicht der schlechteste Wegbegleiter. Reinhold Messner, so kann man herausdeuten, wenn man ihm aufmerksam zuhört, hatte wohl stets weniger Angst vor dem Sterben als vielmehr vor dem Umkommen. Am Everest jedoch würde ihm nun sogar das wichtige Ventil fehlen, um Luft ablassen zu können. Er würde seine Ängste nämlich nicht kanalisieren, er würde sie mit niemandem teilen können. Und somit auch nicht mildern.

Als er im Basislager die Zelte aufschlug, war einzig die Kanadierin Nena Hòlguin bei ihm, Messners damalige Freundin. Sie errichteten ein vorgeschobenes Basislager in 6500 Meter Höhe, von dem aus Messner am 22. Juli 1980 einen ersten längeren Aufstieg bis zum Nordsattel unternahm. Es herrschte Monsunzeit, und beeindruckende Schneemassen ließen die Hänge und Flanken des Mount Everest unheilschwanger erscheinen. Im Nordsattel konnte Messner einen Blick in die abweisende Nordwand werfen. Er sah auf der nepalischen Seite den Pumori und weit draußen den Cho Oyu. Aber ermutigend war das alles nicht gerade. Dort oben, in etwas mehr als 7000 Meter Höhe, lag zwar bereits ein Großteil der Schwierigkeiten auf der Nordroute hinter ihm. Aber an eine Gipfelbesteigung war unter diesen Umständen und bei diesen Verhältnissen überhaupt noch nicht zu denken.

Messner stieg zurück, und ihm wurde rasch klar, dass er das unmöglich aussitzen konnte. Sein Zeitplan sah vor, den Gipfel vom vorgeschobenen Basislager aus in drei oder vier Tagen zu besteigen, ohne dafür Vorbereitungen getroffen zu haben wie beispielsweise installierte Hochlager. Er wollte unbedingt – einer Schnecke gleich und das eigene Haus auf dem Rücken – mit Biwaks den höchsten Punkt erreichen. Am Morgen wollte er sein Zelt zusammenpacken und dann weiter hinaufsteigen. Natürlich ohne zusätzlichen Sauerstoff und auch ohne Fixseile. Am Second Step würde er die fest montierte Leiter der Chinesen benutzen können. Das sollte aber auch alles sein.

Ende Juli verließen Reinhold Messner und Nena Hòlguin das Basislager auf dem Rongbuk-Gletscher wieder. Für die junge Frau muss die Belastung enorm gewesen sein, denn während Messners Abwesenheit war sie allein und ohne jeglichen Kontakt zurückgeblieben. Am schlimmsten war es, wenn Wolken den Everest verhüllten und sie den Partner nicht einmal mehr sehen konnte. Bei den Ruinen des während der chinesischen Kulturrevolution fast vollständig zerstörten Klosters Rongbuk warteten die beiden auf einen Jeep.

Reinhold Messner hatte eine Genehmigung der chinesischen Regierung, an der Shisha Pangma Erkundungsanstiege zu unternehmen, um sich dabei auf eine spätere Besteigung vorzubereiten. Diese Option zog er nun. Über hundert Kilometer weit mussten sie über die zauberhafte Hochfläche Tibets fahren, und spätestens an diesem Tag entdeckte Reinhold Messner erstmals seine Leidenschaft für dieses Gebiet: »Tibet war ja damals mindestens so spannend wie der Mount Everest. 1979 kamen die ersten Wissenschaftler wieder dorthin, und ein paar Japaner, die eine Everest-Genehmigung für das darauffolgende Frühjahr hatten, durften sich einmal ein wenig umschauen. Die halbe Welt hat sich damals bemüht, nach Tibet reisen zu dürfen. Zum Glück waren wir so früh dran.«

Am 10. August kehrten Reinhold Messner und Nena Hòlguin von ihrer Exkursion in das Basislager an der Nordseite des Everest zurück. Der Dolmetscher und der Begleitoffizier hatten sie ständig auf Schritt und Tritt verfolgt. Und sie taten es weiter, zumindest so weit sie folgen konnten. Fünf Tage später errichteten Messner und Nena Hòlguin das vorgeschobene Basislager. Die Situation am Berg hatte sich ganz offenkundig stabilisiert. Mehr noch, sie hatte sich sogar wesentlich verbessert. Die Höhenstürme hatten sich gelegt, und alles sah nach einem stabilen Wetterfenster aus.

Der Südtiroler Ausnahmebergsteiger war inzwischen sehr gut akklimatisiert. Dazu hatten auch die Aufstiege an der Shisha Pangma beigetragen. Er packte nur das Allernotwendigste in seinen Rucksack – ein sturmerprobtes Zelt aus Spezialmaterial, eine dünne Matte, ein Schlafsack gefüllt mit Kunstfasern, Pickel und Steigeisen aus Titan, zwei leichte Skistöcke, Kocher, einen kleinen Metalltopf, gerade so groß wie eine etwas größere Tasse, ein wenig Proviant, Käse, trockenes Südtiroler Brot, ein paar Dosen Fisch. Viel leichter ging es kaum. Achtzehn Kilogramm wog der Rucksack schließlich. Das Wetter, alle Beobachtungen, dazu steigende Werte auf dem Höhenmesser verhießen Stabilität. Ein Wetterfenster in der Monsunzeit.

Am 17. August stieg Reinhold Messner dann bis knapp unter den Nordsattel. Er deponierte dort einen Teil seiner Ausrüstung und kehrte wieder zu den Zelten des vorgeschobenen Basislagers zurück. Dort ruhte er noch einmal für ein paar Stunden. Dieser Aufstieg hatte einzig dazu gedient, den Rucksack ein Stück weit hinaufzuschaffen und vor allem die Schneeverhältnisse zu prüfen. »Vor Mitternacht bin ich aufgestanden, habe mich angezogen und bin dann wieder hinaufgegangen. Das war in der Nacht nur möglich, weil ich den Weg kannte und meine eigene Spur hatte.« Nena Hòlguin blieb wieder einmal bei den Zelten zurück und versuchte sich in der wohl schrecklichsten Form des Wartens. Warten, ohne zu wissen, ob man nicht vergeblich ausharrt.

Am 18. August 1980 begann der entscheidende, praktische Teil eines Abenteuers, das allerdings zuvor sicherlich hundertmal theoretisch im Kopf des Protagonisten durchgespielt, durchprobiert und durchgekämpft worden war. Rasch erreichte Reinhold Messner wieder sein Rucksackdepot. Dann geschah das Unerwartete. Unter dem Nordcol gab es eine große sichelförmige Spalte. Dort gab plötzlich – wie eine Falltür – der Schnee unter Messner nach, er stürzte in das finstere Loch und blieb erst auf einer kleinen Schneebrücke in der Spalte liegen. Kein Funkgerät, keine Seilsicherung durch einen Partner, keine zu erwartende Hilfe. Das ist der Horror eines jeden Alleingängers. Es war nur einer großen Portion Glück, jahrelanger Erfahrung und seinem außergewöhnlichen Können zu verdanken, dass Reinhold Messner dort wieder herauskam. Über eine rampenartige Leiste gelangte er Schritt für Schritt und ganz vorsichtig wieder nach oben. Als er der Spalte entstieg, befand er sich zwar immer noch unterhalb des Hindernisses, aber er war zumindest wieder in Sicherheit.

»Als ich in der Spalte lag, war ich fest entschlossen, umzukehren, falls ich wieder herauskommen würde. Oben war das überhaupt keine Überlegung mehr. Ich konnte den Schreck und die Angst komplett ausblenden. Ich habe es verdrängt, so wie ein Kranker seine Krankheit verdrängt.« Messner kehrte von der Stelle, an der er die Spalte wieder verlassen hatte, zurück zu dem Punkt, wo er hineingefallen war. Dort sah er weiterhin seine einzige Chance, auf die andere Seite zu gelangen. Er stieß seine beiden Skistöcke an die gegenüberliegende Eiswand und entschloss sich zu einem sehr großen Spreizschritt. Das war zwar abermals riskant, funktionierte aber. Als er auf der anderen Seite stand, wurde es Tag. Nun ging es leichter.

Hinter dem Nordcol geht es einen Schneegrat hinauf, der sich je nach den Verhältnissen den Bergsteigern mal mehr, mal weniger schwierig präsentiert. Im Frühling sind die Felsplatten auf den Graten des Everest nach heftigen Stürmen häufig schneefrei. Als Reinhold Messner dort ankam, lag jedoch Schnee. »Das war sehr unangenehm, denn der Schnee war da hingeweht worden. Zuvor hatte ich zwar auch schon spuren müssen, ich bin aber nur bis zu den Knöcheln eingebrochen.« Tieferer Schnee hätte zu einem ernst zu nehmenden Problem werden können, denn allein zu spuren ist schwierig, bisweilen sogar unmöglich.

Er verfolgte nun den Nordostgrat. Deutlich spürte er nun zwar die zunehmende Höhe. Aber noch war das kein Problem, noch war es gut möglich, sich seine Kräfte richtig einzuteilen. Der einzige Mensch, mit dem Reinhold Messner reden konnte, war er selbst. So geriet diese Besteigung zunehmend zu einer Reise in das eigene Ich, auf der nur noch die nächsten dreißig Meter zählten. Dann eine Pause. Und wieder dreißig Meter. Weiter oben, im Gipfelbereich, waren es dann nur noch wenige Schritte, die möglich wurden. Oft nur noch ein einziger. Nichts im Gebirge ist eine größere Herausforderung als der Alleingang.

Am Nachmittag des ersten Tages erreichte Reinhold Messner eine Höhe von 7800 Meter. Das war viel mehr, als er sich vorgenommen hatte. Er nahm seinen Rucksack herunter und begann sein Zelt aufzustellen. Mehr als zwölf Stunden waren seit seinem Aufbruch im vorgeschobenen Basislager vergangen. Zwölf Stunden Einsamkeit. Zwölf Stunden totale Isolation. Zwölf Stunden Ausgesetztsein.

Wenn er jetzt über die Nordflanke nach unten schaute, konnte er als winzigen Punkt das vorgeschobene Basislager erkennen, wo Nena Hòlguin wohl versuchte, sich die negativen Gedanken zu vertreiben – 1300 Höhenmeter tiefer.

Es vergingen Stunden, ehe der Platz für das Biwak fertig war, das Zelt sicher stand und er endlich die erste Flüssigkeit vom Kocher nehmen konnte. Stunden, in denen die Gedanken zum ersten Mal wieder einen Halt fanden. Zuvor war es nur darum gegangen, einen Fuß vor den anderen zu setzen und das Alleinsein zu ertragen. Doch nun, als der Körper zur Ruhe kam, wurde der Raum für Gedankengänge auf einmal größer. Davon berichten alle Höhenbergsteiger, die allein Nächte in der Höhe verbracht haben. Und selbst wenn sie zu zweit oder zu dritt sind, fürchten die meisten kaum etwas mehr als die Nacht.

Auch am Mount Everest und über Messner legte sich nun die Dunkelheit. Wie ein Leichentuch. Draußen jaulte ein aufkommender Sturm. Er trug die Böen in nicht vorauszuberechnenden Wellen heran und schleuderte heftige Windstöße gegen das Zelt. Wenn es Nacht wird im Himalaja und an den Achttausendern, sind Bergsteiger auch durch sich selbst gefährdet. Denn dann kriechen Zweifel, Ängste und Befürchtungen in den Schlafsack. Sie machen sich dort breit wie Dämonen, wie ungebetene Begleiter. *Angst fressen Seele auf* heißt ein Melodram von Rainer Werner Fassbinder. Höhenbergsteiger wissen, was das bedeutet. Auch Reinhold Messner.

»Das Schwierigste an der gesamten Tour«, erklärte er mir 23 Jahre später im Schlosshof von Firmian, »war nun, in der Nacht nicht die Nerven zu verlieren. Das Schlimmste waren die Phasen, in denen ich überhaupt nicht in Bewegung war und damit auch überhaupt nicht in Gefahr. Mich beschäftigten Fragen. Wie lange würde ich noch brauchen? Drei Tage? Vielleicht doch vier? Bleibt das Wetter gut? Ich habe versucht, alle Gedanken auszuschalten. Das kann ich eigentlich gut, aber auch nicht perfekt. Es gelang mir in der Nacht nicht, längere Zeit tief zu schlafen. Ein kleiner Windstoß, eine Sturmböe, die am Zelt zerrte, und sofort fing ich wieder an zu denken. Ich fühlte sehr deutlich, dass ich allein war. Alleinsein, Nacht und Dunkelheit, das ist das Schlimmste für Menschen, weil wir alle kleine Kinder sind.«

Gegen Morgen ließ der Wind nach. Mit der Helligkeit kehrten auch die Lebensgeister zurück. Und damit die Energie. Mit der Energie die Kraft. Und mit der Kraft die so typische messnersche Entschlossenheit. Es gibt einen Grund, warum dieser Mann sechs Jahre später als erster Mensch alle vierzehn Achttausender bestiegen hatte. Sämtlich ohne Flaschensauerstoff, viele auf neuen Routen. Der Grund liegt in eben dieser Entschlossenheit. Der Mut und der unbedingte Wille, im letzten Hochlager aufzubrechen, wenn jede Faser des Körpers in 8000 Meter Höhe nach Umkehr schreit und nach Vernunft.

Wieder bemühte sich Reinhold Messner, so viel wie möglich zu trinken. Doch es dauerte schier endlos, bis der Schnee in dem

Topf schmolz und dann doch nur eine Pfütze Flüssigkeit bildete. Schließlich verließ er das Zelt, legte es zusammen und stopfte die kaum zwei Kilogramm schwere Spezialanfertigung in den Rucksack. Nur ein ganz kleines Depot blieb zurück. Dann schulterte er sein Schneckenhaus und wandte sich wieder dem Grat zu. Die Sonne schien. Der Kalender zeigte an diesem Tag den 19. August 1980.

Weniger Schritte. Immer weniger Schritte wurden möglich. Der Höhengewinn wurde nun geringer. Alles brauchte mehr Zeit. Noch immer befand sich Reinhold Messner auf der klassischen Route, die schon die Chinesen bei ihrer ersten Begehung genommen und auf der lange zuvor auch Mallory und Irvine ihre Chance gesucht hatten. Jetzt aber wurde es für den einsamen Alleingänger immer schwieriger, dort voranzukommen. »Ich habe mich so lange am Grat gehalten, bis es nicht mehr ging.« Die großen, teilweise riesigen Mulden dort wurden auf einmal zu einem mächtigen und schier unlösbaren Problem. Dorthin hatten der Wind und die Höhenstürme von der nepalischen Südseite her gewaltige Mengen Schnee verfrachtet. Triebschnee aber trägt meist nicht, bevor er vom Wind hart zusammengepresst wird, und allein ist es praktisch unmöglich, dort eine Spur hineinzulegen. Teilweise brach Messner nun bis an die Knie durch die Schneekruste ein.

Er musste eine Entscheidung treffen. Zurück war dabei keine Option. Also querte er nach rechts in die Flanke hinaus, in die mächtige Nordwand und fand tatsächlich ein beachtliches Stück weit unter dem Nordgrat ein Rampensystem, von dem er hoffte, dass es ihn bis zum Norton-Couloir führen würde. Kein Mensch hatte dort je zuvor einen Fuß hingesetzt. In diesem Bereich der Nordwand waren jedoch bereits große Schneebretter abgegangen. Noch ein Indiz mehr für die große Lawinengefahr. Doch was unten ist, kann einen Bergsteiger nicht mehr gefährden. Also querte Reinhold Messner entschlossen und weit in die steile Flanke hinein.

»Meine Skistöcke hielten mich in der Balance. Den Pickel nahm ich nicht einmal vom Rucksack. Er wäre auch weniger dienlich gewesen als die Stöcke.« Die Querung dauerte. Und sie brachte vor allem keine zusätzliche Höhe ein. Doch verglichen mit den labilen und tiefen Schneemassen auf dem Grat schien das nun fast eine Erholung, was es natürlich nicht war. Aber zumindest wurde es weniger anstrengend, weil sich ein gewisser Gehrhythmus leichter halten ließ. Nichts ist in der Höhe zermürbender und kräftezehrender als ein permanenter Rhythmuswechsel. Schließlich zog Messner seine Linie wieder hinauf in Richtung des Grates. Ganz in der Nähe, so ist er sich sicher, müssen Mallory und Irvine liegen. Mallory würde man 19 Jahre später finden. In einem Schneehang unter dem Grat, in 8150 Meter Höhe. Reinhold Messner hielt es immer schon für unmöglich, dass Mallory den Gipfel erreicht haben konnte. »Als ich den Felsriegel sah, war mir an diesem Tag klar, dort konnten Mallory und Irvine mit ihrer damaligen Ausrüstung nicht hinaufgekommen sein.«

Immer weiter stieg er die gigantische Flanke hinauf. Den Gipfel kann man in dieser Höhe weder vom Grat noch aus der Nordwand heraus sehen. Gegen 15 Uhr hielt Reinhold Messner an. »Ich fühlte mich vollkommen erschöpft. Alles war ganz anders als noch am Vortag. Die Kraft schien mir auszugehen. Und vor allem hatte ich weniger Höhe gemacht, als ich mir vorgenommen hatte.« Statt auf 8400 Meter, wie geplant, stand Messner nun erst auf wenig mehr als 8200 Meter Höhe. Doch er hatte auch nicht das Gefühl, es noch weiter schaffen zu können. Vor sich sah er einen wuchtigen Felsvorsprung. Fast wie eine Kanzel, die aus der Nordwand herausragte. Vor dem Grat und seinen Wechten nicht sehr weit oberhalb würde dieser Vorsprung Sicherheit bei einem Lawinenrutsch geben. Der Schnee würde wahrscheinlich an den Seiten dieses Felsens vorbeifließen.

Das Prozedere begann von vorn. Rucksack herunter, einen Platz herrichten, das Zelt aufstellen, hineinkriechen, Schnee schmelzen, kochen, eine Kleinigkeit zu essen hinunterzwingen und vor allem trinken. »Auf einmal bekam ich Bedenken, ob ich wieder zurückfinden würde, wenn das Wetter so bliebe, denn inzwischen war es nebelig geworden und das Licht diffus. Das sind im Schnee denkbar schlechte Voraussetzungen für einen Abstieg an einem so großen Berg.« Wieder krochen düstere Gedanken durch den Zelteingang, den Messner ein Stück weit geöffnet ließ, um genügend frischen Sauerstoff atmen zu können. Diese Nacht wurde noch schlimmer als die davor. Messner dämmerte dem Morgen entgegen, und wenn er aus dem Halbschlaf hochschreckte, be-

339

gann er wieder Schnee zu schmelzen. Diese Stunden brachten keinerlei Erholung mehr. So müsse wohl das Sterben sein, dachte Messner damals. Die Norton-Schlucht, dieses riesige Couloir, gefüllt mit Schnee und Eis und durchsetzt mit ein paar Felsen, führt aus der Nordwand auf den oberen Teil des Nordgrats. Von dort geht es dann auf den Gipfel. Der Kalender zeigte den 20. Oktober 1980.

Reinhold Messner entschloss sich an diesem Morgen, alles stehen und liegen zu lassen. Die Schnecke entledigte sich ihres Hauses. Den Pickel, die kleine Kamera, das, was er am Leib trug – mehr nahm er nun nicht mehr mit. Noch knapp 650 Höhenmeter bis zum Gipfel. »Ich fand dann wieder eine Rampe und eine steile Wand, über die ich weiter hinaufkam. Es ging langsam, aber immer irgendwie weiter.« Die Kombination aus Schritten und Pausen veränderte sich mehr und mehr. Immer häufigere und längere Pausen, immer weniger Schritte. »Mein Problem an diesem dritten Tag war auch das Wetter. Mal riss es auf, dann zogen wieder die Nebel umher. Es schneite ganz leicht, und ich fürchtete, dass meine Spur wieder zugeweht werden könnte. Immer wieder habe ich mich umgedreht und geschaut, ob ich meine Tritte im Schnee noch sehen konnte. Wenn die Spur zugehen würde, könnte ich nicht mehr hinunterfinden. Von oben nach unten ist es viel schwerer, bei schlechtem Licht eine Spur wiederzufinden.«

Die Norton-Schlucht ist steil. In manchen Passagen sogar fast senkrecht. In einer Höhe erheblich jenseits der 8000-Meter-Marke bedeutet ein solches Gelände eine unglaubliche, fast übermenschliche Anstrengung, wenn man ohne Flaschensauerstoff unterwegs ist. Auf allen vieren, halluzinierend, mit seinem Titanpickel sprechend, als wäre er ein unsichtbarer Begleiter, und mit den Kräften längst im Grenzbereich kroch Messner auf den Gipfelgrat. Es hatte Stunden gedauert, bis er dort oben ankam, wo der Mount Everest scheinbar den Himmel berührt. Im Nebel tastete er sich unendlich langsam das letzte Stück hinauf. »Ich spürte nicht einmal mehr meine Schmerzen. Ich konnte fast nicht mehr weiter.«

Auf einmal jedoch konnte er nach dem Dreibein aus Aluminium greifen, das die chinesische Expedition einst am höchsten Punkt zurückgelassen hatte. Oben. Angekommen. »Ich sank in die Knie und atmete. Ich fühlte nichts.« Nach der chinesischen Einheitsuhr, die über fünf Zeitzonen des riesigen Landes überall dieselbe Zeit misst, war es 17 Uhr. Tatsächlich war es in der Zeitzone des Mount Everest erst 15 Uhr. »Ich begann ein paar Bilder zu machen. Vier, vielleicht fünf, ich weiß es wirklich nicht mehr genau«, erzählt mir Reinhold Messner im Burghof von Firmian, hoch über den Dächern Bozens. Für ein paar Momente wirkt der häufig so sachlich-nüchterne Analytiker, der sich mit einer gefährlich wirkenden Aggressivität gegen Angriffe von außen schützt, ganz sanft. Fast wie entrückt. Er macht den Eindruck, als stünde er auf dem Gipfel. In solchen Momenten ist er in der Lage, den Gesprächspartner neben sich zu stellen, an den höchsten Punkt der Erde. Das liegt an der Dichtheit, mit der Messner erzählt. Nein, er erzählt nicht. Er berichtet.

»Es war sehr nebelig. Die Wolken quollen überall. Einmal öffnete sich kurz ein Fenster, und ich konnte den blauen Himmel sehen. Was ich sonst noch erkennen konnte, weiß ich nicht mehr. Den Makalu auf jeden Fall nicht, den habe ich erst viele Jahre später im IMAX-Film von David Breashears gesehen. Großartige Aufnahme, sehr beeindruckend. Ich blieb eine Stunde auf dem Gipfel. Aber nicht weil es mir dort so gut gefiel. Ich musste rasten, denn ich konnte nicht mehr.« Nach etwa einer Dreiviertelstunde überkam ihn der starke Drang, wieder hinunterzuwollen. Das Aufstehen erwies sich als mühsam. Es dauerte, bis er hochkam. Sehr viel leichter wäre es gewesen, einfach sitzen zu bleiben. »Ich stand schließlich auf und wandte mich dem Abstieg zu. Ich fühlte keinerlei Selbstverlassenheit. Ich wollte nur absteigen. In mir war nur ein einziger Gedanke, ich musste mein Zelt wiederfinden, dann wäre ich in Sicherheit. Und dann würde ich es auch bis ganz hinunter schaffen.«

Es dämmerte bereits, als sich Messner immer noch sehr mühsam Stück für Stück zurücktastete. Obwohl beim Abstieg alles leichter fiel, war jeder Schritt hinunter noch immer mit unendlichen Anstrengungen verbunden. Es war praktisch dunkel, als er sich schließlich in das Zelt fallen ließ, das nicht einmal groß genug war, um sich darin ausstrecken zu können. »Ich war fast nicht mehr in der Lage, etwas zu trinken zuzubereiten. Ich weiß auch nicht mehr, ob ich geschlafen habe.«

Es war der Abend des 20. August 1980. Zum ersten Mal hatte ein Mensch den Mount Everest ohne Flaschensauerstoff und im Alleingang, noch dazu während der Monsunzeit, bestiegen. Zu diesem Zeitpunkt befand sich kein anderer Bergsteiger am höchsten Berg der Erde, dessen Flanken wie ausgestorben waren. Einzig auf 8220 Meter Höhe lag einsam und dem Tod offenbar näher als dem Leben ein bärtiger Mann aus Südtirol. Er konnte nach eigenem Bekunden keine Freude empfinden und kein Leid, so gut wie keinen Schmerz und kaum eine seelische Regung. Er lag in einem gefährlichen Dämmerzustand einfach nur da und erinnerte sich später in seinem Buch *Everest solo – Der gläserne Horizont*: »Das Daliegen im Zelt ist wie Sterben. Nur der Erfolg hält mich am Leben. Ich überlasse mich dem Gesetz der Trägheit. Zwischen Bangen und Schlafen, von Toten umgeben, nehme ich das Verstreichen der Stunden kaum wahr. Noch bin ich nicht in Sicherheit.« Ein Berg und ein einsamer Solist.

Ein paar Stunden später, mit dem ersten Licht des neuen Tages, erhob sich Reinhold Messner wankend aus seiner Behausung. Er ließ das Zelt zurück, die Matte, den Schlafsack und ein paar andere, nun unnütze Kleinigkeiten. Er schulterte den Rucksack, nahm die Stöcke, querte in Richtung Osten und stieg diagonal den Berg hinunter. Das alles dauerte, aber es war nichts im Vergleich zum vorangegangenen Aufstieg. Messner stolperte und stand wieder auf, fiel erneut und rappelte sich wieder hoch. Bald schon sah er den Nordsattel. Er stürzte, rutschte im Schnee rasant abwärts und bremste in Not. Das weckte die Überlebensgeister. Die steilsten Passagen unter dem Sattel stieg er, der Vernunft nun offenbar wieder etwas näher, mit dem Gesicht zur Wand ab.

Diesmal umging er in einem weiten Bogen das Loch und die Spalte, in die er Tage zuvor gefallen war. Purer Instinkt. Dann noch eine Spalte. Als er die überwunden hatte, stürzte er ein weiteres Mal. Diesmal konnte er sich nicht mehr abfangen. Messner rutschte und rollte in ungebremster Fahrt bis zum Wandfuß hinunter. Dort blieb er auf dem flachen Gletscherboden benommen liegen. In diesem Moment kam Nena Hòlguin über die Moräne herauf. Messner schreibt über diesen Augenblick: »Ohne Bewegung, ohne ein Wort hänge ich vornübergebeugt da, zerbrechlich wie eine Glühbirne. Ein einziges Wort würde genügen, um diese sonderbare Hülle zu zerstören, die noch von mir übrig ist. Ich kann durch alle meine Schichten hindurchsehen und weiß, dass ich auch für Nena durchsichtig bin. Auf die Knie gestützt, starre ich sie eine Weile nur an. Dann breche ich zusammen. Alle meine Verschlossenheit ist weg. Ich weine. Es ist, als seien alle Horizonte, alle Grenzen zerbrochen. Alles ist offen, alle Emotionen sind freigesetzt.«

Reinhold Messner und Nena Hòlguin stiegen am 23. August 1980 ins Basislager ab. Es folgten Tage der Erholung, schließlich begann die Heimreise. Von Peking aus startete das Flugzeug in Richtung Frankfurt. Inzwischen war Messner bewusst geworden, was er geleistet hatte, dass es ihm aufs Neue gelungen war, die Grenze des Möglichen ein Stück weit vor sich herzuschieben. Abermals überlebt. »Ich hatte schon lange vor dieser Expedition darüber nachgedacht, aufzuhören, wenn mir das Solo gelingen würde. Ich hätte zu diesem Zeitpunkt leicht diese Art meines Bergsteigens beenden können.« Noch im Basislager kam ihm die Idee mit den Polen. »Ich überlegte, ob ich in die Antarktis gehen sollte und zum Nordpol.« Südpol, Nordpol und der Mount Everest als dritter Pol.

Doch er buchte schließlich ein anderes Ticket: von Frankfurt über Neu Delhi nach Kathmandu. In Nepal feierte Messner seinen 36. Geburtstag. Und für die Herbstsaison hatte er eine Besteigungsgenehmigung der nepalischen Regierung für den Lhotse. Es war wieder ein Solo-Permit, beantragt für den vierthöchsten Berg der Welt und zu einer Zeit, da Messner nicht einmal wusste, ob er lebend vom Mount Everest, dem höchsten, zurückkommen würde. 1975 hatte am Lhotse eine gewaltige Lawine das Basislager der italienischen Expedition zerstört, deren Mitglied Messner gewesen war. Auch der Solo-Versuch 1980 gelang nicht. Der Lhotse sollte 1986 Messners letzter Achttausender in der Sammlung der 14 werden.

Es blieb an jenem sonnigen Spätherbsttag auf Firmian in Südtirol ein wenig still. Die Dynamik des Mount Everest schien nachzuwirken. Wie war das mit dem Wunsch, diese Art des Bergsteigens zu beenden? »Da wurde natürlich nichts draus. Die Jungen trieben mich an. Zuerst Friedl Mutschlechner, der Südtiroler Bergführer. Er kam zu mir und sagte, Reinhold, du hast immer von drei Achttausendern in einer Saison geschwafelt, warum machen wir das nicht? Ok, habe ich geantwortet, das ist eine gute Idee, wenn du willst, dann suche ich um die Genehmigungen an, finanziere das, und wir packen die Rucksäcke. Aber das wird eine verdammt haarige Geschichte.« Messner schaffte auch diese Trilogie, Kangchendzönga am 6. Mai, Gasherbrum II am 24. Juli und Broad Peak am 2. August 1982.

Friedl Mutschlechner hatte sich am Kangchendzönga schwere Erfrierungen an Händen und Füßen zugezogen und musste zurück nach Südtirol. »Danach kam Hans Kammerlander. Der trieb meine Idee von einer Doppelüberschreitung zweier Achttausender voran. Er verhinderte damit erneut meinen Rückzug, und als wir von den Gasherbrum-Gipfeln zurückkamen, hatte ich nur noch vier Achttausender nicht bestiegen. Nun waren die vierzehn auf einmal eine logische Konsequenz.«

Den Mount Everest betrachtete Messner da schon mit einiger Distanz, aber auch mit Argwohn. Denn die Entwicklung und deren Rasanz waren inzwischen deutlich zu erkennen. »Bis 1985 war eigentlich alles an diesem Berg wie immer. Meist gab es nur eine Expedition pro Saison, aber immer mehr tauchten auch neue Bergsteigernationen mit weniger Erfahrung auf. Das waren erste Veränderungen. Aber der Everest ist nicht so schwierig, man muss kein Spitzenkletterer sein, um dort hinaufzukommen. Dick Bass haben sie dann hinaufgehievt. Und nach Bass wurde angenommen, das kann fast jeder. So begann der Run auf den Mount Everest.«

Kuriose Dinge passierten zur damaligen Zeit. Reinhold Messner selbst erlebte etwas, was er niemals für möglich gehalten hätte. Er erhielt Ende der 1980er-Jahre das Angebot, einen US-amerikanischen Millionär auf den Gipfel zu begleiten. »Er bot mir die Hälfte seiner Airline, wenn ich ihn nur da raufbringe. Und der Mann meinte das ernst, der hätte mir die Hälfte seiner Fluglinie überschrieben. Er war kein schlechter Bergsteiger, wahrscheinlich sogar besser als Dick Bass. Und er war zuvor schon zweimal als Expeditionsleiter am Everest gewesen. Ich habe dieses Angebot aber abgelehnt, denn erstens war mir das zu riskant und zweitens hätte ich dann mit Flaschensauerstoff aufsteigen müssen, und das wollte ich nicht.«

Reinhold Messner sieht den Everest inzwischen mit sehr viel Skepsis und auch sehr distanziert. Der Erfolg am höchsten Berg habe mit den Hunderten Leuten zu tun, die alle zusammen hinaufwollen und sich gegenseitig antreiben, aber auch mit dem Zusammenbruch des Mythos, dass der Everest ein großer und schwieriger Berg sei, und in erster Linie mit den großen Fähigkeiten der Sherpa, die gelernt haben, den Everest fast allein zu managen. »Ja, dieser Berg wird inzwischen gemanagt wie ein Vergnügungspark. Die Sherpa bauen, bevor es losgeht, die Infrastruktur auf, eine komplette Berglogistik. Fixseile, Flaschensauerstoff, Material, Hochlager, in denen ein, zwei Köche sitzen. Die haben dort ihren Arbeitsplatz und leisten viel. Und dann kommen die Vergnügungssüchtigen wie auf einen Rummelplatz und werden hinaufgebracht. Der Everest ist eine Fabrik, die Gewinn abwirft. Aber der Berg hat durch die Massenaufstiege sein Flair verloren.«

Der Flaschensauerstoff ist für Messner nur zweitrangig. »Sauerstoff ist eine große Hilfe, weil der Aufstieg weniger anstrengend ist. Aber die größere Hilfe ist die präparierte Route. Mit Sauerstoff, jedoch ohne die Route kämen die wenigsten auf den Gipfel.« Dabei rückt er den Sauerstoff durchaus auch in den Mittelpunkt der gesamten Diskussion um den Mount Everest. »Aber ich bin da nicht so hart wie Hans Kammerlander. Ich gehe nicht so weit und sage, Flaschensauerstoff sei Doping. Richtiges Doping hat bis jetzt am Everest überhaupt noch niemand untersucht. Dabei wird heute ganz sicher mehr gedopt, als dass lediglich Flaschensauerstoff verwendet wird.« Eine interessante Aussage, angesichts der Tatsache, dass mehr als 95 Prozent aller Anwärter Flasche und Maske als fixe Bestandteile ihrer Ausrüstung ansehen. Für Messner besteht jedoch am Doping kein Zweifel: »Es ist ja auch ganz leicht geworden, zum Beispiel mit Viagra. Aber ich möchte das nicht beurteilen müssen und will auch deswegen nicht hadern.« Sauerstoff aus Flaschen, der potenzfördernde Wirkstoff Sildenafil, der auch als blutdrucksenkendes Revatio verabreicht wird, eine angelegte, durchgehend gesicherte Route vom Basislager bis zum Gipfel, auf der man sich nicht einmal mehr verlaufen kann – was stört den erfolgreichsten Bergsteiger aller Zeiten außerdem noch am aktuellen Höhenbergsteigen am Everest? »Der Massenauflauf dort erhöht die Gefahr bei schlechten Verhältnissen, aber er reduziert sie auch bei guten Bedingungen. Denn es wird dadurch psychisch leichter. In der Masse wähnt man sich sicherer. Ich brauche nur im Rhythmus mitzugehen, und schon fühle ich mich als eher schwacher Bergsteiger zwischen all die anderen eingebettet. Aber es werden sicher verstärkt große Unglücke passieren, weil alle zu Lemmingen werden, wenn sie in großen Haufen gehen. Wenn über die Lhotse-Flanke mal eine Lawine abgeht und dort unten zweihundert Menschen hinaufkriechen, dann ist die Katastrophe da.«

Möglichkeiten, das zu ändern, sieht Reinhold Messner keine. Längst ernüchtert und fern jeder Hoffnung sagt er: »Es wird nichts passieren. Überhaupt nichts. Nepal hat nicht einmal eine richtige Verfassung. Wer soll denn da Interesse haben, etwas an dieser Maschinerie Everest zu verändern? Ed Hillary und ich waren 2003 beim König, als der noch Power und etwas zu sagen hatte. Wir haben ihn gebeten: Seid vernünftig, macht den Everest wieder zu dem, was er einmal war, nämlich ein großer und stolzer Berg. Damals war er längst zu einem Disneyland des Himalaja verkommen. Der König hat uns ratlos angeschaut und erklärt, er könne nichts machen, er habe keinen Einfluss auf die Behörden, die das Geld für die Genehmigungen einsammeln. Das sagt doch alles. Die Lösung wäre, dass pro Saison und an jeder Route nur eine einzige Expedition zugelassen würde. Dann wäre dort sofort wieder Ruhe. Aber wer soll das umsetzen?«

Reinhold Messner fuhr sich am Ende des Gesprächs mit den Fingern durch den Bart und erklärte mit gelassener Stimme die Entwicklung des Höhenbergsteigens am Mount Everest. Zuerst sei da der »Eroberungsalpinismus« gewesen inklusive der Versuchsphase bis hin zur Erstbesteigung 1953. Dem sei der »Schwierigkeitsalpinismus« gefolgt, mit der Eröffnung der großen Routen und dem Höhepunkt in der Südwestwand 1975; danach seien die Routen gefährlicher, aber nicht mehr schwieriger geworden. Schließlich der »Verzichtsalpinismus« in einer kurzen Phase – ohne Flaschensauerstoff und Sherpa-Unterstützung. Loretans Durchsteigung der Nordwand mit dem Biwak in einer Schneehöhle sei dafür ein eindrucksvolles Beispiel.»Und dann kam der ›Pistenalpinismus‹, wie ich das nenne. Neunzig Prozent der Everest-Besteigungen werden seit fast fünfundzwanzig Jahren auf einer angelegten Piste durchgeführt.« Reinhold Messner kommt zu einem ebenso überraschenden wie logischen und einleuchtenden Schluss: »Wo keine Infrastrukturen sind, habe ich Alpinismus. Wo man Infrastrukturen schafft, gibt es Tourismus. Wenn aber der Tourismus den Gipfel des Mount Everest erreicht hat – und damit die höchste Erhebung der Erde –, muss ich mich konsequenterweise fragen, wo denn nun der Alpinismus beginnt?«

Fünfzehn Fragen an
...REINHOLD MESSNER

»...außerdem ist auch der Mount Everest im Gänsemarsch peinlich«

Was sind im Wesentlichen die Unterschiede zwischen Bergsteigen und Höhenbergsteigen?
Die Dimensionen! Das Höhenbergsteigen braucht weniger Schnellkraft und Geschicklichkeit, dafür mehr Erfahrung, Ausdauer und Leidensfähigkeit.

Wie wird man Höhenbergsteiger?
Indem man in große Höhen steigt. Vor 50 Jahren war das Höhenbergsteigen noch ein Teil des traditionellen Bergsteigens.

Welche Vorstellungen vom Höhenbergsteigen hatten Sie, bevor Sie den ersten Achttausender bestiegen haben?
Ich kannte die Literatur dazu und war auf zwei Sechstausendern in den Anden gestanden. Die Vorstellungen von 8000 Metern waren mehr theoretisch.

Haben Höhenbergsteiger ganz bestimmte charakterliche Merkmale?
Wie alle Bergsteiger sind auch Höhenbergsteiger ganz normale Menschen. Darunter gibt es alle denkbaren Charaktere – nur keine Helden.

Was muss ein Höhenbergsteiger mitbringen, um einen Achttausender zu besteigen?
Einst Risikobereitschaft und viel Vorsicht. Heute Ausdauer, Geld und parasitäres Verhalten. Das heißt, immer im Windschatten und in der Spur der anderen steigen.

Ist der Mount Everest ein besonderer Berg?
Ja und nein. Er ist ja der höchste. Damit ist er eine Projektionsfläche für alle menschlichen Eitelkeiten – er ist ein Berg wie ein Rekord.

Warum wollten Sie den Everest besteigen?
1978 war es eine Möglichkeit, ein Tabu zu brechen. 1980 wollte ich den i-Punkt auf mein Bergsteigen setzen. Heute würde ich es nicht mehr tun, weil ich es nach meinen Vorgaben – ohne Maske und Sherpa-Hilfe – nicht mehr könnte. Außerdem ist auch der Mount Everest im Gänsemarsch peinlich.

Wie ist es zu erklären, dass Höhenbergsteigen innerhalb weniger Jahre so populär wurde?
Die Achttausender waren zwischen 1950 und 1960 am populärsten. 1970 haben wir, Chris Bonington und andere, das Höhenbergsteigen neu erfunden; mit neuen Routen, Alpenstil und Wintertouren. Heute ist es banal, belächelt. Es lebt nur noch vom ehemaligen Flair.

Hatten Sie beim Höhenbergsteigen bestimmte, stetig wiederkehrende Abläufe – etwa im Sinne von Ritualen?
Es gab eine Strategie, ja. Mein Zugang war ein kreativer. Schritt für Schritt neue Ideen umsetzen: bis zum Alleingang am Mount Everest und der Doppelüberschreitung von Gasherbrum II und Gasherbrum I mit Hans Kammerlander.

Wenn Sie die Wahl hätten, welchen Achttausender würden Sie noch einmal besteigen wollen?
Den Gasherbrum I von Osten. Die Wahl zählt dabei weniger als das Können, das des Dürfens Maß bleibt. Vor allem im Alter.

Was haben Sie empfunden, wenn Sie vom Gipfel eines Achttausenders zurückgekehrt sind?
Erleichterung, das Gefühl der Wiedergeburt. Daraus die Lust, eine neue Idee umzusetzen. 15 Jahre lang.

Was ist das schönste Gefühl beim Höhenbergsteigen?
Die Vorfreude, Anspannung und Intensität beim Tun, das Zusammensein mit Partnern, das Durchatmen nach bestandenen Grenzsituationen.

Was sagt man Menschen, die Bergsteigen für eine schwachsinnige Angelegenheit halten?
Dass sie recht haben! Kein vernünftiger Mensch ist vor 250 Jahren auf einen schwierigen Berg gestiegen. Bergsteigen ist für die Menschheit nutzlos und damit nur für die Akteure sinnvoll. Lassen wir ihnen den »Spaß«.

Was würden Sie antworten, wenn Ihr Sohn oder Ihre Tochter vor Ihnen steht und sagt: »Ich möchte gern auf den Mount Everest steigen«?
Meine Kinder sind intelligent genug zu erkennen, dass die Wege ihres Vaters nicht die ihren sein können. Nur auf ihrem eigenen Weg werden sie stark und erfolgreich sein.

Was zeigt Ihr schönstes Foto vom Mount Everest?
Einen im Schnee knienden Peter Habeler – mein Partner im Sturm – ganz oben, am Ziel und ganz am Boden zugleich. Am besten sind die letzten Filmbilder, die zeigen, wie Peter am Gipfel ankommt. »Auf Knien zum Gipfel« ist das Sprachbild, das unsere Haltung zeigt – nicht der »einsame Sieg«*. Es war kein Sieg, und ich war nicht einsam!

---

* *Der einsame Sieg* ist der Buchtitel von Peter Habelers Bestseller, den er nach der Rückkehr vom Mount Everest und der ersten Besteigung ohne Flaschensauerstoff schrieb.

Reinhold Messner hat seinen Fragebogen am 10. Oktober 2012 persönlich und wie gewohnt handschriftlich ausgefüllt.

»Ich weiß, meine Worte gefallen vielen Leuten nicht«

Pemba Nurbu Sherpa, 1992

Jangdi war schon etwas merkwürdig berührt, als sie ihren Mann nach über zwei Monaten zum ersten Mal wiedersah. Er war magerer geworden, und bisweilen verhielt er sich auch seltsam. Als ihr Mann sie fragte, ob er nicht etwas zu essen bekommen könne, und sie überrascht antwortete, er habe doch gerade erst gegessen, konnte sich Pemba Nurbu nicht mehr daran erinnern.

Das war Anfang September 1989, und Pemba war gerade vom Mount Everest zurückgekommen. Er war dort Mitglied einer spanischen Expedition unter der Leitung von Santiago Arribas Perez gewesen. Morgens um drei Uhr war eine Gruppe mit ihren Sherpa vom letzten Hochlager in 8350 Meter auf der Nordroute des Mount Everest losgestapft. Zweieinhalb Stunden mühten sie sich die Bergsteiger angestrengt durch tiefen Schnee. Dann gaben sie auf. In einer Höhe von 8530 Metern mussten sie erkennen, dass es einfach keinen Sinn hatte, da sie so und bei diesen Verhältnisse nie oben ankommen würden. Pemba hatte es sogar ohne Flaschensauerstoff versucht. Als er dann zurück nach Hause kam, war er nicht einmal so sehr enttäuscht, sondern vielmehr um einige Erfahrungen reicher.

»Ich wusste allerdings einfach manches nicht mehr, und selbst Dinge, Ereignisse, die erst ganz kurz zurücklagen, oft nur ein paar Minuten, habe ich sofort wieder vergessen. Nach einiger Zeit, nach ein paar Wochen legte sich das wieder«, sagte Pemba Nurbu mir 23 Jahre später am Abend eines strahlend schönen Tages in Monjo unter der Westflanke des 6623 Meter hohen Thamserku im Khumbu-Gebiet. Pemba Nurbu Sherpa war erst ein paar Tage zuvor aus den Vereinigen Staaten zurückgekommen, wo er einen Teil des Sommers bei seinen beiden Kindern

verbracht hatte, die in Kalifornien studieren. Pemba ist ein ge-
achteter Mann im Khumbu-Gebiet, ein bekannter Sherpa und ein
Mensch, der sich durchaus gern mit anderen unterhält. Seine
Lodge in Monjo gehört zu den besonders schönen Unterkünften
im Khumbu und gilt als Geheimtipp für all jene, die auf der ersten Tagesetappe vom Flughafen Lukla in Richtung Everest nicht
nur bis Phakding, sondern weiter durch die herrlichen Rhodo-
dendronwälder noch zwei Stunden bis Monjo gehen wollen.

Monjo ist ein kleines, beschauliches Nest, eines der typischen
Dörfer in Nepal, wo die Häuser die alten Handelswege säumen,
wo die Yak- und Muli-Karawanen haltmachen und seit über 50 Jahren auch die Trekker und Bergsteiger. Ein Stück oberhalb des
kleinen Dorfes produziert ein Wasserkraftwerk Tag und Nacht
Energie. Pemba Nurbu hat es gebaut. Kein Zweifel, der Mann gehört zu denen, die es in einem der ärmsten Länder der Erde zu
einem vergleichweise angenehmen Leben und zu einem durchaus respektablen Wohlstand gebracht haben. Dass er dafür über
viele Jahre sein Leben riskiert hat, um andere auf die höchsten
Berge der Welt zu begleiten, darüber redet Pemba eher nicht so
gern.

Im Frühjahr 2012 hat Pemba Nurbu seinen 50. Geburtstag gefeiert. Als er zur Welt kam, gab es in Monjo nur sieben Häuser. Während er mit mir ein kurzes Stück den mit großen Natursteinplat-
ten grob gepflasterten Weg das Dorf hinunterspaziert, bleibt er
vor einem kleinen Geschäft stehen, das ebenfalls seiner Frau und
ihm gehört, und sagt: »Heute stehen hier hundertacht Häuser.
Sechsundzwanzig Familien in diesen Häusern leben direkt von
Tourismus, dreiundsiebzig indirekt, und nur neun Häuser haben
keinerlei Anbindung an den Tourismus.«

Die Zahlen von Namche Bazar, dem Hauptort im Khumbu, beeindrucken noch mehr. Auf den steilen Terrassen, die ein eindrucksvolles Halbrund wie in einem Amphitheater bilden, gibt es
heute rund 80 große und mehrstöckige Häuser. Über 60 davon
werden als Lodges mit jeweils etwa 50 Betten betrieben. Im gesamten Khumbu-Gebiet und insbesondere im Sagarmatha-Nationalpark, der seit 1979 Weltnaturerbe der UNESCO ist, gibt es
mittlerweile fast 300 Unterkünfte mit weit über 6000 Betten, was

nahezu 1000 Arbeitsplätze bedeutet. Zwischen 20 000 und 35 000 Trekkinggäste dringen Jahr für Jahr in den Nationalpark ein, um die höchsten Gipfel der Welt zu bestaunen und einzigartige Touren zu unternehmen. Manchmal passieren an einem einzigen Tag 400 Rucksacktouristen mit ihren Guides und Trägern die vom Militär überwachten Kontrollstellen. Der Wander- und Expeditionstourismus ist in Nepal zu einer der Haupteinnahmequellen geworden. Und deshalb wundert sich Pemba auch nicht im Geringsten über die Entwicklung des Tourismus grundsätzlich und am Mount Everest im Besonderen. »Offenbar gefällt es den Menschen bei uns«, sagt er schmunzelnd.

Nur knapp drei Jahre nach dem gescheiterten Versuch am Everest, im Frühjahr 1992, stand Pemba wieder unter dem höchsten Berg. Wieder hatten ihn Spanier mitgenommen. Wieder war Santiago Arribas Perez der Leiter; diesmal stand er einer spanischen »High Mountain Military Expedition« vor. Nun kamen sie von Süden her und stiegen aus dem Südsattel heraus bis auf den Gipfel. Die fünf Bergsteiger Leo Vogue, Miguel Gonzalez, Juan Garcia, Juan Martinez und Pedro Laroz sowie die Sherpa Ang Sona und Pemba Nurbu erreichten ihn am 18. Mai um die Mittagszeit. In der Nacht, als sie gegen 2.30 Uhr gestartet waren, hatte es stark gestürmt und geschneit. Die Verhältnisse in der Route waren nicht besonders gut. Sie mussten diesmal alle Flaschensauerstoff verwenden, nachdem ein erster Versuch ohne Masken ein paar Tage zuvor oberhalb von 8000 Meter gescheitert war. Pemba und die Spanier blieben knapp eine halbe Stunde oben, bevor sie mit dem Abstieg begannen.

Als Pemba Nurbu wieder daheim war, litt er diesmal nicht mehr unter jenem Gedächtnisverlust, der nicht nur ihn, sondern schon so viele Höhenbergsteiger in den Wochen nach ihren Expeditionen stark beunruhigt hat.

Seine erste Expedition überhaupt hatte Pemba unter den Makalu geführt. Er war erst 14 Jahre alt. Aber er war kräftig und bereit, hart zu arbeiten. Der damalige koreanische Botschafter in Kathmandu war sein erster Expeditionsleiter. Das koreanische Team bestieg erfolgreich den Kangchungtse, einen 7678 Meter hohen

Nebengipfel des Makalu, der sich – von Westen aus betrachtet – links des Makalu La markant erhebt. Über diesen Erfolg freute sich auch der freundliche Kitchenboy Pemba Nurbu, den alle gleich ins Herz geschlossen hatten.

In den Jahren danach folgte der typische Verlauf einer Sherpa-Karriere. Pemba arbeitete als Träger und Küchenjunge, später als Koch und dann als Guide. Schließlich wurde er als Sirdar verpflichtet. Auf die oberste Sprosse einer solchen Laufbahn kommen in der Regel nur die Besten. Und so begleitete Pemba in den vielen Jahren seiner Tätigkeit 35 Expeditionen, er bestieg mit großen und kleinen Expeditionsgruppen rund 50 Trekkinggipfel, 1985 den Himalchuli, einen wuchtigen, 7893 Meter hohen Berg im Annapurna-Gebiet, dann 1986 den Hauptgipfel der Annapurna (8091 m), ein Jahr später die Annapurna IV, die mit 7525 Meter Höhe und wegen ihrer Formschönheit zu den begehrten Siebentausendern im Himalaja gehört, obwohl sie wegen der zu geringen Schartenhöhe offiziell nicht einmal als eigenständiger Gipfel gezählt wird.

1986 hatte Pemba den Mount Everest zusammen mit ein paar Niederländern über die Route von Chris Bonington zum ersten Mal versucht. Sie waren drei Monate unterwegs und scheiterten im November schließlich doch noch in einem brachialen Höhensturm, der mit über 150 Stundenkilometern Geschwindigkeit den Berg umtoste. Wo die damals noch verwendeten Plastikfixseile vom Wind an den Felsen geschlagen wurden, rissen sie vor den Augen der Bergsteiger. Zu dritt flüchteten sie aus dem vierten Hochlager und retteten nur mit Mühe ihr Leben.

Pemba Nurbu gehörte jener ersten Generation von Sherpa an, die mit kommerziellen Expeditionen arbeiteten. In dieser Phase war Ang Rita, der zwischen 1983 und 1996 den Everest zehn Mal und immer ohne Flaschensauerstoff bestieg, einer der ganz bekannten, großen und erfahrenen Sherpa. Apa Sherpa, der heute, 60 Jahre nach dem Erfolg von Hillary und Tenzing, mit 21 Everest-Besteigungen den Weltrekord hält, war zu der Zeit, als Ang Rita oder Pemba und all die anderen ihre stärksten Jahre hatten, noch Träger. Unter anderem bei Pembas Annapurna-Expedition – erst vier Jahre später bestieg Apa zum ersten Mal den höchsten Berg. »Wir haben damals den Wandel am Everest erlebt. Es ließ sich ahnen, was da kommen würde. Aber ich hätte niemals geglaubt, dass es sich einmal so extrem entwickeln könnte«, sagte Pemba im Herbst 2012 mit Blick auf die Menschenmassen im Mai des Jahres.

1993 wurde Pemba Nurbu Mitglied einer Everest-Expedition, die in die Geschichte des höchsten Berges einging – allerdings in das traurige Kapitel. Lhakpa Sonam Sherpa, dem die in Kathmandu ansässige Trekking- und Expeditionsagentur Thamserku gehört, holte Pemba in ein reines Sherpa-Team, das zusammen mit Sonams Frau Pasang Lhamu den Gipfel erreichen sollte. Pasang Lhamu hatte bereits zweimal eine Besteigung versucht – und war beide Male gescheitert. 1990 hatte sie bereits den Südsattel erreicht, doch dann verweigerte ihr der französische Expeditionsleiter Marc Batard den Flaschensauerstoff und gab ihn stattdessen einer französischen Bergsteigerin für deren Gipfelversuch. Ein Jahr später war Pasang Lhamu bis auf 8500 Meter hinaufgekommen, musste dort aber im schlechter werdenden Wetter umkehren. Und nun hatte sie zusammen mit ihrem Mann eine eigene Expedition organisiert.

1993 jährte sich zum 40. Mal der Tag der Erstbesteigung. »Dieses Mal wollte sie unbedingt hinauf«, erinnert sich Pemba Nurbu noch ganz genau. Sie war geradezu beseelt von dem Wunsch, als erste nepalische Frau, als erste Sherpani auf dem Gipfel von Chomolungma zu stehen. Pasang Lhamu war von außergewöhnlichem Wesen und verfügte über enorm starke Willenskräfte und eine große Entschlossenheit. Heute erinnern eine lebensgroße Statue in Kathmandu, ein Denkmal in Lukla, eine Stiftung, die sich für nepalische Frauen einsetzt, eine eigene Briefmarke und eine speziell gezüchtete, sehr robuste Weizensorte an eine Frau, die in Nepal als Nationalheldin verehrt wird. Jedes Kind kennt sie, sie ist in vielen Teilen des Landes auf Fotos immerzu präsent. Der 7352 Meter hohe Jasemba Peak, zwischen Cho Oyu und Mount Everest in einer Traumregion gelegen, trägt offiziell ihren Namen. Kaum einem anderen Menschen in Nepal wurde jemals so viel Ehre zuteil. Seit ihrem Tod musste nie mehr ein Sherpa das 10000 Dollar teure Besteigungspermit für den Everest bezahlen. Pasang Lhamu wurde postum die höchste Auszeichnung des Landes verliehen, und die in die Langtang-Region führende Straße wurde nach ihr benannt.

Pasang Lhamu erreichte den Gipfel des Mount Everest am 22. April 1993. Fünf andere Sherpa waren bei ihr, nachdem sie um kurz nach Mitternacht am Südsattel aufgebrochen waren. Zuerst kam Dawa Tashi zum höchsten Punkt. Er hatte nach dem Südgipfel, den sie gegen zehn Uhr vormittags erreichten, Fixseile angebracht. Dann wartete er auf die anderen. Etwa gegen 14 Uhr kam Pasang Lhamu. Zusammen mit Lhakpa Nuru Sherpa, Pemba Dorje Sherpa, Sonam Tshering Sherpa (nicht zu verwechseln mit Pasang Lhamus Mann Sonam Lhakpa Sherpa) und mit Pemba Nurbu. Sonam Tshering ging es gar nicht gut. Er litt an einem schweren Höhenhusten und spuckte immer wieder Blut.

Knapp oberhalb von Lager III hatte Pasang Lhamu zuvor bereits eine folgenreiche Entscheidung getroffen. Pemba erinnert sich noch gut daran, dass Pasang zu ihrem Mann Sonam sagte: »Wir haben drei Kinder daheim. Einer von uns muss unten bleiben und für sie sorgen, wenn dem anderen etwas zustößt. Wir können unmöglich zusammen auf diesen gefährlichen Berg gehen.« Damit war besiegelt, dass Sonam umkehren und Pasang Lhamu weiter aufsteigen würde.

Es war bereits 14.30 Uhr, als die kleine Gruppe Sherpa nach diesem wunderbaren Moment auf dem Gipfel den Abstieg begann. Wind war aufgekommen. Starker Wind. Und es schneite plötzlich heftig. Binnen Minuten war ihre Spur verweht. Alles wurde nun unendlich mühsam. Jeder Schritt hinunter musste genau überlegt werden. Sie benötigten fünf Stunden bis zum Südgipfel. Für eine Strecke also, die andere Bergsteiger bei normalen Verhältnissen in 45 Minuten bewältigen. »Inzwischen war es Nacht, stockdunkel, wir konnten nichts mehr sehen«, erinnert sich Pemba Nurbu. Pasang wollte bei diesen Bedingungen unter keinen Umständen mehr weiter absteigen. Hinter dem Südgipfel gab es keine Fixseile mehr in dem sehr steilen Gelände. Pemba, Pasang und Sonam gruben, so gut es ging, eine Schneehöhle in die dem Everest zugewandte Seite des Südgipfels. Pemba hatte noch eine Sauerstoffflasche für Notfälle im Rucksack. Die zog er nun um 21 Uhr heraus und schloss sie an die Maske von Pasang Lhamu an.

Die Nacht wurde fürchterlich. Es stürmte und schneite fast ohne Unterlass. Am Morgen des 23. April, beim ersten Tageslicht gegen 6.30 Uhr, sagte Pemba zu den anderen, es sei unbedingt notwendig und höchste Zeit, weiter abzusteigen. Sämtlicher Sauerstoff in den Flaschen war inzwischen aufgebraucht. Und nun stellte sich heraus, dass Sonam zu schwach war, um wieder auf die Beine zu kommen. Er erbrach sich immer wieder und hustete Blut. Mehr als einen halben Liter in dieser Nacht. Er klagte über starke Schmerzen an beiden Seiten seiner Lunge. Pasang Lhamu bestand darauf, bei Sonam zu bleiben. Sie hatte zwar versucht aufzustehen, war aber sofort wieder umgefallen. Auch sie wirkte viel zu schwach, um noch ohne künstlichen Sauerstoff voranzukommen.

Pemba handelte nun sofort. So schnell er noch konnte, eilte er hinunter zum Südsattel, um dort aus den Zelten neue Sauerstoffflaschen zu holen. Aber als er die Flaschen im Rucksack hatte, vom Südsattel hinüberwankte zum Einstieg in die Flanke in Richtung Balkon, um gleich wieder hinaufzusteigen, trugen auch ihn die Beine nicht mehr. Er war viel zu müde, um in diesem Zustand noch einmal mehr als 750 Höhenmeter bis zum Südgipfel bewältigen zu können. Drei andere Sherpa, die am Südsattel übernachtet hatten, versuchten ab 12 Uhr aufzusteigen. Sie kamen bis auf 8300 Meter, mussten dort aber wegen des anhaltenden Sturms aufgeben. Sie blieben eine weitere Nacht am Südsattel, während Pemba zum Lager III und weiter zum Lager II abstieg, um dort Hilfe zu organisieren, denn mit Funkgeräten war die Sherpa-Expedition nicht ausgerüstet. Er war vollkommen außer sich vor Angst.

Am 24. April versuchten drei andere Sherpa von zwei koreanischen Expeditionen und Kilu Sherpa aus Pasangs Team, der gerade nonstop vom Basislager heraufgekommen war, nochmals vom Südsattel aus den Aufstieg zu Pasang Lhamu und Sonam, die sich nun schon vier Tage in einer Höhe über 8000 Meter aufhielten. Seit der Gipfelbesteigung waren fast 48 Stunden vergangen. Die Sherpa erreichten eine Höhe von 8400 Meter, kamen dann aber ebenfalls im Wind und im Nebel nicht weiter. Sie ließen eine Flasche Sauerstoff und vier Stirnlampen zurück. Dann stiegen sie wieder ab, um auf eine Besserung der Verhältnisse zu warten.

Die Hoffnung sank nun stündlich. Es dauerte bis zum 10. Mai, bis zunächst fünf Sherpa und später immer mehr Bergsteiger die Normalroute von Süden her wieder hinaufstiegen. Unter ihnen waren auch Apa Sherpa, der Neuseeländer Rob Hall und seine Frau Jan Arnold, die US-Amerikaner Wally Berg und Alex Lowe, der australische Bergführer Michael Groom aus Halls Team und der Schwede Veikka Gustafsson. Sie alle kamen an Pasang Lhamu vorbei, die am Südgipfel zusammengekauert vor einer kleinen Schneehöhle saß und aussah, als würde sie schlafen.

Es dauerte 19 Jahre, bis es gelang, ihren Leichnam vom Berg herunterzubringen. Der Körper von Sonam Tshering wurde nie gefunden. Es gilt als wahrscheinlich, dass er bei einem weiteren seiner schrecklichen Hustenanfälle über die Ostwand in Richtung Tibet abgestürzt ist. Als Todestag der Sherpani Pasang Lhamu und des Sherpa Sonam Tshering wird in den Chroniken des Mount Everest der 23. April 1993 angegeben.

In jenen Stunden und mit jeder weiteren, die die Erkenntnis nährte, dass Pasang Lhamu, dieser beherzten, mutigen, erst 33 Jahre alten Frau und ihrem treuen Freund Sonam Tshering nicht mehr geholfen werden konnte, versanken die Hochlager unter dem Everest-Gipfel in tiefe Trauer. Es wird durchaus oft gestorben an diesem Berg, doch diesmal berührte es viele – und die meisten besonders tief. Pemba Nurbu beschloss an diesem Tag, nicht mehr zum Mount Everest zurückzukehren: »Ich hatte einfach zu viele Freunde verloren. Eben saßen wir noch lachend zusammen, und am nächsten Tag war der Stuhl neben mir leer.«

Pemba, der nie eine Schule besucht oder eine Ausbildung bekommen hatte, ging nun in Kathmandu in eine Abendschule und eignete sich wissbegierig all das an, was ihm bis dahin nie zugänglich gewesen war. Er baute seine »Summit Home Lodge« in Monjo fertig und führte sie mit seiner Frau Jangdi, deren Bruder Ang Pasang Jahre später einer meiner besten Sherpa-Freunde wurde.

Pemba hat mit den Touren zu den hohen Bergen des Himalaja den Grundstein für ein besseres Leben gelegt. Er weiß, was er dem Everest und anderen Gipfeln zu verdanken hat. Doch das, so sagt er mit Nachdruck, entbinde ihn nicht von der Verpflichtung, einen kritischen Blick auf die Entwicklung zu werfen. Die Dinge hätten sich plötzlich, praktisch über Nacht verändert. Auch er macht das an einem einzigen Tag fest. Jenem 30. April 1985, als Dick Bass den Gipfel des Mount Everest erreichte. »Danach war nichts mehr so, wie es einmal gewesen ist«, sagt Pemba Nurbu. »Auf einmal kamen sie alle. Nun kreuzten die kommerziellen Anbieter auf. Und die fragten nicht, was einer kann, sondern nur, ob er genug Geld hatte.«

Die Sherpa kamen vor mehr als 500 Jahren aus dem buddhistischen Tibet in das hinduistische Königreich Nepal. Mit ihren Yak-Karawanen überquerten sie die mehr als 5000 Meter hohen Pässe des Himalaja und siedelten sich in einer Region an, die praktisch nichts bot. Sie bauten Häuser und Siedlungen, betrieben mühselig Ackerbau auf einer wenig fruchtbaren Krume, trieben ihr Vieh auf die Hochweiden und waren froh, den Hungersnöten und den Stammeskriegen in Tibet entronnen zu sein.

Früher hatten die Sherpa mit ihren Yak-Karawanen Waren transportiert und dadurch ein Auskommen gefunden. Die Wende kam mit den Expeditionen zu Beginn des 20. Jahrhunderts. Denn es waren die Sherpa, die ihre »Sahibs« nun zu den hohen Bergen führten und sie auch hinaufbegleiteten. Das war eine Aufgabe, die Kondition, Ausdauer und vor allem sehr viel Mut erforderte. Schnell war den interessierten Bergsteigern klar, dass eine Expedition zu den höchsten Gipfeln der Erde nur dann Erfolg versprach, wenn Sherpa dabei mitwirkten. Bald eilte ihnen ein legendärer Ruf voraus, und sie wurden unentbehrlich.

Nach den Bergsteigern kamen die Wanderer und Trekkinggäste. Und mit ihnen kam der Wohlstand. Es wurden Unterkünfte gebaut, Lodges mit zunächst wenig und später immer mehr Komfort. Viele Bauern ebneten Zeltplätze ein und stellten ihre Küche zur Verfügung. Die Väter und bald auch die Söhne boten sich als Lastenträger an. Und wo Tourismus entsteht, entsteht auch Nachfrage. Bald transportierten die Träger, die Muli- und Yak-Karawanen nicht mehr nur Reis, Kartoffeln, Holz oder Baumaterialien in die Täler des Himalaja. Nun wurden auch Bier, Softlimonaden, Chips, Erdnüsse, Schokolade benötigt und die gesamte andere Palette westlicher Genüsse. Es drängte sich fast der Eindruck auf, als würde die Zivilisation im damals drittärmsten Land der Welt und in einer fast unzugänglichen Region zwischen 3000 und 5000 Meter Höhe viel zu schnell ankommen.

Der Everest-Erstbesteiger Edmund Hillary hat im Khumbu-Gebiet fast 30 Schulen und zwei Krankenhäuser gebaut. Bildung und Ausbildung gewannen schlagartig an Bedeutung. Und auch das Streben nach einem gewissen Wohlstand. Die Sherpa erwirtschafteten ihn entweder in ihren Lodges, andere durch der Verkauf von Proviant. Am Rand der Trekkingrouten wurden rasch auch Kleidung, Andenken und Schmuck verkauft. Das meiste Geld aber war und ist mit den Expeditionen und den Trekkinggruppen zu verdienen. Und je weiter die Sherpa hinaufklettern, desto mehr Geld bekommen sie dafür.

Die großen Agenturen, die heute oft Hunderte Träger für ihre Gruppen anheuern, bezahlen ihnen zwischen zwei und vier Dollar am Tag, doch sie selbst kassieren von ihren ausländischen Gästen 15 bis 20 Dollar. Ein Träger, der heute eine Last von etwa 50 Kilogramm transportiert, erhält also nur einen Bruchteil dessen, was umgesetzt wird. Doch das ist immer noch vergleichsweise viel Geld, wenn man bedenkt, dass ein Facharbeiter, ein Lehrer oder ein einfacher Beamter in Kathmandu kaum 80 Dollar im Monat verdient. Die Climbing-Sherpa aber erhalten für ihre Unterstützung bei einer Expedition bis zu 20 000 Dollar, wobei es für den Gipfelerfolg noch Extraprämien gibt.

Die heutigen Spitzen-Sherpa waren alle schon mehr als zehnmal auf dem Mount Everest. Für sie sind die Achttausender Arbeitsplätze. Sie empfinden ihren Beruf als gefährlich und wissen, dass er todbringend sein kann. Die wenigsten mögen ihren Job. Doch für die Bildung ihrer Kinder und den Wohlstand ihrer Familien sind sie bereit, jedes Jahr aufs Neue ein absolut unkalkulierbares Risiko einzugehen.

Nach 1985 war es fast, als sei ein Damm gebrochen. Dick Bass war kein schlechter Bergsteiger, beileibe nicht. Aber er war eben auch kein absoluter Spitzenbergsteiger und wurde daher, nachdem er vom Gipfel wieder heruntergekommen war, zu einer Symbolfigur dafür, dass der Mount Everest auch »gemacht« werden kann, wenn man genügend Geld einsetzt. Und so haben sich nach Dick

Bass immer mehr unerfahrene, viel zu schwache und im Grunde chancenlose Aspiranten, die eigentlich gar keine richtigen Bergsteiger waren, mit ihrem Geld ein Abenteuer gekauft. Pemba Nurbu weiß: »Das aber hat es für die einheimischen Sherpa-Guides viel gefährlicher und risikoreicher gemacht. Denn es ist ein Unterschied wie Tag und Nacht, ob du mit einem starken Kletterer auf den Everest steigst oder mit einem, der keine Ahnung davon hat, was einen da oben erwarten kann.«

1992 seien an der Südseite des Everest bereits 25 Expeditionsgruppen mit fünf Mitgliedern und einem Expeditionsleiter unterwegs gewesen. Und aufgrund massiver Beschwerden kommerzieller Anbieter seien ein Jahr danach bereits auch Gruppen mit zehn Mitgliedern akzeptiert worden. Die nepalische Regierung sei den Veranstaltern geradezu nachgerannt, um möglichst viele Permits zu verkaufen. Vor 1985 habe es am Mount Everest noch drei Saisonabschnitte gegeben, eine im Frühjahr, eine im Herbst und eine im Winter. »Daran ist heute gar nicht mehr zu denken. Über achtzig Prozent wollen den Everest im Frühjahr besteigen, weniger als zwanzig Prozent im Herbst, und im Winter versucht es erst gar niemand mehr«, sagt Pemba Nurbu. »Es zählt am Everest nicht mehr das Schwere, das Neue oder das Schöne – sondern nur noch der Erfolg und der Gipfel. Es schlängelt sich zwar nur ein Weg durch den Khumbu-Eisfall. Aber vom Lager II aus führen vier Routen auf den Gipfel: der Westgrat, die Bonington-Route, der Südpfeiler und der Normalweg. Von drei dieser Routen lassen mehr als fünfundneunzig Prozent aller Expeditionsgruppen die Finger weg.« Es bleibe dann nur ein Weg übrig – und auf den drängten alle hin, erklärt Pemba und sagt weiter: »Das sind meine Beobachtungen in fünfunddreißig Jahren, und das ist meine Meinung. Ich weiß, meine Worte gefallen vielen Leuten nicht. Aber am Everest muss dringend etwas geschehen. Die Geldgier der Regierung kann nicht das einzige Kriterium an diesem Berg sein.«

Fünf bis sechs Wandertage sind es von Pembas Lodge bis direkt unter den Mount Everest. Sie führen durch eine der zauberhaftesten und zugleich spektakulärsten Landschaften der Erde. Wer entlang dieses ausgetrampelten Pfades lebt, kann es binnen weniger

Jahre zu einigem Wohlstand bringen. Doch viele sorgen sich inzwischen um die Zukunft. Die Haupttrekkingroute ist oft hoffnungslos überlaufen, die Unterkünfte in der Hochsaison nicht selten überfüllt, Cybercafés statt der einst so urigen Teehäuser, warme Dusche statt kalter Schlafsacknächte. Der einst legendäre Ruf der Everest-Region bröckelt. Und der des höchsten Berges ebenfalls. Doch nach wie vor werden noch immer neue, noch modernere und noch komfortablere Lodges aus dem kargen Boden gestampft.

Da passen kritische Worte wie die von Pemba und anderen Sherpa nicht in die Werbekonzepte und in die Marketingstrategien. Pemba Nurbu fürchtet ebenso wie viele andere auch, dass in den kommenden Jahren noch viel mehr Bergsteiger zum Everest drängen werden. Er ist davon überzeugt, dass die Entwicklung nicht zu Ende ist, dass sich niemand von den Tragödien und auch nicht von der Art und Weise, wie fürchterlich am Everest gestorben wird, aufhalten lässt.

Pemba Nurbu hat viel und oft mit anderen über diese Entwicklung diskutiert. Heute glaubt er, dass es nur wenige Lösungen gibt, die wirklich hilfreich sein könnten. »Die Regierung muss die Expeditionsgruppen auf der Südroute unbedingt limitieren. Es gibt keine andere Möglichkeit, der Staus und dieser schrecklichen Szenen Herr zu werden. Die Permitkosten für die Normalroute sollten erhöht und die für die anderen, technisch schwierigeren Routen drastisch gesenkt werden«, meint Pemba. Es sei egal, ob es dann Wartelisten für 25 Jahre gäbe. Ein exklusiver Berg wie der Everest halte das aus. Pemba kritisiert massiv, dass an den sogenannten geschlossenen Permits für Gruppen festgehalten wird: »Das sind doch längst keine Gruppen mehr. Die Genehmigungen für sieben Personen werden von irgendeiner Agentur gekauft und dann gefüllt. Viele Bergsteiger, die in einer Genehmigung zusammengefasst werden, haben während der Expedition gar nichts miteinander zu tun. Oft stehen nicht einmal im Basislager ihre Zelte zusammen.«

Pemba Nurbu plädiert schon lange für eine regierungsunabhängige Expertenkommission. Das tun andere ebenfalls. Doch eine solche Kommission ist bislang nie eingesetzt worden, weil das Spiel mit der Macht in Nepal auch auf der Basis von Korruption funktioniert. Und weil der Everest wie eine heilige Kuh vor dem Tourismusministerium zu stehen scheint, an der sich jeder bedienen und sie melken kann.

Als wir an diesem Morgen im Oktober 2012 den kleinen Spaziergang beenden, landet gerade ein Hubschrauber in Monjo. Er bringt drei Bewohner des Dorfes aus Kathmandu zurück. »Es hat sich wirklich viel verändert in den vergangenen Jahren.« Pemba Nurbus Blick schweift über Satellitenschüsseln auf den Hausdächern, streift ein Schild, auf dem drei Stunden Internet zu einem Spottpreis angeboten werden, und dann schaut er schließlich hinauf in die Flanke des formgewaltigen Thamserku. Irgendwo da oben, auf den Hochweiden weit jenseits der 3000-Meter-Grenze, muss jetzt sein Vater sein. Er ist mit 45 Yaks dort. Ein Tier schöner als das andere. Der alte Mann mag gar nicht mehr herunterkommen. Zu fremd ist ihm das alles geworden, zu hektisch und zu gewinnorientiert. Ein paar Wochen noch, dann wird er doch herunterkommen müssen, weil der Schnee des Monsuns alles zudeckt.

Pemba Nurbu will dann wieder in die USA fliegen. Zu seinen Kindern. Er möchte miterleben, wie sich die Studiengänge seines Sohns und seiner Tochter entwickeln. Er rechnet nicht damit, dass die beiden jemals und für immer nach Nepal und nach Monjo zurückkehren werden. »Manchmal frage ich mich schon, für wen ich das alles gemacht habe, für wen ich eigentlich in den Flanken dieser Berge mein Leben riskiert habe.« Doch mit den Yaks auf den Weiden der Almen zu leben, das wäre dann auch nicht sein Leben. Jangdi schaut aus dem Fenster und ruft lachend: »Komm endlich essen!«

Fünfzehn Fragen an
...PEMBA NURBU SHERPA

»Ich wusste nur, dass es kalt und gefährlich ist«

Was sind im Wesentlichen die Unterschiede zwischen Bergsteigen und Höhenbergsteigen?
Ich kann sie eigentlich nicht wirklich erklären, denn ich kenne kaum etwas anderes als Höhenbergsteigen. Aber es ist natürlich klar, dass es immer anstrengender wird, wenn man weiter hinaufkommt. Vieles wirkt sich dann anders aus. Wie man auf Höhe reagiert, welches Gewicht man auf dem Rücken trägt. Interessanterweise vertragen wir Sherpa die Höhe sehr viel besser.

Wie wird man Höhenbergsteiger?
Für mich war es ein Beruf. Wir mussten hinauf, wir mussten mit den Expeditionen mitgehen, wenn wir Geld verdienen wollten, um unsere Familien zu ernähren, und den Kindern in diesem Land endlich eine gute Ausbildung ermöglichen wollten.

Welche Vorstellungen vom Höhenbergsteigen hatten Sie, bevor Sie den ersten Achttausender bestiegen haben?
Eigentlich gar keine. Ich wusste aus Erzählungen, dass es sehr kalt ist, dass es gefährlich werden kann und dass die Bergsteiger aus der ganzen Welt viel schlechter mit der Höhe zurechtkamen als wir Sherpa. Das erhöhte für uns das Risiko, vor allem nach dem Gipfel.

Haben Höhenbergsteiger ganz bestimmte charakterliche Merkmale?
Ich glaube nicht. Man braucht Mut, das Risiko einzugehen. Und
man muss leiden können. Auch in den Nächten in den Hochlagern. Das kann ganz schrecklich sein, wenn der Sturm heult, es
schneit und man nicht weiß, ob man wieder hinunterkommt.

Was muss ein Höhenbergsteiger mitbringen, um einen Achttausender
zu besteigen?
Vor allem Ausdauer und den Willen, es unbedingt zu wollen. Die
Berge haben unterschiedliche Gesichter. Man muss an der Annapurna mehr klettern als am Everest.

Ist der Mount Everest ein besonderer Berg?
Ja. Er ist Chomolungma und in unserem Glauben die Mutter des
Universums. Wir sollten ihr mit sehr viel Ehrfurcht und hohem
Respekt begegnen.

Warum wollten Sie den Everest besteigen?
Ich war 1989 im Herbst Mitglied einer spanischen Expedition. Es
bot sich dabei die Möglichkeit, bis auf den Gipfel hinaufzusteigen. Ich wusste vorher nicht, ob ich eine Chance bekommen
würde. Als sie sich dann bot, habe ich sie angenommen. Am Ende
war es ein großes Erlebnis.

Wie ist es zu erklären, dass Höhenbergsteigen innerhalb weniger Jahre
so populär wurde?
Die Menschen suchen wahrscheinlich das Abenteuer, das ganz
Besondere, etwas, das sonst niemand tut. Warum man allerdings
bereit ist, sich für so etwas so sehr anzustrengen und so eine große
Gefahr einzugehen, habe ich lange eigentlich nicht verstanden.

Hatten Sie beim Höhenbergsteigen bestimmte, stetig wiederkehrende
Abläufe – etwa im Sinne von Ritualen?
Die Puja* ist unser Ritual. Dabei erbitten wir den Segen der Göt-

---

* Eine Puja ist eine Ehrerweisung im buddhistischen und hinduistischen Glauben.
 Vor dem Beginn einer Everest-Expedition wird dieses Ritual von einem Lama im
 Beisein aller Bergsteiger und der Sherpa im Basislager oder bereits zuvor im Kloster Tengboche abgehalten, um dabei Beistand zu erbitten und die Götter der Berge
 gnädig zu stimmen.

ter. Ich hätte niemals ohne eine Puja das Basislager verlassen. Es ist sehr schön gewesen, dass daran auch immer alle Expeditionsmitglieder teilgenommen haben, auch wenn sie nicht unseren Glauben hatten.

Wenn Sie die Wahl hätten, welchen Achttausender würden Sie noch einmal besteigen wollen?
Den Makalu vielleicht oder den Everest. Aber ich würde mich wohl nicht mehr der Gefahr aussetzen wollen. Es ist ein gutes Gefühl, den höchsten Berg der Welt aus der Entfernung anzuschauen und zu wissen, dass ich ganz oben gewesen bin.

Was haben Sie empfunden, wenn Sie vom Gipfel eines Achttausenders zurückgekehrt sind?
Vor allem anderen war ich immer froh, gesund und ohne Erfrierungen wieder unten zu sein. Das war das Wichtigste. Natürlich sollte es dem gesamten Team gut gehen. In mir hat sich dann Zufriedenheit ausgebreitet.

Was ist das schönste Gefühl beim Höhenbergsteigen?
Es entsteht eigentlich, wenn es vorbei ist. Und vorher, wenn man Schritt für Schritt immer weiter hinaufkommt. Es ist erstaunlich, wie stark der Wille sein muss, das alles zu tun.

Was sagt man Menschen, die Bergsteigen für eine schwachsinnige Angelegenheit halten?
Ich weiß es nicht. Wirklich nicht. Vielleicht sollte man froh sein, dass viele so denken, denn sonst hätten wir noch mehr Verkehr an den schönen Bergen der Welt.

Was würden Sie antworten, wenn Ihr Sohn oder Ihre Tochter vor Ihnen steht und sagt: »Ich möchte gern auf den Mount Everest steigen«?
Zum Glück haben sie mich nicht gefragt. Ich glaube, ich würde versuchen, sie davon abzubringen. Aber wenn ich sehen würde, dass sie es wirklich und unbedingt wollen, dann würde ich versuchen, ihnen so zu helfen, dass sie es in größtmöglicher Sicherheit tun könnten.

Was zeigt Ihr schönstes Foto vom Mount Everest?
Ich habe nur wenige Fotos von diesem Berg. Die meisten sind vergilbt und abgegriffen. Sie liegen in einer kleinen Schachtel. Ich weiß nicht, welches das schönste ist. Vielleicht eines, auf dem man die Nordseite sieht.

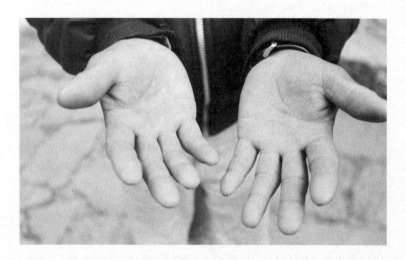

Der erste Teil des Gesprächs mit Pempa Nurbu Sherpa wurde am Abend des 23. Oktober 2012 in der »Summit Home Lodge« in Monjo geführt, eine Tageswanderung von Namche Bazar entfernt. Der zweite Teil am Morgen des 24. Oktober auf der Terrasse seines Hauses und unter flatternden tibetischen Gebetsfahnen.

»…welch unglaubliche Pfeife man aus sich machen muss«

Ralf Dujmovits, 1992

Eines steht für Ralf Dujmovits seit dem Mai 2012 fest: »Von denen, die sich am Mount Everest anstellen, würde daheim keiner in der Bäckerei warten, wenn die Schlange länger als fünf Meter ist.« Wenn es nach dem deutschen Spitzenbergsteiger ginge, würde der höchste Berg der Welt besser heute als morgen von jedem heroisierenden Beiklang befreit. »Der Everest muss entzaubert werden, der Mythos, der ihn umweht, ist ja längst nicht mehr berechtigt. Es ist entwürdigend, wenn man sich am höchsten Berg der Erde in eine Schlange einreihen und anstehen muss.«

Am 2. Oktober 1992 gelangte eine kleine Gruppe Bergsteiger in den Südsattel des Mount Everest. Unter ihnen auch der deutsche Höhenbergsteiger Michl Dacher. Ein erfahrener Mann, 1933 im bayerischen Peiting geboren und einer der bekanntesten deutschen Alpinisten überhaupt. 1979 gelang ihm zusammen mit Reinhold Messner die zum damaligen Zeitpunkt schnellste Besteigung des K2 in Pakistan. Er hatte 1977 den Lhotse ohne Flaschensauerstoff bestiegen, 1980 die Shisha Pangma und in den folgenden Jahren den Nanga Parbat, den Hidden Peak, den Cho Oyu, den Manaslu, den Dhaulagiri, den Broad Peak und den Gasherbrum II. Es gab zu diesem Zeitpunkt nicht sehr viele Bergsteiger, die über eine derart beeindruckende Erfahrung verfügten. Als Dacher nun zum Südsattel kam, war das sein zweiter Versuch, den höchsten aller Achttausender zu besteigen, 1987 war er dort in einem dramatischen Höhensturm gescheitert.

Für den Schweizer Diego Wellig, der kurz danach im Sattel eintraf, war es bereits der zweite Anlauf. Der Bergführer und Skilehrer aus Blatten im Wallis blieb 1989, von der tibetischen Nordseite kommend, im tiefen Schnee stecken und kehrte 1992 von der nepalischen Seite mit dem Ziel, diesmal den Gipfel zu erreichen, an den Everest zurück. Wellig, am 18. Juli 1961 geboren und nur ein paar Monate älter als Ralf Dujmovits, stand nun in den frühen Nachmittagsstunden dieses 2. Oktober 1992 neben Dacher und Dujmovits. Voller Spannung blickten die drei vom Südsattel aus in Richtung Südgipfel und prüften dort kritisch die Verhältnisse.

Ralf Dujmovits kam am 5. Dezember 1961 in Bühl im Schwarzwald zur Welt. Ein aufgeweckter, ständig aktiver Junge, zweites von vier Kindern und vernarrt in seinen Vater. Der war ein außergewöhnlicher Mann, denn er verzichtete leichten Herzens auf Karriere und wirtschaftlichen Aufstieg. Trotz vieler Möglichkeiten blieb er Elektrotechniker beim Branchenriesen Bosch, vor allem um Zeit für seine Kinder zu haben. Das erweiterte den finanziellen Spielraum der Familie nicht gerade. Doch Zeit, das lernen Kinder schnell, ist so viel kostbarer als Geld. Sämtliche Bergurlaube wurden stets mit Bus und Bahn unternommen, weil kein Auto zur Verfügung stand. Gegessen wurde aus dem Rucksack und geschlafen, wo sich eine günstige Gelegenheit ergab.

Ralf Dujmovits lernte in dieser Zeit vor allem eines – Reiseorganisation mit größeren Gruppen und festgelegtem Budget. Die immerzu knappe Kasse erlaubte es natürlich auch nicht, dem talentierten Skiläufer Ralf Dujmovits eine Liftkarte für die Skipisten im Schwarzwald zu kaufen. Ralf musste seine Ski schultern und zu Fuß die Hügel hinaufstapfen. Das war zwar fürchterlich anstrengend, und er konnte an so einem Skitag höchstens zwei- oder dreimal abfahren, aber er bekam dadurch eine beachtliche Kondition. Im Sommer lief er im Sportverein vor allem gern Mittelstrecken und absolvierte als 16-Jähriger seinen ersten Marathon. »Das alles war die körperliche Grundlage, von der ich dann später viele, viele Jahre lang gezehrt habe«, sagt Ralf Dujmovits.

Im Südsattel kam an jenem Oktobertag 1992 Wind auf, der zunehmend stärker wurde. Bald zogen sich alle Bergsteiger in ihre Zelte zurück, weil es draußen viel zu kalt wurde. Ralf Dujmovits hatte in diesem Jahr seine zweite Expedition auf die Beine gestellt.

1990 hatte er bereits eine Unternehmung zum Dhaulagiri organisiert. Damals war er zusammen mit einer Belgierin allein auf den Gipfel gelangt. Diese Expedition war der Beginn eines völlig neuen Lebensabschnitts für den Bühler. Nach einer einjährigen Weltreise im Anschluss an den Schulabschluss, nach vier Semestern Medizinstudium und eineinhalb Jahren Tätigkeit in einer Klinik hatte Ralf Dujmovits im Herbst 1987 sein Bergführerdiplom erworben und sich ein paar Monate später endgültig dazu entschieden, Profibergsteiger zu werden.

1989 gründete er in Bühl sein Unternehmen Amical alpin. Amical bedeutet in allen romanischen Sprachen »freundschaftlich«. Und genauso pflegte Dujmovits nun den Umgang mit all seinen Gästen, denen er in den folgenden 23 Jahren Trekking- und Wanderreisen, große und kleine Expeditionen, grandiose Träume und unvergessliche Erlebnisse in den schönsten Gebirgszügen der ganzen Welt anbot. Amical alpin wurde rasch auch zu einer der Topadressen, wenn es um die Organisation von Expeditionen zu den höchsten Gipfeln der Erde ging.

Im Basislager unter dem Everest hatte sich Ralf Dujmovits 1989 schon einmal längere Zeit aufgehalten, als ihm zusammen mit Axel Schlönvogt über die Route des Briten Doug Scott die zweite Begehung des markanten Nordpfeilers am Nuptse und die überhaupt erst dritte Besteigung dieses 7861 Meter hohen Gipfels im Schatten des Mount Everest gelang.

Damals verfolgte er die bis heute nicht realisierte Idee des »großen Hufeisens«, bei der die Grate zwischen Everest-Gipfel, Lhotse und Nuptse zu einem riesigen Halbrund verbunden werden könnten. Er versuchte diese Dreifachbesteigung dann 1996. Doch wegen des vielen Neuschnees scheiterte die Realisierung dieses großartigen Plans bereits nach der Besteigung des Nuptse und nach dem Abgang einer Monsterlawine. Die Trilogie indes blieb im Kopf. Sie gilt heute noch immer als eine der großen letzten Herausforderungen im Himalaja.

1992 im Südsattel war das jedoch kein Thema. Diesmal stand nur die Besteigung des Mount Everest im Vordergrund. Und für Ralf Dujmovits, noch jung und eher unerfahren als Anbieter kommerzieller Expeditionen, war es vor allem auch ein Ziel, möglichst viele seiner gebuchten Bergsteiger zum höchsten Punkt zu bringen. Dujmovits war zu diesem Zeitpunkt noch der festen Überzeugung, dass jeder die Möglichkeit haben sollte, den höchsten Berg der Erde zu besteigen, solange er dabei niemand anderen behindert oder schädigt und solange er keinen Müll am Berg zurücklässt. Diese Einstellung sollte sich allerdings im Laufe der Jahre gewaltig ändern. Dujmovits war auch bereit, das Thema Flaschensauerstoff zu akzeptieren. Die meisten seiner Klienten, die den Everest in diesem Herbst mit ihm besteigen wollten, hatten vor, Flaschensauerstoff zu benutzen. Michl Dacher, Diego Wellig, Ralf Dujmovits und auch der Schweizer Bergführer Kobi Riechen wollten es hingegen ohne versuchen.

In der Nacht vom 2. auf den 3. Oktober wurde das Wetter über dem Everest zunehmend schlechter. Der Wind wehte in der Nacht in Sturmstärke, und es begann leicht zu schneien. Am nächsten Morgen stiegen alle Anwärter ab. Nur Ralf Dujmovits, sein Sherpa Sonam Tshering aus Beding in der Rolwaling-Region und dessen Bruder Nawang Thiele blieben. Sie harrten den ganzen Tag über aus und hofften auf bessere Verhältnisse. Sie befanden sich bereits über 40 Stunden in fast genau 8000 Meter Höhe. Ohne Unterstützung durch Flaschensauerstoff. Das kostet enorm viel Substanz. Die wenigsten halten das überhaupt durch. Noch in der dunklen Nacht des 4. Oktober 1992 gingen Dujmovits und Sonam Tshering von den Zelten im Südsattel aus hinüber zum Gipfelaufbau des Everest und begannen den Aufstieg. Fünf Stunden und 14 Minuten später standen die beiden gemeinsam auf dem Gipfel. Der Wind war seit einiger Zeit wieder stärker geworden. Bereits als sie auf dem Südgipfel angekommen waren, pfiff er dort in Sturmböen und mit grimmiger Kälte. Ralf Dujmovits fror am ganzen Körper, vor allem an den Füßen. Er fürchtete auf einmal, er könnte sich schwere Erfrierungen zuziehen, und holte die Sauerstoffflasche aus dem Rucksack. Er schloss sie an die Maske an und atmete ein paarmal ein und aus. Schlagartig ging es ihm besser. Also behielt er die Maske auf.

»Das war fast wie Doping. Und nur so lässt sich auch unsere schnelle Besteigungszeit erklären«, erklärte mir Ralf Dujmovits 20 Jahre später im behaglichen Wohnzimmer seines Hauses in

Bühl. Doch selbst hier, in dieser angenehmen Atmosphäre, sind die Kälte und die Anspannung zu spüren, die der deutsche Bergsteiger damals empfunden haben muss. Er wollte unbedingt ohne zusätzlichen Sauerstoff auf den Gipfel. Doch das gelang ihm nicht, weil die Angst vor der Kälte, dem unbarmherzigen Sturm und den gesundheitlichen Folgen größer war als der Wille, eine saubere Besteigung zu realisieren. Als er sich an diesem Tag die Maske überstülpte und der Sauerstoff augenblicklich die Geister belebte, schuf sich Ralf Dujmovits auch seinen persönlichen Albtraum. Denn in den folgenden 20 Jahren wünschte er sich kaum etwas mehr, als diesen Gipfel noch einmal – und dann »clean« – zu besteigen.

Seine Stimme wurde an diesem Tag in Bühl ganz leise, als er sagte: »Es ist mir nicht wichtig, was in meiner Vita steht oder was andere Leute sagen. 1992 wurde Flaschensauerstoff als Unterstützung ja auch noch einigermaßen toleriert. Ich dachte damals, scheiß drauf, ist doch egal. Aber das änderte sich bald. Ich empfinde es bis heute als Versäumnis, dass ich nicht ohne Flasche oben gewesen bin. Das ist wie ein Makel. Ich bin Profi. Und ich erwarte von einem Bergprofi, dass er ohne Flaschensauerstoff auf den Everest steigt – oder es lässt. Das alles ist in meinem Kopf und nicht auf dem Papier. Es tut mir leid, und es schmerzt mich. Ehrlich.«

Dann wurde es minutenlang sehr still in diesem Wohnzimmer. Ralf Dujmovits hat über 40 Expeditionen unternommen. Damit zählt er zu den erfahrensten Höhenbergsteigern und Bergführern der Welt. Er ist wohl nach außen hin manchmal das, was man einen abgezockten, coolen Typen nennt. Doch das Thema seiner Everest-Besteigung weckt in ihm sichtlich heftige Emotionen.

Auf dem Gipfel des höchsten Berges gelang es Ralf Dujmovits im wieder aufkommenden Sturm gerade noch, eine Fotoserie zu machen, in der man später sehen wird, wie Sonam Tshering die letzten Meter zum Gipfel hinaufsteigt. Dann waren die Batterien der Kamera leer. Mit seiner Einwegkamera machte der Sherpa schließlich noch ein Foto von Ralf. »Mithilfe von zusätzlichem Sauerstoff war ich auf dem Gipfel bei absolut klarem Verstand«, sagte mir Dujmovits. Sein Regler an der Flasche war auf zwei Liter pro Minute eingestellt. Dujmovits empfand dort oben jedoch keinerlei Glücksgefühl oder Emotionen: »Ich fühlte auch keine Schmerzen. Allerdings hatte ich die Hosen gestrichen voll bei dem Gedanken, dass wir von diesem Berg ja auch wieder runtermussten.«

Der Sturm, der inzwischen wieder mit mehr als hundert Stundenkilometern den Gipfel umtoste, schwächte die beiden Männer mit jeder Minute mehr. Eilig begannen die beiden den Abstieg. Doch sie mussten extrem vorsichtig sein. »Ich hatte große Angst, dass uns der Sturm vom Grat fegt. Wir konnten uns kaum auf den Beinen halten. Manchmal sind wir, wie schon im Aufstieg, sogar ein Stück auf allen vieren gekrochen«. Gleich hinter dem Südgipfel, im steilen Gelände, strauchelte der Deutsche. Einen Moment lang fand er mit einem der beiden Steigeisen keinen Halt mehr. Er stürzte, begann zu rutschen, und der Abgrund kam immer näher. Es ist eigentlich alpine Routine, sich in so einem Moment auf den Bauch zu drehen, den Pickel mit beiden Händen zu packen und die Haue des Pickels blitzschnell in den Schnee zu rammen, um so den drohenden Absturz zu bremsen. Es gelang ihm auch, doch in dieser Höhe dauert es länger, bis das Gehirn diese Botschaft an die Muskulatur weitersendet und die Koordinationsfähigkeiten übermittelt. Die Situation ging gerade noch gut aus. Aber der Schreck saß tief: »Das ist mir im Kopf geblieben. Selbst mit Flaschensauerstoff ist es dort oben in diesen Höhen immer noch sehr gefährlich.«

An diesem Tag hatte außer Dujmovits und Sonam Tshering niemand sonst den Gipfel erreicht. Überhaupt war es während dieser Herbstsaison relativ ruhig am Everest. Einige Spanier bestiegen den Gipfel, ein paar Italiener, einer von ihnen war Oswald Santin, ein paar Franzosen, unter ihnen Benoît Chamoux, der mit Santin das Vermessungsdreibein zum Gipfel trug, zwei US-Amerikaner, ein Mexikaner und natürlich einige Sherpa. Insgesamt schafften es zwischen dem 25. September und dem 9. Oktober 31 Bergsteiger bis zum höchsten Punkt.

Kurz bevor Dujmovits und Tshering nun wieder den Südsattel erreichten, war die Sauerstoffflasche des Deutschen leer. Er glaubte, ihn treffe ein Hammer. Augenblicklich verließen ihn die Kräfte, und er schleppte sich immer langsamer voran. Jeder Schritt wurde zur Qual. Das Gehirn funktionierte nur noch träge, zu jeder Handlung musste sich Dujmovits nun zwingen: »Ich war plötzlich fix und fertig.« Dieses Gefühl fehlender Macht über den eigenen Körper, die zunehmende Hilflosigkeit und die Erkenntnis, wie lange er nun noch bis zu den Zelten brauchen würde, blieben Ralf Dujmovits für immer in Erinnerung. Er hatte danach nie mehr den Mount Everest im Rahmen einer kommerziellen Expedition angeboten und ab 1996 auch die anderen vier Gipfel der sogenannten »Big Five« – also den K2, den Kangchendzönga, den Lhotse und den Makalu – aus seinem Programm von Amical alpin gestrichen.

»Das Gefährliche am Mount Everest ist nicht allein die Unerfahrenheit mancher Anwärter, sondern noch viel mehr die Möglichkeit, plötzlich ohne den für die meisten lebensnotwendigen Sauerstoff aus der Flasche dazustehen. Das ist, als würde einem die Lebensader abgeschnitten. Auf einmal funktioniert man fast gar nicht mehr und verliert praktisch die Kontrolle über sich selbst. Ich hätte es 1992 beinahe nicht mehr bis zum Zelt im Südsattel geschafft, dabei war ich doch gar nicht mehr sehr weit entfernt.«

Als Ralf Dujmovits bei den Zelten ankam, zogen ihn Sonam Tshering und Nawang Thiele in die sichere Behausung hinein. Weg von dem Sturm, raus aus dieser extremen Kälte. Drinnen erholte sich Dujmovits relativ rasch und kam wieder halbwegs zu Kräften. Die beiden Sherpa waren froh, dass sie ihren deutschen Freund nun in Sicherheit hatten. Sonam Tshering schaute noch einmal zum Zelt hinaus und hinauf in Richtung Südgipfel. Dort oben wird er kaum acht Monate später selbst an der Seite der Sherpani Pasang Lhamu ausharren, bis sie stirbt, und für immer verschollen bleiben.

Sein Bruder Nawang Thiele war einer der Mitarbeiter der angesehenen Agentur Thamserku in Kathmandu. Er war bei jeder Expedition von Thamserku als einer der umsichtigen und äußerst gewissenhaften Sherpa am Mount Everest dabei. Auch bei jener von Pasang Lhamu im darauffolgenden Jahr würde er mitmachen. Nun, am Nachmittag des 4. Oktober 1992, überraschte er

Ralf Dujmovits. Aus dem Topf über dem kleinen Kocher, mit dem eigentlich Schnee für Getränke geschmolzen wird, zauberte Nawang Thiele plötzlich heiße Ananasstücke mit sehr viel Saft hervor. »Als ich diesen köstlichen Geschmack im Mund hatte, fühlte ich zum ersten Mal an diesem Tag Glück und Erleichterung. Da erst hatte ich das Gefühl, dass das Ärgste vorbei sei.« Tags darauf stiegen die drei in das Basislager ab, wo Michl Dacher, Diego Wellig, Kobi Riechen und die anderen warteten. Dujmovits fühlte, wie enttäuscht seine Kunden waren. Obwohl derlei kaum zu beeinflussen ist und die erfolgreiche Besteigung des Everest-Gipfels für jeden Einzelnen von so vielen Faktoren abhängt, ist es in der Tat eine merkwürdige Situation, wenn innerhalb einer kommerziellen Expedition nur der Expeditionsleiter und sonst niemand den Gipfel erreicht.

Seit diesen Tagen beobachtet Ralf Dujmovits die Veränderungen am Mount Everest mit wachsendem Unbehagen. Als er 2009 auf dem Gipfel des Lhotse stand, war er der erste deutsche Bergsteiger, der alle vierzehn Achttausender bestiegen hat. Seine Erfahrung ist also groß, und sein Wort wird international geschätzt. »Der Berg ist zwar noch immer der gleiche, aber sonst ist dort fast nichts mehr so, wie es einmal war.« Das einst recht intime Basislager, in dem fast jeder jeden kannte, sei eine mehr und mehr anonyme kleine Stadt geworden. Viele Bereiche auf der Südroute seien viel gefährlicher geworden als noch vor zwanzig Jahren.

Dujmovits glaubt, dass der Everest deshalb sehr viel gefährlicher geworden ist. Zu den massivsten Veränderungen zählt er die Bohrhaken am Gelben Band und die durchgehenden Fixseile vom Basislager bis zum Gipfel. Dass selbst oberhalb des Genfer Sporns, hinter dem man fast eben hinüber in den Südsattel geht, Fixseile angebracht sind, nimmt er im Sinne der Sicherheit zur Kenntnis. Bergsteigerisch hält er es für eine Katastrophe. Kopfschütteln auch angesichts der Tatsache, dass im Südsattel von den Zelten aus Seile bis zum Einstieg in die erste Flanke verlegt sind, damit die Bergsteiger bei ihrem Aufbruch in der Dunkelheit den Weg gleich finden. Die einzige Errungenschaft, die er auf Anhieb als positiv benennen kann, ist die Konsequenz, mit der seit 1996 zumindest rudimentäre Toiletten eingeführt und beibehalten worden sind. »Doch das schlimmste sind die Menschenmassen«, sagt Dujmovits, »das tut mir in der Seele weh.« Natürlich sei er selbst, gerade im europäischen Raum, maßgeblich daran beteiligt gewesen, das Höhenbergsteigen und damit auch den Auftrieb am Mount Everest in Gang zu bringen, »doch was inzwischen vor sich geht, kann ich nicht mehr gutheißen, noch nie waren dort so viele Leute unterwegs.«

2005 kehrte Ralf Dujmovits zum Everest zurück mit dem Ziel, den Berg diesmal ohne Flasche und Maske zu besteigen. Und das auch noch über eine der anspruchsvollsten Routen, die es an diesem Berg gibt. An seiner Seite waren Gerlinde Kaltenbrunner, die er zwei Jahre später heiratete, und der Japaner Hirotaka Takeuchi. Für die österreichische Ausnahmebergsteigerin war es der erste Versuch am Everest. Takeuchi stand bereits 1996 auf dem Gipfel, und er hatte bis dahin fünf weitere Achttausender bestiegen. Darunter auch – ein Jahr nach Ralf Dujmovits – den K2. Die Verhältnisse in der riesigen Nordwand, die an den meisten Stellen fast ständig von Lawinen bedroht ist, waren gar nicht einmal so schlecht. Das Hornbein-Couloir, das sie zum Gipfel leiten sollte, schaute gut aus. Vor allem aber waren die drei perfekt akklimatisiert, denn sie kamen direkt von einer Durchsteigung der Shisha-Pangma-Südwand. Beste Voraussetzungen also für das große Vorhaben. Doch in einer Höhe von 7650 Meter wurde Hirotaka Takeuchi, mit dem Gerlinde Kaltenbrunner und Ralf Dujmovits seit Jahren eng befreundet sind, plötzlich krank. Er zeigte die typischen Symptome eines aufkommenden Hirnödems. Das war erstaunlich angesichts des guten Akklimatisierungszustands der drei sehr erfahrenen Bergsteiger. Doch gelegentlich kann man auch nach längerem Aufenthalt oberhalb von 7000 Metern noch immer höhenkrank werden.

Es war der Abend des 30. Mai, als sich der Zustand des Japaners dramatisch verschlechterte. Er war schon fast nicht mehr ansprechbar, als sich die gelernte Krankenschwester Gerlinde Kaltenbrunner entschloss, Dexamethason zu spritzen. Das ist ein Mittel, das vor allem entzündungshemmend und damit auf das Hirnödem abschwellend wirkt. Neben Dexamethason wird in Notsituationen beim Höhenbergsteigen nicht selten auch Tadalafil – bekannt unter dem Namen Cialis –, ein die Potenz förderndes Präparat, verabreicht. Es dauerte, ehe der im Zelt liegende Takeuchi auf die Spritzen ansprach. Die Sorge wuchs. Später wird sich der Japaner, der zwischen 1995 und 2012 alle Achttausender bestiegen hat, so gut wie überhaupt nicht an die folgenden Stunden erinnern können, die er in fast völliger Apathie nur knapp überlebte.

Längst dachten weder Gerlinde Kaltenbrunner noch Ralf Dujmovits an den Weiterweg zum Gipfel. Sie wollten nur noch ihren japanischen Freund so schnell wie möglich nach unten bringen. Im ersten Licht des nächsten Morgens begannen sie in dem schwierigen Gelände der Nordwand den mühsamen Abstieg. Es dauerte bis zum 1. Juni, ehe sie ihr Basislager erreichten. Dort erholte sich Hirotaka Takeuchi rasch wieder, und die drei traten schließlich erleichtert die Heimreise an.

Zu diesem Zeitpunkt befand sich Ralf Dujmovits seit 1985 praktisch jedes Jahr auf Expedition, oft sogar zweimal. Er verpackte Bergträume in seinem zunehmend dicker werdenden, schließlich achtzig Seiten umfassenden Reisekatalog und verkaufte sie an seine Kunden. Die wiederum waren überwiegend von der nahezu perfekten Organisation bei Amical alpin begeistert. Zeitweise wirkten mehr als zwanzig Mitarbeiter und Bergführer am Gelingen des großen Ganzen mit. Nebenbei erfüllte sich Dujmovits seine eigenen Sehnsüchte. Er bestieg im Laufe von zweiundzwanzig Jahren nicht nur die vierzehn Achttausender, sondern einige davon sogar mehrfach, dazu auch Sechs- und Siebentausender wie die Ama Dablam, den Baruntse oder den Nuptse.

In der Zeit zwischen den Expeditionen organisierte er sein Büro und plante immer neue Reisen. Es blieb ihm viel zu wenig Zeit für gezieltes Training, und er zehrte immer wieder von der Substanz aus der sportlichen Jugend und seiner großen Erfahrung. Selbst von den Basislagern aus arbeitete er noch für sein Büro und kümmerte sich um andere, parallel laufende Expeditionsgruppen.

2010, ein Jahr bevor er sich entschloss, sein Unternehmen abzugeben, kam er mit Gerlinde Kaltenbrunner unter die Nordwand des Mount Everest zurück. Sie waren seit drei Jahren verheiratet und wollten nun vollenden, was sie 2005 begonnen hatten. Doch Ralf Dujmovits war auch diesmal nicht in einem perfekten Trainingszustand, wieder einmal hatte er bis zum letzten Augenblick vor der Abreise gearbeitet und daher den Kopf nicht völlig frei für den höchsten Gipfel. Zudem hatte er sich diesmal dazu überreden lassen, für den Fernsehsender des Südwestfunks alle paar Tage zeitnahe Filme vom Fortgang der Expedition nach Stuttgart zu übermitteln.

Vom zentralen Rongbuk-Gletscher aus war auch erkennbar, dass die Nordwand nicht die Verhältnisse bot wie noch 2005. Blankes Eis, Schnee im Japaner-Couloir, fragile Séracs und Spindrift-Lawinen aus feinstem Pulverschnee, der den beiden Bergsteigern oft für Minuten den Atem und die Sicht im extrem steilen Gelände raubte – das alles war nicht gerade dazu angetan, bereitwillig das Risiko einzugehen, diese mächtige Flanke zu durchsteigen. In den Lagern war es eiskalt, und die beiden kamen auch nicht so zügig voran, wie sie es eigentlich vorhatten. Während einer Erholungsphase im Basislager bat Ralf Dujmovits seine Frau darum, auf die Nordwand im Bereich des Japaner- und des Hornbein-Couloirs zu verzichten, weil er diese Route einfach für zu gefährlich hielt.

Am 19. Mai brachen die beiden im vorgeschobenen Basislager auf und stiegen über die Odell-Route zum Nordsattel auf. Am Mittag des 23. Mai erreichte Gerlinde Kaltenbrunner den Gipfel des Mount Everest. Es war ihr dreizehnter Achttausender, und sie hatte sie alle ohne Flaschensauerstoff bestiegen. Das hatte vor ihr noch nie eine Frau geschafft. Aber sie stand allein am höchsten Punkt der Erde.

Ralf Dujmovits wartete nervös in einem kleinen Zelt auf 8300 Meter, in dem sie zusammen das letzte Biwak verbracht hatten. An Schlaf war in diesen Stunden vor dem Gipfelgang ohnehin nicht mehr zu denken. Doch Ralf wurde obendrein von einem starken Höhenhusten geplagt und kam deswegen überhaupt nicht zur Ruhe. Als die beiden gegen 1.30 Uhr in der Nacht begannen, sich auf den Gipfelaufstieg vorzubereiten, schlief Ralf immer wieder im Sitzen ein. Es gab Milchkaffee, Babybrei und trockene Kekse. Doch Ralf Dujmovits konnte sein Frühstück kaum mit den Händen greifen und festhalten, so müde war er. In ihrem

Internettagebuch zitierte Gerlinde Kaltenbrunner Tage später die Sätze, die Ralf schließlich zu ihr sagte: »Gerlinde, ich kann nicht mit dir gehen, ich bin zu müde. Wenn mir dieser Sekundenschlaf unterwegs Richtung Gipfel passiert... Es wäre zu riskant. Du musst ohne mich starten.« Abermals verzichtete der Deutsche auf den Gipfel.

Den Everest nochmals mithilfe von Flaschensauerstoff zu besteigen war für Ralf Dujmovits in den Jahren nach 1992 nie mehr eine Option. Seine Einstellung hatte sich längst grundlegend gewandelt. Einen Gipfelerfolg mit zusätzlichem Sauerstoff hielt er am Everest für kein erstrebenswertes Ziel mehr, nicht einmal mehr für eine sportlich-alpinistisch besondere Leistung. Und immer wieder wurmte ihn in diesem Zusammenhang der Gedanke, dass er es 1992 nicht ohne Flasche geschafft hatte: »Das wäre ein wirklich erhabenes Gefühl gewesen.«

Nach wie vor ist er davon überzeugt, dass er etwas Großes versäumt hat. Ende 2011 löste er sich von seinem Unternehmen. Er gab es komplett ab, der Sitz wurde von Bühl nach Oberstdorf verlegt. Im Frühjahr 2012 war es deshalb auch überhaupt keine Frage, dass er seine Frau in das Everest-Basislager begleitete. Sie wollte über den markanten Grat auf den Gipfel des Nuptse. Er nahm sich aufs Neue den Everest ohne Flasche vor. Mehr noch. Er wollte es fast vollständig aus eigener Kraft schaffen, nahm daher nicht einmal einen Climbing-Sherpa mit. Er nutzte lediglich die vorhandenen Infrastrukturen wie die Fixseile und die angelegte Spur.

Doch am 18. Mai 2012 kapitulierte Ralf Dujmovits abermals. Diesmal im Südsattel und nach fürchterlichen Stunden im Zelt. Er hatte sich beim Aufstieg stark verausgabt. Und er litt an einer nicht auskurierten Nasennebenhöhlenentzündung, die ihn schließlich zur Aufgabe zwang. Mit den weiteren 800 Höhenmetern Aufstieg vor Augen wusste er, dass er sie in diesem Zustand nicht schaffen konnte. Wieder einmal trat er auf seine innere Bremse.

Das ist ganz offenbar die große Kunst beim Höhenbergsteigen. Man muss wissen, wann es genug ist, ab welchem Zeitpunkt das Risiko in keinem Einklang zu dem gewählten Ziel steht. Während er enttäuscht abstieg, machte er jene Fotos und das berühmte Video von der Menschenschlange in der Lhotse-Flanke. Und er nahm den Kampf gegen den Wahnsinn am Mount Everest auf. Seine Fotos gingen um die Welt. *Le Monde* druckte sie in Frankreich, die *New York Times* in den USA, *Singapore Today* in Asien. Es gab keinen Kontinent, auf dem die Bilder vom 19. Mai 2012 mit den rund 300 Bergsteigern am Fixseil nicht publiziert wurden. Das Video wird im Internet noch immer tausendfach angeklickt.

»Das alles muss aufhören«, sagt er. Am höchsten Berg seien Leute unterwegs, die dort absolut nichts verloren hätten. Er weiß selbst nur zu gut, dass es eigentlich seit der Kommerzialisierung des Everest fast ständig der Fall ist, dass wenig qualifizierte Amateure versuchen, den Gipfel zu erreichen. Doch Dujmovits kritisiert nicht Einzelne. Er greift die Massen an. Das könne so nicht weitergehen, denn sonst komme es einmal zu einer ganz großen Katastrophe.

Er erklärt mir während unseres Gesprächs in Bühl: »Ich ziehe meinen Hut und verbeuge mich vor Russell Brice, dass er 2012 den Stecker gezogen hat, dass er gesagt hat, das alles sei viel zu gefährlich, und dass er das nicht mehr verantworten könne.« Er verteidigt vehement die Veröffentlichung seiner Fotos: »Wir haben jahrelang an den vielen Menschen vorbeifotografiert. Wir haben versucht, sie einfach auszublenden und den Everest als unglaublich großen, schönen Berg ins Licht der Öffentlichkeit zu rücken. Aber so ist der Everest nicht. Wer künftig mit der Flasche und eingereiht in diese aberwitzige Menschenschlange auf den Gipfel will, sollte sich darüber im Klaren sein, dass sein Nachbar daheim weiß, wie es am Everest heute tatsächlich zugeht, und dass eine Besteigung unter diesen Umständen ganz sicher keine große Tat mehr ist. Im Gegenteil: Jeder, der jetzt noch dort hinaufwill, sollte vorher verstehen, was für eine unglaubliche sportliche Pfeife er aus sich machen muss, um überhaupt in die Nähe des Gipfels zu kommen.«

Ralf Dujmovits ist sich absolut sicher, dass der Verkehr am Everest in den kommenden Jahren weniger wird, »weil der Prestigegewinn sinkt, weil niemand mehr etwas Besonderes daran finden wird, wenn der Gipfel unter den jetzt üblichen Umständen bestiegen wird«.

Und er selbst? Als Ralf Dujmovits am 19. Mai 2012 in das Basislager zurückkehrte und er unterwegs unter der Lhotse-Flanke im Lager II Gerlinde traf, die gerade vom Nuptse herunterkam, versprach er seiner Frau, dass er nicht mehr versuchen wolle, den Everest zu besteigen. In ihm war in den Stunden des Abstiegs die Erkenntnis gewachsen, dass er offenbar nicht mehr in der Lage ist, den höchsten Gipfel der Erde ohne Flaschensauerstoff auf einer anderen, schwierigeren Route als den beiden Normalwegen zu erreichen. Und nachdem er nun wieder die Menschenmassen gesehen hatte, kamen zumindest diese beiden Normalwege nicht mehr für ihn infrage.

Was aber macht jemand, der das eine nicht mehr will und glaubt, das andere nicht mehr zu können? Er gibt seinen Plan wohl am besten auf. Doch in Bergsteigern rumort bekanntlich häufig eine tiefe Unrast, solange sie nicht erreichen, was sie sich in den Kopf gesetzt haben. Und das ist bei Ralf Dujmovits nicht anders.

Ende Mai 2012 verließen er und Gerlinde Kaltenbrunner das Basislager unter dem Everest. Zwei Monate später trafen wir uns zu jenem Gespräch in Bühl. Auch da saßen die Eindrücke und die Enttäuschung über die Entwicklung am höchsten Berg noch immer tief. Ganz offen sprach er mehrmals davon, dass er selbst kommerzielle Expeditionen stets befürwortet habe, um auch weniger erfahrenen Bergsteigern die Möglichkeit zu einem hohen Gipfel zu eröffnen. Das alles klingt nur allzu sehr nach Goethes Zauberlehrling, der, als er seines eigenen Spuks nicht mehr Herr wird, ausruft: »Die ich rief die Geister, werd' ich nun nicht los.« Nicht anders ist es am Everest und an ein paar anderen Achttausendern.

Seine Grundeinstellung hatte Ralf Dujmovits bei unserem Treffen natürlich nicht geändert. Im Gegenteil, er sah die Dinge noch klarer und noch drastischer in der Forderung nach Konsequenzen. Doch seine eigene Perspektive hatte sich da ganz offensichtlich bereits leicht verschoben: »Ich muss mit Gerlinde reden.« Denn wenn er die Möglichkeit habe, sich endlich einmal ein halbes Jahr lang physisch wie psychisch voll auf den Mount Everest vorzubereiten, dann wäre er vielleicht bereit, es doch noch einmal zu versuchen.

Ganz gleich, wohin dieser Gedankengang auch führt, Ralf Dujmovits hat eine klare Vorstellung davon, wie die künftige Entwicklung am Mount Everest sein sollte: »Dieser Berg ist ein goldenes Kalb, das von den Regierungen in Nepal und China geschlachtet wird. Alles zusammengenommen, werden mit dem Big Business am Everest mit sämtlichen Nebengeräuschen sicher fast hundert Millionen Dollar in einem Jahr generiert.« Doch das könne nicht die Grundlage sein, auf der die Besteigungsgenehmigungen vergeben werden. Er fordert, dass jeder Bergsteiger, der auf den Everest will, vor der Erteilung seiner Genehmigung mindestens einen anderen Achttausender erfolgreich bestiegen haben muss. Nichts anderes funktioniere bei näherer Betrachtung. Keine Verteuerung der Permit-Preise, keine Limitierung der Genehmigungen. Allerdings seien sämtliche Versuche, auf die nepalische Regierung einzuwirken, in der Vergangenheit gescheitert. Und wie man diese Front aufweichen könnte, weiß auch Ralf Dujmovits nicht…

Fünfzehn Fragen an
...RALF DUJMOVITS

»Unten empfinde ich Traurigkeit darüber, dass es nun vorbei ist«

Was sind im Wesentlichen die Unterschiede zwischen Bergsteigen und Höhenbergsteigen?
Es gibt zwei Aspekte. Der eine bedeutet, dass ich die Höchstschwierigkeiten, die ich als Bergsteiger in einer Alpentour gesetzt habe – sei es in einer Sportklettertour, sei es in einer klassischen alpinen Tour –, sehr wahrscheinlich nicht an die höchsten Berge der Erde übertragen kann. Der andere Unterschied ist natürlich die Höhe. Höhenbergsteigen spielt sich jenseits von 6000 Metern ab. Da reduziert sich die Leistungsfähigkeit enorm, und das muss ich an einem Achttausender in Kauf nehmen.

Wie wird man Höhenbergsteiger?
Ich weiß es nicht wirklich. Ich kann dazu nur sagen, dass ich sehr viel Freude dabei empfunden habe, in großer Höhe unterwegs zu sein. Nicht nur wegen der Höhe allein, sondern auch weil Höhe im Himalaja immer bedeutet, sich in den Flanken großer und mächtiger Berge zu bewegen. Für mich ist es faszinierend, wenn ich mich in eine wilde Natur begeben kann und mich dort richtig mit den Naturgewalten auseinandersetzen muss. Wenn man damit zurechtkommt und große sportliche Ziele verfolgen will, wird man Höhenbergsteiger. Ich habe daran schon in jungen Jahren Spaß gefunden. Mit 19 war ich ein ganzes Jahr in Südamerika und

habe da meinen ersten Sechstausender bestiegen. Dann hatte ich das Glück, zu einer der Trainingsexpeditionen des Deutschen Alpenvereins am Shivling in Nordindien eingeladen zu werden. Dabei hat mir dann auch gefallen, mit einer Expeditionsgruppe unterwegs zu sein. Es war für mich bei allen Expeditionen sehr interessant, diese Abenteuer als eine Art Gesamtevent zu verstehen. Da geht man nicht einfach zu einem Berg in den Alpen hin, steigt dort geschwind hinauf und wieder runter. Bei einer Expedition geht man eine Beziehung mit dem Berg ein. Es ist meist schon spannend, zu einem sehr hohen Berg hinzukommen, dann das Basislager aufzubauen, in dem man sich eine kleine Heimat einrichtet, in der man schließlich beginnt, sich wohlzufühlen. Dort lernt man den Berg und die Route näher kennen, wenn man beim Akklimatisieren immer wieder auf- und absteigt. Dadurch baut sich ein Verhältnis zwischen dem Berg und mir auf. Das sind nachhaltigere Erlebnisse als fast alles andere, was ich bei uns in den Alpen erlebt habe. Dort gab es auch große Stunden, aber von den Achttausendern ist mir noch fast jeder Tag in Erinnerung. Wenn einem das alles gefällt, wenn einem diese Art Abenteuer liegt, dann wird man Höhenbergsteiger. Fast zwangsläufig. Und natürlich kam bei mir auch noch hinzu, dass ich von einem bestimmten Zeitpunkt an von dem leben konnte, was ich gern tue.

Welche Vorstellungen vom Höhenbergsteigen hattest du, bevor du den ersten Achttausender bestiegen hast?
Es war eine sehr heroische Welt, die ich da zunächst einmal wahrgenommen habe. Dort waren alle Bergsteiger kleine Helden. Die Höhe, die Wucht der Berge, die Größe dieser Gebirgsketten, das alles beeindruckte mich sehr. Aus den Büchern konnte ich herauslesen, dass dort alle Alpinisten große Abenteuer erlebten, dass dort Heldensagas entstanden und Mythen. Das hat mich als junger Bergsteiger sehr in Atem gehalten, fasziniert und begeistert.

Haben Höhenbergsteiger ganz bestimmte charakterliche Merkmale?
Interessante Frage. Es sind einige Merkmale, die vielen Höhenbergsteigern gleich sind. Da gehört dieses Verlangen dazu, sich mit der Natur, mit dem, was einen draußen erwartet, messen zu

können. Es ist vielen Höhenbergsteigern gemeinsam, dass sie abenteuerlich unterwegs sein möchten. Das ist ein Typ Mensch, der das Abenteuer und das Unbekannte ganz gezielt sucht, der gern etwas Unsicheres auf sich zukommen lässt und es als Herausforderung empfindet, mit all dem zurechtzukommen. Uns charakterisieren wohl Durchhaltewillen und Durchhaltevermögen, eine Portion Leidensfähigkeit und die Fähigkeit, Entbehrungen ertragen zu können. Vielleicht ist es auch das Bemühen, noch einmal ganz auf sich selbst reduziert zu überleben. Es geht darum, ganz elementare, natürliche Bedürfnisse zu stillen, die in unserem normalen Alltag sehr weit in den Hintergrund getreten sind. Dort gibt es alles, man kann alles haben, und alles ist versichert. Unterwegs an den Achttausendern gibt es nicht viel und schon gar keine Versicherung.

Der Egoismus wird oft thematisiert. Nicht alle Höhenbergsteiger sind Egoisten, einige schon. Aber Egoismus ist kein charakterliches Merkmal, das alle eint. Ganz gewiss nicht.

Was muss ein Höhenbergsteiger mitbringen, um einen Achttausender zu besteigen?
Solange ein Höhenbergsteiger »by fair means« unterwegs sein will, also ohne Flaschensauerstoff, ohne Hochträger und möglichst ohne Fixseile, sollte er ein guter, erfahrener Westalpen-Bergsteiger sein, eine überdurchschnittlich gute Kondition mitbringen, mental und körperlich gut vorbereitet an so eine Unternehmung herangehen, teamfähig sein und vor allem offen für Neues. Nicht nur am Berg, sondern auch in den Ländern, in denen er unterwegs sein will. Das fehlt mir bisweilen bei einigen Aspiranten. Die sind nicht offen für das, was sie erwartet, was während einer Expedition für ein paar Wochen anders sein wird, sondern die fragen: Gibt es hier kein Schwarzbrot, warum haben wir keinen Cappuccino, warum gibt es dies nicht und das nicht? Die suchen nach dem, was eigentlich unseren Verzicht ausmacht.

Ist der Mount Everest ein besonderer Berg?
Ja natürlich. Es ist der höchste Berg der Erde. Und er ist insofern besonders, weil er wie kaum ein anderer Berg die Bergsteiger-Community polarisiert. Er zieht wie kein anderer Achttausender-

gipfel die Massen an, hat aber andererseits Winkel, wo schon seit Jahren niemand mehr gewesen ist. Wann war das letzte Team an der Kangshung-Wand? Dort gab es seit 1988 keinen ernsthaften Versuch mehr, und überhaupt haben dort nur Stephen Venables 1988 und Carlos Buhler 1983 Erfolg gehabt. Keine der Routen dort endete bis jetzt direkt auf dem Gipfel. Auch so etwas macht den Everest besonders.

Warum wolltest du den Everest besteigen?
Ich wollte auf den höchsten Berg der Erde, und ich habe mir damals für meine Firma Amical Alpin versprochen, dass es nicht schlecht wäre, wenn so ein großes Ziel mal im Rahmen einer kommerziellen Expedition funktionieren könnte. Damals war das im deutschsprachigen Raum nicht üblich.

Wie ist es zu erklären, dass Höhenbergsteigen innerhalb weniger Jahre so populär wurde?
Ich denke, dass sich das vor allem über die Faszination der großen Höhe, des Abenteuers, das man da erleben kann, entwickelt hat. Es ist aber sicher auch die Suche nach Unberührtheit, nach zumindest dem Wunsch, an einen Ort zu kommen, an dem man eine große sportliche Leistung gepaart mit einem großartigen Naturerlebnis erleben kann.

Hast du beim Höhenbergsteigen bestimmte, stetig wiederkehrende Abläufe – etwa im Sinne von Ritualen?
Ja. Wenn ich zum Beispiel in einem Hochlager ankomme, ziehe ich die Socken aus, binde sie mir um die Unterschenkel und ziehe ein Paar frische an. Merkwürdig vielleicht, aber das steigert mein Gesamtwohlbefinden ganz entscheidend. Im Basislager habe ich ebenfalls Rituale. Das habe ich vom großen Michl Dacher übernommen. Bevor ich in Richtung Gipfel gehe, wasche ich mich noch einmal von Kopf bis Fuß. Ich will sauber an den Berg gehen. Im Glauben der Sherpa wohnen dort oben deren Götter. Das respektiere ich sehr, und wenn ich dort aufsteige, dann will ich das gereinigt tun. Außerdem glaube ich, dass die Haut besser atmet, wenn man frisch gewaschen ist. Und ich ziehe immer komplett frische Wäsche an, auch weil ich überzeugt bin, dass frische Wä-

sche besser wärmt. Und noch etwas: In den vergangenen Jahren war ich fast immer mit meiner Frau Gerlinde gemeinsam unterwegs. Wir teilen uns die Arbeiten in den Hochlagern inzwischen sehr schön auf. Gerlinde ist am Nachmittag bei der Ankunft dran und ich am Vormittag, weil sie am Morgen gern noch ein bisschen länger liegt.

Wenn du die Wahl hättest, welchen Achttausender würdest du noch einmal besteigen wollen?
Den Nanga Parbat. Er ist für mich der schönste von allen. Wobei sich das Aussehen auf mehrere Dinge bezieht. Wenn man auf der Diamir-Seite oder auf der Rakhiot-Seite unter dem Nanga steht, dann steht man jeweils auf einer grünen, mit Blumen übersäten Wiese. Da fließen kleine Bäche durch das Basislager, und direkt dahinter beginnt der Berg. Das hat etwas Einzigartiges, denn das gibt es an keinem anderen Achttausender. Ein Idealfall. Im Basislager bekommt man auf 4000 Metern Höhe noch richtig gut Luft, und dann macht es bumm, und es geht nach oben. Es ist also nicht nur optisch schön, der Nanga Parbat ist für eine Besteigung auch gut aufgeteilt, gut gegliedert. Es kommt hinzu, dass der Berg von allen Seiten sehr steil ist. Es gibt also keine großen Umwege.

Was empfindest du, wenn du vom Gipfel eines Achttausenders zurückkehrst?
Erleichterung, dass ich gesund bin. Unten empfinde ich aber auch immer ein Stück Traurigkeit, dass es vorbei ist. Und gleichzeitig die Vorfreude auf die nächste Expedition. Es sind also multiple Empfindungen, die mich in diesen Momenten bewegen. Große Gefühle.

Was ist das schönste Gefühl beim Höhenbergsteigen?
Das hat sich verändert im Lauf der vergangenen Jahre und seit ich mit Gerlinde unterwegs bin. Früher war mir Zeit wichtig. Da kommen auch die 5.15 Stunden bei meiner Everest-Besteigung her. Es war ein gutes Gefühl, wenn ich irgendwo flott oben war und ich gute Zeiten vom Berg mit herunterbrachte. Als deutlich größeren Genuss empfinde ich es inzwischen, zwar schon sportlich und an einer schönen Linie – wie beispielsweise in der Shi-

sha-Pangma-Südwand – unterwegs zu sein, dabei aber auch ganz bewusst das Drumherum aufnehmen zu können. Beispielsweise sitze ich heute gern in einem Hochlager und schaue aus dem Zelt heraus die Berge an, beobachte die Wolken und nehme dabei sehr viel bewusster als früher die Höhe und die Weite, diese Ausblicke und die Macht der Natur in mich auf. Das empfinde ich als sehr kraftvoll.

Was sagt man Menschen, die Bergsteigen für eine schwachsinnige Angelegenheit halten?
Denen sage ich gar nichts. Ich bin kein Missionar. Ich will niemanden von etwas überzeugen, das er selbst in einer vorgefertigten Meinung als Blödsinn ansieht. So ein Mensch soll bei seiner Meinung bleiben. Und ich sage mir: Prima, wieder einer weniger, der da rumspringt.

Was würdest du antworten, wenn dein Sohn oder deine Tochter vor dir steht und sagt: »Ich möchte gern auf den Mount Everest steigen«?
Uff, was für eine Frage. Ich habe zwei Kinder. Meinen Sohn Joshua habe ich animiert, in Ecuador den Cotopaxi zu versuchen. Er ist dann auch hochgestiegen und hat den Sonnenaufgang auf dem Gipfel erlebt. Das hat ihn beeindruckt und ihm sehr gut gefallen. Er hat hinterher gesagt, dass er nun viel besser verstehen könne, warum ich zum Bergsteigen gehe. Das war jetzt ein Sechstausender, von den höheren Bergen geht aber dann doch auch noch ein höheres Gefahrenpotenzial aus. Ich wäre nicht sehr glücklich, wenn er sich dem aussetzen würde. Andererseits würde ich es ihm auch nicht verwehren wollen, wenn er von sich aus mit dem Wunsch zu mir käme. Dann würde ich versuchen, ihm beratend, vielleicht auch lenkend zur Seite zu stehen, damit er das in einem möglichst guten Stil machen kann und gesund wieder zurückkommt. Das gilt auch für meine Tochter Alina.

Was ist auf deinem schönsten Everest-Foto zu sehen?
Das schönste Foto zeigt Gerlinde, wie sie nach ihrer Rückkehr vom Everest im Hochlagerzelt vor mir liegt. Man sieht ihr glückliches Gesicht. Ich wusste, dass sie bald kommen würde, und habe extra auf sie gewartet. Ich hatte Wasser vorbereitet und

konnte ihr etwas zu trinken geben. Und ich konnte sehen, wie glücklich sie in diesen Momenten gewesen ist. Das habe ich fotografiert. Später erschien dieses Bild zweiseitig im *Stern*, und mir wurde bewusst, wie schön dieses Everest-Foto ist und wie viel es mir bedeutet. Wunderschön. Obwohl sie noch total eingeist war, sieht man auf diesem Bild ihr ganzes Glück in den Augen.

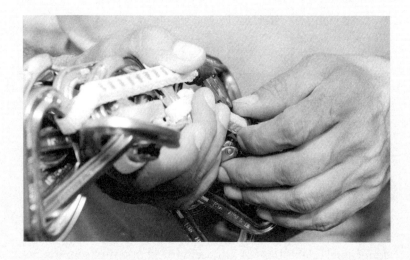

Das Gespräch wurde am 26. Juli 2012 in Bühl am Fuß des Schwarzwalds im Haus von Ralf Dujmovits geführt.

»Vom Everest kommt längst keiner mehr als Held zurück«

Hans Kammerlander, 1996

Ein kleiner, pinkfarbener Rucksack, genäht aus Gleitschirmtuch. Ein Funkgerät, kaum größer als eine Zigarettenschachtel. Eine 1-Liter-Thermosflasche. Eine kleine Kompaktkamera und zwei Dia-Filme mit je 36 Aufnahmen. Zwei Skistöcke, an deren Griffen zwei pickelähnliche Metallkrallen montiert waren. Ein Paar Steigeisen aus Aluminium. Ein Paar Ski, 1,60 Meter lang und aus ultraleichtem Material gefertigt, mit einer selbst konstruierten Titanbindung, die allem glich, nur nicht einer Skibindung. All das wog zusammen etwas weniger als fünf Kilogramm.

Mit diesem Gepäck begab sich Hans Kammerlander am späten Nachmittag des 23. Mai 1996 auf den Weg zum höchsten Berg der Erde. Den Klettergurt trug er am Körper, die Ski waren mit einer kurzen Reepschnur an diesem Gurt befestigt. Er zog sie wie einen jungen Hund hinter sich her. Es war 17 Uhr. Die Windfahnen am Gipfel des Mount Everest waren zusammengefallen, der Himmel strahlte tiefblau im Licht des schwindenden Tages. Hans Kammerlander verabschiedete sich von den wenigen Menschen im vorgeschobenen Basislager an der tibetischen Nordseite des Everest. In 24 Stunden sei er zurück. Wenn alles gut gehe.

Hans Kammerlander wurde am 6. Dezember 1956 an einem steilen Südtiroler Berghang in Ahornach im Tauferer Ahrntal geboren. Er war das sechste Kind einer armen Bergbauernfamilie. Die Mutter starb früh, als er zehn Jahre alt war. Die älteste Schwester übernahm den Haushalt und die Erziehung des Nachzüglers. Der Vater war streng, aber nicht unnachgiebig. Es waren die Zeiten, in denen Südtiroler Kinder noch auf einem kantigen Holzscheit kniend das Ave Maria und den Rosenkranz beten mussten. Das Leben dort oben in 1500 Meter Höhe war hart und entbehrungs-reich, die Arbeit auf dem Hof schwer und die Freizeit knapp bemessen.

Eine Geschichte aus dem jungen Leben von Hans Kammerlan-der ist legendär und schon oft erzählt. Er war erst acht, als zwei Urlauber ihn nach dem Weg auf den 3059 Meter hohen Moos-stock fragten, den Berg direkt über seinem Heimathof. Er erklärte umständlich und stieg dann ein Stück hinterher, um zu sehen, ob die beiden Touristen auch richtig gingen. Dann versteckte er, einem inneren Drang folgend, seinen Schulranzen im Gebüsch, schwänzte den Unterricht und stieg heimlich den Wanderern nach. »Ich wollte wissen, was die dort oben suchen. Nichts hätte mich an diesem Tag in die Schule gebracht.« Ein paar Stunden später stand er auf dem Gipfel, und statt der erwarteten Ohrfeige bekam er einen rotbackigen Apfel. Mit neugierigen Augen blickte Hans Kammerlander an diesem Tag auf eine vollkommen neue Welt. Drüben die strahlend weißen Gletscher der Zillertaler Al-pen, im Süden die steilen Wände der Dolomiten. Überall Gipfel, einer neben dem anderen. Zum ersten Mal sah er mit eigenen Augen, dass es hinter den Bergen immer neue Berge gab. In die-sem Moment entstanden eine magische Sehnsucht und der un-stillbare Wunsch, das alles entdecken zu können. »An dem Tag, dort droben auf dem Moosstock, mit einem Apfel in der Hand, der köstlicher schmeckte als alles, was ich bisher je gegessen hatte, begann ein Weg, der mich dann weit geführt hat.«

Fünfzig Jahre später stehen über 2500 Klettertouren auf der ganzen Welt in seiner beeindruckenden Bergsteiger-Vita, 50 Erst-begehungen schwerer Touren und 60 Alleinbegehungen schwie-riger Routen im VI. Schwierigkeitsgrad. Er bestieg zwölf der 14 Achttausender, an der Shisha Pangma fehlten ihm am Mittel-gipfel nur wenige Meter hinüber zum höchsten Punkt. Hans Kammerlander traf zweimal den Dalai Lama und leitete 15 Jahre lang erfolgreich die Alpinschule Südtirol. Die damalige deutsche Bundesministerin für Verbraucherschutz, Ernährung und Land-wirtschaft Renate Künast ernannte ihn 2002 zum »Botschafter der Berge«, und in seiner Heimatgemeinde Sand in Taufers ha-ben sie schon zu seinen Lebzeiten einen Platz nach ihm benannt. Was ihm einigermaßen unangenehm war, zumal er ein paar Tage später dort wegen Falschparkens einen saftigen Strafzettel erhielt. Er trug es mit Fassung.

In seinem abwechslungsreichen Leben gab es aber immer wieder auch schreckliche Momente. Vor seinen Augen wurde sein bester Freund Friedl Mutschlechner 1991 am Manaslu vom Blitz erschlagen, nachdem wenige Stunden zuvor bereits der Grödner Bergsteiger Karl Großrubatscher dort tödlich verunglückt war. 2006 stürzte bei dem Versuch, am Jasemba im Himalaja eine Erstbegehung zu realisieren, sein Freund und Kletterpartner Luis Brugger während eines Abseilmanövers ab. Im selben Jahr verschwand am Makalu der Franzose Jean-Christophe Lafaille, mit dem Kammerlander 2001 den K2 bestiegen hatte. 2008 kam der Grödner Karl Unterkircher ums Leben, mit dem er ein Jahr zuvor doch noch die Route am Jasemba realisiert hatte. »Es war schrecklich, immer wieder gute Freunde zu verlieren, mit denen ich so gern noch so viele Touren gemacht hätte.« Hans Kammerlander ist Bergführer, er sammelt Oldtimer und erlesene Weine. Und er ist Vater der 2008 in Hamburg geborenen Tochter Zara Zoé.

Zusammen mit Reinhold Messner bestieg Kammerlander binnen vier Jahren zwischen 1983 und 1986 sieben Achttausender, und noch heute gelten die beiden Südtiroler als die stärkste und erfolgreichste Seilschaft an den höchsten Bergen der Welt. Messner hatte den um zwölf Jahre jüngeren Kammerlander eingeladen, ihn bei einer Winterexpedition am Cho Oyu zu begleiten. Dieser erste Versuch misslang wegen enormer Schneemassen und gewaltiger Höhenstürme. Im Frühjahr darauf waren sie wieder da und erreichten den Gipfel. Ein Jahr später gelang dem Gespann an den Gasherbrum-Gipfeln die erste Doppelüberschreitung zweier Achttausender. 1985 bestiegen sie gemeinsam die Annapurna und nur 21 Tage später den Dhaulagiri. 1986 komplettierte Reinhold Messner am Makalu und schließlich am Lhotse als erster Mensch die Sammlung aller 14 Achttausender. Beide Male stand Hans Kammerlander auf dem Gipfel an seiner Seite. »Er war der stärkste Partner, den ich an den hohen Bergen jemals hatte«, sagt Reinhold Messner bis heute. Und Kammerlander gibt das Kompliment artig zurück: »Ich habe Reinhold sehr viel zu verdanken. Er hat mir die Tür zu den hohen Bergen geöffnet, ohne ihn wäre mein gesamtes Leben wohl völlig anders verlaufen.«

Die beiden kehrten 1989 noch einmal zum Lhotse zurück und versuchten dort gemeinsam mit anderen Spitzenbergsteigern die extreme Südwand zu knacken. Doch es blieb bei dem Versuch. Danach trennten sich die Wege der beiden. Zweimal noch trafen sie sich zu gemeinsamen Touren: Einmal kletterten sie gemeinsam mit ihren Frauen eine Dolomitenwand, und schließlich umrundeten sie ihr Heimatland Südtirol genau auf seiner Grenze, über sämtliche Gipfel und auf einsamen Wanderpfaden. In den Jahren danach machte sich Hans Kammerlander allein und mit anderen Partnern zu den höchsten Bergen auf. Er bestieg 1990 den Nanga Parbat über die klassische Kinshofer-Route und fuhr fast vom Gipfel aus mit Ski ab. 1991 ereignete sich die erwähnte Katastrophe am Manaslu, 1994 bestieg er den Broad Peak. Wie schon am Nanga Parbat, erreichte nur er allein den Gipfel und benutzte an einem Teil des Bergs die Ski.

Beim Abstieg mit Reinhold Messner vom Makalu hatte Kammerlander vom letzten Hochlager aus zum ersten Mal die Ski eingesetzt. Danach ließ ihn diese Kombination nicht mehr los. Parallel zu seiner Bergführerausbildung hatte er bereits als 20-Jähriger auch das Skilehrerdiplom erworben. Kammerlander war nicht nur ein Ausnahmetalent als Kletterer und Bergsteiger, sondern auch immer schon ein phantastischer Skifahrer. »Abstiege nach Klettertouren oder später auch von den Achttausendern waren mir nur ein notwendiges Übel, ich mochte das überhaupt nicht. So oft habe ich mir an der Seite von Reinhold Messner ein Paar Ski in den steilen Flanken der Achttausender herbeigesehnt. Ich wäre ja zehnmal schneller wieder im Tal gewesen. Aber das ging nicht, weil Reinhold kein Skifahrer ist.«

Der Mount Everest war für die beiden nie ein gemeinsames Projekt, weil Reinhold Messner zu dem Zeitpunkt, als er Kammerlander an seine Seite holte, den höchsten Berg bereits zweimal bestiegen hatte. Nachdem sich ihre Wege jedoch getrennt hatten, entwickelte sich bei Kammerlander rasch die Idee und wurde schließlich zur fixen Vorstellung, vom Gipfel des Mount Everest mit Ski abzufahren. »Für mich war das eine logische Konsequenz. Ich wollte versuchen, meine beiden großen Leidenschaften auch am höchsten Berg der Erde zu kombinieren.« Um das zu realisieren, sah er seine größten Chancen an der tibetischen Nordseite. Das große Couloir fuhr er im Geiste sicherlich hundertmal hinunter, wenn er seinen kühnen Traum entweder nächtens träumte oder ihn im Wachzustand theoretisch durchging.

1989 kam Kammerlander erstmals zum Mount Everest. An seiner Seite die beiden Schweizer Extrembergsteiger Norbert Joos, den er einige Jahre zuvor in den Dolomiten kennengelernt hatte, als der am zweiten Sellaturm eine schwere Route barfüßig geklettert war, und Diego Wellig, mit dem er ein Jahr später den Nanga Parbat besteigen und mit Ski befahren sollte. Die drei hatten am Everest wenig Glück. Das schlechte Wetter, große Schneemassen und enorme Lawinengefahr machten alle Pläne zunichte. Schon da hatte Kammerlander die Ski dabei. Sie kamen bis auf etwa 8100 Meter Höhe hinauf, mussten dort aber im grundlos tiefen Schnee aufgeben. Eine Skiabfahrt war jedoch nicht die einzige Idee, die Kammerlander für seine Everest-Besteigung im Kopf herumspukte. Er hatte auch einen – allerdings illegalen – Plan B in der Tasche. Würde er unterwegs erkennen, dass eine Skiabfahrt aufgrund schlechter Schneeverhältnisse in der Nordwand unmöglich wäre, wollte er die Ski unterwegs zurücklassen und vom Gipfel aus auf der anderen Seite des Bergs zum Südsattel absteigen, um von dort aus eine direkte Besteigung des Lhotse zu versuchen.

Die Doppelbesteigung beider Gipfel – mit Überschreitung des Mount Everest – ist zusammen und direkt hintereinander bis heute noch niemandem gelungen. Für Kammerlander lag die Realisierung dieser geheimen Überlegung sogar derart nah, dass er konkrete Vorbereitungen dafür traf. Bei jedem neuen Aufstieg in Richtung Everest trug er in der Innentasche seiner Daunenjacke, und wasserfest in ein Plastiksäckchen verpackt, 2000 US-Dollar Bargeld bei sich. »Es war mir klar, dass ich Geld brauchen würde, wenn ich über die nepalische Seite vom Everest oder gar vom Lhotse herunterkäme. Ich würde zumindest neue Schuhe kaufen, ein Hotel in Kathmandu buchen und einen Rückflug organisieren müssen.« Nachdem Hans Kammerlander, Norbert Joos und Diego Wellig 1989 im Mai von ihrem höchsten Lager aus abgestiegen waren, kamen sie danach wegen der Schneemassen nicht wieder dort hinauf. In dem kleinen Zelt aber lag Kammerlanders Daunenjacke. Darin ein kleines Plastiksäckchen mit 2000 US-Dollar. »Wer auch immer das später gefunden haben mag – wenn es überhaupt je gefunden wurde –, dürfte sich sicher sehr über diesen Geldsegen gefreut haben …«

Es dauerte drei Jahre, bis sich Hans Kammerlander abermals in Richtung Everest aufmachte. Wieder war Norbert Joos mit ihm unterwegs. Diesmal waren die beiden eine eigenständige Minigruppe innerhalb eines 16-köpfigen deutschen Teams um den Expeditionsleiter Sigi Hupfauer. Auch in diesem Jahr erwiesen sich das Wetter und die Verhältnisse an der Nordseite als nicht sehr geeignet, den höchsten Berg zu besteigen. Joos und Kammerlander wühlten sich unter zum Teil unsäglichen Umständen den unteren Teil der Route in Richtung Nordgrat hinauf. Doch auf 8000 Meter war Schluss. Sie standen im grundlos tiefen Pulverschnee und mussten einsehen, dass der Gipfel einfach nicht zu erreichen war. In diesem Frühjahr gab es von Norden her keine einzige Besteigung. Und niemand war von Tibet aus so weit hinaufgekommen wie der Südtiroler und der Schweizer.

1996 kam Hans Kammerlander allein und nach einer bis dahin vielleicht beispiellosen wochenlangen Vorbereitung zum Everest. Im einst unzugänglichen nepalischen Königreich Mustang, für das es erst zu der Zeit die ersten Genehmigungen für Trekkingtouristen gab, hatte er mit ein paar seiner Alpinschul-Gäste eine lange, sehr eindrucksvolle Wanderung unternommen. Danach war er mit einem Jeep, einigen Freunden und auch seiner damaligen Frau Brigitte nach Tibet zur Shisha Pangma gefahren. Dort absolvierte er eine gründliche Akklimatisierungsphase, auf deren Höhepunkt er den Mittelgipfel der Shisha Pangma bestieg und anschließend vom letzten Hochlager aus mit Ski zurück ins Basislager fuhr: »Ich hätte mich nicht besser vorbereiten können, mental wie physisch.« In den Jahren zuvor, also in einer Zeit, in der die Idee einer Skiabfahrt längst in seinem Kopf herumspukte, hatte er im Winter kaum eine Gelegenheit ausgelassen, in den Dolomiten extrem steile Rinnen und am Alpenhauptkamm gefährliche Flanken und Wände hinunterzufahren. »Ich habe jahrelang auf den einen Tag hingearbeitet. Ich musste mir in den

Alpen, daheim an unseren Bergen, die Sicherheit holen, die ich am Everest so dringend brauchen würde. Ich musste da trainieren, denn nur so konnte ich das Ganze frei von der Belastung angehen, dem allen womöglich wegen der Steilheit nicht gewachsen zu sein.«

Nach der Shisha Pangma erholte sich Hans Kammerlander einige Tage auf der tibetischen Hochfläche. Er verabschiedete sich von seiner Frau Brigitte und all seinen Freunden und ging, nur begleitet von einem dreiköpfigen Fernsehteam und seinen beiden Sherpa-Freunden Saila und Lakpa, in das Basislager des Mount Everest. Im Kloster Rongbuk besuchte er einen alten, fast zahnlosen buddhistischen Mönch, den er noch von dem ersten Versuch 1989 her kannte. Der hatte ihm damals prophezeit, dass die Götter einen Gipfelerfolg wohl nicht zulassen würden. Diesmal war das anders. Der alte Mönch segnete Kammerlander nach buddhistischem Brauch und band ihm ein kleines Plastiksäckchen mit Reiskörnern um den Hals. Dann betete er mantraartig das bekannte »Om mani padme hum« und sagte schließlich: »Diesmal wird alles gut werden.« Hans Kammerlander ist kein gläubiger Mensch und schon gar kein Kirchgänger, »aber die Worte dieses steinalten und fast blinden Mannes berührten mich tief«.

Doch zunächst war gar nichts wirklich gut. Als Kammerlander am 17. Mai 1996 im Hauptbasislager auf dem Rongbuk-Gletscher unter der Nordwand ankam, war es gerade wenige Tage her, dass in der Nacht vom 10. auf den 11. Mai fünf Bergsteiger in einem Höhensturm umgekommen waren. Die Stimmung war gedrückt. Mehr noch, sie war schlecht. Und mittendrin stand Hans Kammerlander mit seinem kühnen Plan im Kopf.

Nach ein paar Tagen errichtete er weiter oben sein Zelt im vorgeschobenen Basislager, und wenn er von dort aus in die Nordwand blickte, verhieß ihm das nichts Gutes. Der Gipfel wurde von gewaltigen Höhenstürmen umtost. Kilometerweit wurde eine riesige Schneefahne vom höchsten Punkt und vom Nordgrat weggetragen. Kammerlander musste sich keine sehr großen Sorgen machen, dass ein anderer seinen Plan durchkreuzen könnte, denn zum damaligen Zeitpunkt waren die besten Höhenbergsteiger der Welt keine Skifahrer. Und die besten Skifahrer hatten kaum Chancen, mit sauberen Mitteln den Mount Everest zu besteigen. Hans Kammerlander hatte vor, keinen Flaschensauerstoff zu verwenden, möglichst ohne Übernachtung hinaufzukommen und allein zu gehen, auch wenn die Besteigung nicht als Solo anerkannt werden würde, weil sich andere Bergsteiger am Everest befanden.

Doch dann wäre er erst am Gipfel. Dort aber sollte seine eigentliche Tour erst beginnen. Kammerlander war der erste Bergsteiger der Welt, der den Gipfel nicht als das große Ziel, sondern als Ausgangspunkt für etwas noch nie Dagewesenes nutzen wollte. »Aber die Skiabfahrt rückte mit jedem neuen Blick in die Nordwand in immer weitere Ferne. Die Wand wurde immer schwärzer, der Wind und die Stürme fegten den Schnee wie mit einem eisernen Besen weg.« Im Great Couloir glitzerte das blanke Eis. Dort würde er nicht den Hauch einer Chance haben.

Kammerlander harrte fünf Tage lang aus. Voller Unruhe und innerer Anspannung. Dann legte sich der Wind plötzlich. Die Schneefahne fiel in sich zusammen. Der Mount Everest präsentierte sich von seiner besten Seite. Wenig Schnee würde zwar gut für den Aufstieg, aber schlecht für eine Abfahrt sein. Egal. Hans Kammerlander setzte alles auf eine Karte. Er packte seinen Minirucksack und verließ gegen 17 Uhr am späten Nachmittag des 23. Mai 1996 das vorgeschobene Basislager in 6400 Meter Höhe. Sein Plan würde nur bei Verzicht auf alle Sicherheitsvorkehrungen aufgehen können. Kein Zelt, keine Biwakausrüstung, kein Kocher, keine Verpflegung, kein Schlafsack, keine Matte. Kammerlander nahm fast nichts mit. »Meine einzige Chance lag in einem möglichst leichten Gewicht. Damit hatte ich fast keine Sicherheit im Gepäck, erkaufte mir aber die Schnelligkeit. Es war ein Spiel, und ich hatte mein Scheitern einkalkuliert. Ich war bereit, den Rückwärtsgang einzulegen, wenn erkennbar würde, dass ich nicht schnell genug hinaufkäme. Fehler durfte ich mir keine erlauben und auch nicht bis ans Limit gehen. Ich war für den Notfall nicht gerüstet, also durfte er nicht eintreten. Es war in dem Augenblick, als ich losging, klar, dass ich dieses Projekt am Abend des nächsten Tages spätestens beendet haben musste.«

Ohne allzu viel Ballast auf dem Rücken fühlte sich Kammerlander frei und leicht wie ein Vogel. Ohne den üblichen Riesenrucksack glaubte er sich in der Lage, bis auf 8000 Meter hinauf etwa um ein Drittel schneller aufsteigen zu können. Der drahtige Südtiroler wiegt bis heute nur kaum mehr als 60 Kilogramm und verfügt noch immer über eine absolut außergewöhnliche Kondition. Die mehr als 1500 Höhenmeter auf seinen Hausberg, den ersten Gipfel seiner Jugend, bewältigte Kammerlander in seiner besten Zeit in weniger als einer Stunde und zehn Minuten. Ein normaler Bergwanderer benötigt für denselben Aufstieg in dem teilweise sehr steilen und anstrengenden Gelände etwa vier Stunden.

Die drei Männer des Kcamerateams hatten sich schon zuvor zum Nordsattel aufgemacht und wollten dort auf Kammerlander warten. Drei Stunden später und bereits in der Dunkelheit erreichte Kammerlander den Nordcol. Dort legte er sich in das kleine Zelt des Kamerateams und ruhte sich aus. Er trank noch einmal sehr viel, dann setzte er seinen Weg über den ausgeprägten Nordostgrat in Richtung Nordgrat fort.

Inzwischen war es finstere Nacht. »Die Entscheidung, diesen nächtlichen Aufstieg zu wagen, war nur möglich, weil ich den Berg bis hinauf auf 8000 Meter Höhe von zwei vorangegangenen Versuchen her sehr gut kannte. Das war also alles andere als ein Blindflug.« Obendrein erwiesen sich die Verhältnisse als optimal. Kammerlander sagt, im Rückblick betrachtet, hätte er sie sich nicht besser wünschen können. »Ich bin nie tiefer als bis zu den Knöcheln im Schnee eingesunken. Ich musste nicht spuren.«

Er behielt in diesen ersten Stunden und auch später in der Nacht ständig den Höhenmesser im Auge und fühlte immer wieder einmal seinen Puls. Es kam vor allem darauf an, die Kräfte richtig einzuteilen. »Ich hatte eingeplant, dass ich unterwegs die Ski zurücklassen würde, wenn erkennbar wäre, dass keine Möglichkeit für eine Skiabfahrt bestünde. Dann wollte ich das Gewicht loswerden, um noch schneller auf den Gipfel zu kommen.« Je weiter er hinaufkam, umso mehr witterte der Instinktbergsteiger Hans Kammerlander die Chance seines Lebens. Aber es war sehr dunkel in dieser Nacht. Kein Mondlicht, kaum Sterne, nur der tanzende Lichtkegel seiner Stirnlampe. Doch die Reichweite von Stirnlampen war damals noch recht eng begrenzt. »Ich hatte Angst vor einem Verhauer. Ich fürchtete, dass ich irgendwo runterfallen könnte, wenn ich von der Route abkäme. Ich habe verzweifelt auf das erste Licht gewartet, um alles besser sehen zu können.« Manchmal fand er im Schein der Lampe ein paar Meter zerfetztes Fixseil von früheren Expeditionen. Das vermittelte ihm zumindest das Gefühl, noch auf der richtigen Route zu sein. Gegen vier Uhr wurde es langsam hell.»Das erste Licht der Morgendämmerung war wie eine Erlösung für mich. Nun wich die Angst in mir, und auch die Bedenken legten sich.« Der Blick auf den Höhenmesser verriet ihm, dass er sich bereits auf 8300 Meter befand, also weit oben auf dem Nordgrat. Das ist die Höhe, in der andere Bergsteiger das klassische letzte Hochlager aufstellen. Und tatsächlich stieß Kammerlander bald darauf auf Zelte. Er wusste, dass dort zehn Tage zuvor der österreichische Bergsteiger Reinhard Wlasich an Höhenkrankheit gestorben war und in einem der Zelte liegen musste. Sterben und der Anblick von Toten gehört an den Achttausendern fast zum Normalen für Höhenbergsteiger. Und auch Kammerlander war auf alles gefasst. Doch plötzlich erschrak er heftig. Denn das Zelt vor ihm bewegte sich, und er hörte auch eine Stimme.»Ein paar Sekunden lang glaubte ich allen Ernstes, der Österreicher sei womöglich noch am Leben. Ich weiß nicht, ob das Hoffnung war oder mehr die Angst, einem Geist zu begegnen. Dort oben, in dieser Höhe, ist vieles nicht mehr ganz so normal wie unten im Tal.«

Doch dann öffnete sich das Zelt, und heraus schaute der mexikanische Bergsteiger Yuri Contreras, der zusammen mit Héctor Ponce de Leon dort oben bereits seit drei Tagen im Höhensturm ausgeharrt hatte und nun endlich zum Gipfel wollte. Die beiden knieten in ihrem Zelt allerdings vor einem ernst zu nehmenden Problem. Einer von ihnen wollte eine neue Sauerstoffflasche an sein Atemgerät anschließen, doch er bekam den Schraubverschluss nicht auf und war deswegen bereits vollkommen verzweifelt. Es löst Panik aus, wenn in dieser Höhe plötzlich der Flaschensauerstoff ausgeht, den man zuvor dauerhaft gewohnt gewesen ist. Kammerlander ließ sich die Flasche aus dem Zelt geben und einen Pickel der Mexikaner, denn er selbst hatte gar keinen dabei. Mit dem Pickel hebelte er schließlich den Verschluss auf und gab die nun intakte Flasche wieder zurück.»Danach ging ich gleich weiter. Ich konnte und wollte mich dort nicht länger aufhalten.«

Hinter dem Lager ging Kammerlander vom Grat weg und über einen mit Schotter beladenen Hang rechts hinaus in die Nordwand. In dem Bereich lag fast kein Schnee, und er glaubte, dort deshalb besser gehen zu können. Doch damit kam er auch von der Originalroute ab und weit in die Nordflanke hinein. »Ich bin mir heute eigentlich fast absolut sicher, dass ich an diesem Tag nur wenige Meter entfernt von der Stelle vorbeigekommen sein muss, an der man drei Jahre später den Leichnam von George Mallory gefunden hat.« Ganz auszuschließen ist das nicht, auch wenn Reinhold Messner das eher bezweifelt.

Gleichwie, auf einer Höhe von etwa 8600 Meter – längst war es taghell – erlebte Hans Kammerlander einen starken Einbruch seiner Leistungsfähigkeit. Er packte ihn vollkommen unvermittelt. »Der Horizont begann vor meinen Augen zu flimmern. Alles bewegte sich auf einmal wie ein wogendes Meer.« Er musste sich setzen und ausruhen. »Meine Beine waren schwer, eine bleierne Müdigkeit überfiel mich, und ich glaubte ernsthaft, dass ich nicht mehr weiterkommen würde.« Er zog schließlich das kleine Funkgerät aus dem Rucksack und rief das Kamerateam im Nordsattel. Dort hatte man seit Stunden Kammerlanders einsamen Anstieg in Richtung Gipfel durch ein sehr starkes Teleobjektiv verfolgt. Der Südtiroler Heini Gruber nahm in dem Zelt nun sofort das Funkgerät in die Hand und hörte sich an, was Kammerlander zu berichten hatte. Der begann laut über die Fragen nachzudenken, ob er mit seinen Kräften am Ende sei, ob er sich mit dem raschen Aufstieg möglicherweise zu viel zugemutet habe und ob er nun nicht besser an eine rasche Rückkehr mit Ski in den Nordsattel denken solle. Heini Holzer hörte geduldig zu und sagte schließlich: »Aber Hans, deine Stimme hört sich doch eigentlich ganz frisch an.«

Dieser kleine Satz, wahrscheinlich nur so dahingesagt und als schwacher Trost gedacht, wirkte augenblicklich Wunder. »Ich hatte das Gefühl, ich bekomme auf einmal wieder besser Luft, das Flirren am Horizont hörte auf, und ich fühlte mich rasch viel besser.« Kammerlander dachte nach. Weiter unten im Nordcol warteten derweil drei Männer gespannt in einem kleinen Zelt. Kammerlander sah auf die Uhr. Dann auf den Höhenmesser. Knapp 8600 Meter. Und jede Menge Zeitreserven. Nur noch 250 Höhenmeter. »Aber was heißt da ›nur‹. Dort oben sind zweihundertfünfzig Höhenmeter ja fast eine Weltreise. Zweihundertfünfzig Höhenmeter, das sagt sich leicht und ist dann doch so unendlich viel.« Doch andererseits: Selbst wenn er nun um die Hälfte langsamer ginge, würde er immer noch gut hinaufkommen. Kammerlander nahm das Funkgerät und erklärte, er wolle weitergehen.

Bald darauf erreichte er auf 8610 Meter Höhe den Second Step. Im oberen Teil gibt es eine etwa fünf Meter hohe, fast senkrechte und mauerglatte Wand. Dort hängt seit 1975 jene Alu-Leiter, die eine chinesische Expedition dort angebracht hat und die seitdem von fast allen Bergsteigern genutzt wird. Nachdem Hans Kammerlander auch dieses Hindernis überwunden hatte, war er sich plötzlich ganz sicher, dass er nun auch den Gipfel erreichen würde. »Ich hegte nicht mehr den Hauch eines Zweifels, alle Bedenken waren wie weggewischt. Ich war im Kopf vollkommen frei, und das bevorstehende Erfolgserlebnis am Gipfel begann sich in mir aufzubauen. Ich keuchte zwar und schnaufte, mir tat vieles, wenn nicht alles weh, aber ich fühlte mich trotzdem stark genug.«

Weiter unten war er schon an einem toten Inder vorbeigekommen. Nun, oberhalb des Second Step, stieß er auf einen weiteren Inder, ebenfalls tot im Schnee liegend. »Das sind sehr schwierige Momente, denn selbst wenn man innerlich darauf vorbereitet ist, unterwegs Tote zu sehen, erschrickt man dennoch jedes Mal. Und wenn man allein ist, wirkt das noch schlimmer.« Ein Stück weiter fand er den Pickel eines österreichischen Bergsteigers, den der dort Jahre zuvor verloren hatte, wie sich später herausstellte. Diesen Pickel nahm Kammerlander mit.

Um 9.40 Uhr, am 24. Mai 1996, erreichte Kammerlander den Gipfel des Mount Everest. Er rammte den Pickel, der ihm auf dem letzten Stück gute Dienste geleistet hatte, in den Schnee und stellte sich neben das Vermessungsdreibein. Dort drehte er sich ganz langsam einmal um die eigene Achse. Er erkannte die massige Gestalt des Cho Oyu, die Pyramide des Makalu und das wuchtige Massiv des Kangchendzönga. Tief unter ihm lag nördlich das tibetische Hochland, auf der Südseite Nepal. Er blickte auf ein Meer von Gletschern und Hunderte hohe Gipfel hinab. Und kein anderer war so hoch wie der, auf dem er selbst stand.

»Das waren in diesen Momenten ganz große Gefühle. Ich hatte bis dahin viel in der ganz großen Höhe erlebt und stand auf phantastischen Gipfeln, aber noch nie zuvor war es so unbeschreiblich schön.«

Kammerlander wurde von einer Woge von Emotionen überschwemmt. Schließlich nahm er das Funkgerät heraus und teilte mit, dass er oben angekommen sei. Überrascht waren die Freunde weiter unten nicht. Sie hatten durch das Teleobjektiv mit wachsender Begeisterung den Schlussanstieg verfolgt. Hans Kammerlander blieb mehr als zwanzig Minuten am Gipfel. »Das ist viel für so einen hohen Berg. Mit Reinhold bin ich einige Mal binnen weniger Minuten wieder abgehauen, weil es dort oben nicht auszuhalten war.«

Mit dem Moment, da er oben angelangt war, wuchs nun jedoch die Spannung ins Unermessliche. Kammerlander musste eine rasche Entscheidung treffen. Sollte er diesen großartigen Erfolg einer Everest-Besteigung in nur 16 Stunden und 40 Minuten nicht doch besser auf Steigeisen und sicher nach unten ins Tal tragen? Oder sollte er das enorme Risiko einer Skiabfahrt eingehen, deren Ausgang vollkommen ungewiss war? Er nahm die Ski, die er Stunde um Stunde wie zwei treue Freunde hinter sich hergezogen und mit denen er unterwegs sogar einmal gesprochen hatte, vom Boden auf und betrachtete sie lange. »Ich wusste, dass ich es kann, ich war mir allerdings nicht mehr ganz so sicher, ob ich es auch wollte.« Schließlich kniete er sich hin, montierte die Steigeisen ab, die ihm während des gesamten Aufstiegs sicheren Halt gegeben hatten, und stellte sich mit seinen gelben Plastikstiefeln in die selbst gebaute Bindung. Natürlich war das keine Sicherheitsbindung, »sie durfte auf gar keinen Fall auslösen. Denn wenn ich unterwegs einen Ski verlieren würde, würde ich sicher keinen Zahnarzttermin mehr brauchen.«

Es ist typisch für Hans Kammerlander, dass er in seinen Erzählungen auf diese erstaunlich lässige Art und Weise tiefste Gefühle, Zerrissenheit und großes Unbehagen abmildert. Doch in Wirklichkeit war die Angelegenheit in diesen Minuten am höchsten Punkt der Erde knallhart und gewiss nicht für Scherze geeignet. Eben noch hatte er auf Steigeisen gestanden, sicher und unverrückbar. Und nun hatte er die glatten, frisch gewachsten und fabrikneuen Ski unter den Schuhen. Neben ihm flatterten tibetische Gebetsfahnen im Wind, die einige Sherpa ein paar Tage zuvor dort angebunden hatten, bevor es vom 10. auf den 11. Mai zur Tragödie gekommen war. Irgendwo dort unten, nicht weit vom Südgipfel weg, musste Rob Hall erfroren sitzen. Und auch Scott Fischer.

Hans Kammerlander rutschte vorsichtig vom Gipfel hinüber zu einer Stelle, an der die Nordwand jäh unter ihm abbrach. Mit der Bindung genau auf der Kante stehend, harrte er aus. Dann schob er sich wieder ein kleines Stück zurück. Es ging nicht. In seinem Kopf saß ein Knoten, der alles blockierte. Für seinen 2012 erschienen Bild- und Leseband *Zurück nach Morgen* beschrieb er mir diese wenigen Minuten so ausführlich und so intensiv, dass schließlich ein zwanzigseitiges Buchkapitel daraus wurde. »Das waren die intensivsten Momente meines Lebens. Nie zuvor und nie mehr danach war ich so sehr bei mir«.

Kammerlander, der sich schon zuvor mit dem Selbstauslöser beim Dreibein und mit einem hochgehaltenen Ski fotografiert hatte, nahm die kleine Kamera nochmals aus der Tasche seines roten Sturmanzugs. Er machte nun eines der vielleicht dramatischsten Fotos, die je am Gipfel des Everest geschossen worden sind. Im unteren Bildrand sieht man die Spitzen seiner Ski, die bereits über die Kante der Nordwand hinausragen. Dahinter steilen sich unter einem tief dunkelblauen Himmel der Makalu und weit draußen der Kangchendzönga auf. Am Horizont bauen sich bereits die Wolken des nahenden Monsuns auf. Und man erkennt deutlich die Krümmung der Erdkugel. Doch so schön dieser Ausblick und dieser Augenblick auch sein mochten, Kammerlander stand noch immer am höchsten Punkt der Erde und rang mit sich, ob er nun abfahren oder doch besser absteigen sollte. »In mir tobte ein regelrechter Kampf. Ich war phasenweise vollkommen verunsichert. Ich wusste genau, ich kann das fahren, aber trotzdem sträubte sich etwas in mir.« Wieder rutschte er nahe an den Rand, dann wieder zurück und noch einmal ganz vorsichtig nach vorn. Schließlich ließ er sich mit einer leichten Bewegung des Oberkörpers nach vorn kippen und stach seitlich in diese riesige Flanke unter ihm hinein. Die erste Skiabfahrt vom Mount Everest hatte begonnen.

Einmal vom Gipfel weg, hatte sich der Knoten augenblicklich aufgelöst.»Ich war nur noch ein konzentriertes Bündel. Ich wollte das überleben. Alles, nur nicht sterben. Ich wollte nicht von diesem Berg runterfallen.« Zum Teil in der Flanke, dann wieder am Nordgrat tastete sich Kammerlander immer weiter nach unten. Mit Skifahren im herkömmlichen Sinne hatte das alles wenig bis nichts zu tun. Und auch nicht mit Eleganz. Es war vielmehr ein ständiges Umspringen in extremer Steil- und Ausgesetztheit. Dann wieder ein paar Meter seitlich abrutschen und wieder umspringen. Stock belasten, Körperspannung, mit einem Ruck die Ski hochreißen und den Körper herumdrehen. Seitlich abgleiten, die Ski auf der Kante halten, rutschen, anhalten. Neuer Sprung. So ging das nun Stunden um Stunden. Unterwegs begegnete Kammerlander den beiden Mexikanern, als sie nicht mehr sehr weit, vielleicht noch knapp 200 Höhenmeter, vom Gipfel entfernt waren.»Allein ihre Anwesenheit hatte etwas Tröstliches. Sie hätten mir nicht helfen können. Aber es war gut zu wissen, dass ich an diesem großen Berg nicht ganz allein unterwegs war.«

Wo nicht genug Schnee lag oder die Absätze zu steil wurden, musste Kammerlander die Ski abschnallen und normal absteigen. Deswegen stritt man ihm später eine durchgehende Befahrung ab. Aber anders wäre die Abfahrt an diesem Tag und bei diesen Verhältnissen gar nicht möglich gewesen. Im Nordcol traf er auf das Kamerateam. Dort gab es zu trinken. Und eine ganz kurze Pause.»Danach habe ich mir Zeit gelassen. Unter mir lag noch die steile Wand bis auf den Gletscher hinunter. Dort filmten wir ausgiebig, und ich habe dabei sicher eine Stunde liegen gelassen. Aber das war mir egal. Ich befand mich auf einmal in einer anderen Welt. Dort gab es vor allem Luft zum Atmen.« Bald danach sank er vor seinem Zelt im vorgeschobenen Basislager zusammen. Das war kurz vor 16 Uhr, am 24. Mai 1996. Seit dem Aufbruch waren weniger als 23 Stunden vergangen. Weltrekord am Mount Everest.

Kammerlanders Bestzeit hielt lange, und er bestieg danach noch den Kangchendzönga und auch den K2. Schließlich kehrte auch er 2011 den Achttausendern den Rücken. Alle 14 waren für ihn kein erstrebenswertes Ziel,»denn was hat es für einen Wert, wenn man da der Siebenundzwanzigste oder Dreißigste ist, dem das gelingt.« Es fehlen ihm nur noch der Manaslu und der Hauptgipfel der Shisha Pangma. Doch offenbar interessiert ihn das nicht so sehr. Manchmal sagt er vorsichtig »vielleicht«. Stattdessen bestieg Kammerlander nach dem K2 zwischen 2009 und 2012 auch alle anderen zweithöchsten Gipfel auf allen sieben Kontinenten, »weil die höchsten dort allesamt Modeberge sind und man sie fast als Katalogware buchen kann. Die zweithöchsten aber waren noch eine echte Herausforderung, denn die meisten sind schwerer zu besteigen und komplizierter zu erreichen.« Zum Everest zog es Hans Kammerlander nach der Skiabfahrt nie wieder hin. »Ich könnte nicht mehr die Motivation aufbringen, um dort hinaufzusteigen, vor allem wenn ich diese Menschenmassen im Basislager und auf den beiden Normalwegen sehe. Ich habe eine ganz starke Erinnerung an den höchsten Berg der Welt. Ich wüsste nicht, wie ich das noch toppen sollte. Ich hatte oft wirklich verlockende Angebote, Leute auf den Everest zu führen. Aber darüber habe ich nicht ein Mal ernsthaft nachgedacht, das war mir keine Sekunde Überlegung wert.«

Er gehört zu jenen Fachleuten, die der Überzeugung sind, dass die Katastrophe von 1996 und auch alles andere, was am Everest danach geschah, niemanden beeindruckt oder gar abgeschreckt, sondern vielmehr noch verstärkt Anwärter angezogen hat. »Das macht mich nicht glücklich. Es ist ein Irrsinn, was da geschieht. Die Menschenkette von 2012 hat mich nicht amüsiert, sondern schockiert. Das Schlimmste aber ist, dass das Niveau mit jedem weiteren Jahr sinkt.« Die vielen Besteigungen mit Flaschensauerstoff, die nach seiner Meinung den Berg um fünfzig Prozent einfacher machen, seien längst nichts Besonderes mehr, denn am Everest gäbe es inzwischen eine Spur, so tief wie während der Hochsaison am Mont Blanc. »Am Everest geht es nur noch um Kondition und um einen dicken Geldbeutel, den Rest besorgen die Sherpa. Was ich jedoch erstaunlich finde, ist, dass sich auf den anderen Routen abseits der Normalwege so gut wie nichts tut. Da wird nichts wiederholt und auch nichts Neues aufgerissen.«

Auch Kammerlander sieht praktisch keine Möglichkeit, auf die weitere Entwicklung einzuwirken, »denn der höchste Berg ist eine Goldgrube geworden, die Regierung Nepals will doch gar nicht, dass sich dort etwas ändert«. Wäre jedoch der Wille zur Veränderung vorhanden und die Regierung würde darauf bestehen, dass jeder Bergsteiger, der den Everest besteigen will, zuerst einen anderen Achttausender ohne Flaschensauerstoff vorweisen muss, »dann wären da schlagartig zwei Drittel weniger unterwegs. Denn der Preis ist kein Kriterium. Das schreckt niemanden ab. Die Genehmigungen zu limitieren ist sehr schwer, und wenn das geschehen würde, dann kaufen die kommerziellen Anbieter diese Plätze im Kontingent auf und verlangen, was sie wollen. Dann haben überhaupt nur noch reiche Klienten eine Chance.«

Auch Hans Kammerlander setzt inzwischen auf Abschreckung. Ralf Dujmovits habe einen großen Schritt gemacht, als er die Fotos mit der endlosen Menschenschlange veröffentlicht habe. »Diese Bilder gingen um die Welt, und nun werden die Sauerstoffbesteigungen sicherlich in ihrem Ansehen abgewertet. Das nimmt dem Ganzen den Sensationswert. Ich sehe es doch bei meinen Vorträgen, immer mehr Laien schütteln den Kopf. Vom Everest kommt längst keiner mehr als Held zurück, und bald werden die Besteiger wohl nur noch mitleidig belächelt werden.«

Fünfzehn Fragen an
...HANS KAMMERLANDER

»Im Kopf sitzt der wichtigste Muskel des Höhenbergsteigers«

Was sind im Wesentlichen die Unterschiede zwischen Bergsteigen und Höhenbergsteigen?
Der alles entscheidende Unterschied sind wohl die enormen Strapazen, mit denen das Höhenbergsteigen im Vergleich zum normalen Bergsteigen verbunden ist. Das normale Bergsteigen würde ich eher als etwas Spielerisches betrachten. Für das Höhenbergsteigen muss der Mensch ab einem gewissen Punkt leidensfähig sein.

Wie wird man Höhenbergsteiger?
Normalerweise führt der Weg über die Alpen. Dort geht es Stufe für Stufe immer weiter hinauf und in immer größer werdende Schwierigkeiten. Und irgendwann einmal verspürt man dann wohl das Verlangen, zu den hohen Bergen unserer Welt gehen zu wollen, um dort die dünne Luft zu erleben. Bei mir entstand dieses Verlangen in den großen Alpentouren, in den großen, hohen und abweisenden Wänden. Ich fühlte mich dort wohl. Höhenbergsteiger wird man sicher nicht über den Klettergarten.

Welche Vorstellungen vom Höhenbergsteigen hattest du, bevor du den ersten Achttausender bestiegen hast?
Mir war von vornherein klar, dass mich dabei extreme Kälte und enorme Stürme erwarten würden. Ich hatte auch erwartet, dass es

eine Schinderei sein müsste. Aber dass es so schlimm werden würde, hatte ich mir vor dem ersten Mal nicht gedacht. Als ich an der Seite von Reinhold Messner zunächst bei einem Versuch im Winter am Cho Oyu scheiterte und wir ihn im darauffolgenden Frühjahr dann doch bestiegen, habe ich mir beide Male, als wir vom Berg herunterkamen, geschworen – nie, nie mehr wieder. Das habe ich mir auch später noch manchmal gesagt. Und doch bin ich immer wieder aufgebrochen. Vielleicht waren meine Vorstellungen nie schlimm genug. Es ist interessant, stets wenn ich glaubte, dass ich meinen Körper genau kenne, dass ich ihn im Griff habe, lernte ich Seiten an mir und meinem Körper kennen, von denen ich gar nicht wusste, dass sie existieren. Ich wurde oft von mir selbst überrascht.

Haben Höhenbergsteiger ganz bestimmte charakterliche Merkmale?
Wenn die Fähigkeit, leiden zu können, eine Frage des Charakters ist, dann ist Leidensfähigkeit ein Merkmal. Der Kopf ist der wichtigste Muskel für jeden Höhenbergsteiger. Ohne einen starken Willen besteigt niemand einen hohen Berg. Und ein Höhenbergsteiger muss imstande sein, Einsamkeit zu ertragen. Er muss Individualist sein. Ein Kletterer hat eine gewisse Sicherheit hinter sich. Der Höhenbergsteiger muss in der Lage und fähig sein, sich von dieser Sicherheit sehr weit zu entfernen, zum Beispiel von allen Möglichkeiten der Bergrettung. In gewissem Sinn muss man auch Egoist sein, denn ohne eine Portion Egoismus hält man diese unwirtlichen Gegenden mit ihrer großen Einsamkeit über so viele Tage nicht aus. Vielleicht ist Egoismus nicht so ganz die richtige Formulierung – ein Höhenbergsteiger muss ab einem gewissen Punkt ein Einzelgänger sein, das auf jeden Fall.

Was muss ein Höhenbergsteiger mitbringen, um einen Achttausender zu besteigen?
Wichtig ist, das Höhenbergsteigen nicht an einem Achttausender zu beginnen. Höhenbergsteiger müssen eine große, umfassende alpine Erfahrung mitbringen. Man muss sehr viele Tage am Berg gewesen sein – und das nicht nur an schönen Tagen. Es braucht einen ganz starken Willen und einen sturen Kopf, denn die Strapazen sind enorm. Konditionsstärke und, wie gesagt, die Fähig-

keit, leiden zu können, sind Grundvoraussetzungen. Wer glaubt, an einem Achttausender den Umgang mit Pickel und Steigeisen lernen zu können, ist vollkommen fehl am Platz.

Ist der Mount Everest ein besonderer Berg?
Er ist das Dach der Welt. Wenn sich jemand mit dem Höhenbergsteigen befasst und mit dem Himalaja, dann wird er über kurz oder lang vor dem Mount Everest stehen. Und der Wunsch, auf dem höchsten aller Achttausender zu stehen, wird fast zwanghaft immer wieder im Kopf auftauchen. Der Everest ist der höchste Berg, allein das macht ihn zu etwas ganz Besonderem.

Warum wolltest du den Everest besteigen?
Ich bin Höhenbergsteiger, und ich bin Profibergsteiger. Da konnte ich mir den Mount Everest einfach nicht wegdenken. Dieser Berg ist ein Höhepunkt für jeden Bergprofi. Wenn ich es ohne künstlichen Sauerstoff nicht geschafft hätte, wäre ich nicht hinaufgestiegen. Ich bin mir da absolut sicher: Ich hätte nicht zur Flasche gegriffen. Eher hätte ich verzichtet. Ich habe deswegen höchsten Respekt vor meinem Schweizer Kollegen Norbert Joos. Er hat den Mut aufgebracht zu verzichten. Das ist in meinen Augen die viel größere Leistung als eine Besteigung mit Flaschensauerstoff, bei der der Mount Everest auf einen Siebentausender zusammengestaucht wird. Ich ziehe im Zusammenhang mit dem Mount Everest vor drei Bergsteigern respektvoll den Hut: vor Reinhold Messner und Peter Habeler, die den Mut hatten, einen fast neuntausend Meter hohen Berg ohne Unterstützung durch Flaschensauerstoff zu besteigen – und vor Norbert Joos, der nach so vielen vergeblichen Anläufen am Everest nicht der Versuchung erlegen ist, zur Flasche zu greifen. Respekt eigentlich vor allen, die den Weg zum Everest ohne Flaschensauerstoff einschlagen und dann verzichten, wenn sie erkennen, es geht nicht.

Wie ist es zu erklären, dass Höhenbergsteigen innerhalb weniger Jahre so populär wurde?
Die großen Tragödien – wie die 1996 am Everest – haben für unvorstellbare Schlagzeilen gesorgt. Das Buch von Jon Krakauer ist ein Weltbestseller geworden. Mit solchen Geschichten wurde Hö-

henbergsteigen auf kuriose Weise populärer. Die Menschen wurden dadurch nicht abgeschreckt, im Gegenteil, sie wurden in Scharen angezogen. Für viele hat der Tod an den Achttausendern etwas Heroisches. Ich verstehe zwar nicht warum, aber es ist offenbar so. Durch das Präparieren der Routen hat man den Aspiranten – ich mag sie gar nicht Bergsteiger nennen – den Schrecken, das Erschreckende und auch den Respekt vor den ganz hohen Bergen genommen. Die Leute haben die Angst verloren, weil sie vorgeführt bekommen, dass man die Berge zähmen kann. Früher waren nur gute Alpinisten auf den hohen Bergen der Welt unterwegs. Inzwischen hat sich das leider in extremem Maß verändert. Heute bucht man sein Abenteuer im Katalog und sucht es nicht mehr auf der Landkarte. Es hat Zeiten gegeben, da wurden überhaupt nur Topbergsteiger zu den meist von alpinen Vereinen organisierten Expeditionen eingeladen – ausgewählte Spitzenalpinisten, die aufgrund ihrer vorangegangenen Leistungen auf sich aufmerksam gemacht hatten. Mittlerweile ist es praktisch für jeden möglich geworden, einen Achttausender zu buchen – wenn nur der Geldbeutel dick genug ist.

Hast du beim Höhenbergsteigen bestimmte, stetig wiederkehrende Abläufe – etwa im Sinne von Ritualen?
Ja, ganz interessant: Mir war es immer wichtig, die Farben des Sturmanzugs so oft wie nur irgendwie möglich zu wechseln. Wenn man immer den gleichen Anzug mit der immer gleichen Farbe trägt, wird man schon müde, wenn man ihn im Basislager aus dem Container herausnimmt. Dann ist diese Farbe bereits mit dem Gedanken an die vorangegangene Schinderei und Anstrengung verbunden. Ich habe immer neue Tapeten gebraucht, neue Farben. Auch wenn ich ein paar Berge hintereinander erfolgreich bestiegen hatte, wollte ich etwas anderes anziehen. Nur ja nicht mehr die Farbe, in der ich mich schon einmal ganz fürchterlich geschunden hatte. Ich habe mir auch nach dem Erfolg am Everest mit der Rekordbesteigung und der Skiabfahrt einen neuen Anzug machen lassen, obwohl der alte noch gut war und eigentlich ja auch ein Glücksanzug. Und ich wollte immer meinen tibetischen Xi-Stein um den Hals tragen. Ich habe ihn nach meiner ersten erfolgreichen Expedition am Cho Oyu von Reinhold Mess-

ner bekommen und danach nie mehr abgelegt. Das war eines der schönsten und gelungensten Geschenke, die ich je erhalten habe. Damals sagte man in dem »inner circle« der Achttausender-Bergsteiger ja noch, dass diesen Stein nur tragen kann, wer auch einen Achttausender bestiegen hat. Jedenfalls vertrat Reinhold damals diese Meinung. Und heute hoffe ich, dass ich diesen mein restliches Leben tragen kann, dass ich ihn nie verlieren werde. So wichtig ist er mir geworden.

Wenn du die Wahl hättest, welchen Achttausender würdest du noch einmal besteigen wollen?
Den Nanga Parbat. Vor allem auch, weil ich den Berg und unsere Aufstiegsroute von damals nicht so intensiv in Erinnerung habe, weil ich mich damals viel zu sehr mit der Skiabfahrt beschäftigt habe. Etwas anderes hatte ich fast nicht im Kopf. Den Berg als Ganzes, den Aufstieg, habe ich gar nicht so richtig erlebt, weil der Gipfel bei dieser Expedition für mich weniger das Ziel als vielmehr der Ausgangspunkt gewesen ist. Aber da würde ich sofort noch einmal hingehen. Allein der Ausgangspunkt in den grünen Wiesen – das gibt es an keinem anderen Achttausender.

Was empfindest du, wenn du vom Gipfel eines Achttausenders zurückkehrst?
Es ist zunächst einmal eine riesige Erleichterung. Vor allem, weil die Schinderei ein Ende hat. Und weil alles gut gegangen ist. Bei einigen Achttausendern habe ich aber auch Wehmut gefühlt, weil auf einmal das Ziel nicht mehr vor mir gewesen ist. Und mir sind Ziele immer wichtiger als die Erinnerungen. Am K2, der für mich ja auch so etwas wie den Abschied von den ganz hohen Bergen bedeutet hat, war es sogar fast eine gewisse Schwermut.

Was ist das schönste Gefühl beim Höhenbergsteigen?
Wenn endlich alles vorbei ist. Der Moment, wenn ich im Basislager ankomme, die letzten Schritte hin zu den Zelten. Wenn ich die Plastikschuhe ausziehen kann, den Pickel weglege und der Sherpa-Koch mit einem Tee vor mir steht. Das ist schön. Und die tiefen Erinnerungen in den ersten Tagen danach. Das sind Gefühle, die ich sehr genießen kann.

Was sagt man Menschen, die Bergsteigen für eine schwachsinnige Angelegenheit halten?

Ich glaube, da gibt es keine richtige Antwort und auch keine ernsthafte Gesprächsebene. Ich würde wohl sagen: »Zieh dir mal einen Wanderschuh an und probiere es selbst, dann findest du deine Antwort schon.« Ich kenne viele, die Bergsteigen als vollkommen sinnlos angesehen haben und es dann irgendwann einmal probiert haben. Die sind dann losgezogen und inzwischen leidenschaftliche Bergsteiger geworden, die um nichts mehr in ihre alte Welt zurückgehen würden.

Was würdest du antworten, wenn dein Sohn oder deine Tochter vor dir steht und sagt: »Ich möchte gern auf den Mount Everest steigen«?

Oh je, ich würde wohl als Erstes in die Apotheke gehen und mir Baldriantropfen kaufen oder ein anderes Beruhigungsmittel. Ich glaube, ich wäre nicht begeistert, weil ich die Gefahr in der Höhe kenne, und ich würde sicher eine sehr, sehr unruhige Zeit erleben, während meine Tochter Zara am Everest ist. Aber ich würde es ihr nicht verbieten. Ich hoffe allerdings inständig, dass dies nicht der Fall sein wird. Es käme für mich auch niemals infrage, dass ich als Vater zusammen mit meiner fünfzehnjährigen Tochter zum Everest ginge, um einen Altersrekord zu brechen. Dazu wäre mir die Verantwortung viel zu groß.

Was zeigt dein schönstes Foto vom Mount Everest?

Es ist das Bild, das mir auch heute noch durch den ganzen Körper schießt, wenn ich es betrachte. Das Foto, auf dem man die Ski sieht, wie sie über den Abgrund des Mount Everest ragen. Es ist der Moment unmittelbar vor dem Beginn meiner Skiabfahrt. Diese Aufnahme dokumentiert den intensivsten Augenblick meiner gesamten Bergsteigerei. Eindeutig dieses Foto ist mein schönstes, wichtigstes und wertvollstes.

Das Gespräch wurde am 11. September 2012 in den Büroräumlichkeiten von Hans Kammerlander in Sand in Taufers, Südtirol, geführt.

»Bonington und Messner kletterten in einer anderen Zeit«

Russell Brice, 1997

Der Mann gehört zweifelsfrei zu den bekanntesten und erfolgreichsten Expeditionsveranstaltern der Welt. Die Erfolgsbilanz seiner kommerziell organisierten Unternehmungen ist beeindruckend. Sein Wort hat Gewicht, seine Methoden sind anerkannt, sein Führungsstil ist unumstritten. Allerdings behauptet er selbst, er verfüge über gar keinen speziellen Führungsstil.

Russell Brice kam am 3. Juli 1952 zur Welt und wuchs auf einem Bauernhof nicht weit weg von Christchurch, Neuseeland, auf. Doch bald zogen seine Eltern in die Stadt, damit er dort die Schule besuchen konnte. »Ich war allerdings nie auf einer Universität«, sagt Brice, »ich habe eine Lehre als Elektriker gemacht und bin somit eigentlich staatlich geprüfter Handwerker.« Eine andere Ausbildung mit Abschlussprüfung war indes für die weitere Entwicklung von durchaus größerer Bedeutung. 1970 erhielt Russell Brice sein Bergführerdiplom.

Eine gewisse Nähe zu seinem neuseeländischen Landsmann Edmund Hillary förderte das Interesse an den Himalaja-Riesen wesentlich. Brice wurde Bergführer im Fulltime-Job. 1989 zog er ins französische Chamonix und gründete am Fuß des Mont Blanc seine Agentur Chamonix Experience, die Bergbesteigungen und Trekkingtouren überall in den Alpen veranstaltet. Etwa zur gleichen Zeit gründete er auch Himalayan Experience, ein Unternehmen, das Expeditionen zu den ganz hohen Bergen anbietet.

Russell Brice bestieg 1997 und 1998 den Mount Everest, den Cho Oyu insgesamt neunmal, die Shisha Pangma zweimal, den Manaslu einmal; am Kangchendzönga musste er umkehren, ebenso am Broad Peak. Im Rahmen der Expeditionen, die Russell

415

Brice seit 1994 fast ununterbrochen jedes Jahr zum Mount Everest organisiert, wurde der Gipfel 338-mal bestiegen.

2012 machte Russell Brice Schlagzeilen, als er am 5. Mai, unmittelbar vor Beginn der »heißen« Phase am Everest, seine Expedition für beendet erklärte und mit seiner Gruppe den Rückzug antrat. Vor allem die Gefährlichkeit der Route hatte den Ausschlag für diese absolut außergewöhnliche Entscheidung gegeben. Stein- und Eisschlag, drohende Lawinen und der fragile Khumbu-Eisbruch sorgten für so viel objektives Gefahrenpotenzial, dass Brice das Restrisiko nicht mehr kalkulierbar erschien.

Im späten Herbst 2012 ergab sich für mich die außergewöhnliche Gelegenheit, Russell Brice zu seiner Sicht der Entwicklungen am Mount Everest zu befragen, zu seinen eigenen Erlebnissen dort, seinen kommerziellen Expeditionen und natürlich auch zu den Gründen, warum er mit seinen Kunden im Frühjahr des Jahres den Rückzug angetreten hatte. Die deutsche Bergsteigerin Billi Bierling, die in diesen April- und Mai-Tagen 2012 auch den Internetblog für Brice' Expedition schrieb, hat den Kontakt eingefädelt und dieses Interview schließlich auch übersetzt.

Eigentlich war gedacht, dass ich mich mit Russell Brice in Kathmandu treffe, doch dem standen die Ereignisse im Herbst 2012 am Manaslu entgegen. Dort war es Ende September zu einem schweren Lawinenunglück gekommen, bei dem elf Menschen ums Leben kamen. Eine der vielen Expeditionsgruppen zu dieser Zeit hatte Russell Brice geleitet. Als er dann nach Kathmandu und schließlich nach Chamonix zurückkehrte, befand ich selbst mich mit einer kleinen Gruppe bereits auf dem Weg Richtung Everest.

Russell Brice hat schließlich die Fragen, die ich ihm so dringend stellen wollte, um zu einem Gesamtbild der Entwicklungen am Mount Everest zu kommen, daheim in Chamonix beantwortet. Er war wohl nicht immer sehr erfreut über diese Fragen. Dass er sie dennoch beantwortet hat, darf man getrost als Ausdruck seiner Professionalität werten. Es war am Ende nicht unbedingt bemerkenswert, aber höchst interessant, dass er eine vollkommen andere Sicht auf die Dinge hat als andere professionelle Bergsteiger seines Kalibers. Er sieht die Flanken des höchsten

Bergs mit dem Blick des kommerziellen Veranstalters, der vor allem auf die Sicherheit seiner Kunden achten muss. Von daher gehören Flaschensauerstoff, durchgehende Fixseile und eine angelegte Spur zum Standard seines Angebots. Russell Brice ist nicht erhaben gegenüber Kritik, aber er kontert sie geschickt und auf seine Weise.

*

Was ist deine herausragendste und beeindruckendste bergsteigerische Leistung gewesen?
Wenn du wissen willst, was beeindruckend gewesen ist, musst du andere fragen. Wenn du meinst, was mich selbst am meisten beeindruckt hat, dann würde ich sagen, meine Besteigung des Nordgrats der Ama Dablam im Jahr 1980. Wir waren sechs junge Leute, und wir lernten viel auf dieser Expedition.

Wie hast du dich zum Höhenbergsteiger entwickelt?
Ich kam 1975 zum ersten Mal nach Nepal, als ich Ed Hillary dabei half, das Krankenhaus in Paphlu etwa fünfzig Kilometer südlich des Sagarmatha-Nationalparks zu bauen. 1980 leitete ich meine erste Expedition zum Lobuche und zum Parchamo. Seitdem komme ich mindestens zweimal im Jahr nach Nepal, entweder zum Bergsteigen oder als Bergführer. 1980 kletterte ich den Nordgrat der Ama Dablam, und gleich darauf habe ich in einem 2-Mann-Team versucht, den Everest über die Westschulter zu besteigen. 1984 bin ich mit einem 4-Mann-Team in der Nordwand des Kangchendzönga unterwegs gewesen. Vier Jahre später kam ich mit Harry Taylor zurück zum Everest, und wir waren die ersten Bergsteiger, die die Three Pinnacles am Nordostgrat des Everest überschritten. Mit den zunehmenden Erfahrungen, die ich an den Achttausendern machte, begann ich immer häufiger, Expeditionen zur Shisha Pangma, dann zum Cho Oyu und schließlich zum Everest zu organisieren. Ich war übrigens im Himalaja nicht nur mit dem Bergsteigen beschäftigt, sondern arbeitete als Projektmanager für einige Filme und bei Heißluftballon-Projekten, von denen eines der Überflug des Mount Everest war. Ich habe auch nie damit aufgehört, in Neuseeland zu führen und bergzusteigen.

Gibt es einschneidende Erlebnisse, die dich zum Höhenbergsteigen gebracht haben?

Die Tatsache, dass ich in der Höhe sehr gute Leistungen erbringe und mich auch mit den Sherpa sehr gut verstehe, inspirierte mich. Ich wollte die Art und Weise verbessern, wie kommerzielle Expeditionen im Himalaja geleitet werden. Es hat mir immer Spaß gemacht, mit den Sherpa die Seile am Nordgrat des Everest zu fixieren – aber das war natürlich auch harte Arbeit. Oft gaben die Sherpa mir die letzte Rolle Seil während den Fixierungsarbeiten. Das bedeutete, dass ich diese Rolle am höchsten tragen musste. Doch habe ich größten Respekt den Sherpa gegenüber bekommen, denn ich erlebte unmittelbar, wie hart ihre Arbeit ist.

Wann hast du dann zum ersten Mal den Gipfel des Everest bestiegen?
Zuerst 1997 und dann gleich 1998 noch einmal.

Über welche Route?
Beide Male über die Nordroute.

Wie oft hast du es versucht, wie viele Anläufe waren notwendig, um ganz hinaufzukommen?
»Versucht« habe ich es eigentlich nie für mich selbst. Ich arbeitete als Bergführer, und zu meiner Tätigkeit gehörte es nicht unbedingt, auf den Gipfel zu kommen. Ich war schon sehr, sehr oft am Everest, ohne den Gipfel zu erreichen. Bis zum heutigen Tag war ich auf 17 kommerziellen Expeditionen und zwei privaten – also auf insgesamt 19 Expeditionen zum Everest.

Wie waren deine Everest-Expeditionen organisiert?
Die Expeditionen zum Westgrat und Nordostgrat waren privat, und in beiden Fällen erreichte ich den Gipfel nicht. Erst als Bergführer kommerzieller Expeditionen kam ich bis ganz hinauf. Wobei unsere Erstbegehung der Three Pinnacles am Nordostgrat auch ohne den Gipfel eine besondere Angelegenheit gewesen ist, denn diese Route liegt ja schwer zugänglich östlich des Normalweges von der tibetischen Seite her.

Wie setzten sich die Expeditionsgruppen zusammen, mit denen du am Mount Everest gewesen bist?
Am Westgrat mit Paddy Freaney, und wir haben alles selbst organisiert und mussten auch am Berg alles selbst machen. Wir nutzten die Erfahrung, die wir im Jahr zuvor an der Ama Dablam gemacht haben. Zum Nordostgrat wurde ich eingeladen. Alle danach folgenden kommerziellen Expeditionen habe ich selbst organisiert.

Wie war es auf dem Gipfel? Wie lange bist du oben geblieben? Wie war das Wetter? Kamst du allein nach oben, oder wer war an diesem Tag sonst noch dort?
Bei meinem ersten Gipfelerfolg war der Everest genau so, wie er immer ist – ein schneebedeckter Punkt ganz oben. Ich blieb eine ganze Stunde. Unter mir war das Wolkenmeer, und es war sonnig und warm. Ich war dort mit meinem Kunden Dick Price, und dann kamen noch drei Tibeter. Einer von ihnen hatte Probleme mit seiner Sauerstoffflasche. Ich gab ihm meine und stieg ohne Flasche ab. Auch beim zweiten Mal, ein Jahr später, war es warm und sonnig. Ich kam zusammen mit einigen meiner Kunden oben an. Und wir haben noch ein paar andere getroffen, die von Süden her hochkamen.

Wie war das Gefühl nach der geglückten Besteigung – zuerst im Basislager und dann auch später, als du wieder daheim warst?
Ich war irgendwie erleichtert, dass ich es endlich geschafft hatte, nachdem ich schon so vielen anderen geholfen hatte, hochzukommen. Im Basislager habe ich nichts Besonderes mehr gefühlt. Auch zu Hause – kein großes Gefühl. Es war nur schön zu wissen, dass ich dort gewesen bin. Ein sehr persönliches Gefühl eigentlich.

Wie schwierig war es damals vor 15 Jahren, den Everest zu besteigen?
Den Everest zu besteigen ist immer schwierig. Heutzutage ist es jedoch einfacher geworden, die richtigen Informationen zu finden, und auch die Infrastruktur wurde stark verbessert. Das hilft den Expeditionsleitern, ihre Resultate zu erzielen.

Was war deine Motivation, dein Antrieb, den Everest zu besteigen?
Ganz einfach: Mein Ziel, meine Aufgabe, mein Job war und ist es, anderen zu helfen, sich ihren Traum zu erfüllen.

Was hat sich am Mount Everest seit deiner Besteigung verändert? Dort sind inzwischen noch mehr Menschen unterwegs, es gibt Bohrhaken am Gelben Band, durchgehende Fixseile vom Basislager bis auf den Gipfel. 2012 bildete sich eine schier endlose Menschenschlage in der Lhotse-Flanke, und es gibt viel Kritik.
Ja, der Everest hat sich sehr verändert. Aber: Es gibt noch viele Routen, die die Leute nicht besteigen. Wenn man diese Routen wählt, hat sich eigentlich nichts verändert. Allerdings sehe ich fast nie Bergsteiger, die diese anderen Routen für ihre Besteigung aussuchen und eine Genehmigung dafür beantragen. Ich bin natürlich jemand, der für viele der Veränderungen, die du erwähnst, verantwortlich ist, und ich muss sagen, dass der Everest dadurch sicherer geworden ist und der Gipfel nun für mehr Leute erreichbar wurde.

Ist der Everest ein Berg für jedermann geworden, oder ist die Besteigung auf gewisse Weise noch immer etwas Besonderes?
Das ist eine lächerliche Frage – natürlich ist er noch etwas Besonderes!

Offenbar wird niemand durch die Unglücksserien am höchsten Berg abgeschreckt. Oder sind es vielleicht gerade die Tragödien und die ausführliche Berichterstattung in den Medien, die einige Leute zum Everest locken?
Die Medien sind generell faul, und dann sind sie natürlich froh, wenn Unfälle passieren und sie ihre Stories verkaufen können. Der Everest bietet schnell große Schlagzeilen. Allerdings versuchen die Medien meist gar nicht einmal zu verstehen, warum oder wie diese Unfälle passiert sind. Ich denke schon, dass es Leute gibt, die sich von solchen Tragödien reizen lassen, zum Everest zu gehen, aber das sind gewiss nicht viele. Ich glaube aber auch, dass die Leute aus den Unfällen lernen.

Welche Bedeutung hat das Thema Sauerstoff am Everest? Für dich persönlich und ganz allgemein im Sinne eines starken Zulaufs an Bergsteigern und der Müllproblematik, die sich aus den leeren und zurückgelassenen Flaschen am Berg ergibt?

Sauerstoff zu verwenden ist eine sehr weise Entscheidung. Es gibt momentan nur eine Handvoll Bergsteiger, die in der Lage sind, den Mount Everest erfolgreich ohne Flaschensauerstoff zu besteigen. Ich denke, dass Everest-Neulinge zuerst mit Sauerstoff hochgehen sollten, damit sie verstehen, wie sie sich fühlen und wo sie zu einem gewissen Zeitpunkt der Gipfelbesteigung sein sollten. Es kommt dann bei einem Versuch ohne Flasche natürlich auch immer auf das Wetter und die Temperatur an – es gibt also viele Faktoren, die eine erfolgreiche Besteigung ohne zusätzlichen Sauerstoff beeinflussen. Die Sauerstoffflaschen waren eine Zeit lang ein Müllproblem, jedoch war ich eine der treibenden Kräfte, die dafür gesorgt haben, dass es lohnend wurde, die leeren Sauerstoffflaschen wieder hinunterzutragen. Und jetzt sind sie kein Müllproblem mehr.* Ich habe mehrere Jahre versucht, den Leuten beizubringen, dass sie auch ihre Exkremente wieder herunterbringen, und inzwischen machen wir das. Ich wünschte mir, mehr Expeditionen würden so handeln. Es sind meist die kommerziellen Expeditionen, die den Berg sauber halten, und oft die kleineren »Amateure«, die ihren Müll am Berg lassen. Der Abenteuertourismus boomt, und zwar nicht nur in den Bergen. Also müssen wir irgendwie mit den Massen fertigwerden – nicht nur am Everest, sondern auch an den anderen der Seven Summits, am Mont Blanc, am Matterhorn und anderen Bergen.

Glaubst du, dass sich der Massentourismus am Everest so weiterentwickeln wird?
Ja, denn er ist ein wichtiger Teil des nepalischen Bruttosozialprodukts.

Was sollte geschehen? Sind Maßnahmen notwendig? Wenn ja, welche?
Den Everest betreffend?

---

* Bei den Expeditionen von Russell Brice erhalten die Sherpa zusätzlich Geld dafür, wenn sie leere Sauerstoffflaschen vom Berg in das Basislager zurückbringen.

Ja.
Ich sage dazu nur: Gehe gut mit ihm um und nutze ihn »weise«.

Braucht es mehr Regularien?
Nein, wir brauchen nicht mehr Regulierungen, sondern wir müssen die alten, die bereits seit 35 Jahren bestehen, ändern und dem modernen Bergsteigen anpassen. Einige der Regularien dienen nicht der Sicherheit, und manche sind einfach veraltet. Und wenn sie dann mal revidiert sind, müssen wir sie auch richtig in die Tat umsetzen.

Welche Art Regularien könnten der Sicherheit dienlich sein?
Ich würde vorschlagen, dass alle diejenigen, die auf den Everest wollen, bereits einen anderen Achttausender bestiegen haben sollten. Das ist allerdings ein sehr schlichter Vorschlag, denn wenn man das durchsetzen würde, würde man einigen Leuten ihr persönliches Recht, den Everest zu besteigen, wegnehmen. Es würde also wohl nicht funktionieren.

Würdest du den Everest noch einmal besteigen wollen?
Ja, aber es ist sehr unwahrscheinlich.

Du hast 2012 eine Expedition zum Mount Everest kurz vor Beginn der Gipfelphase abgebrochen.
Ja. Das war eine sehr kühne und richtige Entscheidung.

Das kommerzielle Bergsteigen wird seit 1996 fast schon verteufelt. Wie begegnest du den Kritikern von Bonington bis Messner?
Bonington und Messner kletterten in einer anderen Zeit und mit anderer Logistik. Reinhold Messner kletterte für sich selbst und gab dem Sport sehr wenig zurück – allerdings war er eine Inspiration für viele Menschen. Bonington hatte große Teams, jedoch schafften es nur wenige auf den Gipfel. Allerdings hatte er großartige Ausrüstungslisten, die mir sehr halfen, als ich begann, kommerzielle Expeditionen anzubieten. Also, Messner und Bonington haben mir beide sehr geholfen. Heutzutage muss ich meine Logistik so planen, dass ich hundert Prozent meiner Kunden auf den Gipfel bringe. Und die Logistik, die ich benutze,

kann man mit der Logistik dieser Männer nicht mehr vergleichen.

Warum veranstaltest du so zielgerichtet Expeditionen zum Everest, es
gäbe auch andere Berge?
Das ist eine ziemlich dumme Frage! Aber ich merke natürlich,
wohin sie führen soll. Weil sich der Everest gut verkauft und mein
Unternehmen gut darin ist. Wir gehen auch zu anderen Achttausendern, und ich habe auch ein Trekkingunternehmen, das Expeditionen zu Trekking-Peaks organisiert. Ich hatte auch ein Unternehmen in Chamonix, mit dem ich Expeditionen zu vielen
Gipfeln in Europa organisierte.

Seit wann genau organisierst du Expeditionen zum Mount Everest,
wie viele Bergsteiger haben insgesamt an diesen Expeditionen teilge-
nommen und wie viele davon den Gipfel erreicht?
Ich habe 1994 damit begonnen, kommerzielle Expeditionen anzubieten. Bis jetzt waren es 17 Expeditionen zum Everest. Aber
auch elf zum Cho Oyu, fünf zum Manaslu, drei zur Shisha
Pangma und drei zum Lhotse. Am Mount Everest gelangen im
Rahmen unserer Expeditionen 338 Besteigungen des Gipfels,
128 Kunden haben es geschafft, 37 Besteigungen gehen auf das
Konto meiner Bergführer und 173 auf das unserer Sherpa.

Wie viele haben es ohne Flaschensauerstoff geschafft?
Niemand! Weil ich es nicht erlaube. Halt, es gab eine einzige Aus-
nahme. David Tait hat es unter meiner Regie zweimal versuchen
dürfen. Aber er ist ohne Flasche nie ganz hinaufgekommen. Mit
Flasche stand er jetzt schon viermal oben.

Welche Motivation treibt die Menschen an, die bei dir eine Expedition
zum Everest buchen?
Das solltest du besser meine Kunden fragen. Meine Sicherheits-
und meine Erfolgsrate sind gut. Viele meiner Everest-Kunden
waren mit mir auf einem anderen Berg, und sie mögen meinen
Stil oder auch, dass ich keinen ausgeprägten Führungsstil habe.
Bei mir gibt's keinen Bullshit.

Was kostet heute eine gut durchgeführte und perfekt organisierte Expedition zum höchsten Berg der Welt mit allen Annehmlichkeiten?
Es gibt keine perfekt organisierte Expedition. Meine Everest-Expedition 2013 kostet 47 500 Euro.

Was wäre denn überhaupt eine gut organisierte Everest-Expedition? Was gehört dazu?
Wie bereits erwähnt, so etwas wie perfekt gibt es nicht. Eine gut organisierte Expedition kostet viel Mühe, und man muss den Kleinigkeiten Aufmerksamkeit schenken.

Du hast 2012 im Frühjahr an der Südseite des Everest eine Expedition abgebrochen, einfach den Stecker gezogen, als die Maschinerie bereits in Fahrt war. Was waren die Gründe dafür?
Ich habe die Entscheidung rein als Bergführer getroffen. Die Gefahr in dieser Saison war nach meiner Einschätzung einfach zu groß, viel größer als in anderen Jahren. Unsere Sherpa arbeiteten zu Beginn der Expeditionszeit im T-Shirt im Khumbu-Eisfall, und das war äußerst ungewöhnlich. Der Winter zuvor war extrem trocken gewesen, es lag nicht viel Schnee. Dadurch stieg die Gefahr von Stein- und Eisschlag. Vom Westgrat her stürzen die Trümmer eigentlich in eine große Randspalte, doch die war in diesem Frühjahr randvoll, und so fiel das gesamte Material weiter als gewohnt. Normal verläuft die Route durch den Eisbruch etwa 100 Meter rechts von der Westschulter entfernt. Doch diesmal waren wir bis auf 25 Meter dran. Unser schnellster Bergführer hat gestoppte 22 Minuten benötigt, um die Gefahrenzone zu passieren, die Sherpa mit den schweren Rucksäcken 30 Minuten und unsere Kunden zwischen 45 Minuten und über einer Stunde. Viel zu lange für mein Empfinden. Und die Vorstellung, dass sich dort womöglich 50 Menschen gleichzeitig befinden, war ein Horror für mich. Am 8. Mai war es bereits so warm wie sonst Ende des Monats. Wir mussten bei allen unseren Entscheidungen bedenken, dass es noch wärmer werden würde und wir unsere Kunden nicht nur durch den Eisfall hinauf-, sondern Tage später auch wieder dort hinunterbringen mussten. Um zwei Uhr morgens, wenn die Sherpa das Basislager verlassen, um durch den Eisbruch zu gehen, lagen in diesem Jahr die Temperaturen selten unter minus

zehn Grad. Das ist zu warm, um im Eisbruch einigermaßen sicher zu sein, denn bei diesen relativ warmen Temperaturen löst sich schnell einmal ein Eisblock. Selbst wenn wir unsere Kunden hätten ungefährdet den Berg hinauf- und wieder hinunterbringen können, hätten unsere Sherpa weitere Tage benötigt, um die Hochlager und unser gesamtes Material vom Berg herunterzuschaffen, was bedeutet, dass sie mindestens noch drei- bis viermal durch die Gefahrenzone hätten gehen müssen. Ich habe auch eine hohe Verantwortung für die Sherpa und die Bergführer. Es kamen also eine Menge Faktoren zusammen. Und eine Abwägung all dessen hat mich schließlich dazu bewogen, den Stecker zu ziehen.

Deine Klienten hatten den Preis bereits gezahlt. Wurde danach ein Teil davon zurückerstattet? Anderswo nennt man das wohl entgangene Urlaubsfreuden.
Die Kunden zahlen mich dafür, dass ich für ihre Sicherheit am Berg sorge. Es gibt keine Gipfelgarantie. Wenn sich jemand entscheidet, meine Expedition zu verlassen, bekommt er sein Geld auch nicht zurück. Als ich mich entschied, die Expedition zu stoppen, waren sämtliche Kosten ja bereits bezahlt – warum sollte ich den Kunden dann also das Geld zurückgeben? Diejenigen, die 2013 wieder bei mir buchen, bekommen zwanzig Rabatt, was eigentlich meine Gewinnspanne für diese Kunden für beide Expeditionen ist.

Wie haben deine Kunden auf den Abbruch reagiert? Immerhin hat es so etwas noch nie zuvor gegeben.
Einige waren sauer, einige haben es verstanden.

Wie kann man sich das nach der Entscheidung vorstellen? Sind die Teilnehmer alle brav das Tal hinausspaziert und nach Hause geflogen, ohne zu murren?
Die Leute verließen das Basislager ziemlich schnell, und das wollte ich auch so. Ich musste ja alles zusammenpacken, und ich wollte mein Bergführer- und Sherpa-Team vom Berg herunterhaben. Denn ich wollte eigentlich nicht wieder in irgendwelche Rettungsaktionen involviert werden. Wie sich dann gezeigt hat,

war die Gesamtsituation gut geeignet, dass etwas passieren würde. Einige meiner Kunden haben sich natürlich beschwert, jedoch war die Entscheidung getroffen und endgültig.

Hattest du das Gefühl, dass in diesen Tagen am Everest Lebensträume geplatzt sind?
Ja natürlich. Aber es gibt doch nie eine Garantie dafür, dass die Bedingungen am Berg so sind, dass sie eine Gipfelbesteigung ermöglichen. Ich selbst war schon oft an einem Berg in Richtung Gipfel unterwegs und wurde enttäuscht, da ich aus irgendeinem Grund umdrehen musste.

Diese außergewöhnliche Entscheidung, die Expedition abzubrechen, hat weltweit und vor allem in Bergsteigerkreisen auch hohe Anerkennung gefunden. Wie viel Mut hat dazu gehört, sie zu treffen und zu sagen: Jetzt ist Schluss, diesen Irrsinn mache ich nicht mehr mit?
Ja, es gab ein paar positive und unterstützende Kommentare, die ich sehr schätze. Allerdings waren die meisten Leute nicht zu dieser Zeit am Berg. Es erforderte natürlich sehr viel Mut, und ich habe diese Entscheidung gewiss nicht leicht getroffen. Ich habe mir lange Gedanken darüber gemacht. Zwei Wochen lang haben alle Teams fast ununterbrochen davon gesprochen, wie gefährlich der Berg in diesem Frühjahr sei. Wenn ich am Berg geblieben und etwas passiert wäre, hätte man mich wohl für meine Nachlässigkeit noch gerichtlich belangt.

Espressomaschinen, Flachbildschirme, DVD-Kino, bequeme Betten, Fixseile vom Basislager bis zum Gipfel, natürlich Flaschensauerstoff – wo ist am Everest das Abenteuer geblieben?
Diese Dinge haben doch nichts mit dem Abenteuer Everest zu tun – sie gehören alle zu unserem Sicherheitsmechanismus und zu unserer Ausstattung am Everest. Die Medien sollten das endlich einmal verstehen lernen und aufhören, darüber zu spotten.

Korruption ist ein brisantes Thema in Nepal. Wurdest du damit auch schon konfrontiert? Und wie begegnest du diesen Auswüchsen?
Korruption ist gang und gäbe in Nepal – es gab sie immer und wird sie wohl immer geben. Ehrlich gesagt, musste ich noch nie

direkt Bestechungsgeld zahlen – indirekt weiß ich jedoch, dass meine nepalischen Partner täglich mit Korruption konfrontiert sind. Ich arbeite mit dem Ministerium daran, die veralteten Regeln zu ändern, und ich denke, dass das ein wenig dazu beitragen könnte, das Bergsteigen sicherer und weniger korrupt zu machen.

Stimmt es, dass du seit fünf Jahren deine Kautionsgebühren für den Müll nicht zurückerstattet bekommen hast? Wie hoch ist die Gesamtsumme?
Ja, das stimmt. Der Müll, auf den sich das Ministerium bezieht, umfasst Sauerstoffflaschen, Gaskartuschen und Batterien. Die Beamten haben sich verschiedene Gründe überlegt und behaupten, dass die Teams ihren Müll nicht heruntergebracht haben, was nicht stimmt. In meinem Fall haben wir ja früh abgebrochen, das heißt aber auch, wir haben weder Sauerstoff noch Gas verbraucht, und ich hatte somit auch keinen entsprechenden Müll. Die anderen Gründe des Ministeriums sind, dass die Veranstalter nicht genügend Steuern bezahlt hätten, um diese Güter einzuführen. Die meisten Veranstalter kaufen ihre Sauerstoffflaschen, Batterien und Gaskartuschen allerdings in Nepal, und die Importeure bezahlen diese Steuern – das Argument zieht also auch nicht. Die Kaution beträgt 4000 Dollar pro Genehmigung. Ich hatte zwei Genehmigungen für den Everest, zwei für den Lhotse und eine für den Nuptse. Also belief sich die Gesamtsumme für Kautionen in meinem Fall auf 20 000 Dollar. Ich glaube, es wurden ungefähr fünfzig Genehmigungen ausgegeben, was bedeutet, dass es eine Gesamtsumme von 200 000 Dollar ist, die strittig blieb.

Was wirst du und auch die anderen Veranstalter gegen diese Praktik unternehmen?
Die Expedition Operators Association (EOA) hatte viele Besprechungen mit dem Ministerium, jedoch gab es wenig Fortschritt. Ich habe mich auch einmal direkt mit dem Ministerium getroffen, jedoch bin ich auch nicht weitergekommen. Ich bin in direktem Kontakt mit der neuseeländischen Konsulin in Nepal, die das momentan mit anderen Botschaften bespricht.

Wie kannst du sicherstellen, dass so etwas den Veranstaltern nicht wieder passiert?
Die Beamten im Ministerium wechseln einmal im Jahr oder alle zwei Jahre. Das bedeutet, dass wir auf keinen grünen Zweig kommen. Der jetzige Staatssekretär wird sich freuen, wenn er die Verhandlungen so lange hinauszögern kann, bis er nicht mehr auf dem Posten ist. Dann kann er mit dem Geld abhauen, und keiner wird sich mehr darum kümmern. Wir müssen dann mit einer anderen Person verhandeln, und somit haben wir überhaupt keinen Schutz.

Russell Brice beantwortete die Fragen dieses Interviews im November 2012 schriftlich. (Übersetzung aus dem Englischen von Billi Bierling, 24. November 2012)

Fünfzehn Fragen an
...RUSSELL BRICE

»Ich habe den Everest bestiegen, weil es mein Job war«

Was sind im Wesentlichen die Unterschiede zwischen Bergsteigen und Höhenbergsteigen?
Ein Bergsteiger besteigt jedes Terrain, das man in den Bergen finden kann – Fels, Eis, Gletscher, Grate und so weiter. Ich denke, dass Höhenbergsteiger das Gleiche machen, einfach nur in einer viel größeren Höhe.

Wie wird man Höhenbergsteiger?
Indem man häufiger auf Expeditionen zu hohen Bergen geht. Man wird es sicher nicht spontan, das wächst vielmehr langsam.

Welche Vorstellungen vom Höhenbergsteigen hattest du, bevor du den ersten Achttausender bestiegen hast?
Ich dachte eigentlich nie, dass es anders als Bergsteigen sei – nur mit dem entscheidenden Unterschied, dass man auch noch mit der Höhe fertigwerden muss.

Haben Höhenbergsteiger ganz bestimmte charakterliche Merkmale?
Mentale Stärke ist von sehr großem Vorteil, denn nur damit ist man in der Lage, in einer Umgebung mehr zu leisten, wo schon das Mindeste eine enorme Anstrengung ist. Um gut in der Höhe zu sein, hilft es natürlich ungemein, wenn man die Höhe körperlich gut verträgt, aber das hat ja mit Charakter nichts zu tun.

Was muss ein Höhenbergsteiger mitbringen, um einen Achttausender zu besteigen?

Man muss ein bisschen dumm sein, eine ausgeprägte psychische Stärke haben, sich pushen können, auch wenn es brutal wehtut, und man muss ein sehr guter Bergsteiger sein.

Ist der Mount Everest ein besonderer Berg?

Natürlich ist er das – er ist der höchste Berg auf diesem Planeten.

Warum wolltest du den Everest besteigen?

Es war eigentlich nie mein Traum, den Everest zu besteigen. Ich habe es gemacht, weil es mein Job war.

Wie ist es zu erklären, dass Höhenbergsteigen innerhalb weniger Jahre so populär wurde?

Der Abenteuertourismus boomt auf der ganzen Welt. Ich denke, es gibt immer mehr Leute, die Zeit und Geld dafür haben und keine Bemühungen scheuen, so ein Projekt anzugehen. Der Mount Everest ist da natürlich die ultimative Herausforderung.

Hast du beim Höhenbergsteigen bestimmte, stetig wiederkehrende Abläufe – etwa im Sinne von Ritualen?

Nein, überhaupt keine, allerdings respektiere ich die Puja der Sherpa vor der Expedition.

Wenn du die Wahl hättest, welchen Achttausender würdest du noch einmal besteigen wollen?

Ich habe kein Interesse, noch einmal einen Achttausender zu besteigen.

Was empfindest du, wenn du vom Gipfel eines Achttausenders zurückkehrst?

Mir ist es wichtig, mit meinem gesamten Team sicher wieder zurückzukehren. Vor diesem Hintergrund habe ich es auch stets als besonderes Glück empfunden, wenn wir gesund wieder von einem Berg herunterkamen.

Was ist das schönste Gefühl beim Höhenbergsteigen?
Wie bei der Besteigung jedes Berges ist es auch an den hohen Gipfeln eine persönliche Herausforderung, sich in einem schwierigen und gefährlichen Umfeld sicher zu bewegen. Weil an den Achttausendern noch die enorme Höhe und das Ausgesetztsein hinzukommen, ist es ein großartiges Gefühl, damit umgehen zu können.

Was sagt man Menschen, die Bergsteigen für eine schwachsinnige Angelegenheit halten?
Gar nichts.

Was würdest du antworten, wenn dein Sohn oder deine Tochter vor dir steht und sagt: »Ich möchte gern auf den Mount Everest steigen«?
Ich würde sie ermutigen und ihnen sagen, sie sollen es auf eine sichere Art und Weise machen.

Was zeigt dein schönstes Foto vom Mount Everest?
So etwas besitze ich nicht.

Russell Brice hat seinen Fragebogen in Chamonix, seinem Wahlheimatort am Fuß des Mont Blanc in Frankreich, ausgefüllt.

»Ich habe den Everest noch nicht bestiegen«

Simone Moro, 1997

Als sich das Seil straffte, wurde Simone Moro aus dem Stand gerissen und stürzte in die Tiefe. Zuvor hatte er verzweifelt versucht, die Katastrophe zu verhindern. Ohne Handschuhe hatte er das Seil gepackt, das durch seine Hände raste und ihm dabei tief ins Fleisch schnitt. Es fraß sich in seinen Oberarm, in den Ober- und in den Unterschenkel. Dann gab es einen gewaltigen Ruck, die beiden Eisschrauben, die Moro erst wenige Minuten zuvor ins Eis gedreht hatte, rissen heraus, und es kam unweigerlich zum Absturz. Das Letzte, was er sah, waren Anatoli Boukreev und Dimitri Sobolev, die zweihundert Meter von ihm entfernt am Fixseil hängend von einer riesigen Lawine mitgerissen wurden. Sie hatte sich ein Stück unter Moro gelöst und in gewaltige Bewegung gesetzt, während er selbst nur noch fünfzig Meter unter dem höchsten Punkt des Annapurna Fang stand. Das ist ein 7647 Meter hoher Gipfel zwischen dem Mittel- und dem Hauptgipfel der Annapurna.

Dorthin waren im Winter 1997 der kasachische Bergsteiger Anatoli Boukreev, der ebenfalls aus Kasachstan stammende Dimitri Sobolev und der italienische Spitzenalpinist Simone Moro aufgebrochen, um eine Südroute zu durchsteigen. Boukreev hatte im Jahr zuvor im Zusammenhang mit der beschriebenen Tragödie am Mount Everest Schlagzeilen gemacht und war zu diesem Zeitpunkt der wohl beste Höhenbergsteiger der Welt. Sobolev war Kameramann, Filmemacher, Buchautor und Extrembergsteiger. Boukreev, der für Moro fast wie ein Bruder war, und der Kameramann wurden nie gefunden. Simone Moro glaubt, dass sie beide in eine der vielen Gletscherspalten gestürzt seien. Er selbst brauchte zwei Tage, um sich zurück in das Basislager zu schleppen. Dort gelang es ihm, einen Hubschrauber zu alarmieren, der ihn schließlich aus über 4000 Meter Höhe bergen konnte. Ein gewagtes Unternehmen für den Piloten, das Moro allerdings das Leben rettete, denn der Italiener hatte inzwischen sehr viel Blut verloren.

Fünfzehn Jahre später kaufte Simone Moro, der inzwischen längst auch Hubschrauberpilot war, selbst einen Hubschrauber und wollte ihn schließlich von Bergamo aus nach Kathmandu fliegen. Doch aus einer phantastischen Idee wurde dann aus vielerlei Gründen doch nichts. Er hatte vorgehabt, in etwas mehr als einer Woche fast sämtliche Gebirgsketten, in denen er jemals geklettert war – die Bergamasker Alpen, die Dolomiten, den Kaukasus, die Berge des Tian Shan, das Pamirgebirge, die Achttausender des Karakorum und schließlich die Gipfel des Himalaja – zu überfliegen. Auch, um für sich selbst den Kreis von der Tragödie an der Annapurna, bei der ihm ein mutiger Pilot das Leben rettete, bis zu dem Punkt, an dem er nun selbst und mit dem eigenen Helikopter Rettungsflüge im Himalaja fliegt, zu schließen.

Das Leben von Simone Moro ist reich an solchen Geschichten. Er ist eine faszinierende Persönlichkeit, und in der kleinen Gemeinde der ernst zu nehmenden Profihöhenbergsteiger gibt es niemanden, der den Mann mit dem inzwischen schütteren Blondhaar und der hohen Stirn nicht kennt. Er gilt als der kommunikativste Höhenbergsteiger der Welt – Facebook, Twitter, natürlich eine eigene Homepage, Interviews in vier Sprachen, er schreibt Bücher, hält Vorträge und ist ein Mensch, der sich gern unterhält und vor allem etwas zu sagen hat. Er wird in der Szene von den einen hoch geschätzt und von anderen mit Argwohn und bisweilen Neid beobachtet.

Simone Moro wurde am 27. Oktober 1967 in Bergamo geboren, als der mittlere von drei Brüdern. Sein Vater war ein begeisterter, halbprofessioneller Mountainbikefahrer, seine Mutter eine bescheidene, liebevolle Frau. Die Bergamasker Alpen zwischen dem Lago di Como und dem Lago d'Iseo drängen sich als Wandergebiet geradezu auf, wenn man in Bergamo aufwächst. Doch jedes Jahr im Sommer fuhren die Moros für vier Wochen in die Dolomiten, zuerst mit dem Zelt, dann mit dem Wohnwagen und schließlich mit einem Campingbus. In den Dolomiten lag der Schlüssel, der Simone Moro die Türen zu den schönsten und höchsten Bergen der Welt öffnete. Canazei, Cortina d'Ampezzo, Gröden – wenn das Zelt oder der Camper erst einmal standen, gab es kein Halten mehr. Als Achtjähriger stand Simone unter der fast lotrechten Westwand des Col Rosa, eines 2166 Meter hohen Bergs unweit von Cortina, der weniger wegen seiner Höhe als vielmehr wegen eines steilen Klettersteigs recht spannend ist. In der Schlüsselstelle hängt der Fels sogar leicht über, und es braucht schon eine Portion Kraft, sie zu überwinden. Als Simone Moro mit seinem Vater dorthin kam, war schnell klar, dass er noch zu klein war, um die Stelle am Stahlseil des Klettersteigs hinaufzukommen und dabei auch noch die Sicherungskarabiner umzuhängen. Doch der Knirps fackelte nicht lange. Er kletterte diese zehn anstrengenden Meter vollkommen frei und ungesichert hinauf und gelangte so strahlend und zufrieden auf den beeindruckend großen Gipfel.

Am Abend dieses Tages kaufte sein Vater in Cortina ein Seil. Er hatte genug von derlei Aufregungen. Zwei Tage später standen sie unter der Westwand der Tofana di Rozes. Simone Moro hatte das schwere Kletterseil bis zum Einstieg in den Lipella-Steig tragen dürfen, der sich 1500 Höhenmeter durch eine schattige und oft nasse Wand auf einen der schönsten Dolomitengipfel schlängelt. An diesem Abend vor dem Zelt auf dem Campingplatz flüsterte Simone seinem Vater begeistert ins Ohr: »Ich möchte Alpinist werden.« Das war die Stunde, in der ein Traum entstand, den Simone Moro fortan jeden Tag aufs Neue lebte: »Heute bin ich fünfundvierzig und will noch immer Bergsteiger werden, denn fertig bin ich noch lange nicht.«

Ich lernte Simone Moro im Basislager des Mount Everest kennen. Er lagerte im Frühjahr 2001 mit dem Kasachen Denis Urubko auf der Gletschermoräne, um eines der letzten ganz großen Probleme im Himalaja zu lösen – die Überschreitung des höchsten und des vierthöchsten Berges ohne Flaschensauerstoff. Diese direkte Verbindung der Gipfel von Everest und Lhotse haben viele Bergsteiger im Kopf, aber niemand hat sie bislang realisieren können. Am

21. Mai 2001 stiegen Moro und Urubko vom Lager II im Western Cwm bis in das Lager IV des Lhotse-Anstiegs auf und überwanden dabei 1600 anstrengende Höhenmeter in einem Zug. Hinter dem Lager III trennen sich die Routen von Everest und Lhotse. Die beiden benötigten acht Stunden für den langen Aufstieg und danach eine weitere Stunde, um ihr Hochlagerzelt aufzubauen. »Wir waren müde und schlüpften bald in die Schlafsäcke.« Da war es etwa 15 Uhr. In der Stille hörten Moro und Urubko auf einmal eher undeutlich Hilferufe. Ein paar Stunden zuvor hatten einige Bergsteiger den 8516 Meter hohen Gipfel des Lhotse erreicht, unter ihnen die polnische Bergsteigerin Anna Czerwinska, eine ehemalige Kletterpartnerin der verschollenen Wanda Rutkiewicz, ihr Landsmann Dariusz Zaluski und der erst 19 Jahre alte Tom Moores aus Großbritannien. Der hatte mit 18 die im Everest-Gebiet gelegene Ama Dablam bestiegen. Nun war er im Rahmen einer Expedition von Gary Pfisterer der jüngste Bergsteiger der Welt, der den Lhotse geschafft hatte. Im Abstieg jedoch war Moores unter dem Gipfel beim Queren einer der steilen Rinnen im oberen Teil der Lhotse-Flanke gestrauchelt, weil sich der weiche Schnee unter einem seiner Steigeisen »stollte«. Er fiel, kam ins Rutschen, rollte, überschlug sich und stürzte daraufhin teilweise mit dem Kopf voraus fast 500 Meter in die Tiefe. Schwer benommen blieb er liegen. Bei diesem Sturz hatte er Teile seiner Ausrüstung verloren, unter anderem seinen Pickel und auch eines seiner Steigeisen.

Etwa zur gleichen Zeit verließen Anna Czerwinska und ihren Sherpa Pasang im Abstieg mehr und mehr die Kräfte, denn ihnen war der Flaschensauerstoff ausgegangen. Als Erster erreichte schließlich Dariusz Zaluski müde und aufgewühlt das Zelt von Simone Moro und Denis Urubko und schlug Alarm. Moro hatte sich jedoch bereits aufgemacht, um herauszufinden, woher die Hilferufe kamen. Nun machte sich auch Urubko auf den Weg, um Anna Czerwinska zu helfen. Moro querte nach rechts hinaus in die Flanke, während Urubko die Originalroute an den Fixseilen hinaufstieg.

Im Lager IV waren an diesem Nachmittag auch spanische, neuseeländische und polnische Bergsteiger angekommen. Doch sie alle waren nicht dazu zu bewegen, ihre Zelte noch einmal zu verlassen, da sie entweder zu müde waren oder um ihre Gipfelchancen fürchteten. Moro musste vorsichtig sein, denn tief unter ihm stand das Lager III auf der Everest-Route. Dort lagerten rund vierzig Bergsteiger, und der Hang, den Moro aufwärts traversierte, war stark lawinenschwanger. Etwa eineinhalb Stunden später stieß Simone Moro auf Tom Moores.»Er lag unbequem zusammengerollt und regungslos im Schnee. Aber er lebte. Ich sprach ihn laut an: ›Hallo, ich bin Simone Moro. Ich will dir helfen. Ich war der Partner von Anatoli Boukreev, und ich will versuchen, dich zu retten, so wie er 1996 am Everest Menschen gerettet hat.‹ Das mit Anatoli sagte ich nur, damit er Vertrauen zu mir fassen konnte.«

Tom Moores antwortete nur noch mit schwacher Stimme: »Danke, aber du kannst mich unmöglich retten. Ich habe ein Steigeisen verloren und komme ohne nicht weiter. Bitte grüße meinen Vater und meine Mutter. Sag ihnen, dass ich sie liebe.« Dann sackte Moores, der in der Kälte bereits unterkühlt und erheblich geschwächt war, wieder zusammen. Moro packte ihn und setzte ihn auf.»Sag deinen Eltern das selbst. Und jetzt stehen wir auf. Ich werde dich hinunterbringen.« Doch um hinunter zu den Zelten zu gelangen, mussten die beiden zuvor ein gutes Stück aufsteigen, um eine markante Felszone in etwa 8100 Meter Höhe zu umgehen, die »Turtle« genannt wird. Das dauerte, und es war vor allem äußerst mühsam. Moro stieß ein Steigeisen in den harten Firn, dann stieg Moores mit dem Fuß, an dem er kein Steigeisen mehr hatte, auf Moros Schuh und zog das andere Bein nach, bis er mit dem noch vorhandenen Steigeisen wieder Halt fand.

In der Eile hatte Moro bei seinem Aufbruch vergessen, eine Stirnlampe einzupacken. In fast vollkommener Dunkelheit tasteten sich die beiden nun sehr langsam den Lhotse hinauf und traversierten schließlich hinaus zu den Fixseilen. Es war schon nach Mitternacht, als die beiden endlich das Lager erreichten. Zwanzig, dreißig Meter vor den Zelten kamen ihnen andere Bergsteiger entgegen. Sie übernahmen Moores, der fast leblos auf Moros Schultern hing, und brachten ihn die letzten Schritte hinüber. Dort legten sie ihn in das Zelt von Urubko und Moro.»Ich erschrak, weil Denis nicht da war. Die anderen sagten mir dann, dass er gegangen sei, um Anna zu retten.« Es dauerte noch einige

Zeit, bis auch Urubko mit der Polin zurück war. Ihr ging es bald besser, und auch dem Sherpa. Der Italiener und der Kasache steckten nun Tom Moores in den Schlafsack von Moro und massierten ihn abwechselnd die ganze Nacht, damit er warm wurde. Sie spritzten ihm Heparin, ein beim Höhenbergsteigen in Notfällen häufig verwendetes, gerinnungshemmendes Mittel. Das rettete dem Studenten wohl das Leben. Tom Moores überstand die Nacht am Lhotse wider Erwarten recht gut. Acht Sherpa halfen ihm am anderen Tag langsam den Berg hinunter. Vom Everest-Basislager wurde er nach Kathmandu und schließlich weiter nach Bangkok geflogen. Dort mussten ihm später drei erfrorene Zehen amputiert werden.

Simone Moro unternahm am 22. Mai einen zaghaften Versuch, den Lhotse-Gipfel zu erreichen. Schon nach fünfzig Metern gab er auf.»Ich war vollkommen entkräftet, ich wäre da nie raufgekommen. Außerdem machte ich mir Sorgen um Tom.« Er verzichtete auf den Gipfel und damit auf die angedachte Verbindung zwischen Lhotse und Everest. Stattdessen stieg er an der Seite von Moores und den Sherpa ab. Im Basislager organisierte er eine Spendensammlung, denn Moores war weder in der Lage, die Sherpa, die ihm hinuntergeholfen hatten, noch den Rettungsflug zu bezahlen. Moros Freund Denis Urubko erreichte indes den Gipfel des Lhotse, verzichtete aber auf den Versuch, sofort danach den Everest zu besteigen, weil er diesen Plan unbedingt mit seinem italienischen Partner realisieren wollte.

Wenn Simone Moro heute diese Geschichte erzählt, lässt er meist ein paar Details aus. Aus den Händen des damaligen italienischen Staatspräsidenten Carlo Ciampi erhielt er die Verdienstmedaille für Tapferkeit in Gold. Kofi Annan, damals noch Generalsekretär der Vereinten Nationen, verlieh ihm in Paris die von der UNESCO nur sehr selten vergebene Auszeichnung »Fair Play Pierre de Coubertin«. Und der American Alpine Club ehrte ihn für die Rettungsaktion mit dem »David A. Sowles Award«. Sein Hauptsponsor North Face, dessen Alpinistenteam Moro seit vielen Jahren angehört, erstattete ihm die 12 000 Euro, die er für das Permit am Everest gezahlt hatte. Spätestens seit diesen Tagen gehört der Italiener zu den bekanntesten und am meisten respektierten Extrembergsteigern der Welt. Tom Moores aber schickt

Simone Moro jedes Jahr am 21. Mai eine Karte aus seiner schottischen Heimat. Er bedankt sich immer wieder für eine Rettung, die er eigentlich gar nicht mehr wollte, weil er sie nicht für möglich hielt.

Als der achtjährige Simone im Sommer 1976 von der Tofana di Rozes herunterkam und beschloss, Alpinist zu werden, wollte er bald nicht mehr auf den Klettersteigen der Dolomiten an einem Drahtseil entlangsteigen. Er erkannte schnell, wo die großen Linien in den großen Wänden der Dolomiten verliefen. Albert Cosonni, ein Freund seines Vaters, übernahm die Rolle des alpinen Lehrers. Hände, Füße, Haken und Hammer – das Leben reduzierte sich fast darauf. Reibungskletterschuhe, wie sie in den 1970er-Jahren aufkamen, bekam Simone nicht. Cosonni bestand darauf, dass er ein Jahr lang sämtliche Routen mit schweren, zwiegenähten Bergstiefeln bewältigte –»damit ich begriff, wie Reinhold Messner, Chris Bonington und Walter Bonatti geklettert waren. Alle anderen Kinder hatten auch Magnesium für die Finger, ich nicht.« Doch eine bessere Lehrzeit war kaum vorstellbar, denn mit den alten klobigen Schuhen die»Kleine Micheluzzi«, die Abram-Kante oder die»Schubert-Route« in der Südwand des Piz Ciavazes am Sella-Stock zu klettern, war eine große Leistung.

Danach wurde Moro Sportkletterer,»aber mit einer starken alpinen Ader, denn ich ging weiter alpin klettern und auch in die Eisfälle«. Als 18-Jähriger setzte er sich mit einem Freund zu nachtschlafender Zeit in Bergamo auf seinen Motorroller und fuhr damit in die Sextener Dolomiten. Er lehnte die Knattermaschine, die ebenso laut war, wie sie stank, unweit der Auronzo-Hütte an einen Felsen, und die beiden stürmten unter die Nordwand der Großen Zinne. Dort durchstiegen sie die klassische Route von Emilio Comici, kletterten danach über die Südwand ab und fuhren noch in derselben Nacht wieder heim. 1987 wurde die italienische Sportkletternationalmannschaft gegründet, und Moro, nun zwanzig Jahre alt, wurde eines der ersten Mitglieder, später auch ihr Trainer. Er kletterte Wettbewerbe in Arco und Bardonecchia, fuhr in die französische Verdonschlucht, absolvierte in Turin bei der Alpini-Einheit seinen Militärdienst zwischen Gran Paradiso und Mont Blanc, und schließlich erhielt er 1992, völlig überraschend, von Agostino Da Polenza, einem 1955 ebenfalls in Bergamo geborenen Expeditionsleiter, eine Einladung zu einer Expedition an den Mount Everest.»Ich hatte bis dahin nur Berge in den Dolomiten und in den Westalpen bestiegen, aber keinen einzigen hohen Gipfel. Und jetzt durfte ich zum höchsten mitkommen.« Simone Moro schaffte es 1992 nicht auf den Everest, aber nach den langen Jahren als starker Sportkletterer – noch heute durchsteigt er Routen im Schwierigkeitsgrat 8b+ – entstand nun die Leidenschaft für das Höhenbergsteigen. 1996 wurde er Vollprofi, und bis 2012 war Moro auf insgesamt 46 Expeditionen unterwegs. 2003 schloss der staatlich geprüfte Bergführer in Bergamo sein Sportstudium mit einer viel beachteten Arbeit über das Höhenbergsteigen ab. Die Liste seiner Erfolge ist beeindruckend. Er bestieg neben zahllosen anderen Gipfeln viermal den Mount Everest (2000, 2002, 2006 und 2010) und zweimal die Shisha Pangma – 1996 allein und 2005 bei der ersten Winterbesteigung mit Piotr Morawski. 1999 lernte er den um sechs Jahre jüngeren Denis Urubko kennen, als beide, allerdings da noch auf getrennten Wegen, die fünf auf dem Gebiet der damaligen UdSSR liegenden Siebentausender-Gipfel Pik Lenin, Pik Korschenewskaja, Pik Kommunismus (heute: Ismoil Somoni), den Khan Tengri und den Pik Pobedy (heute: Dschengisch Tschoskusu) zu besteigen versuchten. Moro erreichte die ersten vier Gipfel binnen 33 Tagen, Urubko auch den fünften und innerhalb von 42 Tagen. Moro bestieg den fünften dann erst später in diesem Jahr. Beide erhielten schließlich für ihre Leistung den begehrten Schneeleopard-Orden der Sowjetunion.

Fortan waren Moro und Urubko fast immer gemeinsam unterwegs. 2002 bestiegen sie den Cho Oyu in etwas mehr als 13 Stunden und 2003 den Broad Peak in 24 Stunden. Im Winter 2003/04 eröffneten sie in der Südwand der Shisha Pangma die sehr schwere Route »Figueras«, verzichteten dann jedoch nur 270 Meter unter dem höchsten Punkt auf den Gipfelgang, weil es bereits 15.30 Uhr war und es im Winter im Himalaja um diese Zeit bereits dunkel zu werden beginnt. 2011 gelang ihnen die erste Winterbesteigung am Gasherbrum II.

Mit dem Mount Everest ist Simone Moro bis 2012 nie glücklich geworden. Insgesamt neun Expeditionen unternahm er zum höchsten Berg der Erde. Siebenmal versuchte er den Aufstieg, viermal erreichte er den Gipfel, und doch sagt er:»Ich habe den Mount Everest noch nicht bestiegen. Das ist nicht mein Alpinismus gewesen. Und meine Besteigungen waren nicht das Abenteuer, das ich gesucht habe.«

Das klingt kurios aus dem Mund eines Mannes, der zu den erfolgreichsten Höhenbergsteigern unserer Zeit gehört. Doch bei näherer Betrachtung wird rasch klar, was Moro meint. Und auch, wie sehr es ihn wurmt, dass er bei allen vier seiner Besteigungen immer kurzfristig zur Sauerstoffflasche und zur Atemmaske greifen musste.

1992, als er aufgeregt der Einladung von Agostino Da Polenza folgte, kam Moro bis auf 7400 Meter hinauf. 1997 plante er zusammen mit Anatoli Boukreev erstmals die Doppelbesteigung des Mount Everest und des Lhotse. Doch aufgrund der Witterungsbedingungen und der schwierigen Verhältnisse am Berg gelang ihnen da nur der Lhotse. 1998 versuchte es Moro dann vom tibetischen Norden her. Er gelangte bis auf 8200 Meter hinauf und musste dann wegen des Wetters umkehren.

Am 24. Mai 2000 und mit Denis Urubko an seiner Seite schaffte er es zum ersten Mal bis auf den Gipfel. Und das unter sehr beachtlichen Umständen. Die beiden erreichten den höchsten Punkt mit nur zwei Hochlagern. Allerdings mussten sie insgesamt fünf Tage im Südsattel verbringen. In der ersten Nacht hatten sie beide den Wecker nicht gehört und schlichtweg verschlafen:»Auch so etwas kann am Everest passieren.« In den Morgenstunden der zweiten Nacht halfen sie zwei Rumänen, ihr Leben in Sicherheit zu bringen. Nach der dritten Nacht saßen sie im schlechten Wetter am Südcol fest. Und in der vierten Zeltnacht fühlte sich Simone Moro so schlecht, dass Denis Urubko nach draußen ging und den Sherpa einer anderen Expeditionsgruppe regelrecht um eine Flasche Sauerstoff anflehen musste. Mit dieser Unterstützung für den Rest der Nacht und während des Aufstiegs kam Moro bis zum Südgipfel. Dann war die Flasche leer. Er riss sich die Maske vom Gesicht und stieg an diesem Tag in einer unglaublichen Energieleistung weiter bis zum höchsten Punkt. Normalerweise klappen Bergsteiger fast augenblicklich zusammen, wenn ihnen im Aufstieg der Flaschensauerstoff ausgeht. Moro aber kämpfte sich nach oben, jedoch verlor er während der fünf Tage in der Todeszone mehr als zehn Kilogramm Körpergewicht. 2002 kam Moro als Bergführer zum Everest. Von der tibetischen Nordseite gelangte er gemeinsam mit dem damals bereits 65 Jahre alten italienischen Alpinisten Mario Curnis am 20. Mai über den Nordgrat zum Gipfel. Weil es eine geführte Tour war, verwendete Moro sicherheitshalber Flaschensauerstoff, klangen ihm doch die Anschuldigungen gegen seinen verunglückten Freund Anatoli Boukreev noch deutlich in den Ohren. Vier Jahre später gelang dem Italiener eine der außergewöhnlichsten Aktionen am Mount Everest. Er akklimatisierte sich an der Südseite des Bergs und bestieg den Gipfel am 20. Mai 2006. In der Nacht zuvor hatte er am Südsattel eine nur noch halb volle Sauerstoffflasche gefunden. Eine Atemmaske und einen Regulator hatte er für den Notfall selbst dabei. Für drei Stunden schloss er die Flasche an und atmete einen Liter pro Minute. »Ich wusste, dass ich für das, was ich vorhatte, schon nachts starten und unwahrscheinlich schnell sein musste.« Neben seiner Ausrüstung befanden sich im Rucksack Moros 2500 US-Dollar in bar. Er bestieg den Gipfel aus dem Südsattel heraus nun ohne zusätzlichen Sauerstoff in rascher Zeit und wandte sich dann vom höchsten Punkt dem Nordgrat zu. Das hatte es bis dahin noch nie gegeben, weil sich das noch niemand getraut hatte.

Simone Moro machte sich in diesem Augenblick zur ersten Süd-Nord-Überschreitung des Mount Everest auf. Doch aus politischen Gründen und wegen des eklatanten Verstoßes gegen geltende Regeln und Vorschriften war das höchst riskant. Die ganz wenigen Freunde, die Moro eingeweiht hatte, hatten ihm alle dringend davon abgeraten. Zu Recht, wie sich wenige Stunden später herausstellen sollte. In einem fast schon halsbrecherischen Tempo stieg der Italiener über den Nordgrat ab und erreichte bereits nach viereinhalb Stunden das vorgeschobene Basislager in 6400 Meter Höhe oberhalb des Rongbuk-Gletschers. Unterwegs war ihm an diesem Tag niemand begegnet, außer im Lager I am Nordcol ein Sherpa. Bei den Zelten des vorgeschobenen Basislagers aber kam es dann zu der erwartet unangenehmen Entwicklung. »Ich hatte oft in China versucht, eine Genehmigung für eine Süd-Nord-Traverse zu erhalten. Aber es hieß immer: Simone, du bist uns herzlich willkommen und du bekommst in die andere Richtung sofort ein Permit; aber von Süden nach Norden ist es ein illegaler Grenzübertritt, das wird nicht gestattet und würde zu größten Komplikationen führen.« Als er sich nun bei einem der Verbindungsoffiziere meldete und gestand, wo er herkam, wurde die Sache sehr rasch sehr unangenehm. Nach einigen Telefonaten erfuhr Moro, was ihm nun blühen sollte. Im Eilverfahren und den Regeln der Tibet Mountaineering Association (TMA) entsprechend hatte man in Lhasa entschieden, dass Moro die doppelte Permit-Gebühr in Höhe von 50 000 US-Dollar zahlen müsse, für neun Jahre nicht nach Tibet einreisen dürfe und bis zur Zahlung des vollen Betrags in ein Gefängnis überstellt würde. Man brachte ihn bewacht nach Lhasa zu einer Polizeistation.

Was dort dann geschah, dürfte wohl auf ewig ein gut gehütetes Geheimnis von sehr wenigen Leuten bleiben. Und Simone Moro selbst verpflichtete sich,»nie die wahre, die ganze Geschichte dieser Expedition zu erzählen«. Ein paar Tage später jedenfalls durfte er nach Europa zurückfliegen. Von dort überwies er eine empfindlich hohe Geldstrafe nach China, und die Sache wurde als erledigt zu den Akten gelegt. Das Ganze war zwar gerade noch einmal gut ausgegangen, doch den Everest hatte Moro nun noch immer nicht ohne Flaschensauerstoff bestiegen.

2010 unternahm er einen erneuten Anlauf. Wieder hielt er ein Doppel-Permit in Händen.»Wie bei fast allen meinen Everest-Expeditionen hatte ich auch da wieder eine Genehmigung für den Lhotse. Die Traverse hat mich in den vergangenen zwanzig Jahren nie losgelassen.« Diesmal war die Logistik etwas komplizierter. Zwar befand sich auch wieder Denis Urubko in Moros Team, doch zunächst wollte Moro zwei seiner Kunden auf den Everest-Gipfel bringen und darüber hinaus auch der Südtirolerin Tamara Lunger mit Rat und Tat zur Seite stehen, die in diesem Frühjahr versuchen wollte, als jüngste Frau den Lhotse zu besteigen.

»Aber die Sache entwickelte sich anders, als ich es geplant hatte. Am Everest kommt selten etwas so, wie man denkt.« Schon im Basislager gab einer seiner beiden Kunden auf und im Lager III in der Lhotse-Flanke auch der zweite. Simone Moro selbst schlug sich mit einer hartnäckigen Halsentzündung herum und war obendrein bei der Bergung einer Leiche aus dem Western Cwm als Hubschrauberpilot beteiligt. Damals hatte er bereits begonnen, für Fishtail Air zu fliegen. So verstrich wertvolle Zeit, in der Denis Urubko vom Südsattel aus eine neue Route auf den Lhotse fand, anschließend ins Basislager abstieg und sich wie verabredet einer dort wartenden Trekkinggruppe anschloss. Danach unterstützte Moro auch noch Tamara Lunger, bis sie freudestrahlend und erst 23 Jahre alt den Gipfel des Lhotse erreichte. Doch auf einmal stand Moro zum Ende der Saison allein da. Er packte schließlich einen Rucksack und erledigte das Thema Mount Everest in diesem Frühjahr binnen 48 Stunden vom Basislager auf den Gipfel und wieder zurück. Dass er dabei abermals Flaschensauerstoff verwendete, der von seiner Expeditionsgruppe noch im Südsattel lag, schmerzte ihn selbst am meisten, denn er hatte zuvor in den Medien angekündigt, es diesmal unbedingt ohne schaffen zu wollen. »Ich hatte kalte Füße, und meine Zehen wurden blau. Da bekam ich wirklich Angst vor Erfrierungen und nahm die Flasche.«

Am 22. Mai 2010 erreichte er als letzter Bergsteiger während des Vormonsuns von der Südseite her den höchsten Punkt. Auf dem Gipfel hatte er die gleichen Empfindungen wie schon dreimal zuvor: »Ich fühlte mich ganz klein, nicht als Macho und nicht als Held. Ich war nur ein winziger Punkt an diesem großen Berg, der mit einer großen Motivation doch noch dorthin gekommen war.« Zufrieden aber war er natürlich wieder nicht. »Ich glaube, ich werde erst Ruhe geben, wenn ich endlich ohne Flasche oben war. Erst dann gilt der Everest als von mir bestiegen.« Kritiker, die sich hinterher die Mäuler zerrissen, interessierten Moro indes wenig: »Ich hätte oft die Möglichkeit gehabt, zu lügen und die Nutzung von zusätzlichem Sauerstoff zu verschweigen. Das habe ich aber nicht getan. Und ich habe nie eine eigene Flasche dabeigehabt, um sie gezielt zu verwenden. Ich habe den Sauerstoff immer gefunden oder danach gefragt, weil ich nicht mehr konnte.«

Neunundfünfzig Jahre nach der Erstbesteigung des Mount Everest wurde Simone Moro 2012 dann Augenzeuge, wie jene viel zitierte endlose Menschenschlange mit 300 Bergsteigern über die Lhotse-Flanke den Berg hinaufkroch. Er wurde sogar Teil des Ganzen, ehe er in 7500 Meter Höhe umkehrte. Weil er genug hatte, weil er das alles als viel zu gefährlich erachtete und weil andere Bergsteiger ihn nicht einmal mehr – wie geschildert – an das Fixseil zurücklassen wollten. Obwohl er maßlos enttäuscht war und entsetzt von diesem Treiben am höchsten Berg, blieb er dennoch seinem alten Grundsatz treu:»Ein Achttausender, selbst der Mount Everest, ist ein Berg wie jeder andere auch, wenn man irgendwie die Möglichkeit dazu hat, muss man versuchen zu helfen, wenn jemand in Not gerät.« Was er in der Situation leistete, ist im Teil I dieses Buches im Kapitel»Wahnsinn ohne Sinn« dargestellt. Insgesamt flog er in dieser grauenvollen Frühjahrssaison zwölf Mal zu Rettungs- und Bergungsflügen hinauf in die Flanken des Everest. Dass er dabei immer wieder aufs Neue sein Leben aufs Spiel setzte, war ihm ebenso wenig wichtig wie der Gipfel des Everest:»Mein wichtigster Gipfel ist längst meine Wohnungstür, und wohl ist mir, wenn ich sie gesund hinter mir schließen kann.« Simone Moro lebt inzwischen mit seiner Frau, der Alpinistin Barbara Zwerger, seiner Tochter Martina und Sohn Jonas in Bozen.

Natürlich stand Ende Mai 2012 fest, dass er zum Everest zurückkehren würde.»Dieser Berg bleibt auch weiterhin mein größtes Abenteuer. So lange, bis ich endlich auf dem Gipfel gewesen bin – so wie ich mir das für mich vorstelle.« Ich fragte ihn im Herbst 2012, warum er in dem Jahr so entsetzt gewesen sei, obwohl er doch selbst wieder einmal Teil dieser Maschinerie am Everest gewesen sei. Simone Moro überlegte einen kurzen Augenblick und sagte dann:»Wenn man versucht, den Mount Everest ohne Flaschensauerstoff zu besteigen, wird man von den anderen Bergsteigern im Basislager und unterwegs auf der Route wie ein Verrückter, fast wie ein Feind angesehen. Man wird deswegen als gefährlich eingestuft. Ich glaube inzwischen fest, dass für die Klienten großer kommerzieller Expeditionen nicht der Mount Everest die Gefahr ist. Viel gefährlicher ist die Angst, plötzlich keinen Flaschensauerstoff mehr zu haben.«

Ein wichtiger Wendepunkt, vielleicht der wichtigste überhaupt in der Entwicklung des Bergsteigens am höchsten Berg der Erde, sei in seinen Augen die Katastrophe von 1996 gewesen.»Bis dahin glaubten die meisten Menschen, der Everest sei gefährlich.

Heute denken sie, der Everest ist zwar hoch und anstrengend, aber nicht gefährlich. Die Tragödie von 1996 hatte also eine gegenteilige, nicht sehr abschreckende Wirkung, so paradox das klingen mag.«Er erzählte mir, 2012 seien vom Basislager bis zum Gipfel insgesamt zwölf Kilometer Fixseil verlegt worden, so viel wie noch nie zuvor:»In der Lhotse-Flanke wurden sogar zwei Seile installiert, eines für den Aufstieg, eines für den Abstieg. Da ging es schlimmer zu als auf einer Via Ferrata in den Alpen. Der Everest wurde so präpariert, dass dort eigentlich jeder hinaufkommen konnte, der in der Lage war, auch den Mont Blanc zu besteigen. Doch am Hillary Step haben Bergsteiger weit über drei Stunden anstehen müssen, um entweder hinauf- oder wieder herunterzukommen. Der Berg ist offenbar nicht mehr das große Problem, es ist allein der Mensch.« An jenem Tag Mitte Mai, als sich am Everest der Megastau zu bilden begann, seien die Aspiranten zwei Schritte aufgestiegen und hätten dann eine Minute gerastet,»das hat doch mit Bergsteigen nichts mehr zu tun«.

Es sei unmöglich, am Everest im Sinne einer Beruhigung Regeln aufzustellen.»Wie soll denn das funktionieren, bei so einer Regierung?« Nepal sei gierig geworden und vollkommen maßlos. Ginge es nach ihm, würde er das Treiben an der Südseite sofort auf zehn Expeditionsgruppen und nicht mehr als hundert Bergsteiger reduzieren. Doch er befürchtet eher eine Verschlimmerung, denn weil nun zum wiederholten Mal der Zugang nach Tibet gesperrt sei und ganze Expeditionen geplatzt seien, stehe zu erwarten, dass in den kommenden Jahren der Run auf die Südseite des Everest, aber auch auf den Manaslu, der als Ersatz für die in Tibet gelegene Shisha Pangma und den Nordanstieg zum Cho Oyu herhalten müsse, sogar noch deutlich ansteigen werde. »Überlaufen aber ist der Everest ausschließlich auf zwei von insgesamt sechzehn Routen und nur während eines knappen Monats im Jahr.«

2011 wurde Simone Moro in Stockholm von der National Geographic Society als »Adventurer of the Year« ausgezeichnet – für seine Winterbesteigung des Gasherbrum II, eines »nur« 8035 Meter hohen Achttausenders im Karakorum. Die Expedition, zusammen mit Denis Urubko und Cory Richards, war ein einziges

445

Abenteuer. Es gab damals wegen der Schneemassen rund um den Concordiaplatz keine andere Möglichkeit, das Basislager zu erreichen, als mit einem Hubschrauber. Die drei erlebten Temperaturen von mehr als fünfzig Grad unter null, und beim Abstieg wurden sie von den Ausläufern einer Eislawine verschüttet. Simone Moro gelang es, sich selbstständig zu befreien. Dann grub er Urubko und Richards mit den bloßen Händen aus. Die drei waren wegen des knappen Ausgangs heftig erschrocken. Doch im Nachhinein betrachteten sie selbst diesen letzten Akt ihres Unternehmens als Teil des Abenteuers. »Ich habe gelernt, dass Träume nichts für einen kleinen Moment sind, dass aber jeder kleine Moment zu einem großen Traum werden kann.« Und dass es nicht unbedingt immer der Mount Everest sein muss...

Fünfzehn Fragen an
...SIMONE MORO

»Es ist unmöglich, diesen Simone Moro mit einer negativen Einstellung zu treffen«

Was sind im Wesentlichen die Unterschiede zwischen Bergsteigen und Höhenbergsteigen?
Im Herzen und in der Leidenschaft, das eine oder das andere zu tun, gibt es keinen Unterschied. Vielleicht suchen und brauchen Höhenbergsteiger noch mehr das Abenteuer, eine noch größere Herausforderung. Ein entscheidender Unterschied aber ist, dass man in den Alpen nie wirklich allein ist. Wenn man dort in Not gerät, nimmt man sein Telefon und ruft Hilfe.

Beim Höhenbergsteigen darf man niemals glauben, dass man sicher ist oder dass jemand zur Rettung kommt, wenn man nicht mehr sicher ist. Am Mount Everest ist man immer allein – auch wenn man mit 200 anderen Bergsteigern zugleich aufsteigt, man ist allein.

Wie wird man Höhenbergsteiger?
Für mich war es das Glück, eine Einladung zu einer Expedition zu erhalten, die mich gleich beim allerersten Mal zum Mount Everest geführt hat. Aber auch wenn ich 1992 diese Einladung nicht bekommen hätte, wäre ich zwei, drei Jahre später so weit gewesen und hätte eine andere Möglichkeit gefunden, zu den ganz hohen Gipfeln zu gehen.

Welche Vorstellungen vom Höhenbergsteigen hattest du, bevor du den ersten Achttausender bestiegen hast?
Für mich war diese Vorstellung immer mit Faszination verbunden. Meine Mutter hat später, als ich längst das erste Mal auf dem Everest gewesen bin, immer wieder erzählt, dass ich schon mit zwölf Jahren die Wände meines Zimmers mit Zeitungsbildern von Reinhold Messner tapeziert habe. Es war alles voll davon. Sie erinnert sich, dass ich nie nur ein Alpen-Alpinist, sondern noch viel mehr ein Höhenbergsteiger sein wollte. Und selbst als ich ein recht guter Sportkletterer wurde, wollte ich immer noch unbedingt Höhenbergsteiger werden, obwohl ich da schon wusste, dass dies weit unbequemer werden würde. Es war zuerst nur ein Traum. Das war noch nicht gefährlich, aber es war Motivation und gab mir Energie. Wenn ich heute auf eine Expedition gehe, weiß ich inzwischen, dass es gefährlich ist. Ich weiß aber auch, dass ich jederzeit umkehren kann. An der Annapurna bin ich einmal 91 Meter unter dem Gipfel umgedreht und wieder abgestiegen, weil ich fürchtete, ich könnte mir Erfrierungen an meinen sehr kalten Füßen zuziehen. Und ich war außerdem schon früh davon überzeugt, dass ich immer noch mehr trainieren muss, weil der Weg auf einen Achttausender so weit ist und es so viele Möglichkeiten gibt, die einen unterwegs aufhalten und Kraft kosten können.

Haben Höhenbergsteiger ganz bestimmte charakterliche Merkmale?
Ein Höhenbergsteiger muss ein Mensch sein, der das Wort Panik nicht kennt. Wer an einem Achttausender in einer bestimmten Situation panisch wird, stirbt. Und man muss ein enormes Selbstbewusstsein haben, vieles muss mental möglich sein, ohne sich überhaupt physisch anzustrengen. Man ist immer allein, und das wird irgendwann zu einen psychologischen Spiel mit sich selbst. Erst danach kommen die Muskeln, die Kenntnis der Route. Und bei einer Winterbesteigung zählt alles zehnmal mehr, denn alles ist zehnmal schwieriger. Ganz allein im Winter im Basislager des Gasherbrum II zu sitzen ist eine reine Kopfsache. Das muss man aushalten können. Wenn nicht, scheitert man schon am Fuß des Berges.

Was muss ein Höhenbergsteiger mitbringen, um einen Achttausender zu besteigen?
Spontan wird wohl manch einer sagen: Er muss Geld haben. Aber wenn man die Historie an den Achttausendern liest, stößt man schnell auf die großen polnischen Bergsteiger in den Anfängen. Jerzy Kukuczka oder Krzysztof Wielicki zum Beispiel. Kein Pole hatte Geld, sie waren arm und hatten eine schlechte Ausrüstung, aber sie waren überall an den Achttausendern. Und sie haben Geschichte geschrieben, ganz große Geschichte. Weil sie eine große Motivation hatten. Nein, Geld ist nicht alles. Man muss vor allem ein Ausdauerathlet sein. Eine gute Klettertechnik und der geschulte Umgang mit dem Material allein genügen noch lange nicht. Motivation, Ausdauer und die Fähigkeit, einen Meter unter dem Gipfel anhalten und umkehren zu können. Mit blinder Ambition kommt man nicht auf den höchsten Punkt. Man muss die Gefahr wittern lernen und daraus eine intelligente Ambition entwickeln. Ich habe so viele Freunde verloren, die immer nur über ihren möglichen Erfolg nachgedacht haben, aber nie darüber, dass sie auch scheitern dürfen. Zu viel und falscher Ehrgeiz ist in unserer Zeit gefährlicher als eine Lawine, denn Lawinen sind seltener. Fünfundneunzig Prozent der Toten am Everest sind nicht durch Lawinen, Steinschlag oder im Sturm ums Leben gekommen, sondern nur deswegen, weil sie einfach nicht aufgeben wollten.

Ist der Mount Everest ein besonderer Berg?
Ja. Er ist nicht der schönste, aber er ist der höchste Berg. Für mich war es der erste Achttausender, aber ich habe vom Everest gelernt, was mir beim Höhenbergsteigen nicht gefällt. Ich habe von der falschen Methode, eine Expedition durchzuführen, lernen müssen, wie es später für mich richtig sein wird. Der Everest kann der Startpunkt, aber auch gleichzeitig der Endpunkt für einen Höhenbergsteiger sein. Für 90 Prozent derer, die den Everest 2012 bestiegen haben, wird der Mount Everest der erste und auch der letzte Achttausender sein. Ich glaube, die meisten, die da im Basislager waren, kannten nicht einmal die Namen aller anderen Achttausender. Die wollten nur auf den Everest, der Kangchendzönga, der K2 oder der Manaslu haben für sie keinerlei Be-

deutung. Das macht zwar nicht den Mount Everest besonders, aber die Menschen, die in seinen Flanken unterwegs sind. Schade eigentlich. Der Everest ist ihr Traum – wie der Gewinn der Millionen-Euro-Chance. Das ist nicht Alpinismus, das ist nichts weiter als ein Geschenk – wie eine teuere goldene Uhr. Nur ein bisschen schwerer erkämpft.

Warum wolltest du den Everest besteigen?
Weil ich eine Idee hatte. Ich wollte ohne Flaschensauerstoff dort hinauf. Das will ich noch immer. Ich habe trotz vier Besteigungen nicht das Gefühl, als wäre ich schon wirklich oben gewesen. Ich habe auch nach wie vor den Traum in mir, die Traverse Everest– Lhotse zu gehen. Diese Route gibt es, alle wissen das, viele kennen dieses Projekt, aber keiner macht es. Ich will das versuchen. Und natürlich ist der Everest nach wie vor ein reizvoller Berg, trotz der Massen auf den beiden Hauptrouten. Es gibt eine offene Route, ein Grat in der Ostwand, die »Fantasy Ridge«, ganz logisch, ganz klar. Und es gäbe auch eine mögliche Route in der Südwestwand. Ich wollte den Everest nicht nur schon immer besteigen, ich will es noch immer. Dieser Berg ist nach wie vor mein Traum.

Wie ist es zu erklären, dass Höhenbergsteigen innerhalb weniger Jahre so populär wurde?
Weil viele Personen glauben, es sei nicht schwer, das Höhenbergsteigen. Vor zwanzig Jahren dachten die meisten noch, es sei schwer und gefährlich. Heute wissen die Aspiranten, die zum Everest kommen, dass es gefährlich werden kann, aber sie glauben mehr, dass es extrem ist. So wie der Berg heute von den Sherpa mit einer voll funktionsfähigen Lagerkette, mit zwölf Kilometer Fixseil vom Basislager bis zum Gipfel und mit Sauerstoff ab Lager II bis oben präpariert wird, ist die Comici-Route in der Nordwand der Großen Zinne sicherlich sehr viel schwerer, denn dort heben die meisten gar nicht vom Boden ab. Die heutige Ansicht über den Mount Everest lautet: teuer, aber nicht sehr schwer. Solange das so bleibt, wird die Popularität in den kommenden Jahren sogar noch steigen. Aber die Popularität eröffnet noch keine neuen Wege. Wenn Reinhold Messner nicht am 17. September 1944 geboren wäre, sondern am 17. September 2012, würde

er wieder der absolute Ausnahmebergsteiger Reinhold Messner werden, der neue Wege beschreitet. Und der etwas daraus macht, mit dem er sich immer neue Träume erfüllen kann. Er hat schneller als alle anderen gelernt, dass der Gipfel nur 30 Prozent für einen Profibergsteiger sind. Der Rest sind Bücher, Vorträge, Interviews, Erklärungen, warum man das tut, was man tut, und die Sponsorensuche. Jede einzelne Besteigung nach der Erstbesteigung hat dem Everest mehr von seiner Unnahbarkeit genommen – bis hin zur Respektlosigkeit.

Hast du beim Höhenbergsteigen bestimmte, stetig wiederkehrende Abläufe – etwa im Sinne von Ritualen?
Nein, überhaupt nicht. Ich trage einen echten Xi-Stein um den Hals. Ist das ein Ritual? Ich bin überhaupt nicht abergläubisch. Ich habe sogar sämtliche Steigeisen und Pickel, alle Schlafsäcke und Zelte meiner insgesamt 46 Expeditionen verschenkt. Ich könnte nicht einmal ein Museum eröffnen.

Wenn du die Wahl hättest, welchen Achttausender würdest du noch einmal besteigen wollen?
Den Mount Everest. Um mir endlich meinen Traum ohne Flaschensauerstoff zu erfüllen. Ich möchte ihn so gern leben. Ich würde auch noch einmal auf den Lhotse steigen, aber auf einer anderen Route. Für mich endet ein Berg nicht am Gipfel. Eigentlich würde mir jeder Achttausender noch einmal gefallen, an dem ich schon gewesen bin. Mit einem anderen Projekt natürlich. Ich war noch nicht auf dem Nanga Parbat. Das wäre im Winter eine große Herausforderung. Oder die Annapurna. Vom Annapurna Fang aus und dann über den Grat zum Hauptgipfel. Ich würde gern die Route abschließen, die ich mit Anatoli Boukreev begonnen habe und in der er von einer Lawine mitgerissen wurde. Der Kangchendzönga ist ein wirklicher Riese. Ich glaube, er ist fast schwerer als der K2. Der K2 ist beim Aufstieg extrem steil und schwer, aber man kommt von ihm viel schneller herunter als vom Kangchendzönga mit seinen zwei großen Balkonen.

Was empfindest du, wenn du vom Gipfel eines Achttausenders zurückkehrst?

Ich freue mich, dann kann ich zu meiner Familie zurück. Ob ich den Gipfel erreicht habe oder nicht, ist egal. Ich bin immer positiv. Es ist unmöglich, Simone Moro negativ zu treffen. Ich kann auch ohne Gipfel glücklich sein. Und wenn ich ganz oben angekommen bin, dann hält auch das Glück nur ganz kurz an. Der Rest ist Freude an dem, was ich tue. Es ist kein Platz zum Enttäuschtsein in mir, weil ich weiß, dass ich weitergehen werde, wenn ich zurückkomme. Und natürlich will ich immer mit meinen zehn Fingern und meinen zehn Zehen zurückkommen. Schau, ich habe noch alles dran. Auch nach elf Winterexpeditionen und nach minus 52 Grad am Gasherbrum. Ich komme zurück und habe gleich die Energie, ein neues Projekt zu starten. Das muss nicht unbedingt Alpinismus sein. Das kann auch ein Urlaub mit der Familie sein, eine Aktion mit dem Hubschrauber, ein Trainingsprogramm, eine Sportkletterroute und danach auch wieder ein neuer Berg.

Was ist das schönste Gefühl beim Höhenbergsteigen?
Die Stille. Ich kann mich selbst hören. Ich höre mein Innerstes. Wenn ich jetzt hier sitze, höre ich den Fluss, der durch Bozen fließt, meinen Bruder im anderen Raum, ein Auto oder das Geklapper von Geschirr. Beim Höhersteigen auf einen sieben- oder achttausend Meter hohen Berg höre ich stundenlang immer nur mich. Das ist ein großes Geschenk. Und nein, um das gleich zu beantworten, es macht mir überhaupt keine Angst.

Was sagt man Menschen, die Bergsteigen für eine schwachsinnige Angelegenheit halten?
Menschen sagen das doch nur, weil wir Bergsteiger niemals richtig erklärt haben, warum wir das eigentlich tun. Nichtbergsteiger denken, wir klettern, steigen oder wandern irgendwo hinauf und finden oben nichts. Sie glauben, wir zahlen viel Geld für einen Achttausender, und der Berg gibt uns nichts. Sie denken, es ist gefährlich, es gibt nichts dafür, es ist kalt, es ist einsam, es ist erdrückend. Daher die Schlussfolgerung: Wir, die wir das tun, sind verrückt. Aber wenn ich erkläre, dass ich hinaufgehe, um mich selbst zu finden und dem Glück zu begegnen, dass ich vollkommen glücklich von oben zurückkomme, dann verstehen sie es

manchmal. Wenn du zu meinem Vortrag kommst, dann wirst du mich nicht sagen hören, dass es extrem ist, was ich mache, dass es um Rekorde geht und um Heldengeschichten. Ich versuche meinen Zuhörern zu erklären, dass ich immer wieder neu auf der Suche bin nach meinem persönlichen Glück und nach dem Gefühl des Glücklichseins. Wenn sie verstehen, dass ich das auch finde, verstehen sie auch, warum ich auf Berge steige. Auf einmal bin ich dann nicht mehr verrückt in ihren Augen, sondern ein glücklicher Mensch.

Was würdest du antworten, wenn dein Sohn oder deine Tochter vor dir steht und sagt: »Ich möchte gern auf den Mount Everest steigen«?
»Ich helfe dir.« Das wäre meine Antwort: »Ich helfe dir.« Meine Tochter Martina ist 13 Jahre alt, mein Sohn Jonas ist zweieinhalb. Wenn sie alt genug sind, um einigermaßen zu begreifen, was auf sie zukommt, würde ich sagen: »Ich helfe dir zu verstehen, was der Everest ist und wie man mit großer Sicherheit dort klettern geht.« Aber das würde ich auch sagen, wenn meine Kinder zu mir kämen und Astronaut auf dem Mars werden wollen oder Arzt oder Leichtathlet. Ich möchte meinen Kindern helfen, sich ihre Träume zu erfüllen, so wie einst mein Vater mir geholfen hat. Ich weiß, wie wichtig das war.

Was zeigt dein schönstes Foto vom Mount Everest?
Es ist eine Fotografie in der Nähe des Gipfels. Man sieht den Everest-Grat unter mir, weiter draußen den Lhotse und dahinter den Makalu. Mit diesen Bergen sind drei Etagen meines vertikalen Lebens zugleich zu sehen. Ich habe den Makalu im Winter bestiegen und den Lhotse mit einem neuen Projekt geklettert. Und den Everest will ich mit dem Lhotse verbinden. Es ist noch ganz früh am Morgen fotografiert. Man sieht die Krümmung der Erde, man sieht Dunkelheit und Helligkeit, die schwindende Nacht und den neuen Tag. Dieses Foto ist wie Leben und Tod auf der Erde und in den Bergen, wo der Mensch nur ein Protagonist ist.

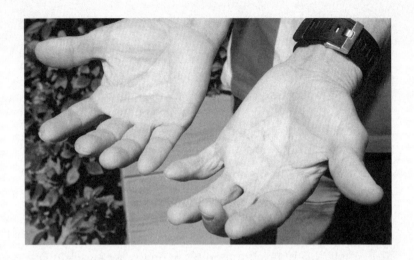

Das Gespräch mit Simone Moro wurde am 18. September 2012 in seiner Wohnung in Bozen geführt, in der er mit seiner Frau, der Südtiroler Alpinistin und Sportkletterin Barbara Zwerger, und den zwei gemeinsamen Kindern lebt.

»Aber ich habe überlebt«

Norbert Joos, 2008

Das Foramen ovale verbindet vor der Geburt wie eine sich öffnende und schließende Tür die beiden Herzvorhöfe miteinander und ermöglicht den Blutfluss zwischen dem Lungen- und dem Körperkreislauf eines noch ungeborenen Kindes. Diese Verbindung verschließt sich normalerweise nach den ersten Lebenswochen vollständig. Bei etwa knapp einem Viertel aller Menschen jedoch bleibt das Foramen ovale geöffnet. Die meisten beeinträchtigt das nicht oder nur fast unmerklich. Dem Schweizer Extrem- und Höhenbergsteiger Norbert Joos aber wäre dieser Umstand fast zum Verhängnis geworden. Am 14. Mai 2006 bestieg er den 8586 Meter hohen Kangchendzönga im Osten Nepals, den dritthöchsten Berg der Erde. Ein Jahr zuvor war Norbert Joos in der Südostflanke des »Kantsch« in einer Höhe von 7600 Meter umgekehrt, und auch 2006 waren die Verhältnisse nicht die besten. Im Basislager dieses einsamen Berges campierte in diesem Frühjahr neben der Expedition des Schweizers noch eine weitere Gruppe. Sie wurde angeführt von der österreichischen Ausnahmealpinistin Gerlinde Kaltenbrunner und ihrem Mann Ralf Dujmovits. Kaltenbrunner befand sich auf dem Weg zu ihrem neunten Achttausender, Dujmovits wollte seinen elften besteigen. Gemeinsam mit Norbert Joos hatten die beiden den überwiegenden Teil einer sehr anstrengenden Spurarbeit geleistet, bevor sie am 14. Mai 2006 den Gipfel erreichten. Im Lauf der Mittagsstunden dieses Tages gelangten insgesamt neun Bergsteiger der beiden Gruppen zum höchsten Punkt: Norbert Joos, seine Landsleute Markus Gujan und Christian Zinsli mit dem Sherpa Pemba Rinjin, Ralf Dujmovits und Gerlinde Kaltenbrunner, der Schwede Veikka Gustafsson, der Australier Andrew Lock und der Japaner Hirotaka Takeuchi. Zusammen waren sie ein starkes Team an einem der schwierigsten Achttausender.

Nach dem Abstieg ins Basislager saß Norbert Joos, der Expeditionsleiter seines Teams, am Nachmittag des nächsten Tages auf einem wackligen Campingstuhl und schrieb seine Gipfelerlebnisse in ein kleines Tagebuch. Er war zufrieden, denn der Kangchendzönga war sein dreizehnter Achttausender. Damit gehörte er zu den besten Höhenbergsteigern der Welt, und auf der langen Liste war nun einzig der Mount Everest noch offen. Joos schrieb damals:»Es ist der 17. Mai, und ich versuche in Gedanken unsere Besteigung nachzuvollziehen. Ich höre gerade die Melodien von Jon Bon Jovi. Ich bin völlig kaputt. Jetzt, zwei Tage nach unserer Rückkehr vom Gipfel des Kantsch, fühle ich mich noch wie eine ausgetrunkene Whiskyflasche. Aber das spielt keine Rolle mehr. Ich habe meinen entscheidenden Erfolg erleben und überleben können und bin trotz meiner Müdigkeit der glücklichste Mensch auf dieser Welt, zumindest in meiner kleinen, für mich wichtigsten Welt, zusammen mit meinen engsten Kollegen.« Dann klappte er das Büchlein zu.

Gegen 17 Uhr zog sich Joos noch einmal kurz in das enge Toilettenzelt zurück. Als er, den die Bergsteigerszene auf der ganzen Welt nur kurz»Noppa« nennt, zum Zelt zurückkam und den Reißverschluss hochziehen wollte, um durch die schmale Öffnung ins Innere zu kriechen, brach er zusammen. Seine Freunde fanden ihn kurz darauf bewusstlos vor dem Zelt liegen. Erst mitten in der Nacht kam Joos wieder zu sich. Niemand vermochte zu sagen, ob er so lange bewusstlos gewesen oder nach kurzer Bewusstlosigkeit in einen tiefen Schlaf gefallen war. Im Basislager herrschte längst helle Aufregung. Die Schweizer setzten sich telefonisch mit dem in Vorarlberg geborenen und in der Schweiz lebenden Höhenmediziner Dr. Oswald Oelz, mit dem Chefchirurgen des Klinikums Chur und mit Dr. Hanspeter Pircher in Verbindung, der Joos 1993 zum Hidden Peak begleitet hatte. Doch die Ferndiagnose blieb natürlich vage.

Mitten in der Nacht wurde Norbert Joos plötzlich wach. Er stand mühsam auf und torkelte wie ein Betrunkener zum Toilettenzelt. Danach kroch er sofort wieder in den Schlafsack und fiel aufs Neue in tiefen Schlaf.»Am Morgen, es muss etwa fünf Uhr gewesen sein, haben mich die Kollegen geweckt. Sie sagten: ›Noppa, du musst aufstehen, der Hubschrauber kommt.‹ Erst da stellte ich fest, dass ich weg gewesen war, dass mir Stunden in meiner Erinnerung fehlten. Doch ich fühlte mich nicht wirklich schlecht.« Außer dass er sich an nichts mehr aus den vergangenen Stunden erinnern konnte, hatte er deutlich erkennbare Sprachstörungen. Seine Freunde mussten ihn überreden, in den Helikopter zu steigen, denn Joos war wild entschlossen, mit den anderen zu Fuß zu gehen. Er wurde nach Kathmandu ins Krankenhaus geflogen. Aber auch dort waren sich die Ärzte unschlüssig. Schließlich flog Joos zurück in die Schweiz und begab sich in Zürich umgehend ins Stadtspital Triemli zum Chefarzt Dr. Oelz, der 1978 selbst den Everest bestiegen hatte. Der wagte als Erster eine Diagnose. Bei Norbert Joos hatte sich das Foramen ovale nicht geschlossen. Durch die Anstrengungen am Kangchendzönga war nun wahrscheinlich genau dort ein Blutgerinnsel entstanden, das sich an jenem Nachmittag löste und einen Schlaganfall verursachte. Ein Herzchirurg schloss das Foramen ovale, und es dauerte fast eineinhalb Jahre, bis Norbert Joos wieder Schreiben und Rechnen sowie das Alphabet aufsagen konnte. Ganz geringe Teile seiner Erinnerung blieben dauerhaft ausgelöscht. »Aber ich hatte Glück, dass es so ausgegangen ist.«

Zwei Jahre später, im Frühjahr 2008, stand Norbert Joos unter dem Mount Everest. Schon mehrmals hatte er versucht, den höchsten Berg der Welt zu besteigen. Und diesmal kam noch als zusätzlicher Anreiz hinzu, dass ein Erfolg die Sammlung aller vierzehn Achttausender komplettiert hätte. »Ich wollte es einfach wissen, ob ich in der Lage bin, den Everest ohne Flaschensauerstoff zu besteigen. Als ich zurückkehrte, hatte ich eine Antwort auf diese Frage.«

Norbert Joos kam am 6. September 1960 in Chur im Schweizer Kanton Graubünden zur Welt. Chur liegt am Rhein und ist die älteste Stadt der Schweiz. Der Vater arbeitete bei der Post, die Mutter war Hausfrau und Norbert Joos das dritte von sechs Kindern. An den Wochenenden fuhr die Familie hinauf nach Vals. Von dort stammte der Vater, und auch Norbert Joos unternahm da seine ersten Schritte in die Berge. Oberhalb von Vals liegen der

Zervreilahorn-Stausee und der gleichnamige Berg, schlank wie ein Obelisk und wunderschön, der als Eyecatcher auf Millionen von Mineralwasserflaschen abgebildet ist.»Das ist das wahre Matterhorn der Schweiz«, lacht Norbert Joos an einem sonnigen, aber windigen Tag im Büro seines Bergsport-Fachgeschäfts in Chur,»die Walliser haben das Matterhorn ja in Wirklichkeit bei uns gestohlen.« Das Zervreilahorn bestieg er zusammen mit seinem Vater zum ersten Mal, als er acht war. An der Nordostkante ist das in der letzten Seillänge eine Kletterei im Schwierigkeitsgrad 5+. Als er auf dem Gipfel des Matterhorns ankam und hoch über den Dächern von Zermatt stand, war er kaum zwölf Jahre alt.

Die Primar- und die Sekundarstufe der Schule absolvierte er ohne Probleme, doch lieber tobte er in den Wäldern und in den Bergen rund um Chur oder hoch droben in Vals herum. Er wurde Forstwart und später Förster. Nur sechs Tage vor seinem 20. Geburtstag kam er von einer Bergtour in Frankreich zurück. Als letzte der drei großen, klassischen Nordwände, nach der Matterhorn- und der Eiger-Nordwand, hatte er nun auch die Grandes-Jorasses-Nordwand an ihrem Walkerpfeiler durchstiegen. Ein Jahr später überreichte ihm der Leiter der Schweizer Bergführer-Ausbilder das Bergführer-Diplom.

Alpines Klettern, Sportklettern, Skitouren, Eisklettern – der Alpinist Norbert Joos war aus den Kinderschuhen seiner Bergsteigerei längst herausgewachsen. Er war schon zu dieser Zeit in den Westalpen genauso daheim wie in den Dolomiten. Mit 21 Jahren kletterte er schließlich die Route des großen Riccardo Cassin am Mount McKinley.»Das war der Beginn des Höhenbergsteigens für mich.« Nur ein Jahr später erhielt er von Stefan Wörner, einem athletischen Bergsteiger, der ohne nachzudenken mit seinem Berner Sennenhund für einen Zigarettenkonzern posierte, eine Einladung zum Nanga Parbat.

Diese erste Expedition von Norbert Joos zu einem Achttausender verlief gleichermaßen erfolgreich wie tragisch. Am 10. Juni 1982 erreichte er an der Seite von Erhard Loretan, einem der besten Bergsteiger, den die Schweiz je hatte, den Gipfel. Loretan war ein Jahr älter als Joos, gelernter Zimmermann und Kunstschreiner, mit unglaublichem Talent und einer schier unbändigen Energie gesegnet. Er war 1995 nach Reinhold Messner (1986) und dem Polen Jerzy Kukuczka (1987) der dritte Mensch, der alle 14 Achttausender bestiegen hatte – und nach Messner der zweite, dem das ohne Flaschensauerstoff gelang. Sein Leben danach allerdings nahm einen eher tragischen Verlauf. Noch während er weiterhin schwierige Touren unternahm, zog er sich immer weiter zurück und wurde 2003 zu vier Monaten Haft verurteilt, weil er im Dezember 2001 seinem sieben Monate alten Sohn aus Wut über dessen nicht enden wollendes Schreien ein tödliches Schütteltrauma zugefügt hatte. Nach der Verlesung des Urteils hatte Loretan gesagt: »Dieses Strafmaß ist nichts im Vergleich zu dem, was ich bis an das Ende meiner Tage mit mir herumtragen werde.« Danach wurde es still um Erhard Loretan. Im April 2011, bei einer Führungstour mit einer Touristin am Grünhorn im Wallis, stürzte er tödlich ab – an seinem 52. Geburtstag.

Als Norbert Joos und Erhard Loretan, die damals zu den vielversprechenden jungen Schweizer Bergsteigern gehörten, vom Nanga Parbat über die Kinshofer-Route wieder abstiegen, hatten sie wenige Tage zuvor lernen müssen, wie grausam die Achttausender sein können. Denn am 7. Juni 1982 war Peter Hiltbrunner aus ihrem Expeditionsteam gestorben, während andere Bergsteiger versuchten, ihn aus einer Höhe von 7400 Meter in Sicherheit zu bringen, weil er akut höhenkrank war. »Das war sehr happig damals«, sagt Joos, »und ich empfand es als besonders schlimm, ohne Peter nach Hause zu kommen und dort seinen Eltern zu begegnen. Aber wir haben damals auch großen Respekt vor den hohen Bergen bekommen, einen Respekt, der heute den allermeisten Bergsteigern fehlt.«

Vollprofi war Norbert Joos während seiner gesamten bergsteigerischen Laufbahn nie. »Ich habe immer hart gearbeitet, und wenn ich genug Geld zusammen hatte, bin ich damit sofort auf eine Expedition gegangen. Obwohl die Schweiz ein Land der Berge und stinkreich ist, gab und gibt es so gut wie überhaupt kein Geld von Sponsoren. Im Rückblick gesehen, bin ich ziemlich stolz darauf, dass ich alles immer aus eigener Kraft finanziert habe. So musste ich nicht Danke sagen und blieb auch niemandem etwas schuldig.« Nach 1982 gab es für Noppa Joos kein Halten mehr. Fast jedes Jahr flog er nun zu den Bergen des Himalaja. Von seinen 24 Expeditionen zu den Achttausendern verliefen 13 (55 Prozent) erfolgreich, bei elf (45 Prozent) gelangte er nicht auf den Gipfel: »Aber ich habe überlebt.«

Ein Jahr nach dem Nanga Parbat bestieg er 1984 zusammen mit Erhard Loretan den Manaslu, und bald darauf gelang ihm sein wahrscheinlich größter Wurf. Noch im Herbst desselben Jahres kletterte er mit Loretan von der Südseite der Annapurna her auf den 7193 Meter hohen Glacier Dome (Tarke Kang). Von dort aus überschritten die beiden dann den gesamten Ostgrat des Annapurna-Massivs und stiegen schließlich nach Norden hin wieder ab. Sie blieben sechs Tage lang ununterbrochen jenseits einer Höhe von 7300 Metern in der Todeszone, eine Tour, die so bis heute niemals wiederholt wurde. Der Franzose Christophe Profit stieg zwar auf derselben Route auf, nahm aber auch diesen Weg wieder zurück. »Wir waren wilde Hunde in dieser Zeit, ungestüm und zu fast allem bereit, Wir haben viel, aber nicht alles riskiert. Wir gingen immer gerade so weit, wie wir glaubten, es noch verantworten zu können.«

1985, mit erst 25 Jahren, bestieg Norbert Joos den K2 im Karakorum. Zwei Jahre später dort den Broad Peak im Alleingang und 1988 den Gasherbrum II. Dann 1993 den Hidden Peak, 1994 den Cho Oyu, 1995 den Dhaulagiri, 1996 die Shisha Pangma, 2002 den Makalu, 2004 den Lhotse und schließlich 2006 den Kangchendzönga. Sämtliche Besteigungen gelangen dem Schweizer ohne Flaschensauerstoff.

Bis 2006 hatte Norbert Joos bereits fünf Versuche unternommen, auch den Mount Everest ohne Flaschensauerstoff zu besteigen. Das indes gelang ihm nicht. »Ich hatte einfach kein Glück an diesem Berg. Am Everest gibt es ja ein Phänomen, das allein auf seine Höhe zurückzuführen ist. Wenn man ohne Flasche und Maske dort aufzusteigen versucht, kann es durchaus passieren, dass man an einem schönen Tag auf schlechte Verhältnisse oder starken Wind trifft und deswegen in großer Höhe umkehren muss. Doch dann ist die Chance meist weg, denn das Wetterfenster geht oft erst Mitte, Ende Mai auf, und dann hat man entweder wegen des Wetters nur diesen einen Versuch, oder man hat für einen zweiten gar nicht mehr die Kraft.« Mit Flaschensauerstoff sei das alles anders, viel leichter. Mit Flasche könne man meist gleich nochmal einen Aufstieg versuchen. Man müsse nicht einmal so sehr auf die Verhältnisse schauen, weil man weniger friere und sich die extreme Höhe weniger anstrengend bemerkbar mache.

Doch Flaschensauerstoff kam für Joos nie infrage:»Das ist doch ein einziger Beschiss. All die Affen, die sich rühmen, hinaufgeklettert zu sein, aber die Flasche und den Schnorchel dabei hatten, sollen doch die Klappe halten.« Da ist Noppa Joos so rigoros wie kaum ein anderer Höhenbergsteiger der Welt, und er nimmt auch längst kein Blatt mehr vor den Mund.»Wenn ich die Menschenschlange von Basislager bis zum Gipfel sehe, wird mir schlecht. Es ist unglaublich, dass die nepalische Regierung das zulässt, denn das hat überhaupt nichts mehr mit Bergsteigen zu tun. Die heilige Kuh Everest wird gemolken, bis sie kollabiert, und dann wird das Wehklagen groß sein. Als ich 2008 zum letzten Mal dort war, bekam ich einen Schock, mich überkam das nackte Grausen – so viele Zelte, so viele Menschen und unter ihnen so viele Idioten, die an diesem Berg absolut nichts verloren haben. Vom Basislager bis zum Gipfel verlaufen das Fixseil und eine tiefe Spur. An diesem Berg kann man fast nichts mehr falsch machen, man kann sich nicht einmal verlaufen. Die Besteigung des Everest ist bedeutungslos geworden, ohne jeglichen Wert. Es ist die Vergewaltigung eines ehemals großen Berges.«

1989 kam Norbert Joos zum ersten Mal zum Mount Everest. Es war die erste Expedition, die er selbst organisiert hatte. Hans Kammerlander und Diego Wellig näherten sich mit ihm von Norden her dem höchsten Berg. Obwohl die drei außergewöhnlich stark waren, gelang ihnen der Everest nicht. In 8100 Meter Höhe blieben sie in ungeheuren Schneemassen auf dem Nordgrat stecken und mussten umkehren.

1991 versuchte es Joos erneut. Diesmal war Michl Dacher dabei, der schon 1987 in einem brachialen Höhensturm am Everest hatte umkehren müssen. Joos und Dacher schafften es bis zum Südsattel, kamen dort aber am nächsten Tag nicht weiter. Nur ein Jahr später versuchte es Norbert Joos aufs Neue – wieder von Norden her. Doch da war schon in 7800 Metern Höhe Schluss.»Irgendwie sollte es einfach nicht sein.«

Sechs Jahre lang wandte sich Joos anderen Achttausendern zu. Erst 1998 kam er wieder. Bei ihm waren nur Peter Marugg, ein Schweizer Bergsteiger aus Klosters, und Mario Rizzi, der sich im Basislager allerdings dem Lhotse zuwandte. Joos und Marugg stiegen bis in den Südsattel und am nächsten Tag noch weitere 200 Höhenmeter hinauf. Dort war abermals Endstation. Bei Anlauf Nummer fünf folgte Noppa Joos schließlich einer von Stéphane Schaffter geleiteten Genfer Expedition. Ziel dieses Teams, zu dem auch noch Marie Hiroz, Daniel Perler und Olivier Roduit gehörten, war eine Besteigung von Norden her in möglichst reinem Alpinstil. Doch das ist am Mount Everest meist ein sehr schwieriges Unterfangen und gelingt nur ganz wenigen Bergsteigern. Auch im Mai 1999 waren die Verhältnisse dafür nicht ideal, und die Gruppe musste in 8400 Meter Höhe aufgeben.

Jeder andere hätte wohl nach dem Schlaganfall am Kangchendzönga seine Bergsteigerkarriere beendet. Doch Norbert Joos hatte »noch zwei offene Baustellen. Ich wollte wissen, was noch möglich ist, nachdem die Ärzte mich für gesund erklärt hatten, und es war noch immer der Everest ohne Maske offen.« Also machte er sich im Frühling 2008 abermals auf dem Weg nach Nepal. In den Wochen vor Expeditionsbeginn jedoch drang Merkwürdiges aus China in den Westen. Es war das Jahr der Olympischen Sommerspiele in Peking, und die ganze Welt blickte gespannt auf die kommunistische Staatsführung. Bald wurde bekannt, dass China vor allem mit dem olympischen Feuer Besonderes im Sinne hatte. Traditionsgemäß wird die Flamme in Athen entzündet und dann in das Gastgeberland der Spiele gebracht. Dort gibt es einen oft über Wochen dauernden, mal mehr, mal weniger beachteten Lauf, wobei die Fackel von einem zum nächsten Läufer übergeben und zu besonderen Punkten des Landes getragen wird. In Peking bekam dieser Lauf sogar einen Namen, und die »Reise der Harmonie« sollte ihren höchsten Punkt auf der höchsten Erhebung der Erde erreichen. Doch weil das mit dem Everest so eine ungewisse Sache ist, sorgten die Organisatoren in Peking dafür, dass der Berg von Norden her so lange gesperrt wurde, bis die Fackel oben angekommen wäre. Und Peking machte in Kathmandu so lange enormen Druck, bis auch Nepals Regierung den Everest »dicht« machte, bis wieder grünes Licht aus China käme.

Das jedoch erfuhren die Expeditionsgruppen, die von Süden her ihre Genehmigungen schon im Jahr zuvor erhalten hatten, erst unmittelbar vor ihrer Anreise. Viel zu spät also, um wenigstens noch einen Teil der Ausgaben stoppen zu können. Und so flog auch Norbert Joos Ende März zu einem Unternehmen mit ungewissem Ausgang nach Kathmandu und wanderte schließlich das Khumbu-Tal hinauf – keineswegs sicher, ob es überhaupt möglich sein würde, den Everest zu besteigen. Es wurde übrigens nie wirklich ein Beweis erbracht, ob die Chinesen tatsächlich an jenem 8. Mai 2008 mit der Fackel den Gipfel erreichten. Chinas offizielle Stellen jedoch beharren auf ihren Angaben: 8. Mai 2008, neun Uhr Ortszeit, eine Tibeterin sei die letzte »Läuferin« gewesen, zwölf Bergsteiger insgesamt hätten mit der brennenden Fackel den Gipfel erreicht.

Norbert Joos kam nur mit seinem Freund Kobi Reichen, mit dem er 2003 den Makalu bestiegen hatte, in das Süd-Basislager. »Unterwegs wollte ich eigentlich unbedingt Apa Sherpa in Thame treffen.« Doch der damals – nach dem Everest-Erstbesteiger Tenzing Norgay – berühmteste aller Sherpa weilte in diesem Jahr mit seiner Familie in den USA. 1984 war Apa bei Joos' Annapurna-Expedition mit Erhard Loretan noch Kitchen-Boy gewesen. Die beiden verband eine langjährige Freundschaft. Auf dem Weg in das Basislager wurde Norbert Joos von einer schweren Erkältung geschwächt. Er fühlte sich derart schlecht, dass er sogar nach Kathmandu zurückflog, um sich behandeln zu lassen und sich zu erholen. So traf er erst Mitte April unter dem Everest ein. Doch dort tat sich praktisch nichts. Die Bergsteiger harrten im Basislager aus, denn weiter als bis in das zweite Hochlager im Western Cwm unter der Lhotse-Flanke durfte niemand hinauf. Neben dem Aufstiegsverbot gab es weitere restriktive Maßnahmen. So mussten die Expeditionsgruppen auch sämtliche Funkgeräte, die Satellitentelefone und sogar die Notebooks abgeben. Über das Basislager wurde eine komplette Nachrichtensperre verhängt. Dort saßen zu diesem Zeitpunkt mehr als 300 Bergsteiger und darüber hinaus fast 400 Sherpa-Helfer untätig herum. Norbert Joos und Kobi Reichen hatten beim Lager II ein kleines Depot angelegt, und Joos war froh, als er im Basislager zurück war, denn er fühlte sich nach wie vor nicht gut. Bald darauf unternahmen die beiden einen weiteren Akklimatisierungsaufstieg. Joos verbrachte zwei und Reichen eine Nacht im Lager II. Aber noch immer war Joos nicht im Vollbesitz seiner Kräfte und überdies längst genervt von den Umständen in diesem Frühjahr: »Über dem Lager II standen fünfzehn Scharfschützen mit Maschinenpistolen, und im Basislager befanden sich zehn uniformierte Beamte des nepalischen Militärs. Sie hatten Befehl zu schießen, sollte jemand versuchen, weiter hinaufzusteigen.«

Noch am Abend des 8. Mai drang dann die Nachricht ins Süd-Basislager, dass die Chinesen über die Nordroute angeblich ihr Ziel mit der Fackel erreicht hätten und der Berg nun wieder frei sei. Drei Tage später stiegen Joos und Reichen wieder ins zweite Hochlager. Sie blieben zwei Nächte und machten sich dann in Richtung Südsattel auf. Dort wollten sie ein Depot mit einem Zelt, Matten, Schlafsäcken und weiterer Ausrüstung anlegen und anschließend noch einmal zur Erholung in ihr Basislager zurückkehren. Doch an diesem Tag tat sich Norbert Joos viel schwerer als bei seinen anderen Expeditionen zu den Achttausendern. Er musste zur Kenntnis nehmen, dass der Abstand zu den anderen immer größer wurde und er selbst sich immer schwächer fühlte. Schließlich blieb er auf 7500 Meter sitzen und wartete, bis Kobi Reichen wieder herunterkam. Gemeinsam stiegen sie ab und kehrten am 14. Mai 2008 ins Basislager zurück. Für Joos und Reichen war eigentlich immer klar gewesen, dass sie den Gipfel ohne Flaschensauerstoff besteigen wollten. Oder gar nicht. In Joos aber tobten längst Zweifel:»Ich hatte kein wirklich gutes Gefühl mehr. Ich fragte mich, ob ich noch stark genug für den Everest sei. Ich war langsamer als sonst, es hat mit mir nicht alles gestimmt. Und trotzdem wollte ich wissen, ob es noch geht.«

Am 21. Mai 2008 erreichte die ebenso beachtliche wie erschreckende Zahl von 91 Bergsteigern den Gipfel des Mount Everest. Unter ihnen auch der Schweizer Gianni Goltz, der Mitglied einer ebenfalls schweizerischen Expeditionsgruppe um den bekannten Veranstalter Kari Kobler war. Gianni Goltz aus dem Tessin hatte bald nach Mittag den Gipfel erreicht. Er war der Einzige an diesem Tag ohne Flaschensauerstoff. Das Schweizer Team war dabei, einen später viel beachteten Dokumentarfilm mit dem Titel

Sherpa – die wahren Helden am Everest zu drehen. Als Goltz an diesem Tag vom Gipfel abstieg, brach er nach seiner Rückkehr im Südsattel zusammen und starb kurz darauf. Die Nachricht verbreitete sich wie ein Lauffeuer den Berg hinunter Richtung Basislager.»Wir befanden uns im Lager II, als wir davon erfuhren«, erinnert sich Norbert Joos.»Als ich nach dem ersten Schock wieder halbwegs klar denken konnte, wusste ich jedoch ganz rasch: Ich lasse das jetzt.« Und er fügt hinzu:»Meine Idee von einer Besteigung des Mount Everest ohne Flaschensauerstoff ist gestorben – aber ich lebe.«

Es sei am Ende nicht mehr sehr schwer gewesen zu verzichten, und wenn ihn heute einer fragt, ob er eine Besteigung nicht vielleicht doch noch einmal in Erwägung ziehe, lächelt Noppa Joos, legt den Kopf ein wenig schräg und sagt mit unnachahmlich verschmitztem Unterton in der Stimme:»Also nein, wirklich, das muss nun nicht mehr sein.« Und warum ist er so oft immer wieder gegen denselben Berg angerannt?»Nun, es war halt immer offen. Ich wollte die vierzehn Achttausender. Eines jedoch war immer klar: Entweder besteige ich den höchsten Berg der Erde ohne Flaschensauerstoff oder gar nicht.« Viele seine Bergsteigerkollegen verneigen sich heute vor Norbert Joos. Sie ziehen den Hut vor jemandem, der mit der Flasche sicherlich ganz leicht auf den Gipfel gekommen wäre und dennoch leichten Herzens darauf verzichtete, als endgültig klar wurde, dass es ohne nicht geht.

Inzwischen hat Joos Abstand. Er sieht den Everest nur noch aus dem Blickwinkel eines sehr kritischen Geistes, der die Veränderungen auch weiterhin mit allergrößter Skepsis zur Kenntnis nimmt:»Ich weiß wirklich nicht, wo das noch hinführen soll – wahrscheinlich in eine heute noch unvorstellbar große Katastrophe.« Mit Entsetzen beobachtete er 2008 die Klientel, die sich unter dem Everest versammelt hatte:»Die allermeisten hatten keinerlei Bezug zum Berg und dem Bergsteigen. Die wussten nicht, wie sich ein Gletscher bewegt, warum er sich überhaupt bewegt. Sie verstanden nicht, wie ein Seil unter Belastung wirkt, was mit ihnen an diesem Seil geschieht, wenn sie stürzen sollten. Die meisten hatten keinerlei technisches Können. Im Eisbruch mussten ihnen die Sherpa mit ihrer Engelsgeduld praktisch jeden Schritt erklären, zum Beispiel wie sie die Karabiner einhängen müssen oder die Klemme. Kaum einer von denen hat je selbst ein Zelt aufgebaut oder sich mit dem Kocher etwas zu essen gemacht. Das waren überwiegend hilflose Kinder auf einem gefährlichen Abenteuerspielplatz. Und nicht die Eltern, sondern sie selbst hatten den Eintritt gezahlt.«

Nein, sagt Norbert Joos ebenso entschieden wie endgültig, »es gibt keine Lösung für das Problem am Mount Everest. Im Gegenteil, ich befürchte, dass es noch schlimmer werden wird. Es wäre die Aufgabe der kommerziellen Anbieter, die Situation am Mount Everest in den Griff zu bekommen. Die meisten von ihnen sind mit dem Berg einigermaßen reich geworden, aber ihre Versuche, den Wahnsinn zu stoppen, sind noch weniger als zaghaft. Sie sind praktisch nicht vorhanden.«

Fünfzehn Fragen an
...NORBERT JOOS

»Deshalb sind ja so viele Ahnungslose am Everest unterwegs«

Was sind im Wesentlichen die Unterschiede zwischen Bergsteigen und Höhenbergsteigen?
Im Prinzip ist Bergsteigen die Vorstufe des Höhenbergsteigens. Man muss bereits ein sehr guter Bergsteiger sein, um einen Achttausender zu besteigen. Wenn man kein Bergsteiger ist, bleibt man wohl besser zu Hause. In meiner Generation war es der normale Weg, dass man zuerst in den Westalpen viele Routen geklettert ist, bevor wir überhaupt auf die Idee kamen, etwas an einem Achttausender zu unternehmen. Das ist heute immer weniger eine der Voraussetzungen, die zu erbringen sind. Deshalb sind ja so viele Ahnungslose am Everest unterwegs.

Wie wird man Höhenbergsteiger?
Am besten so, wie wir das gemacht haben. Sehr viel klettern, sehr viel unterwegs sein, lernen, was es bedeutet, mit schwierigen Situationen umzugehen. Viele, die heute zu den hohen Bergen gehen, vor allem zum Mount Everest, kommen vom Ausdauersport. Doch eine gute Kondition macht noch lange keinen guten Höhenbergsteiger. Da gehört unendlich viel mehr dazu. Unter anderem auch der Respekt vor einem Berg und der Instinkt am Berg. Man muss sich selbst am Berg kennengelernt haben, um zu wissen, wie es sich anfühlt, Alpinist zu sein. Das kann man in

einem Schnellkurs am Everest sicher nicht mehr lernen. Ich habe als Bergführer viele Kunden gehabt, die waren sehr gute Läufer, auch Mitglieder des Nationalteams. Wenn ich mit denen auf einen Berg gestiegen bin, haben sie es auf ihre Art versucht und ich eben auf meine. Nach einer größeren Tour sind die komplett kaputt, und mir ging es halt immer noch gut. Man muss und kann lernen, einen Berg auf angenehme Weise zu besteigen. Auf jeden Fall ist Bergsteigen nicht nur Kraft, sondern auch eine Frage, wie man sich bewegt.

Welche Vorstellungen vom Höhenbergsteigen hattest du, bevor du den ersten Achttausender bestiegen hast?
Ich hatte einen sehr großen Respekt vor der Höhe und vor der Größe dieser Berge. Aber wir sind in diese ganze Geschichte reingewachsen und haben es dann so angenommen, wie es kam. Deshalb konnten wir auch leichter akzeptieren, wenn etwas anders kam, als wir es eigentlich gewollt hatten. Wenn wir an einem Berg gescheitert sind, haben wir das mit eben diesem Respekt zur Kenntnis genommen und es nicht einfach beiseitegeschoben, als ginge uns das nichts an. Meine Vorstellungen haben sich mit dem gedeckt, was dann tatsächlich auf mich zukam. Wichtig war ganz sicher, dass ich am Nanga Parbat bei meinem ersten Achttausender gleich Erfolg hatte. Das hat mir die Motivation gegeben, bald wieder etwas anderes zu probieren.

Haben Höhenbergsteiger ganz bestimmte charakterliche Merkmale?
Ja, eigentlich schon. Man muss sicher ein bisschen egoistisch sein. Man braucht einen ganz speziellen und sehr starken Willen. Man muss da hinaufwollen.

Was muss ein Höhenbergsteiger mitbringen, um einen Achttausender zu besteigen?
Wie gesagt, man muss ein guter Bergsteiger sein mit allem, was dazugehört, also eine starke alpine Ausbildung, sehr gute Kondition, der sichere Umgang mit Krisen, Mut, Stehvermögen und Können. Und man sollte vielleicht vor dem ersten Achttausender Erfahrungen an einem anderen höheren Berg haben. Und wer zu einem Achttausender will, muss sich im Training gut vorbereiten,

viel intensiver als für jeden Westalpenberg. Erfahrung ist wichtig, die man sich weiter unten geholt hat. Man darf auch kleinere Touren nicht als Wiederholung einer anderen Unternehmung ansehen, selbst wenn die Schwierigkeiten sich ähneln mögen. Jede Bergtour bringt neue Erfahrungen. Deshalb wird es Bergsteigern ja auch nie langweilig. Das Meer ist immer flach. Selbst mit Wellen. Beim Bergsteigen hat man immer andere Bergfiguren, Formationen und Stimmungen, sogar wenn man am selben Berg ist.

Ist der Mount Everest ein besonderer Berg?
Er ist kein schöner Berg, aber der höchste. Und er ist in meinen Augen ein ganz besonderer Berg geworden, weil er halt der letzte der vierzehn Achttausender für mich gewesen wäre. Für mich ist der Mount Everest auch deshalb etwas Besonderes, weil dieser Berg die Mutter der Erde ist, so wie es die Tibeter glauben. Im gelebten Buddhismus wird der Mount Everest von den Menschen respektiert. Das ist mir heute wichtig. Wichtiger, als oben auf dem Gipfel gewesen zu sein.

Warum wolltest du den Everest besteigen?
Ich wollte den höchsten Berg der Erde vor allem ohne Flaschensauerstoff besteigen. Das war die Hauptmotivation. Und später dann, weil er in meinem Projekt der vierzehn Achttausender der letzte Gipfel gewesen wäre.

Wie ist es zu erklären, dass Höhenbergsteigen innerhalb weniger Jahre so populär wurde?
Es ist in den Medien sehr intensiv und mit grandiosen Bildern als großartiges Abenteuer dargestellt worden. Durch die kommerziellen Angebote wurde es vielen schmackhaft gemacht. Auf einmal hatten viele das Ziel Everest ganz nah vor Augen, weil sie sich nicht mehr um die komplizierte Organisation kümmern mussten. Plötzlich wurde es für Nobodys möglich.

Hast du beim Höhenbergsteigen bestimmte, stetig wiederkehrende Abläufe – etwa im Sinne von Ritualen?
Rituale eigentlich nicht. Aber es gibt etwas, was ich vor einer Expedition und vor jeder Trekkingtour immer gemacht habe und

heute immer noch mache. Wenn ich in Kathmandu ankomme, gehe ich am nächsten Tag nach Bodnath, wo der große Stupa steht. Dort habe ich dann immer zusammen mit den vielen Gläubigen meine Runden gedreht und mich dann irgendwo hingesetzt und einfach nur geschaut. Das ist für mich wie Ankommen. Das gibt mir eine tiefe innere Ruhe und eine wunderbare Einstimmung. Ich bin nicht Buddhist, aber für mich, in meiner Weltanschauung, ist das der einzige Glaube, der funktioniert. Aus dem Buddhismus ist noch kein Krieg entstanden, und Fanatismus ist dieser Religion fremd.

Wenn du die Wahl hättest, welchen Achttausender würdest du noch einmal besteigen wollen?
Den Everest *(lacht)*. Aber im Ernst, das Thema ist ja erledigt. Der K2 ist natürlich ein Superberg, aber da war ich schon, also muss ich da nicht mehr hin. Ich denke, viele werden den Nanga nennen, wegen des Basislagers auf der Wiese *(lacht)* – aber man geht ja nicht wegen des Basislagers zu einem Achttausender. Wiesen haben wir in der Schweiz schönere.

Was empfindest du, wenn du vom Gipfel eines Achttausenders zurückkehrst?
Es war auf gewisse Weise ein Gefühl der Genugtuung. Es hat mich immer sehr zufrieden gemacht. Und es waren schöne Erlebnisse. Natürlich ist es auch eine Erleichterung, wenn man wieder unten ist.

Was ist das schönste Gefühl beim Höhenbergsteigen?
Das Beste, das Geilste ist, wenn man kurz unter einem Gipfel steht und weiß: Jetzt wird dir das gelingen, es gibt kein Hindernis mehr, das dich aufhalten kann. Das ist ein grandioses Gefühl. Diese letzten Meter sind eigentlich unbeschreiblich. Man hat dann einen unglaublichen Flow in sich; man entwickelt da auf einmal einen nicht zu erklärenden Auftrieb. Plötzlich hat man wieder Kraft, nachdem man kurz zuvor noch dachte, man hätte keine mehr. Ich habe auf fast jedem Achttausender geweint vor Glück, weil es jedes Mal ein ganz spezielles Erlebnis gewesen ist, ganz oben anzukommen. Ich glaube sogar auf allen. Vor drei

Wochen* war ich mit meiner Lebenspartnerin Rosa am Walker-pfeiler im Mont-Blanc-Gebiet. Das ist immer noch eine ganz große Tour. 2011 sind wir zusammen den gesamten Peuterey-Grat zum Mont Blanc geklettert. Es sind besondere Momente, wenn man so etwas mit der Partnerin erlebt, da schäme ich mich auch meiner Tränen nicht. Es waren und sind für mich die immer gleichen Gefühle, egal ob ich auf einen Achttausender gestiegen bin oder wie vergangenes Jahr mit Rosa die »Nose« auf dem El Capitan im Yosemite-Nationalpark geklettert bin.** Das macht es für mich aus, dass man seine Gefühle auch zeigen kann, dass es etwas Spezielles gewesen ist, was man erlebt hat. Darum ist man vielleicht auch verliebt in die Berge – mehr vielleicht als in eine Frau *(lacht)*. Ich habe gerade einen Bänderriss in der Schulter erlitten und muss das operieren lassen. Die Aussicht, danach sechs Monate nichts machen zu können, ist ziemlich schlimm für mich.

Was sagt man Menschen, die Bergsteigen für eine schwachsinnige Angelegenheit halten?
Die haben keine Ahnung vom Bergsteigen und können sich gar nicht in das reinfühlen, was wir dabei erleben und erfahren, was wir da praktizieren. Aber das ist ja unsere Sache und geht andere nichts an, oder? Manche Menschen fragen mich, wann ich endlich mal vernünftig werde. Auch denen kann ich leider nur sagen, dass es meine Angelegenheit ist, ob ich das jemals werde oder überhaupt werden will. Ich mache, was mir Spaß macht. Eigentlich kann ich so jemandem gar nichts sagen. Es nützt ja eh nichts. Wenn einer rumsäuft und raucht, könnte man ihn vielleicht fragen, ob Bergsteigen nicht vielleicht doch sinnvoller ist.

Was würdest du antworten, wenn dein Sohn oder deine Tochter vor dir steht und sagt: »Ich möchte gern auf den Mount Everest steigen«?
Ich habe keine Kinder. Aber meine Antwort wäre klar: »Mach das, aber ohne Flaschensauerstoff, und bereite dich entsprechend vor.« Mit der entsprechenden Erfahrung wäre das doch geil – oder nicht?

---

* Im August 2012
** Eine der spektakulärsten Kletterrouten der Welt

Was zeigt dein schönstes Foto vom Mount Everest?
Schwer zu sagen. Da fällt mir spontan gar nichts ein. Wenn ich ein Gipfelfoto hätte, dann sicherlich das. Aber das habe ich ja nicht. Doch, ein Foto mag ich sehr gern. Es zeigt Peter Marugg und mich, wie wir mit ganz alten, kurzen und sehr schmalen Ski im Western Cwm stehen. Das ist ein sehr spezielles Foto, man muss einfach lachen, wenn man das sieht. Die Ski waren dort nicht unbedingt eine Erleichterung auf dem Weg unter die Lhotse-Flanke, aber wir haben sie trotzdem mitgenommen.

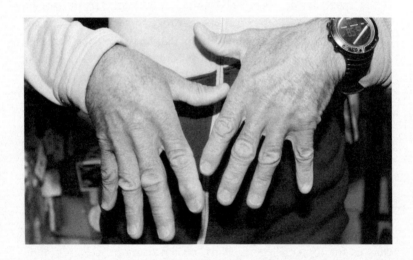

Das Gespräch mit Norbert »Noppa« Joos wurde am 19. September 2012 in Chur im Schweizer Kanton Graubünden im Büro seines Sportgeschäfts geführt.

»Ich hatte meinen Glücksmoment schon vor dem Gipfel«

Billi Bierling, 2009

Sie galt mal als aussichtsloser Fall in der Familie. Sie mochte die Berge nicht und hasste das sonntägliche Wandern. Die Mutter grämte sich, weil ihre jüngste Tochter so ungern in die Schule ging, und der hochmusikalische Vater, weil sie damit drohte, ihre Geige aus dem Fenster zu werfen. Kein Zweifel, Barbara Susanne Bierling, die heute überall in der Welt der Bergsteiger »Billi« genannt wird, war ganz und gar eigen. Und irgendwie doch so herzerfrischend normal. Sie vergötterte ihren Stiefbruder, bewunderte ihre drei Jahre ältere Schwester Christine und respektierte ihre Eltern sehr. Ihre Mutter arbeitete halbe Tage in einem Schreibwarenladen. Ihr Vater spielte zwar leidenschaftlich Geige, Bratsche, Klarinette und Saxofon. Doch davon konnte er die Familie nicht ernähren. Also trug er für einen Lesezirkel Zeitungen aus. Die Schwester war ewig die bessere Schülerin, und die Großmutter nannte Billi auch schon mal ein »Gossenkind«. Und Billi? Sie wählte den Schleichweg zum Geigenunterricht, weil sie Geige spielen uncool fand, und sie lachte ihre Mutter aus, weil die ihr einen Mann wünschte, der die Berge liebte.

Doch dann verschlug es sie im Rahmen einer Ausbildung zur Übersetzerin für ein Jahr nach England. Und dort lernte sie Mike Grocott kennen, einen leidenschaftlichen Kletterer, der sie zu sämtlichen Felsen in Schottland, dem Lake und dem Peak District mitschleppte. Das führte bei ihr zu einem erstaunlichen Wandel, und sie sah die Berge auf einmal mit ganz anderen Augen. 1998, Mike und Billi Bierling hatten inzwischen ein Haus in England gekauft, packten sie und ein paar andere Freunde Rucksäcke von wirklich beeindruckender Größe und Gewicht. Dann zogen sie drei Monate lang durch Nepal und bestiegen einige Gipfel des Himalaja.

Das war wohl die Geburtsstunde der Höhenbergsteigerin Billi Bierling. Denn nun begannen ihre Wege auf die Berge erst in einer Höhe, in der es in den Alpen schon längst nicht mehr weiter hinaufgeht. Der erste Sechstausender war der Parchamo Peak, ein 6273 Meter hoher Berg im Rolwaling-Gebiet. Es folgten im Himalaja der Island und der Mera Peak, dann der Huayna Potosi in Bolivien und der Iliniza Norte in Ecuador. Von diesem Zeitpunkt waren Billi und Mike fast jedes Jahr unterwegs. Die Berge wurden spannender, ständig etwas höher und die Leidenschaft immer größer.

2001 wollten Mike und Billi auf den Baruntse, einen 7129 Meter hohen, wuchtigen Berg zwischen Makalu und Lhotse in einer magischen Gegend des Himalaja. Und weil dieses Unternehmen Expeditionscharakter hatte, mussten sie vor Beginn in Nepals Hauptstadt Kathmandu bei Elizabeth Hawley antreten, der großen Himalaja-Chronistin und geachteten Journalistin. Jeder, der sich irgendwie mit Himalaja-Expeditionen beschäftigt, kennt die Grande Dame des Höhenbergsteigens – nur Billi Bierling fragte kopfschüttelnd:»Wer ist das denn?« Doch als sie die strenge US-Amerikanerin dann kennenlernte und deren unglaubliches Wissen bemerkte, war Billi Bierling ebenso hingerissen wie die meisten anderen Bergsteiger vor und nach ihr.

Inzwischen hatte Billi Bierling in London einen Master of Arts in Journalismus gemacht, hatte ihre Ausbildung als Übersetzerin abgeschlossen und arbeitete beim englischen Dienst des Schweizer Radio National in Bern. Sie war längst überall zu Hause. Und nirgendwo. Sie hatte in München gelebt und in New York, in London und in Bern. Aber jetzt zog ein unsichtbarer Magnet sie immer stärker nach Kathmandu und nach Nepal in den Himalaja. Inzwischen war sie längst eine nimmermüde Ausdauersportlerin geworden, und Laufen wurde zur täglichen Freizeitbeschäftigung.

Nachdem sie in der Mariakante an der Pordoispitze in den Dolomiten abgestürzt war und sich dabei schwer verletzte, schrieb sie an Elizabeth Hawley. Per Brief und sehr britisch höflich. Die Anfrage jedoch war deutlich formuliert. Billi Bierling fragte ganz direkt, ob Miss Hawley eine Assistentin gebrauchen könne. Das war 2003, das Jahr, in dem Liz Hawley ihren 80. Geburtstag feierte. Die Antwort kam ebenfalls per Brief und handschriftlich. »Miss Bierling« möge sich doch bitte melden, wenn sie in Kathmandu sei. Ende August wurde in Garmisch-Partenkirchen ein großer Rucksack gepackt. Und in Bern wurde in diesen Tagen die Stelle einer Rundfunkjournalistin frei. Denn Billi Bierling zog nun nach Kathmandu. Dort teilt sie sich eine Wohnung mit einer Niederländerin und einem Engländer.

Sie arbeitet noch immer für Liz Hawley und ist inzwischen ebenso eine hoch anerkannte Spezialistin, wenn es um die hohen Berge und deren Chronik geht. Und sie ist eine überdurchschnittliche Bergsteigerin geworden. Sie behauptet von sich selbst zwar ständig, dass sie viel zu langsam sei, doch sie kommt immer häufiger ans Ziel. Sie bestieg am 21. Mai 2009 den Mount Everest, am 1. Oktober 2010 den Manaslu, am 24. Mai 2011 den Lhotse und am 4. Oktober 2011 erneut den Manaslu. 2012 musste sie am Makalu umkehren, weil sie mit ihrem Team während der Gipfelphase in die ersten Monsunstürme geriet. Zwischen den Expeditionen arbeitet sie immer wieder einige Monate für die UNO in Islamabad oder im Winter in Bern für die Schweizer Regierung. Kathmandu bezeichnet sie gern als ihr Basislager. Die Hochlager stellt sie auf, wo es ihr gerade gefällt. Und längst sind aus den verhassten Bergen der Kindheit immer neue Ziele und Träume geworden, die sie bis auf den höchsten Gipfel der Erde geführt haben.

Als Billi Bierling an jenem 21. Mai 2009 ganz oben am Mount Everest ankommt, sinkt sie am Vermessungsdreibein nieder. Die tibetischen Gebetsfahnen flattern im Wind. Sie kann die Krümmung der Erdkruste erkennen und auch andere Achttausender-Riesen wie den Makalu, den Kangchendzönga oder den Cho Oyu. Die ganze Welt liegt ihr in diesem Moment zu Füßen. Dann nestelt sie umständlich ein Foto aus ihrem Rucksack und hält es vor sich. Der Sherpa Pasang Kami, der sie zum Gipfel begleitet hat, nimmt ihr die kleine Digitalkamera aus der Hand und macht ein Foto. Es zeigt Billi Bierling auf dem Everest-Gipfel. Und auf dem Foto erkennt man ihre Schwester Christine, ihre Mutter und den geliebten Vater. Er war ein Jahr zuvor während einer Joggingrunde mit seinen beiden Töchtern an Herzversagen gestorben.

*

Du hast als 31-Jährige erstmals einen Sechstausender bestiegen. Erst danach nahm die Entwicklung als Höhenbergsteigerin rasant zu. Was war der Auslöser?

Ich war eine Spätstarterin. Mit den Sechstausendern begann ich 1998 mit meinem damaligen Freund Mike, für den der Everest immer ein Kindheitstraum gewesen war. Er bestieg ihn dann 2007 als Leiter einer großen britischen Medical Expedition, Caudwell Extreme Everest. Als ich dann ein paar Jahre mit Miss Hawley in Kathmandu gearbeitet hatte, reizte es mich immer mehr, selbst einmal am höchsten Punkt der Erde zu stehen.

Wie kommt man auf so eine Idee, wenn man Chroniken eines Berges bearbeitet?

Natürlich war das ein absurder Gedanke, denn ich hatte ja nicht einmal das Geld, und außerdem traute ich mir das nicht zu. Als ich jedoch mehr und mehr Everest-Teams interviewte und sah, welche Kaliber an Bergsteigern da so vom Gipfel herunterkamen, dachte ich mir: Wenn die das können, dann kann ich das auch.

Das war alles?

Im Herbst 2008 erwähnte ich es mal so nebenbei bei meinen Freunden hier in Kathmandu. Du kannst dir nicht vorstellen, wie enthusiastisch und aufgeregt die Leute um mich herum waren, und plötzlich hieß es:»Die Billi geht auf den Everest.« Stopp, dachte ich, so war das doch gar nicht gemeint. Aber da ich in meinem gesamten Leben immerzu bemüht bin, niemanden zu enttäuschen, und weil bei mir die Dinge oft einfach so»passieren«, schrieb ich Russell Brice eine E-Mail und fragte ihn, ob er noch ein Plätzchen für mich hätte – unverbindlich natürlich.

Woher kanntest du einen der einflussreichsten Anbieter kommerzieller Expeditionen zum Everest?

Ich lernte Russell Brice im Herbst 2005 bei meinem Versuch, den Cho Oyu zu besteigen, kennen. Bei dieser Expedition kam ich bis zum Lager II. Ich war mit Andrew Lock unterwegs – er hatte damals bereits zehn Achttausender bestiegen, und ich kam bei seinem Tempo einfach nicht mit. Ich gab auf und dachte mir, dass Bergsteigen in dieser enormen Höhe einfach nichts für mich sei.

Everest-Expeditionen, zumal mit einer guten Organisation, sind exorbitant teuer. Woher hattest du das Geld?

Als es im Dezember 2008 darum ging, die ersten 20 000 Euro zu überweisen, wurde mir natürlich schon kurz bang ums Herz. Ich hatte allerdings in den Monaten zuvor bei der UNO in Jerusalem gut verdient, und da ich weder vorhatte, mir eine neue Küchenzeile oder einen Porsche zu kaufen, dachte ich, dass ich jetzt mal auf das Gesparte pfeife, und investierte mein Geld in den Everest.

Keine Küche, kein Auto, stattdessen aber eisige Kälte und ein Aufstieg in überirdische Sphären. Wo wolltest du eigentlich hin?

Ich hatte ja nie geglaubt, dass ich es jemals bis zum Gipfel schaffen würde, und war bei jedem höher gelegenen Lager, das ich erreichte, immer wieder neu darüber verwundert, dass ich bis dorthin gekommen war. Ich habe mir vor Kurzem mal wieder unsere Discovery Show angesehen, einen Film über unsere Expedition. Als ich am Südsattel ankam, sagte ich atemlos:»I have written the words Camp IV or South Col so many times, but I never thought that I would actually get here« – und das meinte ich auch so. Ich war echt erstaunt über mich selbst.

Wie muss das dann erst auf dem Gipfel gewesen sein. Oder warst du da so benebelt, dass kein klarer Gedanke mehr möglich war?

Als ich schließlich auf dem Gipfel stand, war ich natürlich noch viel überraschter. Aber am nächsten Tag, beim Abstieg zum Lager II im Western Cwm, war ich so fertig, dass ich fast ständig dachte: Nie wieder auf einen Achttausender. Das änderte sich jedoch schnell. Bereits am nächsten Tag im Basislager bastelte ich an einem neuen Plan.

Schon wieder ein Plan? Du steckst offenbar voller Überraschungen und paradoxer Reaktionen.

Ich glaube, dass viele Aspiranten ihren Eispickel, den sie am Everest ja eh nicht benutzen, nach ihrer Besteigung an den Nagel hängen und aufhören mit dem Höhenbergsteigen. Ich stand übrigens am Gipfel und hatte doch noch so viele Gehirnzellen übrig, dass ich mich darüber wundern konnte, warum mein Eispickel immer noch im Rucksack war und ich ihn während der ganzen Besteigung aufgrund der von den Sherpa in harter Arbeit gelegten Fixseile gar nicht benötigte. Für mich war das alles jedoch der Anfang einer in mir nagenden Neugier. Auf einmal kamen Fragen auf: War es nur Glück, war es nur die enorme Unterstützung, die ich von Russell Brice und seinem Sherpa-Team bekommen hatte, oder war ich vielleicht doch nicht so schlecht in der Höhe, wie Andrew Lock mir am Cho Oyu immer einreden wollte? Ich wollte also beweisen, dass ich es noch mal auf über 8000 Meter schaffen kann.

Der Gedanke kam dir im Basislager unter dem Everest und direkt nach dieser Schinderei?
Ja. Er kam mir sofort, und ich wollte das unbedingt wissen. 2010 ging ich mit Russell und einer Expeditionsgruppe zum Manaslu. Ich wollte ihn bereits da ohne Sauerstoffflasche besteigen. Aber es ging einfach nicht. Ich war überhaupt nicht gut drauf und fand hinterher heraus, dass ich sehr anämisch war. Nach dem Aufstieg vom Lager I in das Lager II sagte Russell dann zu mir: »Billi, du sollst mich überzeugen und nicht deprimieren.« Da war klar, dass er mich nicht ohne Sauerstoff gehen lassen würde. Er ist ein sehr entschiedener, aber auch sehr aufmerksamer Expeditionsleiter.

Wie ging es nach dem Manaslu weiter?
Dann kam 2011 der Lhotse. Zu diesem Zeitpunkt arbeitete ich bereits für Russell Brice als Bloggerin. Ich schrieb seine Newsletter. Mir war jedoch klar, dass ich nicht noch einmal eine ganze Saison nur im Basislager sitzen und bloggen wollte, so wie im Frühjahr 2010. Das sagte ich Russell auch klipp und klar. Und so bot er mir eine Lhotse-Expedition im Gegenzug für meine Newsletter an. Das war ein super Deal, der sich gelohnt hat.

Noch mal zurück zum Mount Everest. Was war dein Besteigungsdatum? Weißt du das noch?
Ich glaube, das vergisst man wohl nie mehr im Leben. Es war der 21. Mai 2009.

Warum hast du die Südroute gewählt?
Zunächst einmal, weil kaum andere Expeditionen auf kommerzieller Basis angeboten werden. Und ich glaube, der Normalweg war für mich schwer genug.

Du bist beim ersten Versuch gleich bis auf den Gipfel des höchsten Berges gekommen. Das schaffen nicht alle. Ab wann warst du dir einigermaßen sicher, es schaffen zu können?
Gott sei Dank brauchte ich nur einen Versuch. Ich weiß nicht, ob ich noch einmal gegangen wäre. Dazu muss ich sagen, dass bei uns alles rund lief und ich natürlich ohne die Unterstützung von Russell und seinen Sherpa nicht übers Basislager hinausgekommen wäre. Während der gesamten Expeditionszeit dachte ich mir, dass mir der Gipfelerfolg ja gar nicht so wichtig sei und ich nur mal sehen wolle, wie weit ich komme. Aber dann hatte ich kurz unter dem Gipfel ein fast unglaubliches Aha-Erlebnis, das mich eines Besseren belehrte. Als ich über dem Hillary Step stand und überzeugt war, dass es ganz sicher noch ewig weit bis zum Gipfel sein müsste – als Assistentin von Miss Hawley hätte ich es eigentlich besser wissen sollen –, hörte ich plötzlich Stimmen vom höchsten Punkt der Welt. Und da dieser Punkt auf einmal zum Greifen nah war, fiel mir ein großer Stein vom Herzen, und ich war heilfroh zu wissen, dass ich jetzt garantiert dort oben ankommen würde. Mir war gar nicht richtig bewusst gewesen, wie stark der Druck, es schaffen zu wollen, bis zu diesem Zeitpunkt auf mir lastete. Auf einmal dachte ich aber an all meine Freunde, die so auf meinen Erfolg hofften und mitfieberten. Aber auch an all die Menschen, die ich teilweise gar nicht kannte und die mir so liebe Nachrichten über meine Webseite hatten zukommen lassen. Ich war auf gewisse Weise plötzlich so froh, sie nicht enttäuschen zu müssen. Also kurz und gut, für mich passierte das eigentliche emotionale Gipfelerlebnis schon ungefähr zwanzig Meter unter dem Gipfel – zu dem Zeitpunkt, als ich wusste, dass jetzt wirklich schon sehr viel schiefgehen müsste, um es nicht zu schaffen.

Wer war bei eurer Expedition dabei?
Russell Brice als Expeditionsleiter; die Bergführer waren: Adrian Ballinger, ein Brite, der in den USA lebt, Shaun Hutson, ein Brite,

der in Frankreich lebt, der Japaner Hiroyuki Kuraoka, David McKinley und Dean Staples aus Neuseeland, Shinji Tamura, ein Japaner, der in der Schweiz lebt. Mark Woodward aus Neuseeland... Wir waren sage und schreibe 28 Teilnehmer.

Warum hast du so ein Angebot gewählt? Es gibt auch andere Veranstalter.
Für mich stand fest, dass ich selbst einfach nicht genug Erfahrung im Höhenbergsteigen habe und die Unterstützung eines erfahrenen Expeditionsleiters und der Sherpa benötige. Ich würde gern behaupten, dass ich mein Zelt, mein Essen und all die anderen Dinge selbst in die Hochlager getragen habe. Es war jedoch leider nicht so, und ich weiß auch nicht, ob ich dazu genügend Kraft gehabt hätte. Russell Brice ist natürlich einer der teuersten Anbieter, und ich hätte es gewiss auch billiger haben können. Allerdings machen viele Everest-Anwärter eine Milchmädchenrechnung auf. Ich möchte behaupten, dass 90 Prozent der Teilnehmer genauso wenig oder noch weniger Erfahrung haben als ich. Aber sie verfügen oft über ein beneidenswertes und mitunter auch gefährliches Selbstbewusstsein. Sie meinen, sie könnten allein oder mit nur einem Sherpa den Everest besteigen.

Was bedeutet das in der Konsequenz?
Diese Lösung ist natürlich um einiges billiger, aber ich kenne einige Leute, die es auf diese Art drei- oder viermal versucht haben, und wenn man alle Expeditionen mit Nebenkosten zusammenrechnet, dann zahlen sie um etliches mehr als bei einer kommerziellen Expedition. Ich habe all meine Achttausender, außer den Cho Oyu, im ersten Anlauf geschafft, und ich denke nicht, dass es unbedingt allein auf meine Stärke zurückzuführen ist. Mir ist sehr wohl bewusst, wie viel ich einem Expeditionsleiter wie Russell Brice und dem unglaublich starken, hart arbeitenden und beeindruckenden Sherpa-Team zu verdanken habe. Und weißt du, ich bin allein. Ich habe nicht wie Gerlinde Kaltenbrunner oder Alix von Melle einen Mann an meiner Seite, mit dem ich solche Unternehmungen machen könnte, und so muss ich mich halt an eine kommerzielle Expedition anhängen.

Unter welchen Umständen lief die Besteigung dann mit so vielen Teilnehmern ab?
Wir waren wirklich eine riesige Expedition. Da waren viele interessante Leute dabei, aus den unterschiedlichsten Ländern, mit den unterschiedlichsten Lebenslagen und -modellen. Uns stand ein tolles Sherpa-Team unter der Leitung von Phurba Tashi zur Seite. Weil unser Team so groß war, wurden wir in ein »schnelles« und ein »langsames« Team eingeteilt. Ich hatte das Glück, beim schnellen Team dabei zu sein. Allerdings verließen mich am Gipfeltag meine Kräfte, und ich war an diesem Tag die langsamste Kandidatin in unserem Team. Ich führe das im Nachhinein darauf zurück, dass ich am Südsattel ohne Flaschensauerstoff geschlafen habe, weil mich die Sauerstoffmaske so genervt hat. Ich schlief zwar tief und fest, aber habe während dieser Nacht ohne zusätzlichen Sauerstoff bestimmt zu viel Kraft verloren und war am nächsten Tag einfach geschwächt.

Wie waren die Verhältnisse am Gipfeltag?
Wir hatten beste Wetterbedingungen – ich stand mit meinen uralten Skihandschuhen und der Gletscherbrille, die mir meine Mutter zum 19. Geburtstag geschenkt hat, auf dem Gipfel.

Gab es besondere, entscheidende Situationen, oder lief alles ganz glatt?
Eigentlich lief alles gut.

Wie war es dann auf dem Gipfel, am höchsten Punkt der Erde?
Ich hatte mein absolutes Glücksgefühl wie gesagt schon unterhalb des Gipfels, als er so überraschend zum Greifen nah war. Der Gipfel selbst war natürlich auch sehr beeindruckend. Aber ich dachte die ganze Zeit daran, dass ich da ja auch wieder runtermuss, und so blieb ich höchstens fünfzehn Minuten dort oben. Ich hörte unterbewusst immer wieder Russells Worte: »The summit is only the half way.« Aber die Erdkrümmung zu sehen und zu wissen, dass genau in diesem Moment kein anderer Mensch auf dieser Welt höher ist als du selbst, das war schon ein sehr erhabenes Gefühl. Ich habe mich gefreut, mich einmal um mich selbst gedreht, vier oder fünf Fotos gemacht und tief durchgeatmet, sofern das ging. Zuvor hatte ich schon meinen Pasang

Kami umarmt, der eine so enorme Geduld mit mir gehabt hatte.
Und dann habe ich mich auf den Abstieg vorbereitet.

Wie war das Gefühl nach der geglückten Besteigung, also im Basislager und später daheim?
Ich weiß gar nicht, ob man hinterher glauben kann, dass man nun wirklich am Gipfel gewesen ist. Das eigentliche Glücksgefühl, das ich oben hatte, kann ich inzwischen recht gut beschreiben. Aber es gibt doch eine Begebenheit, die mir sehr in Erinnerung geblieben ist. Als wir am nächsten Tag ins Basislager zurückkamen, standen dort unser Basecamp-Team und die anderen Teilnehmer der Expedition, die aus verschiedenen Gründen nicht bis zum Gipfel gekommen waren. Sie standen alle da und jubelten, klopften auf Töpfe und Pfannen, sie umarmten und beglückwünschten uns und freuten sich für uns. Und all das, obwohl ihnen bestimmt innerlich das Herz zerbrach, weil sie selbst nicht oben gewesen waren und sich ihren lange gehegten Traum nicht hatten erfüllen können. Für mich war das ein sehr einschneidendes Erlebnis. So gab es dort einen Amerikaner – wir nannten ihn »Big Jim« –, ein Bär von einem Mann, der durch die Everest-Besteigung seine »Dämonen« loswerden wollte. Für Big Jim, der dieses Ziel auch für seine verstorbene Mutter erreichen wollte, war dieser Moment, als wir zurückkamen, bestimmt besonders schlimm. Aber trotzdem freute er sich so für mich. Er stand dann selbst zwei Jahre später am Gipfel – was mir dann wiederum Tränen in die Augen trieb.

Es menschelt also doch an diesem angeblich so gnadenlosen Berg?
O ja. Was ich am Everest erlebt habe, waren viele unglaublich tolle menschliche Erfahrungen und Begegnungen. Auch wenn man immer sagt, dass sich die Leute gegenseitig nicht helfen, habe ich das ganz anders erlebt. Die Kameradschaft innerhalb, aber auch außerhalb unseres Teams war enorm, ich bin geneigt zu sagen: einmalig.

Du hast tatsächlich etwas vom Mount Everest mitgenommen?
Ich denke, dass der Everest seine Besteiger ein ganzes Leben lang begleitet. Ich glaube auch, dass er manche Menschen verändert.

Ich sage immer, die Leute steigen als Automechaniker, Arzt oder Geschäftsmann hinauf und kommen als Buchautor, Motivationstrainer oder gar Bergführer wieder herunter. Mein Leben hat er nicht groß verändert. Er hat mir vielleicht bei meiner Arbeit für Miss Hawley geholfen, denn nun bin ich nicht mehr nur die verrückte Deutsche, die mit dem Rad durch Kathmandu hetzt und Bergsteiger verfolgt. Ich habe das Gefühl, dass ich ein wenig ernster genommen werde. Allerdings hausiere ich auch nicht groß mit meiner Besteigung. Und seit ich gesehen habe, was im Jahr 2012 am Everest los war, ist es mir fast schon peinlich, dass ich auch da oben gewesen bin – und zwar genauso wie Hunderte Menschen, die sich in der von Ralf Dujmovits fotografierten Schlange eingereiht hatten.

Was hat sich am Mount Everest in den vergangenen Jahren verändert?
Die Bohrhaken, die Willie und Damian Benegas 2009 angebracht haben, lösten einige Diskussionen aus. Die Bergsteigerwelt kreischte auf, dass man doch die Mutter des Universums nicht so verunstalten dürfe und dies doch gewiss eine Beleidigung für die Sherpa sei. Aber der Everest ist zu dem geworden, was er ist. Wir machen uns doch auch keine Gedanken, wenn wir in schönen Felswänden irgendwo am Atlantik oder in den Dolomiten Bohrhaken anbringen und vielleicht noch in fetten roten Buchstaben Routennamen wie »Motherfucker« oder »The Bitch from Hell« darunterschreiben. Ich habe mich mit einigen Sherpa über diese Bohrhaken unterhalten, denn ich dachte, dass es sie vielleicht aufregen würde, wenn ihre Chomolungma so verunstaltet wird. Sie meinten jedoch nur: »Didi, this is good – it makes our work more safe.« Und ich denke, damit haben sie recht. Auch wenn es mir manchmal wehtut zu sehen, was für ein Schindluder an diesem Berg getrieben wird. Der Everest ist also, was er ist, und wir können die Zeit leider nicht mehr zurückdrehen. Genauso wenig wie wir sie am Mont Blanc oder an anderen von uns Menschen begehrten Bergen rückgängig machen können. Und deswegen müssen wir mit dem Berg arbeiten und ihn so sicher wie möglich machen – in erster Linie für die Sherpa, die nicht nur zwei- oder dreimal durch den gefährlichen Eisfall müssen, sondern um einiges öfter – und das meist mit einer schweren Ladung.

Erkennst du auch Veränderungen seit deiner eigenen Besteigung?
Ich glaube nicht, dass sich seit meiner Besteigung im Jahr 2009 viel mehr zum Negativen verändert hat. Und wenn wir die positive Seite betrachten, dann sehe ich, dass die verschiedenen Expeditionsleiter inzwischen besser zusammenarbeiten. Es gibt sogenannte Rope-Fixing-Meetings, bei denen viel über Sicherheit gesprochen wird und über die Arbeit in der Route. Die meisten Teams haben Funkgeräte, über die viele Rettungsaktionen abgewickelt und Menschenleben gerettet werden können. Inzwischen gibt es sogar Rettungsflüge bis ins Lager II. Das alles macht den Everest sicherer. Allerdings werden die Helikopterflüge auch missbraucht, denn viele Bergsteiger lassen sich nach der Expedition vom Basislager aus zurück nach Kathmandu fliegen. Aber das ist ein anderes Thema.

Ist denn der Everest ein Berg für jedermann geworden, oder ist die Besteigung auf gewisse Weise noch immer etwas Besonderes?
Ich bekomme immer Schelte, wenn ich meine Besteigung des Everest herunterspiele. Damit, so heißt es, würde ich das Gefühl vermitteln, jeder könne auf den Everest kommen. Das ist bestimmt nicht so. Aber eine Besteigung wird heute durch die geschaffenen Infrastrukturen sehr erleichtert, und der höchste Berg der Erde ist in den letzten Jahren für viele Menschen sehr viel einfacher zugänglich geworden. Man muss gewiss kein guter Bergsteiger mehr sein, um auf den Everest zu kommen. Das hat sich herumgesprochen. Und inzwischen reicht es vielen ganz offensichtlich nicht mehr, einfach dort hinaufzusteigen. Aus diesem Grund versuchen immer mehr Menschen, etwas Besonderes oder Bescheuertes zu machen – wie der Türke, der bei Ralf Dujmovits und Gerlinde Kaltenbrunner im Lager war und sein Rad hochtragen wollte. Oder der Holländer, der vor ein paar Jahren in der Unterhose hinaufwollte. Am Mount Everest wird gebuhlt, es entstehen regelrechte Rivalitäten in dem Bemühen, mit irgendetwas der Erste zu sein.

Wie macht sich das denn bemerkbar?
Es häufen sich Anfragen für ganz zielgerichtete Recherchen bei mir. Fragen wie:»Billi, kannst du mal nachsehen, ob ich der erste

zertifizierte Tierarzt bin, der auf dem Everest stand?« oder: »Meinst du, ich war der Erste aus Hintertupfing auf dem höchsten Gipfel?« – damit müssen sich Miss Hawley, Jeevan Shresthra und ich herumschlagen. Es genügt ganz offensichtlich nicht mehr, mit einer einfachen und unspektakulären Everest-Besteigung zu beeindrucken.

Offenbar wird auch niemand durch die Unglücksserien abgeschreckt, oder sind vielleicht gerade diese Gefahren und der Kitzel des Todes zusätzliche Gründe, den Everest zu versuchen?
Da stimme ich zu – je größer das Desaster, desto höher das Interesse, wie man 1996 gesehen hat. Denn nach 1996 schnellten die Besteigungen in die Höhe. Die Zahlen sprechen für sich. Von 1953 bis 1996 gab es 845 Besteigungen. Von 1997 bis 2011 waren es 4811 Besteigungen. Ich denke, dass Bücher wie Krakauers *In eisige Höhen* einfach zu gut darstellen, wie erfahrungslose Bergsteiger auf den Gipfel gebracht werden, und das animiert natürlich zum Ausprobieren.

Welche Bedeutung hat das Thema Sauerstoff am Everest? Für dich persönlich und ganz allgemein im Sinne von starkem Zulauf und Müll.
Ich denke, dass eine Besteigung des Everest ohne Flaschensauerstoff nur für einen ganz kleinen Kreis von Menschen möglich ist. Vielleicht sollte man einführen, dass der Everest nur noch ohne Flaschensauerstoff bestiegen werden darf, denn das würde die Zahl von 80 Expeditionen (auf beiden Seiten) pro Jahr auf zwei verringern. Aber das wird wohl nicht mehr möglich sein. Ich sehe es schon auch so wie Ralf und Gerlinde, dass die Benutzung von Flaschensauerstoff den Gipfel von 8848 auf 6500 Meter verkleinert, aber wie gesagt, wir können nicht mehr zurück. Ich selbst habe für mich entschieden, dass ich keinen Berg mehr mit Flaschensauerstoff besteigen möchte. Die Erfahrung am Manaslu ohne diese schreckliche Sauerstoffmaske, gegen die ich eh die meiste Zeit gekämpft hatte und mit der ich mich nie so richtig anfreunden konnte, war einfach gigantisch. Es mag sich vielleicht pathetisch anhören, aber man ist einfach mehr »eins« mit dem Berg. Man fühlt, hört und sieht besser und hat nicht immer das

485

nervige Ding vor Nase und Mund. Mir ist bewusst, dass ich den Everest niemals ohne dieses Hilfsmittel hätte besteigen können. Aber ich kehre inzwischen lieber um, als dass ich mir das Ding aufsetze und weitergehe. Wenn es sich jedoch um einen Notfall handeln würde oder ich jemandem helfen könnte, indem ich selbst Sauerstoff nehme, dann würde ich doch noch mal zur Flasche greifen.

Wie wird sich das Thema Massenbergsteigen am Everest weiterentwickeln?
Ich bleibe dabei, es wird sich nicht aufhalten lassen. Der Everest wird immer der populärste Berg der Erde bleiben, und die meisten Menschen, die so zu ihrem Ruhm kommen, haben kein Interesse an anderen, weniger bekannten Bergen. Ich kann mich noch erinnern, was für ein Tohuwabohu es gab, als ich zum Everest ging, und es ist es mir eigentlich fast unbegreiflich, dass niemand ein großes Ding daraus machte, als ich 2012 ohne Flaschensauerstoff zum Makalu ging.* Nicht, dass ich darum einen Wirbel machen möchte. Ich will damit nur sagen, dass der Makalu ohne Flasche für mich persönlich die größere und wichtigere Leistung wäre als meine Besteigung des Everest. Auch mein Manaslu ohne Maske interessiert niemanden. Und auch dieser Erfolg ist mir heute ein wenig mehr wert als der Everest, denn dort konnte ich mir endlich beweisen, dass ich es auch ohne künstlichen Sauerstoff auf über 8000 Meter schaffen kann. Ich glaube, das hatte mir bis dahin niemand zugetraut.

Lässt sich denn daraus auch ein Rückschluss auf die künftige Entwicklung ziehen?
Es wäre gut, wenn man Regulierungen einführen würde, aber solange Nepal immer noch eines der ärmsten Länder der Welt ist und die Einnahmen für den Mount Everest so hoch sind, wird die Regierung nichts gegen diesen Massentourismus unternehmen. Auch für die Expeditionsleiter ist es schwer, der Versuchung zu

---

* Billi Bierling unternahm im Frühjahr 2012 einen Besteigungsversuch am Makalu. Das gesamte Team kam dabei nicht auf den Gipfel.

widerstehen, Leute, die ihnen 60 000 Dollar auf den Tisch legen, abzulehnen. Das machen nur die, die schon ausgebucht sind und mit ihrer Expedition bereits schwarze Zahlen schreiben. Für diejenigen, denen noch eine Person für eine gut gebuchte Everest-Expedition fehlt, ist es sicher sehr schwer, einen Bewerber aufgrund mangelhafter Kenntnisse abzulehnen. Damit will ich jedoch nicht sagen, dass das nicht schon geschehen ist.

Was sind denn die Ursachen für all das?
Ich glaube, das Hauptproblem am Everest ist, dass so viel Geld im Spiel ist. Solange die Anbieter Geld machen können, nehmen sie auch Teilnehmer mit, die gerade mal auf dem Feldberg in Baden-Württemberg waren. Russell Brice sagt, man solle nur noch Leute einbuchen, die bereits auf einem anderen Achttausender standen oder wenigstens schon einmal einen versucht haben. Aber daran kann er sich ja selbst kaum halten. Dawa Steven Sherpa von Asian Trekking schlug beispielsweise vor, dass die Verbindungsoffiziere am Everest – die vom Bergsteigen eh keine Ahnung haben, meist höhenkrank sind und es oft gar nicht bis ans Basislager schaffen – entscheiden sollten, wer an welchem Tag auf den Gipfel geht. Ich glaube, das war 2012 das Problem. Viel zu viele Leute waren so dermaßen auf den 19. Mai fixiert, dass man fast glauben konnte, es gäbe keinen anderen Besteigungstag mehr. Ich glaube allerdings nicht, dass Dawas System funktionieren würde. Denn wenn der Verbindungsoffizier Kari Kobler für den 22. Mai und einem Russell Brice für den 23. Mai grünes Licht gibt, und beide schauen sich dann das Wetter an und erkennen, dass der 24. Mai der beste Tag sein dürfte, dann werden sie sicher nicht am 22. oder am 23. gehen, nur weil jemand ihnen das vorzuschreiben versucht. Wir reden hier vom Bergsteigen, und das war schon immer ein Tummelplatz für Freigeister, die sich gar nichts sagen lassen. Von niemandem.

Was sollte also geschehen? Sind Maßnahmen notwendig? Wenn ja, welche?
Ja natürlich wären Maßnahmen notwendig. Aber ich kann für die nahe Zukunft keine Lösung erkennen. Solange mit diesem Berg ein Haufen Geld gemacht wird, kann sich da gar nichts ändern.

Das bringt mich jedoch auf einen anderen Punkt. Oft sind die Teilnehmer mit einem Sherpa unterwegs, da diese für die meisten Bergsteiger unabdingbar sind für eine Besteigung. Das Problem mit manchen Sherpa ist allerdings, dass sie dem Kunden immer alles recht machen wollen und am Ende einen wohlverdienten Gipfelbonus erhalten. Wenn der Sherpa nun hundert Meter unter dem Gipfel steht, sein Kunde aber fix und alle ist und eigentlich umkehren sollte, dann kann ich mir vorstellen, dass der eine oder andere Sherpa auch an seinen Gipfelbonus denkt und so doch lieber versucht, den Kunden ganz hinaufzuschieben. Ich wende mich nicht gegen den Gipfelbonus, sondern kritisiere vielmehr wenig klare Entscheidungen oder gar keine Entscheidungen, die an diesem Berg getroffen oder nicht getroffen werden.

Würdest du noch einmal auf den Mount Everest steigen wollen?
Nein. Das kann ich ja nicht machen, weil ich mir doch vorgenommen habe, nie wieder Flaschensauerstoff zu verwenden. Wenn ich allerdings eine Einladung zu einer Expedition auf der Nordseite erhielte, dann müsste ich mir das vielleicht noch einmal überlegen. Ich habe das Gefühl, dass in der Nordroute einfach viel mehr Geschichte steckt, wenn ich an Irvine und Mallory denke. Das anzuschauen, dort aufzusteigen, das würde mich schon sehr reizen. Ich war an der Nordseite auf dem Lhakpa Ri und besuchte 2005 das Basislager mit dem Fahrrad – ich bin damals von Lhasa nach Kathmandu noch auf Schotterstraßen gestrampelt, heutzutage ist es ja einfach, weil geteert. Bei dieser Besteigung habe ich schon ein bisschen etwas von der Nordseite gesehen. Sehr faszinierend, aber ich denke, dass es für mich auch dabei bleiben wird. Ich bin mir allerdings fast sicher, dass ich die nächsten paar Jahre wohl weiterhin für Russell die Newsletter schreiben und somit auch im Basislager auf der Südseite vertreten sein werde. Ich genieße es, dort zu sein – trotz der vielen Menschen. Weißt du, ich mag Menschen, und die meisten Leute sind nett und interessant, und ich habe Spaß, wenn ich durchs Basislager spaziere und hier und da eine Tasse Tee mit spannenden Leuten trinke. Ich glaube, das würde mir sehr fehlen, und mir graut eigentlich vor dem Tag, an dem ich nicht mehr bei diesem Zirkus dabei sein kann.

Fünfzehn Fragen an
...BILLI BIERLING

»Ich liebe es, die Erschöpfung meines Körpers zu spüren«

Was sind im Wesentlichen die Unterschiede zwischen Bergsteigen und Höhenbergsteigen?
Beim Höhenbergsteigen ist die Luft dünner, und man braucht sehr viel Geduld, denn man verbringt viel Zeit damit, herumzusitzen und entweder auf die Akklimatisierung des Körpers oder auf das Wetterfenster zu warten. Wer Höhenbergsteigen betreibt, weiß, dass 80 Prozent der Kraft aus mentaler Stärke kommen. Wer psychisch nicht stark ist, dem nützt seine  physische Stärke auch nichts, und die Besteigung eines Sieben- oder Achttausenders wird sehr schnell zu viel werden. Bergsteigen ist eine wesentliche kürzere Sache, die jedoch oft nicht weniger anspruchsvoll oder gefährlich ist und für die ebenfalls mentale Stärke erforderlich ist. Allerdings bleibt einem beim Bergsteigen das wochenlange Herumsitzen und Nichtstun erspart.

Wie wird man Höhenbergsteiger?
Ich weiß gar nicht, ob ich mich als Höhenbergsteigerin bezeichnen würde. Ich bin einfach eine Person, die gern auf Expedition ist, gern im Zelt schläft und liebend gern wochenlang weg ist von der Hetze und dem Luxus der westlichen Welt. Wenn ich an Höhenbergsteiger denke, dann denke ich natürlich eher an Leute wie Gerlinde Kaltenbrunner und Ralf Dujmovits, Hans Kammer-

lander, Reinhold Messner oder Nives Meroi und ihren Mann Romano. Ich denke, man wird nicht über Nacht Höhenbergsteiger, sondern man wächst in diese Rolle hinein. Höhenbergsteigen ist eine Sucht, von der man ganz schlecht wegkommt. Auch diejenigen, die bereits Finger und Zehen verloren haben, kehren immer wieder zu den hohen Bergen zurück. Für mich ist die Besteigung der hohen Berge eine sehr große körperliche Herausforderung, die ich liebe, denn nirgendwo auf der Welt kann man sich so verausgaben wie in der Höhe. Noch nie war ich so erschöpft wie am Mount Everest – dazu muss ich allerdings sagen, dass ich auch noch nie an einem Ironman-Triathlon teilgenommen habe.

Welche Vorstellungen vom Höhenbergsteigen hattest du, bevor du den ersten Achttausender bestiegen hast?
Schwer zu sagen, da ich natürlich vor meiner Everest-Besteigung bereits fünf Jahre für Elizabeth Hawley, die Himalaja-Chronistin, gearbeitet hatte und schon einige Male auf Sechstausendern war – aber das gilt ja nicht als Höhenbergsteigen, oder? Als ich jedoch 1998 das erste Mal nach Nepal kam und auf einen Sechstausender ging, hatte ich keine Ahnung von Akklimatisierung, Gletscherspalten, Lawinen oder der Zeit, die man in den Bergen verbringt. Ich bin einfach ins kalte Wasser gesprungen, und es hat Spaß gemacht. Als ich dann 2009 auf dem Everest war, hatte ich ein viel luxuriöseres Leben als auf meinen kleinen Expeditionen und war überrascht, wie gut es uns bei so einer kommerziellen Expedition ging.

Haben Höhenbergsteiger ganz bestimmte charakterliche Merkmale?
Das sind doch alles Hallodri... Nein, Spaß beiseite – die meisten von ihnen sind sehr interessante und natürlich auch extreme Menschen. Ich weiß jedoch gar nicht, ob es ein bestimmtes Merkmal gibt, das alle auszeichnet. Und es kommt natürlich auch darauf an, wen man als Höhenbergsteiger bezeichnet. Wenn wir Joe Bloggs*, der einmal mit einer kommerziellen Expedition auf dem

---

* Joe Bloggs wird in manchen englischsprachigen Ländern als Platzhalter verwendet wie beispielsweise in Deutschland Max Mustermann.

Everest stand, als Höhenbergsteiger bezeichnen, dann kann man ihn natürlich nicht mit einem Krzysztof Wielicki oder einem Kurt Diemberger vergleichen. Ich denke, wenn wir uns auf die »richtigen« Höhenbergsteiger beschränken, dann würde ich sie als sehr intensive Menschen bezeichnen, die vor der Langeweile eines routinierten Lebens zurückschrecken.

Was muss ein Höhenbergsteiger mitbringen, um einen Achttausender zu besteigen?
Geduld.

Ist der Mount Everest ein besonderer Berg?
Die Chomolungma ist der höchste Berg, und deswegen wird sie immer etwas Besonderes bleiben. Auch wenn sie überlaufen und nicht unbedingt die Schönste ist und die Menschen sie mit ihren Füßen zertrampeln. Sie steht immer noch da – mächtig und stolz, und ich habe nie die Ehrfurcht vor ihr verloren.

Warum wolltest du den Everest besteigen?
Ich wollte einfach mal wissen, wie es ist, durch den Eisbruch zu gehen, wie es sich anfühlt, die Lhotse-Flanke an den Fixseilen hochzusteigen, wie der Südsattel aussieht und ob man vom Gipfel wirklich die Krümmung der Erde sehen kann. Das liegt wohl an meiner Arbeit mit Miss Hawley, denn auch wenn die alte Dame, die nie weiter als bis Tengboche gekommen ist, ihre Arbeit offensichtlich sehr gut macht, wollte ich trotzdem selbst sehen, worüber ich bereits seit fünf Jahren berichtet hatte. Und ich muss sagen – die Interviews über den Everest (zumindest über die Südseite) fallen mir heute leichter. Ich kann mir genau vorstellen, was die Leute beschreiben, und wenn mir einer erzählt, dass er in einer Stunde vom Lager I zum Lager II gegangen ist, dann glaube ich ihm das inzwischen nicht mehr.

Wie ist es zu erklären, dass Höhenbergsteigen innerhalb weniger Jahre so populär wurde?
Dafür haben auch die Medien und Journalisten wie du und ich gesorgt, die darüber berichten und den Everest den Menschen zugänglicher machen. Aber auch das Internet und die unzähligen

Blogs der Everest-Touristen, die dem Leser bewusst machen, dass Joe Bloggs auch nur mit Wasser kocht, haben dazu beigetragen. Und schließlich die Expeditionsleiter, die Everest-Expeditionen an Leute verkaufen, die sehr wenig Erfahrung haben und manchmal nicht einmal wissen, wie man sich abseilt oder wie man mit einem Eispickel umgeht.

Hast du beim Höhenbergsteigen bestimmte, stetig wiederkehrende Abläufe – etwa im Sinne von Ritualen?
Ich habe immer eine Wärmflasche in Form meiner Wasserflasche im Schlafsack – egal ob es warm oder kalt ist.

Wenn du die Wahl hättest, welchen Achttausender würdest du noch einmal besteigen wollen?
Den Lhotse – der hat mir richtig Spaß gemacht, und das Couloir ist gigantisch. Aber ich hatte ja jetzt auch das Glück und durfte den Makalu versuchen, der schon lange auf meiner Liste ganz oben stand. Er ist einfach ein schöner Berg, den ich schon von vielen Seiten gesehen habe. Vom Lobuje East, auf dem ich neunmal stand, hat man einen unglaublich tollen Blick auf den Makalu. Im September 2012 zog ich endlich los, um den fünfthöchsten Berg der Welt zu besteigen. Die Expedition war eine große Bereicherung für mich, und obwohl wir aus verschiedenen Gründen nicht auf dem Gipfel standen, habe ich doch sehr viel gelernt. Einige meiner Expeditionskollegen (wir waren zu acht) waren sehr enttäuscht, da unser erster Gipfelversuch aus logistischen Gründen abgebrochen werden musste (unser Lager IV war am falschen Ort), jedoch war diese Makalu-Expedition eigentlich doch ein kleiner Erfolg für mich. Ich fühlte mich gut, war nie krank, konnte damit umgehen, dass ich mehr tragen musste, und ich verbrachte eine wunderbare Nacht auf 8000 Meter ohne künstlichen Sauerstoff. Außer der Tatsache, dass ich dort oben so überhaupt keinen Appetit hatte, ging es mir hervorragend, und es war ein Beweis für mich, dass meine sauerstofffreie Besteigung des Manaslu im Jahre 2011 vielleicht doch kein Zufall war, sondern dass ich das mit den Achttausendern inzwischen vielleicht ganz gut kann. Was sich jedoch wieder bestätigte, ist die Tatsache, dass ich bis 7500 Meter relativ flott unterwegs bin, während meine

Leistung über dieser Höhe absackt. Als ich 2005 mit Andrew Lock am Cho Oyu war, meinte er: »Billi, du bist gut bis 7500 Meter, aber darüber bist du einfach zu langsam.« Ich glaube zwar nicht, dass ich zu langsam bin, jedoch weiß ich, dass ich in der Höhe auch nicht die Schnellste bin. Aber meist komme ich ja genau da an, wo ich hinwill, und komme auch wieder runter – und solange das der Fall ist, werde ich weitermachen.

Was empfindest du, wenn du vom Gipfel eines Achttausenders zurückkehrst?
Absolute Zufriedenheit, aber auch Traurigkeit, dass ich wieder in der »normalen« Welt bin. Wenn ich von Lukla zurück nach Kathmandu fliege, freue ich mich natürlich auf meine Dusche, meine Freunde und mein Zuhause. Ich fliege jedoch immer auch mit einem weinenden Auge zurück, denn ich weiß, dass ich bereits morgen die Berge, mein Zelt, meinen Schlafsack, das Nichtduschen und einfach die Natur um mich herum vermissen werde. Ich kann mich allerdings glücklich schätzen, da ich weiß, dass ich bald wieder in den Bergen sein darf.

Was ist das schönste Gefühl beim Höhenbergsteigen?
Ich liebe es, die Erschöpfung meines Körpers zu spüren, und wenn ich kurz unter dem Gipfel (oder vielleicht nur unter einem Kamm) bin, dann werde ich ganz nervös, da ich es kaum erwarten kann zu sehen, welches Panorama sich mir auf der anderen Seite des Passes oder des Gipfels bietet.

Was sagt man Menschen, die Bergsteigen für eine schwachsinnige Angelegenheit halten?
Dass sie keine Ahnung haben.

Was würdest du antworten, wenn dein Sohn oder deine Tochter vor dir steht und sagt: »Ich möchte gern auf den Mount Everest steigen«?
Ich habe keine Kinder, aber ich denke, dass ich sie ziehen lassen würde. Ich bin kein Typ, der sich viel Sorgen macht. Allerdings weiß ich natürlich nicht wirklich, wie ich bei meinem eigenen Kind reagieren würde.

Was zeigt dein schönstes Foto vom Mount Everest?
Blöderweise ist es mein Gipfelfoto, das eigentlich ziemlich missglückt ist, da man vor lauter Sauerstoffmaske und »80er-Jahre-Gletscherbrille« gar nicht sieht, wer da eigentlich am Gipfel sitzt. Aber ich mag das Bild ja auch nicht wegen mir, sondern wegen des Fotos, das ich in der Hand halte. Das zeigt meine Familie und allen voran meinen Vater, dem ich meine Kraft, Zähigkeit, positive Lebenseinstellung und Lebensfreude zu verdanken habe. Er war ein ganz besonderer Mensch, der sich über die kleinen Dinge im Leben freute und sich seine gute Laune nicht vom Alltagskram verderben ließ. Leider konnte er meine Everest-Besteigung nicht mehr erleben – er hatte 2006, als wir gemeinsam in Bern beim Joggen waren, einen Herzinfarkt. Aber da oben, am Gipfel des Everest, war er ganz nah bei mir, und ich wusste, dass er jetzt gerade ganz stolz auf mich ist.

Das Gespräch mit Billi Bierling wurde im November 2012 via Skype geführt.

Die letzten Schritte zur Erfüllung eines Traums

Gerlinde Kaltenbrunner, 2010

Wo entstehen eigentlich Bergträume? Und was genau ist das überhaupt? Manch ein Bergsteiger entwickelt seinen Traum vom nächsten Gipfel bereits in dem Moment, wenn er gerade den einen erreicht hat. Einige entwickeln Träume für sich allein, andere brauchen dazu Gesellschaft, in der man sich wechselseitig hochschaukelt. Viele müssen sich zuerst von des Tages Mühen erholen, bis sie wieder einen klaren Gedanken fassen können. Eines aber eint sie alle: Kaum ist die Anstrengung verblasst, gerät ein neues Ziel in den Blick. Diese Rast- und Ruhelosigkeit, ganz gleich wann und wie sie auch immer wieder neu entsteht, kennzeichnet deutlich das Leben, Sinnen und Trachten von Bergsteigern. Es dauert meist nicht lange, bis sie beginnen, den neuen Auftritt zu planen.

Das ist bei Gerlinde Kaltenbrunner nicht anders. Wo und wann sie ihren Plan entwickelt, hat sich allerdings grundlegend verändert, seit sie mit Ralf Dujmovits verheiratet ist. Das derzeit bekannteste und wahrscheinlich auch stärkste Bergsteiger-Ehepaar der Welt entscheidet am Berg ganz sicher nicht immer synchron, doch ihre Träume träumen sie gemeinsam. »Ein Glas guter Wein, ein tolles Essen, eine ruhige, angenehme Atmosphäre – das ist die Umgebung, in der wir zu träumen beginnen.« Für die österreichische Alpinistin, die so viel Ruhe, Harmonie und Glück ausstrahlt, ist all das, was lange vor einer Expedition mit ihr geschieht, von entscheidender Bedeutung. Sie kann nur einen Berg besteigen, von dem sie zuvor lange genug geträumt hat. So wie sie auch nur einen Apfel isst, der sie anlacht.

Am 23. August 2011 stieg Gerlinde Kaltenbrunner die letzten Schritte zum Gipfel des K2 hinauf. Sie kam über den Ausstieg aus dem extrem schwierigen und höchst selten begangenen Nordpfeiler. Seit drei Jahren hatte niemand mehr den zweithöchsten Punkt der Erde betreten. Um 18.18 Uhr kam Gerlinde Kaltenbrunner dann nicht mehr weiter hinauf – was aber einzig daran lag, dass es nicht mehr weiter aufwärts ging. Sie war oben angelangt. Hinter ihr folgten die beiden kasachischen Bergsteiger Wassili Piwzow und Maksut Schumajew. Dass die drei in dieser Konstellation den Gipfel erreichten, war eher ein Zufall, denn eigentlich wollte Gerlinde Kaltenbrunner den K2 zusammen mit ihrem Mann Ralf Dujmovits besteigen. Doch als der zurückblieb, weil er sich nicht gut fühlte, schlossen sich die Österreicherin und die beiden Kasachen auch für den Gipfelgang zusammen, nachdem sie schon in den Wochen zuvor immer wieder gemeinsam den Weg nach oben vorangetrieben hatten.

Für Gerlinde Kaltenbrunner ging auf dem 8611 Meter hohen Gipfel des K2 ein Lebenstraum in Erfüllung. Denn der zweithöchste Berg der Erde war unauslöschlich seit 25 Jahren in ihrem Kopf, seit sie 1986 als 16-Jährige während eines Diavortrags diese wunderbare Pyramide auf der pakistanisch-chinesischen Grenze im Karakorum zum ersten Mal gesehen hatte. Es hatte sich schließlich so ergeben, dass der K2 der letzte Achttausender einer langen Serie wurde und sie mit dieser Besteigung das höchste Projekt abschloss, das es für einen Bergsteiger überhaupt gibt. Sie erwarb ihre Meriten zudem mit besonderer Auszeichnung, und die Welt der Achttausender-Bergsteiger verneigte sich an diesem 23. August 2011 tief vor der Österreicherin. Denn Gerlinde Kaltenbrunner war an jenem Dienstag die erste Frau der Welt, die alle 14 Achttausender ohne zusätzlichen Flaschensauerstoff bestiegen hatte. Die Südkoreanerin Oh Eun-Sun (am 27. April 2010 an der Annapurna) und die Spanierin Edurne Pasaban (am 17. Mai 2010 an der Shisha Pangma) hatten ihre Vierzehner-Serie zwar schon ein Jahr zuvor komplettiert, doch Oh Eun-Sun hatte an zumindest einem, Edurne Pasaban an zwei Bergen Flaschensauerstoff verwendet. Überdies wird bis heute die Gipfelbesteigung des Kangchendzönga in der Vita der Südkoreanerin in Zweifel gezogen. In der ewigen Bestenliste aller Bergsteiger, die die 14 höchsten Berge der Erde ohne Flaschensauerstoff bestiegen haben, wurde Gerlinde Kaltenbrunner an elfter Stelle eingetragen. Der K2 jedoch hatte ihr am meisten abverlangt, denn am schwierigsten der hohen Gipfel hatte sie während vier Expeditionen sieben Mal angesetzt, ehe sie endlich ganz oben stand. Den Mount Everest hatte sie schon zwei Jahre zuvor, am 24. Mai 2010, bestiegen – bereits im zweiten Anlauf.

Gerlinde Kaltenbrunner kam am 13. Dezember 1970 in Kirchdorf an der Krems in Oberösterreich zur Welt. Nicht weit weg von der Pyhrn Autobahn und nahe dem Nationalpark Oberösterreichische Kalkalpen. Die Geschichte ihrer Jugend und wie sie in die Berge kam, ist hundertfach erzählt worden und hat doch nichts an Spannung verloren. Der Pfarrer Erich Tischler nahm seine Ministranten nach dem sonntäglichen Gottesdienst stets mit auf eine Bergtour. Der begeisterte Wanderer, Kletterer und Skitourengeher zeigte den Kindern mit viel Einfühlungsvermögen und garniert mit spannenden kleinen Abenteuern die Schönheit der Natur und die einsame Welt der Berge. Gerlinde Kaltenbrunner war das zweitjüngste von sechs Geschwistern. Die Bergleidenschaft ihrer Tochter beobachteten Rosi und Manfred Kaltenbrunner mit ein wenig Skepsis und der ganz normalen Ängstlichkeit von Eltern. Aber sie ließen ihre Tochter voller Vertrauen in deren Vorsicht und Aufmerksamkeit mit Pfarrer Tischler ziehen. Mit 13 Jahren durchstieg sie die ersten leichten Kletterrouten, und mit 16 sah sie jenen Diavortrag über die Berge des Karakorum. Siegfried Wasserbauer, Teilnehmer der österreichischen K2-Expedition, bei der 1986 13 Bergsteiger ums Leben kamen, erzählte damals jedoch weniger vom Sterben an den hohen Bergen als vielmehr von den Naturschönheiten im Karakorum. »Ich war vollkommen fasziniert von den Bildern, von diesen gewaltigen Bergen, von der Höhe und davon, was diese Gipfel in Menschen für eine Begeisterung auslösen konnten.« Gerlinde Kaltenbrunner ist ihrem Vater bis heute dankbar, dass er ihr damals die 100 Schilling für den Eintritt in die Hand gedrückt hat.

Sie besuchte die Skihauptschule in Windischgarsten, danach die Schule für Sozialdienste in Rottenmann und wurde schließlich Krankenschwester. Mit Siegfried Wasserbauer lernte sie die steilen Felsen und die Liebe kennen. Sie kletterten ab 1990 zusammen im Fels und im Eis, wann immer es nur möglich war. Nach einem Jahr zogen sie gemeinsam auf den elterlichen Bauernhof von Siegfried, und Gerlinde Kaltenbrunner begann ihren Traum von einem hohen Gipfel zu träumen. Schließlich stiegen sie durch die Nordwand des Matterhorns, und am 2. Juli 1994, erst 23 Jahre alt, erreichte sie am Vorgipfel des Broad Peak eine Höhe von 8030 Metern. Nur noch 21 Höhenmeter trennten sie vom Hauptgipfel – aber das ist eine Wegstrecke, die selbst bei guten Verhältnissen fast eine Stunde Zeit benötigt. Das war an diesem Tag nicht mehr möglich. Gerlinde Kaltenbrunner drehte um und stieg ins Basislager ab.

Bei ihrer ersten Expedition hatte es zwei Tote am Berg gegeben. Sie hatte die Spannung, aber auch die gelösten Stunden an einem Achttausender kennengelernt. Sie hatte Hans Kammerlander getroffen, der in diesem Jahr seinen neunten Achttausender bestieg, als Erster den Gipfel erreicht hatte und einen Teil des Bergs mit Ski abgefahren war. Das Expeditionsleben faszinierte sie, und noch bevor das Basislager damals abgebaut wurde, überlegte sie bereits, wann sie das nächste Mal würde aufbrechen können. »Ich war zuvor nie höher als 4800 Meter gewesen, aber ich erkannte am Broad Peak rasch, dass ich offenbar die Höhe recht gut vertragen konnte, obwohl das alles sehr, sehr anstrengend war.« Von diesem Tag an begann sie jeden Schilling zu sparen, manchmal bekam sie an den Wochenenden eine stattliche Prämie, wenn sie wieder einmal irgendwo ein Mountainbikerennen gewonnen hatte.

1998 ließ sie sich vorübergehend beurlauben und bestieg den Gipfel des Cho Oyu. Das war der erste »richtige« Achttausender. »Es war schnell klar, dass alle Expeditionen viel Geld kosteten, und ich musste mir dringend etwas einfallen lassen.« Sie begann für einen italienischen Ausstatter Sportartikel zu verkaufen, genau wie Petra Bauer, die Tochter des österreichischen K2-Besteigers Willi Bauer, der jene Tragödie von 1986 knapp überlebt hatte. Zusammen mit Petra Bauer war Gerlinde Kaltenbrunner am Broad Peak unterwegs gewesen. Weil aber so immer noch nicht genug Geld zusammenkam, arbeitete sie auch wieder als Krankenschwester. Am 7. Mai 2000 erreichte sie den Zentralgipfel der Shisha Pangma (8008 m). Erneut fehlten ihr nur rund zwanzig

Höhenmeter bis zum höchsten Punkt (8027 m) Doch auch das war wieder eine gute Lehre, denn an den Achttausendern können ein paar Meter Welten bedeuten. Am 14. Mai 2001 bestieg sie den Gipfel des Makalu und damit einen der »Big Five« unter den vierzehn Achttausendern (Everest, K2, Kangchendzönga, Lhotse und Makalu). Im Gipfelbereich verschwand an diesem Tag der Österreicher Erich Resch, und Gerlinde Kaltenbrunner war die Letzte, die ihn lebend gesehen hatte. Sie empfand das als furchtbar. Ein Jahr danach, am 10. Mai 2002, gelangte sie auf den Gipfel des Manaslu und damit auf ihren dritten Achttausender in vier Jahren. Jetzt war klar, wie es weitergehen sollte.

Am 20. Juni 2003 erreichte sie um die Mittagsstunde den Gipfel des Nanga Parbat. Kein anderer Achttausender hatte sie bis dahin so sehr fasziniert. Im Basislager befand sich damals auch ein kasachisches Team von Bergsteigern. Wochenlang beobachteten sie Gerlinde Kaltenbrunner. Sie trug Rucksäcke den Berg hinauf in die Hochlager, die mindestens so schwer waren wie ihre eigenen. Sie spurte nicht weniger, eher viel mehr als die anderen. Und Müdigkeit schien ihr ein Fremdwort zu sein. Mit großen Augen bestaunten die Kasachen die junge Frau, ihre ebenmäßigen, feinen Gesichtszüge, ihr sanftmütiges Lächeln und ihre bedachte Art am neunthöchsten Berg der Erde. Als sie den Gipfel erreichte, nannten die munteren Männer aus Kasachstan sie längst voller Hochachtung und Bewunderung »Cinderella Caterpillar«. Dass Gerlinde Kaltenbrunner dies vielleicht weniger schmeichelhaft finden könnte, kam ihnen nicht in den Sinn. Für sie stand fest, sie war schön wie die Märchenfigur aus dem Aschenputtel-Märchen und stark wie eine Baumaschine des US-Herstellers aus Peoria, Illinois. Am 28. Mai 2004 bestieg Gerlinde Kaltenbrunner den Gipfel der gefährlichen, weil ständig von Lawinen bedrohten Annapurna. An ihrer Seite stand der Japaner Hirotaka Takeuchi. Und ihr neuer Freund Ralf Dujmovits, den sie in dieser Zeit kennengelernt hatte. Alle drei schworen an dem Tag, diesen Berg nie wieder zu besteigen. Noch viel gefährlicher konnte es kaum sein. Nach einem kurzen Aufenthalt daheim flog die Österreicherin in den Karakorum und erreichte am 25. Juli den höchsten Punkt des Gasherbrum I.

Ein Jahr später, am 7. Mai 2005, bestiegen Gerlinde Kaltenbrunner, Ralf Dujmovits und Hiro Takeuchi, mit dem die beiden inzwischen eine enge Freundschaft verband, den Gipfel der Shisha Pangma. Sie kamen über die steile Südwand herauf, wobei Gerlinde Kaltenbrunner die erste Frau der Welt war, der das gelang. Die drei nahmen nicht denselben Rückweg, sondern stiegen nach Norden hin ab, womit ihnen die erste komplette Überschreitung des einzigen Achttausenders gelang, der vollständig auf tibetischem Gebiet steht. Doch dieses Frühjahr sollte damit noch nicht zu Ende sein. Die drei fühlten sich bestens akklimatisiert und fuhren mit einem Jeep unter die Nordwand der Mount Everest. Seit Jahren war Gerlinde Kaltenbrunner von dieser Seite des höchsten Berges fasziniert. Die beiden Normalwege von Süden her oder über den Nordgrat interessierten sie nicht. Aber diese Wand hatte es ihr angetan, die sich so breit, so massiv und so faszinierend über dem Rongbuk-Gletscher erhebt.»In einem Heft von *National Geographic* hatten Ralf und ich ein phantastisches Foto entdeckt. Ich hängte es in unser Büro, und dann begann ich diesen Traum zu träumen. Immer und immer wieder.« Als sie im Mai 2005 zum Everest wechselten, fühlte sich Gerlinde Kaltenbrunner »unglaublich gut« und hielt die Zeit für gekommen, »nun auch den Höchsten zu versuchen«.

Am vorletzten Julitag 2012 – wir saßen bei brütender Sommerhitze im Wohnzimmer von Gerlinde Kaltenbrunner und Ralf Dujmovits in Bühl am Fuß des Schwarzwalds – ließ eine der erfolgreichsten Bergsteigerinnen der Welt den Blick zurückschweifen. Und sie war dabei alles andere als unkritisch.»Vielleicht war es ja ein bisschen vermessen, nach der schweren Tour an der Shisha Pangma mit so einem kühnen Plan und der Idee einer Besteigung im alpinen Stil zum Mount Everest zu gehen.« Die drei Bergsteiger hatten die Superroute am höchsten Berg vor Augen. Durch das Japaner-Couloir hinauf in die große Schnee- und Firnflanke, dann eine lange Querung nach links und immer weiter hinauf, anschließend durch das Hornbein-Couloir auf den Grat und von dort zum Gipfel – das war die Idee, das war der Plan, das war der Traum. Fast 3000 steile Meter und eine Linie in der Nordwand, die sicher eine der schönsten und spannendsten am gesamten Mount Everest ist. Doch als die drei nun unter der Wand standen, mussten sie mit Entsetzen feststellen, dass in diesem Frühjahr fast ständig Steinschlag die Route bedrohte und blankes Eis mühsame Kletterei auf den Frontalzacken der Steigeisen bedeuten würde.

Die drei schauten lange und sehnsüchtig die Nordwand hinauf, änderten dann aber ihr Vorhaben. Ausgeträumt. Über die uralte Route des Engländers Noel Odell von 1924 querten sie unter der Nordwand in den Nordsattel in 7100 Meter hinauf zum Nordostgrat, über den der Normalweg von Tibet aus auf den Everest verläuft. Im Sattel mussten sie zwei Nächte verbringen, weil schlechtes Wetter sie stoppte. Auf dem Weg in das nächste Hochlager auf 7800 Metern nahm diese Expedition dann jenen im Kapitel über Ralf Dujmovits schon erwähnten dramatischen Verlauf. Kurz vor dem Lager brach Hiro Takeuchi zusammen, und Gerlinde Kaltenbrunner, die massiv Medikamente spritzte, gelang es, den Japaner am Leben zu halten.

Am nächsten Morgen war die Expedition beendet, denn nun mussten die Österreicherin und Ralf Dujmovits dem Japaner Schritt für Schritt hinunterhelfen bis in das Hauptbasislager der Normalroute. Dort erholte sich Takeuchi rasch. »Wir waren unendlich froh, dass unser Freund diese fürchterliche Nacht überstanden hatte, und danach sprachen wir lange über Offenheit, Vertrauen und Ehrlichkeit am Berg, vor allem an den Achttausendern.«

Erst während dieses Gesprächs trat dann die ganze Wahrheit über jenen 1. Juni 2005 zutage, an dem zunächst so prächtiges Wetter geherrscht hatte, bevor es sich im weiteren Verlauf immer mehr zugezogen und schließlich zu stürmen und zu schneien begonnen hatte. Nachdem die drei am Morgen von ihrem Zelt aufgebrochen waren, hatte Gerlinde Kaltenbrunner bald einen beachtlichen Vorsprung gegenüber den beiden. Ihren Freund Ralf Dujmovits störte das überhaupt nicht, während der Japaner mit aller Kraft versuchte, den Abstand nicht noch größer werden zu lassen, sondern ihn ständig zu verringern versuchte. Dabei hatte er am Morgen im Zelt verschwiegen, dass er bereits zu diesem Zeitpunkt unter sehr starken Kopfschmerzen litt, die im weiteren Verlauf des Tages immer schlimmer wurden, bis er schließlich zusammenbrach. Überdies war er angesichts des plötzlichen Wetterumschwungs viel zu dünn angezogen.

Dass sich seine eigene Situation dramatisch verschlechterte und seine beiden europäischen Freunde stundenlang intensiv um sein Leben kämpften, bekam Takeuchi erst mit, als man ihm davon erzählte. »Er hat uns dann erklärt«, sagt Ralf Dujmovits, »dass es in einer japanischen Expedition wohl nur schwer denkbar sei, einem erkrankten Bergsteiger aus dem Team hinunterzuhelfen, bevor man nicht selbst den Gipfel bestiegen habe. Rettung gäbe es wohl erst auf dem Rückweg, wenn man dann überhaupt noch am Leben wäre.« Keine Frage, an diesem Tag waren zwei Weltanschauungen über das Bergsteigen aufeinandergeprallt. Der Meinung ist auch Gerlinde Kaltenbrunner: »Aber Hiro lebte, das war die Hauptsache, und wir waren sehr erleichtert, dass es noch so gut ausgegangen war.«

Sieben Wochen später, am 21. Juli 2005, bestieg Gerlinde Kaltenbrunner den Gasherbrum II auf der pakistanisch-chinesischen Grenze. Es war ihr achter Achttausender. 2006 schaffte sie am 14. Mai zusammen mit Ralf Dujmovits, Hiro Takeuchi und dem Schweden Veikka Gustafsson den Kangchendzönga und erlebte dabei eine ihrer anstrengendsten Expeditionen. Nachdem sie 2003 von der Nordseite her am dritthöchsten Berg der Erde gescheitert waren, hatten sie nun von Süden her mehr Glück. Kaum vom Gipfel herunter, wechselte das Team sofort in das Süd-Basislager des Mount Everest und versuchte von dort aus den Lhotse zu besteigen. Doch dieser Versuch misslang. In der Lhotse-Rinne kamen sie bis etwa hundert Höhenmeter unter den Gipfel. Dort lag eine dicke Schneedecke auf blankem Eis, und nicht immer griffen die Steigeisen so, wie sie sollten. Als Erster drehte damals Ralf Dujmovits um, später auch Gerlinde Kaltenbrunner und Hiro Takeuchi. Die Sache war einfach viel zu gefährlich. Doch nichts Schlechtes, an dem nicht auch etwas Gutes ist. Die drei biwakierten unterwegs noch einmal in der Lhotse-Flanke. Und mitten in der Nacht fragte Ralf seine Gerlinde, ob sie ihn heiraten wolle. Tief unter ihnen tobte sich in einer massiven Wolkenfront ein spektakuläres Gewitter aus, und über ihnen blinkten die Sterne. Sie waren das Verlobungsgeschenk in den Bergen des Himalaja.

502

Am 27. März 2007 heirateten die beiden und flogen wenige Tage später nach Nepal. Ihre Hochzeitsreise führte sie allerdings auf getrennte Wege. Ralf ging zum Manaslu und Gerlinde zum Dhaulagiri. Ihre Expedition endete in einem fürchterlichen Drama, bei dem die Österreicherin fast selbst ihr Leben verloren hätte. In 6650 Meter Höhe erreichte Gerlinde Kaltenbrunner am Nachmittag des 12. Mai das zweite Hochlager. Mit ihr waren die spanischen Bergsteiger Ricardo Valencia, Javi Serrano und Santiago Sagaste dort angekommen. Die vier wähnten sich an einem lawinensicheren Platz. Doch der Dhaulagiri war immer schon ein unberechenbarer Berg. Am Morgen des nächsten Tages verschüttete eine Schneebrettlawine den Zeltplatz und begrub sowohl die Zelte der Spanier als auch die Behausung von Gerlinde Kaltenbrunner vollständig unter sich. Ihr Zelt hatte der Schnee sogar noch ein Stück weggeschoben. Vielleicht war das ihr Glück, denn sie war nicht so tief begraben, konnte atmen und sich sogar bewegen. Sie griff schließlich nach einem kleinen Messer an ihrem Klettergurt, das sie einige Jahre zuvor von Ralf Dujmovits geschenkt bekommen hatte. Damit schlitzte sie die Zeltplane auf und konnte sich durch die Schneedecke ins Freie wühlen.

Als sie sich befreit hatte, begann sie mit Javi Serrano, dem ebenfalls nichts passiert war, nach den beiden anderen Spaniern zu graben. Doch als sie deren Zelte in zwei Meter Tiefe endlich freigelegt hatten, kam jede Hilfe zu spät. Beide hatten das Unglück nicht überlebt. Schockiert und auch tief deprimiert, brach Gerlinde ihr Unternehmen ab. Nur wenige Wochen machte sie sich dennoch wieder auf, um am 12. Juli 2007 endlich auch den Broad Peak und seinen Hauptgipfel zu besteigen, wo dreizehn Jahre zuvor alles begonnen hatte. Das versöhnte sie wieder mit ihren geliebten Bergen. Nur wenige Tage später unternahm sie am K2 zwei vergebliche Versuche auf der Cesen-Route. Aber danach war für sie klarer denn je, dass sie eines Tages auf diesem Gipfel stehen wollte.

Spätestens seit der Besteigung des Kangchendzönga verfolgte Gerlinde Kaltenbrunner das Ziel, alle vierzehn Achttausender zu besteigen. Als das bekannt wurde, begannen die Medien unverzüglich damit, ein Wettrennen zu konstruieren, und stellten immer häufiger die Frage, wer denn die erste Frau sein würde, die diese Sammlung komplettierte. Die Spanierin Edurne Pasaban, die Italienerin Nives Meroi und schließlich auch die Südkoreanerin Oh Eun-Sun wurden zu Kaltenbrunners Widersacherinnen ausgerufen. Die drei Europäerinnen wurden derweil nicht müde zu betonen, dass es für sie keinen Wettlauf gebe, während die Südkoreanerin schwieg und verbissen versuchte, ihren zunächst großen Rückstand aufzuholen. In Interviews in Magazinen und Zeitungen, im Fernsehen und während ihrer Vorträge betonte Gerlinde Kaltenbrunner fast gebetsmühlenhaft, dass sie die vierzehn zwar wolle, aber nicht zwingend die Erste sein müsse, die das Ziel erreiche. Wenn sie das unbedingt wollte, dann hätte sie schon viel früher an den Achttausendern ausschließlich die oft präparierten Normalwege wählen können, doch sie interessierten das Gesamterlebnis Berg und die einsamen Wege viel mehr.

Allein, all diese Beteuerungen halfen nichts, kaum hatte eine der vier Protagonistinnen wieder einen Gipfel bestiegen, gab das dem Medienhype sofort neue Nahrung. Am 1. Mai 2008 stand Gerlinde Kaltenbrunner auf dem höchsten Punkt des Dhaulagiri, der nun für sie allen Schrecken verloren hatte, und 28 Tage später musste sie einen weiteren Versuch am Lhotse jenseits von 8000 Meter Höhe abbrechen. Sie bestieg den vierthöchsten Achttausender dann ein Jahr später am 20. Mai 2009. Im Juli und August 2009 setzte sie am K2 wieder zweimal an. Der Gipfel gelang jedoch abermals nicht. Sie war ganz dicht vor dem Ziel, doch es fehlten ihr eben noch die beiden höchsten Berge der Welt. Da schienen auf dem Papier die Koreanerin und die Spanierin die vermeintlich leichteren Aufgaben zu haben, denn Oh Eun-Sun hatte nur noch die Annapurna vor sich. Und Edurne Pasaban musste noch auf die Annapurna und die Shisha Pangma.

Im Frühjahr 2010 stiegen eine Frau und zwei Männer den zentralen Rongbuk-Gletscher hinauf – Gerlinde Kaltenbrunner, ihr Mann Ralf Dujmovits und ein langjähriger Sherpa-Freund, ihr Koch Sitaram Rai. Sie schauten in die Nordwand, und ihre Blicke blieben natürlich im Japaner-Couloir und in der Schneeflanke darüber hängen, bevor sie das Hornbein-Couloir hinaufwanderten. Der alte Traum war in Gerlinde Kaltenbrunner immer noch hellwach.»Diese Wand, diese beiden Rinnen faszinierten mich vollkommen. Die Linie ist so logisch, als wäre es gar nicht anders möglich, als könnte man nur dort hinaufgehen. Und ich wollte aus gutem Grund genau dort hinauf. Ich hatte inzwischen dreimal im Zusammenhang mit dem Lhotse erlebt, wie es auf der Südroute des Everest zuging, und von Norden hörte man nichts Besseres. Die Normalanstiege waren für mich einfach keine Option. Ich wollte eine einsame Besteigung.«

Ralf Dujmovits sah das auch so. Nach einer kurzen Besichtigungstour im untersten Teil der Nordwand stiegen die beiden wie schon 2005 über die Odell-Route zum Nordcol und über den Normalweg weiter auf. Beide Male schliefen sie jeweils zwei Nächte in 7600 Meter Höhe. Doch die Verhältnisse am Mount Everest waren in diesem Frühjahr nicht die besten. Und auch das Wetter nicht. Fast drei Wochen konnten sich die beiden nicht mehr vom Basislager fortbewegen. Fast jeden Tag schneite es, im Gipfelbereich tobt der Sturm mit über 130 Stundenkilometern. Der einzige Zeitvertreib: Die beiden mussten jeden Tag 40 Minuten mit einem großen 20-Liter-Kanister von ihrem vorgeschobenen Basislager auf dem zentralen Rongbuk-Gletscher absteigen, um Wasser zu holen. Zweimal legten sie auch die sechs Stunden Fußmarsch bis zum Fuß der Nordwand und unter den Einstieg in Richtung Japaner-Couloir zurück. Die restliche Zeit verging mühsam, mit zermürbendem Warten und Hoffen auf einen Wetterumschwung.

Dann endlich verhieß der Innsbrucker Meteorologe Karl Gabl ein wenig Besserung. Stabilität konnte er jedoch nicht versprechen. Gerlinde Kaltenbrunner und Ralf Dujmovits gingen dennoch zum Wandfuß und stiegen tags darauf ein. Links des Japaner-Couloirs überwanden sie einen senkrechten Bergschrund und gelangten dann etwas leichter zwischen Felsen weiter hinauf. Schließlich hielten sie sich rechts und gelangten so in die steile Rinne, die von den Japanern 1980 erstmals durchstiegen worden war.

Was sie dort erwartete, können beide bis heute noch immer nicht recht glauben. Spindrift ist eigentlich ein Begriff aus der Seefahrt für die feine, sprühende Gischt, die sich auf den Wellen bei hoher Windstärke bildet. Beim Bergsteigen wird die Bezeichnung Spindrift ebenfalls verwendet, wenn feinster, körniger Schnee von starkem Wind steile Felswände hinuntergetrieben wird. Wie kleine Lawinen kommt dann dieser unangenehme Schneegries daher. Die Spindrift nimmt oft für Minuten komplett die Sicht, raubt Bergsteigern häufig völlig den Atem und dringt durch jede Ritze der Bekleidung. »Es war unglaublich, wie immer neue Wogen mit ganz trockenem Schnee daherkamen. Wir waren mit einem Fünfzigmeterseil gesichert und konnten uns auf diese Distanz gegenseitig nicht mehr sehen.«

So würden sie in dem geplanten Alpinstil, also ohne die Route zuvor abzusichern, ohne Flaschensauerstoff und ohne Unterstützung durch Sherpa, in der fast 3000 Meter hohen Wand ohne Chance sein. Sie standen mit zwei eingeschlagenen Eisgeräten in den Händen und mit den Füßen auf den Frontalzacken ihrer Steigeisen balancierend oft minutenlang in der Rinne des Japaner-Couloirs, ohne auch nur einen einzigen Meter voranzukommen. Schließlich seilten sie ab und standen nach ein paar Stunden vollkommen ratlos wieder am Wandfuß. Enttäuscht stiegen sie bis in ihr vorgeschobenes Basislager ab.

»Auf gewisse Weise waren wir uns beide einig, dass es so keinen Sinn hatte. Aber dennoch, es fiel mir unglaublich schwer, loszulassen, mich von diesem wunderbaren Traum einer Nordwand-Durchsteigung am Mount Everest zu lösen. Ich wollte das nicht. Ich mochte die Hoffnung nicht aufgeben. Nicht schon zu diesem Zeitpunkt. Ralf war da schnell viel weiter als ich.« Natürlich wollte auch Gerlinde Kaltenbrunner nicht auf Biegen und Brechen dort hinauf und schon gar nicht bei diesen Verhältnissen. Doch die Zeit drohte ihnen davonzulaufen. Die entscheidenden Fragen lagen offen vor ihnen. Sollten sie hoffen, dass sich bis Ende Mai die Wettersituation veränderte und die Verhältnisse in der Wand besser würden? Sollten sie abbrechen und heimfliegen? Sollten sie auf den Normalweg ausweichen? Aus Innsbruck meldete Charly Gabl nichts Gutes. Kein stabiles Wetter in Sicht. Wind und immer wieder auch Schneefälle. Wenn die Nordwand vor ihren Augen auftauchte, weil die Wolken aufrissen, war Gerlinde Kaltenbrunner sofort dafür, noch etwas zu warten. Wenn sie den Schnee die Wand hinunterrasen sah, hoffte sie auf Besserung.

Ihr Mann nannte das Ganze unterdessen Risikomanagement und ging die Sache pragmatisch an. Am Ende seiner Überlegungen stand ebenfalls der Gipfel. Doch sein Weg dorthin führte schon längst nicht mehr durch die Nordwand. Gerlinde Kaltenbrunner aber klammerte sich weiterhin an ihren Plan. Nicht, dass sie stritten, aber sie waren auch nicht einer Meinung. Im Dezember vor dieser Expedition waren sie extra zu Alberto Iñurrategi ins Baskenland gefahren, um sich von dem Spanier Tipps für die Nordwand geben zu lassen und seine großartigen Fotos anzuschauen. Monatelang hatte Gerlinde Kaltenbrunner bei Wind und Wetter trainiert, und sie hatten beide sehr viel Geld in dieses Unternehmen gesteckt. »Natürlich siegte irgendwann die Vernunft, und ein paar Tage später sah ich dann, dass es eine gute Entscheidung war, die Nordwand aufzugeben.«

Über die Odell-Route stiegen sie schließlich in den Nordcol hinauf. Nun war es mit der Einsamkeit schlagartig vorbei, denn dort standen rund sechzig Zelte, und der übliche Everest-Trubel war voll im Gange. »Das war wie ein Schock für Ralf und mich. Ich hätte fast alles darum gegeben, wenn ich mich dort nicht hätte einreihen müssen.« Dass sie noch immer ohne Hochträger und ohne Flaschensauerstoff unterwegs sein würden, war wenigstens ein kleiner Trost. Am 19. Mai erreichten die beiden den Nordsattel. Dort saßen sie zwei Tage wegen der extremen Temperaturen und des enormen Sturms auf dem Nordgrat fest. Am 22. Mai erreichten sie den Platz in 7600 Meter Höhe, an dem sie sich akklimatisiert hatten. Am 23. Mai bauten sie in 8300 Meter Höhe ihr letztes Hochlager vor dem Gipfel auf. Sie krochen früh in ihre Schlafsäcke, doch Ralf Dujmovits bekam kein Auge zu. Immer wieder musste er sich aufsetzen, weil ein aufreibender Höhenhusten ihn nicht zur Ruhe kommen ließ. Auch Gerlinde Kaltenbrunner verbrachte deswegen eine schlechte Nacht. Am nächsten Morgen beobachtete sie, wie ihr Mann einen Becher mit heißem Wasser ganz langsam verschüttete, weil er während des Trinkens einschlief. Ralf Dujmovits, der zu diesem Zeitpunkt bereits alle vierzehn Achttausender bestiegen und nur am Mount Everest 1992 vom Südsattel aus Flaschensauerstoff verwendet hatte, war fix und fertig. Er entschloss sich zum Abstieg, Gerlinde Kaltenbrunner indes zum weiteren Aufstieg. Sie verabredeten, sich unten am Nordsattel wieder zu treffen. Es sollte anders kommen.

Gegen 3.40 Uhr zog Gerlinde Kaltenbrunner die Bergschuhe an und befestigte vor dem Zelt die Steigeisen. Sie nahm ihren

Rucksack auf die Schultern und ging um kurz vor vier Uhr los. Im Schein ihrer Stirnlampe stieß sie nach einiger Zeit auf Fußspuren. Es mussten andere Bergsteiger vor ihr sein. Als sie auf den Grat gelangte, begann es zu dämmern. Doch mehr sehen konnte sie deshalb nicht. Es schneite weiterhin, und der gesamte Gipfelbereich war in dichte Wolken gehüllt. In diesem Nebel sah sie oft keine zwanzig Meter weit. Die ersten anderen Bergsteiger, auf die sie traf, waren die Italiener Abele Blanc und Marco Camandona. Sie kannte die beiden aus den unteren Lagern. Abele Blanc gehört zu den bekanntesten Bergsteigern der Welt, er hatte zu diesem Zeitpunkt bereits dreizehn Achttausender bestiegen. Ihm fehlte nur noch die Annapurna, der Mount Everest war 1992 sein erster Achttausender gewesen.

Als Gerlinde Kaltenbrunner an diesem Morgen die Alu-Leiter am Second Step überwand, schloss sie kurz darauf zu zwei weiteren Kollegen auf. Es waren Silvio »Gnaro« Mondinelli und Michele Enzio. Auch Mondinelli gehört zu den ganz Großen. Er hatte bereits 2007 alle Achttausender bestiegen, als dreizehnter Mensch überhaupt und als sechster ohne Flaschensauerstoff. Die vier Italiener waren an diesem 24. Mai 2010 die Einzigen, die bereits so weit hinaufgekommen waren. Keiner von ihnen verwendete Flaschensauerstoff, und sie hatten wie Gerlinde Kaltenbrunner auch keine Gipfel-Sherpa dabei.

Es kommt nicht oft vor, dass an einem Tag gleich fünf Bergsteiger ohne Flaschensauerstoff den Gipfel erreichen. Vom Third Step benötigten sie noch einmal zwei Stunden bis zum höchsten Punkt. Gegen 12.30 Uhr machte Gerlinde Kaltenbrunner die letzten Schritte dorthin. »Ich bin ganz bewusst zu dem Dreibein hingegangen. Ich fühlte mich vollkommen bei mir. Als ich oben stand, war das ein sehr ergreifender Moment. In diesem Moment wurde ein Traum für mich wahr – auch ohne die Nordwand. Körperlich fühlte ich nicht sehr viel, mein Mund war vollkommen ausgetrocknet, und ich atmete sehr, sehr schnell, aber ich hatte keinerlei Schmerzen.« Nacheinander trafen die vier Italiener ein. Man beglückwünschte sich gegenseitig, Gerlinde Kaltenbrunner ging dann hinüber an den Rand der Gipfels, um in die Nordwand hinunterzuschauen. Doch auch dort sah sie nur Nebel. Dann begann sie Rechenaufgaben zu lösen. »Ich multiplizierte zwei und dreistellige Zahlen miteinander – und hoffte, dass die Lösung schon richtig ist.« Die fünf hielten sich nur gut eine halbe Stunde am höchsten Punkt auf, dann beschlossen sie, wegen des Nebels im Abstieg zusammenzubleiben. Vor allem Abele Blanc wirkte reichlich angeschlagen. Ihm, der vier Monate später 56 Jahre alt werden würde, hatte der Aufstieg am meisten zugesetzt. Während des Abstiegs musste er sich nun immer wieder hinsetzen und ausruhen.

Auf 8600 Meter öffnete sich die Wolkendecke, und die fünf kamen doch noch in den Genuss einer großartigen Everest-Aussicht. Dreihundert Höhenmeter tiefer sah Gerlinde Kaltenbrunner das Zelt stehen, das sie Stunden zuvor verlassen hatte. Sie war sicher, dass ihr Mann längst in den Nordsattel abgestiegen war, und hoffte, dass es ihm gut ging. Als sie dann jedoch nur noch dreißig Meter von dem Zelt entfernt war, öffnete sich ganz langsam der Reißverschluss der Zeltplane, und Ralf Dujmovits kam heraus. »Er hatte diese vielen Stunden ausgeharrt, um auf mich zu warten. Und obwohl er selbst nicht mit auf dem Gipfel war, der ihm so unendlich viel bedeutet hätte, freute er sich nun mit mir.«

Längst war Gerlinde Kaltenbrunner den vier Italienern weit enteilt. Sie trank nun reichlich, dann packten die beiden rasch zusammen und setzten gemeinsam den Abstieg fort. Sie passierten die Hochlager, kamen in den Nordsattel und stiegen unverzüglich weiter ab bis in das vorgeschobene Basislager unter der Nordroute. Aber selbst da machten die beiden nicht halt. Es war schließlich tiefdunkle Nacht und fast 1.30 Uhr, als sie das Haupt-Basislager unweit des Klosters Rongbuk erreichten. Ein wirklich gewaltiges Pensum an einem Tag. Dort nahm ihr treuer Koch Sitaram Rai die beiden in Empfang. Er war acht Stunden lang allein über den östlichen Rongbuk-Gletscher gegangen, um seine Freunde Gerlinde und Ralf ungeduldig zu erwarten.

Der Rest, sollte man meinen, ist für Spitzenbergsteiger Routine. Doch das war es nicht. Vom Gipfel aus hatte Silvio Mondinelli via Satellitentelefon nach Hause gemeldet, dass sie den Gipfel erreicht hätten und auch Gerlinde Kaltenbrunner bei ihnen sei. Diese Meldung landete bald darauf bei der italienischen Nachrichtenagentur Ansa und kurz danach bei der österreichischen

APA. Als Mondinelli im Abstieg weder Gerlinde Kaltenbrunner noch ihren Mann in einem der Hochlager und auch nicht am Nordsattel fand, wo er sie vermutete, meldete er nach Italien, es sei womöglich etwas Schreckliches passiert. Kurz darauf erklärte die österreichische APA die beiden Bergsteiger für vermisst. Dabei saßen sie bereits gesund, wenn auch sehr müde viel weiter unten. Erst Kathrin Furtner, die Assistentin von Gerlinde Kaltenbrunner, konnte das Missverständnis aufklären, das für ein paar Stunden großen Wirbel verursacht hatte.

Am nächsten Tag spazierten Kaltenbrunner und Dujmovits zurück in die Einsamkeit ihres eigenen Basislagers auf der anderen Seite des Gletschers unter der Nordwand. In dieser Zeit dachte Gerlinde Kaltenbrunner viel über das Glück nach, und sie befand, dass ihr Gipfelglück am Everest eigentlich dreigeteilt war: »Das erste Mal empfand ich es für einen kurzen Moment ganz oben, weil ich froh war, endlich dort stehen zu dürfen. Mein zweiter Gipfel war erreicht, als ich Ralf in 8300 Meter Höhe aus dem Zelt schlüpfen und mir entgegeneilen sah. Und den dritten Gipfel erlebte ich, als mir Sitaram eine Schale Suppe reichte.«

Als sie ihr Basislager erreichten, war es wieder dunkel geworden. Müde schlüpften sie in die Schlafsäcke. Endlich schlafen. Sie hatten nun eigentlich zwei Ruhetage eingeplant, doch mitten in der Nacht schreckte Gerlinde Kaltenbrunner hoch und weckte ihren Mann: »Wir hörten die Yaks mit den Treibern kommen und wussten sofort, dass dies bedeutete, wir müssten ganz schnell und noch in der Nacht zusammenpacken und am nächsten Morgen übereilt aufbrechen. Erst am nächsten Abend in einer Lodge, an einem warmen Ofen, bei dem ich immer wieder einschlief vor Erschöpfung, wurde mir bewusst, dass es jetzt vorbei war und ich nun vielleicht endlich einmal schlafen durfte. Das war mein viertes Gipfelglück.«

Ein Jahr später bestieg sie den K2 in Pakistan. Der Rest ist Geschichte.

An jenem heißen Sommertag 2012 in Bühl, nachdem mir Gerlinde Kaltenbrunner so ausführlich von ihren Achttausendern berichtet hatte, kamen wir ebenso gewollt wie zwangsläufig auf die Auswüchse am höchsten Berg der Erde zu sprechen. Auch sie

510

gehört zu den Bergsteigern, die all dem nichts Gutes mehr abgewinnen können. Und die Ausnahmealpinistin reagiert ungewöhnlich scharf. »Als ich 2010 am Nordsattel diese sechzig Zelte gesehen habe, hat mich das abgeschreckt. Wir kamen aus einer vollkommenen Stille unter der Nordwand, und auf einmal hatten wir das Gefühl, wir fädeln uns auf eine Autobahn ein. Und das Schlimmste war, die schienen alle nichts zu sehen. Die sahen die Berge nicht und auch nicht das tibetische Hochland. Die meisten lagen in ihren Zelten herum, während wir draußen mit den Sherpa den Abend genossen und diese einzigartige Aussicht. Ich fragte mich, was die eigentlich dort wollten, ob diese Menschen außer dem Gipfel noch etwas erkennen konnten.«

2012 kam Gerlinde Kaltenbrunner ein weiteres Mal zum Everest. Diesmal von der Südseite her und mit dem Ziel, den Nuptse-Grat zu besteigen. »Ich hatte den Eindruck, dass sich innerhalb von nur zwei Jahren noch einmal alles verändert hatte. Diese Menschenmassen übertrafen alles, was ich je zuvor gesehen habe. Ich stand zusammen mit meinem Kletterpartner David Göttler hoch oben am Nuptse-Grat, und wir schauten gespannt hinunter in die Lhotse-Flanke. Dort erkannten wir diese unglaubliche Menschenschlange, die Ralf an dem Tag fotografiert hat. David und ich dachten, wir trauen unseren Augen nicht. Wir waren uns sofort einig, dass wir uns niemals dort einreihen würden.« Im Khumbu-Eisbruch habe sie in den Tagen zuvor einige schlimme Szenen beobachtet. Dazu gehörte ein Sherpa, der zwei sehr große Rucksäcke trug, während sein Kunde ohne Last aufstieg. »Das sind Sachen, die mich richtig wütend machen. Und ich fand es dramatisch zu sehen, dass die Kanadierin, die später am Everest starb, im ebenen Gelände des Western Cwm mit Steigeisen praktisch nicht gehen konnte.« Auch Gerlinde Kaltenbrunner prangert hart an, dass die nepalische Regierung die Besteigungsgenehmigung für den Everest ohne jegliche Kontrolle der Fähigkeiten der Bergsteiger ausgibt, und sie plädiert nachdrücklich dafür, dass ein Everest-Permit erst ausgestellt wird, wenn ein Bergsteiger gesichert nachweisen kann, dass er einen anderen, niedrigeren Achttausender aus eigener Kraft bestiegen hat. »Es braucht irgendeine Verkehrsregelung an diesem Berg, sonst kommt es zwangläufig zum Kollaps.«

Gerlinde Kaltenbrunner ist auch eine strikte Gegnerin von Fla-schensauerstoff:»Das ist nicht echt, nicht ehrlich, es ist einfach nicht fair. Je nachdem, wie der Regler eingestellt ist, drückt die Zufuhr von Sauerstoff aus der Flasche den Mount Everest auf nur noch 6500 Meter. Natürlich muss das am Ende jeder für sich ent-scheiden, aber dass die meisten erst auf Nachfrage zugeben, dass sie bei ihrer Besteigung Flaschensauerstoff verwendet haben, da-mit tue ich mich schon ganz schön schwer. Nein, eine Besteigung mit Flasche und Maske zählt für mich einfach nicht.« Sie glaubt, dass die Grenze des Möglichen erreicht ist:»Noch mehr Men-schen verträgt der Everest einfach nicht mehr. Es ist doch schreck-lich, wenn sich Leute bei einer Bergbesteigung anschreien:›Wei-tergehen, nicht fotografieren, nicht reden, nicht stehen bleiben!‹ Es ist absurd, dass Bergsteiger in einem Basislager sitzen und warten, bis die Flanke eines Bergs mit Fixseilen gesichert ist, weil sie selbst dazu nicht imstande sind und ohne diese Hilfe nicht hinaufkämen. Als Russell Brice seine Expedition 2012 abbrach, gab es im Basislager einen Aufruhr, weil niemand wusste, wie es nun weitergehen sollte, nachdem Russell eigentlich den oberen Teil des Bergs hatte sichern sollen, dann aber weg war, weil ihm das alles viel zu gefährlich wurde. Für mich steht fest: Ich möchte dorthin nicht mehr zurück.«

Für eine der besten Bergsteigerinnen der Welt ist so gesehen das Kapitel Mount Everest geschlossen. Fast. Denn irgendwann wird sie sich mit ihrem Ralf ein Gläschen Rotwein einschenken und zu träumen beginnen. Auch Ralf Dujmovits hat das Thema Everest für sich eigentlich schon abgehakt, bevor er an diesem Sommer-tag 2012 in Bühl zu mir sagt:»Vielleicht ja doch noch mal. Ich muss in Ruhe nachdenken und mit Gerlinde sprechen.« Und Gerlinde Kaltenbrunner sagt:»Mal schauen. Wenn, dann will ich noch mal in die Nordwand. Obwohl Ralf eigentlich viel lieber in die Ostwand möchte.« Nun, zumindest der Berg ist schon mal derselbe.

Der Mount Everest – Traum und Albtraum zugleich. Auch sech-zig Jahre nach seiner Erstbesteigung.

Fünfzehn Fragen an
...GERLINDE KALTENBRUNNER

»Man muss kein Egoist sein, um einen Achttausender zu besteigen«

Was sind im Wesentlichen die Unterschiede zwischen Bergsteigen und Höhenbergsteigen?
Beim Höhenbergsteigen ist es für mich so, dass durch den geringeren Sauerstoffpartialdruck ab einer gewissen Höhe ein zusätzlicher schwieriger Faktor zum Bergsteigen dazukommt. Bergsteigen bedeutet ja, sich in alpinem und hochalpinem Gelände zu bewegen. Wenn dann dazukommt, dass es aufgrund zunehmender Höhe deutlich schwerer wird, zu atmen und den Körper, die Muskulatur und die Organe mit Sauerstoff zu versorgen, dann beginnt das Höhenbergsteigen.

Wie wird man Höhenbergsteiger?
Bei mir ist es so gewesen, dass ich mich von den Dreitausendern der Ostalpen an die Viertausender in den Westalpen herangetastet habe. Ich denke, diese Entwicklung teile ich mit vielen anderen Höhenbergsteigern Europas. Irgendwann war der Zeitpunkt erreicht, an dem ich einfach einmal einen Achttausender versuchen wollte. Ich habe die Grenzen mehr und mehr nach oben verschoben, vor allem um zu sehen, wie mein Körper auf die zunehmende Höhe reagiert. Ich habe bald erkennen können, dass ich damit gut zurechtkomme und dass das genau mein Ding ist. Ich glaube, es kommt darauf an, dass man an den Viertausendern

gewachsen ist und dort viel Erfahrung gesammelt hat. Vieles an Verhalten, Bewegungen und Mustern muss wirklich gut sitzen. Denn die oberen Regionen der Achttausender sind ein ungeeignetes Gelände, um sich erst noch schnell Basiswissen anzueignen. Die wesentlichen Handgriffe müssen routiniert sitzen. Man sieht immer wieder, was passiert, wenn das nicht der Fall ist.

Welche Vorstellungen vom Höhenbergsteigen hattest du, bevor du den ersten Achttausender bestiegen hast?
Vor allem habe ich mir vorgestellt, dass es extrem kalt sein wird und sehr, sehr anstrengend. Das war mein erster Eindruck von dem, was ich bei Vorträgen gesehen oder in Büchern gelesen hatte. Gleichzeitig habe ich aber auch sehr schnell erkannt, welch unglaublich schöne Gegenden in den ganz hohen Gebirgen auf mich warten. An jedem noch so kleinen Berg macht man die immer gleiche, wunderbare Erfahrung: Je höher man hinaufsteigt, umso mehr sieht man. Und das, so habe ich mir gedacht, muss an den Achttausendern noch einmal ganz besonders sein. Diese Vielzahl an immer neuen Gipfeln, die Bergseen, die Gletscher, die unvorstellbar hohen Wände und Flanken – das alles hat mich sehr früh schon begeistert und meine Vorstellungskraft angeregt. Und gleichzeitig wurde der große Wunsch, dies alles einmal selbst zu erleben und zu erfahren, immer drängender. Ich wollte es ausprobieren und sehen.

Haben Höhenbergsteiger ganz bestimmte charakterliche Merkmale?
Ich glaube, dass Höhenbergsteiger – wie alle anderen Menschen auch – sehr unterschiedlich sind und jeder anders tickt. Aber es gibt wohl einige Charakterzüge, die ganz wichtig sind, vielleicht sogar elementar, um überhaupt Höhenbergsteiger sein zu können. Und um erfolgreich sein zu können. Höhenbergsteiger sollten extrem geduldig sein. Ungeduld ist kein guter Partner an einem hohen Berg. Toleranz gegenüber den Teamkollegen gehört dazu. Auch Fairness und Aufrichtigkeit. Grundwerte also, die schon im ganz normalen, täglichen Leben sehr wichtig sind und die man natürlich auch auf eine Expedition mitbringen sollte. Natürlich ist enorme Willensstärke Voraussetzung. Man muss einen Achttausender unbedingt wollen. Denn der Weg dort hin-

auf ist nicht immer nur schön, sondern vor allem einmal sehr, sehr anstrengend. Man muss sich plagen können und trotzdem nie etwas übers Knie brechen wollen. Es gehört eine Portion Leidensfähigkeit dazu. In diesem Zusammenhang wird häufig auch Egoismus angeführt. Aber ich glaube, man muss kein Egoist sein, um einen Achttausender zu besteigen. Es sagen zwar viele, dass man als Höhenbergsteiger egoistisch sein muss, aber das sehe ich ganz und gar nicht so. Ich kann meine Ziele auch erreichen, ohne den Blick für das zu verlieren, was sich rechts und links, über und unter mir abspielt. Nein, Egoismus braucht es aus meiner Sicht nicht, um als Höhenbergsteiger erfolgreich zu sein.

Was muss ein Höhenbergsteiger mitbringen, um einen Achttausender zu besteigen?
Begeisterung für das eigene Tun. Und Begeisterung für das Ziel. Und natürlich muss die körperliche Voraussetzung hundertprozentig stimmen. Wenn man top vorbereitet ist, gibt das Sicherheit am Berg. Und es beruhigt, wenn man weiß, dass alles passt und man vorher alles für sein Ziel getan hat.

Ist der Mount Everest ein besonderer Berg?
Der Everest ist schon deshalb etwas Besonderes, weil er ganz einfach der allerhöchste auf der Welt ist. Er hat eine wunderschöne Form und Gestalt, ganz besonders von der Nordseite her, da gefällt er mir am besten.

Warum wolltest du den Everest besteigen?
Weil er mich schon so viele Jahre fasziniert hat. Ich kannte ihn als Kind schon vom Namen her. Wirklich auseinandergesetzt habe ich mich mit dem Mount Everest dann nach meiner Besteigung des Kangchendzönga 2006. Da dachte ich mir, jetzt kannst du, rein von der Höhe her betrachtet, auch den Everest versuchen. Weil für mich Besteigungen ohne Unterstützung durch Flaschensauerstoff immer eine Grundvoraussetzung waren, wuchs mein eigenes Zutrauen, nachdem ich auch den Gipfel des dritthöchsten Achttausenders erreicht hatte. Der Wunsch, auf den Mount Everest zu gehen, wurde nun zu einem klaren Ziel.

*Wie ist es zu erklären, dass Höhenbergsteigen innerhalb weniger Jahre
so populär wurde?*
Dazu haben wir Profibergsteiger, die wir mit Vorträgen unterwegs
sind und Bücher veröffentlichen, Interviews geben und im Fernsehen auftreten, schon maßgeblich beigetragen. Das hat die Aufmerksamkeit gesteigert. In Spanien gibt es die renommierte
Fernsehsendung *Al filo de lo imposible,* die sich ganz intensiv
mit Höhenbergsteigen beschäftigt. Dort werden ganz phantastische Filme gezeigt. Wahrscheinlich gibt es nirgendwo anders in
Europa so viele Höhenbergsteiger und so viele Bergsteiger, die
einen Achttausender besteigen wollen, wie in Spanien. Dafür
sorgt auch diese TV-Sendung. Alle Höhenbergsteiger sind mit
dafür verantwortlich, dass es immer mehr werden. Ich werde
zwar nicht müde, immer wieder zu betonen, welche Gefahren
und Entbehrungen damit verbunden sind, aber das hält offenbar
niemanden davon ab, es trotzdem zu versuchen. Dabei muss es
doch gar nicht unbedingt ein Achttausender sein. Es gibt wunderbare Berge, die niedriger sind und dennoch ganz große Erlebnisse bieten. Doch die Achttausender üben eine magische Anzie-
hungskraft aus. Mir ging es ja nicht anders, ich war auch gleich
vollkommen fasziniert von all dem, was ich in diesem Zusammenhang sah und hörte.

*Hast du beim Höhenbergsteigen bestimmte, stetig wiederkehrende Ab-
läufe – etwa im Sinne von Ritualen?*
Das mag sich jetzt vielleicht ganz komisch anhören, aber ich
habe immer dieselbe Unterwäsche an. Die langen Unterhosen,
die Funktionskleidung, meinen Polartec-Anzug, den ich schon
von Beginn an habe, immer alles gleich. Von Anfang an. Diese
Sachen müssen immer frisch gewaschen sein, bevor ich im Basislager in Richtung Gipfel aufbreche. Seit 1998 geht das so, diese
Wäsche hat vierzehn Achttausender überdauert. Für mich ist es
wichtig, dass ich mich intensiv wasche und meine alten, frischen
Sachen anziehe – und dann kann es losgehen. Es gibt natürlich
noch sehr viele andere Dinge, die ich wie automatisiert immer
gleich mache. Zum Beispiel räume ich mein Hochlagerzelt immer nach dem gleichen Schema ein. Aber vieles ist Routine und
damit nicht unbedingt Ritual.

Wenn du die Wahl hättest, welchen Achttausender würdest du noch einmal besteigen wollen?
Den Nanga Parbat. An diesem Berg haben mich mehrere Dinge begeistert. Man ist relativ schnell dort, da der Anmarsch vergleichsweise kurz ist. Das Basislager auf einer grünen Wiese hat echt große Qualität. Man kann vom Basislager aus in die gesamte Route schauen. Ich würde natürlich am Nanga Parbat nicht noch einmal die gleiche Route auf der Diamir-Seite nehmen wollen, sondern eine andere. Aber schon bei meiner Besteigung habe ich mir gedacht, irgendwann kehre ich noch einmal zu diesem Berg zurück.

Was empfindest du, wenn du vom Gipfel eines Achttausenders zurückkehrst?
Die Rückkehr nach Europa bedeutet für mich auf der einen Seite Freude darüber, dass ich es geschafft habe und gut zurück bin, egal ob ich den Gipfel erreicht habe oder nicht. Aber es ist für mich auch eine große Umstellung, wieder in dieses Menschengetümmel einzutauchen. Damit tue ich mich manchmal nicht sehr leicht. Das war speziell 2011 nach dem K2 so, als wir an der Nordseite ja wochenlang, fast drei Monate, ganz allein waren. Als ich von dort zurückkam, habe ich lange Zeit gebraucht, bis ich mich hier wieder eingefunden habe. Ich wusste zuerst nicht wirklich, was da mit mir geschieht.

Was ist das schönste Gefühl beim Höhenbergsteigen?
Für mich sind das immer wieder die Momente, in denen die Strapazen hinter mir liegen, wenn wir nach acht oder zehn Stunden Aufstieg den Punkt erreicht haben, zu dem wir wollten. Wenn der Lagerplatz ausgeschaufelt ist, das Zelt steht, der Kocher gestartet ist, der Schnee im Topf schmilzt und das alles, wenn möglich, bitte bei schönstem Wetter, ohne Wind, ohne Schnee und mit einer guten Aussicht vom Zelt heraus – das sind für mich die allerschönsten Momente. Die gibt es – Gott sei Dank – doch erstaunlich oft. Ganz egal welchen Achttausender ich mir gedanklich herhole, ich habe immer zu allererst einen ganz schönen Moment im Kopf. Auch beim K2, für den ich ja so viele Anläufe benötigt habe, der mich wirklich viel Energie gekostet hat, überwiegt inzwischen längst das Positive, und das macht sich auch bei

allen anderen Gipfeln immer an einem ganz bestimmten schönen Augenblick fest. Das ist auch gut so. Das muss so sein, denn sonst hätte ich nicht immer wieder die große Anstrengung auf mich genommen. Die Strapazen treten irgendwann – meist recht schnell – in den Hintergrund, und es bleiben eben diese kostbaren Augenblicke und die intensiven Erinnerungen.

Was sagt man Menschen, die Bergsteigen für eine schwachsinnige Angelegenheit halten?
Ich habe lange Zeit versucht, Menschen, die so denken, davon zu überzeugen, was Bergsteigen für einen Sinn hat, wie wichtig es für jemanden sein kann und was es für mich bedeutet. Dass es mich nämlich rundherum zufriedenstellt, dass ich durch das Bergsteigen ganz viel über das Leben gelernt habe, dass ich ein hohes Maß Gelassenheit bekommen habe und dass all das positiv auf mein Umfeld ausstrahlt. Schon allein deshalb ist Bergsteigen für mich persönlich sinn- und wertvoll. Das habe ich oft und oft und immer wieder gesagt, wenn mich jemand auf die Sinnhaftigkeit angesprochen hat. Aber irgendwann habe ich mir gedacht, eigentlich muss ich das nicht erklären, Hauptsache, ich habe verstanden, was es mir bedeutet und wie wichtig es mir ist. Wenn es einer für schwachsinnig hält, dann soll er es für sich so einordnen und seine Meinung behalten. Ich möchte heute niemanden mehr davon überzeugen, dass er damit nicht recht hat.

Was würdest du antworten, wenn dein Sohn oder deine Tochter vor dir steht und sagt: »Ich möchte gern auf den Mount Everest steigen«?
Ich habe ja keine Kinder. Aber es käme wohl darauf an, wie alt das Kind ist. Wenn es noch klein ist, würde ich wohl sagen: »Jetzt schau'n wir mal. Wir besteigen vielleicht zuerst einmal einen kleineren Berg, dann sehen wir weiter.« Wenn es größer ist und es ernst damit werden könnte, würde ich mich ganz intensiv mit meinem Kind darüber unterhalten. Und wenn es ganz ernst wird, mein Kind also in einem entsprechenden Alter und körperlich in der Lage wäre, es schaffen zu können, dann würde ich den Plan wohl unterstützen. Weil ich ganz genau weiß, was es für mich bedeutet hat, allein diesen Wunsch zu haben und ihn dann auch noch realisieren zu können.

Was ist auf deinem schönsten Everest-Foto zu sehen?
Oh, das ist ganz schwer, denn ich habe viele sehr schöne Everest-Fotos. Aber eines, das mir sicher sehr viel bedeutet, zeigt das Kloster Rongbuk mit der Nordwand des Mount Everest im Hintergrund.

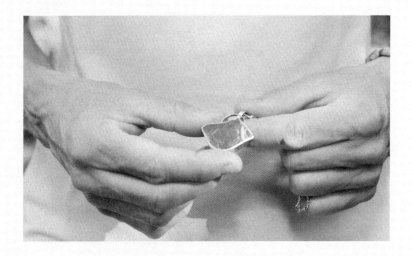

Das Gespräch mit Gerlinde Kaltenbrunner wurde am 26. Juli 2012 im Wohnzimmer des Hauses geführt, das sie zusammen mit ihrem Mann Ralf Dujmovits in Bühl am Fuß des Schwarzwalds bewohnt.

DANK

Die Idee zu diesem Buch entstand ganz spontan. Während einer Autofahrt in Südtirol und mit den Bergen im Blick. In Gedanken entstand sofort ein zunächst noch rudimentäres Konzept. Und wie das mit den spontanen Ideen später häufig so ist, stieß ich in der Realität ab einem gewissen Zeitpunkt natürlich auch an Grenzen, wurde genarrt von Selbstzweifeln, und wegen vermeintlicher Überforderung entließ mich der Schlaf allzu oft viel zu früh und noch zu nachtschlafender Stunde in einen neuen Tag. Dass ich in den einsamen Stunden, während deren ich den Everest im Geiste zig Mal bestieg, nicht abgestürzt bin, dafür sei ein paar wertvollen Menschen herzlich Danke gesagt.

Sarah Kaßner in Hamburg sei für das erste Wort in diesem Buch gedankt. Noch nicht ganz 13 Jahre alt und doch schon so belesen, hat sie mich davon überzeugt, dass es kein anderes erstes Wort geben konnte.

Ohne das umfangreiche Wissen, die schier unerschöpfliche Hilfsbereitschaft bei Tag und Nacht und das stets offene Ohr von Billi Bierling gäbe es so manches aufschlussreiche Detail in diesem Buch nicht. Und ich habe niemanden getroffen, der sich mit den Sherpa so gut auskennt wie sie. Weil sie die Assistentin der Himalaja-Chronistin Elizabeth Hawley ist, verfügt sie über ein umfangreiches Wissen über die neue Generation der Achttausender-Bergsteiger, auch und gerade am Mount Everest.

Vor der Arbeit von Elizabeth Hawley verneige ich mich tief. Die Akribie, mit der sie seit Jahrzehnten ihre Chronik führt, ist bewundernswert. Ihr wunderbares Alter hat ihr ganz offenbar nichts von ihrem Elan genommen. Dass sie sich entschlossen hat, das Vorwort zu diesem Buch zu schreiben, macht mich stolz. Doch es darf nicht verschwiegen werden, dass Billi Bierling mich ermutigt hat, die Anfrage überhaupt zu stellen, und dass es wohl letztlich ihrer Empfehlung zu verdanken ist, dass dieses Vorwort so zustande kam. Miss Hawley sandte mir ihren Text innerhalb von nur 48 Stunden. Das fand ich beachtlich.

Ich habe Hans Kammerlander viel zu verdanken. Vor allem, dass er mich zu den hohen Bergen mitnahm und mir eine Welt eröffnete, die meinen Blick geweitet hat. Wenn man unter einem der Achttausender fast den Kopf in den Nacken legen muss, um zum Gipfel hinaufblicken zu können, wird einem erst bewusst, wie hoch diese Berge tatsächlich sind. Wie immer war er zunächst skeptisch, als ich ihm von meiner Buchidee berichtete. Als er dann aufmerksam zuhörte und erfuhr, wie ich es machen wollte, entfachte das in ihm Begeisterung. Er hat mir gestattet, mich auf ihn zu berufen, als es darum ging, das Interview mit Norbert Joos zu führen, den ich zuvor noch nicht kannte. Das Treffen mit »Noppa« war mir besonders wichtig, denn ich wollte auch mit jemandem sprechen, der es nicht bis zum Gipfel geschafft hat.

Ich danke den Everest-Besteigern Gerlinde Kaltenbrunner und Billi Bierling, Kurt Diemberger und Peter Habeler, Ralf Dujmovits und Simone Moro, Hans Kammerlander und Russell Brice und natürlich meinem Sherpa-Freund Pemba Nurbu, der sich mit mir in seinem Haus im Khumbu-Tal eine halbe Nacht um die Ohren geschlagen hat. Mein besonderer Dank geht an Reinhold Messner, der zum Thema Mount Everest spontan einem Interviewtermin zugestimmt hat und es auf den Punkt brachte, wie eben nur er es kann.

Im Verlag hat Bettina Feldweg im Lektorat meine Idee für dieses Buch sofort aufgegriffen und sie auch am Ende noch unterstützt. Markus Dockhorn in der Herstellung, mit dem ich nun schon seit so vielen Jahren stets so gut und so eng zusammenarbeiten darf, sei gedankt für seinen klaren Blick, damit nahm er mir die Scheuklappen. Wolfgang Gartmann hat das Manuskript redigiert, umsichtig, sehr aufmerksam und vor allem mit hoher Sensibilität. Dafür sei ihm besonders gedankt, denn seine Tätigkeit ist eigentlich die schmerzhafteste für einen Autor.

Schließlich geht mein ganz besonderer und herzlicher Dank an Astrid Kaßner, die wie selbstverständlich ab einem bestimmten Zeitpunkt mitgelesen und so unendlich viele wichtige und wertvolle Hinweise gegeben hat, stets vorgetragen mit der ihr eigenen Bescheidenheit und dem Respekt vor anderer Menschen Wort. Wenn sie etwas nicht verstand, bannte sie damit die Gefahr, dass der geneigte Leser es womöglich auch nicht verstehen würde.

Und mein Dank gilt meiner Mutter, die, inzwischen 91-jährig, noch immer meine Bergleidenschaft erduldet und auch meine schrecklichen Launen während der Entstehung eines Buches.

Walther Lücker
Sand in Taufers, Südtirol, im Februar 2013

LITERATURNACHWEIS

Anker, Conrad und Roberts, David, *Verschollen am Mount Everest*. Übersetzung Michael Windgassen. Heyne, München 1999

Bianchi, Marco, *Die 8000er*. Übersetzung Gabriele Pflug. Tyrolia, Innsbruck 2004

Bonington, Chris, *Triumph in Fels und Eis*. Übersetzung Wolf Westerkamp. Pietsch, Stuttgart 1995

Boukreev, Anatoli, *Der Gipfel – Tragödie am Mount Everest*. Übersetzung Ingrid Rothman. Heyne, München 1997

Coburn, Broughton, *Everest – Gipfel ohne Gnade*. Übersetzung Frank Auerbach. Steiger, Augsburg 1998

Diemberger, Kurt, *Aufbruch ins Ungewisse*. Piper, München 2004

Diemberger, Kurt, *Gipfel und Geheimnisse*. Orac, München 1980

Diemberger, Kurt, *Seiltanz*. Piper, München 2007

Fanshawe, Andy und Venables, Stephen, *Himalaya Magic Lines*. Übersetzung Walter Günther und Fred Galuski. Bergverlag Rother, München 1996

Gillman, Peter, *Everest – 70 Jahre menschliches Wagnis*. Übersetzung Konrad Kirch. Verlag J. Berg bei Bruckmann, München 1994

Habeler, Peter im Gespräch mit Karin Steinbach, *Das Ziel ist der Gipfel*. Malik, München 2009

Habeler, Peter, *Der einsame Sieg*. Goldmann, München 1978, Neuauflage 2000

Hall, Lincoln, *Totgesagt*. Übersetzung Thomas Bertram. Malik, München 2008

Hemmleb, Jochen, *Die Geister des Mount Everest*, Malik, München 1999

Hillary, Sir Edmund, *Wer wagt, gewinnt*. Übersetzung Hans Jürgen Baron von Koskull. Frederking & Thaler, München 2002

Hunt, John, *Mount Everest – Kampf und Sieg*. Übersetzung Herbert und Waltraud Furreg. Ullstein, Wien 1954

Joos, Norbert mit Karin Steinbach-Tarnutzer und Peter Schmid, *Norbert Joos – Auf die höchsten Berge der Welt*. AS Verlag, Zürich 2008

Kaltenbrunner, Gerlinde mit Karin Steinbach, *Ganz bei mir*. Malik, München 2009

Kaltenbrunner, Gerlinde und Dujmovits, Ralf, *2 × 14 Achttausender*. Bruckmann, München 2012

Krakauer, Jon, *In eisige Höhen – Das Drama am Mount Everest*. Übersetzung Stephan Steeger. Piper, München 1998

Loretan, Erhard, *Den Bergen verfallen*. Paulus, Freiburg i. Ue. 1996

Meier-Hüsing, Peter, *Wo die Schneeleoparden tanzen*. Malik, München 2003

Messner, Reinhold, *Arena der Einsamkeit*. Athesia, Bozen 1976

Messner, Reinhold, *Überlebt. Alle 14 Achttausender*. BLV, München 1987

Messner, Reinhold, *Berge versetzen*. BLV, München 1993

Messner, Reinhold, *Bis ans Ende der Welt*. BLV, München 1990

Messner, Reinhold, *Die Freiheit, aufzubrechen, wohin ich will*. Piper, München 1989

Messner, Reinhold, *Die weiße Einsamkeit*. Malik, München 2003

Messner, Reinhold, *Mount Everest – Expedition zum Endpunkt*. BLV, München 1978

Messner, Reinhold, *Everest solo – Der gläserne Horizont*. Fischer, Frankfurt/M. 2000

Norgay, Jamling Tenzing mit Coburn, Brouthon, *Auf den Spuren meines Vaters – die Sherpas und der Everest*. Übersetzung Thomas Wollermann und Sonja Schuhmacher. RM Buch, Gütersloh 2001

Norton, Edward und Odell, Noel, *Ich habe Mallory zuletzt gesehen*. Übersetzung Willy Rickmer Rickmers. Econ, München 2000

Ohmori, Koichiro, *Over The Himalaya*. Bookwise (India), New Delhi 1994

QUELLENNACHWEISE

- *Amical Alpine*, Ralf Dujmovits
- Blog Stefan Nestler
- www.billibierling.com
- www.bergfieber.de
- *USA today online*, 16. Juni 2006
- *Der Spiegel*, 18/2003, 22/2012, 40/2012
- *Die Welt online*, 24. Sept 2012
- www.climbing.com
- www.8000ers.com
- www.everestnews.com
- www.geofinder.ch
- www.himalaya-info.org
- www.planetmountain.com
- *Outside Magazine*, 12. September 2012
- www.summitpost.org
- *Spiegel online*, 12. März 2008
- *The Alpine Journal*
- *The Himalayan Database*, Expedition Archives of Elizabeth Hawley
- *The Japanese Alpine Club*
- www.wikipedia.com
- www.willyblaser.ch

MALIK

Hans Kammerlander
Zurück nach Morgen

Augenblicke an den 14 Achttausendern
340 Seiten mit 230 farbigen Fotos und 1 Karte. Gebunden

Erzählstark und bildgewaltig:
Hans Kammerlander über die Faszination Achttausender

Leben und Überleben an den höchsten Bergen der Welt:
Mit herausragenden Bilddokumenten und reich an sehr
persönlichen Erfahrungen schildert der Extrembergsteiger
Hans Kammerlander in diesem aufwendig gestalteten Bild-
Text-Band die einschneidendsten Erlebnisse seiner Acht-
tausender-Expeditionen. Oft genug waren dabei nicht
die Gipfelereignisse emotional am stärksten, sondern die
Episoden direkt daneben. Ehrlich, geradlinig und mit
230 eindrucksvollen Farbfotos berichtet Hans Kammerlander von Triumphen und Tragödien und bündelt in ausführlichen Chroniken Berghistorie und Besteigungsdaten
aller 14 Achttausender bis heute.

02/1139/02/R